教育部人文社会科学重点研究基地
Key Research Institute of Humanities and Social Sciences at Universities

暨南大学华侨华人研究院
Academy of Overseas Chinese Studies in Jinan University

国家出版基金项目
NATIONAL PUBLICATION FOUNDATION

"百部好书"扶持项目
GUANGDONG PUBLISHING

· 世界华侨华人研究文库 ·

欧洲华侨华人史
增订版

（下卷）

李明欢　著

暨南大学出版社
JINAN UNIVERSITY PRESS

中国 · 广州

图书在版编目（CIP）数据

欧洲华侨华人史. 下卷/李明欢著. —增订本. —广州：暨南大学出版社，2019. 11

（世界华侨华人研究文库）

ISBN 978 - 7 - 5668 - 2734 - 0

Ⅰ.①欧…　Ⅱ.①李…　Ⅲ.①华侨—历史—欧洲②华人—历史—欧洲

Ⅳ.①D634.35

中国版本图书馆 CIP 数据核字（2019）第 210872 号

欧洲华侨华人史（增订版）下卷
OUZHOU HUAQIAO HUAREN SHI（ZENGDINGBAN）XIAJUAN

著　者：李明欢

出 版 人：徐义雄

策划编辑：黄圣英

责任编辑：黄　球　吴筱颖

责任校对：何　力

责任印制：汤慧君　周一丹

出版发行：暨南大学出版社（510630）

电　　话：总编室（8620）85221601

　　　　　营销部（8620）85225284　85228291　85228292（邮购）

传　　真：（8620）85221583（办公室）　85223774（营销部）

网　　址：http：//www.jnupress.com

排　　版：广州市天河星辰文化发展部照排中心

印　　刷：广州市快美印务有限公司

开　　本：787mm×1092mm　1/16

印　　张：54.75

字　　数：1070 千

版　　次：2019 年 11 月第 1 版

印　　次：2019 年 11 月第 1 次

总 定 价：268.00 元（全二册）

目 录

第五章 规矩方圆：政策博弈

如果说，在欧洲向外殖民的数百年间，欧洲主要国家曾经长期是向外移民的发源地，那么，"二战"结束后半个多世纪以来，欧洲各国已经迅速地转变为重要的移民接纳国。无规矩不成方圆，移民接纳政策成为战后以来欧洲各国社会政策的重要组成部分。从战后初年英、法、德等国迅速制定并盛极一时之"客工制"的起伏兴衰，从法国"共和制"广受朝野赞美到陷入重重困境，从欧洲各国对"家庭团聚""难民求助"敞开大门以标榜平等博爱、人道人权到正式制定以财、才为基础之"移民计分制"的掐尖移民规约，欧洲主要国家貌似完美而理想的移民接纳与难民甄别政策一再因事与愿违而碰壁失灵，从而不得不正视市场需求与社会融合的碰撞、冲突与博弈，进而对移民政策不断进行调整其至重构。而且，随着欧洲政治经济一体化的进程加速，各欧盟成员国既要在移民接纳的大政方针上吻合于欧盟制定的总政策，又必须为维护本国利益而固守边界，各自打着小算盘。欧洲不同国家之间围绕移民政策的相互争执，欧洲某些国家内部因移民政策而引发的内在矛盾，此起彼伏。

欧洲各国移民政策的变化博弈，无疑对中国的欧洲移民潮起着重要的导向与规约作用。因此，本章着眼于探讨近半个世纪以来影响欧洲移民政策的基本要旨及社会影响，为下一章梳理战后中国朝向欧洲之移民潮的线索提供必要的背景资料。

第一节 "客工制"的理念与盛衰

第二次世界大战夺去了欧洲大批青壮年的生命。战后，进入经济重建时期的欧洲各国都面临劳动力严重匮乏的问题。为了迅速有效地引入大批青壮年工人以加速欧洲的经济复兴，"客工制"在西欧国家应运而生，并在一片叫好声中迅速拓展。然而，1973 年的经济危机却无情击碎了政策设计者的美妙梦想，"客工制"黯然收场。

一、"客工制"的确立与兴盛（1945—1973 年）

1945 年，以英国为主，曾在一定范围内推行过所谓"欧洲自愿劳工法案"（European Voluntary Worker Scheme）。其要旨是：接纳国可以按照本国出现的劳力空缺状况引入外籍工人；对不合用者，接纳国有权随时遣返；被引入的劳工必须遵守合同，而且不享有以"家庭团聚"为由携带家属的权利。1945 年至 1951 年间，仅英国就依据这一法案引入了 19 万劳工，其中绝大多数为男性。[1] 由于该法案是一个对外籍工人十分苛刻的条例，被社会进步人士批判为带有"殖民倾向"，因此在 1951 年后就终止了。

战后西欧另两个引入外国劳工的大国是法国与西德。法国 1945 年成立了"国家移民办公室"（Office National d'Immigration），负责有组织地引入劳工。二十世纪五六十年代，在法国南部农村，平均每年仅从西班牙就引入 15 万季节性农业工人。时至 1970 年，总计已有 200 万外籍工人及 69 万家属进入法国。西德大约从 20 世纪 50 年代后期开始引入外籍工人，最初从经济较为落后的南欧的意大利和希腊引入，接着扩大到西亚的土耳其，北非的摩洛哥、突尼斯以及南欧的葡萄牙、南斯拉夫等国，增长势头很猛。1956 年，全西德的外籍工人总计约有 9.5 万人，1966 年猛增至 130 万人，1973 年又翻了一番，增至 260 万人。[2] 经由雇主选择的外籍工人个个年轻力壮，他们进入西欧国家后，承担了大量在当地人眼里被视为困难、肮脏、危险、卑贱的"4D"工作，[3] 有效地促进了社会经济发展，故而一时颇受西欧朝野"欢迎"。

据欧共体 1970 年的统计，西德、法国、比利时、荷兰、卢森堡五国的外籍工人总数达 343.6 万，外籍工人在全国工人中所占比例平均达 9.2%。[4] 进入 70 年代，外籍工人数量仍在持续增长。1975 年，当时欧洲经济共同体九国的外籍工人连同其家属总人口已至少达到 1 200 万，比 10 年前增加了一倍以上。[5] 20 世

---

[1] Castles, Stephen & Miller, Mark J., *The Age of Migration*, *International Population Movements in the Modern World*, Macmillan Press, 1993, p. 68.

[2] Castles, Stephen & Miller, Mark J., *The Age of Migration*, *International Population Movements in the Modern World*, Macmillan Press, 1993, pp. 68 - 70.

[3] "4D" 是英文 difficult（困难）、dirty（肮脏）、dangerous（危险）和 demeaning（卑贱）四个词的第一个字母，是从第三世界移居发达国家的劳工移民所从事工作的总体特征。

[4] 参阅 van Houte, Hans & Willy Melgert eds., *Foreigners in Our Community*, Keesing Publishers, 1972, p. 189. 其中法国的统计数据系 1968 年的数据。

[5] ［美］H. 斯图尔特·休斯著，陈少衡等译：《欧洲现代史（1914—1980 年）》，商务印书馆，1984 年，第 726 页。

纪70年代中期西欧各国外籍工人总数约750万。与此同时，还有约500万人是作为外籍工人的家属而进入西欧国家的，其中约300万系未成年人。此外，西欧各国还有约200万季节性外籍工人及无证移民。[①]

表5-1 西欧五国的外籍工人人数（1970年）

国别	（A）外籍工人总数（人）	外籍工人中来自欧共体内部者（以意大利为主）		外籍工人在所在国工人中所占比例（%）
		（B）欧共体工人人数（人）	B∶A（%）	
西德	1 949 000	490 000	25	9.1
法国	1 158 000	360 000	31	5.8
比利时	208 000	104 000	50	6.9
荷兰	89 900	23 000	26	2.0
卢森堡	31 500	26 500	84	22.4
总计	3 436 400	1 003 500	29	9.2

注：法国为1968年统计数据。

资料来源：van Houte, Hans & Willy Melgert eds., *Foreigners in Our Community*, Keesing Publishers, 1972, p. 189.

由于此时的外籍工人是接收国"请"来的，因此，外籍工人被礼貌地称为"客工"，各接收国政府对他们表现出了前所未有的宽容。虽然外籍工人及其家属大量涌入造成了城市住房拥挤、教育卫生等公共服务设施紧张，还有预防犯罪警力不足、影响社会治安等问题，但是，政府支持引进外籍工人的态度是积极明确的。当时的西德总理维利·勃兰特（Willy Brandt）曾在1971年的一次讲话中强调指出："无论从哪方面说，都是外国工人在帮助我们得到每天的面包。我们每个人对此都应牢记在心。尽管外国工人到德国来是因为他们在家乡的生活不尽如人意，但是，德国迫切需要他们。可以说，我们需要他们，更甚于他们需要我们，否则的话，他们就不会到德国来了。"[②]

为了吸引外籍工人，西欧国家相继制定了一系列保护外籍工人的法令。在荷兰，1964年2月20日通过的法令规定：地方当局无权吊销外籍工人的工作许可，必须允许外籍工人在工作许可有效期满后办理延期手续，如遇违反规定之事，外

[①] 王志敏：《欧洲劳务市场概述》，《国际经济合作》1987年第2期，第33页。

[②] van Houte, Hans & Willy Melgert eds., *Foreigners in Our Community*, Keesing Publishers, 1972, p. 23.

籍工人可直接向荷兰国家政府的社会事务部上诉。在比利时，政府规定，凡拥有工作许可的外籍工人的配偶及子女也可同样获得在比利时的工作许可，这一规定不受劳动力市场需求之左右。西欧学界还就各国政府对外籍工人在语言技能培训、社会援助政策等方面的作为进行公开评分，从而促进各主要外籍工人接收国注意修订相关政策，善待外籍工人。

在社会舆论方面，人们对"二战"期间纳粹分子残暴屠杀犹太人的种族主义暴行记忆犹新，种族歧视为一切具有正义感的人们所唾弃。在对待外籍工人的问题上，西欧社会的主导趋势是要求平等地对待外籍工人，帮助他们学习了解所在国的语言风俗，为外籍工人提供技术培训，让外籍工人分享在住房、医疗等方面的社会福利，使他们能工作得愉快、幸福。西欧进步学者与社会活动家们不断地提醒人们：外籍工人首先是"人"，理应受到人道的对待。进入 20 世纪 60 年代后在西欧各国蓬勃兴起的民权运动，也特别关注外籍工人的基本人权和利益保障。在此大趋势下，对"人"的尊重得到弘扬，在民权意识明显增强的基础上，社会对外来移民日显宽容。

表 5-2　西欧七国居民中的外侨人数（1950—1975 年）

（单位：千人）

国别	年份				1975 年外侨人口：所在国总人口（%）
	1950 年	1960 年	1970 年	1975 年	
比利时	354	444	716	835	8.5
法国	2 128	2 663	3 339	4 196	7.9
西德	548	686	2 977	4 090	6.6
英国	1 573	2 205	3 968	4 153	7.8
荷兰	77	101	236	370	2.6
瑞典	124	191	411	410	5.0
瑞士	279	585	983	1 012	16.0

注：荷兰、法国的数据中不包括来自荷属、法属殖民地的已入籍的臣民。英国的数据分别来自该国 1951 年、1961 年及 1971 年的人口普查资料，1975 年为估计数，1951 年和 1961 年的数据仅包括在"海外出生"的人口，不包括在英国本土出生的移民子女，但 1971 年和 1975 年的数据则将此类移民子女统计在内。

资料来源：Castles, Stephen & Miller, Mark J., *The Age of Migration, International Population Movements in the Modern World*, Macmillan Press, 1993, p. 71.

不过，在外籍工人长期归属的问题上，西欧社会从自身利益出发，普遍认为

（或曰"普遍希望"）外籍工人在本国工作若干年后，应当返回其原居地。然而，事实却未能如其所愿。就雇主而言，如果所雇佣的外籍工人基本能令其满意的话，往往希望雇佣八年十年（甚至更长时间），以减少培训新工人的费用。就外籍工人一方而言，当他们找到一份相对安定的工作之后，他们往往希望将家人接到所在国共同生活。出于人道主义理念，西欧各国对此只能依法接纳。然而，如此一来，情形就发生了根本性变化：外籍工人本身将他们最宝贵的青春年华贡献给移入国，而他们的子女也在移入国受教育成长，这时，再要他们举家迁回原籍就不是一件轻而易举的事了。渐渐地，西欧人发现，社会上"有色人种"的比例直线上升。而且，如前所述，随外籍工人一起迁移入境的 500 万家属，他们同样也要分享西欧人的社会福利，尤其是其中多达 300 万的未成年人还需要社会承担抚养义务。于是西欧舆论开始惊呼："我们要的是工人，可男女老少全来了。"（We asked for workers, but human beings came.）

如何妥善处置外籍工人及其家属，西欧社会各界对此议论纷纷。不过，由于 20 世纪 70 年代之前外籍工人中基本还是以年轻力壮者为主，而且当时的外籍工人还保持着一个较高的回归率，因此，长期定居、家属成员分享社会福利的问题虽已出现，但尚未真正成为吸引朝野关注的大问题。

二、"客工制"的矛盾与终结（1974—2000 年）

正当西欧政界和学界尚在为如何正确对待外籍工人之去留进行探讨时，1973 年，一场经济大危机在西方世界突然爆发，西欧各国经济顿时一落千丈，市场萧条，失业率上升，社会动荡。这时，数百万外籍工人即刻成为西欧社会失业率飙升的第一替罪羊。

面对经济危机，西欧各国相继迫不及待地关闭外籍工人入境的大门：1973 年 11 月，西德首先宣布停止吸收外籍工人；1974 年 7 月，瑞士宣布限制外籍工人从事有酬劳动的人数；接着，北欧各国宣布不再接受北欧国家以外的外籍工人，西欧的奥地利、比利时、荷兰、英国也相继采取限制外籍工人的严厉措施。社会舆论更是迅速地随之转向：外籍工人太多了，他们"作为外来人，既是不可缺少的，也是令人不满的"[①]。

在一片"外国人太多了"的惊诧声中，西欧人"发现"：在他们周围，那些"送不走"的外籍工人（尤其是来自西亚、北非的"异民族群体"）出乎意料地

---

① ［美］H. 斯图尔特·休斯著，陈少衡等译：《欧洲现代史（1914—1980 年）》，商务印书馆，1984 年，第 728 页。

庞大，西欧民族文化面临着异文化的直接冲击。于是，西欧当局很快就"忘记"了外籍工人对本国经济发展所作的特殊贡献，"忘记"自己曾经做过的美妙承诺。在他们眼里，"外籍工人"作为社会文化意义上的"局外人"（outsiders）业已成为西欧的一大"问题"群体。西欧各国"大量引入外籍工人"的重要举措从此画上了句号。

从 20 世纪 70 年代经济危机之后直到 90 年代，欧共体各国一再强调他们不是移民之国，其所公开制定的国际移民政策基本体现以下三大原则：一是以民族主义为主导，希望在欧共体成员国内部进行劳动力调节，不再从非欧洲国家引入劳动力；二是以人道主义为原则，对"家庭团聚""政治难民"入境网开一面；三是对"本国无法提供的特殊人才"发放有限的入境签证。

1992 年，欧共体委员会再度就移民的接纳与融入问题作出如下决议：第一，欧共体不鼓励、不欢迎新移民；第二，对于业已居住在西欧国家的外来移民群体，各国必须采取措施促进其融入当地国社会；第三，欧共体应当与西欧移民的主要来源国加强联系与合作，并通过对后者的发展性援助，减少这些国家的外移人口，从而减少西欧国家承受的移民压力。[1]

20 世纪末叶，新移民进入西欧的正常途径主要有以下三条：一是家庭团聚；二是因在本国遭受迫害而获准避难西欧国家的政治难民；三是拥有特殊技能的人才或投资移民。其中，由于先期进入西欧的移民所提供的亲属性连锁迁移网络，"家庭团聚"类移民源源而来；二十世纪八九十年代从东南亚到东欧的一系列政治变动，则使政治难民潮此起彼伏，得到西欧庇护者也有数十万。然而，更引人注目的是，在西欧之外，长期存在着一个不具备以上正常移民条件，却又希望进入西欧国家的庞大的潜在移民群，对他们而言，进入西欧的唯一可能就是寻找非正规途径。

"非法移民"在西欧不少国家长期合法生存、合法打工早已是当地国社会人所共知的现实。早在西欧国家大量引入外籍工人期间，由于入境手续上的官僚操作与繁文缛节，不少外籍工人就已经通过"灰色途径"进入西欧国家工作。以法国为例，据法国移民部 1968 年的统计数据，在被移民部认定为"外国人"的群体当中，没有合法手续而入境打工者竟高达 82%。[2] 在不少著述甚至官方文件

---

① 以上意见详见于欧共体委员会 1992 年发布的《移民与难民问题背景报告》（*Immigration and Asylum*, *Background Report*）。转引自 Anthony Fielding, "Migrants, Institutions and Politics: The Evolution of European Migration Policies", in King, Russell ed., *Mass Migrations in Europe: The Legacy and the Future*, Belnaven Press, 1993, p. 61.

② Castles, Stephen & Miller, Mark J., *The Age of Migration*, *International Population Movements in the Modern World*, Macmillan Press, 1993, p. 68.

中，此类"非法移民"被表述为"无证移民"（undocumented immigrants）或"无证工人"（undocumented workers），反映出社会舆论并未将这一群体视同犯罪团伙，而是表现出了区别对待的宽容态度。

由此，形成了欧洲主要国家外来移民构成的一些共同特点：一是由于连锁迁移，围绕不同国家原"客工制"时期外国劳工原籍所构成的社群基础，形成了相对集中的合法移民族群，如德国移民主要来自土耳其、南斯拉夫及欧盟，法国移民主要来自欧盟、北非马格里布诸国，等等；二是各国都存在一个人数达数十万甚至上百万的非法移民群体，并且还在源源到来（参阅表5-3）。

表5-3　欧盟主要国家接纳移民情况表（2002年）

国别	合法移民人数	占总人口比例（％）	合法移民主要来源地	非法移民人数（估计）
德国	732万	8.9	土耳其（30％）、南斯拉夫及欧盟	50万至150万
法国	431万	7.4	欧盟（160万）、马格里布诸国（130万）	30万至50万
英国	220.7万	3.8	印度次大陆、非洲	约100万
西班牙	94万	2.5	马格里布诸国、拉丁美洲	12万至25万
意大利	125万	2.1	摩洛哥、阿尔巴尼亚、南斯拉夫	18万至35万

资料来源：法国语言文化辅导协会：《鸣锣·小资料》，2002年10月，第7页。

在这样的背景下，欧洲完全关闭外来劳工移民大门的政策显然已经名存实亡。如何面对现实，对接纳外国劳动力移民的政策进行适当调整，成为欧洲各国政府不得不面对的一个紧迫的现实问题。

三、悄悄重开引入外劳之门

西欧国家高福利政策发展的一个直接后果，是劳动力成本与发展中国家之间的差价越来越大。企业主们降低成本的措施之一，就是将大量劳动力密集型企业向发展中国家转移，这既是经济全球化的直接体现，也是全球化的助推器。

根据慕尼黑科技大学企业经济学系的研究，德国制造业从1980年起，平均每年外移10万个工作机会。每个工作机会外移，还造成本土1.7个相关服务业和手工业就业机会的损失。在外移的工作中，三分之二属于生产线上的工作。[1]

---

[1] 《德产业外移5年内将失去200万工作》，（新加坡）《联合早报》，2004年11月17日。

换言之，自二十世纪七八十年代以来，欧美发达国家大量汽车、电脑、服装等劳动力密集型企业，先是转移到了新加坡、韩国及中国的香港、台湾等地，随之又进一步转移到了中国大陆、巴西、马来西亚等地，进入 21 世纪之后则再次向越南、柬埔寨等处于转型之中、劳动力价格更低廉的国度转移。几乎与此同时，教育制度与英美更接轨的印度则由于语言、技术等方面的优势，成为美国服务性外包业的首选地。

虽然企业向外转移减少了发达国家本地对普通劳动力的需求，但是，西欧社会很快又发现：每个国家都有一些无法外迁但又需要大量普通劳动力的基础行业，其中最突出的就是建筑、旅馆、餐饮、医院看护和家庭佣工，这些行业的需求是地方性的，其服务对象在哪里，这些行业就必须在哪里发展。随着发达国家人民生活水平上升，绝大多数人对住房的要求提高了，但是，愿意投身艰苦的建筑行业的工人却减少了；随着人年龄老龄化，社会对医院、家庭服务的需求上升了，但愿意从事相关服务业的年轻人却减少了。

于是，在诸多西欧国家就出现了十分矛盾的社会现象：企业外迁减少了本国的就业岗位，造成本国普通劳动者失业率上升；但是，建筑、护理、餐饮服务等无法外迁的艰苦行业，却在本地招收不到所需人力，底层劳动力缺口越来越大。前面所提及的非法移民，实际上大量谋生于这些艰苦的底层行业。

社会现实的改变，促使相关国家政府意识到调整国际移民政策的必要性。英国在将近 30 年没有对移民问题发表任何正式文告之后，其财政部于 2001 年发表正式报告，强调必须关注引入劳动力移民的潜在效益问题。同年，德国也发表官方报告，指出："德国实际上已经是一个引入劳动力移民的国家，而且，未来还需要依靠外来移民以填补本国的技术和非技术岗位的空缺。"国际移民专家斯蒂芬·卡斯尔斯因此提出：英、德的这两份官方报告，是欧洲劳工移民政策进入 21 世纪后发生转向的重要标志。[①] 笔者同意卡斯尔斯的观点，同时还注意到，也正是在这一年，欧盟委员会决定将"非欧盟国家公民进入欧盟从事经济活动的基本条件"议题提上欧盟的正式议事日程，并得到欧盟各成员国的赞同与支持。[②]

例如，在德国，自 20 世纪 80 年代后期，劳动力市场的缺口就已经显现。在柏林墙倒塌之后，大批来自邻近东欧国家的波兰人、捷克斯洛伐克人、匈牙利人等，开始以"旅游者"身份进入德国，实际上却在农业、建筑业、餐饮业短期打工。德国需要这些移民，但又希望在法律允许的范围内有组织、有限制地引

---

① Castles, Stephen, Guest Workers in Europe：A Resurrection?, *International Migration Review*, 2006（4），p. 744.

② 参阅 Green Paper on an EU Approach to Managing Economic Migration，欧盟委员会文件 COM（2004）811，布鲁塞尔，2005 年，第 3 页。

入。1991年，德国政府与波兰、捷克斯洛伐克、匈牙利等中欧国家签订了"外国工人计划"，从这些国家引入劳工从事农业、建筑业和餐饮业，工作期限仅为三个月。因为该计划是自20世纪70年代石油危机后德国再次正式引入外劳，因此被称为"新的客工计划"。但是，由于限制严格，期限太短，无论是雇主或外劳都不愿费时费事去争取仅仅三个月的有效身份，因此该计划并没有达到预期的效果。德国采取的另一项弥补性措施是与劳动力相对便宜的东南欧国家签订建筑工程承包合同，由葡萄牙、波兰等国建筑公司承接德国的建筑工程，尔后以"合同制"方式向德国派出劳务队伍，每期不超过两年。据统计，在1999年高峰期，有来自其他欧盟国家的超过20万外国工人在德国建筑工地工作。此后人数有所下降，到2001年时，在德国正式签约的外国建筑合同工还有4.7万，如果再加上在其他不同领域"签约"的外国合同工，总数达到27.8万，其中85%来自波兰，其余来自罗马尼亚、斯洛伐克、克罗地亚和匈牙利。这些工人仍然是其本国公司的雇员，其所领取的只是德国公司支付工资及福利的一部分。与此同时，通过非正规途径进入德国的非法移民，估计总人数在50万到110万之间。[①] 面对已经有数百万新移民在德国工作、生活的现实，并且意识到德国的未来发展已经完全离不开新移民，德国政府有关部门不得不着手调整其国际移民政策，正式承认德国实际上已经成为一个移民国家。

英国政府虽然一再强调只引入高技术人才，但在其2002年修订公布的移民计划中，却包括了复杂的引入外国劳工的条款，主要项目如下：

假期工（working holiday-makers）：来自英联邦国家，17岁至27岁之间，可以工作两年，但不享受社会福利，期满后不能居留。来自澳大利亚、新西兰、加拿大的青年人可以由此方式得到工作。2002年此类假期工共有41 700人。2003年起年龄限制放宽到30岁，同时规定签证持有者本人在工作一年后可以转为一般工作签证，同年人数增加到62 400人。

季节农业工人计划（SAWS：The Seasonal Agricultural Workers Scheme）：从欧洲引进工作期限为三个月的农业工人。2002年为17 000人，2003年21 000人，2004年15 000人。绝大多数来自波兰、乌克兰、波罗的海诸国。

行业劳工计划（SBS：The Sector Based Scheme）：制定于2003年，专门向食品加工、旅馆提供引入劳工许可，每年每个行业为10 000人。许多在旅馆及餐馆的配额发给孟加拉人。工人只能在英国工作一年，但由于这么短的工作时间根

① Castles, Stephen, Guest Workers in Europe: A Resurrection?, *International Migration Review*, 2006 (4), pp. 750 – 751.

本不可能偿还其高额的迁移费用，因此绝大多数都非法滞留。2005 年该法令被暂缓执行。

家庭佣工（domestic service）：自 2001 年以来每年配额为 10 000 人。主要应聘者为年轻女性，工作内容为照顾孩子及做家务。其人数从 2003 年的 15 000 人下降到 2004 年的 5 600 人。

海外学生（overseas students）：他们在学期间可以每周工作 20 小时，学校假期可以全天工作。在 2004 年，共有 294 000 名学生及 13 000 名家属。不清楚具体有多少人做学生工，但相信比例相当高。

据统计，英国在 2004 年批准的以上各类工作许可共发给了 12.4 万余人，其中 82 700 人是工作许可获得者，另有 41 600 人获得的是家属许可。其中大约三分之二是高技术人才，余下三分之一则进入了普通劳动力岗位。然而，如此数量根本无法满足英国底层劳动力市场的需求，因此，大量普通劳动者是通过非正规途径进入英国的。有估计认为英国境内的"无证移民"可能达到 50 万人。一个典型的例证是：2004 年 5 月，波兰、捷克、拉脱维亚、立陶宛、爱沙尼亚等国加入了欧盟，根据规定，欧盟成员国公民可以在欧盟境内自由流动，于是，短短三四个月内，就有来自上述国家的 27.7 万名已经在英国境内的"无证"或曰"非法"务工者通过向英国相关部门登记而取得了正式身份。[①]

无论欧盟各国政府公开承认与否，德、英、法、意、西等欧盟国家引入普通劳动力的大门实际上已经悄悄打开，虽然打开的大多是"边门"甚至"后门"，即外国劳动力移民从非正规途径进入欧盟，而移入国政府对其或默认，或通过各种"合法化"手段变相接纳。大批来自中国的非技术移民，正是通过此类途径源源进入欧洲。笔者将在下一章具体分析。

第二节　"共和制"的理想与困境

在法国，围绕着社会发展与移民接纳、移民融入等一系列问题而展开的争论，一直是法国朝野关注的一大焦点。

1789 年法国大革命后，"自由、平等、博爱"一直是法国资产阶级高扬的旗帜。自 19 世纪以来，许多不同国家的艺术家、哲学家、政治家基于不同原因、

---

① Castles, Stephen, Guest Workers in Europe: A Resurrection?, *International Migration Review*, 2006 (4), pp. 750 – 753.

怀揣不同理想移居法国，不少人还为灿烂的法兰西文化增光添彩。因此，自 19 世纪以降，在诞生了世界第一个人权宣言的法兰西土地上，崇尚自由、民主、宽容、融合的"共和模式"（Republican Model）曾经长期被推崇为移民政策的主导。然而，自 20 世纪 70 年代中期之后，一连串控制移民的政策相继出台并付诸实施，民众中"不满移民"的情绪明显上涨。换言之，从不分种族、共同寻求在法兰西土地上和谐发展的"共和模式"备受称赞，到反移民的极右派代表勒庞在 2002 年法国总统第一轮大选中"意外胜出"，其所折射的社会问题发人深省。相关移民政策的颁行，对法国华人移民群体自 20 世纪末叶后的迅速增长及其与生存环境的调和影响重大。

一、共和理想与模式建构

1945 年之前，法国基本上不存在有章可循的移民政策，按法国学者 Hollifield 的说法，"实际上大多数人都可以自由进入法国的劳动力市场"[1]。另一位法国学者 Lloyd 则认为，"只是管理移民，却不存在移民政策"，而且，这种"管理"，也只表现为一些临时性、应急性的处置措施。[2]

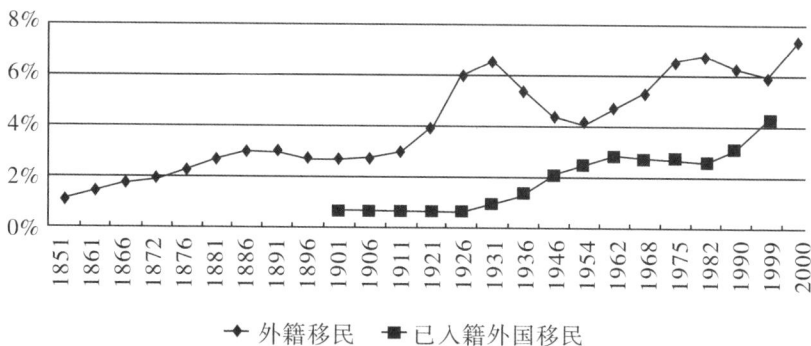

图 5 - 1　移民在法国总人口中所占百分比（1851—2000 年）

资料来源：1851—1990 年依据法国人口统计数据制图（数据详见 Benard Philippe，*L'immigration*，Le Monde Editions，1993，p.48）；1999 年数据根据法国公布的人口统计数据；2000 年数据参考法新社巴黎 2002 年 11 月 19 日电讯稿，转引自（法国）《欧洲时报》，2002 年 11 月 20 日。

---

[1]　James F. Hollifield，"Immigration and Republicanism in France：The Hidden Consensus"，in Cornelius，Wayne A.，Martin，Philip L. & Hollifield，James F. eds.，*Controlling Immigration：A Global Perspective*，Stanford University Press，1994，p.7.

[2]　Cathie Lloyd，"National Approaches to Immigration and Minority Policies"，in Rex，John & Drury，Beatrice eds.，*Ethnic Mobilisation in a Multicultural Europe*，Ashgate，1994，pp.73 – 74.

1801 年至 1931 年法国的人口统计数据清楚地显示，外国移民在法国一直保持增长趋势：1851 年，全法外国移民总数为 37.9 万人，1881 年增至 100 万人以上，1911 年，再增到约 116 万人，约占法国总人口 3%。20 世纪 20 年代，法国进入第一次世界大战后经济从复兴迈入发展的时期，移民人数更是直线陡增，短短十年间，外国移民数量如滚雪球般增长，至 1931 年达到"二战"前的最高峰，总数 270 万，约占法国总人口 7%。1921 年至 1931 年间，法国人口增长量中的 75% 是通过外国移民实现的。[①] 从 19 世纪后期起，法国基本确定了鼓励外国人"忘掉原先的历史和文化"，"完全融入法国"的"雅各宾模式"（Jacobin Model），其具体举措之一就是鼓励外国人学习法国文化，政治上认同法国并入籍法国。1851 年法国第二共和时期曾作出规定：凡居住在法国的外国居民的第三代，如果其父母中有一方出生于法国，即可自出生起自动获得法国国籍。1889 年第三共和时期通过的法律又规定，在法国出生的移民第二代在成年时即可自动获得法国国籍。1927 年的法国法律，又进一步为移居法国的第一代移民打开了加入法国籍的方便之门。国籍法如此开放，是基于历代法国政治家对于"卓越的法国文化"具有征服、同化异文化之优势的绝对自信。

19 世纪及 20 世纪初的法国的确展现出一种相对自由宽松的迁移氛围。主要原因可归纳如下：

其一，近代以来，法国一直需要外来青壮年移民补充其劳动力市场。19 世纪拿破仑连年对外征战，大批青年男子被征召，对国内劳动力市场的影响显而易见。第一次世界大战期间，直接死于战争的人口约 140 万，如果考虑到因此而进一步导致的结婚率、出生率下降对人口正常发展所造成的负面影响，那么，"一战"所直接或间接导致的人口总损失估计高达 300 万。[②] 时隔不久的第二次世界大战，又夺走了法国 100 多万人的生命。[③] 结合图 5-1 所展现的移民曲线可以发现，每次人口大损失之后，即 19 世纪后期、二十世纪二三十年代、20 世纪 50 年代中期，法国移民人口都呈现出比较明显的上升趋势。显然，以青壮年为主的外来移民成为法国人口缺失的一个重要补充。

其二，在迈向近代工业化的道路上，法国没有经历过类似英国那样迫使农民离开土地而成为自由劳动者的"圈地运动"，小农经济长期占主导地位，大小企

---

① 详见 Benard Philippe, *L'immigration*, Le Monde Editions, 1993. 笔者感谢 Carine Guerassimoff 博士协助翻译法文资料。下同。不另注。

② Armengaug André, Fine Agnés, *La population française au XXe siècle*, PUF, 1983, p. 23.

③ 据 Schor 的研究统计，第二次世界大战中法国约有 32 万军事人员阵亡，27 万平民（包括 8 万犹太人）被屠杀，13 万人死于战争中的轰炸等军事行动，另有 60 万人虽属于"正常死亡"，但与战争造成的饥馑、恐惧、缺医少药等均有关系。详见 Ralph Schor, *Histoire de l'immigration en France de la fin du 19e siècle à nos jours*, Armand Colin, 1996, p. 192.

业主只好向国外寻找自由劳动力资源。据统计，19 世纪末叶法国人口总数约为 2 600 万，但从农村进入城市的人口仅为年均 10 万人左右，这相对于工业发展的需求几乎是杯水车薪。由于劳动力短缺，法国一方面大力挖掘本国人力资源，不仅男性实现充分就业，而且女性的就业率也达到 40%，相当于同期英、德女性就业率的四倍；[①] 另一方面则向外招收劳工，尤其是采矿、钢铁、纺织、建筑等劳动强度大的行业，早在 19 世纪末，外国劳工就达用工量的三分之二左右。[②] 19 世纪末 20 世纪初，由法国公司派出的"招工人员"活跃在南欧及法国各殖民地，甚至到了中国的东北、山东、福建等地。"一战"结束后，法国还出现了专门招募、安置外国劳工的私营企业"移民总公司"（Société Génerale d'Immigration，SGI）。

就移民构成而言，从 19 世纪中叶到 20 世纪中叶，进入法国之外国移民主要来自比利时、西班牙、意大利、波兰等欧洲国家：1851 年，来自以上四国的移民占全法外国移民总数的 58%；此后从 1872 年到 1936 年，以上四国移民所占比例均在 70% 以上。对法国人而言，来自这四个国家的移民虽然是"外国人"，但彼此都属欧罗巴人种，语言则属印欧语系，更重要的是，他们和法国人一样，大多信仰天主教。因此，他们与法国人之间最主要的差异是国籍的不同，是在享受与公民权相联系的各种权益上的差异。[③]

其三，自法国大革命以来，自由平等一直被崇尚为法兰西的民族精神。让不同国家不同种族的"政治难民"移居法国，为其提供"庇护所"，是又一令法国人时常引以为自豪的"历史业绩"。自然，法国判定"政治难民"的原则，是依据其统治阶级的立场决定的。1917 年俄国十月革命后，十多万反对布尔什维克革命的白俄被法国"收容"。30 年代法西斯在德国上台后，法国接纳了来自德国及东欧的十多万犹太人。又如，本书第三章提及的 1936 年西班牙内战爆发时，有大批战争难民涌入法国南方，三年后，当佛朗哥夺取政权并实施法西斯独裁，又导致多达 50 万西班牙难民涌入法国，其中大约半数留居法国。

第二次世界大战使欧洲生灵涂炭，战后的欧洲百废待兴。戴高乐政府意识到移民对法国战后重建的重要性，决定制定一项正式的移民法案。在讨论中，出现了两种不同意见。一派以经济学家为代表，他们主要关注的是如何迅速有效地引

[①]　参见沈坚：《关于法国近代经济发展若干问题的再思考》，《华东师范大学学报》1997 年第 6 期，第 41－50 页。

[②]　Martin，Philip L.，Comparative Migration Policies，*International Migration Review*，1994（28），pp. 164－170.

[③]　参见 Patrick Weil，*La France et ses étrangers*，*L'aventure d'une politique de l'immigration de 1938 à nos jours*，Gallimard，1991. 根据该书的附录资料整理。原附录无页码。

入大批青壮劳力，以弥补法国劳动力市场的缺口；另一派以人口学家为代表，他们认为，吸引移民是解决法国人口需求的重要举措，但从长远看，接纳移民的首要条件是对方必须能够顺利融入法国社会。在对移民族群的选择上，经济学家和人口学家一致认为：法国应当优先欢迎来自欧洲国家的移民。

1945 年 11 月 2 日，法国政府出台了第一个正式移民法案，主要包括以下两方面的内容：一方面，凡与法国企业签订正式雇佣合同者，即可获得进入法国的签证并在雇佣合同期内享有在法国的合法居留权；但另一方面，受法国企业雇佣的外籍工人并不一定就能得到在法国的长期居留权或入籍法国，即将移民的工作权与长期居留权、公民权相割裂。此规定虽然当时并没有得到多少社会关注，其潜在影响却在 20 世纪 70 年代后逐步凸显。

按照 1945 年移民法案的基本原则，法国政府成立了两个与移民相关的重要机构：一是"国家移民局"（The Office National d'Immigration, ONI），取代战前私营性质的"移民总公司"（SGI），专门负责从事有组织引入劳工的相关事宜；另一个是"难民和无国籍人士庇护局"（French Office for the Protection of Refugees and Stateless Persons），负责接受审理各类难民申请。按战后法国政府的设想，外国劳工移民（以下简称"外劳"）的输入应当由国家移民局统筹安排，各企业将其所需外劳数量报告移民局，由移民局安排到外国招聘，企业根据所获得外劳数量按人头向移民局支付费用。在国家的年度经济规划中，明确规定输入外劳的数量。例如，1946—1947 年战后第一个经济发展规划计划输入外劳 43 万人，1966—1970 年的五年经济发展规划计划输入外劳 32.5 万人。[①] 与此同时，依据优先招收欧洲劳工的原则，国家移民局一成立，即到南欧的意大利、西班牙设立招工处。

然而，在实际运作中，许多企业或不满移民局慢条斯理的官僚主义运作，或因一时急需而来不及申报计划，即直接派人到移民来源国招聘。当时通行的办法是：企业在外国招聘到劳工后，或利用"免签证规定"，或通过旅游、探亲等短期签证将其带入法国境内，直接安置到企业工作岗位，然后再由企业专门人员去移民局慢慢"补办"引入外劳的各种手续。如此先斩后奏的方式，使移民局被戏称为"移民证件交换所"，是"接纳法国国内移民的移民局"。有些移民个人也自行设法进入法国，再谋工作，补办手续。据 20 世纪 60 年代的统计，大约 90% 的外

---

① James F. Hollifield, "Immigration and Republicanism in France: The Hidden Consensus", in Cornelius, Wayne A., Martin, Philip L. & Hollifield, James F. eds., *Controlling Immigration: A Global Perspective*, Stanford University Press, 1994, p. 151.

劳都是"先进入法国再办理移民手续"[1]。对此，移民局虽有所不满，但因为其实际上省却了到外国招工的诸多麻烦却照收各类费用，因此也就默认了。

劳动力市场求大于供加上多渠道有效运作，使法国的外国移民数不断上升。法国移民局的资料显示，1946—1955 年间，法国年均输入移民 3.3 万人；1956—1960 年间，上升至年均近 16 万人；1961—1965 年间，再猛增至年均近 30 万人。1970 年的年度统计资料显示，是年共有 200 万外籍工人及 69 万家属居住在法国。[2]

如前所述，由于经由雇主选择的外籍工人个个年轻力壮，他们进入法国后承担了大量在当地人眼里被视为困难、肮脏、危险、卑贱的"4D"工作，有效地促进了社会经济发展，故而一时颇受朝野"欢迎"，社会对外国劳工表现出了前所未有的宽容。当时，在对待外劳的问题上，法国社会的主导趋势是重视平等、施以援手，帮助他们学习了解法国的语言风俗，为其提供技术培训，在住房、医疗等方面让他们分享社会福利，使他们能愉快工作。法国进步学者与社会活动家们还不断提醒人们：外劳首先是"人"，理应受到人道的对待。60 年代蓬勃兴起的民权运动，也对外劳的人权予以特别关注。在此大趋势下，对"人"的尊重得到弘扬，在民权意识明显增强的基础上，法国社会对异民族日显宽容。

正是在如此大背景下，法国社会普遍认为：以劳工为主体的外国移民完全可能与我们共同地、和谐地生活在一起。由此，原先以鼓励移民"入籍"为主的"雅各宾模式"在新形势下发展为"共和模式"，其内涵包括欢迎移民参与法国的经济建设，鼓励并相信外来移民能够顺利地融入法国社会。美妙和谐的"共和模式"得到朝野普遍赞誉。1951 年的一项社会调查显示，50% 的法国人认为外劳在法国从事有效服务，到了 1973 年，同一比例增长到 80%，绝大多数法国人认为外国人承担了法国人不愿做的工作，值得欢迎。[3]

法国的"共和模式"也得到了外来移民的赞同。1966—1967 年间，美国明尼苏达大学五位研究者对外劳在欧洲主要国家的生活状况进行了一项大规模的社会调查，其中之一是移民对接纳国满意度的问卷调查。结果显示：法国的得分在八个被调查国中名列榜首，而且，在调查表列出的 12 个项目中，法国在对移民的职业

---

① James F. Hollifield, "Immigration and Republicanism in France: The Hidden Consensus", in Cornelius, Wayne A., Martin, Philip L. & Hollifield, James F. eds., *Controlling Immigration: A Global Perspective*, Stanford University Press, 1994, p. 152.

② 相关数据根据"移民数据网"（http://migrationinformation.org）统计。其中 1950—1990 年的数据系根据原表中每五年的累计统计数算出年均统计数。1990—1999 年为年统计数。

③ Hargreaves, Alec Gordon, *Immigration*, *Race and Ethnicity in Contemporary France*, Routledge, 1995, p. 156.

培训、语言教育、社会服务、住房福利、开放入籍等九个项目上均获得最高分。[①]

二、共和模式的困境

然而，如前所述，正当法国社会陶醉于共和模式的美妙和谐时，1973 年骤然爆发的"石油危机"猛烈冲击法国社会，移民问题首当其冲。1974 年 5 月，法国新政府组成后作出的重要决策之一，就是立刻终止接纳所有外劳，并敦促业已入境的移民尽快返回祖籍国。法国移民政策看似突变的背后，其实是此前伴随移民大量输入业已滋生的矛盾在危机冲击下急剧激化的反映。

其一，20 世纪 60 年代之后，北非移民业已取代南欧移民成为进入法国的最大移民族群，这一信仰伊斯兰教的阿拉伯族群，与法国社会文化传统之间隔着一道不易逾越的鸿沟。

北非马格里布三国（阿尔及利亚、突尼斯和摩洛哥）曾经长期是法国的殖民地，二十世纪五六十年代，马格里布三国相继独立，但马格里布人作为法国前殖民地臣民，仍然可以自由进入前宗主国。因此，当南欧移民无法满足法国企业界需求时，大批马格里布人就成为移民潮的一大新来源。1946 年，法国的外国移民中欧洲人占 88.7%，两万余马格里布人仅在移民总人口中占 2.3%。但是，到了 1968 年，马格里布人在全法外国移民中的比例已猛增至 23.6%，进入 20 世纪 80 年代，马格里布人的比例再增至 39%，其中，仅阿尔及利亚一国移民人数就在 80 万以上，成为法国最大的外国移民群体。时至 20 世纪末，马格里布人及来自其他非洲国家的移民在法国移民中所占比例已超过半数，达 50.5%。[②]

阿拉伯民族近代以来长期遭受殖民统治而形成的执着的宗教信仰和族群认同，在移居法国社会之后成为在异域互帮互助的天然纽带。令法国人自以为得意的共和模式在同化马格里布人方面明显受挫，当危机发生时，法国社会的不满即首先指向马格里布人。

其二，随着家庭类移民日渐增多，当移民家庭也要与法国人一起分享其优厚的社会福利时，法国人的自由平等理念自然面临严峻考验。

二十世纪五六十年代，当马格里布劳工开始进入法国时，基本以年轻力壮的单身男性为主，他们有的如候鸟般来来回回，有的干上几年赚上一笔钱就打道回

---

① 外国移民对八个国家满意度从高到低的排名依次为：法国、瑞典、英国、德国、比利时、卢森堡、芬兰、瑞士。详见 Rose，Arnold M.，*Migrants in Europe：Problems of Acceptance and Adjustment*，The University of Minnesota Press，1969，p. 90.

② 根据 Patrick Weil 所写的 *La France et ses étrangers*，*L'aventure d'une politique de l'immigration de 1938 à nos jours* 附录资料统计整理。原附录无页码。

府，法国雇主为其提供的住宿条件也十分简陋，基本只适合单身男性居住。
1950—1955 年间，从阿尔及利亚到法国的劳工，年均回归率在 81% 以上。[1] 然
而，随着时间推延，情况渐渐发生了变化。因为，现代工业的发展，不仅需要劳
工的体能，也需要一定的技能。因此，就雇主而言，如果所雇佣的外劳能令其满
意的话，他们往往希望雇佣八年十年，甚至更长，以减少培训新工人的费用。而
就外劳而言，当他们在法国找到一份相对安定的工作之后，也希望能将家人接来
共同生活。正当此时，席卷西欧的民权运动客观上也促进了外劳民权意识的觉
醒，使之进而认识到要求"家庭团聚"是自己理所当然的权益。由此，情形发
生了根本性变化：当外劳将他们最宝贵的青春年华贡献给法国，当他们的子女在
法国受教育成长，那么，此时再要其举家迁回原籍就不是一件轻而易举的事了。
渐渐地，法国人发现，社会上"有色人种"的比例明显膨胀了，而且，当外劳
失去工作能力之后，当他们的家小还不是全劳力的时候，他们同样也要分享法国
人的社会福利。当外劳（尤其是那些与法国人不同种族不同宗教信仰的外劳）
也要求和法国人共同分享社会福利时，法国社会的宽容就显示出限度了。

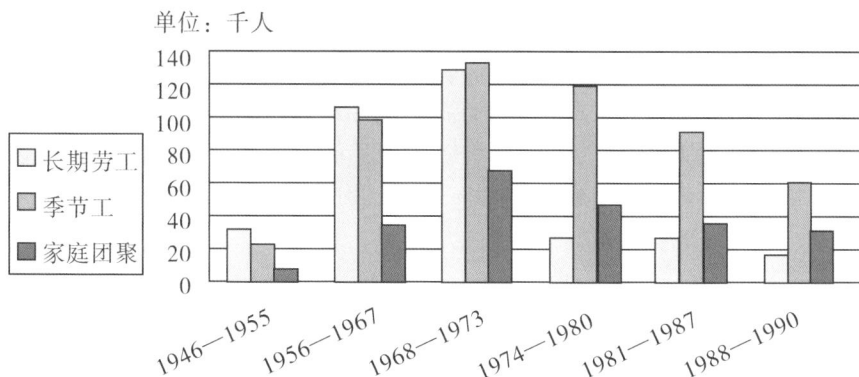

图 5-2　外国移民合法移居法国的主要途径（1946—1990 年）

资料来源：根据 James F. Hollifield 的 Immigration and Republicanism in France：The Hidden
Consensus 所提供的数据制图。

1974 年，法国政府采取应急性措施终止外劳入境，标志着法国人曾经津津
乐道的共和模式已成明日黄花。自此以后，每一届党派竞选都要标榜自己的移民

---

[1]　据统计，从 1950 年到 1955 年间，阿尔及利亚共有 86.8 万人次进入法国工作，71.4 万人次离法回
国，总回归率为 82.26%，年均回归率为 81.37%，其中 1953 年的回归率最高，达 91.79%。根据 Georges
Tapinos 的 *L'immigration étrangère en France* 提供的数据整理统计（1975，PUF，p. 34）。

政策；每一届新政府上台后，修订移民政策也成为要务之一。法国政府在二十世纪七八十年代对移民政策所做修订，主要涉及以下五方面的内容。

第一，取消对前法国殖民地国家移民入境的优惠政策。以阿尔及利亚为例。阿尔及利亚于1962年摆脱法国的殖民统治获得独立之初，其国民仍可以"前殖民地臣民"身份自由进入法国。随着阿尔及利亚移民人数直线上升，1968年，法国蓬皮杜政府提出取消上述优惠，但遭到阿尔及利亚政府反对。两国随后商定：阿尔及利亚人进入法国需申请签证；但法国对阿尔及利亚人申请旅游签证不得加以限制。新规定对有意入法打工的阿尔及利亚人增加了一些手续上的麻烦，即必须持旅游签证入境，但这对移民潮并无根本影响。1974年后，上述政策完全取消，阿尔及利亚人不仅不再享有任何入境优待，甚至遭到更严格的审查乃至排斥。

第二，紧缩居留卡发放，对移民的"家庭团聚"申请严加限制，"鼓励"移民返乡。1977年，法国决定以提供补贴的方式，鼓励业已入境的外国移民全家返回本国，并对移民要求"家庭团聚"的申请严加限制。[①] 法国政府的本意，一是送走那些不受法国社会欢迎的北非移民，减少就业压力；二是送走移民家属以减轻社会福利需求。然而，事与愿违。其一，从1977年到1981年，只有不到10万外国移民离开法国，其中单身劳工达三分之二，拖家带口者多选择留下。其二，由于其时南欧意大利、西班牙的经济状况相对好转，一些本已属意回国的南欧人，正好借法国政府的"优惠"衣锦还乡，而北非劳工却因法国政策转向，担心日后进入法国可能难度增大，因此，连那些原本如候鸟式来回于家乡与法国之间的劳工，也大多选择留居法国。

第三，1984年，法国正式实施工作许可制度，将外国人限制在若干工作领域之外。根据规定，军队、警察及公务员的高层职务均不允许外国人担任；公共交通、邮政、教育、卫生等国有部门对外国人就业实行限制；律师、医生、建筑师、药剂师等30个行业只允许获得法国文凭者从业。一般认为，法国就业职位中约三分之一保留给法国人。[②]

第四，授予警方在核查移民证件、拘留无证移民、驱逐非法移民等方面以更广泛的权力。1980年1月，法国第一次对1945年的移民法进行较大修订，其新增条款中最主要的是订立了"驱逐条例"，即对那些通过非正常途径进入法国者和居留到期后不符合延长居留条件者均可驱逐出境。而且，警方有权拘禁不具备

---

① 为鼓励外劳返回原籍国，法国政府规定，自1977年6月起，向自愿返回原籍国的外劳提供一万法郎的资助。只要在法国居住五年以上者均可申请该项补助。

② 禁止录用外国人的职位虽然逐年有所改变，但据2000年法国"种族歧视研究小组"的调查报告，是年，全法仍有将近700万个就业职位禁止录用外国人，约占全法就业职位的三分之一。

完整手续的移民。1986 年 9 月 9 日通过的《巴斯克法》（*Pasqua Law*）再度明确规定：驱逐非法移民可以由行政命令执行，即不一定要通过司法程序。1991 年，法国政府批准在机场及港口设立"等候区"，拘禁入境手续不全的外国人。同时，法令还规定对带入非法移民之航空、航运公司处以罚款。

第五，紧缩难民接纳政策。如前所述，为各国难民提供"慷慨庇护"曾经是法国人引以为自豪的业绩，然而，进入 20 世纪 80 年代之后，法国对难民也从"照单全收"改为具体审理，而且审查条件日趋严格。20 世纪 70 年代，法国作为原印度支那的宗主国，接纳了近 20 万印支难民。[①] 进入 80 年代，难民申请被拒绝率从 1980 年的 22% 上升到 1989 年的 79%。[②]

进入 20 世纪 90 年代，法国政坛左右两派的激烈竞争继续在移民法的修订上有所反映。1992 年右派在大选中获胜上台，1993 年 6 月，新任内政部长公开提出：法国已不再是一个移民国家，要力争实现"零移民"的目标。虽然在遭受批评后，该内政部长不得不将其目标改为"零非法移民"，但加紧控制移民的基本态度毫无改变。是年 8 月 24 日，以该内政部长的名义公布了《巴斯嘎瓦—德布莱法》（*Lois Pasqua-Debre*），该法令中一系列侵犯人权的规定虽一再遭到抨击，但仍然付诸实施。法令规定：警察可以随时随地对"身份可疑者"进行证件审查并拘留无证者；鼓励法国国民告发非法移民；所有跨国婚姻必须经特别审查合格后方可申请其国外配偶以"家庭团聚"移民法国；取消"业已进入法国的外籍未成年儿童在成年后自动获得法国居留权"的规定；凡留居外籍人士的法国人必须向警方报告；被驱逐者本人的申诉意见将不再成为暂缓执行驱逐令的理由，等等。

1997 年，以社会党为首的左派在法国大选中获胜。人们记忆犹新的是：1981 年社会党大选获胜上台后即实行大赦，13.2 万非法移民由此获得合法身份。因此，此次社会党再次上台，要求新政府再度无条件大赦的舆论随即高涨。1998 年春，新政府推出《舍维纳芒法》，允许符合下述条件的无证件者申请"身份合法化"：法籍人士的正式配偶；在法国出生的孩子的父母；能够证明已在法国居留十年以上；能够证明自己与法兰西土地有密切关系（能说流利法语，长期工作并纳税），等等。时至 1999 年初，依据该法令，大约 8.7 万人相继如愿改变身

[①]　20 世纪 70 年代末，法国先后接纳了多批来自印度支那的政治难民，后来又因"家庭团聚"等陆续接纳了已在法国定居的印支难民的家属。由于统计标准不同，关于法国接纳印支难民的统计数在 15 万至 20 万之间。详见本书第六章。

[②]　Hargreaves, Alec Gordon, *Immigration*, *Race and Ethnicity in Contemporary France*, Routledge, 1995, p. 21.

份，成为合法移民。[①]

2002 年春的大选，极右势力勒庞"意外"地在第一轮投票选举中以仅次于希拉克的票数胜出，两位极右派、右派代表成为首轮大选胜利者的结果震荡了法国政坛。尽管勒庞在第二轮选举中遭到惨败，但因为选民们只能在极右派与右派中择其一，因此右派代表希拉克以高票当选。入夏，法国的无证移民们一次次请愿游行，甚至短期占领教堂，掀起了一波又一波要求身份合法化的运动。对此，法国时任内政部长正式发表讲话，指出："法国需要移民，但法国不可能也不应该接受所有人。"他还认为："移民问题曾过于经常地充当极端论调的牺牲品：一方面，有人狂热宣扬零移民，而这根本就没有意义，因为法国是建立在多样性之上的；另一方面，有人极端地主张全面自动合法化，而这些人则没有意识到，如果这样做，就必定会出现新一波移民浪潮，并由此助长和维持一部分民众激愤乃至排外情绪。"因此，法国应当奉行一种"平衡的，既无伪装，又不虚伪并符合法国利益的移民政策"[②]。

在法国 2007 年的又一轮大选中，国际移民政策再度成为左、中、右三个党派候选人唇枪舌剑的重点之一。其中，被公认为右翼政党代表的人民运动联盟党（UMP）的候选人尼古拉·萨科奇（Nicolas Sarkozy），以强势继续宣传其在前一届政府担任内政部长时提出的"选择移民"政策，力主更加严厉控制外国人家庭团聚的条件，以便使"来法国生活成为一项以工作而不是以享受社会救济为基础"的计划。他表示，如果当选，将立刻着手让议会通过一项新法律，以规范相关程序；一个外国人办理家属来法团聚时，不仅必须拥有住房和工作，而且在来法国之前，就必须学习法语。萨科奇还打算规定每一类移民（经济移民、难民、家庭团聚）每年的入境数量，以便使"年度移民流量与法国的需求和接待能力相适应"。萨科奇的另一政策是，设立多标准计分体制，以法语程度、文凭等级、专业技能等为标准，为法国选择高素质的移民。

法国民主联盟（UDF）候选人法朗索瓦·贝鲁（François Bayrou）被视为中间派，他以"欧洲共同移民政策"为口号，力主在欧盟内部制定一项关于签证、打击非法移民以及共同发展的共同政策，并许诺一旦胜选，将进一步做好与各相关机构的协调工作，依照"清晰明确"的原则，与移民迁出国一道共同制定国家移民政策，控制非法移民，打击人口贩卖集团，在"明确标准与确定规则"的基础上"按个案处理"非法移民的身份合法化请求。

---

① 参阅（法国）《欧洲时报》，1998 年 5 月 31 日至 6 月 3 日，1999 年 1 月 24—26 日。

② 参阅《法国将采取"平衡的"移民政策》，这是法国"语言文化辅导协会"会刊《鸣锣》杂志社主编的时政分析稿，《鸣锣》，2002 年 10 月，第 3 页。

代表左翼法国社会党（PS）的候选人赛格兰娜·罗雅尔（Segolene Royal）对萨科奇的"选择移民"政策大加鞭挞，指责其违背了法国的基本人权理念。罗雅尔表示，如果当选，将立刻撤销2006年7月24日萨科奇移民法中那些最具限制性的规定。她提出，将"按标准身份合法化"，采纳"按移民在法国居住年限、个人社会联系、入学状况、工作合同、法语能力等进行身份合法化"的政策，并主张以"承认经济现实"为基础，设立一种"多年有效并可多次往返的签证，以方便劳工移民"，因为唯有如此，方能在建筑业、餐饮业有效打击地下黑工。

该选举结果是萨科奇于2007年5月6日以相对高票赢得大选。萨科奇就任法国总统后，随即改弦更张，将一系列新政付诸实施。在涉及国际移民政策的问题上，萨科奇的重要举措之一就是组建一个新的"移民、融入、国家认同及共同发展部"，将所有外国移民事务均归入该部的管辖范畴。

法国的国际移民事务原先分别隶属于四个不同政府部门：难民审批由隶属于法国外交部的"全法难民和无国籍者办公室"主管；移民接纳与入籍方面的工作由隶属于法国社会团结部的"人口与移民办公室"主管；移民居住证发放及边境警务由内政部主管；而涉外婚姻则由司法部负责。萨科奇认为这种管理模式因不同部门各自为政而存在诸多弊端，因此，他提出以"帮助移民来源国发展、加强移民控制、促进移民融入"为该部的三大工作目标，并任命与自己有长达30年友情的亲信奥尔特弗担任该部部长。奥尔特弗就职后在对媒体发表的讲话中再度强调坚决驱逐无证移民的铁腕政策，并且强调对法国国民中那些只图享受社会福利的懒汉严加惩罚，是解决法国劳动力缺失的有效方法。显然，萨科奇政府对外国移民的强势制裁，与前任政府相对温和的政策南辕北辙。

在萨科奇之后的2012年和2017年法国总统大选中，移民政策依然是各候选人竞选团队精心策划之选战策略的核心问题之一，而以极右立场闻名于世的勒庞也同样高调参选。勒庞的竞选口号，仍然是"反移民"，仍然高呼"法国是法国人的法国"，强调要将更多工作机会留给法国人，主张抵制实际上以中国进口商品为主的外国货，抵制外国投资。虽然勒庞在这两次大选中都以败北告终，但以勒庞为代表的反移民的右翼势力的增长则值得关注。相关报道显示，在2002年之前，70%以上的法国人都认为以勒庞为首的国民阵线是法国民主的祸害，但是，到了2017年大选时，仍然持有这一看法的法国人已经下降到47%，而支持勒庞的比例则上升到三分之一。调查还显示，勒庞的支持者多来自工人和雇员群体，主要居住于"最近形成的小城镇和新的住宅通勤带，他们许多人逃离了大城市，原因要么是他们再也住不起，要么是他们在大城市郊区都有过住在密集移民

区的经验，这些人都遭遇过人身安全的问题"①。法国华人报刊《华人街报》在
2017 年大选前的一项小型民调也显示，由于法国治安欠佳，居住在移民聚居街
区的华人经常遭遇北非裔移民偷盗抢劫，对法国传统左翼政党的移民和治安措施
不满，因此华人支持勒庞的比例也高达 24%。②

　　在 2012 年和 2017 年法国两次大选中先后胜选的奥朗德和马克龙，虽然他们
都对勒庞的极右翼政策持批评态度，但上任后在移民问题上则都采取了较其前任
更为严厉的立场。当今以法国为代表的整个欧洲意识形态已呈现出右倾化的势
头，虽然法国的国家格言仍然是"自由、民主、博爱"，但居高临下对外来移民
标榜人道、人权的时代已经过去，法国政府曾经引以为自豪的共和政策已是明日
黄花。

三、自由民主的限度

　　综观近半个世纪以来法国移民政策的发展变化，我们可以清楚地看到：当代
法国移民政策虽然不断修订，但基本滞后于移民潮的发展，是被动的、弥补性
的，在许多方面缺乏实际可操作性。移民问题业已成为涉及法国社会、宗教、历
史、种族等多重问题的一个难解的"死结"，其原因与法国社会的多重矛盾密切
相关。

　　1. 政治因素

　　在政治层面上，法国移民政策的制定与实施纠缠着多重矛盾，是不同利益集
团争夺权益的集中体现，长期成为法国政坛左右两派斗争的一个筹码。

　　帕特里克·韦尔（Patrick Weil）是法国一位著名的政治学教授，曾对法国的
国际移民政策进行过长期追踪研究，在法国社会党执政时期，还对政府政策制定
发挥过重要影响。尤其是 20 世纪 90 年代，当法国社会党执政时，韦尔教授曾应
邀直接参与当时移民政策的修订。韦尔教授关于移民政策的主要代表作有二：一
是《法国与外国人：1938 年以来法国移民政策的冒险》③；二是《何为法国国民？
1789 年法国大革命以来的国籍政策史》④。他认为，法国的移民政策自"二战"

---

① 《三分之一法国人支持极右翼　封杀勒庞只靠马克龙》，新浪网，http://finance. sina. com. cn/roll/
2017 - 03 - 09/doc - ifychavf2229742. shtml，2017 年 3 月 9 日。

② 《民调：法华人关心经济和移民政策　六成支持马克龙》，人民网，http：//world. people. com. cn/
n1/2017/0502/c1002 - 29247093. html，2017 年 5 月 2 日。

③ 详见 Patrick Weil, *La France et ses étrangers*, *L'aventure d'une politique de l'immigration de 1938 à nos
jours*, Gallimard, 1991。

④ 详见 Patrick Weil, *Qu'est-ce qu'un Français？ Histoire de la nationalité française de la Révolution*,
B. Grasset, 2002。

结束以来已渐渐系统化，但是，由于种种政治论争及社会经济压力，移民政策在实施中经常背离其原则。因此，法国的移民法实际上一直存在着"国家立法"（State of Law）与"国家执法"（State as an Actor）二者相互背离的矛盾。国家制定种种法律法规，严格规范接纳移民的原则及程序；但是，由于政权在不同党派之间相继交接，而由不同党派组建的政府在执法时往往各行其是，朝令夕改，法国移民的诸多问题即根源于此。

法国另一位移民政策研究者伊凡·加斯托（Yvan Gastaut）在《第五共和国时期的外来移民与法国公众舆论》①一书中，曾经仔细剖析了法国不同党派在移民问题上的基本立场。按照他的分析，法国的右翼政党是排外的；左派的传统是充当移民的代言人，但近年来也开始表现出反移民的倾向；法共在战后之初是反移民的，近一二十年来则成为外国移民最坚决的支持者。笔者以为，伊凡·加斯托的剖析虽有一定道理，但并不是绝对的。关键问题是：在当今时代，政坛上传统的左派、右派概念已经变化。工会组织曾经被认为是理所当然的左派团体，但如前所述，在对待外国移民的问题上，工会组织一直是右派反移民政策最有力的支持者。反之，作为资本势力代表的企业主们，历来是右翼势力的主要基础，但正是他们积极主张接纳和利用外国移民。

还值得注意的是，法国移民政策还与更敏感的宗教问题纠结一体。如前所述，二十世纪五六十年代进入法国的"客工"多为来自北非、中东的非洲人和阿拉伯人，他们多信仰伊斯兰教。经过半个多世纪在法国的生存发展，这批移民及其后裔已经在法国形成一定的社会势力，并且因其与主流社会迥异的宗教信仰和生活习俗而颇受关注。伴随着"9·11"之后美国的全球反恐进程，法国政坛的极右翼势力也悄悄地将"反移民"的内涵修正为"反伊斯兰移民"，从而实现了法国社会传统右翼与极右翼之间的某种"联手"。

因此，左右政党关于移民政策激烈争辩的背后，是利益集团政治的交锋，是发达国家社会政治、经济、文化等多方面因素的相互交织。

2. 经济因素

在经济层面上，移民政策与实施中的悖论实际是法国国内不同阶级利益交锋的折射。

法国是一个高福利国家，给予国民的高福利是靠高税收来支持的。根据笔者与卡琳·格拉希莫夫博士（Carine Guerassimoff）在巴黎制衣厂的实地调查，以2000年的收入计算，一个无专业文凭、领取法定最低工资的正式车衣工每月所得纯收入为823欧元。但是，其雇主除工资外，还需为其交纳全民社会捐助、社

---

① 详见 Yvan Gastaut, *L'immigration et l'opinion en France sous la Ve République*, Ed. du Seuil, 2000.

会疾病保险、养老基金、工伤事故基金、退休基金、失业基金等各类款项，因此，老板为一名正式车衣工所支付的实际费用总额达 1 650 欧元。反之，如果雇佣一个外国移民，尤其是无证外国移民当车衣工，那么，雇主一般只需支付 600 欧元工资。换言之，雇主用于支付一名正式工人的费用，可用于雇佣 2.75 名无证工人，雇主从中可能获得的经济利益显而易见。正因为如此，尽管国家立法一再严格限制外国移民，但各类企业违规雇佣屡禁不止。法国学者业已尖锐指出："移民操作"真正服从的不是专家们精心制定的法律，而是工业界对移民即廉价劳动力的需求①；法国每一次大赦非法移民或曰"身份合法化运动"，都源自需要廉价劳工的企业主的推动，"凡劳力匮乏的地方，雇主都赞成开放边界，而小企业则满足于雇佣黑工"②。

来自各方面的调查业已表明，法国实际上是需要移民补充其劳动力市场的。2000 年由联合国提出的一份报告认为：今后半个世纪内，"如果没有移民，法国的退休年龄必须推迟到 74 岁。如果只是为了简单维持与目前相近的 6 100 万人口，法国将需要 147 万移民"，但是，"如果法国要维持目前就业人口和退休人口之间的比例关系，即每 4.1 个就业者养活 1 个 65 岁以上的退休者，那么，法国须每年吸纳 170 万移民，也就是说，从现在起到 2050 年，共需要吸收 9 370 万人"。③

联合国报告公布后，法国计划署随即委托法国国家人口研究所就法国的人口现状进行调查。2002 年 11 月，法国国家人口研究所所长弗朗索瓦·埃朗向计划署提交了报告。在报告中，埃朗不同意联合国报告的上述估计，认为"无任何人口理由证明法国未来数十年需要大力发展移民"，"移民并非解决人口老化问题的灵丹妙药"。但是，他在报告中同样指出，"法国是个移民国，没有移民的贡献，许多经济部门不可能运转起来"。他同时也注意到：战后婴儿高峰期出生的一代人自 2005 年起开始大批退休，务必未雨绸缪。实际上，"法国已经在缺少劳力的部门开始悄悄地、有限地招聘移民"。据埃朗保守估计，法国每年需要接纳至少 12 万移民。为此，他建议研究其他国家制定的移民选择机制，以吸引最佳移民。④

对比法国人口学家与联合国专家对今后的预测，可以清楚地看到：虽然双方对于法国今后究竟需要多少移民估算不一，但在法国需要移民这一点上则没有分歧。从经济角度考虑，移民对今后法国社会的持续发展举足轻重，当是不争的

---

① 参见 Gerard Noiriel, *Nation et Immigration: Vers une histoire du pouvoir*, Paris, Belin, 2001.
② 《法国需要新移民》，（法国）《欧洲时报》，2002 年 10 月 25 日。
③ 《法国未来 50 年内需要数百万移民》，《鸣锣》，2000 年 4 月，第 6 页。
④ 《面对移民法国"半掩门"》，（法国）《欧洲时报》，2002 年 11 月 20 日。

事实。

但是，同样必须指出的是，由于外来移民和非法移民为法国资本集团提供了廉价的劳动力，法国本国底层劳动力就业受到直接冲击，故而同样是经济影响，即促使他们因自身利益攸关而成为法国极右翼反移民政客的支持者。

3. 文化因素

在文化层面上，围绕移民政策的不同争议，实质上是法兰西文化至上与多元文化的矛盾与冲突，是对民族融合理念的严峻考验。

1985 年，针对社会上外国移民人数不断增加的现状，法国学者们进行了一次较大规模的民意测验，调查结果显示，42%的被调查者认为绝大多数移民与法国社会差距太大而无法融入法国社会，三分之二认为如果法国不限制外国移民的话，将面临丧失民族性的危险。五年后的另一调查显示，法国人当中认为绝大多数移民不可能融入法国社会的比例上升到 49%，认为伊斯兰教徒不可能融入法国社会的比例也达 49%。大约三分之二的法国人认为移民太多了，几乎同一比例的人说他们从不与移民打交道。①

法国人权咨询全国委员会在 2000 年呈交给法国总理的一项报告中指出，根据其所进行的调查，63%接受调查的人表示，"在法国的外国人太多了"，有70%的人认为欧盟籍以外的外国人在法国"令人不舒服"，在这方面受歧视最深的是阿拉伯人，其次是黑人。78%的法国人觉得法国社会各不同种族团体之间关系将会造成紧张，近三分之一的法国人认为法国应该完全关闭边境，不再接受难民。

显然，接纳移民，有一个经济上的市场需求问题，还有一个民族的心理承受力问题。经过战后近半个世纪的实践检验，法国的共和模式也好，融入政策也罢，在相当程度上只是一相情愿，困境重重。一方面，移民不满：以马格里布人为主体的外来移民信守自己的宗教，不愿抛弃自己的历史与文化而接受"完全融入"的共和模式。另一方面，法国人也不满：吸纳和纵容异族移民的结果，是出现了"反法国人的种族主义"，使法国人在法国都失去了在"家"的安全感。他们赞同极右派在"捍卫传统价值"的口号下推崇"保卫法兰西民族特性"，主张"法国人优先"，因为这种做法有利于维护其既得利益。

战后半个世纪以来，法国华侨华人总数从数千人猛增到数十万人，法国是华侨华人在欧洲的一个重要聚居国。因此，深刻认识影响法国移民政策的政治、经济、文化等多重因素，是我们剖析当代华人社会在法国形成、发展的重要前提。

---

① Hargreaves, Alec Gordon, *Immigration*, *Race and Ethnicity in Contemporary France*, Routledge, 1995, pp. 151，156 – 158.

第三节 "合法化"的正效应与潜功能

在整个 20 世纪下半叶，随着大量外籍移民涌入欧洲，欧洲相关国家一方面不断紧缩移民政策，制定了从加强边境控制、严惩雇佣非法移民之雇主到遣返无证非法移民等一系列政策；另一方面却一次又一次地实施对非法移民的"大赦"，或曰"非法移民合法化运动"。如此相互矛盾的政策，其正效应是彰显了维护底层移民权益的普世人权理念，而其潜功能则在于给"非法移民"以"合法期待"，诱导了更多的非正规移民行为。

一、"合法化"行动扫描

如前所述，当西欧国家于 20 世纪 70 年代中期关闭外籍工人入境大门之后，社会上业已形成的那个本国劳动者不愿进入的低层次劳动力市场并不可能随之消失，于是，围绕移民行为的多方经济博弈长期延续。就雇主而言，长期从雇佣廉价、听话的外籍工人身上业已尝到甜头的某些老板，自然不愿放弃已经习惯了的操作方式。如前所述，由于战后西欧发达国家均实施高福利、高税收政策，雇主必须为所雇佣工人交纳从人身安全、疾病健康到失业养老等多种保险，其总额甚至略高于工人月纯收入。也就是说，雇佣一个具有完备手续的正式工人的费用，可以用来雇佣两三个无证劳工。雇主为降低劳动成本而雇佣非法移民的现象，在西欧发达国家长期延续。

就外来移民而言，他们多来自比较贫穷的发展中国家，往往自觉或不自觉地将原居地的生存标准移植到西方：以特别低廉的价格出售自己的劳力，以令当地人难以想象的超低消费水准维持生存。而且，由于他们没有所在国的合法居留权，因此既无法理直气壮地要求工资、福利的合法待遇，也不敢公开反抗老板的苛刻盘剥。西欧国家为了制止无证迁移现象延续，一再强调非法移民一旦被发现，不仅本人必须被遣送，雇主也会被课以重罚。然而，与此同时，有关国家却又在一定时期、一定范围内，对业已入境的非法移民有选择、有限度地实施"大赦"，或曰"非法移民合法化行动"，使之从"非法居留、合法打工"转为合法居留、合法打工。

1. 大赦政策与无证移民身份转换

根据联合国经济社会委员会（Economic and Social Council）2006 年关于国际移民概况的报告，20 世纪 90 年代全球各国先后共实施了 19 项对本国非法移民人

口的合法化行动，其中 14 项由欧洲国家所推行，这些合法行动共使 150 万原处于无证或曰非法状态的移民获得了合法身份。进入 21 世纪之后，从 2000 年到 2005 年，世界各国又实施了 14 项非法移民合法化行动，其中 10 项在欧洲，且同样主要在南欧的意大利、西班牙等国。通过这一系列大赦方案，又有约 200 万非法移民获得了合法身份。[1]

在欧洲关闭客工大门后最先实施无证移民合法化行动的国家是法国。1981 年 3 月密特朗当选法国总统，8 月便颁布了《无合法证件的外国人就业法》，法国华人习惯称之为"81 年大赦令"。该法令规定：给予 1981 年 1 月 1 日以前入境的非法移民以合法居留资格，这一政策持续到第二年的 6 月，共有 14.5 万人提出申请，13.2 万人获得了合法身份。大约 10 年后，1992 年，法国政府又在一定范围内实施"放宽移民政策"，使法国境内数万非法移民以"家庭团聚"为由获得了合法身份。由于此次行动适用范围有限，要求放宽合法化申请的呼声很高，因此，从 1997 年 6 月 24 日开始，法国又一次开始大规模的"无证者身份合法化行动"。按规定，在法国有家庭关系，或者，能够证明在法国至少居住七年、有实际工作能力、融入情况优良的单身者，可以申请身份合法化。据 1999 年初的统计，共有 14.3 万人提出申请，8 万人获得批准。[2]

再以意大利为例。

意大利在历史上是移民输出的国家。意大利旅游局长曾经提出，全世界各地的意大利人及其后裔数量有一亿多，几乎是意大利本土居民的两倍，多数居住在拉美、北美、大洋洲等地。[3] 直到第二次世界大战结束后，由于德、法、英等欧洲国家经济增长强劲，劳动力短缺，大批意大利人持续不断北上打工。20 世纪 50 年代的统计显示，意大利每年平均有 13 万至 15 万人到国外打工谋生。截至 1955 年 7 月的统计显示，从意大利移居国外但仍保留意大利国籍的意大利移民达 380 万，其中约三分之一在欧洲，以法国为主，比利时次之，瑞士再次之。[4] 可以说，"二战"结束后的二三十年间，意大利一直是南欧的一大移民输出国。

20 世纪 70 年代后期，意大利经济进入新的增长期。相关统计显示，在 1973—1979 年，意大利经济年均增长速度为 3.7%，高于包括日本在内的所有工业化国家的增长水平。1979—1988 年的增长水平也达到 2.4%，在国际上仅次于日本和加拿大，是欧洲经济增长最快的国家。同期，意大利制造业部门按就业人

---

①　联合国经济社会委员会：《世界人口监测：关注国际移民与发展》，2006 年，第 17 页。
②　以上材料根据法国（法国）《欧洲时报》相关报道整理，详见（法国）《欧洲时报》，1998 年 5 月 31 日—6 月 3 日，1999 年 1 月 24—26 日。
③　郭世琮：《在美国的意大利人》，《世界知识》1981 年第 15 期，第 30 页。
④　程世雄：《意大利——移民之国》，《世界知识》1957 年第 12 期，第 32 页。

口统计的平均劳动生产率也大幅度提高，1973—1979 年，年均增长率为 3.5%（高于同期西德的 3.1%，略低于法国的 3.9%）；1979—1986 年的年均增长率为 4.0%（高于西德的 2.0%）；1980—1986 年，再提高到年均增长 5.1%（高于西德的 3.5% 和法国的 5.0%）。[①]

随着意大利经济的强劲回升，不仅原本北上打工的意大利人出现了回归潮，而且吸引了大量来自非洲、中东、亚洲的新移民进入意大利的劳动力市场。正如意大利学者所言，移民大规模进入意大利直到了 20 世纪 80 年代才具有重要意义。[②] 值得注意的是，当意大利开始吸引外来移民之时，恰逢中国改革开放打开国门之际，于是，意大利就成为中国新移民在欧洲的一个重要聚居国。

20 世纪 80 年代初，意大利政府估计当时整个意大利无证外籍劳工可能达到 8 万至 20 万人。为了规范对外籍劳工的管理，1982 年，意大利劳工部颁布法令，要求所有雇主为其所雇佣的"无证非欧共体劳工"办理"合法化"手续。按照政府设计的法令，所有意大利雇主必须为其所雇佣的无证劳工补交以往所欠税款及社会福利款，并交纳相当于一张返回劳工原居国的飞机票的钱款，那么，其所雇佣的外籍劳工即可获得合法身份。然而，在政府所规定的期限内，仅有 1.6 万人办理了"合法化"手续。

为了推动"合法化运动"，1986 年 12 月 30 日，意大利正式通过 943/86 号法令，规定："凡是从未办理过居留登记的非共同体国家工人，在 1987 年 1 月 27 日之前实际上已从事非法劳动的工人"，或者"未办理过居留登记的非共同体国家的失业工人，本人愿意在安置工作名单上登记者"，均可由其本人或雇主按一定程序向政府有关部门提出"身份合法化申请"。时至 1988 年 9 月 30 日，共有 118 706 人依据该法令获得了合法身份。时隔不到两年，在 1990 年 2 月 20 日，意大利政府又颁布第 39/90 号法令，再次大赦非法移民，这一延续到同年 6 月 30 日的大赦令，共使得 215 861 名无证移民因大赦而获得合法身份。

1995 年 11 月 8 日，意大利总统再次签署了 DL/489/95 大赦令，规定凡是于 1995 年 11 月 8 日之前以各种方式进入意大利的非法移民，如果能证明已在当地住满六年，无刑事犯罪记录，或如果能证明有工作或在最近 12 个月中至少工作过 4 个月者，每人预付 6 个月的税款 300 万意大利里拉，即可在移民法有效日期起 120 天内申请办理身份合法化手续。时至次年 3 月，共有 24.6 万名无证移民

---

① ［意］卡尔罗·达达、布鲁诺·萨里图洛：《70 年代和 80 年代的意大利经济》，《国际经济评论》1990 年第 2 期，第 54 页。

② Denison, Tom, Arunachalam, Dharmalingam, Johanson, Graeme & Smyth, Russell, "The Chinese Community in Prato", in Johanson, Graeme, Smyth, Russell & French, Rebecca eds., *Living Outside the Wall*: *The Chinese in Prato*, Cambridge Scholars Publishing, 2009, p. 3.

实现了身份合法化。

1998 年，意大利通过"关于移民问题的法律总则"，其基本精神是：控制新移民进入，但着手解决境内 30 万已有工作的非法移民的合法化问题，并首次决定将流动零售商贩视为有工作者并给予临时居留证。同年 11 月 1 日，意大利开始接受非法移民居留申请，政府原计划接纳 5.8 万名无证移民，但仅仅一个多月，截至 12 月 15 日，官方统计申请者已逾 30 万人，结果共有 21.7 万无证移民实现了身份合法化。

2002 年，随着意大利政府 189/02 号法令付诸实施，又有多达 702 156 名无证移民通过大赦转换了身份。①

虽然意大利政府历次大赦法令都以保护移民工人合法权益，严格控制无证移民为宗旨，其在一定程度上使无证移民能够顺利转变身份，实现在意大利合法居住，合法就业，其家属尤其是子女可以在意大利正常入学，的确起到了保护劳动者权益的正效应；但与此同时，却也显示了吸引更多潜在移民通过灰色路径进入意大利的潜功能，因为，一次次接连不断的大赦，使非法移民完全可以持有向合法身份转换的合理期待。

根据美国移民政策研究院（Migration Policy Institute）公布的 2017 年统计数据，意大利接纳的外国移民总数已经达到 590.7 万人，占意大利总人口的 10%，其接纳移民总数在全世界各国中排行第 11 位，在欧洲排行第 6 位。②

欧洲另一个自 20 世纪末叶即多次实施对无证移民大赦政策的国家是西班牙。

西班牙的国情与意大利有相似之处。西班牙也是欧洲一个经济相对落后的国家，西班牙国民也曾经大量北上打工。然而，进入二十世纪六七十年代后，虽然西班牙仍然处在独裁者佛朗哥的统治之下，但他通过一系列措施推进工业化，促进了西班牙经济的快速发展。1965—1975 年，西班牙人均国民生产总值几乎增

---

① 关于意大利历次大赦的有关情况，主要根据以下材料整理：Cornelius, Wayne A., Martin, Philip L. & Hollifield, James F. eds., *Controlling Immigration: A Global Perspective*, Stanford University Press, 1994, pp. 314 – 320；King, Russell ed., *Mass Migrations in Europe: The Legacy and the Future*, Belnaven Press, 1993, pp. 280 – 281；罗马华侨联谊会主办：《简讯》，1987 年 2 月 19 日；罗马华侨华人联合总会主办：《罗马侨讯》，1996 年 1 月 23 日；Francesco Carchedi & Marica Ferri, "The Chinese Presence in Italy: Dimensions and Structural Characteristics", in Benton, Gregor & Pieke, Frank N. eds., *The Chinese in Europe*, Macmillan Press, 1998, pp. 261 – 277；Denison, Tom, Arunachalam, Dharmalingam, Johanson, Graeme & Smyth, Russell, "The Chinese Community in Prato", in Johanson, Graeme, Smyth, Russell & French, Rebecca eds., *Living Outside the Wall: The Chinese in Prato*, Cambridge Scholars Publishing, 2009, pp. 2 – 3.

② 详见美国移民政策研究院网页：Top 25 Destinations of International Migrants，https://www.migrationpolicy.org/programs/data – hub/charts/top – 25 – destinations-international-migrants? width = 1000&height = 850&iframe = true.

长了三倍，工业产值增长率在西欧国家中居首位，被誉为"西班牙的经济奇迹"。①

1975 年佛朗哥寿终正寝，西班牙进入了改革新时期。新政府推行政治民主化，经济自由化，实施了一系列切实有效的促进经济发展的举措，如完善税制，压缩政府开支，增加科研和技术改造投资，大力发展高技术产业，充分挖掘经济潜力，提升旅游支柱产业优势等。1986 年西班牙加入欧共体，成为欧共体援助基金的主要受益者，据统计，当时欧共体援助基金中大约 25% 的结构基金和60% 以上的协调基金都分配给了西班牙。② 大量经济援助成为西班牙加入欧共体后获得的直接利益，更形成了西班牙加速现代化进程的巨大推动力。1986—1989年，西班牙经济增长率达到 4.5%，远高于同期西欧 3.2% 的平均水平。③

1986 年西班牙成功击败多个实力强大的对手，获得第 25 届奥运会的主办权，并于 1992 年在巴塞罗那成功举办奥运会，这一切再次为西班牙经济发展注入了强心剂。西班牙在这一时期的经济增长持续高于欧共体成员国的平均水平，GDP从 1981 年占欧共体的 6.8% 提高到 1991 年的 8.4%，同期人均 GDP 也从占欧共体平均水平的 73% 提高到近 80%。④ 20 世纪 90 年代，西班牙经济基本保持低速、稳定增长。2002 年，西班牙国内生产总值达到 6 498 亿美元，列世界第 9位，在欧盟成员国中仅次于德、法、英、意四国，人均 GDP 超过 1.5 万美元。⑤

伴随着西班牙经济的稳步增长，西班牙劳动力市场呈现旺盛需求，大批外籍劳工涌入西班牙。由于西班牙政府并没有明确的接纳外籍劳工的政策，各相关部门面对骤然高涨的移民入境潮应对迟缓。于是，在西班牙，从基本建设工地到各农业生产基地，都雇佣了大批外籍无证工人。为了规范外籍劳工管理，西班牙政府自 1986 年起开始实施"无证者合法化行动"。1986 年和 1990 年的两次大赦中，共有 15 万无证移民获得了合法身份。1995 年的大赦，共给予 85 526 人以合法居留权。⑥ 如果再加上西班牙同期接纳的合法移民，在整个 90 年代上半期，西班牙年均接纳移民 3.3 万人。

---

① 张祖谦：《西班牙的经济奇迹》，《国际展望》1988 年第 17 期，第 22 页。

② 张小济、张琦：《明显的经济拉动：欧盟欠发达成员国参与经济一体化的经验和启示》，《国际贸易》2004 年第 2 期，第 40 页。

③ 叶·奥斯特罗夫斯卡娅：《西班牙与欧共体：获得成员国资格后的初步成果》，《国际经济评论》1992 年第 2 期，第 45 页。

④ 张敏：《西班牙：南欧国家经济改革的领头羊》，《世界知识》2001 年第 17 期，第 33 页。

⑤ 张小济、张琦：《明显的经济拉动：欧盟欠发达成员国参与经济一体化的经验和启示》，《国际贸易》2004 年第 2 期，第 39 页。

⑥ 关于二十世纪八九十年代西班牙实施"无证者合法化行动"的资料，参阅 King, Russell ed., *Mass Migrations in Europe: The Legacy and the Future*, Belnaven Press, 1993, p. 25；《西班牙结束无证者合法化行动，8.5 万人获居留证》，（法国）《欧洲时报》，2000 年 8 月 4 日。

西班牙不仅在 2000 年、2001 年和 2005 年三次实行大规模大赦，而且从正规渠道移民进入西班牙的人数也蔚为可观。从 20 世纪 90 年代下半期到 21 世纪初年，西班牙接纳外籍移民及相应大赦更是扩大了规模。90 年代下半期，西班牙年均接纳外来移民约 6.6 万人，从 2000 年至 2005 年，年均接纳外来移民猛增到 48.3 万人，其中 65% 来自发展中国家，35% 来自其他发达国家。①

根据西班牙马德里大学"移民与公民身份研究中心"主任华金教授等人的统计，1995 年时，西班牙国内合法移民总数约 50 万，2004 年增加到 200 万，同时社会上还有大约 120 万无证移民，由此推动了西班牙 2005 年的大赦。②

2013 年 5 月，西班牙政府就业与社会保障部（Gobierno de España Ministerio de Empleo y Seguridad Social）发布了最新一季西班牙外国移民统计数据。根据该报告，截至 2013 年 3 月 31 日，西班牙的外国移民总数已经增加到总计 5 467 955 人，超过西班牙总人口的 11%，而且，西班牙每年人口增长率的一半是由接纳外来移民而实现的。③ 美国移民政策研究院的数据显示，截至 2017 年底西班牙共接纳外国移民 594.7 万人，占西班牙总人口的 12.8%，其接纳移民总数在全世界各国排行第 10 位，在欧洲排行第 5 位。④

意大利、西班牙这两个南欧国家始于二十世纪七八十年代的无证移民合法化行动，无论是其实施的次数或受益者的规模，都在世界上位居前列，因而对这两个国家华侨华人群体的快速增长产生了显著的影响。对此，本书在下一章将进一步探讨。

2. 难民庇护与无证移民身份转换

欧洲各国的难民庇护政策，也对外籍移民流向具有重要影响。联合国于 1952 年通过的《关于难民地位的公约》第一条乙款对"难民"定义如下：

因有正当理由畏惧由于种族、宗教、国籍、属于某一社会团体或具有某种政治见解（而遭迫害）的原因留在其本国之外，并且由于此项畏惧而不能或不愿受该国保护的人，或者不具有国籍并由于上述事情留在他以前经常居住国家以外而现在不能或者由于上述畏惧不愿返回该国的人。

---

① 联合国经济社会委员会：《世界人口监测：关注国际移民与发展》，2006 年，第 7 页。

② Joaquin Arango & Maia Jachimowicz, Regularizing Immigrants in Spain: A New Approach, 美国移民政策研究院网页：http://www.migrationpolicy.org/article/regularizing-immigrants-spain-new-approach/.

③ 西班牙政府就业与社会保障部：《在西班牙的外国人（2013 年 3 月 31 日）》，2013 年，第 1 页。

④ 详见美国移民政策研究院网页：Top 25 Destinations of International Migrants, https://www.migrationpolicy.org/programs/data-hub/charts/top-25-destinations-international-migrants? width = 1000&height = 850&iframe = true.

联合国国际难民署是为国际难民提供援助的专门机构。根据国际法的相关规定，各主权国家可以对进入本国申请庇护的外籍或无国籍人士进行审核，申请人一旦被接收国认定为"难民"后，接收国就必须依照人道主义原则，尊重难民在该国生活、工作及宗教信仰的基本权利。

在"二战"后的冷战时期，西欧主要国家一直是为政治难民提供庇护的重点地区。究其原因，一是基于西欧原宗主国与其前殖民地之间错综复杂的关系，原宗主国往往将"庇护"原殖民地臣民视为己任；二是受冷战思维左右，西方国家一直以"反共之政治难民"的保护者自居，并为其提供相当宽厚的人道主义庇护，形成了一整套安置政治难民的社会福利机构，客观上为希望移民西欧国家但又缺乏正规途径的潜在移民提供了一条旁门左道。

西欧的英、法、荷等国均为老牌殖民国家，"二战"之前在亚、非、拉地区占有广袤的殖民地。"二战"结束后二十世纪五六十年代蓬勃兴起的民族独立运动，使大批殖民地、半殖民地国家挣脱了殖民镣铐，建立起了独立的民族国家，殖民体系全面瓦解。然而，在新国家建立与发展的进程中，各种各样意想不到的社会矛盾、民族冲突乃至党派争斗，使一些人被迫或主动选择背井离乡，远走他国。此时，由于语言、文化、经济、人脉等因素，原宗主国即成为其首选，而原宗主国也因历史缘由而将"庇护"来自原殖民地的移民视为己任。有调查显示，96% 的马里避难者会向法国寻求庇护，而 45% 的斯里兰卡避难者会选择前往英国。[①]

政治因素引发的难民问题，在"二战"后的东、西德之间表现得尤为明显。例如，从 1949 年德国分裂到 1961 年柏林墙建立，大约有 310 万人从东德逃往西德，他们都被定义为"共产主义独裁制度"的受害者，被赋予鲜明的政治难民身份。[②] 又如，20 世纪 50 年代印尼独立战争爆发，尤其是 1965 年"九三〇事件"[③] 后的血雨腥风，使印尼出现了朝向荷兰的移民潮；再如，20 世纪 70 年代印度支那的政治巨变引发的大规模难民潮，法国作为原宗主国接纳了多达 20 万的印支难民；而香港回归中国前夕，英国特地给予 5 万香港家庭以特殊的"居英

---

① 沈清编译：《从欧洲海底隧道偷渡的难民》，《国际展望》2001 年第 22 期，第 93 页。
② 详见宋全成：《欧洲移民研究》，山东大学出版社，2007 年，第 204 - 205 页。
③ 1965 年 9 月 30 日印度尼西亚发生"九三〇事件"，部分印度尼西亚军方高层意图推翻以苏加诺为首的政权，但事情败露被处决。军事强人苏哈托借该事件掌握了印尼国家最高权力，指控印尼共产党策动了未遂政变，随即在全印尼进行反共大清洗，包括印尼共产党和左派进步民众在内约有 50 万人受害，其中包括相当数量的印尼华侨华人华裔，印尼全国一片腥风血雨。

权"，也同样是基于特殊庇护之原则。①

关于难民迁移问题，涉及的范围及内涵都相当广泛，远远超出本书所需涵盖的范围，在此仅就难民庇护与无证移民身份转换问题略作探讨。

貌似"政治正确"的难民庇护政策之所以成为某些并非"政治难民"之无证移民实现身份转换的便捷路径，主要受以下四大因素影响。

其一，虽然冷战时代已经结束，但时至今日，曾经左右某些国家难民政策制定与实施的冷战思维依旧阴魂不散。尤其是 20 世纪 90 年代，来自苏东地区及社会主义国家（如中国）的移民，在一些执政者眼中，仍然被视为背叛共产主义"专制"统治而投奔西方自由世界的逃亡者，理应获得政治难民庇护。正因为如此，近三十多年来从中国前往欧美的非正规移民中通过此路径而转换身份者，不计其数。然而，不少人在获得合法身份后，即踏上返乡省亲之路，有的人还在事业有成后当上了"爱国侨领"，即是对所谓"政治难民庇护制度"的莫大讽刺。

其二，西欧相关国家难民主管部门烦琐的科层设置，严重滞后的难民身份审核批准程序，使大量难民申请被积压。有的申请人的候审时间长达数年，即便庇护申请被否决依然可以再上诉，再等候，而在这期间，申请人的处境可能发生一系列变化，如与有合法身份者结婚而改变身份，遇上大赦而改变身份，有了在当地国出生的子女而获得庇护子女的身份，等等。而且，即便是最后判决必须遣返，也可能因当事人"国籍不明""身份不明"等主客观原因而无法递解出境。以英国为例。由于没有正式的移民政策，很多来自不同国家的移民只能通过申请"难民"的途径在英国谋生。根据英国的难民申请程序，从递交申请到最后结案，平均需要 13 个月，而难民申请人抵达英国 6 个月后即可申请工作准证，并领取一定的生活补贴，这就为那些缺乏合法途径进入英国的移民提供了一个"曲线移民"的路径。英国自 1989 年到 2000 年共有 48.4 万人申请难民庇护，在此期间，经过重重审核，只有不到 5 万人获得批准，但仍有 17.5 万人在等待上诉，或获准临时居住，13.1 万人则"消失在英国社会中"。据英国政府估计，包括家庭成员在内，总共约有 100 万难民隐藏在英国各地。英国同期调查数据显示，在难民申请被拒者中，按规定被遣返者，仅在 1999 年遣返率达到 68%，其他年份均徘徊于 10%～30% 之间。因此，在无证移民的印象中，"英国是一块梦中'乐园'，人们只要一踏上英国的土地就享有避难的权利，仅有四十分之一的偷渡客

---

①　1984 年中华人民共和国政府与英国政府签署《中英联合声明》，确认香港主权于 1997 年回归中国。1990 年，英国政府公布了"居英权计划"，宣布给予香港 5 万个家庭以"居英权"。持有居英权的家庭可以随时前往英国定居，持有人子女可以在英国就读公立学校，等等。根据该法案，居英权名额主要给予曾经在香港从事"敏感职位"的政府公务员，以及"对殖民地有贡献、对香港前途具有重要性的人士"。1996 年，港英当局又决定香港退伍军人之配偶及遗孀等可以得到居英权。

有可能被驱逐。在申请避难期间，难民可以获得免费住房、健康和教育服务，每周可领取相当于350法郎的津贴，6个月之后可申请第一份工作等等。在偷渡客中流传着这样一句口头禅：'只要你登上了英国的土地，你就可以留下来，他们会付给你钱。'"①

其三，更重要的是，欧洲相关国家基于人口老龄化、底层劳动力缺失等原因，为无证移民提供了谋生空间。无证移民作为廉价劳动力，在特定层面上迎合了欧洲社会发展的特殊需求。因此，当正规移民路径被阻塞，而移民潮却方兴未艾之时，大批"非政治难民"便想方设法以"政治难民"身份获得居留许可，以转化为进入当地劳动力市场的通道，实为雇佣双方所默许，故而屡禁不止。仍以英国为例。据大伦敦当局2001年估计，是年大伦敦的难民申请人大约在35.2万至43.2万之间，达到本地人口的5%，他们大多进入了当地的劳动力市场。另据英国《每日邮报》2010年6月的一则报道，位于2012年伦敦奥运会主办场地、伦敦东部纽汉的英国国家统计局提供数据显示，当地每10个就业岗位中，几乎就有7个由不是在英国出生的人占据，即在全部9.37万的岗位中，外国工人占据了6.51万的岗位，因此伦敦奥运场馆建设工地成为外国工人最集中的地方。② 由此可见，无论外来移民的迁移行为是否合法，因其进入移居地后几乎都立刻进入工作领域，而且主要集中于移入国的建筑、制衣、餐饮、零售等低收入、低保障的非正规经济领域，因此，虽然英国的移民接纳政策看似严厉，但还是为无证移民留下了灰色空间。

其四，跨国移民形成了商业化操作的产业链，一些熟悉欧洲国家难民政策与相关操作的移民中介、律师，为无证移民通过申请难民庇护程序转换身份提供一系列有偿服务，甚至从中牟取暴利。

以下是四位欧洲学者关于"福建移民在欧洲"调研报告中援引的一则案例：③

2001年12月的一天，一位年轻的福建人走进位于英国伦敦的一家律师事务所，请律师帮他向英国政府申请"难民庇护"。

律师问道："你在中国遭受过什么样的迫害？"

福建人急切地问道："是不是必须受过迫害才能申请难民庇护？"

律师答道："像其他那些到我这里来的人一样，你需要有一个受迫害的故事，

---

① 沈清编译：《从欧洲海底隧道偷渡的难民》，《国际展望》2001年第22期，第93页。

② 《英国外来劳工占一半就业岗位，专家建议设限》，（法国）《欧洲时报》，2010年7月1日。

③ Pieke, Frank N., Nyíri, Pál, Thunø, Mette & Ceccagno, Antonella, *Transnational Chinese：Fujianese Migrants in Europe*, Stanford University Press, 2004, p. 69.

知道吗？"接着，律师开始向他的顾客解释如何提供"遭受迫害"的背景……

福建人默默地听了一会，抬起头来，打断了律师的话："呵，我懂了。我得先编个故事骗你，然后你才帮助我，对吗？"

由此可见，一些"移民律师"在"非法移民潮"中扮演了特殊的角色，他们知法"玩"法，靠为希望获得居留权的"顾客们"编造"受迫害的故事"，玩弄法律于股掌之间，然后从"偷渡者"辛苦挣得的血汗钱中捞上一笔。这样一来，使得本已烦琐矛盾、漏洞百出的难民庇护程序变得更加杂乱无章。

二、"合法化"影响剖析

如前所述，相关国家实施对国内无证移民身份合法化行动的本意，一是维护国家利益，二是缓和国内劳动力市场的紧缺状况，同时也维护被雇佣者的合法权益，可谓一举多得。然而，这一系列"大赦"的重要潜功能（latent functions），却是给了非法移民合理的心理期待，并成为吸引非法移民继续涌入的诱因。偷越国界、非法移居他国本是一种犯罪行为，可是一旦遇上"大赦"，命运立刻改变，其对潜在移民群体的"社会暗示"作用不容低估。每次大赦之后，必然出现更大规模的偷渡潮，这已为多年来的发展所证明。而且，随着欧洲一体化进程加深，移民在欧盟一个成员国获得居留后，即可在欧盟所有成员国之间自由流动，这也使得无论是哪一国的无证移民身份合法化行动，都对欧洲非法移民具有强烈吸引力。换言之，由于移民内部高度流通的信息交换网，加之欧盟内部成员国边境缺乏天然屏障，因此，当意大利大赦时，非法移民会涌向意大利，而一旦西班牙大赦，非法移民又涌向西班牙，形成一次次欧洲境内特殊的非正规移民的人流涌动。

2007年通过法国大选上台执政的萨科奇总统本身是东欧移民后裔，但作为法国右翼势力的代表，他奉行的是紧缩移民政策、强化边境控制的纲领。萨科奇上台时，法国工会报告法国国内至少有40万无证劳工，提出为保护其权益应当实施合法化，此提议得到法国社会学家的支持。但是，法国右翼国民阵线则主张将所有无证者全部驱逐出境，"不能再接受外国人去抢法国人的饭碗"。面对国内政坛左右两派围绕是否给予无证移民以合法化行动的激烈争议，萨科奇公开声明，只要他还是总统，就坚决不会给无证移民大规模合法化。他认为，法国曾实行过三次大规模的无证移民合法化行动，但"收到的效果都和预期相反，反倒是越来越多的移民通过非法手段进入法国"，而且，"将所有人都合法化，那绝对会是一个悲剧性的错误"。① 然而，也正是在萨科奇执政期间，法国既强调紧缩移民政策，加强边防控制，制止非法移民入境，又对业已入境的非法移民一次次大赦。如此充满矛盾的表象背后，所蕴含的实际上是相关国家移民政策长期在三组相互缠绕的矛盾中难得其解的困境。

第一组矛盾表现为西欧国家民族保护主义与二元市场建构的矛盾。在西方发达国家，统治集团及主流社会的主观意愿都强烈希望保护本民族的经济利益，不愿外国人参与分享其社会福利，因此不愿接收外国移民。可是，其经济发展、社会福利改善的结果之一，是长期存在着一个本国人不愿进入的环境相对艰苦、收益相对低下的"下层就业市场"，只能由来自第三世界的外籍工人进行填充。面对矛盾，主流社会的愿望是引进短期劳工，工作几年后就打道回府，然而，入境工作者必然要求相应的权益回报，而且移入国与移出国之间在经济收益上的巨大差异，必然使移民选择留居在高收益的地区。移民潮一旦形成，就不可能是当权者可以任意开关的水龙头。矛盾由此而生。

第二组矛盾产生于唯利是图的雇主与本国工人之间，这一矛盾由来已久。本国工人为捍卫自身的合法权益，反对雇佣廉价的外籍工人，但一些雇主压制本国工人的合理要求，通过雇佣外籍工人乃至非法移民以压低合法工资，牟取高额利润之惯用伎俩，早已为人所共知。由此，也导致了移入国工人与外来移民工人之间的矛盾，移入国工会组织往往为维护本国工人的利益而排斥、反对外来移民工人。经济利益上的矛盾冲突，造成了一国工人阶级以国籍、长期居留权或不同族群为界的分化。2005 年，由于对外来移民工人持不同意见，美国历史悠久、拥有 1 300 万会员的全国性最大的工会组织"美国劳工联合会—产业工会联合会"发生了分裂，6 个会员团体正式宣布退出联合会，并大量吸收低收入的移民工人为会员。有学者因而指出：这次分裂或许不是为了移民，但的确是移民造成了这次分裂。②

第三组矛盾则是建立在冷战思维基础上的人道主义与国家利益之间的对立。自从"二战"结束以来，虽然世界大战不再，但局部战争不断，而生态资源的大面积破坏更使自然灾害的发生率及破坏率达到空前的程度。因天灾人祸所迫，世界各地难民潮源源不断。由于意识形态上的对立，在冷战时期，西方国家一直以"反共之政治难民"的保护者自居，并为其提供相当宽厚的人道主义庇护，形成了一整套安置政治难民的社会福利机构。20 世纪 70 年代中期印度支那政治

---

① 《法国总统称"坚决不会"给无证移民大规模合法化》，中国新闻网，http://www.chinanews.com/gj-oz/news/2009/11-25/1982190.shtml，2009 年 11 月 25 日。

② Jason DeParle, Global Migration: A World Ever More on the Move, *The New York Times*, 2010-06-25.

事变后，西方国家相继接纳了一百多万印支难民，即为战后西方国家一次性大批接收政治难民之最典型的事例。然而，随着希望涌入发达国家的移民人数直线上升，而发达国家却又不断紧缩入境移民政策，大批"非政治难民"想方设法以"政治难民"身份寻求庇护，以达到移民发达国家的目的，同样早已为人所共知。西方国家接纳、安置难民的庞大支出，导致本国民怨日深，甚至直接危及其国家的经济利益，然而，出于政治上的考虑，西方国家又力图维护其作为"政治难民庇护者"的形象。因此，在经济之外的政治及社会文化方面的因素，直接影响着西方国家的国际移民政策的制定，使之左右摇摆，举棋不定，矛盾百出。

第四节　"技术移民"的标准与选择

当今世界各国都清楚地认识到，国力的竞争实际上就是科技的竞争，是人才的竞争。以现代科学技术为核心的知识经济时代，形成了以信息技术为核心，包括生物工程、新材料、新能源、空间和海洋开发等一系列运用现代技术的新兴产业群、学科群和经济增长点，需要大批掌握高新技术的中高级人才。因此，无论本国科技队伍强大与否，广开渠道，积极吸引世界各国的高科技人才为我所用，已成为各国不断修订移民政策的基本原则导向。

虽然"二战"之后，尤其是冷战时期，西欧主要国家一再标榜以"政治正确"的人道主义为移民政策的基本指导思想，但是，随着高科技时代科学技术、科技人才在政治、经济、文化、军事领域的全方位作用，日新月异的科学技术将各国竞争推向白热化境地，吸引各国专业人才为我所用成为各国移民政策的热点所在。因此，在以英、法、德等国为主的欧洲国家围绕本国移民政策的争辩与调整中，如何吸引外国高科技人才为我所用，已成为基本导向，而原本一再彰显的所谓人道主义理念，则完全退居于以效益当先的国家利益诉求之后。

以英国为例。

进入 21 世纪之后，英国对本国移民政策进行了重大修订。2002 年 1 月，英国率先在欧洲国家中引入了移民计分制，效法加拿大、澳大利亚、新西兰等国，在量化移民申请人的才能或财力水平的基础上，选择接纳能够贡献于本国经济的移民。这被认为是英国近半个世纪以来对移民立法的最大变革，在欧洲各国移民政策的演进中具有典型意义。

在 20 世纪 70 年代经济危机之前，进入英国的外来移民以原英联邦成员国为主。作为一个近代世界历史上的殖民大国，英国曾经长期将所有英联邦成员国国民都视为自己的臣民，直到 20 世纪 50 年代，根据英国《1948 年国籍法》（*The*

British Nationality Act 1948），所有英联邦成员国公民都可以进入英国工作并享有选举权，此举为战后初期英国的经济复兴提供了充裕的劳动力资源。如前所述，20 世纪 70 年代的经济危机成为欧洲移民政策的一个转折点，英国立法当局在七八十年代相继制定了一系列法律法规，逐步强化对入境英国移民的限制。[①] 由此，潜在的朝向英国的移民人群转而通过家庭团聚、留学就业，以及难民申请等路径依旧源源进入英国。

虽然英国从来没有宣布过自己是移民国家，但是，经历了战后近半个世纪源源不断的移民流入，英国实际上接纳了大批来自加勒比、印度次大陆、非洲、东南亚及中国香港的移民。根据彭轲（Pieke，Frank N.）等欧洲学者 2001 年的调研数据，英国 31% 的医生和 13% 的护士是移民，英国外卖餐馆高达 70% 系由外国移民开设。[②] 有人曾十分形象地说明当今外国劳动力在英国人日常生活中已经无处不在：英国消费者从当地超市购买的一包芹菜，很可能是由尼日利亚劳工种植，波兰人收割，再经过中国人清洗上架。

自 20 世纪末以来，面对外来移民数量急剧增加的情况，英国社会各界对移民政策争辩不绝，推动英国政府移民主管部门致力于出台适应新形势的移民政策。2002 年 1 月 28 日，英国宣布开始试行 "高技术移民项目"（High Skilled Migrant Programme），实行移民计分制，以申请移民者的专业能力和技术水平以及英国劳务市场的需求为计分标准，科学家和企业家等高技能移民将得到优先考虑，护士、教师和工程师等技术劳工居次，满足英国劳务市场特殊需求的低技能劳工位居第三，学生第四，临时工及假期打工者第五。该计分制于 2003 年 1 月 28 日正式开始实施。2006 年 11 月，在该政策试行 3 年后，英国内政部对该政策进行了重大修订，新的计分制将申请者分为高技能、技能、低技能、专家、学生等不同类别，实施计分甄别，以确定是否给予移民英国之许可。

移民计分制系加拿大于 1967 年率先实施，随后，澳大利亚于 1989 年、新西兰于 1991 年也先后通过计分制对外国独立移民申请人进行测评。如果将英国的移民计分制与加拿大、澳大利亚和新西兰的进行比较，可以发现四国的移民计分制在具体内容和计分标准的设计上有所不同，尤其是新加入的英国系统与前三个国家之间的差异更明显一些。但是，就其实质而言，都是通过量化人力资本，挑选经济效益最高的移民为我所用，其基本原则并无二致。就基本构成而言，计分

---

① 英国该阶段涉及移民的主要立法包括：《1971 年移民法案》（Immigration Act 1971）、《1984 年国籍法》（The British Nationality Act 1984）、《1987 年移民（承运人责任）法》［The Immigration（Carriers' Liability）Act 1987］等。

② Pieke, Frank N., Nyíri, Pál, Thuno, Mette & Ceccagno, Antonella, Transnational Chinese：Fujianese Migrants in Europe, Stanford University Press, 2004, pp. 76 – 78.

制所考察的内容，基本可以分为三个层次。第一层次是移民者个人的基本素质，包括：年龄、受教育程度、工作经历、掌握移入国语言的能力、配偶或家庭成员情况。第二层次是与移入国的关系，包括：所从事专业为移入国所需要的程度；是否已经得到雇主的工作聘任及预期的收入，或是否具备在移入国独立创业的能力；是否在移入国学习或工作过；在移入国是否有亲属关系；迁移起始阶段的经济能力，等等。第三层次则是一些可以另外加分的额外考量，包括：是否购买移入国的基金或债券；是否愿意到边远地区工作；个人的沟通交往能力如何；是否具备带入移入国社会的品质，等等。

如同业已实施多年的加拿大、澳大利亚、新西兰等国的移民计分制，英国移民计分制的根本点同样着眼于对移民申请人所具有的经济能力、潜在的经济贡献的考量，并且理直气壮地强调移民必须能够为移入国带来实质性的经济利益，显示出移民接纳国政府在经济理性导向下的政策取向。计分制的评估要点主要集中于如下三方面：

第一，移民计分制对于移民申请人的年龄有明确限制。

移民接纳国通过计分制对独立移民年龄进行限制性选择，使得接纳国得以充分利用人力资源的年龄优势，最大限度地减轻人口抚养比带来的负担。

例如：加拿大要求移民年龄在 21～49 岁之间，对于小于 21 岁或大于 49 岁的申请人，每超过一年即减少 2 分。澳大利亚给予 18～29 岁年龄段移民申请人以满分 30 分，而 17 岁以下及 45 岁以上则只有 0 分。新西兰规定 20～55 岁是独立移民的基本年龄要求，其中，20～29 岁可以得 30 分，30～39 岁得 25 分，40～44 岁得 20 分，45～49 岁得 10 分，50～55 岁得 5 分。

英国参照各国对移民年龄的选择后作出的规定是：以 28 岁为界，对于那些年龄在 28 岁以下的独立申请者，相对降低对其所拥有工作经验和年收入的要求，例如，28 岁以上申请人若大学毕业、具有 10 年以上工作经验且有 5 年以上高级任职经历，可获得该项最高分 50 分；而对于 28 岁以下申请人，则只需要大学毕业、具有 2 年以上工作经验且有 1 年高级任职经历，即可获得该项最高分 50 分。又如，在收入考量中，28 岁以上申请人的年收入在 78 125 英镑以上可获得该项最高分 50 分，而 28 岁以下申请人获得同一最高分则只需要达到年收入 18 750 英镑。显然，相关规定明确给予 28 岁以下更具有青春朝气之年轻技术人才以更多的机会。

年龄选择旨在令外来移民将其一生中最年富力强的黄金岁月无保留地贡献给移入国，从而有效降低本国人口抚养比带来的负担。

第二，移民计分制注重设定移民接纳的教育水平门槛。

各国计分制中都将教育列为重要选项。其中以新西兰的权重最高。按新西兰的相关规定，移民申请人如果拥有新西兰认可的学历，最高（硕、博士学位）可得55分，如果曾在新西兰学习2年以上，并且所学专业隶属于新西兰未来要发展的领域或紧缺的行业，还可以再加15分，仅此一项，最高即可得70分，达到移民合格分的70%。加拿大规定的计分制中"教育"项满分为25分，占总分数100分的四分之一，占合格分67分的三分之一强。

英国的规定是：28岁以下申请人基本合格分是65分，28岁以上是75分。其中，申请人获得学士学位可得15分，硕士学位得25分，博士学位得30分，在基本合格分中也占相当高的比例。

还值得注意的是，在测评移民申请人的教育水准时，各国对于在本国完成学业的外国优秀学子都十分重视。在欧洲国家中，不仅英国，其他如法国、德国、荷兰等国，均先后改变了此前外国留学生一毕业就必须离境的规定，给予在当地完成学业的外国留学生半年至一年的签证，以便他们在当地求职就业。而且，在以上援引的各国移民计分制中，都明文规定在当地国获得学位的留学生申请移民时可得到特别的分值。这些规定，为那些从发展中国家到发达国家留学的年轻人从"留学"转为"移民"提供了种种方便。

移民接纳国通过对移民候选人教育水准的量化计分选择移民，大大节省了接纳国的教育投资，直接将移民原居国的教育成果转化为本国的技术财富，获取最大经济利益。

第三，为本国急需人才开辟绿色通道。

英国的高技术移民项目在公布前经过三次重大修改，不断突出其接纳移民的主要目标以适应本国的特殊需求。该项目的首要目标是吸纳高层次人才，以补充其高技术人力资源的不足，其预定接纳的主要对象是：专业技术领头人，具有丰富专业经验和技术特长的高级人才，或在某个领域有特殊贡献的人。英国的计分制中专门规定：如果申请人能够提供支持文件，证明其在所隶属领域内获得了"显著推动"该领域发展的成果，并为同行所认可，即可获得额外加分15～25分。与此同时，非高技能移民必须有雇主或学校提供担保，方能申请。

除英国之外，欧洲其他国家同样积极招徕高科技人才，为专门人才移民本国开设绿色通道。

德国于2000年实施了信息技术领域的绿卡政策，颁布了《IT产业外籍高级人才工作许可发放条例》，规定允许从非欧盟国家引进2万名IT专业人才，符合引进条件的可一次性获得五年的工作许可，配偶及未成年子女可一同赴德。2005年1月，德国《新移民法》颁布和实施，其中第19条规定"在特殊情况下，可给予拥有高级专业水平的外国人以居留许可"，并制定了"拥有高级专业水平"人才的具体条件，包括：拥有特殊专业知识的科学家；身处突出位置的学者或身

处显要位置的科研人员；具有特殊职业经验的专家和处于领导工作岗位的专家，其收入至少相当于法定医疗保险衡量界限的两倍以上。《新移民法》还为专业人才免除了常规移民烦琐的审批程序，如果材料完备，最快可在一天之内办妥。[①]

在荷兰，如同德国以"收入"衡量高技术人才之重要标准一样，荷兰审核"高技术移民"也以年薪为接纳标准，即申请者在荷兰的个人报税年薪如果达到荷兰全国年薪收入排行榜前 2.3% 的高端范围内，即可作为"高级专门人才"移民荷兰，并享受一揽子快捷便利的移民服务。换言之，按照 2007 年公布的标准，不论原籍是哪个国家的申请人，如果年龄在 30 岁以上、在荷兰的个人报税年薪在 46 541 欧元以上；或年龄在 30 岁以下、在荷兰的个人报税年薪在 34 130 欧元以上，即可获准移民荷兰。为了弥补年薪限制可能对年轻但具有潜力之年轻人才的不利影响，作为补充，荷兰又规定了欢迎"知识移民"的专门政策。"知识移民"特指进入荷兰从事科研的专业人士，如：从事博士后研究、到大学担任讲师以上职务的专业人员、仍在接受专科医生训练的医学博士等，对这部分移民的审核不包括最低年薪标准的要求，而主要看重其专业潜力与贡献。

爱尔兰也制定了按年薪标准接纳技术移民的政策。2007 年爱尔兰制定的技术移民接纳标准是年薪必须达到 4 万欧元，到 2013 年已提高到年薪必须超过 6 万欧元，且从事高技术性工作的外来移民，此类移民不需要雇主的支持，可成为独立工作者，享有和爱尔兰公民相似权利，可以长期生活在爱尔兰。爱尔兰同时也规定，如果申请人从事的是信息工程、计算机、生物制药等爱尔兰需要的专业技术，则可以将年薪标准降低到 3 万欧元以上，但申请人必须持有两年以上的工作许可。

芬兰通过对掌握先进技术的外国人实行特别税率制度，吸引技术人才。芬兰是高税率国家，对本国国民最高税率可达 60%。但政府规定：对于掌握先进技术的高收入外来移民，征税率仅为 35%。法国宣布，高薪聘请的外国专家和信息工程师不受其移民法的限制。奥地利计划以特殊优惠政策每年吸纳 1 200 名专门人才。[②]

进入 21 世纪之后，法国的技术移民政策也作了重大修订。为了提高法国在全球人才争夺中的力度，法国国民议会于 2006 年 5 月 17 日通过了一项旨在变法国"被动接受移民"为"主动接受移民"的法案，提出"有选择性地接纳高学历、高技术移民"。2013 年 9 月 10 日，法国正式颁布"优秀人才居留标准"，颁发"优秀人才居留证"，进一步为吸引优秀专业人才开辟进入法国的捷径。该政

---

① 详见宋全成：《论欧洲国家的技术移民政策》，《山东大学学报》2012 年第 3 期，第 111－112 页。
② 龙台坊：《技术移民：欧洲的渴望》，《新闻周刊》，2002 年 7 月 22 日，第 58 页。

策主要面向有具体项目或规划的专业人士，其中物理、化学、生物、数学、信息技术、农学、市场营销、人力资源、管理、金融、统计及概率计算、会计等专业相当于硕士及以上水平的文凭更受欢迎。尤其是法国名牌院校的毕业生、拥有博士和博士后文凭的外国留学生申请入籍可以得到优先考虑。该法案首次规定，优秀人才居留证的发放权掌握在使馆手中，符合标准的优秀人才可以立马获得有效期为 3 年的居留证，期满后可以延期一次，在持证 5 年时持证人可以申请 10 年期居留证。而且，持证人的配偶和子女不受当地家庭团聚程序的限制，可以马上申请到法国居住、学习或工作。

总之，根据本国经济社会发展需要，以本国所需的各种技术职业为标准，挑选专业对口的移民，吸引技能优秀的人才，按需开辟绿色通道，为本国创造业绩，是相关国家移民政策制定中又一共同关注点所在。欧洲国家的技术移民政策，对于从中国前往欧洲留学的莘莘学子无疑具有重要影响。

第五节　"投资移民"的类别与界定

在目的国投入该国移民法所规定的一定数额的资金用于定期储蓄、购买债券或房产，或在目的国创业并为当地人提供规定数额的工作机会，从而获准移民该国的外国人，即为"投资移民"。由于投资移民可以为移入国带来直接利益，因此受到世界绝大多数国家的欢迎。

投资移民政策的制定完全以接纳国的经济利益为导向，相关国家政策对投资移民资格的规定各有不同，但基本都包括对申请人的投资金额、投资途径、投资目的、投资计划、投资主体的具体规定，同时不少国家还对投资移民增加了一些附加条件。"投资移民"在有些国家又进一步细分为"商业移民""企业家移民""自雇移民"等，但共同标准都是指通过向移入国注入一定资金而获得在该国生活、居住的基本权利，乃至入籍成为移入国公民。

全球化时代资本的大规模跨国流动，带动了投资者的跨国迁移。那些掌控亿万资产的富翁们，或携巨资游走于世界各地，或身居世界的某个角落却通过信息网络而调度资本在不同国度进进出出。对他们中的大多数人而言，国籍可能只是一个符号，他们可能同时具有多个不同国家的公民身份，可能在世界各地都有"家"。以财富开道，以追逐利润为游走目的，国界对他们基本不是什么障碍。然而，进入 21 世纪之后呈现的重要趋势之一，则是一大批中产阶层也加入投资移民的行列，尤其是中国新富阶层迅速崛起并成为国际投资移民中的活跃成员，更是吸引了相关国家的关注。

伴随着 2008 年金融危机出现而不断深化的欧洲债务危机，促使欧洲国家，尤其是危机相对严重的南欧国家出于尽快拯救本国经济的需要，争相出台吸引外资的优惠政策，其中自 2009 年以来不断升温的"买房移民"的低门槛政策，对中国富人移民的影响更是显而易见。

2009 年，塞浦路斯在欧洲国家中率先推出了 30 万欧元的购房移民项目。根据该新政，年满 18 岁以上、无犯罪记录的外国申请人，在塞浦路斯购买价值 30 万欧元或以上的房产，首付款在 20 万欧元以上，并交纳 3 万欧元的生活保证金，提供文件证明在申请人及其配偶名下拥有 30 万欧元的资产，即可申请移民。

继塞浦路斯之后，葡萄牙、西班牙、希腊、意大利等南欧深受债务危机影响的国家，也相继推出空前优惠的吸引投资移民的政策。

2012 年 10 月，葡萄牙政府出台了旨在吸引外资的"黄金签证"项目，任何外国公民只要向葡萄牙投资 100 万欧元；或创造至少 10 个就业岗位；或购买最少价值 50 万欧元的房产，就可获得葡萄牙居留许可证。其中，购买 50 万欧元以上的房产被业界认为是目前最简便、最受投资人欢迎的方式。因为这一方式条件宽松，房产可买多套，只要总价达到 50 万欧元即可，而且不限定只能购买住宅，购买商铺、工业用房、农业用地等均可。同时，根据相关规定，黄金签证持有人第一年只需在葡萄牙居住 7 天以上，次年起每两年在葡萄牙居住 14 天以上，满 5 年可申请永久居留，满 6 年后便可申请入籍。该项目奏效显著。有关数据显示，该法案推行仅一年半，葡萄牙吸引的外国投资已超过 3.6 亿欧元。而且该法案对中国潜在移民的影响力特别明显，仅在 2013 年全年，葡萄牙政府签发的 470 个黄金签证中，便有约四分之三的持有人来自中国。另一统计数据显示，截至 2014 年 3 月 31 日，通过购房而移民葡萄牙的中国人达到 636 人，占总数的 80% 以上。[1]

西班牙是欧洲另一个力推购房移民的国家。西班牙也是深陷 2008 年以来欧洲债务危机困境的国家。为了吸引海外资金，促进国家经济发展和扩大内需，西班牙政府历时一年半，几经研讨，于 2013 年 9 月 28 日正式颁布新的《支持创业者及国际化法》。该项立法共 74 条，其中最引人注目的是"投资移民换居留"法案，即向来西班牙投资创业的企业家、高级技术人员、学者，以及为公司作出杰出贡献的外籍员工等开放移民大门。2013 年 12 月，西班牙立法当局公布了对该法律细则的修订版，简化办理程序，提升吸引力。根据该法律，只要购买 200

---

① 参见：《葡萄牙移民新政策》，（法国）《欧洲时报》，2012 年 12 月 28 日；《首位中国人获葡萄牙"黄金签证""两牙"移民对比》，《广州日报》，2013 年 6 月 6 日；《BBC：葡萄牙"购房移民"政策吸引中国富豪》，参考消息网，http://finance.cankaoxiaoxi.com/2014/0302/353324.shtml，2014 年 3 月 2 日。

万欧元以上的西班牙国债，或在西班牙购买超过 50 万欧元的不动产（如房屋），即可申请西班牙的"投资移民签证"，如果获批，则投资者本人、配偶、18 岁以下子女及父母可全家移民西班牙。该移民签证有效期初定为一年，在签证到期前或到期后的 90 天内，如果持有者仍然持有国债或不动产，即可以继续申请下一次的一年签证，此后每两年更新一次。持有这种居留许可的投资人被允许在西班牙居住并工作，也可仅仅保持持有投资，居住在海外，一年入境西班牙一次；实际居住满五年之后，就有机会获得永居权。2014 年 5 月，分别在马德里与巴塞罗那购买房产总金额超过 50 万欧元的一对中国上海的夫妇，获得了西班牙移民新法实施后的第一例签证。

意大利的投资移民计划则更显灵活。根据意大利于 2013 年最新发布的投资移民政策，申请人年满 18 周岁以上，无犯罪记录，拥有独立稳定并且可延续性的经济来源，拥有 30 万欧元可用于在意大利购买房产，即可提出移民申请。换言之，申请人只要在意大利购买一套足以供全家人居住的房产，证明自己每年的非工资性收入（如房屋租金、股票、基金等）能够达到 3.1 万欧元，即可申请在意大利"选择居住签证"。如果申请人还要为配偶申请同一类签证，则要在最低收入标准上再增加 20%；如果要申请子女随迁，则每增加一名子女再按最低收入标准增加 5%。申请人获得签证的第一年不得在意大利工作。在意大利住满至少半年之后，可取得居留许可延期；5 年后可申请长期居留许可，有效期为 5 年；10 年后可申请入籍。有报道显示，意大利投资移民新政出台后，约 30% 申请人来自中国。

图 5 - 3 投资移民：以钱开道（英国、西班牙、葡萄牙、爱尔兰等国投资移民广告）

东欧国家的投资移民门槛相对较低。

拉脱维亚公布的投资移民条件包括：在首都里加购买价值 10 万特拉（相当于 130 万人民币）以上的房产；或在首都以外地区购买价值 5 万特拉以上的房产；或在拉脱维亚银行存入 30 万欧元的 5 年定期存款；或在拉脱维亚投资开设公司，每年上缴税费在 2 万特拉以上。申请人只要达到以上条件之一，即可与配偶及未成年子女同时获得拉脱维亚居留许可，凭此居留证可自由出入欧盟各申根国。

保加利亚提出的投资移民条件是：在该国投资 100 万保加利亚币（相当于 52 万欧元）购买政府担保债券，5 年后无利息返还；或贷款投资，即申请人投资 17 万欧元购买政府债券，无资金返还。

匈牙利为愿意购买 25 万欧元 5 年期政府债券的投资者提供永久居留权。

与南欧、东欧国家急于吸引投资移民的政策不同，西欧国家对投资移民的门槛虽然也有所降低，但总体要求还是比较严格的。

法国要求投资移民的投资金额在 50 万欧元以上，必须在当地创造就业机会，必须独资拥有一个公司或在公司中拥有 30% 以上的股份。德国要求投资移民申请人必须在德国实际投资至少 50 万欧元，并在三年经营期内至少为当地人提供 5 个就业岗位。荷兰对投资移民的要求是必须在当地性企业至少投资 125 万欧元。英国对投资移民的要求是必须至少投入 100 万英镑用于购买英国政府债券，方可获得"投资者签证"。从 2008 年金融危机爆发后约 5 年间，靠"投资者签证"项目移居英国的外国富豪中，位居第一的是俄罗斯投资者，共 433 人，中国投资者共 419 人，仅次于俄罗斯，远高于位居第三的美国投资者（96 人）。

总之，2008 年以来欧洲不断深化的债务主权危机迫使欧洲各国纷纷出台投资移民新政，被媒体讥讽为"欧洲各国卖国籍"。与此形成对照的是，进入 21 世纪以来，业已持续二三十年的中国经济的高速发展，促使越来越多中国新富阶层拥有"投资迁移"的经济实力，加之中国内地经历了十多年来房地产价格的疯涨期，好些人从投资房地产中获利丰厚，也具备投资移民的实力。因此，当中国舆论认为房地产泡沫随时可能破灭时，欧洲推出的购房移民计划就显现出特别的吸引力。

21 世纪的第二个十年，从中国朝向欧洲的投资移民、购房移民热以人们意想不到的速度急骤升温，吸引了欧洲从南到北、从东到西各国的密切关注。

第六节 "一体化"的理想与现实

20 世纪 50 年代，伴随着欧洲从"二战"废墟中重建家园的历史进程，欧洲一体化的步伐迈开。从 1951 年 4 月 18 日，法国、联邦德国、意大利、荷兰、比利时和卢森堡六国率先签订《欧洲煤钢共同体条约》，到 1957 年 3 月 25 日上述六国再度签订《欧洲经济共同体条约》和《欧洲原子能共同体条约》，再到 1965 年 4 月 8 日六国正式签订《布鲁塞尔条约》，决定将此前的欧洲煤钢共同体、欧洲经济共同体和欧洲原子能共同体合并，统称"欧洲共同体"，欧洲一体化的步伐不断加速，欧洲一体化雏形跃然于世。

《布鲁塞尔条约》于 1967 年 7 月 1 日正式生效，标志着欧洲共同体正式成立。此后，欧共体实现了在欧洲范围内的不断扩张。1972 年，英国、丹麦、爱尔兰三国签字加入欧共体。1981 年，希腊成为欧共体会员国。1986 年，西班牙和葡萄牙入围；1991 年，欧共体与匈牙利、波兰和捷克斯洛伐克签署"联系国协议"，东欧三国获得了 10 年入围的候补资格，欧共体实现了向东欧的拓展。1993 年 11 月 1 日，随着 1991 年签订的《欧洲联盟条约》（又称《马斯特里赫特条约》）正式生效，欧共体正式改称欧洲联盟。1995 年 1 月，奥地利、瑞典、芬兰三国正式加入欧洲联盟。1997 年 7 月欧盟再度提出东扩名单。2004 年 5 月 1 日，爱沙尼亚、拉脱维亚、立陶宛、波兰、捷克、匈牙利、斯洛伐克、斯洛文尼亚、马耳他和塞浦路斯等中东欧十国正式加入欧盟。2007 年 1 月 1 日，保加利亚和罗马尼亚加入欧盟。2013 年 7 月 1 日，克罗地亚成为欧盟的第 28 个正式成员国。截至 2013 年底，欧盟已经成为一个囊括 28 个国家的洲际联盟，总国土面积约 433 万平方公里，人口约 5 亿。

淡化直到消弭内部边界，强化并彰显外部壁垒，这是从欧共体谋划到欧盟诞生就一直追求的目标，类似于将欧洲建成一个内部互通有无、团结一致对外的现代城堡。伴随着欧洲一体化进程，如何规范欧盟内部，以及从欧盟境外向欧盟境内跨国流动的人口，成为欧盟历次重要会议必不可少的重要议题。为规范各成员国的移民流动与接纳、无证或非法移民遣返等重要政策法规，欧盟通过了一系列决议，其中最为重要并且对欧洲华侨华人影响最为显著的主要包括《申根协定》《马斯特里赫特条约》《阿姆斯特丹条约》以及欧盟的东扩决议和实际进程。

一、《申根协定》(Schengen Agreement)①

1985 年 6 月，西德、法国、荷兰、比利时与卢森堡这五个西欧国家在卢森堡小城申根正式签署了《关于逐步取消共同边界检查协定》，这就是如今已为世人

---

① 由于最早参与《申根协定》的是西德、法国、荷兰、比利时与卢森堡这五个西欧国家，因此《申根协定》最初仅使用德（Schengener Abkommen）、法（Convention de Schengen）、荷（Verdrag van Schengen）三种文字。英文译名是后来增加的。

所熟知的《申根协定》。该协定的主要内容包括：

（1）协定签约国之间不再对公民进行边境检查。

（2）外国人一旦获准进入申根领土圈内，即可自由通行。

（3）签约国之间设立警察合作与司法互助制度，建立申根电脑网络系统，建立有关各类非法活动分子的共用档案库。

该协定签约时预定 10 年后正式生效。《申根协定》签约后，吸引了欧洲各国的密切关注。进入 20 世纪 90 年代，在该条约正式生效前，意大利（1990 年 11 月 27 日）、西班牙和葡萄牙（1991 年 11 月 18 日）、希腊（1992 年 11 月 6 日）、奥地利（1995 年 4 月 21 日）先后加入了《申根协定》。换言之，在《申根协定》正式生效前，已经有 10 个欧洲主要国家成为申根签约国。

1995 年 3 月 26 日，《申根协定》在 10 个签约国中的法、德、荷、比、卢、葡、西等七国正式生效。根据规定，这七个国家的国民可在七国之间自由来往，其他国家人员只要取得七国中任何一国的申根签证，即可于签证有效期内在七国之间自由通行。从 1998 年 3 月 31 日起，意大利和奥地利开始执行《申根协定》，正式取消了与申根国家之间的所有边境检查。2000 年 1 月 1 日起，希腊开始执行《申根协定》。1996 年 12 月 19 日，丹麦、芬兰、冰岛、瑞典、挪威等北欧五国正式加入并执行《申根协定》，申根签约国扩大到 15 国。

进入 21 世纪之后，随着欧盟东扩，申根签约国范围也迅速向东扩张。2004 年 5 月 1 日正式加入欧盟的 10 个中东欧国家同时加入了《申根协定》。根据各国达成的协议，这些国家与申根协约国之间的陆路和海路边卡于 2007 年 12 月 21 日撤除，机场边境检查于 2008 年 3 月 30 日撤除，只有塞浦路斯和马耳他要求保留部分边境管制措施。

位于欧盟申根区中心位置，但又不是欧盟成员国的瑞士于 2004 年举行全民公投，结果以微小差距通过了瑞士加入《申根协定》的支持案，并于同年 11 月 26 日签约，于 2008 年 12 月 12 日正式加入申根区，成为申根区内的非欧盟成员国；在外交上依附于瑞士的内陆小国列支敦士登也同时加入了申根区。

2007 年 1 月 1 日，罗马尼亚和保加利亚正式签约《申根协定》。但是，直到 2014 年 2 月 1 日，方规定欧盟以外公民如持有两次以上出入欧盟的签证，即可持申根签证入境。

2013 年 7 月 1 日，克罗地亚正式签约《申根协定》。

截至 2013 年底，在欧盟成员国中，除了位于欧洲大陆之外的英国和爱尔兰，欧洲共有 26 个国家成为申根协定国。① 可以说，欧盟内部边界已经基本打通，取得了迈向一体化的实质性成果。

《申根协定》对欧洲以外移民的影响极为深远。如本书第一章所述，由于中国与欧洲相距遥远，而且在相当长的历史时期内，中欧民间交往十分有限，中国人对欧洲内部情况并不了解，而最早进入中国的欧洲传教士，其宗教信仰远甚于国籍理念，因此，最早由欧洲传教士带往欧洲的中国人，其目的地往往只是欧洲，而非哪一个具体的国家。这一传统一直延续到当代。《申根协定》的签订与实施，使中国人移民欧洲有了更为广阔的活动空间。关于这一点，本书将在下一章具体论述。

二、《马斯特里赫特条约》（*Maastricht Treaty*）

1991 年 12 月 9 日至 10 日，欧共体首脑在荷兰南部城市马斯特里赫特经过两天激烈辩论，最终通过并草签了《欧洲经济与货币联盟条约》和《欧洲政治联盟条约》，合称《欧洲联盟条约》（*Treaty on European Union*）。1992 年 2 月 7 日，欧共体 12 国外长和财政部长正式签订该条约。1993 年 1 月 1 日，该条约正式生效。由于该条约签订于马斯特里赫特城，因此又称其为《马斯特里赫特条约》，中文相关陈述有时则进一步简称其为《马约》。

《马约》旨在建立共同货币与共同外交防务制度，被公认为是欧洲一体化进程中取得的一次突破性进展，是欧共体由经济实体向经济、政治、防务实体全方位发展的实质性飞跃，在欧洲一体化进程中具有里程碑的意义。

《马约》的内容十分丰富，其最引人关注的基本原则主要集中于以下三项。

第一，《马约》开宗明义，指出"决心把建立欧洲共同体的欧洲一体化进程推向一个新阶段"。因此，缔约国各方决定在原欧共体的基础上，正式"在它们之间建立一个欧洲联盟"，从而将"一个欧洲"的设想推向了实质性的阶段，并为规划中的欧盟建立了三大支柱：一是行政建制支柱，即赋予欧洲议会（European Paliament）以更大权力，欧洲议会由原来的咨询和监督机构转变为在特定范围内拥有超国家机构的权力；二是共同的外交与安全支柱，即推进欧盟各成员国形成并执行"共同的外交与安全政策"（Common Foreign and Security Policy），制定实施的机制与手段；三是政府间司法与内务合作支柱（Justice and Home

---

① 截至 2013 年底，申根区共包括如下 26 个国家：奥地利、比利时、捷克、丹麦、爱沙尼亚、芬兰、法国、德国、希腊、匈牙利、冰岛、意大利、拉脱维亚、列支敦士登、立陶宛、卢森堡、马耳他、荷兰、挪威、波兰、葡萄牙、斯洛伐克、斯洛文尼亚、西班牙、瑞典、瑞士。

Affairs），即推动各成员国政府间在相互信任的基础上，在司法与内务领域充分沟通，全面磋商，相互协调，增进共性。其中，尤其是司法与内务领域，直接涉及移民接纳、签证发放、难民甄别及保护等诸多事项，与人员跨国流动密切相关。

第二，《马约》最重要的成果是制定了欧洲共同货币欧元制度建立及付诸实施的时间表。根据《马约》的相关条款，将于 1998 年 7 月之前建立欧洲中央银行与欧洲央行体系，于 1999 年 1 月 18 日之前在欧盟各成员国内发行欧洲的统一货币欧元。由于不少欧洲华侨华人从事跨国商贸，欧元制度的建立，无疑对其跨国经营具有重要意义。

第三，《马约》提出建立"欧洲公民权"，这既是一项重要的制度创新，亦对人口跨国流动具有重要影响。《马约》以消除货物、人员、服务和资本自由流动障碍为目标，在第二章第 8 条中，对欧洲公民权作了全面规定，具体包括：

A 款规定，欧盟每一位公民均"有权在成员国领土内自由流动和居住"。

B 款规定，欧盟公民无论居住在欧盟的哪个成员国，在欧洲选举和市政选举中都拥有选举权和被选举权。

C 款规定，欧盟公民在任何一个成员国领土上都应像该国国民一样受到领事保护。

D 款规定，每一位欧盟公民都有向欧洲议会请愿的权利。

由此可见，欧洲公民权观念自 20 世纪 70 年代开始萌发，至 1984 年被纳入欧洲共同市场建设框架，到《马约》签订时，终于实现全面制度化。欧洲公民权的确立，是欧洲政治一体化的必然结果。

在以上大框架之下，《马约》对欧盟成员国如何协调内外人口流动，尤其是劳工类人口的跨境流动制定了一系列条款。

一方面是对外共同强化对于欧共体外部边境的控制，主要包括三类举措：一是明确提出将共同制定欧盟外围边境管理的共同规则，尽快出台共同应对非成员国移民的政策；二是加强边境合作，共同打击毒品走私和恐怖主义等国际犯罪活动；三是在成员国之间建立打击社会犯罪和解决民事纠纷的合作机制。

另一方面则是为欧共体成员国之间的劳工流动扫清障碍，主要措施也可分为三类：其一，欧盟部长会议从 1990 年起多次发布指令，对各成员国自由迁移的劳工的技术资格标准作出明确规定，其范围涉及 19 个行业、209 种职业；其二，要求各成员国必须在社会保障领域为自由流动的劳工采取必要的措施，为移民工人及其子女作出相应安排，保证他们能够享有相应的社会保障；其三，不断协调的目标是使所有成员国劳工都可以根据转包合同规定自由进入另一成员国就业。可以说，以上三项具体措施标志着除欧盟成员国内部资本、技术、商品、信息的自由流动外，各成员国之间劳工自由流动的机制也开始进入有效运作。①

三、《阿姆斯特丹条约》（*Amsterdam Treaty*）

伴随着《马约》一步步在各国付诸实施，一些矛盾开始凸显，尤以欧盟各国在司法领域内各行其是而衍生的问题最为突出。例如，伴随一体化进程迅速显现的社会现象，是申根圈内部跨国流动人口大量增加，其中既有合情、合理、合法的跨国务工、跨国留学、跨国养老，但也混杂着跨国洗钱、跨国贩毒及不断增加的外来无证跨国移民。由于欧盟各国实行不同的司法制度和司法判决，引发越来越多的法律纠纷，同时也大大增加了各国司法部门的工作量，造成巨大的社会压力。在民间层面，随着经济全球化加速，欧洲资本投向发展中国家，欧盟内部失业率居高不下，而欧盟实现东扩的承诺更使原西欧国家民众对一体化心怀疑虑，担心既得利益受损，不少欧盟成员国公民甚至认为欧盟的建设方向与其切身利益背道而驰，不满情绪在部分民众当中滋生蔓延。因此，如何确认并切实保障欧洲公民权益，成为欧盟必须直面的棘手问题。严峻的社会现实迫使欧盟领导人决心着手统一司法和移民政策，解决与普通民众息息相关的新问题。

1995年6月2日，欧盟各国首脑在意大利西西里岛的墨西拿会议上，就如何应对《马约》实施以来出现的一系列社会问题展开辩论，旨在确立更为务实并能够为绝大多数公民所认可的一体化路径。1997年6月18日，经过长达两年的政府间会议的反复谈判、争论、协商，欧盟委员会终于在荷兰首都阿姆斯特丹召开的首脑会议上达成了基本协议，制定了《修正欧洲联盟条约、建立欧洲共同体的各项条约和若干有关文件的阿姆斯特丹条约》（*Treaty of Amsterdam Amending the Treaty of the European Union, the Treaties Establishing the European Communities and Certain Related Acts*）。同年10月2日，欧盟15个成员国的外交部长正式签署该条约，并于1999年5月1日正式生效。由于该条约签订于阿姆斯特丹，因而简称为《阿姆斯特丹条约》，中文相关陈述有时又进一步将其简化为《阿约》。

《阿姆斯特丹条约》第一章开宗明义，强调自由、民主、尊重人权与基本自由、法治等原则为欧盟的基础，并将恪守这些原则确定为加入欧盟的先决条件。该条约明确提出"逐步建立一个自由、安全和公正的区域"的目标，强调必须实行"共同体化"的集体决策原则。由此，欧洲一体化的法治化基础更加鲜明。以此为原则，《阿姆斯特丹条约》对此前从欧共体奠基到成立欧洲联盟的一系列

---

① 详见梁茂信：《欧盟一体化进程中的移民政策及其效用》，《陕西师范大学学报（哲学社会科学版）》2007年第1期，第116页。

条约进行了全面梳理与必要修订，其中与人口跨境流动密切相关的是正式将《申根协定》列为欧盟法律的组成部分，进一步强调各成员国间开展移民政策合作的构想，将各成员国针对包括难民在内的人口迁移管理政策由政府间合作形式提升到具备"超国家"的性质。

《阿姆斯特丹条约》在奠定欧共体基础的《罗马条约》[①] 中，专门增补了"人员自由流动、避难与移民"一节，要求各成员国巩固已有的难民与移民管控合作，并就进一步强化合作提出了具体架构，包括：加强申根国家对申根圈外围共同边境的管控；对非申根国公民和不持有申根国居留证件的外来移民进入申根国家制定基本一致的准入门槛；就颁发各类不同签证制定基本统一的标准；就"申根签证"制定统一格式；确认甄别政治避难申请人的统一评判标准及操作过程，规定避难申请人由其进入申根圈的第一个国家负责审理，而且，在被拒绝后不得到另一申根国提出申请，等等。

《阿姆斯特丹条约》生效 4 个月后，欧盟在芬兰南部港口城市坦佩雷召开特别会议，专门讨论如何在《阿姆斯特丹条约》的基础上统一司法与移民操作。据相关报道，该次会议主要在以下三个方面取得了重要成果：

其一，在移民和难民接纳问题上，欧盟已经确立了内部共同的政策，在对外关系上，以欧盟为一方，与阿富汗、斯里兰卡等几个当时主要的难民来源国相互合作，以求共同解决大量难民涌入欧盟成员国的问题。欧盟将建立共同的难民接纳制度，第一步先制定出接受避难的标准和条件，以应当下之急需；第二步则需要制定出各国长期共同遵守的避难程序。欧盟各国将在保护来自欧盟成员国以外合法移民权利方面，缩小法律差异，共同保障其合法权益，尤其是保障妇女儿童的权益，使其能享受相应的教育、社会服务等。欧盟委员会将拨专款处理诸如科索沃危机爆发而产生突发难民潮之类的问题。

其二，在司法领域，欧盟将进一步对欧洲公民进行普法宣传，建立更全面的信息系统，使民众能够更充分、及时地了解发生在身边的移民、难民问题，增进相互了解，各国间将相互承认司法判决。

其三，欧盟各成员国将在打击跨国犯罪问题上着力加强全面合作，加强各国警察和检察官之间的交流合作，共同采取有力措施打击与青少年吸毒相关的犯罪活动，打击跨国洗钱活动，维护金融秩序。

虽然《阿姆斯特丹条约》生效之后还规定了一个 5 年的过渡期，诸多政策依

---

① 《罗马条约》包括《欧洲经济合作条约》和《欧洲原子能共同体条约》，于 1957 年 3 月 25 日由法国、联邦德国、意大利、荷兰、比利时和卢森堡六国政府首脑和外长在罗马共同签署，于 1958 年 1 月 1 日正式生效。在欧共体的发展进程中，《罗马条约》正式确定了在欧洲建立一个共同市场的总目标，其正式生效标志着欧洲经济共同体正式成立。

然停留于文本，但是，《阿姆斯特丹条约》及随后召开的坦佩雷会议毕竟向世界发出了一个重要信息：欧盟在统一市场、统一倾向和统一外交防务政策上取得一系列重大进展之后，已经向统一司法体系迈出了重要步伐。换言之，从《申根协定》《马斯特里赫特条约》到《阿姆斯特丹条约》，欧盟已经基本确立了以边境管控和移民、难民立法为主要内容的统一司法体系的雏形，而且统一的司法体系由此亦上升为欧盟一体化的第一支柱。

2005 年 9 月 1 日，欧盟委员会进一步细化了在欧盟 25 个成员国制定统一移民和避难政策的一揽子建议，包括：甄别及遣返难民的共同标准，新移民融入的协调机制，地区保护计划，跨国就业原则，以及移民与发展等多方面的内容。该建议强调，解决移民问题需要与非欧盟国家进行更为密切的合作。为了更准确地进行移民统计，为欧盟在涉及移民及难民问题的相关决策提供准确可靠的数据，欧盟委员会还提出了新的建议，为欧盟各成员国的统计立法制定共同标准。新建议明确提出，非法在欧洲滞留的无证移民，必须返回其原籍国。根据新的计划，那些申请避难遭到拒绝的人，有关当局必须给予他们时间和必要援助，以实现让他们自愿返回原籍国。而对于那些需要强制驱逐的人，欧盟也将制定统一的程序。欧盟既要保护合法移民及真正避难者的权益，也要防止非法移民进入欧盟，保障欧盟社会秩序的稳定。

四、欧盟东扩进程

进入 21 世纪之后，欧盟迅速推进的欧盟东扩进程，对欧洲人口流动及相关移民政策均产生重要影响。

1989 年，伴随着东欧剧变，当时的欧共体启动了对中东欧国家进行财政援助的法尔计划（PHARE Programme），[①] 用于支持中东欧国家经济建设，为其"融入"欧共体大家庭做准备。该计划最初的目标国是波兰和匈牙利，但逐渐拓展到捷克、爱沙尼亚、拉脱维亚、斯洛文尼亚等多个中东欧国家。

1997 年 12 月，欧盟理事会在卢森堡举行会议，确定欧盟东扩议程，并议定自 1998 年 3 月 31 日开始与爱沙尼亚、波兰、捷克、匈牙利、斯洛文尼亚和塞浦路斯六国进行有关入盟的谈判。2004 年 5 月 1 日，爱沙尼亚、拉脱维亚、立陶宛、波兰、捷克、斯洛伐克、匈牙利、斯洛文尼亚、马耳他和塞浦路斯等中东欧

---

① 欧共体的法尔计划（PHARE Programme）确定于 1989 年，系"援助波兰和匈牙利经济重建计划"（Poland and Hungary：Assistance for Restructuring their Economies）的英文缩写（PHARE）；PHARE 恰巧是法语"灯塔"之意。

十国正式加入欧盟。

欧盟东扩首先是一个政治决定，目的是真正形成一个统一的欧洲，提升欧盟的全球影响力。然而，该政策实施后的直接影响，是数量可观的中东欧国家公民选择向经济发展水平较高的原西欧国家移民；而西欧国家的投资者则青睐于劳动力相对便宜，且习俗文化相近的中东欧国家。例如，捷克人源源进入相邻的德国企业打工，大批罗马尼亚人西去法国、北上挪威打工。又如，德国制造业向劳动力素质较高的捷克转移；而捷克、波兰、匈牙利等国则将其制造业进一步向劳动力更便宜的立陶宛、乌克兰等国转移。

中东欧十国入盟后带来的经济影响远高于政治效应。原西欧国家许多民众担心经济相对落后、福利保障不全的中东欧国家民众涌入西欧，可能导致原西欧国家本土员工失业率上升，总体工资水平下降，福利保障受损，社会治安恶化。反之，在新入盟的中东欧国家，当地民众则担心被视为欧盟圈内的"二等公民"，地位下降，因而民众中存在一定逆反心理。

欧盟东扩，同样也将东、西欧华侨华人置于新的发展境地。原西欧从事跨国商贸的华商，无疑将面对东欧入盟的新竞争。由于新成员国地理位置靠近西欧，劳动力丰富且价格相对较低，新成员国的部分商品将可能替代部分中国产品进入欧盟市场，与西欧华商从中国进口的商品形成竞争。反之，在东欧，则可能由于东欧入盟后采用欧盟标准，对中国的鞋类、陶瓷、餐厨具等进行配额限制，直接影响东欧华商的跨国商贸经营。因而，无论是从事跨国商贸，还是经营旅游餐饮的欧洲华商，都需要将欧盟东扩因素纳入全盘考量。

欧盟东扩后似乎实现了欧洲的大统一，但是，中东欧国家的经济水平，尤其是民众福利、社会建设要赶上西欧各国尚需时日，客观差异导致的人口流动势必源源不断。因此，伴随着欧盟一体化的构建、拓展与完善，欧盟的移民治理如何协调东、西差异，真正建立并实施统一的移民政策，在移民治理上也真正实现"欧洲城堡"边境之内的一体化，显然还需要经历一个漫长的调适过程。

五、难民潮与英国脱欧

当欧盟仍然忙于逐步东扩的进程之中时，自 2008 年起，一系列空前严重的危机不期而至，欧盟一体化进程随着战后最大难民潮的涌入而导致内部纷争迭起，更因意想不到的英国脱欧而出现逆向转折。

2008 年震动全球的主权债务危机重创欧洲。其时，作为欧盟成员国之一的冰岛首先因国家债务严重超负荷而陷于国家破产状态。随后，一直处于负债运行状态的欧元区国家希腊、爱尔兰、葡萄牙、西班牙等国也相继告急，国家财政濒临破产边缘。债务危机直接影响了欧元区货币体系的整体稳定性，1999 年开始启动、2002 年才进入市场的欧元遭遇生存危机。经欧盟政经专家竭尽全力出重招救市，接二连三投巨资托底，方得以勉强阻止债务危机继续蔓延。

然而，屋漏偏逢连夜雨。还没等欧元区从债务危机中缓过气来，2015 年，随着叙利亚、伊拉克内战加剧，极端组织"伊斯兰国"兴起，"二战"以后最大规模的难民潮汹涌而来，直逼欧洲大陆。2015 年，进入欧盟 28 国申请难民庇护的总人数突破百万，达到 132.3 万；2016 年依然居高不下，达 126 万；2017 年虽略有下降，但仍有 70 万之多。据统计，从 2008 年至 2017 年的十年间，总计有超过 500 万难民涌入欧洲（详见图 5 - 4）。

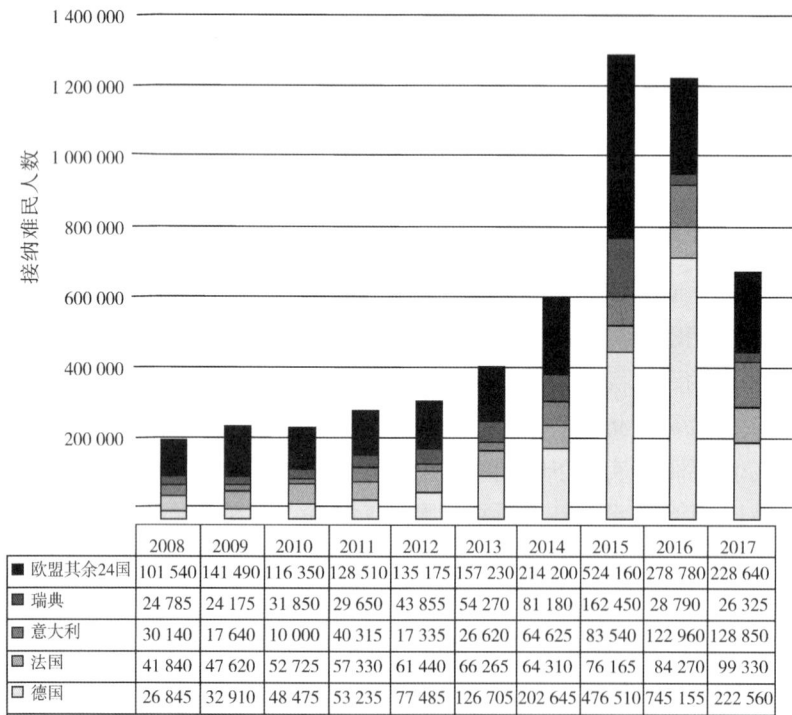

	2008	2009	2010	2011	2012	2013	2014	2015	2016	2017
■ 欧盟其余24国	101 540	141 490	116 350	128 510	135 175	157 230	214 200	524 160	278 780	228 640
■ 瑞典	24 785	24 175	31 850	29 650	43 855	54 270	81 180	162 450	28 790	26 325
■ 意大利	30 140	17 640	10 000	40 315	17 335	26 620	64 625	83 540	122 960	128 850
■ 法国	41 840	47 620	52 725	57 330	61 440	66 265	64 310	76 165	84 270	99 330
□ 德国	26 845	32 910	48 475	53 235	77 485	126 705	202 645	476 510	745 155	222 560

图 5 - 4　欧盟国家接纳难民数（2008—2017 年）
数据来源：欧盟统计局数据（Eurostat），https：//en. wikipedia. org/wiki/European_migrant_crisis。

面对来势汹汹的难民潮，欧盟各国竟无法协调出统一的难民政策共同化解危机。相比较而言，在欧盟各国当中，德国的难民政策最为宽松，法、英次之，而东欧诸国则毫不客气地严控边界，拒绝难民进入。由于申根国家内部边界业已基本解除，因此，难民一旦登陆欧洲大陆，就可以几乎毫无阻挡地去往他们想去的

欧盟国家。如此形势下，难民政策宽松的德国自然首当其冲，成为接纳难民的第一大国：2015 年进入欧洲的难民大约 36% 涌入德国，到了 2016 年，这一比例更高达将近 60%。[①] 其时按照德国的难民政策，需为每位难民提供住宿、食物、医疗、衣物等基本生活保障，如此算来，德国平均花在每位难民身上的安置费高达1.3 万欧元。短短两三年内，数以百万计的难民蜂拥而入，严重影响了德国普通民众业已形成的按部就班的日常生活，民间不免怨声载道，而政府为安置难民年花费远超百亿欧元，更是引发朝野诸多不满。[②]

虽然欧盟理事会在 2015 年至 2016 年间围绕难民问题多次召开紧急会议，商讨应对方案，但是，各国在争争吵吵中不仅始终无法拿出各方都认可的一揽子解决方案，而且多个国家还因此导致彼此关系恶化。随着难民潮高涨，德国、奥地利、法国、瑞典、挪威、丹麦等多个申根国家都曾一度实施临时边检，作为欧洲一体化重大成果之一的申根体系岌岌可危。

而且，谁又曾料到，就在难民危机仍然持续发酵之时，英国竟然于 2016 年 6月 23 日启动了"脱欧公投"，并且出乎大多数人的意料，公投结果竟以 51.9%的赞成率选择英国脱离欧盟。"英国脱欧"无疑使欧盟一体化进程遭受空前重创。尽管促使民众支持英国脱欧的原因难以尽数，但是，疑欧和脱欧宣传中的要点之一正在于强调控制边境、减少移民以保护英国民众的就业机会和社会福利，从而有效抓住了英国普通民众面对欧洲一体化进程而在内心深处潜藏的不安全感，成功地获得了多数英国普通民众的支持。

总之，从 1951 年法、德、意、比、荷、卢六国签署《巴黎条约》标志着"二战"后欧洲一体化进程开始起步，至 2016 年英国公投脱离欧盟，欧盟一体化进程业已经历了半个多世纪的风风雨雨。值得强调的是，纵观其发展历程，移民政策一直是欧洲一体化进程中不可低估的重要话题。

如果说，在欧洲一体化刚刚起步的 20 世纪 50 年代，当时生活在欧洲的华侨华人与其并无太多关联的话，那么，时至二十世纪八九十年代，无论是申根体系形成，欧元诞生入市，欧盟步步东扩，乃至难民潮涌动，以及导致一体化逆转的英国脱欧，都在方方面面影响着欧洲华人社会的发展。换言之，本书以下各章的主题，从中国大陆朝向欧洲之新移民潮的兴起，欧洲华人经济的重构，直至欧洲华人社团的发展动向，都应当置于本章所论述之欧洲一体化进程的大背景之下，方能更准确解读。

---

① 2015 年欧盟 28 国共接纳难民 1 322 825 人，德国接纳了其中的 476 510 人，占比 36.02%；2016 年欧盟 28 国接纳难民总数 1 259 955 人，德国接纳其中 745 155 人，占比 59.14%（根据欧盟统计局数据计算，https://en.wikipedia.org/wiki/European_migrant_crisis）。

② 宋全成：《欧洲难民危机：结构、成因及影响分析》，《德国研究》2015 年第 3 期，第 50 页。

第六章　旧貌新颜：移民高潮

自 20 世纪 70 年代以来，欧洲华侨华人社会历经了前所未有之大发展。在亚洲，20 世纪 70 年代中期因印度支那政治事变而引发的难民潮震惊世界；在中国，1978 年以来日新月异的改革打开了中国人重新认识西方世界的窗口，曾经沉寂多年的出国移民潮迅速高涨；在欧洲本土，从 20 世纪 80 年代后南欧经济高速增长到东欧政治剧变，从欧洲单一法案生效到欧盟正式诞生，欧洲一体化进程加速。如此一连串令人目不暇接的巨大变化，无不为移民潮推波助澜，欧洲成为当代中国本土移民及海外华人再移民跨境追寻新发展的一大重要舞台。华人移民潮一浪高过一浪。当历史迈入 21 世纪之际，欧洲华侨华人社会已从 20 世纪 60 年代区区 10 万人之众，猛增至一个总数超过 200 万人的移民社群。而且，在欧洲诸多外来移民社群中，华侨华人以关系网络纵横交错、移民经济全面拓展、社会活动空前活跃而引人注目。

今日欧洲华侨华人蔚为可观的整体实力和社会影响力，自然是由多方面因素相互烘托而成，就中，人口基数的大幅度增长是催生发展的前提，是承载变化的基础。因此，要全面认识今天的欧洲华侨华人社会，首先就需要追溯自 20 世纪 70 年代以来欧洲所经历的空前的华人移民潮，以及欧洲华侨华人社会人口结构随之发生的一系列重要变化。

第一节　移民西欧潮

如果说，从 19 世纪下半叶开始有华人经商欧洲，有华人船员辗转谋生并落足于欧洲，中国人移民欧洲经历了近一个世纪的迁移与适应，时至 20 世纪 60 年代，才在欧洲本土聚集起一个大约 10 万人的华侨社会，那么，欧洲华侨华人群体从十万向百万的过渡，则仅仅经历了二三十年的发展变化。形成如此规模空前之移民潮的原因何在？构成如何？社会影响怎样？中国人移民潮又与同期其他民族进入西欧的移民潮有何异同？与"二战"前中国人的移民有何关联？本节拟着重对此进行探讨。

一、原西欧殖民地华人移民潮

二十世纪六七十年代，法属、葡属殖民地的民族解放运动，印尼的"九三〇事件"等，都曾经引发朝向西欧的移民潮，尤其是20世纪70年代中后期印度支那政治事变导致的"印支难民潮"，更是在震惊世界的同时，引发了骤然高涨的朝向西欧的移民潮。在这一系列政治事变中，西欧的荷兰、葡萄牙、法国等原殖民地宗主国，先后在不同程度上接纳了大批包括华侨华人在内的来自原殖民地的移民，从而导致西欧华人社会的人口、经济、文化构成等随之发生重大变化。

（一）印尼华人再移民

本书第四章追溯了原荷属东印度独立前后，印尼群岛华裔移民荷兰的历史概要。印尼独立之后，国内民族主义高涨，当地华人面临新的生存挑战。

1960年，印尼与荷兰中断外交关系，此后直到两国正式复交之前，从印尼移民荷兰是十分困难的。在此期间，仅有少数华裔得以"悄悄带上一点个人必需品，秘密离开印尼，行前甚至不敢与亲友道别"①。此外，由于印尼独立后荷兰语已经不再是学校的教学用语，因此，20世纪60年代后到荷兰留学的印尼学生也就明显减少了。

1965年，印尼爆发"九三〇事件"，排华恶浪骤起，印尼华侨华人生活于惊恐之中。因此，当印尼与荷兰恢复外交关系之后，从1967年到1970年，形成了战后最大的朝向荷兰的印尼华裔移民潮。在当时印尼那种特殊的政治氛围下，不少怀有一技之长的印尼华裔知识分子被迫出走，荷兰则成为那些通晓荷兰语之华裔知识分子迁移的主要对象国之一。根据笔者调研中了解的资料，估计该移民潮中迁入荷兰的印尼华裔人口约5 000人。他们移民荷兰的主要途径，一是已有亲戚在荷兰定居者申请亲属团聚；二是通过荷兰亲友的推荐介绍，应聘荷兰的企业或学校；三是通过荷兰教会帮助。由于当时印尼发生流血事件，荷兰教会出于人道主义，曾协助不少印尼人移民荷兰。

荷兰印尼华裔是荷兰华人社会中一个特殊的群体，其特殊性主要表现在以下两方面：

一是高知识结构。荷兰印尼华裔的总体受教育水准之高，不仅远在荷兰其他外来移民族群的平均水准之上，甚至还高于荷兰人。据20世纪80年代初的一项

---

① Kees van Galen, "Dorp zonder naam: de Chinezen uit Indonesie", in Benton, Gregor & Vermeulen, Hans eds. , *De Chinezen: Migranten in de Nederlandse Samenleving*, Coutinho, 1987, p. 144.

统计，荷兰印尼华裔第一代移民仅仅是一个包括六七千人的小群体，但他们当中（包括已经退休者）拥有某种专业技术职称者几占七分之一，包括：大约500名医生（包括西医、牙医、针灸师、药剂师等），200名工程师，有100多人拥有法律教育背景，还有20多人在荷兰各大学担任过正式的教授职位。①

二是兼具印度尼西亚、中国、荷兰三重文化色彩。他们是"印尼人"，因为印尼是他们的出生地，印尼语是他们的第一语言，他们相聚时多以印尼语交谈，聚餐时多按印尼风味烹调，尽管他们曾经因为种种不太愉快的原因离开印尼，但他们在那里还有亲朋好友，不少人还时常回去"走亲戚"，因此多对印尼怀有特殊情感；他们又是"荷兰人"，因为他们几乎都加入了荷兰籍，他们的事业与社会生活都已经融入荷兰，绝大多数人都将荷兰视为自己"落地生根"的归宿；可他们还是"中国人"，由于与生俱来的中国人外貌，使他们"在荷兰人眼里总是中国人"，因而不少人自然而然地自认为是"中国人"，怀有一颗"中国心"。由于他们的姓名（至少是姓）多按闽南语发音拼写，这也成为荷兰社会学家进行社会调查时据以确认印尼华裔身份的依据之一。对于一身兼有三重文化特性，荷兰印尼华裔自身的看法不尽相同。笔者在调研中就听到对此不同的感慨：有人感到自豪，认为"我们的适应能力最强"；有的颇感失落，认为"我们生活在中、荷、印尼三堵墙中间，与任何一方都有隔阂"。

（二）苏里南华人再移民

苏里南位于南美洲东北端，面积14.28平方公里，根据1988年的统计，当时全国人口约40万。苏里南历史显示，苏里南地区于1667年被划入荷兰属地，此后曾两度落入英国之手，接着又于1816年"正式"归属荷兰，当时称"荷属圭亚那"。在那之后，历经一百多年的殖民统治，直到1975年才正式独立，建立了"苏里南共和国"。

苏里南地区以种植甘蔗和制糖为主。据当地政府资料记载，1853年，荷兰殖民当局首次从当时荷属东印度爪哇岛将18名华工运送到苏里南甘蔗园充当契约劳工，其中8人在契约期满后返回故里，其余10人终老当地。因当地开发迫切需要劳力，荷兰殖民者又不断从中国本土及当时的荷属东印度治下的爪哇岛招募契约华工到苏里南。1858年4月，500名契约华工抵苏里南；1866年，又输入

---

① Kees van Galen, "Dorp zonder naam: de Chinezen uit Indonesie", in Benton, Gregor & Vermeulen, Hans eds. , *De Chinezen: Migranten in de Nederlandse Samenleving*, Coutinho, 1987, p. 145.

807 人；1868 年，输入 516 人；1867 年再输入 405 人。① 当时去往苏里南的华工签约期多为五年，有的人契约未满就不幸身亡，有的人在契约期满后返归故里，但也有相当一部分人在契约期满后又签订新约或作为自由劳动者留居当地。随着时间的推移，最早定居苏里南的华人成为拓展连锁迁移纽带的一个个新的原点。

苏里南对于华人新移民的吸引力主要有以下两方面。一是苏里南自然条件不错，土地肥沃，谋生容易；二是当地商品经济不发达，本地人从商者甚少。因此，早期成为自由劳动者的华人在辛苦几年略有积蓄后，大多开个小零售店，很快就可有所积蓄。时至二十世纪五六十年代，苏里南华人就群体而言，在经济上基本属于中产阶级，大多生活得比较舒适，以至于在当时苏里南华侨中，竟流传着"天上神仙洞，地下苏里南"之说。

据统计，1950 年苏里南有华侨华人 2 371 人，1964 年增加到 5 544 人，1971 年又增至约 6 400 人。② 另一统计则显示，时至 1975 年苏里南独立前，华侨华人在苏里南 40 万总人口中约占 2%，即有 8 000 人左右。③ 早年前往苏里南的华人以原籍广东的客家人为主，尤以东莞、惠东、宝安三县居多。但 20 世纪 50 年代后迁居苏里南者，则大多是先从广东农村到香港，再由香港移居苏里南。

由于苏里南长期为荷兰的殖民地，苏里南人移居荷兰有相当长的历史，但是，在 20 世纪 60 年代之前，定居荷兰的苏里南人并不多。那时移居到荷兰的苏里南人，以富裕的克里奥尔人（Creole）④ 为主，他们移民主要是为了求学、就业，为了给孩子一个较好的生活环境。然而，进入二十世纪六七十年代之交，随着拉美独立运动高涨，苏里南国内政坛动荡，民族关系出现恶化苗头，中产阶级担心进一步动乱会危及自身安全，华人群体普遍滋生不安全感。正当此时，荷兰政府于 1974 年公布了一项政策：凡是在苏里南正式独立之前移居荷兰者，可以直接获得荷兰的公民身份。此规定一出，即刻在苏里南兴起了一股移民热潮。根据从苏里南移居荷兰的华裔学者曾伟华（Frank W. F. Tseng）的研究，当 20 世纪 70 年代上半叶苏里南处于动荡之中时，大约有 4 000 名苏里南华侨相继移居荷

---

① 详见 Joh. F. Snelleman, Chineesche Immigranten in Suriname, *De West Indische Gids*, 1921, p. 225。另外，由李春辉、杨生茂主编的《美洲华侨华人史》一书在论述这一段历史时，将 1853 年、1858 年招募契约华工去往苏里南者指为"荷属东印度公司"（第 681 页），此说显然有误，因为荷属东印度公司早在 1799 年就以破产而告终了。

② 杨万秀主编：《海外华侨华人概况》，广东人民出版社，1989 年，第 254 页。

③ 英国科林·麦克伊韦迪和理查德·琼斯所著《世界人口历史图集》一书中提及，中国人在苏里南总人口中占 2%，此为 20 世纪 70 年代上半叶的统计数字，但原书没有标明苏里南的总人口是多少（中译本，第 365 页）。另据 1972 年由人民出版社出版的《各国概况》提供的资料，1969 年苏里南人口为 40 万。因此，此处关于苏里南约有华人 8 000 人的统计，系根据以上两项资料综合计算所得。

④ 克里奥尔人指生于拉美的欧洲人后裔，也包括这些人与黑人或印第安人的后裔。

兰，约占当时苏里南华侨总数的一半。① 另一项关于全荷兰苏里南移民的调查则显示，时至 20 世纪 80 年代中期，定居于荷兰的苏里南人连同其在荷兰出生的后裔总数约 18 万人，其中约 4 万人居住在阿姆斯特丹。其中，65% 是克里奥尔人，28% 为兴都斯坦人（Hindustani），华人与爪哇人各占 3.5%。倘若照此推算，20 世纪 80 年代中期移居荷兰的苏里南华人大概有 6 300 人。②

苏里南华人迁居荷兰的过程，同样具有通过亲缘纽带连锁迁移的特点。1987 年，笔者曾经访问过一位在阿姆斯特丹开酒行的从苏里南移民荷兰的华人李先生。据李先生介绍，他原籍广东宝安，父亲于 20 世纪 30 年代迁居香港谋生。李先生本人 60 年代在香港读商校时认识了现在的太太，她当时从苏里南到香港读书，两人是同学。婚后，两人一同到苏里南创业。当时苏里南的生意很好做，他们的事业发展得十分顺利，为此，李先生相继把自己在香港及老家的亲戚十多人申请到苏里南落户。可是，到了 20 世纪 60 年代末，苏里南政局出现动荡，李先生一看到情况不妙，立刻决定离开。李先生说当时他们一家可以有两种选择：回香港或是去荷兰。李先生不喜欢香港的生活环境，又听说苏里南人可以自由移民荷兰，于是就在 1969 年自己一人先到荷兰"探路"。荷兰安宁平和的生活环境给李先生留下了深刻而美好的印象，因此，他返回苏里南后，立刻作出了全家移民荷兰的决定。1970 年，李先生卖掉了苏里南那个刚刚进行过高档装修的商店，举家移民荷兰。当他们一家在荷兰安顿下来之后，苏里南的形势越来越不妙，于是，李先生又相继帮助他在苏里南的亲戚移居荷兰。据他说，由他直接帮忙从苏里南带到荷兰的亲戚共有 11 人。

李先生这样的经历在荷兰的苏里南华人中颇具代表性。阿姆斯特丹大学的两位学者曾就阿姆斯特丹苏里南移民的家庭结构进行调查，他们以苏里南移民社群的男性家长为核心，罗列出其在荷兰的所有成年亲戚，如兄弟姐妹、叔伯姨姑、父母、岳父母及祖父母等。该调查结果显示：全荷兰共有来自苏里南的兴都斯坦人约 5 万人，每位兴都斯坦男性家长在荷兰平均有亲戚 8.6 人；全荷兰苏里南克里奥尔人的总人数是 11.7 万人，每位克里奥尔人在荷兰平均有亲戚 7.4 人；全荷兰的苏里南华人移民约 6 300 人，每位华人在荷兰平均有亲戚 7 人。③

荷兰的苏里南华人群体具有以下三大群体特征。

---

① 曾伟华：《从少数族群到少数族群：苏里南华人的族性与变化》，阿姆斯特丹大学硕士学位论文，1983 年，第 69 页。

② Jeremy Boissevain & Hanneke Grotenbreg, Culture, Structure and Ethnic Enterprise: The Surianmese of Amsterdam, *Ethnic and Racial Studies*, 1986, 9 (1), pp. 6 - 7.

③ Jeremy Boissevain & Hanneke Grotenbreg, Culture, Structure and Ethnic Enterprise: The Surianmese of Amsterdam, *Ethnic and Racial Studies*, 1986, 9 (1), p. 7.

其一，虽然苏里南华人同印尼华人、印支华人一样，都属于再移民群体，但是，在印尼、印支华人再移民群体中，许多系出生于印尼或印支的华裔，尤其是印尼华裔群体中，好些家庭移民欧洲前已在印尼生活了几代了。苏里南华人则不同。早年以华工身份迁移并定居苏里南的华人几乎全是男性，因此多与当地黑人女性成婚，组建家庭。受苏里南母亲及当地社会影响，他们的后代基本上从外貌到语言都苏里南化了，大多也就不再具有华人认同。因此，从苏里南移民荷兰的华人群体，主要是那些在二十世纪五六十年代才移民苏里南的第一代移民，换言之，苏里南华人再移民的主体仍然以从中国本土迁移到海外的第一代移民为主。

其二，由于大多数苏里南华人是在苏里南脱离荷兰的殖民统治之前移民荷兰的，按当时的法律规定，他们一入境就直接获得荷兰公民身份，享有荷兰的社会福利，因此，他们在创业上的积极性相对不如直接来自中国香港或内地的移民。虽然苏里南华人原先在苏里南时不少都是小业主，但他们在苏里南的从业经验到了高度工业化、商业化的荷兰王国之后却很难行得通，尤其是荷兰的高税收政策，更是令许多人望而生畏，而且他们的人际网络也比不上香港和内地移民群。反之，荷兰优厚的福利政策则令许多辛苦多年的苏里南华人如沐春风，因此，好些人在移民荷兰之后，或是在有了些许不太成功的尝试之后，就放弃了在荷兰再创业的愿望。

其三，苏里南华人内部大约还可分出两个次级群体，一个较大的群体由成年后从中国本土（主要是广东和香港）迁移到苏里南的第一代移民构成，而另一个群体则是在苏里南长大并在苏里南接受过荷兰教育的年青一代。后一群体的年轻人虽然人数不多，但是，当他们移居荷兰后，由于对荷兰语言文化比较熟悉，在社会上表现得相对活跃，因而往往被视为苏里南华人的代表。前一群体的情况则不同，身为经历了两次大环境变迁的第一代移民，他们融入荷兰社会的障碍是比较明显的，而他们自身的人数实力又不足以形成独立的社会组织，因此，他们往往选择依附于荷兰社会中业已存在的华人团体。如前所述，苏里南华人原先多从香港、广东移居国外，他们从方言到移民经历（如从广东到香港再到外国）都与荷兰的广东人（或曰香港人）群体相似或相近，因此不少苏里南华人也就参加到广东人社团的活动中。关于这方面的情况，本书将在第九章探讨华人社会的组织状况时，再作论述。

（三）原葡属殖民地华人再移民

葡萄牙是西欧另一个老牌的殖民国家，在 20 世纪 70 年代之前，仍然占有比本土大 22 倍的殖民地，包括安哥拉、莫桑比克、几内亚比绍及中国澳门等。进入 20 世纪 70 年代之后，原葡属东非殖民地的民族独立运动风起云涌，动摇了殖民宗主国的统治。1974 年 7 月 24 日，葡萄牙政府终于被迫允许东非殖民地各国自主选择独立。1974 年 9 月 10 日，葡萄牙承认几内亚比绍（Guinea – Bissau）独立，随后，莫桑比克、安哥拉、东帝汶等国相继在次年宣布独立建国。①

在原葡属非洲殖民地中，华人相对较多的国家是莫桑比克。据 1929 年上海侨务协进会非洲特派员莫次南的调查，当时葡属东非首府马贵斯（Lourence Margues，即今莫桑比克首都马普托）有华侨 460 人，比罐（Beira，今莫桑比克重要港市贝拉）有华侨 577 人，其他地区有华侨 70 人，共 1 107 人。② 时至 20 世纪 70 年代上半叶，全莫桑比克华侨华人约有 7 500 人，其中大约 3 500 人住在马普托，4 000 人住在贝拉。在葡属东帝汶独立前，当地也有一个多达万人的华侨华人群体。③

20 世纪 70 年代之前在莫桑比克的华侨华人以经营杂货店为主，据 1972 年统计，莫桑比克全国有华商经营的杂货店 283 家、进出口行 20 家，百货店 16 家，还有由华侨华人经营的农场 30 多家。1975 年莫桑比克独立后，政府宣布将所有私营企业收归国有，当地华侨华人多年创下的事业瞬间荡然无存。④ 当社会处于动乱时，许多华侨华人纷纷外迁，有的移居南美巴西，有的移居北美的美国、加拿大，据说其中有大约 700 人移居葡萄牙。⑤ 1975 年东帝汶独立后，随即被印尼所吞并。战乱中，当地华侨华人纷纷外逃，据说也有数千人北上抵达南欧的葡萄牙。⑥ 另据台湾侨务部门提供的资料，安哥拉及莫桑比克独立时，从两地迁居葡萄牙的华人有大约 2 000 人，从东帝汶迁居葡萄牙的华人有大约 1 500 人。⑦

与西欧其他国家相比，20 世纪 70 年代中期的葡萄牙仍属经济不发达的贫穷国家之列。葡萄牙由于国内政治动荡，经济落后，其本国人口尚且纷纷外出谋生，因此，其时由于原居国动乱而避居葡萄牙的华人在了解当地实情后，好些人也不愿继续留居，他们大多在葡萄牙过渡一段时间后，即设法转往他国谋求发

---

① 在葡属殖民地中，几内亚比绍于 1973 年 9 月 24 日宣布独立，但直到次年 9 月才得到葡萄牙承认。莫桑比克于 1975 年 6 月 25 日独立，安哥拉于 1975 年 11 月 11 日独立，东帝汶民主共和国于 1975 年 11 月 28 日成立。

② 谷川编：《亚非利加洲华侨概况——上海侨务协进会非洲特派员莫次南调查》，1929 年 12 月 4 日；方积根编：《非洲华侨史资料选辑》，新华出版社，1986 年，第 15 – 16 页。

③ Ana Teixeira，"Entrepreneurs of the Chinese Community in Portugal"，in Benton，Gregor & Pieke，Frank N. eds.，*The Chinese in Europe*，Macmillan Press，1998，p. 257.

④ 杨万秀主编：《海外华侨华人概况》，广东人民出版社，1989 年，第 376 页。

⑤ 这一数字最先系由 Eduardo Tomé 于 1994 年在 *A odisseia dos Chineses em Portugal*（《中国人历险葡萄牙》）提出，后为 Ana Teixeira 在 *Entrepreneurs of the Chinese Community in Portugal*（《葡萄牙华人社会中的企业家》）一文中引用（第 240 页），但作者在引用这一数字的同时，也指出这是一个未能得到证实的数字。本书引用于此，仅为参考。

⑥ 王鼎熹编著：《西班牙·葡萄牙华侨概况》，正中书局，1991 年，第 73 页。

⑦ 华侨经济年鉴编辑委员会编：《华侨经济年鉴》，中国社会科学院，1981 年，第 454 页。

展，其中尤以再迁移至澳大利亚者居多。有鉴于此，虽然 20 世纪 70 年代从原葡属殖民地移居葡萄牙的华侨华人累计应有三四千人，但 1980 年的统计显示，葡萄牙华侨华人华裔总人口大约为"一千八百八十余人"[①]，说明不少人再度向第三国迁徙。

1999 年澳门实现了平稳过渡，和平回归。回归后的澳门社会安定，经济正常发展，澳门人心安定，人民安居乐业。因此，虽然葡萄牙向澳门的正式居民开放着移居的大门，但是，回归前后的澳门始终没有出现过人口大量外移的现象。绝大多数澳门人仍然一门心思地在澳门为人生、事业而拼搏。

二十世纪八九十年代移居葡萄牙的中国移民主要来自中国大陆及台湾。详见下文。

（四）震惊世界的印支难民潮

印支难民潮是战后亚洲史上一次震惊国际社会的大灾难，在先后被迫逃离印度支那的 160 万难民当中，既有印支三国土生土长的平民百姓，也有业已长期在当地安居乐业的华侨、华人和华裔。印支难民在逃亡过程中命运之坎坷，遭遇之悲惨，已为世人所周知。

1970 年，柬埔寨朗诺集团发动政变，建立右派政权，此一事变昭示着印度支那华侨华人即将面临一场空前的灾难。在朗诺集团的统治下，柬埔寨华侨华人先是被当成柬埔寨经济恶化的替罪羔羊；而当红色高棉取代朗诺集团掌握了柬埔寨政权之后，以从事大小生意为主的柬埔寨华侨华人又被贴上"资产阶级"标签而成为红色高棉残酷打击的对象，数十万人死于非命，更多的人为求生存而不得不冒死出逃。

1975 年，另一个印度支那国家越南实现了南北统一。新政权在推行所谓"社会主义改造"的旗号下，同样将越南华人经济当成打击对象，对华人经营的大小商铺、公司蓄意查抄，恶意掠夺，几代华人苦心经营的事业毁于一旦。接着，当中越两国爆发战争时，华侨华人更是成为当时越南执政者眼中的敌对势力，狭隘民族主义煽动起空前惨烈的排华行动，大批越南华侨华人被迫冒着九死一生之危险，投奔怒海。

在紧邻越南的老挝，1975 年后建立的新政权也一度步越南之后尘，将境内华人作为打击对象，迫使大批华人仓皇出逃。

据不完全统计，在 20 世纪 70 年代末柬埔寨动乱期间，柬埔寨华人从 40 万

---

① 华侨经济年鉴编辑委员会编：《华侨经济年鉴》，中国社会科学院，1981 年，第 454 页。

锐减到 20 万；① 在老挝，经历了 1975 年的政治事变，尤其是在当时的老挝执政者公然与越南当局一起掀起反华恶浪之后，"在惊慌惶恐中，有 90% 至 95% 的华人匆匆逃离"②；在越南，"1978 至 1989 年间，大约有 100 万人逃离越南，其中有 60% 至 70% 是华人。他们投奔怒海，大约有 10% 葬身鱼腹"③。漂泊于汪洋的一叶扁舟，听天由命的无助"船民"，成为曾经身历其境之印支难民刻骨铭心、不堪回首的悲惨记忆。

始于 1975 年的印支难民出逃潮，在 1978 年和 1979 年达到高峰，并一直延续至 20 世纪 90 年代初。据不完全统计，在那期间大约有 200 万人冒死外逃，其中二三十万人在出逃途中不幸身亡，约有 160 万人得到了全世界 40 多个国家和地区的接纳、安置和救济。④ 根据联合国难民署及相关学者的统计分析，印支难民中 50% ~ 60% 属于当地国的华侨华人华裔，那么，在得到各国救助的 160 万印支难民中，华侨华人华裔总数有八九十万人。

以印支华人占半数以上的"印支难民潮"震惊了世界，印支华裔难民流散到世界各地。在一些华侨华人数量原本微不足道的国家中，数量可观之印支华裔难民集中到来，使当地华人社会从人口结构、就业模式乃至习俗文化都发生了相应改变。其中，法国华人社会在二十世纪七八十年代发生的突变即为典型例证之一。

在印支事变发生之前夕或初期即逃离印度支那的华侨华人，主要是通过个人关系，向业已生活在西方国家的亲朋好友求助，以实现迁移避难之愿望。但是，当排华大潮铺天盖地席卷而来之时，个人力量微不足道。印支难民问题引起了联合国及国际舆论的高度重视。除了华侨华人的母国中国接收了 27.9 万印支难民之外，经由联合国难民署的协调，西方发达国家基于人道主义原则相继接收、安置了其余一百多万印支难民。

在西欧，几乎每个国家都或多或少接收了部分印支难民。其中，根据联合国难民署的统计资料，接收印支难民最多的西欧国家是法国，截至 1986 年 12 月底，法国作为印度支那地区的原宗主国，共接收印支难民 114 081 人。其次是西德，接了 30 934 人，英国也接收了 20 700 人，其余如比利时、荷兰、瑞典、西班牙、瑞士等国，也分别接纳了数千印支难民。全西欧接纳的印支难民总数在

---

① 云达忠：《柬埔寨》，潘翎主编，崔贵强编译：《海外华人百科全书》，三联书店（香港）有限公司，1998 年，第 144 – 150 页。

② 吴瑞明：《寮国》，潘翎主编，崔贵强编译：《海外华人百科全书》，三联书店（香港）有限公司，1998 年，第 169 – 171 页。

③ 李塔娜：《越南》，潘翎主编，崔贵强编译：《海外华人百科全书》，三联书店（香港）有限公司，1998 年，第 233 页。

④ 方雄普、谢成佳主编：《华侨华人概况》，中国华侨出版社，1993 年，第 123 页。

20万~25万人之间，由此增加了一个十多万人的华侨华人华裔群体（参阅表6-1）。其中最值得一提的是法国，如前所述，直到20世纪60年代后期，法国的华侨华人人口不过区区6 000人，而全西欧华侨华人总数也才不足60 000人（参阅本书第四章表4-10）。因此，十多万印支华裔群体骤然间大量涌入，几乎在刹那间令法国华人社会的人口结构发生巨变；而另一些欧洲国家，如瑞典、瑞士、挪威等国，因为原先定居当地的华侨华人为数无几，所以数以千计之印支华裔难民的瞬间涌入也旋即改变了当地华人社会的面貌。

表6-1　西欧各国接纳印度支那难民人数

国别	接纳印支难民总数	华裔难民	数据来源
爱尔兰		1 000	《华侨经济年鉴》1996年第636页
奥地利		2 000 + 1 200（原接纳2 500人，后陆续有人外移）	《华侨经济年鉴》1990年第784页 《华侨经济年鉴》1996年第656页
比利时		2 000 + 3 500	《海外华侨华人概况》第285页 《华侨华人概况》第289页
丹麦		1 000 5 000~6 000	《华侨经济年鉴》1990年第842页 《华侨经济年鉴》1996年第709页
法国	114 081 14.5万 20万	68 450（≈60%） 75 000（≈50%~60%） 12万（≈60%）	《华侨华人概况》第123页 《海外华人百科全书》第312页 《华侨经济年鉴》1996年第609页（指全法国东南亚人总数及东南亚华人）
荷兰	6 000	2 500 1 440（=24%）	《华侨华人概况》第127页 《海外华人百科全书》第323页
卢森堡	1 000	600（≈60%）	《华侨经济年鉴》1981年第450页
挪威	5 624	800 3 370（≈60%）	《华侨经济年鉴》1990年第849页 《丹麦·挪威·瑞典华侨概况》，第73页
瑞典		3 427 5 000 +	《海外华侨华人概况》第317页 《华侨经济年鉴》1990年第834页
瑞士	10 000	6 000（≈60%） 2 000	《华侨经济年鉴》1990年第793页 《华侨经济年鉴》1996年第665页

（续上表）

国别	接纳印支难民总数	华裔难民	数据来源
西班牙	10 000	6 000（≈60%）	《海外华侨华人概况》第 274 页
西德	30 934	18 560（≈60%）	《华侨华人概况》第 123 页
希腊		59	《华侨经济年鉴》1990 年第 827 页
意大利		3 000	《各国华侨华人》第 169 页
英国	20 700	12 420（≈60%） 9 400	《华侨华人概况》第 123 页 1991 年英国华人中出生地为越南的人数
总计		130 000～200 000	

　　表 6-1 系将各种不同来源的统计数相类比绘制而成，笔者注意到，其中一些国家的印支难民统计数在不同资料中差别相当大。除了因难民接收的不同渠道造成统计上存在一定出入外，至少还有以下三大因素影响到西欧国家所接收印支华裔人口的准确统计。

　　其一，由于印支难民系为了逃生而仓促上路，有的一家人在出逃中失散了，有的一家人在中国香港、泰国等地难民营中等待接收时被分别安置到了不同国家。因此，当相对安定之后，家人之间往往立刻设法取得联系，进而希望在一个相对合适的环境中全家团聚，这就造成了难民暂时留居某地之后可能出现的再流动。例如，瑞典政府在 1978 年至 1983 年间，共收容印支"船民"3 500 人，随后，鉴于人道主义立场，又收容了业已定居本国之印支难民的直系亲属如父母、子女或配偶共 1 000 余人，[①] 因此，在 1990 年的统计资料中，瑞典的印支华裔群体已增至 5 000 人。[②]

　　其二，当第一批难民在接收国安居之后，如果他们对自己的生存环境感到满意，那么，就有可能由此拓展新的连锁迁移，吸引亲朋好友过来，反之，如果他们对自己的环境不满意，往往会立刻设法再度迁移他乡，因为原来的"家"已经被毁，新"家"则尚未建立，既然人在"旅途"，那么，再迁移也是顺理成章之事。

　　其三，当难民定居之后，自身人口的再生产也会造成人口总数的上升。新一代虽然以接收国为出生地，但至少在 20 世纪 90 年代之前，依据血缘谱系，往往还是将他们划入"印支难民"群体。

　　就印支难民进入西欧的政治大背景而言，如前所述，"二战"结束后至 20 世

　　① 许智伟编著：《丹麦·挪威·瑞典华侨概况》，正中书局，1991 年，第 66 页。
　　② 华侨经济年鉴编辑委员会编：《华侨经济年鉴》，中国社会科学院，1990 年，第 834 页。

纪 60 年代，是西方国家民权运动步步高涨的年代，这在一定程度上营造了不同民族、不同文化应当和平共处的社会氛围。可以说，五六十年代在西欧民众当中培植起来的人道主义、种族平等理念，在接纳印支难民的问题上得到了最充分的体现。西欧各国接纳印支难民，首先基于人道主义原则。印支难民的悲惨遭遇，得到西欧社会的普遍同情。西欧各国在联合国难民署的协调下接受印支难民的做法，在国内基本得到朝野各界的认可与合作，尤其得到了千百万善良的西欧人民的理解和支持。当饱受磨难的印支难民抵达西欧接纳国后，当地许多民间慈善团体立刻对他们伸出救援之手，政府有关当局也对他们的生活、工作及学龄儿童的求学作了比较妥善的安排。

就印支难民进入西欧的经济大环境而言，印支难民是在 20 世纪 70 年代后期、80 年代上半期相继为西欧国家所接纳。此时的西欧，正处于 1973 年经济危机打击后缓慢的复苏时期，尽管西欧各主要国家直到 1982—1983 年才相继走出危机的阴影，但西欧的总体经济形势从 20 世纪 70 年代后期开始已一步步走出"滞胀"，趋向好转。由于西欧各国一方面关闭了接纳外籍工人的大门，另一方面则采取提供补贴的措施，将此前业已进入西欧的外籍工人送回原籍，失业率业已下降，因此，西欧国家接纳印支难民，实际上是一举多得：既树立了人道主义形象，又填补了外籍工人来源突然被卡断后国内某些劳务部门对于青壮劳动力的需求，同时还有助于减缓初见端倪之本国人口老龄化的趋势。

由于存在以上诸多因素，20 世纪 70 年代后期西欧各国大批安置印支难民的工作基本进行得比较顺利。法国可以为例。

法国是接收印支难民最多的欧洲国家，其所接收的印支难民总人数仅次于美国、中国和加拿大，位居第四。20 世纪 70 年代初，巴黎市政当局为减缓巴黎市内的居住压力，曾在巴黎 13 区兴建了一大批高层建筑，计划在此形成一个新的居住区。可是，高楼建成之际，恰逢经济危机的猛烈冲击，再加上这批以低预算、简装修为原则建成的大楼，在讲究文化品位的巴黎人眼中，几乎"不堪入目"。新楼无人问津，投资者苦不堪言。然而，谁曾想到，恰在此时，十多万印支难民蜂拥而入，家家需要安置房。于是，在巴黎市政府的统一筹划下，由政府提供津贴，将 13 区那些空置的新楼租金降低到难民家庭可以接受的水准，再将入境后暂时安置在法国难民营中的印支难民一户户地分配到 13 区的新楼中居住。与此同时，法国政府有关部门又为印支难民安排了从语言到工作技能的各种培训，并将他们安排到法国的工厂中当工人，使他们能较快适应新的环境，成为自食其力的劳动者。由此，印支难民集中居住的巴黎 13 区很快就焕发出崭新的生机与活力，并显现出多元文化的色彩，本书将在下文关于当代欧洲华人经济发展和社会文化变迁的章节中对此再作具体阐述。

与此同时，德国、英国、荷兰等西欧国家也大都采取了相似的帮扶难民的政策。难民在等候安置期间，可以得到政府提供的最低生活保障资助，并由专门机构提供技能培训，介绍工作机会。在西欧土地上绝处逢生的印支难民，对于所在国社会给予他们的同情与关照均铭记在心。笔者在访问中常听被访者说："法国政府很好！""荷兰政府很人道！"……语言虽然简朴，但反映出经历了九死一生的印支华裔难民由衷的感激之情。

根据笔者搜集到的各类统计资料，西欧各国接纳的印支华裔总计在 13 万至 20 万之间。虽然相关统计数据差距明显，但是，由于此前 20 世纪 60 年代全欧华侨华人总数仅在 10 万左右，而短短数年间，数以十万计的印支华裔移居西欧，促使西欧华侨华人数量成倍增长，据 20 世纪 70 年代中期的统计，欧洲华侨华人总数已经猛增至大约 26 万，较之十年前增长了 1.5 倍。[①]

还值得一提的是：印支华裔难民在原居地时多以经商为主。因此，他们在新居地安顿下来之后，不少人并不满足于由政府安排的"朝九晚五"的打工生活，而是在对当地社会稍有了解之后就开始了新的创业计划。时至 20 世纪末，西欧各国均涌现出一批成功的印支华裔商人，他们开办的餐馆、商店遍布西欧各地。其中，尤以印支华裔难民最集中的巴黎 13 区变化最大。在印支难民落户巴黎 13 区后短短十多年间，那里就崛起了一个崭新的、充满现代气息的亚裔经济中心。由此可见，印支华裔难民进入西欧后，不仅没有成为接收国的负担，而且还为所在国经济发展作出了特殊的贡献。关于这一点，本书第八章还将结合当代欧洲华侨华人经济的发展，再作论述。

图 6-1　法国巴黎 13 区安置印支难民的住宅楼（李明欢摄于 2012 年 8 月）

[①]　根据台湾华侨经济年鉴编辑委员会《华侨经济年鉴》1977 年版相关数据统计。该年鉴所引用的各国华侨华人统计数多取自 1975—1976 年。"德国"仅限于"联邦德国"。

图 6－2　巴黎近郊一个非洲难民集中的居住地（李明欢摄于 2012 年 8 月）

二、中国大陆移民潮

综观 20 世纪下半叶进入西欧的华人移民群，其最主要的构成部分系来自中国大陆的新移民。1976 年，中国终于结束了给十亿人民带来沉重灾难的"文革"，在拨乱反正中走向一个崭新的时代。当封闭多年的国门渐渐打开之后，当那个多年来被认为是"暗无天日"的西方世界以完全不同的面貌展现在成千上万中国人面前时，曾经被教条主义说教蒙蔽了双眼的中国人感受到了极其强烈的心灵震撼。发达国家在经济发展上遥遥领先于第三世界的现实，令西方展现出炫目的色彩，充满了神奇的诱惑。

中国人的"西方观"发生了急剧的变化。"文革"结束后短短几年间，在中国人心目中，"西方"就已不再是十恶不赦的"仇敌"，"西欧"也不再是腐朽没落、令人憎恶的资本主义世界。与此同时，随着中国与西方的正常往来日益增加，新一代中国领导人堂堂正正地亮相于国际舞台，在西方百姓眼里，来自"红色中国"的中国人也不再是"共产主义怪物"，不再是令人生畏的"第五纵队"。中国与西方之间不再是剑拔弩张，势不两立，交往与对话一点点地融化着冷战年代凝结起来的层层冰霜。

中国与西方国家之间的交往与沟通，出人意料地为中国人口由东向西迁移铺就通衢，"出国热"在神州大地上骤然兴起，其来势之猛，发展之快，卷入人数之多，后续影响之广，令中外各方均始料不及。

自 20 世纪 80 年代以来迅速席卷中国大陆的移民潮有其特定的历史背景。就宏观而言，它是中国深化改革开放的副产品，是西方国家政治、经济、文化等多方面影响在中国全面扩展的必然结果，是在全球化进程中中国人力资源融入世界劳动力大市场的必然过程。时至 20 世纪末，中国人的跨境移民潮已经成为西方发达国家关注的一大社会问题，而对于中国跨境移民趋势的人文关怀，则业已成为西方移民学界关注的一大热点。有人不无忧虑地提出：中国经济政治改革的发展，势必进一步打开中国人口向外流动的大门；然而，一旦中国的改革倒退，则会引发巨大的难民潮。[1] 言下之意，当代中国人大量跨境流动的趋势无法避免，务必高度重视。

从 1976 年"文革"结束到 21 世纪初，是当代中国大陆对外移民潮从兴起到迅速高涨的时期。如前所述，时至 20 世纪 70 年代中期，西欧各国在接纳了来自印支的大批难民之后，西欧华人社会已经增长到大约 26 万人。在那之后，进入西欧的华人新移民主要来自中国大陆，并在短短二三十年间，就迅速发展成为拥有 200 万人以上的华侨华人社群。20 世纪末叶西欧国家尚不存在如同加拿大、澳大利亚、新西兰等国所实行的"移民计分选择制"，而是在"人道主义"的大纛下，以"家庭团聚""劳工申请"作为合法移民的主渠道，加之视本国国情所需而实施的不定期大赦。正是在如此大背景下，西欧当代中国大陆新移民主要为来自中国农村乡镇地区、不具备专业技能的普通劳动者，他们在移民之前的总体智力、财力水准，均远远比不上北美大陆新移民群体。

纵观 1976 年"文革"结束至 21 世纪初从中国流向西欧的移民潮的起伏升降，大致可以划分出如下三个发展阶段。

（一）移民潮骤起（1976—1985 年）

从 1976 年"文革"结束到 1985 年的 10 年，是中国政府开始直接涉及如何规范涉外移民操作的起始阶段，是集中于少数侨乡的潜在"出国人员群体"开

---

① Castles, Stephen & Miller, Mark J., *The Age of Migration*, *International Population Movements in the Modern World*, Macmillan Press, 1993, pp. 164 – 165.

始试探着踏上出国之旅的尝试性阶段，同时也是西欧法、荷、意等国政府开始面对如何接受中国移民申请这一问题的适应性阶段。这一时期的外在表现是：从中国进入西欧的移民人数迅速上升，他们在西欧国家普遍得到亲友热情的接待，受到移居国有关当局友好的礼遇；而他们在西欧耳闻目睹的一切反馈回家乡后，又成为推动移民潮的接续动力。

如前所述，浙江的温州、青田地区是"二战"前西欧华侨的主要原居地，20世纪初叶在当地蓬勃兴起的"番邦热"，将该地区与遥远的西欧连到了一起。可是，从抗战爆发、中华人民共和国成立，直到20世纪70年代中期之前，"移民西欧"在该地区仅仅是少数人的个体行为，在国内要获准出国不易，而即便得到国内有关方面的准许，要获得西方国家的入境签证也不易。因此，"二战"后成长起来的新一代"侨乡人"，其"出国"意识比前辈已淡漠许多，随着留居西欧的老华侨渐渐步入花甲、古稀之年，西欧与温州、青田侨乡的纽带似乎后继乏人了。

这一切，在20世纪70年代中期开始发生重大变化。1971年，中华人民共和国恢复了在联合国的合法席位，中国的国际地位大大提高。时至20世纪70年代中期，西欧各国已相继与中华人民共和国建立了正式大使级外交关系，在西欧的老华侨终于可以公开地回到位于"红色中国"的老家探亲访友，可以"衣锦还乡"了。而且，他们高兴地发现：身为所在国的公民，他们也可以正正当当地以"家庭团聚"为由，向所在国政府申请自己在中国家乡的亲人移民入境。

在中国国内，大约从20世纪70年代中期起，从青田、温州侨乡申请及获准出国的人数就开始明显上升了。在温州的文成县，从1960年到1969年，年均出国人数仅为8.2人；从1970年至1979年，同一数字增加到59.6人；从1980年至1985年的6年间，又飙升到年均近500人。在青田，若将当地80年代的年均出国人数与20世纪50年代相比，更是猛增了近百倍（详见表6-2）。

表6-2　浙江文成、青田出国人数统计（1949—1985年）

文成县	1949—1959年		1960—1969年		1970—1979年		1980—1985年	
	总人数	年均	总人数	年均	总人数	年均	总人数	年均
	48	4.4	82	8.2	596	59.6	2 990	498.3
青田县	1950—1959年		1960—1965年		1966—1976年		1979—1986年	
	总人数	年均	总人数	年均	总人数	年均	总人数	年均
	152	15.2	124	20.7	91	8.3	10 948	1 368.5

资料来源：文成移民人口的有关数据取自"1949—1990全县出国人数统计表"，载《文成县志》第227-228页；青田出国人口1950—1976年数据引自《青田县志》第643页，1979—1986年数据取自"1979年—1986年批准出国领取护照人数"，载《青田县志》第643-644页。

在第一阶段出国的"侨乡人"，大多数是由业已定居西欧的老华侨申请"带"出去的。鉴于归侨、侨眷申请出国者众，1982年4月9日，国务院侨务办公室、国家人事局、国家劳动总局、财政部、公安部联合签发了"关于归侨、侨眷出境探亲待遇问题的通知"，规定给予归侨、侨眷出境探亲以特殊照顾，其中明文指出："只要对方不限制入境，我方应尽快审批。"这一文件为归侨、侨眷比例甚高的"侨乡人"申请出国提供了法律上的依据和保障。由于中国大陆对外移民的大门刚刚打开，国内的人对出国的途径尚不太了解。根据"只要对方不限制入境，我方应尽快审批"的规定，这一时期的出国事宜，多由定居国外的亲友进行操办，国内的人等手续办全后再上路。也正因为如此，20世纪70年代后较早从侨乡出国者，几乎都在国外有"十分过硬"的亲缘关系，有的以"家庭团聚"为由直接获得移民定居许可，有的以"特殊劳工"身份获得劳工准证而得以移民定居，当然，也有些人是申请了一个探亲签证就过去了。更重要的是，他们抵达移居地后都有人接待，帮忙安排食宿并直接提供或帮忙寻找工作机会，新来乍到者往往很快就可以进入打工赚钱的新生活，圆其"致富梦"。此时欧洲华侨社会对于来自家乡的新移民是十分欢迎的，但凡有新移民抵达，沾亲带故者多会热忱问候，甚至送上个"红包"表示心意。因此，第一批踏出国门者传回的信息，是那么令人惊喜、振奋，更令圈外人羡慕不已。

在西欧国家一方，在长期冷战思维的作用下，不少西方官员都将中国人移民西方视为西方意识形态的胜利。因此，在20世纪80年代中期前，对于来自中国大陆的新移民批准入境率相当高。当时有的西方官员甚至以中国政府对国人出国控制太严，攻击中国政府不人道。民间曾经广泛流传这样一则故事：当中国一位高层领导人会见来华访问的美国总统卡特时，美方提出："中国限制公民的行动自由，尤其对中国公民出入国境设置了太多障碍。"那位中国领导人当即答道："我们可以放开限制，但是你们准备好了吗？你们准备接受多少中国人？500万还是600万？"这当然只是一则传闻，然而其所折射出的时代氛围还是可信的：中国国门初开之际，西方政府当局一味陶醉于"冲破红色铁幕"的所谓"胜利"，对于中国潜在的移民人口数量既无预见，更无任何心理准备。

笔者在荷兰、法国、意大利等国访问时，都曾听到20世纪80年代初或在那之前移居当地的华侨感叹："那时的警察对中国人很好，很客气，不像现在。""那时我们一去移民厅，意大利办事员就请我们坐，请我们喝咖啡，非常客气，哪像现在，见到我们就凶。"

那么，这一变化是怎么发生的呢？原因何在？

（二）移民潮高涨（1986—2005 年）

1985 年 11 月，中国政府正式颁布《中华人民共和国公民出境入境管理法》，并相继制定了有关细则，以法律形式确定了申请出国是中国公民的一项基本权利。此后，由于下述种种因素的影响，中国向外移民进入急剧高涨甚至盲目失序的阶段，吸引了各相关国家当局及媒体的密切关注。

纵观移民潮在此期间的急剧演变，其中有不少问题值得深思。

从认定"海外关系"等同于"反革命关系"，[①] 到政府对拥有"海外关系"者出国开绿灯，进而以法律形式确定出国是公民的一项基本权利——这一切无疑是改革开放后中国人的民权意识、中国的移民操作逐步走向正常化并与国际惯例接轨的反映之一。然而，这一举措的潜功能则在于：作为对改革前全盘贬低西方之教条的反弹，在中国民间形成一股盲目崇拜西方的思潮，而在侨乡社会的普通民众当中，则具体表现为个人以能够"出国"为"有本事"，家人以有"侨"为荣耀。

由于那些有"过硬"移民关系的人或者是在开放之初已经移民，或者是暂时还不想移民，因此，20 世纪 80 年代中期之后想要挤入移民通道的人，大多并不具备合法移居的条件。不具备"出国"条件却又想要出国，于是，就要"想办法"了。此时在中国大城市中最时兴的办法是走"自费留学"之路，然而，这对传统侨乡农村多数只接受过几年初小教育的年轻人而言却毫无可行性。于是，"八仙过海，各显神通"，种种合法不合法的"办法"，纷纷登场。

由于"侨眷"在获得出国护照及取得入境签证上都占有优势，因此在侨乡就兴起了有亲靠亲、无亲"找"亲之风。基于血缘关系的亲缘纽带，与生俱来，无法"再造"，但是"找"亲的名堂就多了。最初，人们想到的还只是通过传统的子女联姻、儿女过继"建立"起人为的亲缘纽带，但是能够由此"找"亲者毕竟有限。进而，"假结婚""假过继"就出现了。由于办理这些手续需要不少费用，因此，"操办者"向"受益方"开列所需费用，或受益方"主动"酬谢"操办者"，有偿移民运作就此萌芽。可是，无论"结婚"还是"过继"，都会受到年龄限制，更重要的是，要找到愿意"违法冒险"的海外关系人，颇为不易，

---

① 1970 年中国"文革"期间，"四人帮"曾在广东炮制过处理有海外关系干部的六条规定，主要内容有："凡是有港澳、海外关系的干部，不管亲属从事什么事业，如果经过教育，仍然保持政治、经济联系，要从严处理"，"要视情况进行必要的批判斗争教育，并要进行审查（严重的要清理出队，有的退职）"，今后"一律不吸收有海外、港澳关系的人当干部，对干部的婚姻要把好关"，等等。上述规定曾在广东部分地、县试点，并在全省整党会议推行，造成恶劣影响。中共十一届三中全会后，以上规定被称为"黑六条"，遭到彻底否定。

因此能够入围这一圈子的人数依然有限。如果说，假结婚、假过继还是在打合法移民的"擦边球"的话，那么，随着侨乡群体的出国躁动愈演愈烈，明目张胆的非法偷渡行为就迅速地应运而生了。究竟是谁向中国潜在的移民群体"灌输"了偷渡意识？偷渡又是如何一步步地在中国某些特定地区由个别现象演化成一种有组织的群体行为的呢？

非法偷渡潮首先在中国侨乡滋生与泛滥，是多重因素交相作用的结果。关于侨乡社会氛围、潜在移民群体心态等问题，本章第三节将着重剖析，在此，笔者拟从透视西欧相关国家移民政策的角度出发，剖析西欧国家的国家行为如何在无形中对中国的移民潮，尤其是非法移民潮起着不可或缺的导向作用。换言之，对当代中国人的偷渡风，西方国家有不可推卸的责任，20世纪80年代后期大批侨乡及周边地区的人走上偷渡之途，是西方移民政策在遥远的中国侨乡所产生的潜功能的直接表现。

其一，正当中国的潜在移民群急于寻找出国之途时，20世纪80年代西方国家一系列"大赦非法移民"的举措，使业已入境西欧国家而尚未取得合法身份的新移民看到了转换身份的希望，使依然留居中国的潜在移民群体突然意识到"从非法到合法"的曲线移民途径，使"蛇头"有了组织偷渡以牟取暴利的现成口实。①

如前所述，二十世纪二三十年代时，不少温州、青田人出国，采用的其实也是"偷渡"方法。本书第二章业已提及，早在20世纪初年，已有温州、青田人在上海为"同乡"充当"包客"，想要出国者，只要向"包客"交上数百银元，对方就会代办护照、签证、船票等一揽子手续。当然，由于那时的国家边境控制远不如今天这么严格，农村人更没有什么正规的法制观念，因此，没有人当那是什么严重的违法犯罪行为。而且，时经数十年后，当年"艰难困苦的出国旅程"已成了一段可以炫耀的"吃苦耐劳，白手起家"的历史。

国门初开之时，"出国"如登天堂之门，年轻人既不懂，也不敢以身试法搞偷渡。最初的"违法行为"，只限于申请一个短期的探亲签证，入境后先打工赚钱再说。正当在西欧的"逾期居留者"与日俱增而导致人心惶惶时，忽然，1981年法国政府的一纸大赦令，顿时改变了这些早期"违法者"的命运：经过一纸公文的确认后，"非法偷渡客"摇身一变成了"合法移民"。如此消息一传回侨

---

① 除了本书第五章业已详细列举的西欧法国、意大利、西班牙等国多次大赦非法移民行动之外，另一个西方大国美国自20世纪80年代之后也曾多次大赦非法移民，并产生广泛影响。1981年1月，全美400万非法移民因大赦而获得永久居留权；1986年，美国4万农工经大赦获得合法身份；到了90年代初，又有约10万华人因"中国学生保护法"获得永久居留权，同期，里根政府还为4000名天主教徒签署了特赦令。

乡，在当地引起的震撼非同小可，闻者"茅塞顿开"：现如今竟然还可以有这么一条出国之道！于是，当年老华侨们如何"吃苦耐劳，白手起家"的经历，在侨乡人的群体记忆中迅速复活，并被引以为榜样，"偷渡意识"迅速泛滥。随着西方国家的一桩桩"大赦新闻"在侨乡不胫而走，在乡里民间的议论中，"偷渡"根本就不是什么违反国际法的犯罪行为，而只不过是缺乏先赋条件的移民靠自身"奋斗"及"运气"而选择的出国途径。"只要出去了，就会有办法"，成为潜在移民群体的"共识"。于是，在西欧各国很快就聚集起了一批等待"身份合法化"的中国人，而当前一批人"拿到身份"后，更多的后续者又源源而至。

据法国侨领介绍，1981 年法国第一次大赦时，当时业已进入法国而没合法身份的中国人几乎都"拿到了身份"。由于当时滞留法国的中国人不多，而且好些人是前来投亲靠友的原印支华裔，在总计达 13.2 万名转换了合法身份的移民中，中国移民和印支华裔加在一起还不到 1%。[1] 可是，到了 1992 年小规模地"放宽移民身份"时，"拿到身份"的中国人（以青田、温州人为主）就猛增到 1.2 万人，而没能够拿到身份者更多。从 1997 年 6 月延续到 1999 年的第三次大赦，共有 9 000 名中国人提出申请，其中 7 500 人如愿转换身份获得合法居留，此时，据法国内政部估计，还有 6 万至 8 万来自中国的无证移民在等待下一轮的合法化。[2]

再以西班牙的历次大赦为例。1985 年西班牙政府对境内无证移民实施"无证者身份合法化行动"，即西班牙华人口中的"第一次大赦"。在此次大赦中提出申请的中国人共有 1 192 人，其中 347 人被拒，845 人如愿转换身份，占获得大赦总人数的 2.2%。1991 年 6 月，西班牙又开始了第二次大赦，中国人获得合法身份者增至 4 291 人，占获得大赦总人数的 4%。1995 年西班牙的一次"小赦"，使数百华人转换身份。第四次大赦始于 2000 年 3 月，终于 7 月 31 日，在总共 85 526 名获得合法身份的移民中，中国人占 5.8%。[3] 进入 21 世纪后，西班牙又相继实施三次大大小小的"无证者身份合法化行动"。借此机遇，西班牙获正式居留权的华侨数量直线上升，至 2015 年已增至将近 20 万人（详见表 6-3）。

---

[1]　多年后，当笔者在进行侨情调查时，还经常听到当地老华侨遗憾地念叨着："法国第一次大赦时，我们进来的人太少了，没有抓住机会，太可惜了。"

[2]　以上有关数据根据以下资料整理：King, Russell ed., *Mass Migrations in Europe: The Legacy and the Future*, Belnaven Press, 1993, p. 291；王春光、Jean Philippe Beja：《温州人在巴黎：一种独特的社会融入模式》，《中国社会科学》1999 年第 6 期，第 110—111 页；《在法无证者大写真》，（法国）《欧洲时报》，1999 年 1 月 24—26 日；笔者在法国的访谈资料。

[3]　关于西班牙大赦的有关统计数据根据以下资料整理：Joaquin Beltrán Antolín：《西班牙华侨华人》；《西班牙结束无证者合法化运动，8.5 万人获居留证》，（法国）《欧洲时报》，2000 年 8 月 4 日。

表 6 - 3　西班牙华侨华人人数统计（1985—2015 年）

年份	华侨人数（人）	年均增长率（%）
1985	≈5 000	
1991	6 482	4.42
2000	28 693	17.97
2001	38 561	34.39
2002	45 815	18.81
2003	56 086	22.42
2004	71 881	28.16
2005	89 137	24.01
2006	93 116	4.46
2007	104 011	11.70
2008	126 075	21.21
2009	145 425	15.35
2010	154 056	5.94
2011	160 636	4.27
2012	175 813	9.45
2013	184 072	4.70
2014	191 078	3.81
2015	198 017	3.63

　　资料来源：本表依据华侨经济年鉴编辑委员会《华侨经济年鉴》（1986 年版）数据统计制作，其中 1991 年至 2005 年系西班牙统计局正式公布数据，原数据由西班牙华侨华人协会名誉主席徐松华先生提供。

图 6 - 3　意大利华人在中国驻佛罗伦萨总领馆前排队等候办理大赦所需证件

另一个西欧国家意大利的多次大赦，同样使数万中国新移民先后获得了合法身份。根据意大利学者对意大利内务部外国移民登记资料进行整理统计后提供的数据，1986 年全意大利正式登记的中国移民共 1 824 人，而一年之后的 1987 年则猛增至 9 880 人，一年内净增 8 056 人，总量达到一年前的 5.4 倍。究其原因，就在于 1986 年颁布的 943/86 号文件使 4 498 名中国无证移民转换了身份，在同年获得大赦的来自世界各国的 105 143 名无证移民中占 4.3%。1990 年，意大利政府的 39/90 号文件又使得来自世界各国的无证移民共 215 861 人在该年获得合法身份，其中来自中国的新移民共 9 747 人，占 4.5%。换言之，1975 年在意大利正式登记的中国移民总数仅 402 人，占意大利外国移民总数的 0.2%；而到了1993 年底，在意大利正式登记的中国移民数就已猛增至 22 875 人，占意大利外国移民总数的 2.3%，增长幅度在意大利不同国家的移民社群中位居第一。[①]

除了以上正式的大赦之外，业已进入西欧国家的无证移民还有一个转换身份的途径，那就是申请"政治难民"身份，以求得到特别庇护。这一途径得以实现是由于西方国家的许多当权者仍然有意无意地受曾经延续多年的冷战思维左右，尤其是在 1989 年之后，西方各国纷纷以"政治原因"给予中国人以各种特别居留的权利。此前，应当说没有多少中国人懂得西方的"难民政策"，是西方国家教会了某些中国人将"政治避难"作为又一条新的"曲线移民"之路。受西方政策导向之左右，进入 20 世纪 90 年代后，向西方国家申请"难民身份"的中国人出现高涨趋势，从"参加民运""受害于中国政府的一胎化政策"到"受地方官员迫害"等，种种理由，五花八门，无奇不有。笔者曾在作出"不做任何笔记"的承诺后，被允许阅读一摞向荷兰政府申请庇护的"中国难民"的档案，依笔者的直觉判断，其中至少一半具有明显的造假痕迹。[②]

可以说，1989 年后西方国家为中国人提供特别居留的做法，刺激了原本业已滚滚涌动的出国潮，非法偷渡出现了前所未有的高潮，陆路、海路、空路全面进发，西方国家以人道为由，接下了一批又一批实际上并未受到任何政治迫害却以"政治避难"为由取得移民身份的新移民。事实业已证明，好些曾经声泪俱下控诉自己在中国国内如何受迫害的人，在取得合法居留身份后，随即返乡探亲访友。在一些西方国家，每年 10 月 1 日中华人民共和国国庆日时，在那些积极

① 详见 Francesco Carchedi & Marica Ferri，"The Chinese Presence in Italy：Dimensions and Structural Characteristics"，in Benton，Gregor & Pieke，Frank N. eds.，*The Chinese in Europe*，Macmillan Press，1998，pp. 264 - 265.

② 该档案卷中的申请人多以"因违反中国计划生育政策而遭受迫害"为由，要求得到荷兰政府庇护。其中有明显造假痕迹的一则案例如下：申请人交上了一份盖有某县公安局大印并贴有此申请者照片的"通缉令"，内容是该被通缉犯留在老家的妻子违规生了第二胎，因此公安局要将其缉拿归案判处死刑。

参加庆祝活动甚至举旗上街游行的活跃分子当中，不少当年也曾申请过"政治难民"，而一些十分活跃的"爱国侨领"，当年曾经通过申请"难民"改变自己非法移民的身份，也早已不是什么秘密。

其二，这么多的中国人是通过什么途径得以在没有合法证件的情况下到达并进入西欧国家的呢？如前所述，当以温州、青田等传统侨乡为主而在中国某些地区形成了居高不下的"出国热"时，移民出国操作也大致经历了三部曲：最早是由情面出发"帮助"乡里乡亲出国，接着是"熟人"之间的"有偿互助"，最后则发展到以组织偷渡牟取暴利为目的的"蛇头"或曰"包头"直接介入移民操作，纯粹在利益层面上编织的移民网络应运而生。

必须指出的是，在移民操作从"情面"到"有偿"的转化中，西欧国家"大赦"操作中金钱运作成分上升的潜在导向，同样不容忽视。在此且以意大利为例略加剖析。

1982 年意大利第一次大赦非法移民时，明文规定凡雇佣非法移民的雇主必须为要求身份合法化的"非法入境劳工"补交所欠税款及社会福利款，同时再补交一笔相当于从意大利到申请者原居地机票的补偿款。政府如此规定的本意是要惩罚那些雇佣无证移民的雇主，然而在实际操作中，这笔费用却几乎都被转嫁到要求申请身份合法化的无证移民个人身上。有的是由无证移民先行交上所有钱款后，雇主才替其担保申请，有的无证移民一时拿不出这么多钱来，就先向愿意为其申请的雇主签下借条，从以后的收入中连本带息偿还。这实际上就是变相的"有偿移民"操作。意大利随后的几次大赦，政府相关部门的正式开价越来越高，而具体执行部门中某些官员更是公开索贿，从而造成每次"合法化"行动中金钱运作的成分越来越浓。1996 年初笔者在温州侨乡农村调查时，恰逢自 1995 年 11 月 8 日在意大利开始推行的第三次总统大赦令正处于对无证移民申请的"审查"过程，由于意大利政府明文规定，此次"申请身份合法化"的要求之一是必须一次性预付 6 个月的税款即 300 万意大利里拉（大约相当于 1 960 美元）①，因此，侨乡民间议论的热点之一是："这次大赦又涨价了"，"这次买身份好贵啊"。但是，乡里民间的普遍说法是："再贵也没关系，只要能买到就行。"因为，"有了身份，日子好过了，赚钱的路子就宽了"。

既然"申请身份"要花钱，那么，"帮忙安排出国"自然也不能是无偿的了。于是，组织偷渡以牟利的"蛇头"介入了侨乡的出国运作，而且，从"小打小闹"的"小蛇头"，到由不同国籍者共同组成、具有现代通信联络手段的跨国犯罪集团，偷渡风愈演愈烈。跨国移民网中利益层面的运作，是赤裸裸的金钱

---

① 按照 1996 年正式公布的意大利里拉与美元的比价，1 美元兑换 1 530.6 里拉。

交易，一方从组织偷渡中牟利，另一方则视之为"出国发财"的先期投资，两相情愿，各有其谋，各有所得，因而非法移民有其存在、延续的社会基础。

组织非法移民的罪魁当然是"蛇头"或曰"包头"，然而值得注意的是，这些从违法行为中牟取暴利的包头在民间从未如同杀人越货者那样为人所不齿。历史上由"包客"操作的跨国移民，早在20世纪30年代就是温州地区乡民出国的重要途径之一。笔者注意到，数十年后，当笔者再访当年被"包"出国者及其家属时，被访者普遍对当年的"包头"不无感激之语，因为"没有他们就没有我们的今天"。有些侨史出版物也对20世纪30年代从事"包客"生意者颇有褒词：这些人中"有的做了不少好事"；这些人"曾在国外谋生过，具有丰富的生活阅历"，他们向乡人"介绍国外的城市、人民生活及风俗习惯，并代办出国手续"。[①] 至于当代大大小小的包头，民间的评价主要集中于其是否"有良心""有办法"："良心"指其能否履行承诺、要价是否合理；"办法"则视其操办的成功率如何，安排的旅途是否顺利、舒适。

"包"成了生意，"被包"也就成了一种投资行为。20世纪30年代从温州被"包"到欧洲的费用为300~500银元，当时3银元可买一石米，可见"包"费之高。二十世纪八九十年代，从温州地区被"包"到西欧的费用从五六万上涨到十多万人民币，高峰时甚至高达四五十万元人民币。局外人往往不明白：有了这么多钱在国内尽可以生活得十分舒适，为何要去偷渡？事实是："包费"多是在抵达目的地后才支付，其支付方式或由已在国外定居的亲属先行代付，或由家人在家乡设法筹集，或与包客谈妥条件日后分期偿还。总之，对绝大多数"被包者"而言，这一大笔钱是"借"的，而如果不出国，一是根本不可能"借"到这么一大笔钱，二是即使借得到也不知该往哪投资，更无从连本带利偿还。"只要到了欧洲，什么钱都能赚回来"，这是"被包者"及其家人乃至债权人的普遍想法；而"人已到了欧洲"，在一定程度上成了温州民间赊借高利贷的"信用担保"。总之，由"包头"操作的移民，置接纳国对于移民入境的法律法规于不顾，摒弃了对移民先天性亲缘或个人才能的要求，为那些想出国而通过正常途径出不去的人架起了出国之桥，跨国移民转化成了利益层面的交易，转化成个人奋斗的趋利行为，加之侨乡崇欧慕侨社会氛围的诱导，被裹挟入网者，源源不绝。

---

① 参见浙江省侨史研究室编：《浙江华侨史料》，1987年，第36页；《温州文史资料》（第七辑），1991年，第15页。

表6-4　1986—2000 年青田县公安局公民因私出国批准人数统计

（单位：人）

年份	国别								合计
	西班牙	意大利	葡萄牙	德国	奥地利	荷兰	比利时	其他国家	
1986	960	325	111	167	283	173	（缺）	367	2 386
1987	1 392	158	145	198	315	271	126	523	3 128
1988	156	376	50	193	404	174	151	614	2 118
1989	（缺）	385	81	325	418	309	117	1 102	2 737
1990	284	1 240	304	1 076	645	212	227	469	4 457
1991	659	1 661	265	828	767	131	298	607	5 216
1992	774	509	153	828	395	128	429	915	4 131
1993	590	344	158	763	330	181	462	2 151	4 979
1994	392	319	60	147	201	123	115	992	2 349
1995	937	553	96	253	297	101	123	1 846	4 206
1996	2 322	799	210	354	400	130	138	4 104	8 457
1997	3 572	2 511	283	366	358	146	154	4 524	11 914
1998	8 920	3 473	782	392	516	138	267	8 430	22 918
1999	7 944	3 784	860	333	878	146	317	9 074	23 336
2000	8 754	8 917	938	531	888	261	324	9 367	29 980
合计	37 656	25 354	4 496	6 754	7 095	2 624	3 248	45 085	132 312

　　资料来源：本表数据引自青田华侨史编纂委员会编著：《青田华侨史》，浙江人民出版社，2011 年，第 94 页。原表格细分了 39 个国家青田移民的数据，本书为简明起见，只选择青田移民最多的七个国家列出，其余归并入"其他国家"一栏。

　　根据《青田华侨史》的统计，1986—2000 年，青田批准移民欧洲总数为 113 742 人，占同期青田向国外移民总人数的 86%。而且，其中 63 010 人，即超过半数的人目的国是西班牙和意大利。换言之，朝向西班牙和意大利的新移民占同期青田跨国新移民总数的 48%。表 6-4 的数据中另一个值得关注的细节是，德国在二十世纪八九十年代一直对外国移民控制较严，但是，在 1990 年出现一个小高峰，并延续至 1993 年，这一现象正是 1989 年之后西方国家对中国移民实施所谓特殊政策的直接折射。移民流向与接纳国政策密切相关，此乃又一例证。

　　进入 20 世纪末，除了浙江人依旧源源进入西欧之外，来自中国另一个传统侨乡福建省，以及来自非传统侨乡中国东北地区的新移民，也渐渐成为西欧中国新移民群体中引人注目的组成部分。

　　福建人传统移民的目的地是东南亚。据福建省 1996 年 12 月侨情普查提供的数据，从 1949 年到 1996 年底，福建省的"新移民"总数约有 53.35 万人，其中 90% 以上是在 1979 年之后出国的，即 1979 年至 1996 年福建全省新移民约为 50 万。其中，福州地区的新移民占总数的 49.6%，即大约 25 万。[1] 改革开放后的十多年间，福建人跨境迁移的主要方向是日本、美国，但到了 20 世纪 90 年代之后，欧洲也逐渐成为福建新移民向外流动的又一目的地。

　　福建人向欧洲迁移，既是福建侨乡民众向外迁移传统在新时期的延续，也呈现出若干新特点。当代福建省跨国新移民的迁出地呈现从南向北、从东向西、从沿海地区向内地延伸发展的趋势，迁移重心从传统的闽南沿海地区，逐渐向北、向西转移。自 20 世纪 80 年代以降，福建省福州亭江、福清、长乐、连江等闽江口地区的出国潮不仅名闻国内，而且影响涉及美、日等国。进入 90 年代后，福建内陆地区如三明、南平等地乡镇也骤然涌了出国移民潮，其中三明地区的明溪县还被冠以"福建旅欧第一县"的称号，而"引领"该地区移民欧洲潮流的沙溪乡则被称为"福建旅欧第一乡"。追溯"福建旅欧第一乡"的形成与发展，有助于我们认识中、欧之间多重因素的互动是如何铺就跨国移民的特殊路径的。

　　明溪县位于福建省西北部，是典型的山区农业县，下辖四镇五乡。20 世纪 80 年代，明溪县共有 88 个行政村，7 个居委会，总人口约 11.6 万，其中农业人口占 80%。在 20 世纪 80 年代之前，明溪从未有过大批人口出国务工经商的历史记载，县内登记在册的归侨侨眷寥寥无几。用他们自己的话说，20 世纪 80 年代之前明溪的归侨侨眷都是些"过路客"，即大多是从闽南等地的老侨乡移居明溪的省内移民。

　　当代明溪人迁居欧洲务工经商谋生始于 1989 年。当地人清楚地记得，第一位直接从明溪县出国的是沙溪乡沙溪村的胡志明。胡志明老家在浙江温州文成，那里是欧洲华侨的重点侨乡，绝大多数人家都有侨居欧洲的亲缘关系。胡志明大约在 20 世纪 70 年代与家人一起迁居明溪县沙溪乡沙溪村，利用当地山林资源种植香菇。胡志明虽然一直与老家保持联系，但大多时间都住在沙溪，与沙溪村乡民的关系很好。1989 年，受文成老家改革开放后再度高涨的移民潮的影响，胡志明通过老家亲友的帮助，申请了一个赴乌干达的签证，正式出国。据介绍，时至 20 世纪 80 年代末期，在浙南温州、青田等地，因为非正规出国案例众多，仅仅凭借乌干达等非洲国家签证已经不可能从那些地区正式获批出国了。但是，在三明地区，当地公安机关的办事人员甚至没听说过乌干达这个国家，更不了解借道出国之事，因此胡志明顺利地办好了相关出国手续，踏上了出国旅途。当然，

---

① 　参见朱美荣：《福建省新移民问题剖析及相关政策初探》，《人口研究》2001 年第 5 期。

胡志明出国的目的地并不是乌干达，根据其同乡介绍的"经验"，他在巴黎转机时就设法"逃离"机场，随即转道去了意大利。

和同期出国的众多文成人一样，胡志明一到意大利，就进了一家温州老乡开办的皮革厂打工。次年，正巧赶上意大利对非法移民实施大赦，他顺理成章地转变了身份，成为"每月收入四五千元"的"意大利华侨"。如此消息传回沙溪，不能不令那些常年面朝黄土背朝天而只够温饱的沙溪乡邻们大为震惊。"意大利"——那个遥远而陌生的国度，忽然间活生生地浮现在一大批甚至连距离沙溪不到80公里的三明市都没去过的山民面前！按当地人的说法，胡志明很有"人情"，仅在1990年一年内，就"帮助"16位沙溪人去了意大利。是年意大利的大赦从2月开始登记，延续到同年6月30日，随后又陆陆续续接受"特殊申请"。在此次大赦中，来自中国的无证移民共9 747人如愿转换了身份，[①] 而第一批抵意的沙溪人赶上这次"宽泛的"大赦，相继都拿到了留居意大利的合法身份。

明溪移民的"雪球"由此开始滚动，明溪"新侨乡"由此开始起步。福建的明溪县与浙江的文成县，同属经济相对落后的山区农村，两地因一家农户的跨省迁移而结缘，纯属偶然；明溪再因该农户而与欧洲结缘，更是意外之事。但是，偶然之中有必然。显而易见的原因是，中国山村与欧洲发达国家之间在劳动力价格上存在的巨大差异，有力地拉动了中国劳动力的跨境流动。倘若再进一步追根溯源，中国乡村劳动力自发流向欧洲发达国家劳动力市场，是中国深化改革开放的副产品，是西方国家资本市场需要从廉价劳动力身上获取超额利润的客观反映，是在全球化进程中中国人力资源不可避免地融入世界劳动力大市场需求的必然过程。

随着第一批沙溪人在意大利落脚并开始往家中汇钱，"在意大利干一个月，超过在家乡干一年！""在意大利干一年，就能在家乡盖一幢楼！"诸如此类"激动人心"的信息通过乡里民间的口耳相传在明溪迅速传播。进入20世纪90年代后，随着东欧剧变后浮现出的新机遇，又增加了"在俄罗斯、匈牙利摆地摊也能赚钱发财"的种种传闻。伴随着山里人茶余饭后热热闹闹的叙说，从沙溪村到相邻的梓口坊村、永溪村、六合村，从沙溪乡到城关、胡坊、夏阳、汗仙等乡镇……"出国热"在明溪迅速高涨，源源不断地把一批批祖祖辈辈从未尝试过走出国门的山区乡镇青壮年送上了万里西行、异域谋生的道路。[②] 当地村民在沙溪村入口处牌楼上镌刻的对联形象地表明了他们的心志：旅欧创业敲开生财致富

① 详见 Francesco Carchedi & Marica Ferri, "The Chinese Presence in Italy: Dimensions and Structural Characteristics", in Benton, Gregor & Pieke, Frank N. eds., *The Chinese in Europe*, Macmillan Press, 1998, p. 264.

② 关于朝向东欧的移民潮，详见本章第二节"移民东欧潮"。

门，爱国同心铺成团结光明路。

表6-5根据笔者2002年在明溪调研所获得的相关数据，详细罗列该县出国人员较为集中的沙溪乡六个村庄的统计数字，从中可以清楚地看出移民连锁迁移的"扇形"发展趋势：首先是在源头村自身即沙溪村拓展，随即迅速向周边乡镇辐射。时至2002年底，沙溪村所在沙溪乡在册人口6 390人，出国人员1 385人，平均每五人就有一人出国。在另一个山区乡镇胡坊，出国人口已达1 326人，2003年1月至5月，又办理出国手续申请69人，出国人口占总人口12.1%，位于明溪县城区的雪峰镇出国人员比例也达9%。明溪全县出国人数约6 100人，占人口总数的5.3%（参见表6-6）。

表6-5 沙溪乡六村出国人员统计表（1989—1998年）

（单位：人）

地区	年份										总计
	1989	1990	1991	1992	1993	1994	1995	1996	1997	1998	
沙溪村	1	16	7	14	24	18	34	6	67	21	208
梓口坊		1	3	1	2	10	16	7	86	20	146
永溪村			3	1	3	16	22	5	44	13	107
碧洲村				1	4	13	11		39	4	72
六合村			1	2	7	6	9	2	30	12	69
瑶奢村				2	1	5	4		26	1	39
总计	1	17	14	21	41	68	96	20	292	71	641

表6-6 明溪县主要乡镇出国人口统计（2002年底）

（单位：人）

类别	地区			
	明溪全县	沙溪乡	胡坊镇	雪峰镇
本地总人口	116 000	6 390	11 540	24 000
办护照人数	11 055	1 875		
出国人口总数	6 100	1 385	1 395	2 159
已获所在国居留权人数	3 300			
入外国籍人数	65			
出国人数∶本地人口（%）	5.3	21.7	12.1	9.0

注：其中胡坊镇数据截至2003年5月。

　　明溪出国人员落户谋生的目的地主要是欧洲，尤其是意大利与匈牙利。据2002年底的统计，明溪6 000多名出国人员中，除少数分散于新加坡、澳大利亚、阿根廷等国以外，85%以上集中于欧洲。在欧洲的明溪新移民中，36%集中于意大利，其次为匈牙利和俄罗斯，余下数百人散布于奥地利、德国、荷兰、法国等十多个国家。[①] 时至2015年，明溪全县出国人口已经达到本县人口的13.2%，其分布虽然多达世界各地53个国家，但80%以上仍然集中于欧洲的意大利、匈牙利和俄罗斯（参见表6-7）。因此，福建明溪县已经发展成为又一个与欧洲有着密切人员联系的新侨乡。

表6-7　明溪全县出国人口统计（2002—2015年）

（单位：人）

类别	2002年	2008年	2015年
本地总人口	116 000	（缺）	102 667
办护照人数	11 055	22 688	36 600
实际出国人数	6 100	11 673	13 600
已获所在国居留权人数	3 300	5 500	> 6 000
出国人数：本地人口（%）	5.3	10.0	13.2
分布国家数	23	46	53

资料来源：根据福建明溪县侨联提供资料统计制表。

图6-4　福建"旅欧第一村"明溪县沙溪村（李明欢摄于2003年6月）

---

　　① 详见詹冠群：《侨乡网络的现代拓展：一个新兴侨乡的时代建构》，李明欢主编：《福建侨乡调查：侨乡认同、侨乡网络与侨乡文化》，厦门大学出版社，2005年，第96-155页。

图 6 - 5　福建明溪县沙溪村办公室张贴的欧洲地图及相关信息（李明欢摄于 2003 年 6 月）

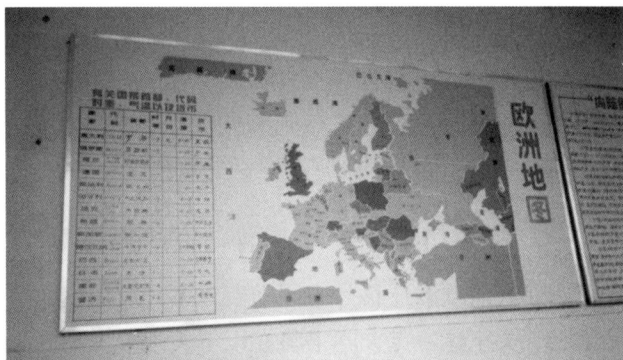

图 6 - 6　福建明溪县沙溪村入口处牌楼（李明欢摄于 2003 年 6 月）

　　进入世纪之交，从中国东北迁移至欧洲的新移民成为又一个吸引当地社会关注的新群体。以法国为例。2000 年初，法国中、法文媒体相继报道"巴黎街头出现中国大陆卖淫女"，并指出这是一批来自中国东北的"下岗女工"，进而在法国华人社会中引起强烈反响。① 可以说，"东北人"几乎是以一种负面形象开始进入法国华侨华人及当地媒体视野。

　　笔者本人在法国进行实地调研时，曾搜集到 1999 年 3 月至 2004 年 8 月 1 日在巴黎非政府组织"语言文化辅导协会"登记的两万多名来自中国之无证移民

---

　　① 参见《如何看待巴黎的华人妓女》，《鸣锣》2000 年第 1 期；《法国新闻媒体眼中的华人》，（法国）《欧洲时报》，2001 年 1 月 3 日；《巴黎卖淫女中出现中国人》，（法国）《欧洲时报》，2003 年 9 月 27 日；《东北阻街女进军巴黎之后》，《商务周刊》2002 年第 18 期，等等。

的资料。根据所登记的在中国的原居地数据，其中58.5%来自浙江，11.3%来自福建，而来自辽宁的达到9.8%，居第三位。还必须指出的是，因为法国华人习惯于将来自辽宁、山东、天津、吉林、黑龙江等地操"北方话"的新移民统称为"东北人"，因此，包括上述五省市新移民在内的"东北人"总计达4 453人，占总人数的21.6%，而来自其他23个省市自治区及香港特别行政区的新移民全部加在一起，仅占总人数的3.5%。①

东北人向欧洲迁移是中国随着改革开放深化而实施国有企业改革的直接副产品之一。关于这一点，本书将在以下关于移民动因与路径一节中具体剖析。

随着朝向欧洲的移民潮从传统侨乡向不同地区拓展，越来越多不同身份背景的中国人被卷入了移民潮，而意大利、西班牙等欧洲国家释放出的大赦信息，更是让"非正规迁徙"或曰"偷渡"成为可以接受的一种移民路径。中国涌向欧洲的移民潮在20世纪90年代达到高峰，并一直延续到21世纪初。

可以说，进入20世纪90年代中后期，从西方发达国家、海外华人社会到中国国内，对移民问题从认识到操作都发生了一系列重要转变，并相继采取一系列措施规范移民操作与控制。

首先就西方国家的变化而言。

进入20世纪90年代中后期，西方国家舆论终于不得不公开承认，大批来自中国的所谓"政治难民"其实多来自乡野民间，从未参加过什么"民运"，也没有受过什么政治迫害，其中甚至不乏改革开放政策的直接受益者，他们实际上应归入"经济移民"之列。国际移民组织（International Organization for Migration）在一份关于中东欧地区中国新移民的调查中也明确指出："尽管有些移民提及他们不喜欢中国的政治制度，但是，从促使他们作出出国决定的因素中，看不出什么太明显的政治动因。"② 英国内政大臣司特朗也指出：每月有400多名中国人

---

① 法国"语言文化辅导协会"由法国人马克·保罗先生（Marc Paul）在1996年发起成立，并担任会长。该会的创会宗旨是向以中国人为主的巴黎新移民提供学习法语、了解法国生活环境的服务。自1999年3月起至2004年底，该会曾获得法国警察局特许，可以用协会名义为巴黎的"无证"新移民提供"地址担保"。这是一项十分重要的特许权。根据相关规定，尚未获得在巴黎长期居留权的"无证"新移民，凭手上的有效证件（原居地的护照、身份证或有效公证材料等），即可到该会进行注册登记，得到一个"合法地址"，用于与家人通信联络，或向法国的银行、邮政、医疗、移民等相关机构申办各类手续。由于拥有这一特许权，从1999年3月到2004年8月1日，共有约2.7万名新移民到该会登记。在郑重承诺仅将相关资料用于学术研究之后，保罗会长删去了相关登记资料中有关个人姓名、在法临时居住地址、联系电话等隐私资料，允许笔者拷贝了记录有2.7万新移民简单资料的数据库。

② International Organization for Migration, "Chinese Immigrants in Central and Eastern Europe: The Cases of the Czech Republic, Hungary and Romania", in Benton, Gregor & Pieke, Frank N. eds., *The Chinese in Europe*, Macmillan Press, 1998, p. 332.

到英国申请庇护，其中99%的人都没有受到迫害，都是经济移民。① 与此同时，中国作为世界第一人口大国的潜在流动人口资源，引起了西方国家的高度警觉，对移民的排斥性情绪有所上升，对申请政治难民的中国人，也采取了较之以往远为严格的重重审核。中国人申请"政治难民"的被接纳比例迅速下降，以法国为例，来自中国的申请者获得"难民证"的比例，已从20世纪90年代初的70%～80%下降到90年代末的3%。②

在二十世纪八九十年代之交中国移民潮滚滚涌入西欧国家之际，由于来自不同途径的中国移民人数成倍增长，结果难免鱼龙混杂，泥沙俱下，尤其是"蛇头"的介入，更是直接导致恶性案件上升，社会问题增多。此时，擅长于捕风捉影的西方媒体，又进一步将矛盾推向极致，所谓"中国人黑社会"（Chinese Mafia）的故事被渲染得沸沸扬扬，中国移民的形象从贫穷、可怜到不可理解、不可信任，再发展到可惧、可憎，欧洲华人社会多年来给当地人留下的安静守法的形象已不复存在。中国人与当地国社会的文化隔阂，使某些涉及中国移民案件发生时，当地国警方与华人之间往往难以做到配合默契。于是，以西欧相关国家警方为主，对华人的态度明显发生变化，从视华人为遵纪守法的朋友，到怀疑华人为黑社会所控制。尤其在意大利、西班牙等中国大陆新移民居多的南欧国家，中国人在向警方申办居留证、营业证时，经常会受到警方的无端怀疑。非法移民问题已经使合法移居的中国人群体形象受到严重破坏。

从1996年下半年起，在中国境内查获的偷渡案件及欧洲国家抓获的偷渡华人人数都明显增加，非法偷渡又呈回潮之势。究其原因，就偷渡网的组织而言，随着中国人口偷渡被纳入拥有现代化交通联络工具的集团化、国际化犯罪网络，偷渡路线更为多变，有的甚至与境内外黑社会串联一体，增加了边海防打击的难度。同时，在社会底层的潜在移民群中，网罗人蛇的"小蛇头"们也适应形势而变换手法，其中重要的方式之一是："承诺"对偷渡失败者"赔偿经济损失"，甚至承诺代付被遣返的种种罚款，以此解除潜在偷渡者的所谓"后顾之忧"，以鼓动更多的人加入偷渡的冒险尝试。然而，更重要的是，西方国家自相矛盾的移民政策，尤其是每一次大赦行动，都会在潜在的移民群中广为流传，即刻成为"蛇头"无本万利的广告宣传。笔者在调查中注意到，从1995年到1997年，意大利、葡萄牙、法国相继实施大赦，紧接着，西班牙也实施大赦，每次都有数万乃至数十万人如愿转换了身份。虽然在这一系列大赦中获得合法身份的中国人总计不过三四万人，但是，每一个实现了身份合法化愿望的人，都会被其原居地的

① 《寻求英庇护人士大陆移民居第一》，台北"中央社"，2000年6月28日。
② 根据笔者采访法国侨领时对方提供的参考数据，并参见多维新闻网2000年6月19日讯。

亲友乡邻引以为榜样，并且再吸引一群后续者，其连锁效应非同小可。因此，"只要到达西欧，'非法'总有机会转为'合法'"，并非全是"蛇头"们编造的谎言，这句话本身也极具煽动性。

二十世纪八九十年代在中国出现的跨国偷渡潮，是世界性偷渡潮的组成部分。据英国内政部 2000 年公布的统计数字，每年约有 50 万名非法移民试图进入欧盟国家，有 300 万至 500 万"无证移民"住在欧盟国家。[①] 人口偷渡组织已形成国际性网络，从中牟取惊人暴利。据英国移民机构估计，全世界每年有大约 3 000 万非法移民超过国际边界，贸易额在 120 亿美元到 300 亿美元之间。[②]

其次，就西欧华侨华人自身在对待移民问题上的群体观念变化而言。

在业已定居西欧的华侨华人中，大约自 20 世纪 90 年代中期以后，如何看待非法移民的群体观念也发生了明显变化。此前，当出国相对不易，而西欧华侨中又有诸多近亲仍在国内等候出国时，他们对于"蛇头""帮忙"让其亲友出国时常有求之不得之感。可是，随着偷渡进入西欧的人越来越多，其中大多数人与业已定居西欧的华侨之间并没有直接的血缘或亲缘关系，而且往往是人已入境才打一个电话"请"某位或某几位定居者代交偷渡费。"偷渡费"动辄以数万美元为计，不是一个小数目。作为被要求者而言，交吧，实在不情愿；不交吧，又难以承受从"蛇头"的威胁到人情的压力。"蛇头"抓住西欧华侨这一普遍的心态特点，往往对其中略有资产者横加威胁，甚至登门敲诈，而有些非法移民在抵埠后因走投无路，不得已落入黑社会的控制下，助纣为虐，造成西欧华人社会中一系列恶性事件，社会影响恶劣。因此，时至 20 世纪 90 年代后期，西欧华侨中要求国内制止非法移民的呼声明显高涨，要求有关部门强化打击"蛇头"力度的呼声也越来越强烈，西欧若干大型华人社团还曾就此专门作出决议或发出呼吁。

最后，就中国国内而言。

中国政府对制止非法移民问题一直十分重视。1989 年，公安部在厦门召开福建、广东、浙江、山东四省沿海治安管理工作会议，决议共同联手，加大打击力度，制止沿海地区偷渡势头。1994 年 3 月 5 日，中华人民共和国全国人大出台《关于严惩组织、运送他人偷越国（边）境犯罪的补充规定》，并以中华人民共和国主席令第 19 号公布施行。该法令明文规定：凡组织他人偷越国（边）境的，或以劳务输出、经贸往来或者其他名义，弄虚作假，骗取护照、签证等出境证件，以及为他人提供伪造出境证件，或者倒卖出境证件者，均将分别量刑惩处。在 20 世纪 90 年代初偷渡潮曾经一度严重泛滥的浙江的温州和青田地区，以及福

---

① 《欧盟国家已有 300 至 500 万非法移民》，多维新闻网，2000 年 7 月 17 日。
② 《英〈经济学家〉谈多佛惨案启示》，多维新闻网，2000 年 6 月 24 日。

建的福州地区，当地政府都加强了对有关地区群众的教育和管理，对不法行为加强监控与惩处。同时，政府有关部门也教育引导符合出国条件的乡民走合法移民的道路，并为其提供合法申请办证的便利。对于业已进入西欧国家的非法移民，中国政府相关部门既对其家属加强教育，增强其法制观念，同时也实事求是，在遇到西欧国家实施大赦时，向那些符合对方大赦条件的非法移民提供必要证件，使其能够比较顺利地实现身份合法化，以促进社会稳定。

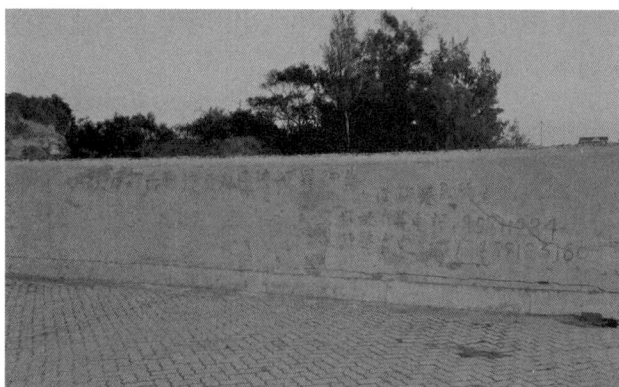

图 6-7　中国侨乡地区严厉打击非法偷渡（李明欢摄于 2006 年 2 月）

客观地说，无论是国际舆论的转向，海外华人社会群体观念的变化，或是中国政府的相关政策，都对制止偷渡起到了一定作用。但是，道高一尺，魔高一丈。移民治理过程进展十分缓慢，其间也不断出现曲折反复。尤其是进入 21 世纪后，接连发生的两桩中国无证移民惨死欧洲的不幸事件，震惊中外。

一是多佛惨案。2000 年 6 月 18 日深夜，一辆密闭的货柜车通过英国多佛港海关，当海关官员对该货柜车进行例行检查时，竟在 X 射线检查屏上意外看到车内"货物"呈现出若干成人影像。当海关官员要求司机打开货柜车后，竟然发现在封闭的货柜车内藏匿了 60 名来自中国的无证移民，而其中 58 人已经因窒息而毙命，其状况惨不忍睹。

二是莫克姆海湾惨案。英国莫克姆海湾距兰开斯特市约 10 公里，一向以风急、浪高、多流沙著称，潮水涨退速度快、幅度大，是英国海贝生长最丰富和最优质的地方。2004 年 2 月 5 日，20 多名受雇在莫克姆海湾捡拾海贝的中国新移民被突然上涨的潮水吞没，溺水身亡。事后调查发现，这些受雇者都是无证移民，他们在没有任何防护措施的情况下从事这一带有风险性的工作，且事前根本没有接受过任何必要的培训。而且，由于大规模采捞，海岸附近的海贝已基本绝迹，因此拾贝者不得不冒险跋涉到更远的沙洲，导致惨案发生。

跨国移民管控，或曰跨国移民治理是一个综合多元的体系，从移出地和移入地政府，到民间中介机构，从走上移民旅途的个人，到其家人亲朋，不同利益群体所追求的目标不仅不一定相互吻合，甚至可能处于相互矛盾、彼此博弈的状态。跨国移民治理是一个必须多方沟通、交流、谅解、合作，方有望实现共赢的大课题。

（三）移民潮延续（2006 年之后）

进入 21 世纪以来，中国大陆朝向欧洲的移民潮虽然依旧在延续，但发生了一系列新的变化。本研究以 2006 年作为当代中国朝向欧洲之移民潮发生转折的年代，主要基于如下事实考量。

首先，中华人民共和国于 2006 年颁布了第一部《中华人民共和国护照法》，标志着中国公民身份制度的法治化进程加速，体现中国公民出入境管理进一步与国际社会的通告法则合理衔接。

从中华人民共和国成立直到"文革"结束之前，中国公民申领护照受到严格限制。1976 年"文革"结束，政府公共事务管理进入拨乱反正的重要历史阶段，中华人民共和国的护照制度也开始伴随着清理极"左"思想影响而走向规范化。1986 年，全国人民代表大会常务委员会制定并颁布《中华人民共和国出境入境管理法》，中国公民因私出入境权利得到法律认可。在那之后十多年间，中国政府又相继发布过一些关于出入境管理的规章制度，规范对中国公民申领护照及出入境的管理。但是，中国公民从申领护照到出境审批，仍然限于"事由原则"，即必须出具规定所需的证明文件，方能办理。

2006 年 4 月 29 日，中华人民共和国第十届全国人民代表大会常务委员会第二十一次会议正式通过了《中华人民共和国护照法》，确定于 2007 年 1 月 1 日开始实施。这是中华人民共和国正式公布的第一部护照法。随后，为了规范中华人民共和国普通护照和出入境通行证的申请、审批、签发和管理，保障中华人民共和国公民申请普通护照和出入境通行证的权利，中华人民共和国公安部部长会议又于 2011 年 11 月 23 日通过并公布《公安部关于修改〈中华人民共和国普通护照和出入境通行证签发管理办法〉的决定》，自 2012 年 3 月 1 日起施行。新法令法规的公布实施，体现中国社会民主法制的发展，公民权利意识的提升，以及公民出入境管理进一步与国际社会的普遍做法相衔接。中国公民的护照申领由此逐步向"按需申领"过渡。截至 2017 年底，全国已有 327 个城市实施按需申领护照。[①] 在经济、文化、人员交流日益全球化的时代，建立完备的护照法无疑是中华人民共和国在国际交流领域完善法治建设的重要标志，有利于推动中国人口跨

---

① 实行按需申领护照的地区名单详见 http://bsy.sz.bendibao.com/bsyDetail/1039.html。

境流动有序发展。

其次，自 2006 年以后，中国移民大规模非法偷渡欧洲的恶性事件基本中止。

多佛惨案和莫克姆海湾惨案震惊世界，有关中国无证移民的悲惨境遇引起了中外各方的高度重视。在中国国内，经历一二十年有针对性的移民治理，对非法中介的打击和一系列法律法规的出台及严格执行，主要移民输出地的社会秩序、移民流动逐步向理性、有序发展。一连串以生命为代价的惨痛案例，也在侨乡地区引起连锁反应，普通民众对"出国"的认识减少了盲目性，走规范化移民之路的理念在底层民众中传播。另外，在发生了上述几桩大惨案之后，中欧联手治理偷渡案件进一步被提上议事日程，移入国与移出国携手合作，移民治理坚实地朝规范化、法治化和完善化迈进，成效明显提升。

再者，中国经济的持续高速发展，以及始于 2008 年深刻影响欧美的金融债务危机，从根本上影响了中国人朝向欧洲之移民路径出现新的动向，劳动力移民人口明显下降。反之，在中国新富阶层中，前往欧洲投资移民、购房移民潮流骤然兴起，而留学移民则出现低龄化、多元化、平民化趋势，其增速之快，令人侧目。

2008 年始于美国次贷危机的金融市场动荡，对全球经济健康发展造成严重伤害，从华尔街到全世界，从金融界到实体经济，各国政府都在严重的经济危机下经受考验。

在欧洲，由于美国与欧元区经济以及金融市场之间的高度关联性，2008 年金融危机在欧元区集中地以主权债务危机的形式体现出来。2009 年 12 月，希腊政府公布巨额财政赤字，全球三大信用评级机构相继调低希腊主权信用评级，欧元区主权债务危机首先在希腊爆发。随后几年，欧元区主权债务危机涉及的国家越来越多，并且从希腊、爱尔兰、葡萄牙等欧元区外围国家向中心国家西班牙、意大利扩散，演变为欧元区成立以来一场真正意义上的严峻考验。欧元区诸国经济低迷，失业率飙升，市场一片萧条。

与此同时，中国虽然也受到美国金融危机及欧元区主权债务危机的影响，但是，中国自身经济经过 30 多年高速发展，民间资本力量大为增强，2008 年危机爆发时，中央政府投资 4 万亿元，促进国民经济保增长、保就业，再一次开启了以政府投资拉动经济增长的大门。中国经济持续增长对当代朝向西欧的移民潮无疑有着重要影响。概而言之，一个新富阶层得益于经济发展而出现并壮大，使得有财力实现投资移民、购房移民者数量增加；更有一批普通民众受中国制造遍布世界之大潮的裹挟而游走到全球的每个角落。在此新一轮移民潮中，西欧国家因其生态环境良好，居住条件优越，市场规范有序，且民众具有可观购买力而继续成为新移民的首选之地。关于这一点，本章第三节"移民动因与迁移模式"将详加探讨。

第二节　移民东欧潮

如前所述，二十世纪六七十年代时，由于中国与苏联、东欧国家之间存在着从意识形态到外交关系的紧张状态，前苏东境内虽然曾经存在着一个大约 70 万人口的华人社会，但是，在沉闷的政治重压下，长期悄无声息，不少人或辗转返乡，或移居他国。然而，进入 20 世纪 80 年代后期，东欧情况出人意料地发生了翻天覆地的变化。从 80 年代中期到 90 年代末，在短短 10 多年间，从中国奔涌朝向东欧地区的移民潮，将一波又一波雄心勃勃的中国新移民送到了东欧的土地上，东欧华人社会的历史从此翻开了崭新的一页。

一、"倒爷"探路

从中国流向东欧的移民潮，骤然涌起于二十世纪八九十年代之交，虽然，流向东、西欧的移民潮之间有诸多相关相似之处，但是，严格说来，东欧移民潮从发生到发展，均呈现出不同于西欧移民潮的诸多特别之处。如果说，中国改革开放以后出现的流向西欧的移民潮，是以战前定居西欧者为始发点而延续拓展的连锁迁移网络，那么，当代移民东欧的先导却是一批从事中苏之间长途贩运的"倒爷"，其最初移民构成以具有强烈经济意识的人群为主，其移民人流骤升骤降，进退突兀，显示出以经商开道的开拓性移民所具有的突出特性。

曾经剑拔弩张的中苏关系，自 20 世纪 80 年代出现了重大转折。1984 年，当时的中共中央总书记胡耀邦视察了位于中苏边境的黑河市，提出睦邻友好、建设黑河的战略主张。1987 年，黑河与对岸的苏联阿穆尔州做成了第一桩边境生意。由此，伴随着中苏关系一步步向正常化迈进，昔日硝烟弥漫的中苏边境迅速转变为双方商贩频繁往来的和平贸易之地。

苏联政府在实施国内政治改革的同时，于 1987 年 6 月颁布了一系列法律法规，对境内华侨华人及新移民入境产生了重要影响。

其一，实施出入境制度改革。苏联政府为了加强苏联与中国之间的联系和两国公民之间的往来，将出入境审批权下放到各加盟共和国及各州政府机构，规定入境审批时间最长不得超过一个月。同时，由在苏联有正式居留权的华侨华人提供邀请函，即可邀请其在境外的亲属、朋友入境。外侨在苏联境内居住的期限从三个月延长到两年。

其二，颁布允许并鼓励个体经济的"个体劳动法"。为发展市场经济，苏联

政府颁布了"个体劳动法"，本国公民及在苏联境内居住的外国人均可在法律规定的范围内从事个体经济活动，如兴办餐馆、商店及各类服务性行业。

与此同时，1987 年夏，中苏之间的陆路交通开始部分开放。1989 年，位于黑龙江北部的逊克边境口岸开放。1990 年，绥芬河边境开放。进入 90 年代后，中苏之间绵延 3 045 公里的国境线上相继开放了 15 个边境口岸。化干戈为玉帛，变战场为商场，两国人民为之欢欣鼓舞。

中苏两国产品各有所长，在长期以重工业居长的苏联，当地人民十分喜爱中国轻巧廉价的日用工业品及款式新潮的服装，中苏边境贸易蒸蒸日上。一些旅行者、留学生、出国人员最先发现了"新大陆"：一件从家中穿来的皮夹克摆在地摊上，可以卖数千卢布；清凉油、丝绸衫、珍珠项链，这些在国内比比皆是的物品，在苏联都可以卖上大价钱。例如，一小盒清凉油 1 美元，一条项链 15 美元，一件丝绸衫 60 美元，转手间就有数倍甚至数十倍的利润，令闻者瞠目结舌。[①]

一些目光敏锐、敢拼敢闯的中国商人，受此厚利刺激，又了解到苏联政府宽松的出入境政策，于是纷纷寻找关系获取邀请，申请签证，登上跨越西伯利亚的远东列车，专门从事中苏之间的长途贩运，闻名一时的"倒爷"由此而生。

这些"倒爷"中有中国人，也有蒙古人和苏联人，他们从中国各批发市场大批购货，大包小包"拎"上火车。一出中国国境，生意就开始了。火车每停一站，都有买卖双方在车厢上下交易，交易成功立刻一手交钱一手交货。火车抵达终点站莫斯科后，如果还有余货，就先到当地市场上将余货售尽，然后尽快购买可在中国出售的货物，登上东归的列车。这时的中国"倒爷"，是一批做跨国生意的流动商贩，还不是移民。

图 6-8　中俄之间的"倒爷"商贸

---

①　徐江善：《寻梦俄罗斯》，新华出版社，1997 年，第 60 页。

惊人的利润，本身就散发着巨大的诱惑力，吸引着越来越多人跻身其中，渐渐地，原属民间个体行为的跨境贩运，逐步向组织化、规模化过渡。专门从事中苏贸易的公司不仅在中国相继成立，有的还直接以中国侨民的身份在莫斯科、在与中国相邻的远东城市"安家落户"，其所经营的货物也从"肩挑手提"过渡到一车皮一车皮，乃至包下货机一飞机一飞机运送。适应这一新的变化，有的"倒爷"成了莫斯科的"坐商"，他们不再万里奔波于中苏两地，而是专门在莫斯科负责接收、批发货物，由此，其行为已开始向"移民"过渡。

"二战"结束后，以苏联为首的东欧社会主义集团内部，逐步形成一个比较稳定的贸易圈，虽然 20 世纪 80 年代东欧的种种政治动荡不断冲击着苏东阵营，但多年框定的经济格局还在依其惯性运动着。因此，当中国商人在莫斯科等俄罗斯城市"落户"后，很快就从前来批发货物的买主中发现：有些人将货物进行二次批发，转往周边其他东欧国家，有些则本人就来自其他东欧国家。新的市场机遇立刻吸引了这些时时都在商海中找寻最佳商机的精明商人。于是，一些中国商人干脆自己带上货，转道匈牙利、罗马尼亚、波兰等各东欧国家，探路觅商机。

早在中国改革开放之初，匈牙利就以其在东欧各社会主义国家中敢于标新立异、独树一帜的政治经济模式闻名中国。由于其市场相对于周边国家更显活跃，人民消费水准较高，因而曾被人戏称为"东欧的香港"。20 世纪 80 年代后期，那些从莫斯科出发探路的"倒爷"们再朝前一步，就进入了匈牙利。他们将自己"肩挑手提"弄过去的衣服、日用品等货物在布达佩斯的"跳蚤市场"（匈牙利文为 PIAC）上摆卖，结果大受匈牙利人欢迎。据匈牙利中国新移民自己提供的材料，1989 年匈牙利移民潮出现之前较早到匈牙利"闯天下"的中国人大约有 200 人，他们几乎都是从布达佩斯的 PIAC 起步的。由于当时"练摊"的平均利润高达 200% 以上，最早闯入匈牙利的这些中国人，几乎都令人难以置信地转眼间就"鼓起了腰包"，圆了出国时的"发财梦"。[①]

正当前苏东地区如同一个刚被拂去尘土的聚宝盆，突然使中国的大小商人趋之若鹜之时，一连串令人目不暇接的政治巨变，将一个处于急剧动荡、变化、重组中的东欧展现在人们面前。当各国政治家们忙于探索东欧动荡的政治含义时，当各国外交家们忙于研究本国与转轨后的东欧国家关系应当如何定位时，当各国学者们忙于梳理东欧剧变的来龙去脉并引经据典反复探讨剖析其历史意义时，在一群群普普通通的中国老百姓中间，却出人意料地涌起了一股朝向东欧的移民狂潮，其势如山洪般一泻千里，匈牙利、捷克、罗马尼亚、波兰、南斯拉夫、阿尔巴尼亚……东欧版图上一个个中国移民的空白点在骤然高涨的新移民潮中迅速地消失了。

---

① 湘南：《严峻的转折，巨大的机会》，（匈牙利）《欧洲导报》，1995 年 1 月 4 日。

二、骤然高涨的移民潮

东欧移民潮骤然高涨的背景，与二十世纪八九十年代之交东欧及中国大陆的一系列政治变动密切相关。

就东欧而言，进入 20 世纪 80 年代，苏东各国一片"山雨欲来风满楼"之势。

1988 年初，东欧转轨易帜的风潮肇始于匈牙利和波兰。当时，执政的匈牙利社会主义工人党公开"承认意识形态、价值和利益的多元化"，迈出了否定共产党统治的关键一步，而波兰民间组织"团结工会"发起并领导的席卷全国的大罢工，则以迫使政府改组而告终。1989 年 12 月，一边是捷克新当选的国家领导人宣布"放弃马克思主义"，在和平演变中为捷共执政时代画上了句号；另一边是罗马尼亚发生了罗共控制的保安部队与反对派的武装冲突，关键时刻军队倒戈，支持反对派击败保安部队，罗共执政时代在枪声中结束。

1990 年 3 月，匈牙利、保加利亚及民主德国三国执政党又相继在本国议会大选中失败，共产党走下了作为唯一执政党的历史舞台。1990 年 6 月，阿尔巴尼亚也宣布放弃马克思主义，接着就是共产党下台。1991 年 12 月 25 日，曾经是世界社会主义阵营"老大哥"的俄罗斯联邦最高苏维埃决定将"俄罗斯苏维埃联邦社会主义共和国"正式更名为"俄罗斯联邦"，当晚莫斯科克里姆林宫顶上的苏联国旗被降下，代之以俄罗斯的白、蓝、红三色旗。第二天，时任苏联总统戈尔巴乔夫发表声明，苏维埃社会主义共和国联盟走完 69 年的历程，宣告解体，东欧社会主义集团随之彻底瓦解。

如果说，上述东欧国家的政治动荡，除罗马尼亚出现过短暂的流血冲突外，基本属"和平演变"，那么，南斯拉夫的动荡则充满了血与火的纷争。由于原南斯拉夫南共联盟瓦解与境内民族冲突齐头并进，结果引发了持续多年的民族战争，生灵涂炭，遗患无穷。

总之，从 1988 年开始的苏东"政治大地震"，在短短两三年内，彻底改变了前苏东国家的政治轨道，前苏东地区的八个国家一下子分裂成 28 个国家，原苏东国家模式被完全打破，原苏东地区经济结构在巨变中肢解。东欧处在翻天覆地的动荡、转型与重组之中。

与此同时，中国大陆也是风云激荡。1989 年春夏之交，中国共产党顶住了内外压力，坚持了共产党对全中国的领导，同时也面临着自改革开放以来最为严峻的内外形势。在国内，一些改革开放以来的既得利益者害怕政策转向，担心失去刚刚得到的政治经济实惠，一些个体私营业主赶紧"处理掉"自己好不容易才建立起来的企业，还有一些人则担心中国政局不稳，引发新的动乱，纷纷想远走他乡寻找"安全"的港湾，因此，"出国"成为这部分人为维护自身利益而作出的选择，出国人流出现明显上升势头。国际上，西方国家企望看到东欧共产党国家接连易帜的"多米诺骨牌效应"也在中国呈现，攻击中共、制裁中国之声甚嚣尘上，而前文业已提及的西方国家为中国政治难民提供特别居留的政策，则进一步刺激了那些尚未踏出国门的潜在移民群体的出国欲望。

1989 年至 1991 年，是中国出国潮盲目失序达到最高峰的时期，而移民东欧潮恰恰是在这一时期骤然高涨的，其构成主要有两大支流：涌入俄罗斯的移民潮与风行一时的"匈牙利热"。

（一）寻梦俄罗斯

据说，在 1991 年苏联解体后"率先"加入中俄"倒爷"行列者，当时几乎都发了大财。由于俄罗斯境内轻工业产品极度缺乏，进入独联体各国的中国"倒爷"们，万里倒腾，每两三个月挣一两万元人民币者屡见不鲜。于是，"寻梦俄罗斯"者，源源不断。20 世纪 90 年代初期进入俄罗斯的中国人，大致可分为以下三大类。

第一类是由中国政府有关部门依据两国协议有组织外派的劳工。

地广人稀的俄罗斯实际上具有相当大的人口容量。全俄罗斯的人口密度仅为每平方公里 8.6 人（1997 年数据），其中，位于俄罗斯远东地区的哈巴罗夫斯克省（Habarovsk Province），人口密度仅为每平方公里 1 ~ 2 人。然而，在与俄罗斯相邻的中国东北地区，人口密度是每平方公里 260 人。如此巨大的人口密度反差，自然会推动人口由高密度地区向低密度地区流动。本书第一章在追述中俄交往的早期历史时业已指出，远东地区是在 16 世纪之后才被当时的沙皇俄国划入其版图的，中国东北地区人民因谋生而进入远东地区在历史上曾经长期绵延不绝。中苏关系正常化之后，中国丰富的人力资源也加入了苏联远东地区的建设行列。从 20 世纪 80 年代末起，黑龙江、吉林、辽宁、江苏等省相继派出建筑队伍，到俄罗斯承包建筑工程，为俄国兴建了大批旅馆、商店、办公楼及民用住宅。与此同时，黑龙江边远地区的农民也在政府组织下承包了俄罗斯远东地区的大片农田，他们精耕细作，在寒冷的远东地区培植了大量蔬菜，缓解了俄罗斯农副产品市场的紧张状况。1999 年，俄罗斯向乌克兰、土耳其、中国、越南及阿塞拜疆的居民正式发出 20 万张工作签证，允许他们进入俄罗斯从事建筑业或务农经商，可见其对于劳动力的需求量非常大。

由政府组织向他国输出的劳工，因为有一定的工作期限，到期就要返乡，基本上不能算是移民，但是，他们与"移民"却有千丝万缕的关系。有的人一开始是以劳工身份出去的，在俄罗斯期间，他们了解了当地的情况，有的还掌握了

足以应付日常生活基本沟通需求的俄语，当合同期满回国后，随即以个人身份再度出境。有的则是在合同期满后就直接留居当地，一步步转变了身份。尤其是在俄罗斯承包了土地的中国农户，因为土地经营的周期性长，有的直接在当地安家，他们的身份也就从

图 6 - 9　在俄罗斯远东地区种地的中国农民

"外劳"向"侨民"转化了。也有些农户每年大部分时间在俄罗斯耕耘，但在冬季最寒冷的月份返回中国，既应对无法获得长期居留的困境，也可年年回乡与家人团聚，这部分人实际上也相当于是"侨居"的身份。还有些劳工自己不想在俄罗斯久留，可是，他们却用在俄打工挣来的钱和带回的信息，将子女送上了移民之路。

第二类是手持各种"邀请函"进入俄罗斯的中国人。早期"倒爷"在苏联获取的厚利是吸引众多后续者的重要原因。由于存在着庞大的期望寻梦俄罗斯的移民群体，因此，各种以"入境"为经营对象的大小公司也就应运而生。如前所述，1987 年苏联的移民法修改后，只要能得到俄罗斯方面"有效的邀请函"，就可以申请签证进入俄罗斯。在俄罗斯，所有城市的公安部门都有权发放邀请函。因此，有的公司注册成立后，就专门"经营"各类邀请函，它们以公司业务需要为名，频频向中国国内发出各类"邀请"，从中牟利。有的"公司"则利用俄罗斯法律的漏洞，贿买贪婪的俄罗斯官员，获取有效邀请函，再将其"转卖"到中国国内，为潜在移民群开辟进入俄罗斯的通道。一位在俄罗斯进行过实地考察的新华社记者指出："在俄罗斯，凡是来经商做买卖的个体商贩，99% 是以探亲名义出国的。在我所接触的所有中国商贩中，他们都是花钱买了一张邀请函办的手续。黑龙江的哈尔滨、五常县，吉林的延边花钱买邀请的人最多。有的花 700 元，有的花 900 元，最高要花 1 500 元。"[1]

---

① 徐江善：《寻梦俄罗斯》，新华出版社，1997 年，第 64 页。

图 6 – 10　中俄界河黑龙江：隔江遥望俄罗斯（李明欢摄于 2016 年 7 月）

图 6 – 11　严厉打击偷越国界行为（李明欢摄于 2016 年 7 月）

当中俄边境旅游开始兴旺之后，又有人打起了"旅游护照"的主意。1988年 9 月 24 日，黑河人首先开创了"中苏一日游"的旅游项目，当年中苏双方即交换团组 26 个，1 046 人次。[①] 其后，旅游规模不断扩大，参加人员也从最初满足于领略异国风情迅速转变为从事边境交易，戏称"一日倒"，再接着，则借此寻找进入异国谋生的途径。一些想要出国而又不具备正常出国条件的人，可以花几百元人民币从那些在中俄边境从事非法经营者手中"买一本有效期在半个月之内的旅游护照"，凭此进入俄罗斯，在有效证件过期之后，仍留居当地设法谋生。

第三类曾经"热门"一时的入俄途径是"自费留学"。

在中国，20 世纪 80 年代改革开放之初，由于国家一时还拿不出更多的钱投入高等教育，每年能如愿考上大学的高中生十分有限，1980 年高考录取率仅8%，此后虽有所增长，但整个 80 年代的高考录取率不足 23%。[②] 反之，俄罗斯

[①]　徐江善：《寻梦俄罗斯》，新华出版社，1997 年，第 267 页。

[②]　根据"1980—1989 年全国高考人数和录取率统计"计算，详见 http://edu. 163. com/15/0619/07/ASF3MNSF00294MP6_mobile. html。

的教育资源及教学设施却十分丰富。1991 年秋，在黑龙江省教委的协助下，黑龙江大学与俄罗斯的伊尔库茨克大学达成协议，俄方在"一位学生一年收费 1 000 美元"的条件下，接收中国自费留学生。是年冬，第一批自费赴俄留学生走出了国境。当时，有关各方都认为这是一件利国利民的大好事。然而，谁曾想，此法一出，没过几个月，立刻被一些不法之徒利用，将其变成又一桩牟取非法利润的买卖。

1992 年至 1993 年间，在中国东北及一些大城市的报刊上，接二连三地出现了许多诱人的"留学俄罗斯（或独联体）"的招生广告，宣称：无须参加什么考试，没有年龄限制，甚至也不问报名者原有的文化基础，只要交上大约一万元人民币，就可以到俄罗斯高等学府"留学一年"，学完后可以获得文凭，还可到其他高等学府继续深造。条件十分诱人！从广告上看，从事派遣留俄学生的，有高等院校的附设机构，有政府部门，也有各类公司企业，名目繁多。一时间，报名者蜂拥而至。可怜天下父母心。前来交款的大多是未来留学生的父母，他们中不少人倾毕生之积蓄交上各种钱款，希望为子女铺就一条闪光的留学之路。然而，当一批批自费留学生怀着美好的憧憬踏出国门，进入俄罗斯"大学"之后，许多人发现当初广告上所宣传的那一切诱人的留学条件竟然子虚乌有，有的甚至连生存都成了问题。就像自费留学热曾吸引万人关注一样，在国内的媒体上一次次被揭露的"俄罗斯自费留学欺诈案"，也一次次地遭到国人的道义谴责。进入俄罗斯的自费留学生们，有的人的确向心求学，虽遭遇种种困难，仍矢志不移。但也有相当一部分人，或混迹市井打发时光，或借留学之名进入俄罗斯后即刻投身于商贸大潮之中。

由于中俄之间国境线漫长，人员来往频繁，而人烟稀少、劳动力资源缺乏的俄罗斯远东地区很容易就可以将数十万移民接纳于当地并用于当地的开发和建设，因此，进入俄罗斯地区的新移民一直源源不断。尽管进入俄罗斯的中国人绝大多数人留居于远东地区，但是，由于俄罗斯本身地跨欧亚两大洲，从理论上说，合法落户俄罗斯远东的新移民，也具有再向西跨入俄罗斯欧洲部分城乡的权利。因此，每每论及东欧新移民，人们总要将目光同时投向俄罗斯的远东地区。

（二）"匈牙利狂想曲"

《匈牙利狂想曲》是一组由 19 世纪匈牙利著名音乐家李斯特创作的钢琴曲目，被誉为匈牙利民族音乐的经典，其优美的旋律融入了匈牙利丰富的民族音乐元素，既表现了对不幸的哀痛与控诉，又展现了豪放、乐观、热情的气质与风格。可以说，20 世纪 90 年代来自中国的数万新移民正是在多瑙河之畔演绎了一段现实版的"匈牙利狂想曲"。

　　1988 年 10 月，中国与匈牙利两国在彼此信任与友好的基础上签订了"中匈互免签证协议"，标志着两国关系进入自 20 世纪 50 年代以来最和谐的时期。然而，当时谁都没有料到，这一纸协议，竟然随即带动了一股规模空前的赴匈移民潮。

　　改革开放后中国大陆移民潮初起之时，东欧并不在潜在移民群的关注点之内。时至 1988 年，中国大陆涌起的移民潮已历经十年，其时，去往西欧、北美、大洋洲、日本等国家和地区的签证业已因申请人太多而不易获准，申请人在相关使领馆前通宵达旦排队申请签证，一次次被拒又一次次申请已不是什么新闻。这时，忽然间传来了中匈两国签订了"互免签证协议"的消息，这无疑给潜在移民群注入了强烈的兴奋剂：匈牙利，这个在中国人印象中从属于"西方"的欧洲国家竟然不用签证就可以自由进入?! 而且，早期闯荡匈牙利的人们传回的消息，又是那么激动人心。人们再一了解，从北京到匈牙利的火车票售价只在千元人民币上下，这一价格虽然在当时几乎相当于普通中国人近一年的工资，但是，比起去往北美、大洋洲的费用，则实在是太便宜了。从各种渠道汇聚而来的消息，一桩桩、一件件，似乎都不约而同地为匈牙利涂抹着美妙迷人的色彩。于是，1989 年后，在中国，尤其是在北京、上海等大城市年轻人中，以匈牙利为"出国"目的地的"匈牙利热"急剧升温。

　　笔者在匈牙利调查时，多次听被访者提及：

　　当时只是想出国，听说匈牙利不要签证，就来了，看看还不错，就留下了。
　　本来是想去美国的，可是被拒签了。当时手中有护照，匈牙利不用签证，就想先到匈牙利再说，结果就留在这里了。

　　正当一批批中国青年人怀揣着五颜六色的梦想，登上跨越西伯利亚的国际列车寻梦匈牙利时，匈牙利开放边境的消息，也吸引了一部分先期业已抵达"西欧"，但经千辛万苦尚未得到合法居留权的中国人，他们闻讯接连从奥地利、德国、比利时、荷兰等国家辗转进入匈牙利。一位如今在匈牙利颇为成功的餐馆老板在回忆往事时提及：

　　我有不少亲戚在欧洲。我 1986 年就出国到了欧洲，到过荷兰、比利时、奥地利好几个国家，可是，居留一直办不下来。后来在奥地利时听亲戚说匈牙利可以拿居留，就决定到这里来了。

　　二十世纪八九十年代之交的匈牙利，似乎到处都充满了机会。拿本红色的中国护照，就能一路绿灯，直抵美丽的多瑙河畔，递上申请，很快就可以得到一张

一个月有效的"白卡"。几个人想办法凑上 8 000 美元，将其中的 7 000 美元"投资"存入匈牙利银行，将 1 000 美元交给某位匈牙利律师代办一应手续，立马就能在当地注册成立一家"公司"。尔后，凭着这家公司的执照，就能有 10 个人获得匈牙利的"黄卡"（即短期居留证）。按规定，黄卡需每三年（后改为每两年）延期一次，但如果持黄卡在匈牙利住满两年后，就可以申请"蓝卡"，即 15 年有效的长期居留证。有了匈牙利的"蓝卡"，出入西方其他国家申请签证就方便得多了。如此消息，在新移民的圈子里来回反馈，又通过新移民的渠道万里回传，不断地为中国大陆的"匈牙利热"煽风点火。

据匈牙利警方记录在案的资料，1989 年至 1990 年间，平均每月接到中国人的居留申请 3 000 件，1990 年全年入境的中国人将近 1.2 万，1991 年又猛增到 27 330 人，是前一年的两倍以上。[1] 同年，匈牙利警方向 398 个持中华人民共和国国籍者颁发了匈牙利的"蓝卡"，另有 5 000 名中国人得到了"黄卡"。[2] 移民匈牙利的热潮达到了它的顶峰时期，从 1989 年到 1992 年初，在短短的两三年内，美丽的多瑙河畔就聚集起至少 3 万中国人。[3]

同时需要指出的是，二十世纪八九十年代之交大量涌入匈牙利的外国人，除中国人外，还有美国人、阿拉伯人、韩国人和越南人，当时涌入匈牙利的美国人也达到上万人，据说他们是到东欧去"凑热闹"的，是为了"找一个廉价的座位"看"东欧共产主义如何崩溃"。美国人在匈牙利开设英语学校，建立非政府组织（NGO），办报出刊，宣扬美国人思想、美国人精神。进入匈牙利的阿拉伯人也不少，他们在匈牙利开餐馆，开旅游公司，而且，正是阿拉伯人使匈牙利人认识了那种开在街头巷尾的"外币兑换店"。在动荡中的匈牙利新出现的亚裔群体除中国人外还有韩国人和越南人。韩国人以中小商人为主，全斗焕集权统治垮台后，一些韩国人看中了东欧经济转型中可能出现的经济机会，到最先实行转轨的匈牙利寻找投资机会。越南人的谋生方式则与中国人相似，从练摊、叫卖到开店，同样想在动荡中的匈牙利实现自己的致富梦想。

蜂拥而入的各国移民，为动荡中的匈牙利注入了新的动力、新的生机。由于

---

① Nyíri, Pál, *New Chinese Migrants in Europe：The Case of the Chinese Community in Hungary*, Ashgate, 1999, p. 32.

② Nyíri, Pál, "New Migrants, New Community：The Chinese in Hungary, 1989 – 95", in Benton, Gregor & Pieke, Frank N. eds., *The Chinese in Europe*, Macmillan Press, 1998, p. 355.

③ 根据笔者在调查中了解的情况，1991 年底到 1992 年初是匈牙利中国新移民达到最高峰的时期，有人认为当时的总人数有 5 万人以上，有人认为因为当时中国人的流动频率很高，进出十分频繁，实际同期留居匈牙利的中国人应当不超过 3 万人。匈牙利方面的统计显示，1990 年和 1991 年正式登记入境的中国人有大约 4 万人，但笔者注意到，其中不少人系生意往来而多次入境（包括从相邻东欧国家再次入境）。因此，本书此处取"3 万人"之数。

移民涌入，布达佩斯等大城市的房价明显上涨，市场上货物花色品种增加，各国风味餐馆带来了美味佳肴，外国资金的投入更直接增加了本地人的就业机会。大批第三世界新移民的到来，无意中增强了匈牙利人的民族自豪感："看看他们，对他们而言，我们就是西方。"（Look at them, for them, we are the West.）

受匈牙利的影响与带动，其周边的东欧国家也急剧转型，与匈牙利形成共振。罗马尼亚、捷克等都继匈牙利之后开放了允许中华人民共和国公民免签入境的通道。尤其是对"投资移民"或"商业移民"，更是欢迎之至。

本书第五章业已指出，当今世界上绝大多数国家对"投资移民"都敞开欢迎的大门，但是，不同国家对于"投资移民"身份的确认则有天壤之别。在二十世纪八九十年代，澳大利亚要求的商业移民是必须"拥有港币50万元并具有工商业务经验"[1]；加拿大的要求是"投资25万元加币"可获移居签证;[2] 而美国对投资移民的要求更高，除了要求投资额为100万美元外，还必须为美国公民创造10个以上的工作职位。[3] 与以上西方国家的"投资要求"相比，匈牙利等东欧国家所要求的投资额简直微不足道。

20世纪90年代匈牙利所要求的最低投资额起点是8 000美元，每个在匈新注册公司可以得到10个居留签证（1992年后减少为两个签证）。邻近的罗马尼亚和捷克要求的"投资额"更低。在捷克，其法律对于"投资"注册成立公司的最低要求是3 900美元，一旦获准，投资者即可得到五年有效的居留签证。在罗马尼亚，从理论上说，无论是本国公民或外国人，注册成立公司的最低投资额只需100美元，得到执照的同时，也就得到半年有效、到期可以续延的居留。如此"投资"要求，对于改革开放后先富起来的中国人而言，几乎易如反掌。因此，1990年至1991年间，有上千家中国新移民开办的公司在多瑙河畔开张。90年代在罗马尼亚注册成立的中国公司中，3/4以上是注册金额在1 000美元以下的股东公司，据1994年统计，截至是年1月，此类由中国移民合股注册的公司共有877家，注册总金额431 370美元，平均每家公司的注册金额仅为491美元。[4] 因此，移民东欧潮的直接表现之一是：一大批由新移民注册的各类公司在东欧各国纷纷成立。

而且，在俄罗斯、罗马尼亚、捷克等东欧国家，最初并没有关于新成立的公

---

① 《申请来澳商业移民须知》，（澳大利亚）《汉声杂志》1988年第19期。
② 《加拿大移民革命》，（美国）《世界日报》，1990年3月7日。
③ 《新旧移民法要点比较》，（美国）《世界日报》，1990年12月3日。
④ International Organization for Migration，"Chinese Immigrants in Central and Eastern Europe：The Cases of the Czech Republic，Hungary and Romania"，in Benton，Gregor & Pieke，Frank N. eds.，*The Chinese in Europe*，Macmillan Press，1998，p. 334.

司必须雇佣本国公民的明确限制，因此，一家新公司成立后，可以自由地按"公司业务发展的需要"雇佣自己所需的雇员，于是，不难想象，由外来移民投资数百美元成立的公司完全可能成为一个新移民网的始发点，一种适应东欧国情的中国新移民连锁迁移模式很快就形成了：

投资注册公司──→获得移民身份──→从中国雇佣所需业务员或工人──→受雇者获得移民身份──→受雇者另投资成立公司──→再从中国雇佣新业务员或工人……

东欧中国新移民在20世纪90年代最初两三年出现人口增长的高峰，正是这一连锁迁移模式成功运作的直接反映，而且这一特殊的迁移模式还直接左右了东欧新移民的构成及日后的发展。换言之，伴随着新移民大量涌入而生成，同时又成为另一批新移民再涌入之依托的无数小公司，很快就面临着严峻的生存竞争。由于公司一窝蜂而起，彼此雷同，许多"投资者"甚至还没从当上"老板"的兴奋中回过味来，尚未在市场上一展拳脚，就已面临进退维谷、难以为继之境地。

表6-8是匈牙利学者援引匈牙利政府正式公布的关于"正式登记进入匈牙利的中国新移民"的数据，从中可以清楚地看到：移民匈牙利的高峰骤高骤降，进入1993年后，流入匈牙利的移民潮就开始减退了，并且不复再现。

表6-8　匈牙利的中国新移民（1990—1994年）

年份	1990	1991	1992	1993	1994
人数（人）	11 621	27 330	10 128	7 885	8 979

资料来源：International Organization for Migration，"Chinese Immigrants in Central and Eastern Europe：The Cases of the Czech Republic，Hungary and Romania"，in Benton，Gregor & Pieke，Frank N. eds.，*The Chinese in Europe*，Macmillan Press，1998，pp. 324 - 326.

（三）"沸腾的生活"

《沸腾的生活》是1977年由北京电影制片厂引入中国大陆的一部罗马尼亚电影。在"文革"期间及"文革"刚结束之时，能够进入中国大陆的外国电影屈指可数。《沸腾的生活》讲述罗马尼亚人自力更生铸造5.5万吨矿砂船的故事，成为那个年代"政治正确"的外国电影而被引入中国。那时普通中国百姓对罗马尼亚的了解，也就仅限于电影上的那一点点画面了。谁曾想到，进入20世纪

90 年代之后，在从未出现过华人社群的东欧国家罗马尼亚，一个新华商群体也迅速崛起。

20 世纪 90 年代，经历了动乱之后的罗马尼亚，在东欧各国中属于经济落后、生活水准低下的穷国，不少罗马尼亚人纷纷外出谋生。因此，为增加本国经济的活力，罗马尼亚也对外国人敞开了欢迎的大门，短期访问罗马尼亚的外国人无须签证就可以进入罗马尼亚。于是，在"匈牙利热"的裹挟下，1991 年和 1992 年间，每年进入罗马尼亚的中国人也多达上万人。

罗马尼亚中国新移民社群的形成，主要受三重因素影响。

其一，罗马尼亚新移民社群形成是 20 世纪 90 年代中国骤然涌起的朝向俄罗斯、匈牙利之移民潮的衍生品。

20 世纪 90 年代初最早落户罗马尼亚的中国新移民，基本都是从俄罗斯或匈牙利转道而入。如前所述，1988 年 10 月，罗马尼亚的近邻匈牙利与中国签订了"中匈互免签证协议"，由此，从 1989 年下半年起，在中国涌起一股奔向匈牙利的出国热。由于匈牙利从政局到市场变幻莫测，既有人点石成金，亦有人折戟沉沙，辗转他国，罗马尼亚由此意外地迎来了中国新移民。用罗马尼亚中国新移民自己的话说，"当初本想到匈牙利，由于乘错火车到了罗马尼亚"；"出国前根本没想过到罗马尼亚，当年阴差阳错来到这个国家"；"本想以罗马尼亚为跳板，前往西欧或其他国家"，没想到却成了"旅罗华侨"。①

其二，20 世纪 90 年代初罗马尼亚急剧转型过程中呈现出的特殊机遇，形成吸引中国新移民前往谋生、创业的拉力。

如前所述，1989 年末罗共执政时代在枪声中结束。动乱中的政权更迭使罗马尼亚人民深受其害。国内生产大幅度滑坡，匆匆组建的新政府治国无策，只能开动印钞机救急，仅 1990 年就多发行了 900 亿列依的货币，导致罗币急剧贬值，社会商品量只能满足居民货币拥有量的 19%，民众日常生活必需品如糖、食油、面包等一概凭证定量供应，而火柴、灯泡、洗衣粉、刀片、汽油、汽车配件、电池样样缺货，甚至连醋、盐也无法保证供应。②

为扭转时局，罗新政府实施对外国人，尤其是有可能前来投资兴业的外国人敞开欢迎大门之新政：一是制定宽松的入境政策，例如，持第三国签证外国人可免签入境罗马尼亚，对中国人直到 90 年代末仍实施"落地签证"；二是大力吸引外资，例如，在当地注册成立公司的最低投资额只需 100 美元，投资人在得到执

---

① 根据笔者在布加勒斯特的访谈，并摘引自《欧风文集》所收录的资料。（《欧风文集》是罗马尼亚华侨华人各社团为"纪念中华人民共和国成立 60 周年暨中罗建交 60 周年"而编辑的一本纪念刊，印制于 2009 年。其中收录了罗马尼亚华人历年在当地报刊上发表的部分文稿。）

② 王义祥：《罗马尼亚的移民浪潮》，《俄罗斯研究》1991 年第 1 期，第 19 页。

照的同时，也就得到半年有效、到期可以续延的居留。如此"投资"要求，对于改革开放后先富起来的中国人而言，并非难事，于是，一些原本只想借罗"过道"的中国人，转而成为罗马尼亚社会转型后最早一批"外资公司"的"投资商"。

其三，随着中国自身经济的高速发展，大量款式新颖、价格低廉的商品输出国门，填补了罗马尼亚市场的巨大空缺，跨国贩运的丰厚利润成为中国新移民在罗马尼亚创业发展的原动力。

那些"意外"来到罗马尼亚的中国人，"意外"发现了罗马尼亚市场的巨大赢利空间。根据当地华商介绍，20世纪90年代初刚到罗马尼亚时，中国的商品从皮大衣到打火机，都是市场上的抢手货。消息传开，一批批中国货迅速从莫斯科转道而来，涌入当时布加勒斯特各周末跳蚤市场。一些心急的华商等不及周末，货物一到就干脆将货车直接开入城区，在大街旁支起个架子叫卖，而罗马尼亚人见状会自觉排队购买，人多时警察还会前来义务帮忙维持秩序。用罗马尼亚华人的话说：那才真是令人激动的沸腾的生活！

正是由于"中国制造"适应了转型期罗马尼亚民众的生活需求，早期华商从简单的贩运过程中赚取了难以想象的高额利润，成为罗马尼亚中国新移民社群的先驱，而罗马尼亚也因而成为又一个中国新移民的目的国。

根据罗马尼亚官方统计，1990年共有8 400名中国人入境罗马尼亚，1991年增至14 200人，1992年为12 100人，1993年虽有所回落，亦仍有4 267名中国人进入罗马尼亚。同期罗马尼亚官方数据还显示：1993年，共有1 091家中国公司在罗马尼亚发展局（Romanian Development Agency）登记注册，1995年几乎翻了一番，达到2 055家。罗马尼亚劳动部与海关总局（The Ministry of Labour and the General Directorate of Customs）据此估计：在罗马尼亚的中国移民总数超过2万人。[1]

随着中国新移民总量不断上升，从1994年12月到1995年1月，短短两个月期间，中国新移民就在罗马尼亚成立了三个社团组织：罗马尼亚华商联合总会、旅罗浙江青田同乡会和罗马尼亚福建同乡会。三个社团组织反映出罗马尼亚中国新移民构成的基本要点，一是以经商为主，二是以浙江和福建为主要原籍地。

华商总会成立后，随即创办了罗马尼亚的第一份华文报纸《龙报》，但仅仅

---

① International Organization for Migration，"Chinese Immigrants in Central and Eastern Europe: The Cases of the Czech Republic, Hungary and Romania", in Benton, Gregor & Pieke, Frank N. eds., *The Chinese in Europe*, Macmillan Press, 1998, pp. 325 – 326.

发行 3 期即停刊。两年后，又出版了《欧洲华报》。1999 年，再有《旅罗华人报》创刊发行。

总之，时至 20 世纪 90 年代中期，随着一批批中国新移民在罗马尼亚创造并享受着新的沸腾的生活，中国新移民在当地社会经济领域的影响力与日俱增。随着华人社团的组建和华文报刊的发行，中国新移民作为一个新的移民社群，已经伴随着罗马尼亚的社会转型脱颖而出。

三、"立足东欧" 与 "借路东欧"

然而，转型中的东欧市场容量毕竟有限，而且，时间稍长，伴随大量新移民涌入的社会问题即开始显现：外来新移民与本地人之间因文化隔阂而造成的误解乃至冲突时有所闻，而新移民中的少数害群之马或欠逃房租，或骗税偷税，或贪赃枉法，或因梦想破灭而铤而走险杀人越货，更令东欧人深恶痛绝。正如在其他许多移民流入国业已发生过的情况那样，俄罗斯及多瑙河沿岸匈牙利、罗马尼亚、捷克等东欧国家，其本国舆论迅速地转向对外来移民，尤其是第三世界移民进行种种批评，大量关于外来移民尤其是中国移民如何损害本国社会安宁的报道充斥报端，那些捕风捉影的描写，在东欧本国民众中造成"华人世界总是和'黑社会'联系在一起"的印象。[①] 更有甚者，还将中国新移民进入东欧描绘为"亚洲人的入侵"，1995 年夏，俄罗斯国防部长帕维·格拉乔夫（Pavel Grachov）甚至对本国人发出耸人听闻的警告：中国人正在"和平占领远东"。[②]

东欧移民路，一波三折。进入 20 世纪 90 年代中后期，此前一窝蜂成立的诸多小公司的"老板"们很快就发现：在东欧成立公司乃注册容易运作难，而要符合所在国当局的规定、接受检查、按时缴纳各种税款更是难上加难。不少人当初急匆匆地注册公司主要是为了办身份、拿居留证，可是，有了公司，就得开展业务，就得纳税。好些新移民抵埠后，还没来得及熟悉所在国情况，甚至连自己都还居无定所，更遑论开展业务，当地国的税务部门就已堂而皇之地上门检查，收缴税款了。由于出现了一些"不见踪影"的纸上公司，在当地国的报刊上，攻击中国人公司是所谓"幽灵公司"的报道连篇累牍。1994 年初捷克报纸的一则报道在当地引起舆论大哗，因为记者发现，在布拉格有这么一家"极其成功"的中餐馆，其雇员多达 800 人，而且全都是从万里之外的中国聘用而来。可是，

---

① 摘自［匈牙利］科尔什奈勒·彼德（Kirschner Peter）：《旅匈华人和他们的朋友们》，原载 1999 年 9 月 15 日匈牙利《人民自由报》，译文载《匈牙利联合商报》，1999 年 10 月 1 日。

② Nyíri，Pál，*New Chinese Migrants in Europe*：*The Case of the Chinese Community in Hungary*，Ashgate，1999，p. 27.

"令人无法置信的是，这家餐馆内竟然总共只有八张台子"。虽然 1994 年的正式数据表明，是年捷克政府仅向中国人发放了 139 份劳工许可，可见上述报道纯属无稽之谈，但是相关报道在捷克民众中造成的社会影响却难以消除。1994 年 1 月，罗马尼亚一次性就吊销了 26 家由中国人注册的"幽灵公司"的执照，理由是他们在注册后根本没有真正开展业务，相关居留证同时也被一并吊销。①

匈牙利敞开大门欢迎外来移民的日子也结束了。匈牙利议会经过激烈辩论后，认为必须摒弃此前实施的"过分自由的移民政策"。1991 年 10 月 8 日，匈牙利内政部正式颁布并实施"移民控制法案"（Immigration Control Project），明确提出将所有在匈牙利从事不法生意、无合法居留的外国人全部驱逐出境，加强在边境口岸对入境人员的证件盘查，控制非法移民入境。是年底，匈牙利政府对外国人在匈就业作出严格规定：外国人在匈就业必须申请劳动许可；政府有关部门只对那些匈牙利所缺乏的特殊人才或特殊行业人员发放劳动许可。从 1992 年起，中匈两国重新规定中国人入境必须持有由匈牙利使领馆签发的有效签证，而且必须在申请人护照签发地申请。换言之，业已进入匈牙利但尚未获得黄卡或蓝卡的中国人，必须返回中国去申请新的签证才能再进入匈牙利。有关当局还规定，原先在匈牙利注册一个公司可以有 10 个人在不需要"工作许可"的情况下自然获得"居留签证"，自"移民控制法案"实施后，每注册一个新公司只有两人可以获得"居留签证"。匈牙利警方获准可以进入由新移民注册的公司，检查其是否从事与其执照相符的业务，警方同时还获准在必要时可以进入移民住处进行检查，对违规者绳之以法。

匈牙利新移民很快就发现，匈牙利警方在实施检查、行使处罚权时带有极大的随意性。一位在布达佩斯合法经商的中国人，按规定带上所需文件去申请居留延期，第一次警方认为依其条件只能批准延期一个月；一个月后再呈上同样文件，警方认为可以延期一年；但一年后再去申请，则又只得到一个月的延期。有的人业已在匈牙利投资，却忽然被告知"居留申请"被拒绝了，有的人甚至因此连银行户头都开不了，已投入的资金又收不回来，进退维谷。新移民们还发现，有的匈牙利警察在进行公务盘查时，竟然公开索贿，被检查者悄悄递上几万福林，或几百美金，才能通过检查。更令人愤慨的是，有的中国人还在接受检查时遭到警方的辱骂甚至殴打。

匈牙利多变的局势令新移民们感到心寒，原先满怀希望来到匈牙利的中国

---

①　International Organization for Migration，"Chinese Immigrants in Central and Eastern Europe：The Cases of the Czech Republic，Hungary and Romania"，in Benton，Gregor & Pieke，Frank N. eds.，*The Chinese in Europe*，Macmillan Press，1998，pp. 320，327.

人，不少人在失望中萌生去意。正当此时，从中国传来了令人振奋的消息：邓小平发表了南方讲话，中国坚持改革开放的方针毫不动摇。原先因为对中国失去信心而远走他乡的人们，又对祖国燃起了新的希望。

在匈牙利控制移民之新法律实施后的1992年，大约有一万名中国人离开了匈牙利：数千人怀着破碎的"匈牙利梦"自愿选择回归中国再创新业，数千人因得不到匈牙利的居留而转往相邻的罗马尼亚、捷克、南斯拉夫等其他东欧国家，还有些拿到了匈牙利蓝卡或黄卡的新移民，借助新的身份转道去了西欧、北美或大洋洲。此外，在1991年和1992年间，还有400多名中国人被匈牙利警方强行驱逐出境，并有一大批刚刚走出中国国门者被挡在了匈牙利的国境线之外。[①] 当然，此时离开匈牙利的新移民不只是中国人，"看热闹"的美国人先走了，接着阿拉伯人也走了，据说同期出现在罗马尼亚土地上的上万阿拉伯人中，绝大部分都是从匈牙利转道过去的。

曾经热热闹闹了好一阵的匈牙利很快趋于平静，"匈牙利热"就像当初骤然飙升一样，又骤然消退了。到了1993年，曾经在多瑙河畔一试身手的中国人三分已去了二分，留下的还有万把人，同时也有新人源源不断地从中国到来。在相邻的罗马尼亚，先后如过客般匆匆走过了上万中国人，但其中大约有一半人在20世纪90年代中期后仍然留在当地创业。在火药味浓厚的南斯拉夫，也有数百中国人冒险进去开拓市场，在捷克、波兰，中国公司在不断注册，同时也不断关闭。

20世纪90年代中期以后，移民东欧的狂热渐渐平息了，东欧的中国新移民们在逐步适应新环境的过程中，自身也在动荡中不断调整、分化：有的人离去了，新的人又进来了；有的人落户东欧，有的人则只是借路东欧。大浪淘沙，经过数年艰苦的拼搏之后，一批真正的中国新移民企业在东欧的土地上站立起来，并且取得了骄人的业绩。进入90年代后期，匈牙利华人十分得意地宣告：当年"泪洒多瑙河"的日子已经过去，"留在匈牙利的人95%都当上了老板"，"匈牙利华人的最低职位是总经理"。[②] 这并非完全是戏言。数万东欧中国新移民在短短数年内就取得了惊人的经济成就，其势头之猛、气魄之大，的确令在西欧创业多年的许多老华侨自愧不如。关于东欧新移民的经济状况，本书第八章将再作论述。

---

① 据统计，1991年正式被匈牙利警方驱逐出境的中国人有350人，1992年被驱逐出境的中国人又有57人。凡是被正式驱逐出境者，按匈牙利规定至少在五年内不得重新入境。另外，还有一大批持旅游签证的中国人被阻挡在匈牙利边境，因"手续不全"而不被准许入境（参见 Nyíri, Pál, *New Chinese Migrants in Europe：The Case of the Chinese Community in Hungary*, Ashgate, 1994, p. 41. Nyíri, Pál, "New Community：The Chinese in Hungary, 1989 – 95", in Benton, Gregor & Pieke, Frank N. eds., *The Chinese in Europe*, Macmillan Press, 1998, pp. 356 – 357.

② 摘自笔者在匈牙利的访谈笔记。

在 20 世纪 90 年代末期的东欧移民潮中，南斯拉夫因华人增长迅速而成为又一个引人注目的中国新移民聚居地。90 年代初期，全南斯拉夫的中国移民不过百来人，在"匈牙利热"高涨时期，有部分人从匈牙利转道进入了南斯拉夫。1995 年，当时的南联盟总统米洛舍维奇的夫人马尔科维奇曾宣布要在贝尔格莱德建立"中国唐人街"，以吸引更多的中国商人，繁荣南斯拉夫经济。在米洛舍维奇当政后期，处于战乱中的南斯拉夫对于中国人的短期签证申请网开一面。时至 1998 年，即北约轰炸南斯拉夫之前，南斯拉夫华人增加到上千人。北约的轰炸使得南斯拉夫的经济大幅度后退，加上西方不少商品因为被制裁无法进入南斯拉夫，于是一些无时无刻不在捕捉商机的中国人接踵进入南斯拉夫经商，南斯拉夫华人总数伴随着纷飞的战火而上升。

20 世纪 90 年代进入南斯拉夫的中国新移民多集中于首都贝尔格莱德。90 年代末，位于贝尔格莱德城市新区的"70 号"商城（一幢两层楼的批发市场）集中了上百家中国商户，成为中国人在贝尔格莱德的"大本营"。尽管中国新移民在南斯拉夫逐渐站稳了脚跟，也为振兴战乱中的南斯拉夫经济作出了自己特殊的贡献，但是，由于南斯拉夫政局不稳定，经济不景气，民族矛盾尖锐，中国新移民也面临着卷入当地政治纷争，甚至沦为当地民族矛盾之替罪羔羊的艰难处境。中国是国际上少数几个谴责北约轰炸南斯拉夫的国家之一，南斯拉夫前总统米洛舍维奇一直与中国政府保持着良好的关系。2000 年 4 月，当南斯拉夫行将进行全民选举之际，当地某些媒体别有用心地造出风声，说米洛舍维奇为争取选票，决定批准 4 万中国人加入南斯拉夫国籍。这一传言在部分不明真相的南斯拉夫民众尤其是塞尔维亚人当中引起了强烈的反响和恐慌，并出现对中国人的无端指责与攻击。10 月，米洛舍维奇在大选中失利后，原本就对米洛舍维奇心存不满的塞尔维亚人又进一步对中国人采取了歧视甚至敌视的态度。据南斯拉夫移民局 2000 年的统计，是时在南斯拉夫合法居留的中国人为 7 000 到 1 万人。但是，有的人却扬言目前南斯拉夫的中国人已多达 8 万，严重威胁南斯拉夫的社会稳定；有的人声称华人在米洛舍维奇当政时得到官方批文，从中非法牟利；有的人更无中生有，指控在南斯拉夫的一些中国商人实则是从米洛舍维奇政府那里领取酬金的黑帮团伙。① 如此种种流言蜚语，无不刺激着当地部分人群中的反华情绪，对南斯拉夫中国新移民的生存形成严重威胁。中国新移民如何在遵守所在国各项法令法规的前提下，有理有力地捍卫自己的合法权益，是南斯拉夫中国新移民在 21 世纪必须面对的严峻课题。

---

① 关于米洛舍维奇统治后期及参选失利后南斯拉夫华人的情况，参见《南斯拉夫为偷渡敞开大门》，（法国）《欧洲时报》，2000 年 8 月 22 日；《南斯拉夫华人处境不妙》，《环球时报》，2000 年 12 月 20 日。

　　进入 21 世纪之际，不仅南斯拉夫，而且全东欧华人社会都面对的另一严峻问题是非法移民"借路东欧"。正当 20 世纪 90 年代初移民潮中进入东欧的一批新移民逐渐走上安家落户、创业发展之路时，在 90 年代最后两三年内，曾经一度低落的移民潮再度回升。值得注意的是，这时流向东欧的移民潮在构成上出现了明显变化：一部分仍以东欧尤其是俄罗斯为移民目的地，希望圆梦东欧；另一部分则只是"借路东欧"，即通过非正规手段经由东欧转往西欧或北美。"借路东欧"成为"蛇头"组织经营的偷渡通道之一，至少有以下三方面的因素：

　　第一，西欧对非法移民的吸引力有增无减，当"蛇头"无法将偷渡者从欧洲以外的地区直接送入西欧时，理所当然地选择与西欧国家之间基本不存在什么天然屏障的东欧作为中转站。前文业已提及，20 世纪 90 年代中后期法国、意大利和西班牙等国相继大赦非法移民的法令，使数万业已入境的中国无证移民如愿转换了身份。这一事实经"蛇头"广为宣传后，对中国潜在移民群体的诱惑力极强，进而刺激了 90 年代末在中国一些地区出现了新一轮以西欧为目的地的偷渡潮。东欧由于地理上的便利因素，自然屡屡被"蛇头"选为中转站。

　　第二，中国与俄罗斯两国之间山水相连，国境线漫长，20 世纪 90 年代以来两国之间跨境贸易一直十分活跃，人口流动频繁，"蛇头"在策划偷渡路线时，也利用了这一地理交通上的有利条件。而苏联解体后长期处于动荡中的俄罗斯，"官僚的专横，联邦与地方苛捐杂税，繁文缛节，贿赂之风盛行"，同样使"蛇头"有了可乘之机。[①]

　　俄罗斯境内的中国新移民问题一再引起有关方面的高度关注。关于俄罗斯境内华人人数的统计，说法不一。1997 年，笔者曾参与主持在阿姆斯特丹举行的关于"欧洲华人移民现状"的研讨会，在讨论中，来自俄罗斯的学者阿列克塞·马斯诺夫（Alexei A. Maslov）提出：历经十多年移民潮后，仅仅在俄罗斯境内，就涌入中国新移民达 500 万。随后，他又在另一公开发表的文章中提出：自苏联解体后，移居前苏地区的中国人"估计高达 400 万至 600 万人。1993 年，估计有 250 万华人走访俄国，远远超过来自其他国家的旅客。据现场调查显示，至少有三分之一的华人访客表示，他们殷切渴望能长期在俄国居留；四分之一的人宣称，他们能够留下来"。但是，在同一文章中，他又提及："据 1994 年布鲁塞尔的国际移民组织提及一个专家的估计，俄国约有 20 万名华人，大部分住在俄国东部或西伯利亚，而在莫斯科的华人约有一万名，其他大城市则约有数千名华

---

　　① Alexei A. Maslov：《俄罗斯》，潘翎主编，崔贵强编译：《海外华人百科全书》，三联书店（香港）有限公司，1998 年，第 330 页；并参见《在俄罗斯"淘金"的中国人》，（美国）《侨报》，1999 年 5 月 17 日。

人。"① 由此可见，"400 万到 600 万"之说，显然"太过夸张了"。②

俄罗斯联邦移民局报告显示，1997 年头十个月，共有 16.8 万中国人进入俄罗斯的三个远东省，但如期离境者只有 3.6 万人。留居俄罗斯的中国人中，大多数投入了远东地区的开发与建设，真正进入乌拉尔山脉以西欧洲境内的中国人相对少得多。1997 年的统计还表明，获得莫斯科正式居留权的中华人民共和国公民共 11 335 人，但该文作者认为，俄罗斯欧洲部分的中国人在 5 万至 20 万之间。③ 国际移民组织（IOM）曾在俄罗斯做过一项访谈，23 名受访华人中，大多数希望在俄罗斯生活下去，有 4 人表达了再度移民的愿望，2 人希望去美国，1 人要去匈牙利，还有 1 人希望到欧洲的其他国家。④

第三，巴尔干地区战火连绵，一些新成立的国家在外部矛盾纷争、内部经济困难之际，无暇顾及外来移民问题。它们或实施宽松的签证制度，或松懈边防入境检查，客观上为"蛇头"运作敞开了方便之门，与此同时，一些国家腐败贿赂公行，更使"蛇头"有了可乘之机。

2000 年 12 月，欧洲报章相继报道：意大利警方采取"东方一号行动"，在斯洛文尼亚逮捕了从偷渡中国人这一行动中牟取暴利的欧洲头号"蛇头"隆卡里奇。隆卡里奇出生于 1957 年，乃克罗地亚人。20 世纪 70 年代时，隆卡里奇曾在克罗地亚一家国营工厂当工人，但不久即辞职当了菜贩子。隆卡里奇从卖菜中赚了点小钱后，就买了一辆旧敞篷货车，干起了运输生意。80 年代初，他与一个人口偷渡团伙搭上了钩，因利欲熏心，立刻走上了偷渡人口的黑道。隆卡里奇利用他既是本地人又熟悉前南地区地理环境的有利条件，驾驶着他的旧货车穿梭于前南地区与意大利之间，从贩运人口中获取暴利。渐渐地，隆卡里奇已不满足于只是充当人蛇集团的"运货"走卒，而是自己直接当起了谋划偷渡的大蛇头。他以位于意大利东北部与斯洛文尼亚交界的两个城镇戈里齐亚（Gorizia）和的里雅斯特（Trieste）为主要活动据点，在巴尔干地区及西欧编织起一个纵横交错的偷渡网，其中仅在意大利境内就设有六个接收和转运偷渡客的窝点。为了躲避边防检查，隆卡里奇购买了若干冷藏车和密封大货车，用于运载人蛇。案发后隆卡里奇供认，仅在案发前大约一年内，隆卡里奇集团就在欧洲范围内参与偷运了大

① Alexei A. Maslov：《俄罗斯》，潘翎主编，崔贵强编译：《海外华人百科全书》，三联书店（香港）有限公司，1998 年，第 329 页。

② Nyíri, Pál, New Chinese Migrants in Europe：The Case of the Chinese Community in Hungary, Ashgate, 1999, p. 26.

③ Nyíri, Pál, New Chinese Migrants in Europe：The Case of the Chinese Community in Hungary, Ashgate, 1999, pp. 26–27.

④ Nyíri, Pál, New Chinese Migrants in Europe：The Case of the Chinese Community in Hungary, Ashgate, 1999, p. 330.

约 5 000 名人蛇，获取了高达 6 200 万美元的非法收入。隆卡里奇还供认，他主要从事偷渡中国人的生意，该集团不仅向偷渡客收取惊人的偷渡费用，而且将那些无力支付偷渡费用的人蛇扣为人质，或将其贩卖给其他犯罪集团从事苦役，甚至强迫人蛇出售自己的身体器官以抵债。在隆卡里奇落网的同时，警方还解救了被其扣押抵债或当作人质的大约 100 名中国偷渡客。[①]

根据位于日内瓦的国际移民组织 2000 年的调查材料，时至 20 世纪 90 年代末，位于巴尔干半岛的南斯拉夫、克罗地亚、波斯尼亚已成为国际上有名的人蛇转运中心。1999 年，克罗地亚共抓获了大约 8 000 名试图入境的非法移民，进入 2000 年，"几乎每个星期都有报导说，几十名中国人或其他国家移民被抓获"，仅上半年，"当局已经抓获一万名试图非法进入克罗地亚的非法移民"，其中有孟加拉人、突尼斯人、伊拉克人，也有一部分中国人。[②] 在与克罗地亚相邻的波斯尼亚，进入 2000 年后，"平均每月有五千人经当地转到西欧国家，这和当地没有签证规定、边检松懈、入境和政治庇护法规不完善等问题有关"，由于波斯尼亚与意大利隔海相望，因此，"在波斯尼亚的偷渡者可循海路或陆路往西欧"。[③]

基于以上各种原因，时至世纪之交，留居东欧的中国人数又出现了上升的势头。在罗马尼亚，有正式居留的中国移民在 2 500 到 3 000 人之间，但罗马尼亚劳动部及海关总署估计，在罗马尼亚居留的中国人大约有 2 万人。在捷克，有正式居留的中国人大约是 3 000 人，但民间估计中国移民总数可能已达到近 2 万人。[④] 在南斯拉夫，当地有正式居留的中国新移民为 7 000 到 1 万人，但另有"借路者"数千人。[⑤]

进入 21 世纪之后发生的两大事件直接影响到"落户东欧"之华侨华人数量进入稳步增长的新阶段。一是本书第五章论及的"欧盟东扩"；另一更重要的影响就是中国政府提出的"一带一路"倡议及随之推进的诸多项目。

例如，2004 年波兰加入欧盟之后，华人数量开始出现实质性的增长，尤其是"一带一路"倡议提出之后，增长更为稳定。2005 年，时任中国驻波兰大使介绍称"目前在波兰工作生活的华人有 1 300 多人，他们每年要为波兰贡献近千万美元的税收"[⑥]。到 2012 年，中国驻波兰大使在接见到波兰采访的中国记者团

---

① 参见《欧洲头号华人蛇头落网》，《新闻晨报》，2000 年 12 月 17 日。

② 参见《欧洲头号华人蛇头落网》，《新闻晨报》，2000 年 12 月 17 日。

③ 《克罗地亚截获 22 名中国人蛇》，《明报》，2000 年 7 月 28 日。

④ International Organization for Migration，"Chinese Immigrants in Central and Eastern Europe：The Cases of the Czech Republic，Hungary and Romania"，in Benton，Gregor & Pieke，Frank N. eds.，*The Chinese in Europe*，Macmillan Press，1998，pp. 326，324.

⑤ 《南斯拉夫华人处境不妙》，《环球时报》，2000 年 12 月 20 日。

⑥ 《波兰华人每年贡献千万美元税收》，《法制晚报》，2005 年 5 月 30 日。

时即明确指出：在波兰的华人约有 3 万人，增长速度非常快，很多华人都希望在这个欧洲的新兴国家打拼出自己的一片天地。① 波兰华沙的中国商城（简称 GD）是中资在东欧最大的投资项目，也是中东欧地区亚洲产品重要的分拨中心，商品以服装、鞋帽、小商品为主，汇聚了数百华人商家。

又如，在塞尔维亚，虽然中国新移民在 20 世纪 90 年代的"移民东欧潮"中就开始进入该国，但由于局势不稳，战乱连年，中国新移民处于动荡漂流中。随着"一带一路"倡议的提出，塞尔维亚中国新移民开始进入相对稳定的发展期。2015 年的一项统计显示，该国华侨华人总数稳定在 6 000 人左右，活跃于当地商贸行业，在复兴中的塞尔维亚经济中发挥着特殊作用，用当地华商的话说："以前外国人瞧不起我们，有的同胞不敢说自己是中国人，谎称是韩国、日本人，当地警察态度才能好一些。现在说是中国人，简直是为自己贴金。"②

再如，乌克兰是欧洲率先响应中国"一带一路"倡议的国家。进入 21 世纪时，乌克兰华侨华人一度达 3 万人，但 2008 年乌克兰遭遇严重经济危机，2014 年经历了国内严重政局动荡，许多华人，特别是留学生纷纷离开，留下的人不到半数。中国的"一带一路"倡议为复兴中的乌克兰提供了特殊的机遇。2015 年，中乌两国政府签订了《加强共建"丝绸之路经济带"合作议定书》，乌克兰搭上了与中国共享"一带一路"的快车。随着中乌友好关系进一步发展，当地华人企业和华人数量同步增长。2017 年的数据显示，乌克兰的华人企业已达数百家，包括各中资企业派驻当地员工在内的华人数量已再次达到约 3 万人。③ 移居乌克兰的中国新移民以从事贸易和经营中国餐馆为主，主要集中在首都基辅和敖德萨、哈尔科夫、利沃夫等大城市。在基辅的伊丘姆斯基、拉特耶谢诺、青年等三大市场分布着 200 多个由中国新移民经营的商家，位于敖德萨的著名的"七公里市场"内华人商家更加比比皆是，迅速发展的华商经济已成为中乌双方民间贸易的主渠道，为乌克兰经济发展发挥了特殊作用。

关于进入 21 世纪之后东欧华人经济的新拓展，本书第八章将详加论述。

① 《波兰华人怀揣思乡梦》，《今晚报》，2012 年 6 月 27 日。另有资料称：波兰官方登记的华人数量 2011 年是 3 800 人，2017 年是 8 036 人。详见张慧、［波兰］Krzysztof Kardaszewicz：《一带一路与波兰中国移民的演变趋势研究》，《人口研究》2018 年第 3 期。

② 《塞尔维亚华商："现在说是中国人，是为己贴金"》，国际先驱网，http：//ihl.cankaoxiaoxi.com/bd/20141218/602350_6.shtml，2014 年 12 月 18 日；参阅张祥熙：《"一带一路"视阈下的塞尔维亚华侨华人》，《八桂侨刊》2018 年第 1 期。

③ 徐光胜：《访乌克兰敖德萨华商总会秘书长王庆斌》，《哈尔滨日报》，2017 年 6 月 16 日。

第三节 移民动因与迁移模式

当代中国大陆朝向欧洲的移民潮系 20 世纪 70 年代后期在浙江温州、青田地区首先兴起，目的地以法国、荷兰、意大利、西班牙等在战前即已形成浙江移民小聚居点的国家为主，通过连锁迁移而重新延续移民网络。进入 20 世纪 80 年代后，由于法国及南欧的意大利、西班牙等国相继大赦非法移民，这几个国家的中国新移民人数出现快速上升；而东欧转型也使中国新移民发现了新的发展空间。进入 20 世纪 90 年代后，意大利、西班牙、葡萄牙等国连续不断的大赦，吸引了更多新移民。与此同时，从中国大陆进入西欧之移民群体在原籍地构成上迅速多样化，除传统浙江侨乡外，几乎全国各省份都有新移民进入西欧，其中以福建人和"东北人"群体最为突出。进入 21 世纪之后，中国经济持续高速增长，欧洲则是经济滞胀乃至遭受 2008 年金融危机重创，由此，中国新富阶层朝向欧洲的投资移民和购房移民，以及中产阶层家庭子女朝向欧洲自费留学者增多，成为引人注目的新现象。

在当代中国大陆，出国潮与改革潮几乎同步发展，出国热与原居地经济高速发展、人民生活改善几乎并驾齐驱，且在不同阶段呈现出不同特点，个中缘由值得探讨。

一、侨乡社会资本与侨乡移民

中国历史上的侨乡地区绵延着跨境流动的纽带。以浙江侨乡为例。根据浙江省政府于 2014 年公布的统计数据，浙江全省共有海外华侨华人、港澳同胞202.04 万人，虽然其分布于全世界 180 个国家和地区，但其中超过半数，即总数的 54.2% 居住于欧洲，是欧洲华侨华人最集中的原籍地。而且，浙江籍海外华侨华人的祖籍县市也十分集中，在以百万为计的浙江籍华侨华人中，祖籍地在温州的占比 34.1%，高居首位，其次为丽水，占比 20.5%，换言之，浙江海外华侨华人中高达 54.6% 来自温州和丽水（主要是青田）两大侨乡。[①] 由此可见，以温州、青田为主的浙南侨乡新移民构成了当今欧洲华侨华人社会的主体，其移民动因及迁移模式在当代中国侨乡移民中具有突出代表性。自 20 世纪 90 年代以来，

---

① 《浙江发布侨情：浙籍海外华侨华人、港澳同胞 202.04 万人》，浙江在线，http://zjnews. zjol. com. cn/ system/2014/10/29/020328453. shtml，2014 年 10 月 29 日。

笔者曾多次深入以上重点侨乡考察调研，本节结合实地调研资料，探讨中国特色的"侨乡氛围""侨乡意识"的形成原因及特点，提出"侨乡社会资本"的理论视角，重点剖析改革开放以来的社会变动如何转化为中国侨乡普通民众跨国流动的原动力，进而关注 2008 年欧洲金融危机对中国侨乡移民的影响。

在此需要说明的是，侨乡文成、瑞安、青田同处浙江东南部，瓯江中下游，地理相连，文化相近，在朝向欧洲的移民方面，具有诸多共性，呈现相似模式。其中，文成、瑞安均隶属温州市，而青田县虽然现在隶属丽水，但在 1963 年以前也曾隶属温州，因此，为方便起见，本节将文成、瑞安、青田三县统称为"温州侨乡"。

（一）"相对失落感"与移民心态

改革开放以来，浙江的温州人、温州货早已走向全中国，以"小商品、大市场"和"家庭作坊式生产"而闻名的"温州模式"，也名闻全国。[①] 一个对比鲜明的事实是：自 20 世纪 80 年代以来，正当每年有数十万人从全国各地涌向温州寻找"发达"机会时，成千上万温州人则在想方设法远离故土"圆梦"于西欧。改革潮与出国潮同步高涨，在当代温州地区表现得特别明显。当笔者于 20 世纪 90 年代在温州侨乡农村调查中向被访者问及他们现在的生活水平同 20 年前相比如何时，所有被访者都肯定现在的生活"比以前好多了"。然而，当问及他们为什么仍然渴望出国时，普遍的答复是：

> 这里的生活虽然可以，但欧洲的生活更好。
> 我们虽然比以前有钱，但如果去了欧洲，我们就可以赚更多的钱。

作为温州侨乡潜在移民群普遍心态的反映，以下这位被访者所表述的他要"去欧洲"的动机有其代表性：

> 为什么要去欧洲？很简单，为了赚钱，为了发财。我是木工，在这里我也可以赚钱，而且比其他人赚得多。可是，如果我去了欧洲的话，赚的钱就更多了。虽然我家前几年刚盖了一座五层楼的房子，可是，如果我出去了，我就可以带很多钱回来，我可以重新盖一座这里最好的房子，选一块风水宝地把我家的祖坟修好，当然，我还可以做很多事，比如给这里的学校捐点钱什么的。我肯定会比很

---

① "温州模式"是中国著名的社会学家费孝通教授深入考察温州经济发展模式后所作的总结。请参见费孝通：《从实求知录》，北京大学出版社，1998 年。

多人都干得好。我不敢说自己比其他人聪明多少，可是我至少不比他们笨。他们在欧洲能当老板，能发财，我为什么不能！我需要的是机会。我的机会在欧洲。

在温州侨乡，当问及当地人对欧洲的认识时，被访者首先提及的往往是欧洲的高工资。在欧洲的温州人多谋生于中餐馆。在二十世纪八九十年代，餐馆打工者一般月收入可能达到相当于 1 万到 1.5 万元人民币。[①] 尽管欧洲的消费水准相对也要比中国高许多，但被访者并不在意。多名被访者反复谈道：

今天在中国也有不少赚钱机会，可是，要赚大钱的话，要有"关系"，有资本，有本事。这些我们都没有。可是在欧洲，只要你老实下力气干活，钱就来了。

如此"说法"对于文化程度有限，又没有什么技术的温州农村人来说，特别有吸引力。1996 年冬，当笔者在温州文成一个偏远山区侨乡访问时，一些连普通话都说不好的十几岁的女孩，也明确表示"我要去欧洲"。在该村的一个座谈会上，与会者中七位 60 岁以上的老人，个个都有多个子女在西欧。其中一人谈道：

我们这些没用的人留在这里看家。年轻人都出去了。养孩子的目标就是到欧洲去赚钱。在这里赚的钱有什么用？够吃饭就是了。

其他人对此也纷纷表示赞同。据介绍，该村留在国内的人口大约是 700 人，而在欧洲的人口也有 700 人，其中 85% 以上是 20 世纪 80 年代后通过种种途径出去的。

正当改革开放为温州地区带来明显的经济实惠时，离乡背井的移民潮也随之出现。就宏观角度而言，改革开放是中国一步步加入全球化进程的过程，"出国潮"实际上是中国人力资源进入全球流通的表现，温州地区的出国潮与全中国的出国潮同步，也与当今世界资本和人力资源以空前规模跨国流动的趋势相吻合。问题是：在此宏观大背景下，温州侨乡潜在移民群体的心态如何变化？这些变化又如何为当地移民潮推波助澜？

---

① 在西欧不同国家、不同地区，或生意额不同的餐馆打工，收入有所不同。一般而言，在德、荷、法、英餐馆工作的收入，比在南欧的西、葡、意要高一些，享受的社会福利也好一些。还要指明的一点是，没有合法居留者在中餐馆打"黑工"的收入要低得多。

当代温州移民的主要原因，既不是贫穷，也不是什么政治因素，而所谓赴欧"家庭团聚""继承财产"，是申请人为适应对方国允许入境移民的有关条款而提出的移居理由，并不涉及问题的根本。[①] 在这一问题上，笔者以为，借鉴"新经济移民理论"中的"相对失落"说，有助于探讨改革开放以来温州的移民心态。

依据"相对失落"说，在社会发展相对迟缓时，人们比较容易安于现状；可是，当社会发生急剧变动时，人们习惯于在自己熟悉的人中选择那些原先自身条件不如己、可现在处境却比"我"好的人进行比较，强烈的"失落感"油然而生。换言之，人们对自身状况不满，并不是因为他们业已获得的实际利益太少，而在于他们认为自己没能得到自认为应当得到的利益。哈佛大学经济研究院的阿尔伯特·O. 赫希曼（Albert O. Hirschsman）在探讨经济发展过程中人们对于收入不均状况能有多大承受力时，曾用"隧道效应"（tunnel effect）对处于社会变革中的人们的心理状态作了形象的阐述：一条单向双车道的隧道中发生了堵车，当两条车道都动不了时，大多数人可以接受现实，因为"谁都动不了"；可是，如果其中一条车道开始疏通，那么，另一车道人们的第一反应应当是认为自己这一车道马上也能畅通了，但是，如果这一车道继续不动，而另一车道越走越快，那么，这一车道上的人就会越来越不满，进而要想方设法挤进另一车道。

结合温州侨乡的具体情况，这种"相对失落感"及其效应是十分明显的。

其一，客观环境改善，心理期待上升。当贫穷是普遍现象时，人们比较容易接受低收入的现实（双车道都堵塞了）。可是，改革开放使部分人先富了起来，人们的心理期待立刻就上升了。尽管改革使温州人从中获得了极大的经济实惠，这是包括已经移居欧洲的温州移民都确认无疑的事实，但是，所有实惠迅速地转化为人们心目中理所当然之所得，进而滋生出更高的要求，并转化为寻找再上致富新台阶的急切行为（例如，有了一座五层新楼，但认为自己如果能出国的话就可以有一座更好的楼）。对自己可能富裕程度的期待值随周围环境改善而不断升高的趋势，使侨乡潜在移民群体难以安于现状。

其二，个人奋斗机制确立，心理失落加剧。"相对失落感"加剧与民权意识上升是并行不悖的：当通往目标的社会障碍越小，而个人奋斗的成功率越高时，人们所可能产生的失落感就会越强。二十世纪五六十年代时，一方面，有关部门对出国审批控制非常严格，即便是业已定居海外者的配偶或亲生子女，其出国申请也并不一定能够如愿获得批准，更遑论以其他关系通过出国审批；另一方面，"有海外关系"是可能给所有亲朋好友都惹来麻烦的事，出国的社会关卡、人为

[①] 有些探讨新移民的文章，依据出国者申请出国的理由进行统计，得出"家庭团聚"是当今国际迁移的第一动因。笔者以为这是不妥的。

障碍重重，因此绝大多数人都不会存此"非分之想"。改革开放后，中国领导人邓小平为"海外关系"正了名，指出海外关系"是个好东西"。① 出国审批手续正常化了。在普遍存在海外关系的侨乡，出国途径更多：移民、探亲、求学、应聘"外国公司"、旅游，乃至先花钱"偷渡"尔后在欧洲等待"大赦"转换身份等，不一而足。"出国"不再是少数人的特权，而是日日月月发生在身边普通家庭中的现实，是可以通过个人努力实现的目标。在侨乡街头巷尾的议论中，关于"欧洲好赚钱"的传闻，关于欧洲某国近期又将"大赦非法移民"的"好消息"，关于某人出国没几年就发了大财、某人已在国外当上了"侨领"之类的故事，比半个多世纪前那些关于"卖青田石盖屋买地"的传说更为人们所津津乐道。作为"群体失落"的反衬，是"崇欧慕侨"的社会氛围在新时代急剧升温。

（二）"炫耀性消费"（conspicuous consumption）与侨乡氛围

侨乡人的"群体失落感"，还与侨乡人习惯以乡里亲朋中的"出国者"作为比较参考群体相关，并因后者的"炫耀性消费"而使"失落感"更形强烈。

国内外有关移民研究的文章，几乎都提及移民的一个共同特点：移民在异国他乡立足之后，总要设法向家乡人展示自己在异域的"成功"，以提高自己及家庭在原居地的社会地位。其通行做法之一，就是移民回乡时的"炫耀性消费"。在这一点上，中国有自己十分形象的传统词语，即"衣锦还乡"和"锦衣夜行"：前者饱含羡慕与钦佩，后者则叫人为之扼腕叹息。这一对词语在一定程度上形象地反映了移民对自身及移民家乡人对移民的价值判断。

温州侨乡的炫耀性消费十分典型。如今在温州侨乡，许多空置的楼房和豪华的墓园都是由业已移居欧洲的温州人回乡兴建的。例如，温州文成县玉壶镇是浙南地区著名的侨乡之一。据 2008 年统计，该镇华侨华人总计 27 415 人，其中90% 以上居住在欧洲。② 由于本地 80% 以上的家庭均有人在国外，因此大批移民回乡建房买房大大推高了地处偏僻山区的玉壶镇的房价。笔者 1996 年到玉壶调研时，当地房基地的价格已经高达每平方米 1 755 元人民币，数倍于周边地区。投资玉壶房地产开发的胡先生是 1979 年移居荷兰的本地人，当问及为什么想到回家乡开发房地产项目时，胡先生说：

在外面有钱了总得给家里做点事吧，年轻人出去了，赚了钱，不给家里的老人盖新房说不过去。自己什么时候回来看看，别人都住新楼了，总不能自己家还

---

① 详见 1977 年 10 月 2 日邓小平接见港澳同胞国庆代表团和香港知名人士利铭泽夫妇的讲话。

② 玉壶镇归国华侨联合会：《玉壶华侨百年·前言》，2011 年。

是老房旧房，别人会笑话的。当然也有人把房子买到杭州、上海，可谁看得见呢？还是买在家乡好。

　　笔者于1996年访问胡先生时，他投资的玉壶镇"玉东新村"宅基地项目正在建设中，据他介绍，虽然项目尚未完工，但单价10万元的150块宅基地已售出144块，"全是海外乡亲买的"。有一户人家四个儿子两个女儿都在欧洲，家中只留下年过七旬的两位老人。这家人先后在村子里盖了四幢楼，最新的一幢耗资达70万元人民币。笔者曾问一位在荷兰餐馆打工的温州人，为何全家在国外，却将多年辛苦积蓄的50万元买了两幢楼空置于老家，他说："别人都买，我们不买，好像我们没本事。有两座楼在家乡，母亲脸上有光。"这种心态在温州移民中十分普遍。

　　温州移民返乡的另一大宗消费是修坟。笔者在温州文成、瑞安时，当地人曾特地介绍我去看几座斥资40万~60万元的墓园。一位年已90岁的老华侨正好从荷兰回乡，他兴致勃勃地带笔者去看了他的家庭墓园。据他介绍，墓园用石全是"意大利大理石"，请的是浙江最有名的石雕艺人，墓园中间有三层15个空穴，其中有五个竟是为其在欧洲出生、目前还在学龄的孙辈安排的。笔者在欧洲做移民访谈，"祖坟"如何也是话题之一。既有人以自豪的口吻谈起自己在家乡的祖坟修得如何"风光"；也有人自谦地说道"我家的祖坟修得不怎么样，才花了20多万人民币，因为政府不让修得太大了"；还有人听说笔者在温州调查时拍了一些各类墓园的照片，就向笔者索要，说是要作为日后修坟的"参考"。

　　与豪华墓园相联系的，是侨眷家庭举行葬礼时攀比炫耀的排场。笔者1996年在温州调查时，恰巧观察到当地一侨眷家庭的葬礼。死者是一位70多岁的老人，两个儿子在法国，一个开餐馆，一个开皮革加工厂。葬礼从清晨开始。死者的棺木以绫罗绸缎包裹，置放于村中祠堂前，一铜管乐队在旁不停地吹奏流行乐曲。9时许，近百名亲属身穿白衣，在死者家人引导下，绕棺木三周。随后，在铜管乐队导引下，陆续聚集前来的男女老少大约700人尾随棺木去墓地。在大约半小时的行程中，不断有人为送行者分发香烟、蛋糕、矿泉水等。死者的家庭墓园建在半山腰，据说是死者生前亲自规划的：约20平方米的墓穴凿山而建，前面开出一块平地并建有小亭子，以便日后家人上山祭扫时可事休息。从山上引来一股泉水，在墓园后侧形成人造小瀑布，以壮景观。整个墓园以模仿北京长城样式的白色围墙环绕之。入土仪式结束后，所有送行者返回村子，死者家属已为大家在全村不同地方准备了70桌酒席。当人们享受着丰盛的酒席时，死者的一位亲人挨桌为每人分发100元参加葬礼的"辛苦费"。午餐结束时，每人又分得一袋食物（烤鸡、味精）及两盒中华牌香烟。据知情者介绍，如此葬礼的全部开销在20万元以上，还不包括修筑坟墓的费用。席间笔者听到不少议论：

这家人太有面子，太风光了！他好福气，养了儿子会赚钱。

我不敢想我家有这样的面子。我儿子没本事，到现在也出不去。这样的葬礼只有那些有儿子在外国的人家才做得到。

其实这并不是最风光的一家。去年，××家有五个儿子在欧洲，他们为父亲的葬礼摆了100桌酒席！酒席摆得越多，说明来的人越多，这家人当然越有面子！

虽然当地政府一再制止修建豪华墓园，并按上级主管部门指令，层层动员清除"青山白化"现象①，但一直难以真正推行。笔者到温州侨乡调研时多次看到富有"创意"的墓园，有的模仿欧洲建筑风格，有的建造如江南园林，还有一次访问一位海外归来的侨领时，更在他家后山上看到装有可通过遥控按钮自动开关之厚重铁门的大型家族墓园。在大多数侨乡人奉行的传统中，从家园到墓园，既是展示成功的标志，也是从现世到来世的护佑。

值得注意的是，在炫耀性消费的社会氛围中，多数侨乡人看到的只是"成功"的表象，却不太在意这背后的艰辛。有一位在荷兰打工八年后返回家乡的温州人（姑且称其为"B君"）的经历，耐人寻味。

B君老家在温州瑞安农村，原本并无任何"海外关系"，后来妹妹嫁给一家有"海外关系"的人家做媳妇，大约在1980年前后通过"家庭团聚"去荷兰定居。此后，B君多次向妹妹要求帮忙申请出国。1984年，42岁的B君在妹妹的帮助下，以探亲身份到了荷兰。据B君介绍，抵达荷兰的第二天，还没想明白自己在什么地方，就由妹夫送到一家中餐馆打工。此后整整八年，B君天天拿着餐馆里的最低工资在厨房做工，因为没有正式居留，根本不敢随便外出。用B君自己的话说："什么外国的月亮比中国的圆，我在荷兰八年，只看到厨房的炒锅，太阳月亮都没看到。"为了存钱，B君将所有到手的工钱几乎全存了起来，一分也舍不得花，他自嘲："八年内袜子都没给自己买过一双。"其间还发生过这样一件事。B君打工的餐馆老板见他长期一人在外，便在一个周末"带"他去了"红灯区"。②"可是，进去后话也不通，不到半小时就花了75荷兰盾，真冤枉，"B君心疼地说，"我一想到这半小时就花掉了我在老家时一个月的菜钱，痛骂了自己一顿，此后再也不去那种地方了。"1992年，B君带着八年辛苦积累的"血汗钱"——大约相当于70万元人民币回到家乡与老婆孩子团聚。他花26万元在家乡买了一座楼房，花10多万元重修了自家的祖坟，尔后就靠余下30万元的利

---

① 一位中央领导视察温州时，曾批评"走了一山又一山，山山是坟山"，责令当地政府部门必须改变砍掉树木大建墓园的"青山白化"现象。

② 在荷兰，妓女是公开的职业，有公开从事"性营业"的地段。因为妓女营业处的标志是门上或窗上"红灯"高悬，因此这类地区就叫"红灯区"。

息生活。B君在言谈中十分感慨地提及："人们只看到我现在天天玩，说我好命，说我去欧洲发了大财，他们哪里知道我那八年是怎么过的！"然而，几分钟后，当B君邀请笔者去看看他的新家时，显然他自己也忘了"那八年是怎么过的"，从谈话处到他家步行不过十多分钟，可他一定要叫来一辆人力三轮车。"不用走路，坐车很便宜，我出门都叫车"，B君得意地说道。2009年，笔者距第一次访问B君十多年后再次访问B君，得知他作为"归侨"代表已在家乡当了位不受薪的侨联副主席，此时他已不愿再谈及当年旅居荷兰的任何个人经历。

①浙江文成县县城（李明欢摄于1996年1月）　　②浙江文成县县城（李明欢摄于2003年7月）

图6-12　侨乡文成变迁（同一地点不同年代拍摄的两张照片比较）

图6-13　浙江省文成县大峃镇一家提供公用电话服务的小店（李明欢摄于1996年1月）

传统中国人的生活取向是血缘高于一切，其价值的主要尺度存在于他终生归依的那个集团之中。尤其对于从传统乡村走向海外的第一代移民而言，无论他立足于何处，其生命之根总是连系着故乡那个与生俱来的群体，而他的人生价值也总是希望在那个群体中得到确认。由于西欧与温州的生活水准差距明显，用温州移民自己的话说，"欧洲的钱拿到家乡值钱"，加上好些移民是在瞬间消费多年的积蓄，因此似乎个个"欧洲客"都是腰缠万贯的富翁。一掷千金的派头，空置的楼房，奢华的墓园，已在温州移民有意无意的炫耀性消费中成为他们向乡人展示自己"成功"的标志，成为他们为自己在家乡树立的群体形象，而当年一切可能遭人诟病的经历，都隐退到了耀眼之成功光环的背后。

于是，"崇欧慕侨"进一步融入了温州侨乡人的群体意识：一方面，业已定居欧洲者被家乡人定位为一个"富裕"的群体；另一方面，"侨乡人"因为与欧洲的"特殊关系"又被非侨乡人定位为一个享有"特殊机遇"的"幸运"群体。在如此社会氛围的交相作用下，"欧洲客"返乡时身不由己地为提升自己的地位或为顾全自己的脸面继续演绎着新的炫耀之风；而"出国＝发财＝成功"的理念则不断刺激那些顶着"侨乡"幸运光环的潜在移民群体抓住自己的"特殊机遇"，将移民愿望化为移民行动。

（三）"连锁迁移"与跨国移民操作

对于侨乡人的"特殊机遇"可以有多种解释。笔者以为，其中最具体、最被认可的一个"特殊机遇"就是：侨乡人试图凭借的"连锁移民网络"可行可靠，可操作性很强。

在侨乡，除了以上提及的炫耀性消费和有关报章时常表彰的海外乡亲为家乡修路、建校、捐款做贡献之外，侨乡人私下评价在外亲朋好友的重要准则之一是看他"带"出去了多少人。笔者的调查笔记中记下了许多此类评价：

> 我们家能有今天全靠Z先生，我和他不是亲戚，只是好朋友，但他帮忙把我儿子办去意大利。现在我儿子在那开皮革店，媳妇孩子都去了。我们全家人都不会忘记Z先生的恩情。

> Y先生是我们的"活菩萨"，他父亲新中国成立前就出去了，他自己是（一九）六几年出去的，这些年他带了好几十人出去，亲戚中每家都有人靠他带出去。

> 听说A先生在外面很发达，可是他没脸回乡，因为他不肯帮人，连自己妹妹家的人都不肯带出去。害得她妹妹在夫家没脸面，被人瞧不起。

> 我先生是在荷兰出生的，公公去世很早，婆婆是荷兰人。1980年我和先生

第一次回家乡。本来满心欢喜，可是一到家，一位叔祖就拿来一张 20 多人的名单，从六七十岁的老人到十来岁的孩子，都是我们的亲戚，都要我先生帮他们办出国。我们没法答应，叔祖就生我们的气了。我们再不敢回去了。

　　笔者在访谈中十分深切地感受到了侨乡社会氛围对于"连锁移民"的潜在推动力。连锁移民操作，显然是移民能够如滚雪球般涌动的重要原因，故而也是国内外有关移民论著中常见常新的论题。在此，笔者试以温州当代海外移民为个案，就其连锁移民网络如何在亲缘、利益两个层面上运作，略作探讨。

　　先论亲缘。

　　中国人移民海外，历来有投亲靠友、同乡介绍、接踵而至的传统。而战后以来，西欧国家出于人道主义原则，对"亲属移民"开放绿灯的政策，可谓与中国人传统的移民途径不谋而合。众所周知，中国人的亲缘关系是一个外延可以无限扩展的泛关系网，往往一村、一乡数百上千人都沾亲带故；或者虽散居不同地方，但始出同祖，依然血脉相连。因此，在移民操作中，除了有关"移民法"中可获得"优先移民"的核心家庭成员外，已定居者也时常依据亲疏或功利关系，为亲朋好友提供必要的帮助，使之获得移民条件。换言之，每一个新出国者，都有可能成为一个新移民圈的始发点而带出一批后续移民。

　　"胡允迪家族侨谱"是为实例之一。胡允迪，温州文成人，生于 1915 年，1934 年去欧洲，20 世纪 50 年代后在意大利先后开办皮革作坊、零售店、中餐馆，赢利颇丰。1958 年后，胡先生不仅先后将留在家乡的妻子及一儿一女带往意大利，而且"广施恩泽于其他亲属"，经他申请办理出国的亲戚计有：胡先生本人的两个弟弟、六个姐妹及其家属 209 人；妻子的四个弟妹及

图 6-14　20 世纪 30 年代胡允迪先生在意大利和同胞们合影（站立第一排左四为胡允迪）（选自《玉壶华侨百年》第 61 页）

譜主提挈赴歐之親友概況表

自胡氏家族第一代胡允迪先生出國迄今，已歷六十餘載。其間，經胡允迪先生及其下代提挈，先後赴歐創業、定居之親友，已達四佰拾伍人。詳見下表。

譜主	與譜主關係	姓名	赴歐人數
胡允迪先生	二胞弟	胡允遜子孫	34
	三胞弟	胡永通子孫	8
	胞姐	胡秋園子孫	39
	二胞妹	胡翠芬子孫	46
	三胞妹	胡秋蘭子孫	24
	四胞妹	胡玉寶子孫	17
	五胞妹	蓀門統園子孫	21
	七胞妹	胡玉紅子孫	20
	堂弟	胡允重子孫	8
	堂弟	胡允款子孫	42
	其他親友		23
	人數合計		282
夏荷花女士	胞弟	夏雅林子孫	44
	胞妹	夏荷珠子孫	18
	胞妹	夏英珠子孫	14
	胞妹	夏彩花子孫	4
	侄女	夏樹子孫	6
	其他親友		10
	人數合計		96
胡立松先生	朋友		37
	人數合計		37
人數總計			415

42

图 6 - 15　《胡允迪家族侨谱》记载胡允迪及后代提挈 415 名亲友出国

其家属 80 人；胡先生本人的两个堂弟及其家属 50 人；以及其他亲友总计 415 人。[1] 笔者访问胡老先生时，他曾介绍其"带人出国"的原则是：亲戚每家先帮带一个儿子出去，帮他申请入境签证，出钱为他办各种出国手续，买机票，到国外后还给一些钱让他生活，帮找工作。如果做得好，很快可以帮他申请老婆孩子出来，然后他们可以自己开店，就再带别人出来。

另一事例见于《文成华侨溯源录》一书。该书介绍了 48 位文成华侨，每篇文章除介绍其一生业绩外，篇末均附上该人"帮带出国亲友"的名单，其褒奖之意，显而易见。

中国人亲缘层面的运作，系以"血缘亲情"为主导，以"家族职责"为准绳。在具体做法上，除了直接以"家庭团聚"申请亲人出国外，还包括为亲戚提供有关接纳国移民政策的最新信息；提供经济担保以使对方能够获得留学、探亲或旅游签证；为对方办理"收养""过继"等手续，或为对方寻找合适的联姻

---

① 参见温州市华侨华人研究所编：《胡允迪家族侨谱》，1997 年，第 19 - 20、42 页。

对象以使之符合移民要求，等等。在温州侨乡，已定居国外者有"义务"带"亲人"出国已是约定俗成，而且带出去的人越多就越受尊敬，反之，则会遭到谴责、唾弃。侨乡氛围的无形制约力，不容低估。

再论移民网络中利益层面的操作。随着西欧相关国家对于移民入境的控制日趋严格，想申请亲友入欧已不如20世纪80年代以前那么容易。可是，改革开放后较早出国的温州人，越来越多在西欧站稳了脚跟，可以再"带"人了；侨乡的出国热也一直居高不下。如此矛盾冲撞的结果，是在利益层面上编织的移民网络应运而生，即以"蛇头"为首的移民运作迅速切入了侨乡的移民潮。在温州地区，"蛇头"被叫作"包头""包客"，偷渡则叫作"被包出去"或"黄牛背出去"。发达国家对于廉价劳动力的需求，"非法移民"向"合法居留"转化的多种可能性，使非法行为有了可以凭借的心理支柱及合理期待。

虽然不少关于"偷渡"的文章以披露偷渡者的种种悲惨遭遇为主，但是，一个不容否认的事实是，在侨乡人眼里，绝大多数偷渡者是"成功的"。笔者调研所到新移民集中的乡村内，一幢幢拔地而起的楼房，就是无言的例证。而且，由于新移民对家乡公益事业理所当然的"回报"职责，故而有所谓"走一人富一户，走一户富一村"之说，并为当地许多基层干部所默认。

本书第五章业已提及，朝向欧洲之"偷渡潮"真正回落，是在中国自身高速发展，而欧洲经济滞胀乃至遭遇金融危机之后。经历了一二十年移民潮之后，侨乡地区越来越多新移民在移入国安家立业，潜在移民通过目的国正常渠道实现移民愿望的概率得以提升，年青一代少有人再去冒险走偷渡之途了。

（四）"侨乡社会资本"的解释性意义

侨乡通过已定居移民、信息网络和人情互惠提高移民操作的成功率及获益率的能力，是一种社会资本。这种资本有望转化为经济资本、文化资本乃至政治资本，但如此转化只有在如愿跨境输出人力资源的条件下才能实现。侨乡社会资本的特殊性体现在它与发达国家劳动力市场的链接，其效益通过其投资对象"移民"进入发达国家劳动力市场而实现转换与增值。在"移民—社会资本—市场"的链接中，移民既是价值效益转换的关键，却又受制于移出国、移入国的政策，当相关政策与移民行为相悖时，力图突破障碍的非正常或曰非法移民行为势必发生。当移民作为一种投资途径并且存在有效运作空间时，移民行为必然生生不息。而侨乡社会资本正是通过一次次诸如此类的跨国运作不断增值。

社会资本并不是万能的，因为既然是"资本"就受制于国家与市场，换言之，某一群体所享有的社会资本不可能替代或超越国家与市场，而只能通过国家和市场发挥作用，形成互动。从表面上看，以侨乡网络为载体的社会资本的功能在某些时候似乎与移出地及移入国政府相关法令相对抗，然而，深入剖析则不难发现：由于资本运作的规律是以投资增益为目的，人口跨境迁移的结果，无论在移出地或移入地，都有若干群体从中受益，并出现局部经济总量的增长，其潜在的正向效应不言而喻。在侨乡移出地，"海外华侨"对地方利益的正向推动作用早已全面融入地方知识系统。在移入国，"凡劳力匮乏的地方，雇主都赞成开放边界，而小企业则满足于雇佣黑工"①。换言之，西方国家自身政策上的矛盾漏洞，及其因需要廉价劳动力而表现出的劳动力市场的多元性，是非法移民屡禁不止的重要诱因。正因为如此，希冀靠行政命令或高压手段去反对一种基于地方共识，并且具有强大经济驱动力的行为，其成效甚微，也就不难理解了。② 从表面看，国家是强大的，政策是全面的，而民间纽带似乎是脆弱的，然而，潜在的市场运作规律，却赋予符合其规律的民间纽带以坚韧不拔的穿透力及灵活多向的弹性适应力。

当代以温州侨乡为代表的朝向欧洲的跨国移民潮，虽然曾经存在种种无序弊端，但是，其以进入欧洲发达国家劳动力市场为主要流向，并且与移入国从人道主义家庭团聚到大赦合法化等诸多政策对接，其实是一种以民间方式运作的跨境劳务输出，是底层民众以自己的劳动为代价，换取通过跨国迁移实现向上流动的社会空间。

改革开放后福建侨乡人向国外流动，目的地先是以美国、日本为主。福建移民成批出现于欧洲，是20世纪末叶才出现的现象。但是，作为侨乡移民，其跨国流动迁移同样得益于侨乡社会资本的积累、运作、转化和增值，其移民动因、移民模式与温州侨乡移民相似。在此不另赘述。③

总而言之，20世纪80年代以来迅速席卷中国大陆的移民潮，是中国深化改革开放的副产品，是西方国家政治、经济、文化等多方面影响在中国全面扩展的必然结果，是在全球化进程中中国人力资源不可避免地融入世界劳动力大市场需求的必然过程。因此，化堵为疏，积极为中国劳动力正常跨境流动提供必要的政策性支持，争取移出地与移入地、迁移者个人与群体的共赢效应，是相关政府机构应当研究的重要课题。就此而言，解读侨乡社会资本的潜在功能及运作机制，具有积极的现实意义。

---

① 《法国需要新移民》，（法国）《欧洲时报》，2002年10月25日。
② 笔者在调查中还发现，相关政府机构加强对无序跨国流动进行打击的一个潜在效应，是偷渡费用相应攀升，而所有成本则无一例外地转嫁到了出国者及其家人身上。
③ 笔者曾在拙文《"侨乡社会资本"解读：以当代福建跨境移民潮为例》（《华侨华人历史研究》2005年第2期）中专门以福建侨乡移民为个案进行剖析。

二、国企改革与东北移民

如前所述，进入世纪之交，来自中国东北的新移民以一种负面形象出现在当地社会媒体的相关报道中。与温州人、福建人不同，东北并无向欧洲移民的传统，当代东北人向欧洲迁移是中国随着改革开放深化而实施国有企业改革的直接副产品之一。

辽宁、吉林和黑龙江三省是中华人民共和国成立后国家最先大规模投资兴建的主要工业基地。在中华人民共和国第一个五年计划期间，国家156个重点项目中有58个建在东北，围绕这58个重点项目，又建设了上千个配套项目。时至20世纪70年代，东北已经形成了以能源、机械、化工、军工等为主、门类齐全的工业体系，是当时计划经济体制的重要支柱。与此相应，东北也成为新中国产业工人最为集中的地区，全国国有企业产业工人10%以上集中在东北。一些大型国有企业之下还开办若干厂办集体企业，用于安排企业正式职工的家属就业。因此，在东北重工业基地，大型国有企业往往形成一个相对独立的"小社会"，一家夫妻双方甚至一家两三代人都在同一企业就业的情况比比皆是，他们住在企业提供的宿舍，孩子在企业的子弟学校上学，生病了上企业的附属医院，退休了也由企业安置。①

然而，改革开放之后，在激烈的市场竞争中，僵硬的计划经济体制的弊端不断显现，尤其是大型国有企业多年存在的隐性冗员问题迅速暴露，国企改革转型势在必行。

表6-9　东北三省及全国下岗职工人数（1998—2004年）

（单位：万人）

地区	年份						
	1998	1999	2000	2001	2002	2003	2004
全国	594.8	652.5	657.2	515.4	409.9	260.2	153.0
辽宁省	58.9	70.8	67.2	37.9	7.4		
吉林省	34.0	34.4	41.9	27.4	19.3	6.7	5.0
黑龙江省	52.8	74.1	69.9	49.1	44.2	34.1	11.5

资料来源：国家统计局人口和社会科技统计司、劳动和社会保障部规划财务司编：《中国劳动统计年鉴·2005》，中国统计出版社，2005年。

---

① 参见陈永杰：《东北老工业基地基本情况调查报告》，《经济研究参考》2003年第77期，第2-4页。

国有企业改制从 20 世纪 90 年代开始。在东北地区，大批国有企业的产业工人因企业不景气而不得不下岗另谋出路。从 1998 年到 2000 年前后，是国有企业工人因改制转型而大批下岗的高峰期，东北地区形势极为严峻。根据劳动和社会保障部及国家统计局正式公布的数据，1998 年，东三省下岗工人总数 145.7 万人，约占同年全国下岗职工总数的四分之一；1999 年，东三省下岗工人总数179.3 万人，2000 年则为 179 万人，均占同期全国下岗工人总数的 27% 以上。（详见表6-9）

虽然国家政府部门出台了各种政策，扶持下岗工人再就业，但是，有限的资源无法全面化解东北数以百万计下岗工人面对的生活难题。原本捧惯"铁饭碗"的大批国有企业职工被推向市场，生活路径发生了根本变化。东北地区并不存在迁移欧洲谋求发展的传统，但国企改制的浪潮却意想不到地成为推动东北人走向欧洲的原动力。

2001 年笔者在法国巴黎从事实地调查时，第一次直接接触到来自中国北方城市的新移民，因为以东北人为主，所以从当地media到华侨华人，都将他们统称为"东北人"。从 2001 年到 2006 年期间，笔者曾经在法国对来自中国北方城市的新移民做过 40 多例访谈，从中可以清楚地看到该群体不同于温州、福建侨乡移民社群的若干特点。

首先，该群体是中国国企改革影响的承受者。作为曾经的国有企业的正式职工，他们感到自己出国是明显的向下流动，出国后面对巨大的生存状态反差，心态极不平衡，在出国的最初阶段都经历了极其艰难、痛苦的调适过程。

该群体成员在国内时基本成长、生活于大中城市，曾经有过比较体面的工作，多数是国有企业的工人，有的还当过工厂的工会干部、会计、班组长，有的是工厂的技术员或厂办幼儿园的老师。总之，他们在国内时的待遇、地位都远远高于"农民"。然而，意想不到的国企改制、转型甚至破产完全改变了他们个人的命运：[①]

（我）1966 年中专毕业，后来又曾经上过两年大专，在印刷厂搞美术设计。工厂关闭了。当初来时，是 1998 年，算是最早的。

当初就是舍不得国营厂，干了二三十年，结果就拿了两万多元钱走人。

在厂里当了十多年会计，厂子关门了，没办法，出来试试。

原在蔬菜公司管点事，不景气，都被私人的做去了。只好出来，赚钱给儿子买房娶媳妇……

---

① 以下均摘自笔者在法国巴黎的访谈笔记。

我在国内是会计，厂子关了，自己帮五家公司做账。听人说法国好，一下飞机就知道不对了。（为出国）花了四万，回不去了。

在铁岭化工厂工作，工龄有 23 年。工厂关门了，每月领 192 元。铁岭工厂几乎都关了，不，整个东北的厂子都关了。怎么办，都想走……来这里，没想到是这样。

（我）45 岁，体育学院毕业，打球背部受过伤。原在工厂工会工作，也搞过供销。厂里不景气，辞了职出来。

对他们而言，出国是向下流动，他们从国有体制中的产业工人、白领转眼间变为异国他乡的无证移民。他们外出得躲警察，为生存而谎称"难民"或无证打工，去给"温州农民当保姆"，去给"自己都'没有纸张'① 的温州老板打工"，既无奈，又痛苦。

原来在国内我自己的孩子都没带过，是他奶奶带的。我连换尿布都不会。到这来给温州人当保姆，带三个孩子，没办法，遭的罪多了。

（我）26 岁就当厂长，当了 15 年厂长。② 搞管理……关系不好，意见不一致，就想出来。本来想可以来搞贸易，出口中国的东西到法国，把法国的东西弄到中国。来了一看，不是那么回事，没有身份，语言不懂，人头不熟悉，只好打工。我和爱人说：我是把下辈子的苦都吃尽了。爱人昨天还叫我回去，她是大夫，在医院，工作很好。我说回去太没面子了，当时是赌了一口气出来的，这么回去丢不起这个人。

（在巴黎给温州人当保姆）在中国我可是请过保姆的，哪像他们这样待人？

（原为抚顺工厂工人）来这进了衣厂，没想到这么苦，后悔死了。给家里打电话，哭得都快背过气去了。怎么办？来了就得干。没办法。

我想自己是疯了，在天津当幼儿园老师，一个月有一千二三的收入，跑这来受这苦！在花店做，双手整天泡在水里，都泡出关节炎了。有什么办法？这样回去太没面子了。只好再熬吧。

笔者的访谈资料中，记载了大量诸如此类的后悔与抱怨，这与来自温州、福建的侨乡移民形成明显对照。后者虽然也有抱怨，但对他们而言，实现了从中国农村到欧洲城市的迁移，不管吃多少苦都是值得的。因为双方的参照群体不同，

---

①　"没有纸张"即没有在当地居留、工作的合法证件。

②　通过进一步访谈了解到，被访者所在工厂改制后，曾与几个人一起搞承包。

因此虽处于相似的生存状态，各自表现出的心理反应却不同。

其次，东北人迁移进入欧洲基本依靠灰色移民中介一手操办，移民中介的市场化运作直接与政府为下岗、内退工人提供的经济补偿相对接。虽然东北人为迁移付出的显性经济成本远低于福建人和温州人，但因为缺乏社群内部经济上的相互支持，他们所承受的经济压力并不亚于福建人和温州人。

根据笔者的调查，随着 20 世纪末东北老工业基地出现大批下岗工人，一批以"办理出国劳务"为名的中介机构以"旅行社"的名义出现在沈阳、抚顺、鞍山等老工业城市，他们以"包办"出国劳务为名，通过办理商务、旅游签证，或辗转通过第三国进入欧洲，基本属于灰色操作，其所收取的费用基本相当于工人下岗所得到的补偿：

通过（抚顺的）旅行社办的，花了四万多块钱，办的是去奥地利的签证。说是来这里后有旅行社接待，但只是给找了个搭铺的，说是介绍工作，但那工作根本不能干。现在先办难民申请，办了再说。

我办的是商务签证，上使馆那天我穿了件风衣，挺像回事的，我以前在厂里搞过供销，那些问题我都知道怎么回答，马上就给签了……回抚顺后，告诉五天后就走。办了十桌，大家都羡慕我。

去美国花钱多得多，大概要 8 万到 12 万，但也挣得多，一个月可以挣 1 500 到 2 000 美元，比这多多了。只是不好签。来法国是 4 万，反正都是一年的本钱。

我们那里（山东烟台）办来欧洲大概是三四万，办到美国要 12 万，太贵了，所以一般办欧洲的比较多。

（我来巴黎）花了 5 万多。后来 1999 年、2000 年价钱就下来了，因为出来的人多，办得多，就便宜了，3 万左右就可以办成。

来时花了 5 万多，来了三年多，寄人篱下，看人眼色，受人歧视，什么都受过了。没办法。昨天还给女儿打电话，一打就哭，没办法。

东北人来法国大约要花 3 万到 5 万人民币，我们温州人要 12 万到 16 万人民币……所有温州人都负债，但东北人不会，他们用下岗的补贴就来了，不用花多少钱。

直到 20 世纪 90 年代后期，东北整体经济发展水平依然低于浙江、福建，在国有体制中工作者手头并没有太多余款，民间也不存在如浙江、福建那样的借贷网络，因此，他们能够向中介支付的钱款有限，而中介收费基本也以下岗、内退、买断工龄的金额为限，一般收费在三万到五万元左右，远低于福建、浙江动辄以十万为计的收费标准。但是，由于该群体在欧洲本地没有接应网络，他们获

取当地信息、寻找工作的机会也不如福建人，更不如浙江人，加之原本在工厂正常上班，对于骤然成倍上升的生存压力，更难适应。

欧洲东北新移民社群的第三个特点是大多数人没有什么长期打算，面对现实也没有表现出像温州人或福建人那样迫不及待的"老板"欲望。巨大的生存状态反差令他们难以接受，有的人受不了，没多久就打道回府了，但多数人只能继续坚持，因为"面子"关系，也因为"厂子关了，回去能干什么呢"。而且，由于缺乏办理身份转换所需的金钱与社会关系，他们对于大赦花钱办"纸张"也并不怎么在意。"还了债，再赚点钱就回去"，"把孩子培养出来就回去"，"赚一笔养老钱就回去"，是多数人的心愿。

花那么多钱去办那张纸，疯了。我不是太在意那张纸，反正老老实实做工，赚钱，没有什么问题的。来的时候就知道没什么好，原来还学过英语，法语一点不懂。一来搭铺钱就被偷了，真的很苦。没办法……

不想要什么"纸张"，反正在法国做工，不犯法，上街穿得整齐点，有礼貌，没有问题的……今后不知道，能做就做下去，不行就回去。无所谓。

我做工，供姑娘读书，省力着。中国我是绝对不回去了，把姑娘培养出来，就行了。其他没有什么理想。

儿子19岁了，为儿子着想，得给他挣钱。

东北人现在能够当老板的，大概100个当中只有一个，甚至还不到。东北人不像温州人，他们来了就没打算回去，我们多是想赚点钱，然后回去。没有长期打算。但现在想想，回去又能做什么呢？在丹东，白领能有个三五千块收入不得了，在这里，随便弄弄就有了。回去能干什么？

以后？挣一笔钱回家。丈夫还在家里……我家还在中国。打算干五年吧，挣20万元回家。

正是基于以上各种差异，东北人和温州人、福建人虽同为在欧洲土地上拼搏的来自中国内地的新移民，但相互之间存在明显隔阂，影响到华人社会内部的团结。不过，自2003年中国政府实施振兴东北老工业基地战略，促进了东北地区经济新发展，在欧洲，来自东北的新移民人数明显下降，而能够继续留居欧洲的东北新移民的生存状况则逐步改善，差异逐渐弥合。

关于东北新移民的人口结构及其生存状况，本书第七章还将详细剖析。

三、当代中国经济高速增长与移民模式新动向

中国历经 40 年的改革发展，通过充分发挥中国人民的聪明才智，发扬艰苦奋斗的传统，并通过利用全球市场、资源、技术和智力，实现了经济的持续高速增长。2000 年，中国成为世界第七大经济体；2007 年，中国 GDP 总量超过德国，排行世界第三；自 2010 年起，中国 GDP 总量已超过日本，位居世界第二。

中国经济持续高速增长对国际移民潮形成了一系列影响：来自中国的投资移民、购房移民成为欧洲新宠；中国赴欧留学生尤其是自费留学生数量大幅上升；与此同时，众多华人大小商家将海量中国制造卖到了欧洲的大城小镇，成为活跃于欧洲各大小市场的新移民商户。

（一）以财富开道的新选择

中国经济持续高速增长，催生了一批腰缠万贯的新富阶层。当历史跨入 21 世纪时，以财富开道的中国新富移民潮骤然凸显。2011 年招商银行与贝恩管理咨询公司联合发布《2011 年中国私人财富报告》，该报告将"个人拥有 1 000 万元可投资资产"设定为"高净值人群"，即中国的富裕阶层，全国隶属于该阶层的人数共 59 万。根据该报告，"60% 的富人已经完成或正在考虑投资移民"，而"可投资资产规模一亿元人民币以上的企业主中，上述占比高达 74%"。另据由中国银行私人银行与胡润研究院联合发布的《2011 年中国私人财富管理白皮书》，"14% 的高净值人群目前已移民或者在申请中，还有 46% 的高净值人群考虑移民"。相关统计数据还显示：美国 2010 财政年度的外国投资移民申请人中，来自中国大陆者占 41%，居各国之首；加拿大 2009 年全球投资移民目标人数为 2 055 人，中国大陆名额约有 1 000 人；近年澳大利亚商业移民名额年均 3 500 人，来自中国大陆的申请人高达 2 000 人。

在中国经济持续高速发展中成就的新富阶层，催生了一个潜在的移民群体。正当这批新富们寻找跨国投资移民路径时，欧洲因主权债务危机深化，经济萎靡不振，相继出台了面向投资移民的开放政策，从吸引外国资本投入建立实业、创造就业机会到购买一定价值的不动产，林林总总。其中，对中国潜在投资移民最具吸引力的可谓其中的"购房移民"政策。由于进入 21 世纪后中国房地产成倍翻番，造就了一批炒房族，他们从房地产中获得惊人的收益，因此，当看到欧美因经济危机而出现房价下跌时，立刻将炒房从国内转向国外，而相关国家出台的购房移民政策，则令这部分人看到机遇：既可从购房中获益，又能因购房而获得购房国的正式身份，可谓双重收益。

2009 年，位于地中海东部的欧洲小岛国塞浦路斯率先推出了购房移民政策。作为英联邦成员国的塞浦路斯，2004 年 5 月 1 日正式成为欧盟成员国，2008 年 1 月 1 日加入欧元区。然而，2008 年骤起的金融风暴，使这个以金融和房地产业相加经济总量占六成 GDP 的小国受到猛烈冲击。为了刺激本国经济，塞浦路斯出台了一系列措施刺激房地产市场，其中吸引中国新富移民关注的就是"购房移民"。2009 年 5 月，塞浦路斯颁布《给予在塞浦路斯购置自住物业的非欧盟国公民申请移民许可》法令，规定国外投资者只要在塞浦路斯购置价值不低于 30 万欧元的物业，证明自己没有犯罪记录及经济状况良好，并且在当地银行存放定期 3 年的 3 万欧元存款，就可以申请相当于永久居留权的"移民许可"；而拿到了长期许可后，只要保证每两年回塞浦路斯一次，就可以在 5 年之后申请塞浦路斯国籍。如此"低廉"的移民价格，立刻吸引了中国新富阶层的关注。根据塞浦路斯国家统计局公布的数据，截至 2012 年底，中国内地的投资者已经在塞浦路斯购买了超过 600 处的房产，90% 集中在海滨城市帕福斯。大多数的买家采用 3～5 年期的贷款形式，投资总额高达两亿欧元。[①] 继塞浦路斯推出购房移民政策之后，拉脱维亚也出台了"优惠"的购房移民政策，接着，南欧深陷主权债务危机的葡萄牙、西班牙、希腊、意大利等国也相继推出了金额不等的购房移民计划。

拉脱维亚　2010 年 7 月 1 日，拉脱维亚为了鼓励吸引外资，创造就业机会，拉动房地产市场，刺激经济发展，颁布了移民法修正案。该法案规定，外国公民在拉脱维亚首都地区购买价值 10 万拉特（约合 14.2 万欧元）的房产，或在首都以外地区购买价值 5 万拉特（约合 7.1 万欧元）的房产，即可申请拉脱维亚 5 年期临时居留权。2013 年 10 月 31 日，拉脱维亚议会再度对移民法进行修正，将外国公民在拉脱维亚购买房产换居留权的门槛提高到 25 万欧元。

葡萄牙　2012 年 8 月 9 日，葡萄牙议会通过了葡萄牙移民局提出的新的移民法草案，并于 2012 年 10 月 9 日正式推出黄金居留证计划。根据该计划，申请人投资 100 万欧元或以上到葡萄牙的非上市公司；或创造 10 个以上直接就业机会；或在葡萄牙购买至少 50 万欧元价值的房产，即可全家人（包括配偶、双方父母及申请者未满 18 岁子女）一起移民葡萄牙。首次获发一年签证，一年后续签，可获得两年居留签证；此两年期满后再续签两年，即五年后可获得永久居留签证，六年后可申请葡萄牙国籍。

西班牙　自 2008 年金融危机爆发至 2012 年底，西班牙累计已有 190 万家企业倒闭，其中 99.5% 的企业属于雇员 20 人以下的小微企业，失业率飙升，房地

---

①　郝倩、陈以欣：《塞浦路斯：吹出来的移民天堂》，新浪财经，http://finance.sina.com.cn/column/international/20130328/093114981241.shtml，2013 年 3 月 28 日。

产价格一路猛跌，经济一片萧条。2012 年底，西班牙政府一位商务秘书提出：为了解决西班牙大量房产积压的问题，建议西班牙政府修改原有《创业者法》，推出"买房送居留权"的新法规，以鼓励外国投资者在西班牙购买房产。此消息一出，便深受中国投资者关注。2013 年 9 月 28 日，西班牙政府正式颁布《支持创业者及其国际化法》，鼓励海外投资者投资当地房产、股市、国债以及在西班牙创业，要点包括：最少购买 200 万欧元西班牙国债；最少在西班牙银行存款 100 万欧元；最少购买西班牙公司股份 100 万欧元；购买价值 50 万欧元及以上价值的不动产。其中最受中国投资移民青睐的即"50 万欧元购房移民"。购房者可以申请投资居留，其配偶和 18 岁以下子女享有同样权利。签证期满后，持有人只要继续持有国债或不动产，并出示相关证明，即可继续申请下一次两年期居留。想得到长期居留或西班牙国籍，投资者必须证明其在西班牙连续居住。该居留许可的持有者可在西班牙工作和经商，不需要更换为商务居留或工作居留。如持有者无工作，则不能享受养老、医疗等社会福利。

希腊 2009 年 10 月，希腊新上任总理面对前任留下的巨额财政赤字，不得不对外宣布，2009 年政府财政赤字和公共债务占国内生产总值的比例分别达到 12.7% 和 113%，远超欧盟《稳定与增长公约》规定的 3% 和 60% 的上限。希腊债务危机由此正式拉开序幕。一片萧条中，希腊房地产市场跌入"冰点"。为了拯救市场，吸引外资，希腊政府也开始效仿其他国家推出"购房换居留"的政策。2013 年 4 月 18 日，希腊议会通过了旨在发展希腊经济的 4146/2013 号投资移民促进法案。根据该法案，非欧盟公民在希腊境内购买价值 25 万欧元或以上的房产，即可申请希腊居留许可签证。签证五年有效。五年后，只要该房产所有权仍在申请人名下，申请人及其配偶和 18 周岁以下子女拥有的居留许可签证可续期（每次续期五年有效）。

意大利 作为欧元区第三大经济体的意大利，也被卷入欧洲主权债务危机，并且是受危机冲击最为严重的欧元区国家之一。2011 年 5 月 11 日，意大利外交部同内政部等八个部委共同颁发"入境签证类型和获取条件"的 850 号法令，为那些能够证明自己有意在意大利投资不动产的签证申请人提供方便。意大利的购房移民政策与其他国家不同，它对欧盟以外人士购买意大利房产的总值不作限制，只是规定需要按照满足家庭人口基本需求的要求购买住房（被移民中介机构简称为"人均 8 万欧元"的置业标准）。只要达到该标准，即可申请五年内任意出入意大利的"旅游签证"，每五年更新一次。如果要申请长期居留许可，则必须提供每年能够获得 31 000 欧元以上的非工资性收入证明，该证明可以是租金收入、股份收入、年金或养老金收入以及其他各类收入，但固定工资收入不可作为该申请的资金证明。

图 6 - 16　各国投资移民广告

　　除了上述国家之外，匈牙利推出的"投资移民"政策只要求投资人购买匈牙利 25 万欧元的国债，5 年后 100% 退回。"投资额"要求最高的是英国，其标准是至少投资 100 万英镑（超过 1 000 万元人民币），被称为"百万英镑投资移民"。而一直没有推出买房移民政策的法国，也在 2013 年由法国海外省留尼汪出台了由政府担保的新政：只要在留尼汪购买高于 33 万欧元的房产，即可获得 5 年法国居住许可，并享有法国免费医疗、免费子女教育等福利。

　　欧洲相对安定和谐的生活环境，良好优质的教育资源，土地房产等私有产权可永久保障，获得欧盟任一成员国的居留证即可畅行欧洲乃至世界大多数国家，再加上相关国家因危机而大幅度降低的投资门槛，这一切对中国潜在投资移民群体无疑具有相当大的吸引力。尤其是中国投资移民的主要目的地之一加拿大于

2014 年 2 月 11 日突然宣布终止联邦投资移民计划和联邦企业家移民计划之后，欧洲投资移民项目更是吸引中国投资移民纷至沓来。

英国是中国富豪在欧洲投资的首选。有报道显示，中国跨境房地产投资总量在 2008 年为 6 900 万美元，仅仅 5 年后的 2013 年，即猛增至 160 亿美元，而在境外房地产投资的首选地中，英国伦敦与澳大利亚悉尼并列为首选地。[①]《中国民商》杂志关于投资移民的调研报告指出，中国买家在 2012 年购买了伦敦 27%的新建住宅房，占总交易金额的 17%，2013 年上半年，中国大陆买家又购买了价值约 1.7 亿英镑的伦敦房产。伦敦市中心的商业地产，来自中国大陆的投资高达 15 亿英镑，占总额 11%。伴随高额房地产投资的是中国大陆往英国的投资移民人数直线上升。2012/2013 年度世界富人投资移民英国人数为 530 人，比上年增长 25%，其中 171 人是中国人。换言之，2013 年中国人投资英国签证人数较前一年增加了 80%，英国"百万英镑投资移民"签证约三成给了中国人。[②]

表 6 - 10 在英国投资移民的中国移民籍贯构成

地域分布	北京	上海、江苏（并列）	广东	四川	浙江	主要集中在中国一线城市及沿海省份，呈现由东向西递减趋势
占比（%）	20.5	13.7	9.6	8.2	6.8	
创业类别	广告/媒体	教育	咨询	互联网	高新科技	63% 自主创业，37% 加入现有项目
占比（%）	24	19	18	11	7	
年龄分布	50 后	60 后	70 后	80 后	90 后	出生年份为 1959—1992 年
占比（%）	1.4	19.2	35.6	27.4	16.4	
家庭状况	100% 携配偶或子女申请		约 92.3% 携配偶或子女申请	约 15% 携配偶或子女申请	均为个人申请	

资料来源：根据《2015 英国移民白皮书：在英中国移民数据分析》提供的资料统计制表。

---

① 《中国跨境房地产投资为何持续升温?》，新华网，http：//news. xinhuanet. com/fortune/2014 - 04/20/c_1110317224. htm，2014 年 4 月 20 日。

② 《英国三成投资移民来自中国，选择移民多为子女教育》，中国新闻网，http：//www. chinanews. com/hr/2014/05 - 20/6189113. shtml，2014 年 5 月 20 日。

《2015 英国移民白皮书：在英中国移民数据分析》指出：全球英国投资移民申请人中，中国籍人士在2013—2014 年总申请人中占比35%，2014—2015 年上升至占比48%，总人数居世界第一。该报告介绍了对成功申请投资移民的中国籍人士及其家庭所做问卷调查的结果：申请人中高达95.9% 选择现金直投方式，其中1.4% 选择直接投资500 万英镑获永久居留的"加速方式"，另98.6% 选择五年期的"普通模式"进行申请。表6 - 10 系在英国投资移民的中国大陆人士基本情况统计。值得注意的是，该报告指出：因为"主要经济来源方"需要经常回中国打理生意，无法满足英国对于"移民"在英国居住的要求，因此由"非主要经济来源方"作为主申请人的比例高达73%。另一个值得注意的现象是：虽然高达80% 的申请人出生于1970 年之后，但是，其投资资金来源中高达76% 系"父母赠予"，且申请人中55% 为留英毕业生。由此可见，大多数企业家父母仍留在中国，其通过子女将资产投入英国并获得移民身份（参见表6 - 10）。①

在南欧国家中，则以被称为"两牙移民"的葡萄牙和西班牙投资移民最具吸引力。根据西班牙欧浪网提供的资料，在2014 年的头三个月中，西班牙总计签发了661 张"买房换居留"的签证，其中24% 发给了中国人。在葡萄牙，截至2014 年3 月31 日，通过购房而移民葡萄牙的中国人达到636 位，占据总数80% 以上。②

由中国与全球化智库主任王辉耀主编的《中国国际移民报告（2014）》认为：中国未来新一轮海外移民，将会迎来一个"欧洲时代"。中国富人对物质享受的追求到达一定层面后，开始将家庭移民的目光锁定在充满浓厚文化底蕴与精神享受的欧洲大陆上。③

虽然就总人数而言，这一拨新富移民群的绝对数量非常有限，但是作为国际移民群中的经济精英，他们却占据醒目地位。他们的跨国"敲门砖"是一掷千金，财富开道。他们跨境越洋开公司，购基金，买豪宅，存巨款，一笔笔真金白银，一桩桩投资交易，换取的是投资目的国的永居权，一纸可以自由出入异国他乡的通行证！

然而，世人不解，身为中国的既得利益者，为何盛世移民？百姓质疑，当中国仍以优惠条件吸引外资外企时，为何容许中国自己的财富源源流向他国？可是，如果将这一切置于当代国际移民大潮中解读，则并非异常。

全球化时代资本的大规模跨国流动，早已带动了不同国家投资者的跨国迁

---

① 《40 万华人常居英国青睐房产投资》，新华网，http://www.xinhuanet.com/house/sy/2015 - 07 - 15/c_1115928914.htm，2015 年7 月15 日。

② 参见韩雪：《新移民报告》，《中国民商》2014 年第6 期。

③ 王辉耀主编：《中国国际移民报告（2014）》，社会科学文献出版社，2014 年，第14 - 25 页。

移。那些掌控亿万资产的世界级富豪，或携巨资游走于世界各地，或身居世界的某个角落却通过信息网络而调度资本在不同国度进进出出。对他们中的大多数人而言，国籍可能只是一个符号，他们可能同时具有多个不同国家的公民身份，可能在世界各地都有"家"。以财富开道，以追逐利润为游走目的，国界对他们基本不是什么障碍。如今中国大陆的新富移民，实乃步其后尘。该群体的出现，既是中国经济发展的直接反映，也是移民行为与世界接轨的必然结果。

在国际移民研究视野中，"投资移民"可分为两类：①为投资而移民；②为移民而投资。他们是接纳国投资移民政策关注的对象，博弈于选择与被选择之间。

就移民者而言，为投资而移民，关注的是投资收益的提高；为移民而投资，追求的是生活质量的改善。当今中国的新富移民，大多隶属于"为移民而投资"。无论他们是否公开承认，但不可否认的事实是，对于这部分人而言，大多对自身财富激增缺乏安全感，对曾经有过的或多或少的灰色牟利行为心存惊恐，因而寄望通过移民将部分财产转移至国外或通过投资换取异国身份为自己增加保险系数。正因为是"为移民而投资"，因此当事人在选择目的地时，主要关注的是那些生活环境舒适，进出自由方便，私有财产不可侵犯，而且最好有相对发达华人社区的国家和地区，欧洲国家因而成为他们选择的对象。

既然这些国家由于能够提供相对高质量的生活而彰显对外人的吸引力，那么，这些国家自然也就要通过制定相应移民法来对移民申请人（尤其是来自发展中国家的申请人）进行甄别与限制。接纳国投资移民政策的制定完全以本国利益为导向，他们既要精心防范那些以"投资者"为名，却要进来分享其社会福利的"投机者"，更要杜绝那些可能危害本国安全的异类。虽然欧洲由于2008年之后的主权债务危机不得已放下身段，降低投资移民的接纳门槛，但是，这些国家仍然要求审核申请人的投资金额、投资途径、投资目的、投资计划、投资主体，要求审核投资移民的资金来源是否"干净"、投资者本人有无犯罪记录等。

人往高处走，乃人之常情；狡兔三窟，自古即为人生谋略。但是，鱼与熊掌往往不可兼得。发达国家维持其优质生活环境和完善社会福利的基础，是对经济运行的全方位严格监控，是强调企业履行社会责任的道义诉求，尤其是实施毫不留情的"劫富济贫"的高额税收。在发达国家业已发育规范的市场中，不熟悉发达国家经济游戏规则的局外人或可得利于一时，但难以长期玩商机于股掌之中。因此，为移民而投资，就不可能对既享受优越生活环境，又获取高额收益抱有太高奢望。

为移民而投资，往往还必须考虑心理成本的承受力。如果说，底层移民因为原本一无所有而将为迁移而承受的辛劳乃至苦难都看成是为了"敲开生财致富门"的付出，是实现向上流动的成本，那么，以财富开道的富人所需要面对的却

是财富的绝对或相对缩水，是从"主人"到"客居者"或"外乡人"的地位变更。而且，另一个已经被无数次证明了的事实是：父母为了给子女一个更好的生活环境而移民，结果当子女在一个迥异于父母的文化环境里完成其社会化过程后，站在父母面前的很可能是一个从生理语言到社会语言都令父母难以与之沟通的"熟悉的陌生人"。为了孩子结果实际上却失去了孩子，这早已是无数第一代移民父母的无奈感叹！

跨国移民是选择，是追求，是尝试，同时也是舍弃，是牺牲，是从头越。如此博弈，无论对身无分文的劳工移民，还是腰缠万贯的投资移民，并无二致。

（二）留学移民推波助澜

如前所述，早在 17 世纪，即有欧洲传教士将中国青年带往欧洲修习神学，肇始中国人移居欧洲的特殊开端，到 19 世纪末清朝政府向欧洲派遣留学生，再到 20 世纪初轰轰烈烈的赴法勤工俭学运动，中国人求学欧洲的足迹可谓源远流长。

中华人民共和国成立后，从中国派往国外的留学生主要去往苏联及东欧国家，从 1950 年至 1965 年，中华人民共和国一共向苏联、东欧各国、朝鲜和古巴等 29 个国家派遣留学生 10 698 人，如果再加上其他一些经济方面的业务部门选派的留学生和实习人员，总数应在 1.6 万人以上。其中，向苏联派遣了 8 310 人，占派出总数的 78%。这些留学生 95% 以上都在学成以后就回国了。[①] 1966 年"文化大革命"开始以后，甚至仍然在外学习的留学生也基本上都被召回国参加工作，此后一直到 20 世纪 70 年代初，中国没有向国外派出新的留学生。

1972 年，国际上仍然冷战阴云密布，中国也还处于"文革"的动乱之中。此时，当中国政府决定审慎地重新开始向外国派遣留学生时，欧洲的英、法两国成为首选目的国。是年，中国向法国派遣了 20 名法语进修生，向英国派遣了 16 名英语进修生。[②] 人数虽少，但毕竟预示着新的变化。

还值得一提的是，同期在西欧留学，或学成后定居于欧洲的华侨华人华裔以来自中国台湾、中国香港及位于东南亚的原西欧的殖民地国家和地区为主。其中，中国香港和马来西亚的华裔留学生主要求学于英国，印度支那的留学生主要去往法国，20 世纪 50 年代之前有不少印度尼西亚华裔学生前往荷兰留学，但是在 20 世纪 60 年代之后，已转为以美国为最主要的求学目的国。

1976 年，"文革"结束。1978 年，随着改革大潮蓄势待发，邓小平作为中国

---

①　苗丹国、程希：《1949—2009：中国留学政策的发展、现状与趋势（上）》，《徐州师范大学学报（哲学社会科学版）》2010 年第 2 期，第 3 - 4 页。

②　苗丹国、魏祖钰、白瑜等：《出国留学工作六十年大事记》，《世界教育信息》2009 年第 10 期，第 34 页。

改革开放的总设计师，也就外派留学生工作作出重要指示，提出要"成千成万地派"，以提高中国的科技水平。根据邓小平的指示，中国开始加大公费留学生派遣的力度。从 1972 年到 1978 年，中国公派留学生共 1 977 人，但在邓小平发出指示后，教育部随即印发文件，决定在 1979 年至 1981 年期间增选 4 000 名出国留学人员。1979 年，中国开始出现自费出国留学申请并获得批准。次年，教育部、外交部、公安部、财政部、国家人事局、国务院科干局和国家劳动总局七个部门联合向国务院提交《关于自费出国留学的请示》，首次明确提出：自费出国留学是培养人才的一条渠道，自费留学人员是我国留学人员的组成部分；对自费留学人员和公费留学人员在政治上应一视同仁。1993 年，中国共产党第十四届三中全会以文件形式正式确立了"支持留学，鼓励回国，来去自由"的出国留学工作方针。中国出国留学浪潮由此不断高涨。

随着改革开放不断向纵深发展，走向世界各国的中国留学生不断增加。从 1978 年到 1989 年，中国大陆出国留学总人数约 9.6 万人，其中自费留学大约 2.3 万人，占出国留学总人数不足 24%。由于当时中国人均收入与发达国家相差巨大，因此能够依靠父母积蓄送子女自费留学者为数不多，相当一部分"自费留学"者是申请到欧美大学奖学金方得以成行。还值得注意的是，在留学回国人员中，自费留学比例仅为 2.5%。在那之后，自费留学人数保持直线增长，到 20 世纪末的 1999 年，达到 17 884 人，占同年留学总人数的比例也上升到 75.3%。然而，自费留学回国比例仍然处于低位，1995 年之前回归率均为个位数，1995 年后略有增长，但除了 1998 年较高外，其余年份均在 11% 至 16% 之间（详见表 6 – 11）。由此可见，时至 20 世纪末，绝大多数自费留学者都转为移民。

进入 21 世纪，尤其是 2002 年之后，自费出国人数几乎出现"井喷式"增长。究其原因，最重要的自然是中国持续多年的高速经济增长，使得越来越多中产阶层家庭有经济能力支持子女出国留学。与此同时，中国政府为吸引留学人员回国而出台的各类优惠政策，客观上也助推了新一轮出国留学潮高涨。2002 年自费出国留学人数首度突破 6 位数，达到 11.7 万；2009 年，突破 20 万；2011 年，突破 30 万；2014 年，突破 40 万；2017 年，突破 50 万，达到空前的 54.13 万，① 换言之，自 2001 年后的绝大多数年份，自费出国留学人员比例基本占同年出国留学总人数的 90% 以上（详见表 6 – 11）。与此同时，自费留学回国人数也直线上升，2002 年突破万人，2010 年突破 10 万人，2012 年超过 25 万，2016 年达 39 万（详见表 6 – 11）。虽然选择回国发展的比例明显增长，但由于出国基数

---

① 《教育部：2017 年出国留学人数破 60 万　同比增 11.74%》，中国侨网，http：//www.chinaqw.com/hqhr/2018/03 – 30/184110.shtml，2018 年 3 月 30 日。

高，因此从留学转为移民的绝对人数仍然相当可观。

根据教育部正式公布的数据，从 1978 年到 2017 年底，我国出国留学人员累计已经达到 519.49 万人，其中已有 313.2 万人完成学业回国发展，2017 年底时仍处于相关阶段学习和研究的共有 145.41 万人。[①] 照此计算，改革开放以来 40年期间由出国留学生转为移民的共有 60.87 万人，如果再加上他们带出去的配偶子女等，由此构成的留学生移民群应在 180 万人以上。

表 6 – 11　中国自费出国留学统计数据

年度	类别				
	自费出国留学人数（万人）	占同年出国留学总人数比例（％）	自费留学回国人数（人）	占同年留学回国总人数比例（％）	自费留学回国占同年自费出国人数比例（％）
1978—1989	≈2.3	23.96	960	2.5	
1990	1.326	58.57	512	9.22	3.86
1991	1.367	60.01	585	9.56	4.28
1992	1.348	60.05	734	10.77	5.45
1993	1.216	57.86	989	12.71	8.13
1994	1.467	64.71	1 026	12.90	6.99
1995	1.552	66.08	1 783	25.87	11.49
1996	1.36	65.06	1 884	28.86	13.85
1997	1.472	65.68	2 360	33.10	16.03
1998	1.144 3	64.94	2 969	40.24	25.95
1999	1.788 4	75.30	2 688	36.09	15.03
2000	3.229 3	82.83	4 375	47.97	13.55
2001	7.605 2	90.57	6 699	54.72	8.81
2002	11.715 0	93.59	11 493	64.05	9.81
2003	10.916 1	93.06	13 222	65.61	12.11
2004	10.428 1	90.95	18 390	73.22	17.64
2005	10.645 8	89.83	27 209	77.77	25.56
2006	12.071 9	90.20	33 441	78.83	27.70

---

① 《教育部：2017 年出国留学人数破 60 万　同比增 11.74%》，中国侨网，http：//www.chinaqw.com/hqhr/2018/03 – 30/184110.shtml，2018 年 3 月 30 日。

（续上表）

年度	类别				
	自费出国留学人数（万人）	占同年出国留学总人数比例（%）	自费留学回国人数（人）	占同年留学回国总人数比例（%）	自费留学回国占同年自费出国人数比例（%）
2007	12.865 9	89.06	35 941	80.85	27.94
2008	16.162 7	89.91	56 825	81.97	35.16
2009	21.010 3	91.64	91 791	84.76	43.69
2010	26.246 1	92.20	116 986	86.76	44.57
2011	31.48	92.67	≈169 200	90.87	53.75
2012	37.45	93.72	≈252 700	92.60	67.48
2013	38.43	92.85	≈331 500	93.78	86.26
2014	42.3	92.00	≈336 100	92.13	79.46
2015	48.18	92.00	≈373 800	91.37	77.58
2016	49.82	91.50	≈390 000	90.17	78.28

资料来源：

（1）1978—2012年数据引自苗丹国：《我国自费出国留学政策的持续性发展与趋势研究》，《江苏师范大学学报》2013年第6期，第4—5页；

（2）2013—2016年数据引自中华人民共和国教育部各相关年度公布的数据。

众所周知，中国留学移民群的最大定居国是美国。在欧洲，中国留学生最主要的目的国是英国，其次为德国、法国和俄罗斯（详见表6-12）。

表6-12　中国留学生在欧洲主要目的国人数（2015—2016年度）

国别	中国留学生人数（人）	中国留学生在该国国际学生中占比（%）	中国留学生人数在该国国际学生中排名
英国	94 995	19.1	1
德国	30 259	10.1	1
法国	28 043	9.1	2
俄罗斯	22 529	11.5	3

资料来源：

（1）英、法、德数据引自《2018年英国留学趋势分析》，https：//www.sohu.com/a/205942085_99948980。

（2）俄罗斯数据引自《赴俄留学，中国学生人数排第三》，《人民日报》，2017年8月12日。

英国

如前所述，英国是中国改革开放后最先派出留学生的国家，中英之间留学生交流规模较大，英国是中国赴欧留学生人数最多的国家，而且以自费留学生为主。根据中华人民共和国教育部 2010 年正式公布的统计数据，2008 年赴英各类中国留学人员达到 27 559 人，截至 2008 年底，全英中国留学生总数约为 8.7 万人，[①] 2016 年达到 94 995 人（详见图 6-17）。2014 年英国教育部下属机构公布 2012/2013 学年外国硕士留学生人数，来自中国的硕士留学生占总数 23%，几乎为英高校所有硕士生的四分之一，与英国本土硕士人数（26%）相差无几。2014 年初的统计显示，全英中国留学生人数最多的大学是谢菲尔德大学，中国留学生人数达到 4 163 人，而接收超过 2 000 名中国留学生的学校更多，如：巴斯大学超过 2 500 人，约克大学约 2 700 人，在英国大学排行榜名列前五的布里斯托大学也招收了 2 320 名中国学生。有报道认为，如果将在英国大、中、小学等各个不同阶段留学的中国留学生全加到一起，当已超过 13 万。[②] 自中国改革开放 30 多年来，累计已有 50 万中国留学生和访问学者到英国学习或进修。[③]

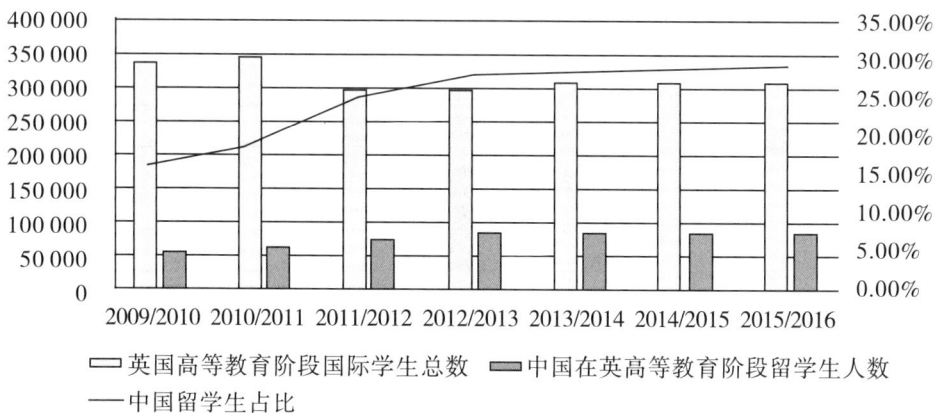

图 6-17　英国高等教育院校中国留学生人数（2009—2016 年）

资料来源：《2018 年英国留学趋势分析》，https：//www.sohu.com/a/205942085_99948980。

---

①　《中国与英国教育合作与交流概况》，中华人民共和国教育部网站，http：//www.moe.gov.cn/publicfiles/business/htmlfiles/moe/moe_853/201005/87479.html。

②　《13 万中国学子挤满英高校，学生叫苦：人满为患》，（法国）《欧洲时报（电子版）》，http：//huashe.oushinet.com/qsnews/20140614/137364.html，2014 年 6 月 14 日。

③　《中国留英学生超过 12 万，女多男少比例失衡》，中国新闻网，http：//www.chinanews.com/lxsh/2013/10-06/5346427.shtml，2013 年 10 月 6 日。

法国

法国作为文化大国，长期将接收外国留学生视为加强国家软实力、扩大法国国际影响的重要策略。虽然由于中国国内学生绝大多数都以英语为第二语言，除了那些以法语和法国文化为专业的学生之外，到法国留学无疑将面对更大的语言障碍，但是自20世纪90年代以来，前往法国的中国留学生数量同样不断上升。联合国教科文组织的数据显示，1996年中国在法国的留学人数仅千余人，时任中国驻法大使吴建民在1999年讲话中指出，是年中国在法留学生总数约4 000人。[1]

进入21世纪后，2001年增加到5 500人。2002年后中国自费留学进入"井喷式"增长阶段，赴法留学生数同样直线上升，2005年猛增至1.5万人，2013年达到3.5万人，2015年之后已经超过5万人（详见图6-18）。中国赴法留学生数量"增长幅度惊人"，在各国留法学生中"增长速度最快"，因而令法国有关当局"深感庆幸"，但法国政府同时依然表示"对于现在的情况，我们并未感到满足，而是希望迎接更多的中国留学生"。[2]

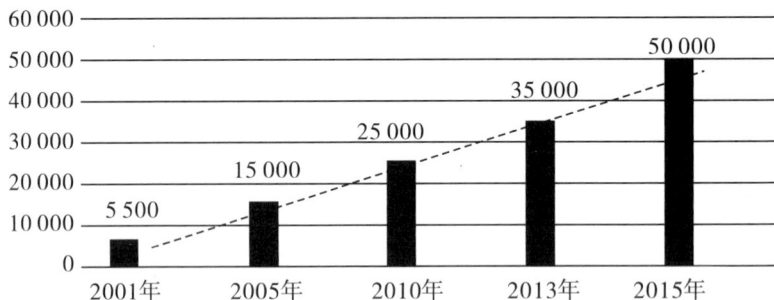

图6-18 中国留法学生人数（2001—2015年）

资料来源：

（1）《调查显示：目前约有3.5万中国学生在法国求学》，中国新闻网，http：//news. china. com. cn/world/2014-01/29/content_31341299. htm。

（2）《政策将变 2015年中国留法学生将达5万人》，新浪教育，http：//edu. sina. com. cn/a/2013-08-20/1452232116. shtml。

---

[1] 《中国驻法大使吴建民指出法国应接待更多中国留学生》，（法国）《欧洲时报》，1999年9月20日。

[2] 《调查显示：目前约有3.5万中国学生在法国求学》，中国新闻网，http：//news. china. com. cn/world/2014-01/29/content_31341299. htm；《法外长希望中国留学生2015年达到5万名 现状不乐观》，中国新闻网，http：//news. china. com. cn/world/2014-02/28/content-31631233. htm。

德国

德国号称全球第四大留学生接纳国，其所接纳的外国留学生总量仅次于美国、英国和澳大利亚。[①] 自 20 世纪 70 年代，中国开始重派留学生到德国学习。相关统计数据显示，1975—1976 学年，在德国登记入学的中国大陆留学生新生仅 19 人，在校生总计仅 66 人。此后逐步有所增长，1980 年在德国各高校注册新生增加到 202 人，在校生总数增加到 317 人。进入 20 世纪 90 年代，每年注册新生开始突破千人，在校生总数从四千多人逐步增加到六千人以上。2000 年，注册新生达到 3 545 人，在校生总数跃增至近万人。[②]

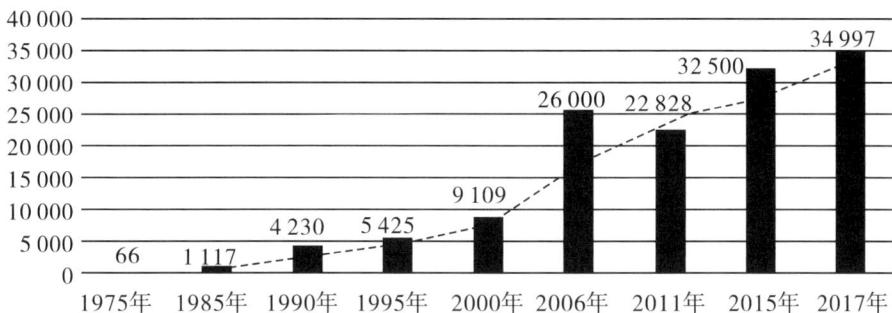

图 6 - 19　德国中国留学生人数统计（1975—2017 年）

资料来源：

（1）1975—2000 年数据引自《中国留学生在德统计数据和分析》，http：//www. eol. cn/Germany_3350/20060323/t20060323_47718. shtml。

（2）2006 年数据引自孙国俊：《我国向德国派遣留学生的管理政策评价研究》，《中国青年研究》2011 年第 11 期，第 77 页。

（3）2011 年数据引自《德国发布留学生报告：中国学生毕业率高于德国本土学生》，http：//www. vixue. com/html/LXXW/dglx/4472. html。

（4）2015 年数据引自《中国留学生在德国国际生所占比重》，http：//www. vistaway. cn/deguo/guojiagaikuang/2016012614674. html。

（5）2017 年数据引自《最新德国留学生就业情况分析，从真实数据上看就业趋势》，https：//www. sohu. com/a/228521680_100132497，2018 年 4 月 17 日。

[①]　《德发布留学生报告：中国学生毕业率高于本土学生》，中国新闻网，http：//www. chinanews. com/lxsh/2012/08 - 01/4074103. shtml。

[②]　《中国留学生在德统计数据和分析》，http：//www. eol. cn/Germany _3350/20060323/t20060323 _47718. shtml。德国关于中国留学生的统计数据将"台湾学生"另外单独列出，此处数据仅包括中国大陆留学生。

进入 21 世纪后，中国赴德留学生数量再呈高速增长：2004 年注册新生约 6 000 人，在校生突破 2 万人，德国各大学平均每 100 名学生中就有 1 名来自中国。[①] 2011 年，在德国各大学注册的中国大陆学生总数达到 22 828 名，在德国所有外国留学生中占 12%。2015 年突破 3 万人，2017 年达到将近 3.5 万人，留学生总数再创历史新高（详见图 6 – 19）。

意大利

意大利是欧洲文明的主要发源地之一，一直以其灿烂的文化艺术遗产闻名于世。而且，如前所述，进入 20 世纪下半叶之后，意大利接连不断的大赦，吸引了数十万以浙江人为主的中国新移民。然而，直到 21 世纪之前，除了中国政府派出少量修读美术、音乐、罗马法的公费生赴意大利留学，少数人员进入设在意大利的国际性研究机构进修之外，[②] 极少有中国学生申请自费赴意大利留学。

进入 21 世纪之后，目睹西欧各国留学产业吸引了大量中国留学生，意大利政府也制定了促进中国学生赴意大利学习进修的特殊政策。2004 年，意大利政府公布了"马可·波罗计划"，内容主要有：为计划到意大利留学的中国学生提供包括学校的接待条件、专业设置、授课语言和大学申请条件等基本信息服务；为希望到意大利攻读博士学位的中国学生提供信息；意大利校长联合会和意大利工业联合会组成共同基金会，安排中国大学毕业生经语言培训及考核后，到意大利企业或在华的意大利企业进行专业对口实习活动。2009 年，意大利政府又推出了"图兰朵计划"（意大利语：Programma Turandot），专为中国留学生提供到意大利公立艺术和音乐类院校学习的机会。由于当时中国人对意大利教育制度还比较陌生，相关宣传强调意大利公立大学基本免学费，学生还可申请廉价的学生公寓等，加之意大利作为艺术之都具有的特殊吸引力，该政策推出后，从 2009 年到 2017 年，共吸引了一万多名中国留学生前去意大利求学（详见图 6 – 20）。

2004 年当意大利刚推出马可·波罗计划时，全意大利中国留学生总数仅 204 人，2008 年增长到 1 136 人。2009 年图兰朵计划实施，参加该计划的仅 130 人，但第二年就增加到 447 人。2009 年，全意中国留学生总数为 1 640 人，此后逐年增长，2010 年突破 2 000 人，2012 年突破 3 000 人，2016 年达到迄今历史最高峰 4 401 人。[③] 中国留学生在意大利所有外国留学生中占比也从 2004 年之前不足

---

① 《欧洲的中国留学生现状》，人民网，http://www.people.com.cn/GB/paper68/14104/1257257.html。

② 例如，设于意大利特里亚斯特（Trieste）的国际理论物理中心就曾经接纳过数以百计的中国留学人员。该中心隶属于联合国国际太阳能机构和教科文组织，其宗旨是促进国与国之间的学术交流，尤其是发展中国家的专业人才培养。

③ 《2017 意大利留学数据分析》，http://www.vccoo.com/v/90pt8j。这与图 6 – 20 略异，系原文有讹。

1% 增加到 2017 年的 9.2%。在全意非欧盟学生中占比更高达 24.1%。还必须指出的是，根据意大利大学联盟组织的资料，意大利的外国留学生"在毕业后 5 年，几乎有一半的留学毕业生选择留在意大利工作"，可见有相当一批中国留意学生已经或正在从"留学生"转变身份成为"移民"。①

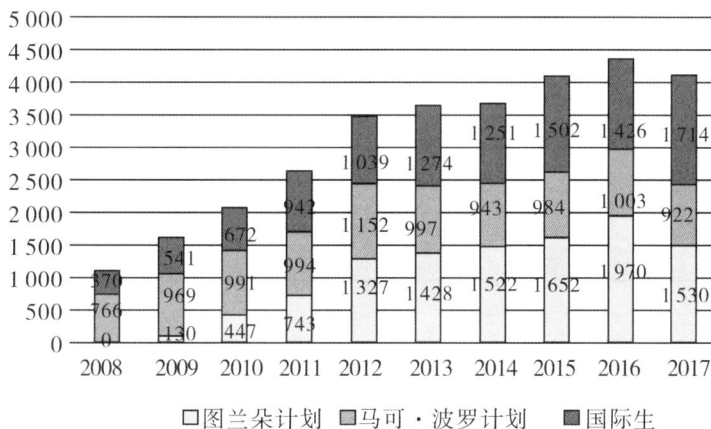

图 6 - 20　意大利中国留学生统计（2008—2017 年）

注：自 2004 年后，意大利中国留学生分三类，即马可·波罗计划、图兰朵计划和国际生。马可·波罗计划和图兰朵计划是意大利教育部门专门为中国学生开设的项目，前者招收的是普通类学生，后者招收的是艺术类学生。另一类"国际生"招收的学生是所有非欧盟国家地区的学生，即如果想通过"国际生"项目去意大利留学的话需要和全世界所有非欧盟国家地区的学生竞争。

资料来源：《2017 意大利留学数据分析》，http://www.vccoo.com/v/90pt8j。

俄罗斯

苏联曾经是中华人民共和国成立后出国留学生的主要派遣目标国。但是，自从 20 世纪 60 年代中苏关系破裂，中苏之间断绝留学人员往来。20 世纪 90 年代苏联剧变，解体后的俄罗斯在一个相当长的时期内仍处于不平静的变化之中，直接导致俄罗斯曾经在国际上享有一定声誉的教育水平持续下降。再加上中国学校开设俄语课程很少，学生选学俄语为第二外语的更少，因此前往俄罗斯求学的中国留学生数量相对较少。可以说，20 世纪 90 年代申请"留学"俄罗斯的大多只是为了得到合法入境俄罗斯的签证，并未真正入学。

———————

① 《赴意中国学生人数增长》，http://baijiahao.baidu.com/s？id = 1603122405866303940 & wfr = spider & for = pc，2018 年 6 月 13 日。

表 6-13 苏联/俄罗斯中国留学生人数（1950—2015 年）[①]

单位：万人

年份	在俄留学中国学生总数	在俄留学外国学生总数	中国留学生/外国留学生总数（%）
1950	0.04	0.59	6.8[②]
1960	0.09	1.35	6.7[③]
1990	0.13	12.65	1
2000	0.67	5.45	12.3
2005	1.25	8.31	15
2010	1.9	11.87	16
2015	2.252 9	19.555 1	11.5

注：

①1991 年之前为苏联。

②原文为 6.4，疑有误，此处根据前两栏数据计算所得。

③原文为 9.7，疑有误，此处根据前两栏数据计算所得。

资料来源：

（1）1950 年至 2005 年数据引自单春艳：《俄罗斯高校中国留学生现状述评》，《世界教育信息》2008 年第 1 期，第 79 页。

（2）2010 年数据引自高春艳：《中俄教育合作问题现状及前景分析》，《潍坊学院学报》2016 年第 2 期，第 109 页。

（3）2015 年数据引自张晓东：《赴俄留学，中国学生人数排第三》，《人民日报》，2017 年 8 月 12 日。

　　然而，进入 21 世纪之后，赴俄罗斯留学状况发生了比较明显的变化。2000 年，中俄两国在总理定期会晤机制框架下成立了"中俄教文卫体合作委员会"，下设"中俄教育合作分委会"，由此推动两国留学生交流进入了一个新的历史发展时期。中国赴俄留学生由 2000 年大约 6 700 人增加至 2005 年大约 1.25 万人，2015 年又增至约 2.25 万人（详见表 6-13）。中俄两国已商定到 2020 年使双方留学人员总数达到 10 万人。[①]

　　大批中国留学生前往欧洲求学当然首先基于中国自身的种种推力。就个人及家庭而言，伴随着中国经济近 30 年的持续高速增长，许多家庭经济收入大幅度提高，具有送子女出国留学的实力；而中国父母自己省吃俭用，却心甘情愿为子

───────────

①　张晓东：《赴俄留学，中国学生人数排第三》，《人民日报》，2017 年 8 月 12 日。

女一掷千金的传统家风，更是中国留学潮一路看涨的家庭因素。

就中国的制度性因素而言，中国竞争激烈的高考制度，以及中国各级政府部门相继出台的吸引海归的各类优惠政策，在在成为莘莘学子更向往出国留学的制度性推力。

就欧洲方面而言，虽然美国、加拿大、澳大利亚等经济发达、教育普及的国家一直是中国留学生的首选，但是，进入21世纪后，欧洲英、法、俄、意等国相继推出的吸引留学生的政策，大大提高了欧洲国家对中国留学生的吸引力，留学生转移民的可能性因此大幅度提高。

欧洲相关国家政策中有以下两大要点值得注意：

图6-21　莫斯科大学（李明欢摄于2012年9月）

第一，欧洲各国都十分重视高等教育的国际化，吸引更多外国留学生不仅是宣传本国政治人文理念的重要路径，更是拓展经济来源的重要渠道。21世纪，中国自费留学潮的高涨，使欧洲各国纷纷制定旨在吸引更多中国留学生的政策措施。

大英帝国时期留下的重要遗产，是英语成为国际通用语言，因此，教育一直是英国的一大支柱产业，从英语语言教学到高科技领域，英国教育国际化水平一直居于世界前列。根据2013年公布的数据，英国大学可以从每个留学生身上收取最高达35 000英镑的费用，每年数十万的外国留学生，为英国带来的经济资源极其可观。以2010年数据为例，是年非欧盟成员国的海外留学生共为英国创造了高达84亿英镑的经济效益。[1] 2013年，时任英国首相卡梅伦在访华时特别强调：英国对中国留学生数量不设置上限。只要符合英国大学招生规定的语言和申请要求，英国都非常欢迎。[2]

---

① 《英国留学毕业签证新规，年薪两万可工作两年》，中国新闻网，http：//www.chinanews.com/lx-sh/2012/02-17/3678528.shtml。

② 《在英中国人达60万　留学生助推中国登英移民榜首位》，中国新闻网，http：//www.chinanews.com/hr/2013/11-30/5565313.shtml。

欧洲另一个英语国家爱尔兰也于 1998 年制定向亚洲"输出国际教育服务"的《亚洲战略》。该战略第二阶段将中国定位为"爱尔兰在教育以及网络教育服务输出领域最优先发展国家"，其目标是使在爱尔兰高校学习的中国留学生从 2005 年时的大约 3 500 人增加到 5 000 人以上。[①]

虽然欧洲大多数国家都不是英语国家，但是，为竞争国际生源，自进入 21 世纪后，不少国家也加速推动以英语进行专业授课的规划与实施步伐。总部设在布鲁塞尔、专门研究高等教育国际化的"欧洲学术合作协会"曾于 2002 年、2008 年两度就欧洲高等教育中英语授课专业情况进行调查。根据其调研结果，直到 20 世纪末，建立英语授课专业以争取国际生源才被欧洲大多数非英语国家教育界所默认。在德国、瑞典和瑞士，2002 年时，在所有研究生专业中，以英语授课的专业比例为 68%，2007 年则已超过 90%。在选择英语授课专业的学生中，外国留学生达到 65%，而在外国留学生中，以欧洲学生人数最多，占 36%，然而，若以单个来源国家进行统计，则中国留学生人数最多，几占留学生总数的 10%。英语授课专业中，70% 收取学费：对欧盟国家留学生费用平均为每年 3 400 欧元左右；对来自欧盟以外留学生收取的费用则提高到大约 6 300 欧元，其中收费最高的丹麦对非欧盟国家留学生收费达到年均 11 000 欧元。[②] 而且连法国这样历来以"法语为最优美语言"为自豪的国家，不仅在公立大学中有英文授课专业，而且就连巴黎高等商学院、欧洲高等商学院（ESCP - Europe）此类享有盛誉曾经长期隶属于法国精英教育体制的学院，也为吸引外国留学生而开设了全英文授课专业。由此可见，英语授课专业的建立，已成为欧洲若干非英语国家吸引留学生以获取更多经济收益的途径。

第二，进入 21 世纪后，欧洲国家为吸引中国留学生，纷纷放宽"学生签证"管理，简化申办手续，允许学生课余打工，尤其是多个国家相继颁布的为外国留学生提供实习或就业机会的各类政策，直接拓宽了留学转移民的合法化路径。

英国于 2013 年 4 月实施外国留学生毕业后转为工作身份的新规定，经英国认证机构授予学士及以上学位的应届毕业生，如果获得英国边境管理署认可的工作合同，年薪达到 2 万英镑者（2016 年 4 月后提高到年薪 3.5 万英镑），可转为 T2 工作签证。被认定有创业潜质的优秀外国毕业生可以申请"毕业生创业者"签证。

法国政府为吸引留学生，早在 2001 年 1 月即放宽了对留学生发放临时打工

---

① 董会庆：《爱尔兰高等教育国际化策略鉴析》，《世界教育信息》2009 年第 11 期。
② 伯恩德·瓦赫特：《英语授课在欧洲高等教育中的增长》，《世界教育信息》2009 年第 9 期，第 39 - 40 页。

许可证的规定，并允许获得正式工作合同的学生转变身份。2013 年，法国政府不仅宣布进一步放宽中国学生获取法国签证的程序，同时规定：法国名牌院校的毕业生、拥有博士和博士后文凭的外国留学生在申请加入法国籍时，将会被优先考虑。

德国在 20 世纪 70 年代终结"客工"政策后，即实施对外国移民的严格控制。但是，进入 21 世纪之后，德国社会人口结构严重老龄化，劳动力总量减少，迫使德国政府重新修订本国移民政策，尤其是给在德国完成学业的外国留学生提供就业和移民的机会。直到 2005 年之前，外国留学生在德国拿到毕业文凭后，其所持有的学生签证即刻失效，必须离开德国。2006 年修订出台的德国移民政策则允许在德国完成学业的外国留学生延长一年签证期，用于申请在德的工作机会。而且，外国留学生如果在德国获得稳定工作并居住五年以上，即可申请德国的永久居留权。

爱尔兰政府允许爱尔兰高校将"实习"纳入外国留学生的正式课程规划之中。留学生从爱尔兰的大学正式毕业后，可以申请在爱尔兰工作两年的工作签证，如果两年期满后仍持有爱尔兰当地雇主提供的固定工作合同，则可以延续工作签证。

意大利法律则规定，凡是在意大利毕业的外国留学生，只要能够获得正式工作合同，即可转为工作签证；合法就业并纳税满 6 年，且每年税前收入总金额不少于政府规定的全民最低收入者，均可申请意大利永久居留权，成为永久居民。[①]

在俄罗斯，中国留学生课余打工司空见惯，"大约三分之一的中国留学生半工半读，做临时工或从事翻译、导游等全职工作，有的甚至去经商"。调查还显示，多数中国留学生认为俄罗斯对他们具有很大的吸引力，46% 的学生明确表示打算在俄罗斯长期定居和工作，11% 人的对此不反对，两项相加，超过一半中国留学生希望转为移民。[②]

正是基于以上诸多原因，中国国际教育服务机构启德教育集团 2014 年 1 月发布的《2014 年中国学生留学意向调查报告》显示，欧洲国家越来越受到留学生的青睐。这份调查显示，在中国学生首选留学目的国中，虽然有 26.8% 的人选择美国，占比仍居留学目的国首位，但另有 17.3% 的学生选择英国，7.5% 和 6.2% 的人分别选择德国和法国，较往年有明显增加。[③] 换言之，选择英、德、法三国的留学生相加达到 31%，超过了选择美国的比例。而且，虽然中国的发展

---

① 薛宏伟：《中国自费留意学生状况述论》，《黑河学院学报》2013 年第 5 期，第 26－27 页。

② 详见拉林：《在俄罗斯的中国人现状》，《西伯利亚研究》2009 年第 3 期，第 27－28 页。

③ 《留学生调查显示：欧洲国家越来越受中国学生青睐》，中国新闻网，http：//www.chinanews.com/lxsh/2014/01－13/5727851.shtml。

正吸引大批海外留学生回国发展，但是，随着欧洲各国不断出台各类吸引外国优秀留学生的政策，以及欧洲相对良好的生活环境，留学生转移民的现象仍在延续，并且移民人数因留学人员基数持续增长而增长。从长远看，留学生转移民的增加，将成为改变欧洲华人社会知识和职业结构的重要因素之一。

（三） 商贸移民遍布全欧

中国近二三十年的经济发展模式使中国成为全球最大的"世界工厂"，伴随着海量"中国制造"在全球各地寻找市场，也有一大批中国人随着中国商品走向欧洲，走向世界各地。

20 世纪 90 年代之前，欧洲华人经济一直以中餐馆、制衣厂、皮包店、零售业及唐人街的服务性行业为主，除法国陈氏公司等个别华人企业能够跻身当地大企业集团圈，华人经济总量十分有限，基本是在当地经济缝隙中求生存。然而，进入 21 世纪之后，伴随着中国自身经济高速发展，欧洲华人经济急速转型，进出口商贸批发业迅速兴起，中欧跨国商贸潮流自东欧、南欧向西北欧涌动，欧洲华侨华人凭借源自中国的巨大经济推动力，建立起一座座集仓储、批发、零售为一体的综合性大商城。在这些大型商贸城中，每一处都聚集着成百上千的商家，其销售的绝大部分商品均为中国制造，大部分经营者也都是中国新移民。由于中国商家多为小本经营，且为了降低成本，多以家庭式经营为主，因此，每一商家背后，支撑者几乎都是一个家庭：有的是夫妻店，有的则是包括父母兄弟姐妹的大家庭乃至大家族。而且，每一处商城又如蛛网般延伸出遍布全欧的销售网络，成千上万的小商小贩以车载船运的方式将从这些华人商城批发的服装鞋帽、日用货品，再推销到全欧各地。因此，围绕着商贸城，形成了以华商为主的遍布欧洲各地的商贸网络，中国新移民伴随着"中国制造"遍布欧洲各地。关于这一点，本书将在第八章结合欧洲华人商城问题，详加论述。

第七章　知微见著：人口分析

时至 21 世纪初，经历了半个多世纪朝向欧洲之移民潮的冲击，欧洲各国华侨华人人口总数已经从 20 世纪 50 年代初的仅仅万把人，猛增至 21 世纪初叶约250 万人。尤其是自 20 世纪 90 年代以来，欧洲华侨华人不仅伴随着欧洲一体化的进程，扩展了与欧洲各国民众、商家及社团之间的沟通、交往与合作，而且在全球海外华人的政治、经济、文化活动中，也表现得空前活跃。今日欧洲华侨华人引人注目的整体实力，自然是由多方面因素相互烘托而成，就中，人口基数的大幅度增长是推动发展的前提，是承载变化的基础。因此，要全面认识今天的欧洲华侨华人社会，首先就需要正确了解当代欧洲华侨华人社会的人口结构。

第一节　人口统计

欧洲华侨华人人口总数多少？这是一个有关各方都十分关心的问题，却又是一个迄今为止依然各持己见、众说纷纭的问题。

1955 年，台湾"中国侨政学会"曾经在《今日侨情》上公布其对欧洲英、法、荷、西德等 18 个国家华侨华人人数的统计数据，原数据中缺乏奥地利的数据，笔者根据马良《维也纳往事回忆》一文中提及的数据进行补充，计算得出是年欧洲华侨华人约 11 491 人。随后，在 20 世纪 60—90 年代，由台湾华侨经济年鉴编辑委员会编辑出版的《华侨经济年鉴》基本逐年公布其所掌握的关于欧洲各国华侨华人的相关数据，从中可以看到，欧洲华侨华人总数保持直线增长：20 世纪 60 年代增加到 5 万余人，70 年代后，由于以法国为主的欧洲国家接纳了大批以华裔为主体的印度支那难民，全欧华侨华人总数猛增到 50 万以上。

20 世纪 80 年代之后，来自中国大陆的新移民源源不断涌入欧洲，欧洲华侨华人总数进入增长新阶段。根据台湾《华侨经济年鉴》1996 年版给出的数据，欧洲华侨华人在 1995 年已突破百万。1997 年至 1998 年期间，笔者曾应"欧洲华侨华人社团联合会"之邀，获荷兰国家公众健康福利体育部资助，先后前往荷兰、法国、西班牙、葡萄牙、奥地利、德国、丹麦、英国、意大利、比利时、匈牙利等 11 国 30 余城市对华侨华人社会状况进行实地调查。在调查中，笔者一直十分注意向各国各地有关方面及当地侨领了解该国华侨华人的人口总数，虽然所得统计数字不可能十分准确，而且不同方面的估计有时也会出现不小的差异，但是，全欧华侨华人人口总数已经超过百万，是各方基本认可的结论。

进入 21 世纪以后，如前所述，中国新移民在迁移地域、路径、人群等方面全面拓展，移民模式多种多样，促使欧洲华人社群规模直线攀升。2008 年 9 月，欧洲最大华人社团联合组织"欧洲华侨华人社团联合会"（以下简称"欧华联会"）在柏林召开了第 15 届代表大会，这是一个旗下有数百华人社团的全欧性华侨华人联谊社团，来自全欧各地的 500 多名华侨华人社团代表前往参加大会。会上，欧华联会秘书长公布了该会通过其下属社团网络对欧洲华人社会现状进行的调研报告，指出：目前在欧华侨华人总数约 250 万，并罗列了欧洲 27 个国家华侨华人的人数统计。笔者以为，欧华联会通过其隶属社团进行广泛调查得出的数据，反映的是各国华侨华人社团主要领导从民间层面对本国侨情的认识，有其合理性。因此，关于"250 万欧洲华侨华人"的总体数据，应当是相对较为可取的。

笔者根据所能搜集到的相关资料，制作了欧洲华侨华人从 1935 年到 21 世纪初的人口统计表（如表 7 - 1 所示）。其中，1935 年系当时中华民国侨务委员会公布的统计数据，1955 年数据摘自台湾"中国侨政学会"编辑出版的《今日侨情》，1965 年至 1995 年及 2011 年数据均援引自由台湾华侨经济年鉴编辑委员会编辑出版的《华侨经济年鉴》各相关年度的统计资料。2008 年数据则根据欧华联会秘书处提供的资料整理而成。

笔者注意到，由于移民人数统计上的困难与路径之不同，2011 年台湾"侨委会"的数据在总体上比欧华联会 2008 年的数据少了近 50 万人，差距明显。通过具体比较分析可以看出，欧华联会提供的大多数国家华侨华人统计数据都比台湾"侨委会"数据高出约 25%。但也有特例，最突出的是俄罗斯，台湾"侨委会"数据是 447 199 人，而欧华联会数据仅 30 万人，前者比后者多出 14.7 万人；挪威的数据，台湾"侨委会"数据比欧华联会高出近一倍；芬兰、保加利亚两国的统计数据中，台湾"侨委会"数据也比欧华联会数据明显多出数千人。反之，台湾"侨委会"关于比利时、爱尔兰、乌克兰的统计数据则仅为欧华联会相应数据的 20% ~ 30%。虽然不同数据来源存在诸多差别，但是，通过对不同数据的比较，还是可以了解欧洲华侨华人人口规模的总体发展趋势和基本的国别分布态势（详见表 7 - 1）。

表 7 - 1 欧洲主要国家华侨华人人口统计（1935—2011 年）

国别	年份							
	1935	1955	1965	1975	1985	1995	2008	2011
英国	8 000	3 000	45 000	120 000	230 000	250 000	600 000	401 022
法国	17 000	2 000	6 000	90 000	210 000	200 000	500 000	441 745
荷兰	8 000	2 000	2 353	30 000	60 000	120 000	160 000	111 450
德国	1 800	500	1 200	8 000	30 000	100 000	150 000	110 000
比利时	500	99	565	2 000	11 400	20 000	40 000	9 005
意大利	274	330	700	1 000	5 000	60 000	300 000	201 744
西班牙	273	132	336	2 000	5 000	21 000	168 000	140 623
奥地利		30		1 000	6 000	12 000	40 000	20 000
葡萄牙	1 200	120	176	300	6 800	4 700	30 000	14 463
丹麦	900	900		1 000	3 753	6 500	18 000	12 074
卢森堡		1	10	20	200	100	1 500	1 356
瑞士	148	30	120	1 500	6 000	7 500	10 000	10 828
希腊		2	16	10	130	300	12 000	7 472
爱尔兰						10 000	60 000	17 909
瑞典				1 000	9 000	12 000	30 000	27 432
挪威				500	1 000	2 000	7 450	14 440
芬兰		共有 2 347 人				1 000	2 000	6 141
波兰	139					1 500	2 000	3 174
捷克	250					10 000	4 000	3 460
匈牙利						20 000	16 000	12 653
俄罗斯（独联体）						200 000	300 000	447 199
罗马尼亚							10 000	7 050
阿尔巴尼亚							2 000	
保加利亚							3 000	5 000
斯洛伐克							5 000	
克罗地亚							800	

（续上表）

国别	年份							
	1935	1955	1965	1975	1985	1995	2008	2011
黑山							200	
塞尔维亚							10 000	
乌克兰							30 000	6 560
马耳他							1 000	
斯洛文尼亚							800	
马其顿							50	
立陶宛							350	
拉脱维亚							200	
爱沙尼亚							120	
冰岛								450
总计	38 484	11 491	56 476	258 330	584 283	1 058 600	2 514 470	2 033 250

资料来源：

（1）1935 年：中华民国侨务委员会 1935 年的统计数据，其中"西班牙"的统计数原文标明是"西班牙及其他国家"。

（2）1955 年：台湾"中国侨政学会"《今日侨情》。因原材料缺奥地利华侨华人统计数，表中所引数据取自马良《维也纳往事回忆》。"德国"仅限于"联邦德国"。

（3）1965 年：华侨经济年鉴编辑委员会《华侨经济年鉴》（1968 年版），各国华侨华人统计数分别取自 1962—1968 年间的统计资料。"德国"仅限于"联邦德国"。

（4）1975 年：华侨经济年鉴编辑委员会《华侨经济年鉴》（1977 年版），各国华侨华人统计数多取自 1975—1976 年的统计资料。"德国"仅限于"联邦德国"。

（5）1985 年：华侨经济年鉴编辑委员会《华侨经济年鉴》（1986 年版）。"德国"仅限于"联邦德国"。

（6）1995 年：华侨经济年鉴编辑委员会《华侨经济年鉴》（1996 年版）。书中引用数据主要为 1995 年或 1996 年，个别系 1994 年数据。原数据中还包括独联体华人 200 万，由于俄罗斯地跨欧亚两大洲，该国华侨华人中绝大部分居住在隶属于亚洲的远东地区，因此，仅列入"20 万"作为参考数据。

（7）2008 年：欧洲华侨华人社团联合会（欧华联会）秘书处提供。

（8）2011 年：中正大学编：《华侨经济年鉴·2011》，台湾"侨务委员会"，2012 年。

如果将欧华联会 2008 年的数据和台湾"侨委会"2011 年的数据进行综合考量，将欧洲华侨华人规模按国别进行类别划分，那么，大致可以划分出四个层次及一个特殊类别。①

第一层次是法国和英国。按照台湾"侨委会"的数据，进入英、法两国的华侨华人各已形成大约 40 万人的规模，但欧华联会的数据则显示，英、法两国华侨华人群体均已达到 50 万～60 万人的规模。另外，法国学者皮埃尔曾经在接受法国报刊访问时说道："2007 年光是法国就有 100 万华人。"②（法国）《欧洲时报》是在巴黎出版的一份华文大报，该报于 2013 年 6 月 7 日发表的一篇文章，借法国一华人社团主要领导人之口提出：法国华人社会人口已达"近 80 万"。③笔者认为，统计上的差别主要涉及是否将以下三类人统计在内：一是英、法两国的中国留学生，如前所述，2013 年时英国的中国留学生总数已达 13 万人，2015 年时法国的中国留学生总数也已超过 5 万人；二是数万在当地国生活谋生的无证移民；三是通过各类短期签证进入这些国家务工的中国人。

第二层次是德国、荷兰、意大利、西班牙，这四个国家的华侨华人总数均在 10 万～30 万之间。其中，德国、荷兰华侨华人数量基本属于稳步增长；而意大利、西班牙则是因为自 20 世纪 80 年代以来多次付诸实施的各类无证移民身份合法化行动，促使华侨华人数量呈现跳跃式增长。而且，如前所述，伴随着每一次身份合法化行动，一是获得合法身份的华人总数猛增；二是为获得大赦而通过灰色途径进入相关国家的新移民人数也随之猛增；三是获得合法身份后的新移民随即又设法将国内的亲朋好友引入所在国，从而形成新一轮连锁迁移潮。

第三层次则是华侨华人人口总数在 1 万～6 万之间的国家，爱尔兰、比利时、葡萄牙、瑞典、奥地利等 12 国隶属于这一层次。其中，爱尔兰、奥地利、比利时、葡萄牙、瑞典、乌克兰的华侨华人总数大约居于 3 万～6 万之间，丹麦、匈牙利、希腊、瑞士、罗马尼亚和塞尔维亚 6 国的华侨华人人数在 1 万～2 万之间。西欧的比利时、瑞典、奥地利等国对移民进入控制较严，也没有实施过大规模的大赦，中国新移民进入的渠道相对比较有限。东欧国家则处于转型期，容量有限，因此如匈牙利虽然在 20 世纪 90 年代初出现过高达 5 万人的中国新移民群体，但很快也就因市场机会有限、身份转换困难而出现回归或向其他国家分

---

① 笔者在发表于 2009 年的《欧洲华人社会剖析：人口、经济、地位与分化》一文中，将欧洲华侨华人规模区分为"三个层次和一个特殊类别"（详见《世界民族》2009 年第 5 期）。本书写作时，根据最新调研资料，笔者认为应当区分为"四个层次及一个特殊类别"。

② 参阅罗慧珍、谢晓阳：《欧洲华人创造奇迹》，《亚洲周刊》2007 年第 42 期（电子杂志网址：http：//www. yzzk. com/cfm/Content_Archive. cfm？ Channel = ae&Path = 2222470742/42ae1a. cfm）。

③ 《法国侨界首次联合组团参访中国 将开启"寻梦之旅"》，中国新闻网，http：//www. chinanews. com/hr/2013/06 - 06/4904214. shtml。

流的现象。在此需要特别指出的是，欧华联会的数据显示爱尔兰有 6 万华侨华人，但台湾"侨委会"数据仅为约 1.8 万人，差距甚大，根据台湾中华经济研究院的说明，爱尔兰允许在校生每周可以打工 20 小时，因此，实际上"有为数近 5 万名中国学生在此合法求学打工"①，是否将这部分人计入当地华侨华人的统计之内，是形成差别的重要原因。

第四层次是西、北欧小国及东欧剧变之后形成的小国家。芬兰既是北欧的高福利国家，又是仅有数百万人口的小国，对移民接纳一直非常严格。而克罗地亚、斯洛文尼亚、立陶宛、黑山、拉脱维亚、爱沙尼亚、马其顿等都是东欧剧变后形成的小国家，本身人口、资源、机会都非常有限，当地的中国新移民几乎都是在 20 世纪 90 年代末、21 世纪初之后才移居入境，数量基本在千人以下。

另一个需要特别关注的国家是俄罗斯，换言之，俄罗斯华侨华人社会的发展属"特殊类别"。如前所示，台湾"侨委会"与欧华联会关于俄罗斯华侨华人的统计数差别明显。此外，俄罗斯媒体更是发表过惊人的数据：2007 年 2 月，在俄罗斯西伯利亚的伊尔库茨克市，一群激进分子占领了该市移民局办公大楼，要求驱逐当地华人，当时的相关报道提出："在俄罗斯的中国人人数从 1989 年的数千人增至 2002 年的 326 万人。"②

笔者认为，关于俄罗斯华侨华人数量的统计存在较大差距，除了少数人别有用心夸大其词之外，也存在若干影响正确统计的客观原因：一是对于远东地区大片隶属于亚洲版图的华人如何统计，各说不一；二是留俄学生流动性大，变数也大；三是由于不易得到俄罗斯长期居留，中国人在俄罗斯的流动性相当大，不仅从事跨地区、跨国界大小商贸活动的华人经常流动，一些在俄罗斯打工或种地的中国人也往往在漫长的严冬时节返回中国家乡，待气候转暖后再赴俄罗斯务工，并未长期定居俄罗斯。总之，由于俄罗斯与中国有着漫长的边界，与中国接壤的西伯利亚地区地旷人稀，与相邻的中国东北地区人口密度形成天壤之别，越界往来的商贸、劳动人口众多，因此，俄罗斯的中国新移民总数一直是两国政府都十分谨慎的话题。

要而言之，尽管本节所援引的欧洲华侨华人统计数据仅可作为参考，但是，从不同年代的有关数据中，仍然可以大致描绘出"二战"后欧洲华侨华人社会发展的总体趋势：自第二次世界大战结束后，欧洲华侨华人总数已从 20 世纪 50 年代的万余人增加到 21 世纪初大约 250 万，增幅以百倍为计。就相对规模而言，

---

① 台湾"中华经济研究院"：《华侨经济年鉴·欧非篇》，台湾"侨务委员会"，2004 年，第 137 页。

② 《俄罗斯激进分子占领移民局要求驱逐华人》，东方网，http://news.eastday.com/w/20070214/u1a2628785.html，2007 年 2 月 14 日。

21 世纪初欧洲华侨华人的总数大约占海外华侨华人总数的 5%，次于亚洲（78%）、美洲（14%），但高于大洋洲（2%）和非洲（1%）。①

另者，如果就相对比例而言，那么，尽管欧洲华侨华人人口在过往半个多世纪中增长明显，但相对于来自其他国家的移民，中国新移民的数量仍然十分有限。根据欧盟数据网公布的欧盟 27 个成员国接纳外来移民的数量，仅在罗马尼亚、匈牙利和意大利三个国家中，中国新移民进入了所在国接纳外籍移民比例最高的前五国之列（详见表 7 - 2）。

表 7 - 2　欧盟国家接纳中国移民相对比例最高的国家*

2013 年**

国家	中国移民（万人）	中国移民：外籍移民（%）	居于前五位的外籍移民来源国
罗马尼亚	0.64	9.1	①摩尔多瓦②土耳其③中国④意大利⑤德国
匈牙利	1.15	8.2	①罗马尼亚②德国③中国④乌克兰⑤斯洛伐克
意大利	21.36	4.9	①罗马尼亚②阿尔巴尼亚③摩洛哥④中国⑤乌克兰

注：*该数据中的"中国移民"和"外籍移民"仅包括"持原籍国国籍"及当地国正式居留证的移民。

**根据原数据表说明，相关统计资料截至 2013 年 1 月，相关梳理分析的最新更新日期为 2014 年 5 月。

资料来源：欧盟数据库"移民与移民人口统计资料"（Migration and migrant population statistics），http：//epp. eurostat. ec. europa. eu/statistics_explained/index. php/Migration_and_migrant_population_statistics。

根据欧盟统计局（Statistical Office of the European Communities）在网上公布的数据，目前生活于欧盟 28 个成员国，但其出生地则在欧盟之外的人口共计约 2 500 万人，其中出生地为中国的有 82.6 万人，居非欧盟国移民原居地最多的国家第 10 位。②

---

① 有关 21 世纪初全球各大洲华侨华人数量统计，参见庄国土：《世界华侨华人数量和分布的历史变化》，《世界历史》2011 年第 5 期，第 14 页。

② 欧盟以外移民原居国人口最多的十国依次是：摩洛哥（228.7 万）、土耳其（207.6 万）、俄罗斯（181.2 万）、阿尔及利亚（151.1 万）、乌克兰（109.1 万）、印度（106.2 万）、波黑（95.6 万）、阿尔巴尼亚（90.3 万）、哈萨克斯坦（87.7 万）和中国（82.6 万），http：//ec. europa. eu/eurostat/statistics - explained/index. php？title = File：Largest_20_foreign - born_communities_living_in_the_EU - 28, _2011_PITEU17. png。

欧洲华侨华人在各相关国家总人口当中所占比例同样非常低。表7-3罗列了在欧洲华侨华人人数较多的18个国家中华侨华人人口在当地国人口总数中所占比例。① 从表中可以清楚地看出，即使在华侨华人人口相对比例较高的英、荷、法等国，华侨华人在当地国人口中的比例也不到百分之一。

欧洲华侨华人的宏观人口态势，于此可见一斑。

表7-3 欧洲华侨华人在所在国人口中比例

国家	类别		
	本国人口总数（万人）	华侨华人人口总数（万人）	华侨华人∶本国人口（%）
英国	6 095	60	0.98
荷兰	1 650	16	0.97
法国	6 380	50	0.78
意大利	6 011	30	0.50
奥地利	811	4	0.49
比利时	1 036	4	0.39
西班牙	4 520	16.8	0.37
瑞典	883	3	0.34
丹麦	552	1.8	0.33
葡萄牙	1 085	3	0.28
俄罗斯	14 100	30	0.21
德国	8 211	15	0.18
匈牙利	1 019	1.6	0.16
塞尔维亚	740	1	0.14
瑞士	770	1	0.13
希腊	1 046	1.2	0.11
乌克兰	4 689	3	0.06
罗马尼亚	2 268	1	0.04

注：欧洲各国人口数据援引自维基百科"欧洲国家人口数量列表"，http：//zh. wikipedia. org/wiki/欧洲国家人口数量列表。

---

① 欧华联会统计数据中，爱尔兰华侨华人有6万人。笔者认为此数据有误，因而此处未选爱尔兰。

第二节　人口结构

如果说，海外华侨华人人口数量统计是难事，那么，要对华侨华人的人口结构进行细致剖析，更是难上加难，因为这方面的数据实在太缺乏了。在欧洲，一是因为大多数国家在进行人口统计时，基于种族平等及尊重个人隐私等原因，大多不进行人口种族背景的统计；二是欧洲华侨华人多为新移民，不少仍然处于流动之中，或者仍然处于身份不确定之中；三是欧洲国家语言不同，研究者难以通过不同国家的直接报道获取资料。然而，对人口结构进行分析，无疑对全面了解、认识欧洲华侨华人社会具有重要意义，因此，笔者基于多年积累，力图对以新移民为主的欧洲华侨华人社会的地缘、性别、年龄结构进行梳理剖析，勾勒出21世纪初欧洲华侨华人社会人口结构的全景图。

本节资料除了广泛吸收相关中外学者的研究成果，关注相关媒体的报道之外，还得益于笔者获得的如下两大数据。

第一，法国中国新移民数据。

2001年，笔者应邀参加由巴黎第七大学盖哈西莫夫博士主持的"巴黎华人社区"研究项目，此后又多次前往巴黎，就法国移民政策及中国新移民问题进行跟踪性的实地调研，所采取的研究方法主要是社会学的参与观察和深度访谈。其间，笔者与法国非政府组织"语言文化辅导协会"建立了良好的合作关系，并得到该协会的热忱支持。该协会提供的资料是笔者获得法国中国新移民人口统计数据的重要途径。法国"语言文化辅导协会"由法国人马克·保罗先生（Marc Paul）于1996年组建，并担任会长。该会的创会宗旨是：为进入法国的非欧盟国家新移民提供学习法语、了解法国生活环境的服务。由于该会会址所在地巴黎"美丽城"（Belleville）是中国新移民的主要聚居点，因此，到该会寻求帮助的移民以在巴黎无证居住的中国人为主。

1999年3月，"语言文化辅导协会"申请并获得巴黎警察局特许，可以用协会名义为巴黎的无证新移民提供"地址担保"。这是一项十分重要的特许权。因为无证移民往往居无定所，在当时手机联系十分昂贵的时代，他们需要有一个能够与中国家人联系的收发信件的地址，而且，根据法国的规定，无论是申请"难民庇护"，或是办理银行、邮政、医疗等手续，也都需要一个"有效地址"。根据"语言文化辅导协会"获得的特许权，无证移民凭借手上的有效证件（原居地的护照、身份证或有效公证材料等）到该会登记后，就可以得到一个"合法地址"，方便办理各种手续。正是因为这一特许权，该会吸引了众多巴黎无证移民前去求助。

在笔者调研期间，从1999年3月到2004年8月1日，累计先后有大约2.7万名新移民到该会登记。在郑重承诺仅将相关资料用于学术研究之后，马克会长删去相关登记资料中有关姓名、联系电话、备注等涉及个人隐私的资料，让笔者拷贝了记录有2.7万新移民基本资料的数据库。

根据笔者的整理统计，除去无效、[1] 重复及非中国人的登记条目外，[2] 数据库中一共保存了20 586名中国新移民的登记资料，记录了1999年至2004年期间进入法国的非正规新移民的简要基本情况。为方便起见，以下将此数据简称为"法国中国新移民数据"，本节表格及正文所援引的关于法国中国新移民数据，除另作特别说明之外，均源自该数据，以下不另作注释。

第二，西班牙华侨华人统计数据。

西班牙统计局一般每年公布三次（3月31日、6月30日和12月31日）移居本国之外国移民的人口统计数据。西班牙关于外国移民的统计数据包括外来移民原籍国、性别、年龄等比较详细的资料。感谢西班牙华侨华人协会名誉会长徐松华先生为笔者提供了1991年至2010年的相关数据。笔者指导的西班牙博士研究生爱玲女士（Irene Masdeu Torruella）协助提供了2011年至2017年西班牙统计局关于外国移民的最新统计数据。本节以下表格及正文所援引的西班牙华侨华人相关数据，除另作说明之外，依相关年度，分别引自以上两份资料。

在此还需要说明的是，西班牙统计局的移民统计数据，将外国移民分为欧盟成员国移民和非欧盟成员国移民两类。在非欧盟成员国移民中，又分为"与欧盟成员国无关系的移民"和"与另一欧盟成员国有关系的移民"（如，与欧盟成员国公民结婚的外籍人士；仍然持有非欧盟成员国护照但是持另一欧盟成员国居留证再移居西班牙者，等等）。西班牙的中国新移民基本都属于"与欧盟成员国无关系的移民"，以2013年6月30日的统计数据为例，在总计184 495名中国新移民中，仅3 367人属于"与另一欧盟成员国有关系"，占比1.8%。为方便起见，本节对于西班牙中国新移民数据不作以上区分，所引用数据均包括与欧盟成员国有关系与无关系两类移民的总量。

---

[1] 有的条目原先仅有姓名及备注，无其他内容。因为姓名及备注部分在数据库提交给笔者时已经删去，所以部分条目成为空白的无效条目。

[2] 从登记材料中可以发现，在该会登记并寻求帮助支持的还包括来自印度、孟加拉、巴基斯坦、越南、柬埔寨等国的新移民。还值得一提的是，在登记材料中也出现了来自"新加坡"的"非正规移民"。笔者虽然怀疑他们可能不是新加坡本国人，而是"借道"新加坡的中国移民，但因为缺乏确凿证据，因此只能在统计中一概将其剔除在外。

一、地缘结构

海外华侨华人的血缘、地缘、方言纽带，在形成海外华侨华人社会次级群体的过程中起着不可或缺的重要作用，是了解海外华侨华人社会构成的关键因素之一。目前定居于欧洲主要国家的华侨华人，依其地缘和方言结构，大致可以分出如下六大群体，即：广府人（主要包括说粤语方言的广东人和香港人），浙江人，福建人，东北人（或曰北方人，以说北方方言为主），台湾人，以及来自西欧原殖民地的华裔再移民群体。

1. 广府人

该群体的主要特点是以粤语方言为主要社会用语，是英、荷、比、德华人社会的主要构成部分。

本书第四章业已提及，20 世纪 60 年代曾出现战后中国人移居西欧的第一个高潮期，这一时期进入西欧的移民主要来自香港。当时，由于中餐馆所能雇用的新工人几乎都是只会说粤语的"香港人"，"香港话"是中餐馆内部的交际用语，故而那时在英、荷、德等国，不会说"香港话"就没法当中餐馆老板。

"香港人"实际上是一个外延十分模糊的概念，在欧洲华人社会中，"香港人认同"是一个很有意思的现象。笔者注意到，在自称为"香港人"的人群中，除了"香港新界人"之外，还包括以下两类人。

第一，不少广东宝安人习惯于自称"香港人"。广东宝安与香港山水相连，宝安人是最早移居欧洲的中国人群体之一。早在 20 世纪初叶，英国、荷兰等地最早形成的华人聚居区中，都先后出现过在当地华人社会中称雄一方的所谓"宝安帮"。20 世纪 50 年代后，由于从中国内地直接移居欧洲十分困难，因此，有些想离开当地农村的宝安人，即借地利之便，越境前往香港谋生。20 世纪 60 年代之后，因香港形势变化而西欧又凸显诱人的经济机会，不少宝安人再度成批移民西欧。由于宝安人和香港新界人不少沾亲带故，而 20 世纪 60 年代后移居西欧的宝安人当中，好些又曾经在香港生活过一段时间，且往往是以"香港人"的身份移居西欧，因此，他们习惯于说自己是"从香港来的"，或干脆就说自己是"香港人"。

第二，西欧"香港人"中还包括相当一部分祖籍在中国内地其他省份，但经由香港移居西欧者。这一群体大致又可分为三部分：一部分是在 1949 年前后由中国内地迁居香港者；一部分是同期去往台湾后来又移居香港者；还有一部分则是在 20 世纪 50 年代后以不同方式"越境"进入香港的内地人。他们的共同特点是，在香港生活过若干年，能说"香港话"，以"香港人"身份移民西欧。

当今欧洲尤其是西欧华人中的"香港人认同"有多重政治、经济因素。尽管香港已在 1997 年回归中华人民共和国，但"一国两制"的制度设计，使香港继续保持相对的独立性，这也直接影响到欧洲华人继续固守"香港人认同"的特殊性。

其一，在政治上，相对处于"中性"的香港人身份，可以使他们在祖籍国海峡两岸关系敏感的形势下，对双方都保持一定距离。其二，在经济上，时至20 世纪 90 年代之前，香港人在英、荷、德、比等国的实力相对强盛，对于一些势单力薄的新移民而言，认同于相对人多势众的"香港人"群体，有利于他们跻身其中，倚靠其势力，利用其网络，始以求得谋生之便，继以探求发展之利。其三，毋须讳言，试图避开当年如何离开内地的不愉快话题，"忘却"一段不愉快的经历，也是其中部分人认同"香港人"身份的一大潜在心理因素。

由于如上种种缘由，直至 20 世纪末，在欧洲国家中，英、荷、德、比四个国家的华人社会仍以具有浓郁的香港文化色彩为特点："唐人街"商场的营业员说的是粤语；大多数中文学校的教学用语是粤语；当地中文电台、电视节目中所使用的基本上是粤语；中文书店中的杂志、出租的录像带大多来自香港；而当地的中文报纸上也大多辟有"香港专版"，津津乐道于香港的种种"八卦"，"香港人"因而顺理成章地成为该群体的集体符号。

尤其是在粤语盛行的英国华人社会，甚至连初来乍到的留学生，都在潜移默化中受到粤语文化的影响。如前所述，2013 年英国的中国留学生人数达到 13 万，许多中国学生的"生活圈子完全是华人"，租房与同胞结伴，吃的是中餐，讲的是中国话，一位来自安徽的留学生感叹道："半年多下来，英语没觉得有多少长进，广东话倒是练出来了。"[1] 可见粤语文化在英国华人圈内影响之深。

然而，这一状况在进入 21 世纪之后发生了明显的变化。随着中国内地新移民的大量涌入，不仅荷兰、德国、比利时的唐人街文化越来越多地展现出中国内地的文化色彩，就连香港人最重要的大本营英国唐人街，其文化也发生了变化。关于这一点，本书第八章将结合经济发展态势再作阐述。

2. 来自西欧原殖民地的华裔再移民群体

如前所述，二十世纪六七十年代之后因政治事变而从印度尼西亚、苏里南及印度支那陆续迁移到西欧的华侨华人华裔，因为各群体内部彼此相似的人生经历，以及曾经长期生活于原居地而受到当地文化习俗的影响，因而有其自身的特点，并形成相对独立的社会群体。

以荷兰的印尼华裔为例。本书第一章在追溯从荷属东印度到荷兰的华裔留学生活动时，曾提及由该群体于 1911 年在荷兰莱顿大学组建的"中华会"，成为体

---

[1] 《13 万中国学子挤满英高校，学生叫苦：人满为患》，（法国）《欧洲时报（电子版）》，http：//huashe. oushinet. com/qsnews/20140614/137364. html，2014 年 6 月 14 日。

现荷属东印度华裔留学生在荷兰追求再华化的一个特殊社团。该社团在二十世纪二三十年代曾经十分活跃，在荷兰华侨华人掀起支援中国抗日战争的爱国热潮时，也曾积极参与。1940 年荷兰沦于德意法西斯魔爪后，该社团停止了活动。"二战"结束后，鉴于当时荷兰、中国及独立前后的印度尼西亚之间微妙的政治关系，该社团几乎名存实亡，最后于 1962 年正式宣布解散。直至进入 20 世纪 70 年代后，随着迁移定居荷兰的印尼华裔人数直线上升，更重要的是，随着中国与荷兰、中国与印度尼西亚之间关系正常化，荷兰的印尼华裔又相继组建了"荷兰华裔协商会""联谊会""印尼华人联友社"等社团。这些印尼华裔社团的活动以联谊为主，有的组织如"联谊会"还曾举办专题学术研讨会。但是，除了个别领导人时而会应邀参加由中国内地侨团组织的庆祝中国国庆之类的活动以外，荷兰印尼华裔社团组织的活动基本是独立的，与当地其他以香港或中国内地华侨华人为主组建的社团之间，几乎没有横向联系。

又如，分别生活在欧洲各国的前印支难民，也是一个相对独立的次级群体。由于死里逃生的共同经历刻骨铭心，他们曾经以法国印支华裔移民为主体，组织过"欧洲越棉寮华人团体联合会"，并且于 1989 年在法国巴黎主持召开"世界越棉寮华人社团会员代表大会"，有来自世界各地的一百多个会员团体、两千多名会员应邀参加。在印支难民最集中的法国，数以十万计的印支难民以原中国祖籍地为纽带，形成了潮州人、广肇人、客家人、海南人等群体，其中尤以潮州人的实力最为雄厚。

3. 浙江人（青田、温州人）

如前所述，位于浙江南部地区的青田、温州人是最早进入欧洲谋生的中国人群体。20 世纪 70 年代末，"出国潮"在中国内地略显端倪，浙江人立刻捷足先登。当闽、粤等地传统侨乡因其亲缘关系主要在东南亚地区，而对方国一直关闭着中国移民入境大门，故而只能滞留于港、澳等地时，当北京、上海等大、中城市的青年学子们寒窗苦读，考场拼搏，千方百计登上"留学"之途涌向北美、日本、大洋洲时，青田、温州人则得天独厚地利用他们的前辈们在欧洲奠定的基础，加之欧洲对于外来移民较为宽容的有利条件，堂而皇之地以"家庭团聚""继承财产""餐馆劳工"乃至"旅游探亲"为由，一个个、一户户、一批批地移民欧洲。

二十世纪七八十年代后青田、温州人移民西欧国家的流向大约经历过由北向南的变化：中国内地移民门户初开的 70 年代末 80 年代初，先期走上移民之路的浙江人主要去往法国与荷兰。但是，自 80 年代后期起，南欧的意大利、西班牙和葡萄牙成为吸引浙江移民的主要国家，其原因主要是以上诸国相继多次对入境非法移民实行"大赦"，即允许已经进入本国境内但尚未得到合法居留权的外国移民经过一定审核手续之后从"非法"转为"合法"。受此政策导向之左右，90

年代后的浙江新移民纷纷涌向南欧，尤以经济形势相对好于其他两国的意大利为主要目的国。时至20世纪末，意大利华侨华人人口总数已在西欧国家华侨华人排行榜上进入前五位，而浙江人在以意大利为主要代表的南欧三国华侨华人社会中明显占据主体地位。

在东欧华人新移民中，温州人也是一个引人注目的群体。当"匈牙利热"骤然升温时，青田、温州人是最先捕捉到这一信息的群体之一，他们一部分从西欧转入东欧创业，一部分则直接从中国老家远赴东欧。由于他们多有业已定居西欧的亲人接济支持，因此在从业上有其集中性，即多以餐饮业为安身立命之根基，而事业上也借助其亲缘乡缘网络而获得支持。

如前所述，法国华侨华人总数在欧洲各国中名列前茅。根据对"法国中国新移民数据"中的"原籍地"进行归类梳理，清楚显示出大集中、广分布的鲜明特点。"大集中"即来自传统侨乡浙江的移民高居榜首，占58.5%。"广分布"则表现为进入法国的中国新移民已经遍布除台湾省以外的各省市自治区。倘若再进一步分析，则可以看到在法中国新移民的分布呈现出明显的阶梯状态：第一阶梯是浙江省；其次是福建省，占11.3%；再者是辽宁省，占9.8%。必须指出的是，因为法国华人和当地一些媒体习惯于将浙江以北的新移民都称为"北方人"，而且，其中又以东北人为主，因此，往往将东北三省及山东籍的新移民统称为"东北人"，如果将包括上述四省新移民在内的"北方人"或曰"东北人"一并计算的话，那么，东北人群体在法国新移民总数中的比例也达到了18.7%，来自上海的占5.1%，[①] 来自天津的占2.9%，而来自其他23个省市自治区及香港特别行政区的新移民全部加在一起，仅占总人数的3.5%（详见表7-4）。

进一步的分析还显示，浙江省新移民也在省内分布上显示出高度的集中性，来自温州下辖瑞安市的最多，占浙江省新移民的40.3%；如果以大温州市为计（即包括其下辖瑞安、永嘉、文成、瓯海、乐清等在内），则达到总数的83.4%。来自青田县的新移民占12.8%。如果将温州、青田两地相加，则占全浙江新移民的96.2%，来自舟山、余姚、杭州、台州、安吉、洞头、奉化、嘉兴、金华、宁波、绍兴、萧山、义乌等大约60个不同市县地区的新移民仅占浙江新移民总数的3.8%（详见表7-5）。

---

① 根据笔者在巴黎搜集资料进行实地访谈所了解到的信息，部分登记为"上海"的新移民实际也来自浙江的温州、青田等地。如前所述，1986年《中华人民共和国出境入境管理法》制定并颁布执行之后，中国公民因私出入境权利得到法律认可，中国政府对中国公民申领护照的规定有所放宽，尤其在上海、北京等大城市更为方便。反之，由于浙江温州、青田地区非法移民现象比较突出，该地区对个人申领出国护照则控制较严。鉴于温州人在上海开店办厂的很多，有些人即借助亲朋好友在上海开办的企业，或直接通过移民中介机构从上海申领护照出国。因为无法确定从上海异地申领护照的准确数据，此处仍沿用原数据。

表 7 - 4　法国中国新移民原省籍分布

省、直辖市、自治区		总人数	比例（%）	
浙江		12 038	58.5	
福建		2 318	11.3	
辽宁	"东北人"或"北方人"	2 018	9.8	18.7
山东		1 210	5.9	
吉林		468	2.3	
黑龙江		151	0.7	
上海		1 043	5.1	
天津		606	2.9	
广西		96		
广东		93		
江苏		92		
河南		81		
河北		70		
江西		58		
四川		39		
湖南		38		
北京		35		
湖北		34		
安徽		27	3.5	
山西		21		
新疆		10		
贵州		7		
云南		7		
甘肃		5		
内蒙古		5		
海南		4		
重庆		4		
青海		3		
香港		3		
宁夏		1		
西藏		1	3.5	
总计		20 586	100.0	

表 7-5 法国浙江新移民主要原居地

来源地		人数	比例（％）		
温州市	瑞安	4 850	40.3	83.4	96.2
	温州	3 271	27.2		
	永嘉	1 015	8.4		
	文成	560	4.7		
	瓯海	208	1.7		
	乐清	133	1.1		
青田		1 538	12.8		
其他市县		463	3.8		
总计		12 038	100.0		

注：按照浙江省 2001 年划定的行政建制，温州是地级市，下辖瓯海、鹿城、龙湾三区，瑞安、乐清两个县级市，以及永嘉、文成、平阳、洞头、苍南、泰顺六县。

表 7-6 西班牙华侨华人人数统计（1991—2017 年）

年份	人口总数	增长率（％）
1991	6 482	（缺）
2000	28 693	（缺）
2002	45 815	（缺）
2003	56 086	22.4
2004	71 881	28.2
2005	89 137	24.0
2006	93 116	4.5
2007	104 011	11.7
2008	126 075	21.2
2009	145 425	15.3
2010	154 056	5.9
2011	164 913	7.0
2012	176 335	6.9
2013	184 495	4.6
2014	191 078	3.6
2015	198 017	3.6
2016	200 198	1.1
2017	207 005	3.4

西班牙国家的人口普查数据也显示出与法国中国新移民数据相似的特点。西班牙数据显示，1991年全西班牙华侨华人共6 482人，随后进入高速增长期，至2015年统计数据显示，已入籍西班牙或在西班牙拥有正式居留权的华侨华人共19.8万人（详见表7-6）。由此可见，20世纪90年代以来的新移民构成当今西班牙华侨华人社会的主体。

与前引法国中国新移民数据一样，2010年西班牙华侨华人原籍地的分布数据同样显示出广分散、大集中的鲜明特点。一方面，西班牙华侨华人来自全中国包括港、澳、台在内的34个省市自治区；另一方面，其中将近62%来自浙江，而在来自浙江省的移民中，65%来自青田县，32%来自温州市（详见表7-7）。

表7-7 西班牙华侨华人原省籍分布（2010年3月统计）

序号	省、直辖市、自治区	总人数	比例（%）
1	浙江	100 530	61.72
	青田县	65 400	
	温州市	32 000	
	其他市县	3 130	
2	福建	35 000	21.49
	浙江＋福建	135 530	83.20
3	上海	5 200	3.19
4	山东	4 500	2.76
5	辽宁	3 000	1.84
6	台湾	2 800	1.72
7	河南	2 600	1.60
8	广东	1 980	1.22
9	吉林	1 800	1.11
10	黑龙江	1 700	1.04
11	江苏	960	
12	北京	360	
13	四川	320	
14	湖南	280	2.32
15	广西	250	
16	香港	230	
17	云南	225	

（续上表）

序号	省、直辖市、自治区	总人数	比例（%）
18	天津	180	
19	安徽	150	
20	江西	140	
21	重庆	110	
22	陕西	98	
23	河北	85	
24	湖北	72	
25	西藏	68	
26	海南	60	2.32
27	贵州	60	
28	新疆	31	
29	澳门	30	
30	甘肃	18	
31	内蒙古	18	
32	山西	17	
33	青海	10	
34	宁夏	7	
总计		162 889	100

资料来源：西班牙华侨华人协会名誉会长徐松华先生提供的资料。由于数据来源不同，本表与表7-6数据有所不同，但总体分布比例应当是可取的。

4. 福建人

福建人传统海外迁移的目的地以东南亚为主，虽然早在"二战"前已有福建人谋生于欧洲的荷兰、丹麦、法国、意大利等国，但人数不多。20世纪80年代后，随着闽东福清、长乐及闽西三明地区出国潮骤然兴起，进入欧洲的福建人数量明显上升。根据前引法国中国新移民数据及西班牙人口普查数据，若以省籍地为序，福建人群体均仅次于浙江人，占第二位，即：西班牙数据中福建人占21.49%，法国中国新移民中福建人占11.3%。

法国中国新移民数据还显示：福建籍新移民主要来自大福州市地区，占51.5%，其次为莆田，占39.2%，号称"旅欧第一乡"沙溪乡所在的明溪县位居第三。进一步而言，在福州地区，又以福清所占比例最高，达总量的46.3%（详见表7-8）。

表7-8　法国福建新移民主要原居地

来源地		人数	比例（%）		
福州市	福清	1 071	46.3	51.5	90.7
	长乐	56	2.4		
	福州	37	1.6		
	连江	28	1.2		
莆田		908	39.2		
明溪		46	2.0		
其他市县		169	7.3		
总计		2 315	100.0		

注：福州市下辖福清、长乐两个县级市，以及连江、闽侯、罗源、闽清、永泰五县。

　　英国华人律师陈华彪先生的客户中有许多是要求提供法律援助的"福建人"，为此，陈律师与英国的"福建人"有较多接触，对他们的生存状况也比较了解。陈律师曾于2000年接受访问时提出：英国近年的非法入境者数以十万计，他们主要来自波兰、罗马尼亚、尼日利亚、斯里兰卡和中国，其中，在1998年至2000年两年内偷渡进入英国的福建人"估计便超过一万五千人，他们绝大部分在英国各地的华人餐馆工作"。鉴于这些非法入境者或"遭受无良雇主剥削"，或"因无法找到工作而引发治安问题"，而"英国实际上也需要外来劳工解决人力不足的问题"，因此，陈华彪律师向英国当局提出呼吁：有条件地允许来自福建的非法移民暂住与工作，以解决数以万计黑市劳工给英国带来的社会问题。[①]

　　由于福建人进入欧洲以后可资凭借的纽带远不如浙江人，也比不上广府人，因此，他们的立足、创业过程都显得极为艰难。在业已进入西欧国家的福建人中，一部分已经借意大利、西班牙、葡萄牙、法国等国家的几次大赦获得了合法居留权，也有一些已迅速创业致富。

　　组建地缘性的社团组织，既是华侨华人在异域谋发展的组织性途径之一，也从一个特定侧面反映该地缘性群体的生存发展状况，因为，海外华人社团的组建必须产生出在经济上有一定实力，在社会上有一定地位，并且愿意出钱出力的领袖型人物，必须形成一定的群体基础。时至20世纪末，欧洲的福建籍华人社团主要限于英、法、荷、德、匈等少数国家，且每个国家基本仅有一个福建籍华人社团，全欧福建籍地缘性社团的总数仅限于个位。进入21世纪后，福建籍社团出

---

① 《英华裔律师为中国人蛇请命》，《亚洲周刊》，2000年9月10日。

现一个组建的高峰，短短数年，一是福建籍地缘性社团已经遍布欧洲各国，二是在福建籍新移民相对集中的国家，福建籍社团在原有社团的基础上，另行组建新的地缘性社团。例如，福建海外交流协会 2008 年的资料显示，欧洲各国以福建命名的地缘性社团已经超过 30 个。关于这一点，本书第九章还将进一步展开论述。

5. 东北人

如前所述，欧洲华侨华人，也包括当地国部分媒体，习惯于将来自浙江以北的新移民统统划为"北方人"，又因其中以"东北人"为主，因此也时常统称其为"东北人"。

法国中国新移民数据显示，来自山东及东三省的新移民占同期新移民总量的 18.7%，其中，超过半数来自辽宁省，达 9.8%。而且，在辽宁新移民中，又主要集中于辽宁省的三大重工业城市：沈阳、抚顺和铁岭（详见表 7 - 9）。其余移民人数较多的城市如鞍山、丹东、辽阳等，也都是国有大型企业较为集中的城市。

表 7 - 9　法国辽宁新移民主要原居地

来源地		人数	比例（%）	
沈阳		935	46.3	79.3
抚顺		423	21.0	
铁岭	铁岭市	197	9.8	
	开原市	45	2.2	
鞍山		98	4.9	20.8
丹东		86	4.3	
辽阳		43	2.1	
其他市县		191	9.5	
总计		2 018	100.1	100.1

注：开原市隶属于铁岭市。

在西班牙数据中，来自山东及东三省的新移民共占华侨华人总人数的 6.75%。若以省、直辖市为单位排序，则山东省跟随浙江、福建和上海之后，位居第 4，辽宁第 5，吉林和黑龙江排在第 9 和第 10，换言之，山东及东三省移民数量都居于全国 34 个省市自治区的前十位（详见表 7 - 10）。

表 7 - 10　西班牙山东及东三省新移民人数

表 7 - 7 原序号	省、直辖市、自治区	总人数	比例（%）
4	山东	4 500	2.76
5	辽宁	3 000	1.84
9	吉林	1 800	1.11
10	黑龙江	1 700	1.04
总计		11 000	6.75

　　西班牙数据统计的是全西班牙已入籍或已拥有在西班牙正式居留权之华侨华人的数据，而法国中国新移民数据主要包括的是 1999 年至 2004 年期间尚未在法国获得正式居留权之新移民的数据，两相比较，东北人在法国数据中占比 18.7%，而在西班牙华侨华人中占比 6.75%，这也从另一侧面反映出东北人群体的两个要点：一是移民欧洲的时间主要在 20 世纪 90 年代之后；二是该群体中隶属于无证移民的比例相对比较高。

　　在俄罗斯，由于俄罗斯与中国东北尤其是黑龙江共享漫长的边境线，因此新移民中原籍东北的比例更高。根据俄罗斯科学院远东研究所研究员拉林于 2007 年进行的总计 900 份问卷调查的统计数据，俄罗斯中国新移民中 45% 原籍为黑龙江，如果再加上原籍辽宁、吉林、山东、河北、北京的比例，则欧洲华人社群中习惯被称为"北方人"的新移民比例总计达 69%。反之，来自欧洲华侨华人主要侨乡地区浙江、福建和广东地区的比例总计仅为 11%（详见表 7 - 11）。

表 7 - 11　俄罗斯华人主要来源地

分类	来源地	占比（%）	分类	来源地	占比（%）
"北方人"	黑龙江	45	侨乡	浙江	5
	吉林	8		福建	3
	辽宁	7		广东	3
	北京	6	其他地区	江苏	5
	山东	2		上海	2
	河北	1		其他	13

　　资料来源：拉林著，阎国栋译：《俄罗斯的华人移民：社会问卷调查研究》，《华侨华人历史研究》2009 年第 3 期，第 3 页。

6. 台湾人

欧洲华侨华人习惯认为的"台湾人"，实际上不仅包括出生成长于台湾的本土人，也包括曾在台湾生活、工作过，或经由台湾移居欧洲的那部分人，有些时候，那些与台湾没有乡缘关系但在政治上强烈认同台湾当局的华侨，也被认为是"台湾人"。当海峡两岸在政治上处于紧张状态时，"台湾人"在欧洲华侨华人之中曾经是一种对于祖籍地所持政治倾向的代言词。

自20世纪50年代以来，不断有台湾人因婚姻、投亲、留学、求职等而移民欧洲，不过人数一直不太多。进入20世纪80年代以后，在台湾企业集团加速国际化的过程中，一些企业家瞄准了欧洲市场，尤其是随着台湾著名的大型企业，如华隆财团、大同关系企业集团、台湾长隆海运、台湾宏基集团等相继投资欧洲，"台湾人"作为一个以地缘为纽带的社会群体，在欧洲的活动及影响有所增强。

进入21世纪，尤其是台湾民进党上台后，加紧在海外华侨华人中寻找支持者，在欧洲的台湾同胞当中，也有人打出了支持"台独"的旗号，在各种媒体公开撰文宣扬"台独"。尽管这部分人的绝对人数不多，他们的言行也一直受到大多数华侨，包括来自台湾的老华侨的批判，但是，由于他们以台湾移民中的"新生代"、青年知识分子为主，与所在国主流社会的关系相对密切，因此，他们的社会影响及动向值得重视。

反之，一些早期移居欧洲的老一辈台湾籍同胞，其中一些人曾经为台湾当局相关部门工作过，但是，当中华人民共和国与欧洲各国建立正式外交关系后，这些人脱离台湾当局相关部门转而成为普通移民。这部分台湾同胞大多明确支持一个中国原则，反对"台独"。在欧洲华侨华人的反独促统运动中，他们是代表台湾籍同胞支持两岸和平统一的正义力量。

台湾华侨经济年鉴编辑委员会于2012年出版的《华侨经济年鉴》中，详细列出2011年欧洲总计25个国家中台湾籍侨胞的人数，总计33 434人。就国别而言，以法国最高，英国次之，在卢森堡、葡萄牙等九个国家中，台湾籍侨胞人数仅在50人以下（详见表7-12）。

表7-12 2011年欧洲各国华侨华人与台湾侨胞人数

国别	华侨华人总数	台湾侨胞人数
法国	441 745	11 000
英国	401 022	6 000
德国	91 510	5 075

（续上表）

国别	华侨华人总数	台湾侨胞人数
荷兰	111 450	2 698
奥地利	20 000	2 550
西班牙	140 623	1 450
瑞典	27 432	1 181
意大利	201 744	630
瑞士	10 828	584
波兰	3 174	515
比利时	9 005	418
挪威	14 440	403
丹麦	12 074	266
俄罗斯	447 199	221
芬兰	6 141	116
爱尔兰	17 909	100
卢森堡	1 356	45
葡萄牙	14 463	40
匈牙利	12 653	40
希腊	7 472	38
捷克	3 460	20
冰岛	450	20
罗马尼亚	7 050	12
乌克兰	6 560	7
保加利亚	5 000	5
总计	2 014 760	33 434

资料来源：中正大学编：《华侨经济年鉴·2011》，台湾"侨务委员会"，2012 年。

以上列举的六大群体，是当代欧洲华侨华人当中较有代表性的群体。不过，随着移民总数不断增加，欧洲华侨华人的构成也在不断发生变化。例如，原先人数很少的北京人、上海人、四川人等，如今在匈牙利、俄罗斯、法国、罗马尼亚、荷兰、西班牙等国都组织起了自己的地缘性团体，可见其人数也都已经达到了一定规模，并且建立起了自己的地缘性网络群体。关于这一点，本书第九章将详加剖析。

二、性别结构

移民群体性别构成从男性远远高于女性的失衡状态转向两性基本均衡，是中国移民群体从"过客型"向"定居型"转化的一个重要标识。1969 年，96 名香港女士获准到英国与丈夫团聚，成为该年度英国华人社会的重要新闻。[①] 从那以后，英国华人申请家眷入境团聚逐渐成为习以为常之事。据 1991 年英国人口普查数据，是年接受人口普查的英国华侨华人总计 156 938 人，其中 77 669 人为男性，79 269 人为女性，男女性别比为 100：102。[②] 由于这里反映的是业已正式定居于英国的华侨华人的情况，因此，其性别比已接近现代社会的常规。

1987 年，荷兰人口研究中心关于荷兰华人的情况调查表明，荷兰境内来自中国的华人移民性别比例为 116：100，由于该统计对象以新移民为主，因此，仍然呈现出男性高于女性的状况，但与 1956 年男女性别比为 304：100 相比，女性比例已明显提高。[③]

荷兰一华人社团在 1984 年进行的抽样调查亦表明，荷兰华人家庭人口约占总人口的 85%。[④] 另据英国华威大学（The University of Warwick）少数民族关系研究中心在 20 世纪 90 年代初的调查，华人在英国共有 4.8 万个家庭，16 万家庭人口，约占全英华人人口总数的 80%。[⑤]

促成上述转变的外在条件是，西欧各国政府从人道主义原则出发，基本都允许合法定居于本国的华侨华人享有生活、工作的正当权利，允许其家庭成员依法按"家庭团聚"的有关法律入境；而促成上述转变的内在因素是，欧洲华侨华人总体经济自立程度已大大提高，他们愿意并且具备了在西欧国家安家立业的能力，同时，当代中国移民的观念也已发生变化，传统的"叶落归根"已为"落地生根"所取代，全家老小共同在移居国安居乐业，在当今海外华人社会中，已属平常事。从上述西欧国家华人性别构成的变化中可以看出：这些国家的华人移民群体已从男性单身汉为主过渡到主要由家庭组成的社会。

在西班牙，2017 年 6 月 30 日的统计显示，全西班牙总计 207 005 名华侨华

---

① （英）《丝语》第 20 期，第 48 页。

② Parker, David, "Chinese People in Britain: Histories, Futures and Identities", in Benton, Gregor & Pieke, Frank N. eds., *The Chinese in Europe*, Macmillan Press, 1998, p. 306.

③ S. Y. Voets & J. J. Schoorl, Demogratische Ontwikkeling en Samenstelling van de Chinese Bevolking in Nederland, *Working Paper*, 1988（54），p. 21.

④ 荷兰中华互助会《半月报》，1984 年 12 月 3 日。

⑤ 华侨经济年鉴编辑委员会编：《华侨经济年鉴》，1996 年，第 595－596 页。

人中，女性占比 48.2%，与西班牙外来移民总人口女性占比 47.4% 接近。[①]

在法国，"1946 年，华族女性只占总人口的 12.6%；1954 年 19%；1968 年 32.7%；1975 年 39.6%。只有在 1975 年以后，大批华族女性难民抵境，才扭转了这种男女比例不平衡的现象"[②]。

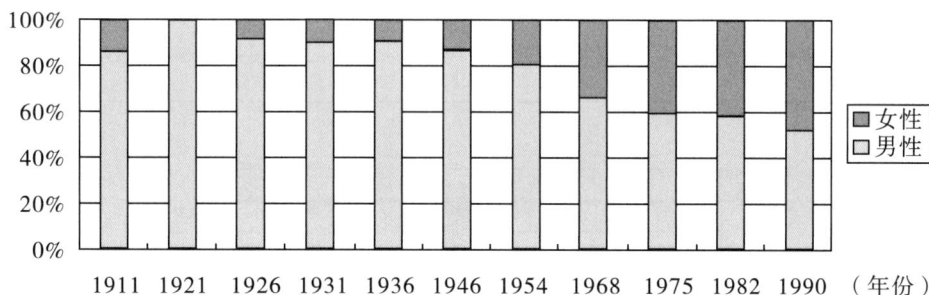

图 7-1 法国华侨华人性别比例（1911—1990 年）

资料来源：Instutit National de la Statistique et des Etudes Economiques：Population Cesuses. 转引自廖遇常（Live Yu-Sion）：《法国》，潘翎主编，崔贵强编译：《海外华人百科全书》，三联书店（香港）有限公司，1998 年，第 312 页。

笔者将法国中国新移民数据中人数最多的三个省，即浙江、福建和辽宁新移民的性别比例进行分类统计后，发现这三大主要的地缘群体实际上显示了三种不同的性别结构模式：浙江省男女比例基本持平（51.0%：48.9%）；福建以男性占绝对多数（75.7%：24.3%）；[③] 而辽宁则正好相反，女性占三分之二以上（详见表 7-13）。三省新移民人口构成形成明显差异（详见表 7-13）。

---

① 西班牙政府就业与社会保障部（Gobierno de Espana Ministerio de Empleo Y Seguridad Social）：《在西班牙的外国人（2017 年 6 月 30 日）》（Extranjeros Residentes en Espana：A 30 de Junio de 2017），西班牙政府就业与社会保障部，2017 年，第 2 页。

② 廖遇常（Live Yu-Sion）：《法国》，潘翎主编，崔贵强编译：《海外华人百科全书》，三联书店（香港）有限公司，1998 年，第 313 页。

③ 2002—2004 年，福建省侨办与厦门大学东南亚研究中心共同在福建长乐地区就新移民问题进行了大规模的入户调查，并发表了相关调查报告。笔者通过比较发现，长乐新移民调查报告所显示的该地新移民的年龄、性别结构特征与本调查基本吻合。根据庄国土 2006 年发表的调查报告，在长乐地区接受调查的 934 户 5 401 人中，出国新移民共 1 926 人。在新移民中，男性 1 234 人，占新移民总数的 64.1%，女性 692 人，占 35.9%；其中，年龄在 16 岁至 45 岁之间的新移民人数为 1 586 名，占新移民总数的 82.3%（庄国土，2006：45）。

表 7 - 13　法国浙闽辽新移民性别结构

省份	女		男		空缺	总计
	人数	比例（%）	人数	比例（%）	人数	人数
浙江	5 890	48.9	6 145	51.0	3	12 038
福建	560	24.3	1 749	75.7	9	2 309
辽宁	1 390	68.9	628	31.1	0	2 018
总计	7 840		8 522		3	16 365

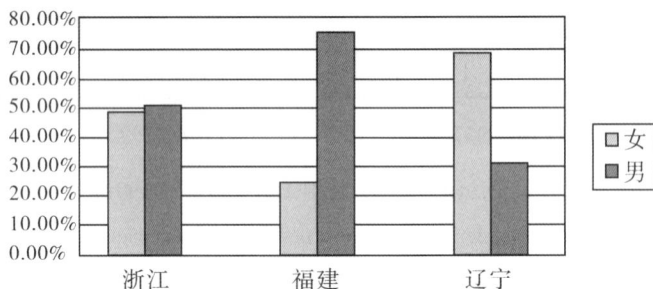

图 7 - 2　法国浙闽辽新移民性别结构

　　关于浙、闽、辽三省新移民性别差异的问题，本章将在第三节"个案解剖"中，结合三省新移民的来源、性别、年龄差异等，进行综合剖析。

三、年龄结构

　　就总体而言，目前欧洲华人社会仍然以第一代移民为主，而且不断有大量年轻力壮的新移民加入其中，因此，倘若与人口构成接近或已经步入老龄化的欧洲主体社会相比，那么，欧洲华人社会基本为"成年型"人口结构，属于社会抚养系数较低的群体，也就是处于为所在国社会提供大量青壮年劳动力的阶段。然而，倘若与"二战"前的欧洲华人社会人口构成相比，则今日欧洲华人社会人口的年龄构成中，属于赡养对象的人群，即未成年儿童及已进入退休年龄的老年人总数已明显上升。

　　在西欧，尤其是在英国、荷兰、法国等华侨华人较为集中的国家，由于第二次世界大战结束后有一批中国人留居这些国家，他们不断拓展着连锁迁移的网络，而且，二十世纪六七十年代时，又经历了一次来自中国香港及印度支那的华人移民潮，因此，时至 20 世纪末，这些国家华人社会的年龄构成与东欧及南欧国家均明显不同。

先以荷兰为例。1936 年，荷兰社会学家范·黑克博士曾依据该年在鹿特丹正式登记注册的中国人的资料，统计其年龄构成情况；1987 年，荷兰阿姆斯特丹两位人口学专家以是年在荷兰阿姆斯特丹、鹿特丹、阿普杜恩与埃特荷芬四城市居住的华侨华人为基数，统计其年龄构成。相隔半个世纪的两份统计，反映出荷兰华人社会的明显变化：随着华人社会由 20 世纪 30 年代的"过客型"转变到 20 世纪末叶以"定居型"为主的移民群体，其年龄构成中，有 3.7% 是业已进入退休年龄的老年人，未成年的儿童达 30.20%，1987 年荷兰华人社会群体的抚养系数已从 1936 年基本为零上升到 51.2%（详见图 7−3）。

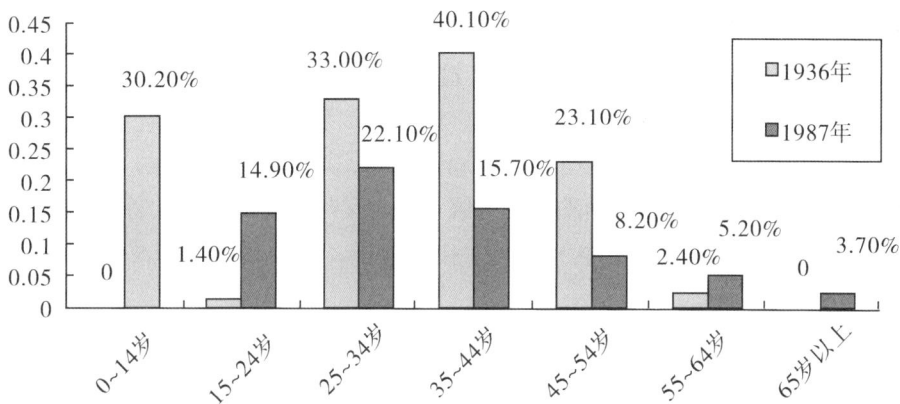

图 7−3　1936 年与 1987 年荷兰华人年龄结构比较

资料来源：

（1）van Heek, Frederik, *Chineesche Immigranten in Nederland*, N. V. J. Emmering's Uitgevers MIJ, 1936. 该统计依据的基数是 1936 年在鹿特丹正式登记注册的中国人。

（2）S. Y. Voets & J. J. Schoorl, Demografische Ontwikkeling en Samenstelling van de Chinese Bevolking in Nederland, *Working Paper*, 1988（54）. 该统计以 1987 年在荷兰阿姆斯特丹、鹿特丹、阿普杜恩与埃特荷芬四城市居住的华侨华人为基数。

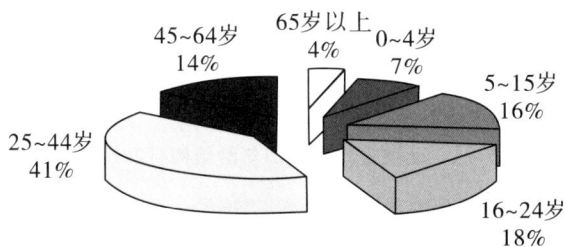

图 7−4　1991 年英国华人人口年龄结构

资料来源：Office of Population Censuses and Surveys, *Census 1991—Country of Birth Tables*, Her Majesty's Stationery Office, pp. 162−168.

图 7-4 系依据 1991 年英国华侨华人的年龄分布统计资料制作而成，希望能比较直观地帮助读者从比较的角度认识 20 世纪 90 年代英国华侨华人的年龄构成状况。

英、荷两国的情况在一定程度上也反映了法国、德国等华人移民历史较长的华人社会年龄构成的变化趋势。还必须指出的是，进入二十世纪八九十年代后，在六七十年代移民高潮时期进入英、法、荷、德等西欧国家的一大批来自中国香港、印度支那的华侨华人已逐渐步入老年期。目前西欧华侨华人社会中的老年人几乎都是第一代移民，他们身上带有较深的中华文化烙印，早年都曾经历过异域创业的艰辛。而且，他们的文化水平大多比较低，掌握所在国语言文字的水平十分有限，多数人仍然只习惯于和使用同一方言的同胞交往。受欧洲社会风气影响，他们的子女成年后大都分居独立，这就使他们的晚年生活显得格外冷清孤寂，当患病需要医治、体弱需要照顾时，更是常常不知所措。反之，一大批在当地出生成长的华裔青少年，则由于在当地国完成了其社会化的过程，因此，往往对西方文化比对中华文化更熟悉、更了解，其与父母之间的代沟，除了生活于不同时代形成的差距之外，还加上不同文化的冲撞，矛盾往往比非移民家庭更加突出。

如前所述，进入 20 世纪 90 年代之后，大批来自中国大陆的新移民进入欧洲，再次改变了欧洲华侨华人的人口结构，尤其是在新移民相对集中的西班牙、意大利、葡萄牙及东欧国家，其华侨华人的人口结构呈现出年轻化的态势。

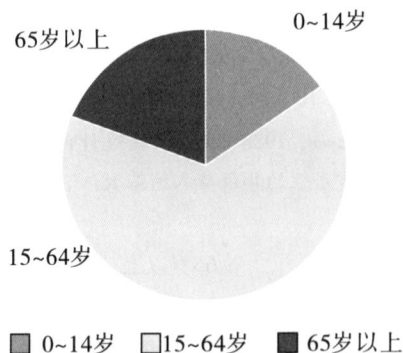

图 7-5 西班牙本国人口年龄结构（2017 年）

资料来源：欧盟数据库网站"欧盟国家人口年龄结构"，http：//ec. europa. eu/eurostat/statistics - explained/images/b/bc/Population_age_structure_by_major_age_groups%2C_2007_and_2017_%28%25_of_the_total_population%29. png。

以西班牙为例。

　　按照人口学的标准，14 岁以下和 65 岁以上均为被抚养人口，15 ~ 64 岁为成年劳动型人口。根据西班牙统计局 2017 年 6 月 30 日关于外国移民的统计数据，西班牙华侨华人主体为成年劳动型人口，共计 147 897 人，占华侨华人总数的 73%，比西班牙本国人口中劳动力人口占 66% 高出 7 百分点；反之，西班牙华侨华人中 65 岁以上老年人口仅有 3 930 人，在西班牙华侨华人总人口中占比仅为 1.9%，与西班牙本国人口中的同一比例相比，只是后者的十分之一（详见图 7 – 5 和图 7 – 6）。

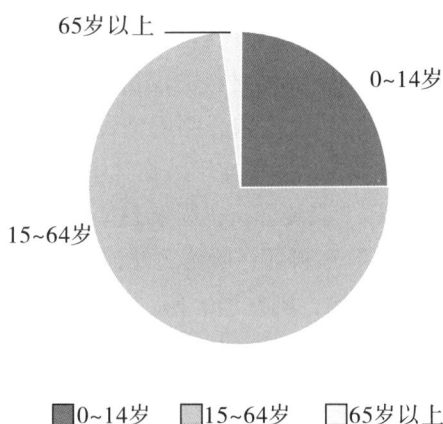

图 7 – 6　西班牙中国移民人口年龄结构（2017 年 6 月 30 日）

资料来源：Gobierno de Espana Ministerio de Empleo Y Seguridad Social, *Extranjeros Residentes en Espana：A 30 de Junio de 2017*, 2017, p. 13.

　　人口学中另一组重要概念是"抚养系数"，包括"总抚养系数"（total dependency ratio）、"儿童抚养系数"（child dependency ratio）和"老年人抚养系数"（aged dependency ratio）。"总抚养系数"指总人口中非劳动年龄人口（14 岁以下及 65 岁以上）与劳动人口数之比；"儿童抚养系数"指 0 ~ 14 岁儿童人口与 15 ~ 64 岁劳动人口之比；"老年人抚养系数"指 65 岁以上老年人口与 15 ~ 64 岁劳动人口之比。与西班牙本国人口相比，西班牙华侨华人的总抚养系数低于西班牙本国人口 15 百分点，而且，其中又以成长型的"儿童抚养系数"为主，老年人抚养系数则远远低于西班牙本国人口中的同一系数（详见表 7 – 14）。

表 7 - 14　西班牙本国人口与华侨华人人口抚养系数比较

类别	总抚养系数	儿童抚养系数	老年人抚养系数
西班牙本国人	51	23	29
西班牙华侨华人	36	34	3
西班牙本国人：西班牙华侨华人	+ 15	- 9	+ 26

注：西班牙华侨华人数据系 2017 年 6 月 30 日统计数据；西班牙本国人口数据系 2017 年统计数据，http：//ec. europa. eu/eurostat/statistics - explained/images/b/bc/Population_age_structure_by_major_age_groups%2C_2007_and_2017_%28%25_of_the_total_population%29. png。

匈牙利学者也注意到本国中国新移民群体极其年轻的人口构成：据匈牙利有关方面对布达佩斯 4 663 份中国新移民材料的剖析，其中 61% 年龄在 20～40 岁之间。[①] 另据笔者在意大利调查时当地侨领介绍的情况，20 世纪 90 年代末意大利华侨华人以 20～30 岁年龄层居多，总体平均年龄估计不会超过 35 岁。笔者在意大利访问过由新移民开设的皮革厂、服装厂，在周末去过主要面向中国新移民的餐厅及由当地华侨开办的"卡拉 OK"歌舞厅，所到之处，无不活跃着年轻人的身影。

法国中国新移民的年龄结构，则在浙、闽、辽三省新移民之间显示出完全不同的特征，值得关注。

法国中国新移民数据显示，原籍浙江的新移民年龄构成最为年轻，闽籍新移民略高，辽宁新移民的年龄构成则最高。换言之，浙江新移民的主年龄段是 17～40 岁，占比 90%，不存在明显的男女性别差异，年龄中位数是 28。福建新移民群体中，年龄在 21～40 岁之间的占比 87%，女性 90% 和男性 80% 集中于这一年龄段，全体年龄的中位数是 30。辽宁新移民的情况则比较特殊：该群体的年龄中位数为 37，80% 集中于 31～45 岁年龄段，82% 的女性和 74% 的男性集中于这一年龄段（详见表 7 - 15）。

法国中国新移民数据中关于年龄构成显示的另一特征是年龄跨度在不同来源地群体之间的差别。在此需要说明的是，根据法国政府的相关规定，非正规移民中 17 岁以下的未成年人必须另外由专门管理未成年人的机构受理，因此，"语言文化辅导协会"只接受 17 岁以上的新移民独立进行登记。鉴于政策限制，浙、闽两省的最低年龄均为 17 岁，辽宁的最低年龄线则为 20。反之，最高年龄线则出现在浙江新移民群体，在浙、闽、辽三省总计 16 365 人当中，年龄在 55 岁以上者共 179 人，其中 150 人，即 84% 来自浙江，男性最年长者已 78 岁，女性最

---

① Nyíri, Pál, *New Chinese Migrants in Europe：The Case of the Chinese Community in Hungary*, Ashgate, 1999, p. 32.

年长者也达 73 岁（详见表 7 – 15）。

法国浙、闽、辽三省新移民显示出不同年龄结构的原因，将在本章最后一节"个案解剖"中进行分析。

表 7 – 15　法国浙、闽、辽新移民年龄结构

省份	年龄中位数			最大年龄		最小年龄	
	全体	男	女	男	女	男	女
浙江	28	28	28	78	73	17	17
福建	30	31	29	57	47	17	17
辽宁	37	36	38	59	55	20	21

四、身份结构

欧洲华侨华人由于本原构成的多元化，其身份构成也比较复杂，其中主要包括以下几种不同情况：持所在国护照；持中华人民共和国护照；持台湾旅行证件；持香港或澳门特别行政区身份证（回归之前为香港或澳门"身份证"）；持"难民证"；持一些东南亚国家（如印度尼西亚、新加坡、马来西亚等）的护照。

依据不同国籍，同时也依据不同国家的不同法律，华人在各国所享有的法律地位也有所不同。依据笔者归纳，主要可以区分出以下五类不同情况。

1. 持所在国护照的华人华裔

在英、法、荷等国，已加入当地国国籍的华人华裔比例较高。

例如，在荷兰，当年荷属殖民地印度尼西亚、苏里南独立时，于规定期限内移居荷兰的华人华裔，均自动获得荷兰国籍。从中国大陆、香港、台湾等地移民荷兰的中国人，获得在荷正式居留权后连续在荷兰居住满五年以上者，可以申请荷兰国籍。据统计，从 1960 年到 1991 年，共有 1.3 万名来自中华人民共和国的移民加入了荷兰籍。[①] 另一统计表明，在来自中国内地、中国香港和新加坡这三个地区的中国人当中，每年入籍荷兰的比例约占这三个地区侨居荷兰人口总数的 4% ~5%。他们大多是在荷兰侨居五年到九年期间获得荷兰国籍的。据荷兰司法部公布的数据，荷兰其他外籍人士加入荷兰籍的比例每年仅在 1% 左右。一般认为，目前正式定居荷兰的华侨华人当中，半数以上已加入荷兰籍。[②]

---

① Rinus Penninx, Jeannette Schoorl, Carlo van Praag, *The Impact of International Migration on Receiving Countries: The Case of the Netherlands*, Swets and Zettlinger, 1993, p. 87.

② 参见李明欢：《荷兰华人人口构成剖析》，（香港）《华人月刊》1991 年第 4、5 期。

在法国，当地华侨人口加入法国籍的比例也是相当高的。按照法国政府的有关规定，合法移民在法国居留五年以上，无犯罪记录，不欠税，懂法文，即可申请入籍。据不完全统计，在来自印度支那的华侨华裔中，入籍比例高达95%；在已获得合法居留权的来自中国大陆和台湾的移民中，入籍比例也达到将近80%。①

反之，瑞士、意大利、德国、奥地利等国，对移民入籍的要求则复杂得多。

据笔者在调查中了解到的情况，全欧洲外国人入籍最难的国家要数瑞士。该国规定，外国人在瑞士住满12年方可申请入籍，常规入籍程序要通过联邦、州和居住地区（乡镇社区）三层的严格审查。尤其是居住乡镇审查一关，左邻右舍必须出具证明，对该外国人在过往12年间的行为没有异议，并且证明其能够融入社区生活，熟悉瑞士风俗，履行瑞士社会义务（如遵纪纳税等），方能获得通过。

在奥地利，虽然各不同地区对入籍的时间要求有些差异，但一般均必须在奥地利居住八年以上，并通过德语水平测试，方能提出入籍申请。

在意大利，一方面由于新移民为数众多，另一方面更因为入籍手续繁杂，因此，意大利中国新移民入籍比例相当低。

一般而言，加入当地国籍，相对较有利于华侨华人在当地国的生存与发展。华人移民一旦宣誓加入当地国籍，在法律上成为当地国的一分子，那么，按法律规定，他们在求学、就业、选举、福利、出国旅行等各方面，均享有与当地国主体民族完全平等的权利。许多中国移民也乐意加入当地国国籍，履行作为当地国国民的义务。

当然，对于成年之后才离开祖（籍）国移居异国他乡的华侨华人来说，故土中华总是他们的心理隶属实体，是他们民族情感的植根之地，华人在入籍当地国之后，仍然对于故乡故土怀有特殊的眷恋，这是人之常情，应当得到理解。

2. 持原居住国护照，但同时持有所在国合法居留证的华侨

欧洲各国的合法居留证有长期与短期之分，短期居留证需要定期（一年或两年）更换。

以荷兰为例。移民要在荷兰就业，需要有"劳工许可"。一般说来，"劳工许可"需由雇主向荷兰政府有关当局提出申请，该雇主必须提供证据，证明所雇佣外籍劳工是荷兰所缺乏的"具有特殊技能的人才"。在二十世纪六七十年代时，"中国厨师"曾被作为特殊人才居于优先获准的地位。外籍劳工在荷兰合法

---

① ［法］Emmanuel Ma Mung 著，李明欢编译：《法国华人社会概览》，《华侨华人历史研究》1994 年第 4 期，第 49 页。

连续工作三年以上者，可以拿到长期"工作许可"（又称"工照"或"工卡"）；在荷兰合法居住五年以上、有固定工作者，可以拿到长期居留证（又称"黄卡"）。持黄卡者在荷兰同样享有就学、就业、社会福利等方面的平等权利，也拥有选举权。

德国的情况则不同。只具有在德长期居留证的外籍人士，是没有资格参加选举的。

意大利的情况则较为复杂。如前所述，自20世纪80年代以来，意大利先后多次实行大赦，对已经入境但手续不全的移民进行甄别之后，给符合有关规定者以合法居留权。不过，由于每次大赦均附有各式各样的不同规定，故而目前已获得居留权的外籍移民之间存在多种差别。例如，在已获得居留权的外籍人士中，不仅有长期与短期之分，还有所谓"老板居留"与"一般居留"之别。没有得到"老板居留"者，即使已积累了一定的资本，仍不得自行开业，这在欧洲各国当中，是比较特殊的情况。

另外还值得一提的是，在相当长的时期内，西欧华侨在得到长期居留证之后，往往一到规定期限，即申请加入所在国国籍。然而，这一趋势在20世纪90年代后期已开始出现明显变化：一些经常到中国做生意或探亲访友的华侨，只希望拿到长期居留证，而不想入籍当地国。因为，一方面，《申根协定》实施之后，只要持有《申根协定》签署国的居留证，在西欧各国旅行基本无须签证，十分方便。另一方面，更重要的是，中国自身经济的蓬勃发展，为海外华侨华人提供了许多新的经济机会，持中国护照有利于他们进出中国做生意，而且，也有利于他们维护在原籍地家乡的一些权益。

总之，进入21世纪后一个值得注意的趋势是，越来越多中国新移民倾向于不入籍，只申领当地长期居留证，保留中国护照。究其原因，首先是中国自身社会经济高速发展令其倍感作为中国人的自信与自豪，其次是基于诸多实用性的考虑，例如，有当地国居留证即可享受当地的基本福利保障，而拥有中国护照则方便回中国及在中国办理相关事务。

3. 享有在欧洲共同体国家居住权利的华人

这部分人主要指的是享有"居英权"的香港人，以及持葡萄牙护照的澳门人。1997年香港回归祖国之前，五万户香港居民得到了英国政府特别给予的"居英权"，可以在任何时候自由移居英国。倘若这五万个家庭全部移居英国，那么，就意味着有十几二十万人移居英国，其结果势必严重影响到英国华人社会乃至整个英国社会的发展。在1997年前后，"居英权"家庭移居英国问题曾经令英国十分担忧。然而，可喜的是，香港、澳门实现平稳回归后，在"一国两制"之下继续保持社会安定，经济稳步发展，因此，时至21世纪初，这些持有"居英权"的香港人或持葡萄牙护照的澳门人，大多仍然在香港、澳门居住、工作。

就此而言，香港、澳门在 21 世纪的发展进程，不仅对中国及亚洲的前途事关重大，而且对于欧洲华侨华人社会，乃至整个欧洲社会的安定与发展，也都具有深远意义。

4. "难民证"持有者、"政治庇护"申请人及"无国籍者"

目前能为欧洲国家正式接纳的"难民"只限于"政治难民"。换言之，由于原居地政局变迁或战乱动荡，与执政者持不同政见者，或遭受迫害不得不离国出走以求生存者，可被接受为"难民"。凡正式被西欧国家政府有关部门确认并接受为"难民"者，不仅可以在接收国合法生活、学习、工作，而且在语言学习、就业培训、住房福利等方面均可享受到种种给予"难民"的特殊优待。

1949 年中华人民共和国成立前后，曾有一批对新中国政府不理解、不信任者离开中国大陆，移居台湾或香港，其中有一两万人随后相继以"政治难民"身份移民西方，他们大部分去往美国，同时也有一小部分为西欧国家所接纳。1975 年印度支那政治局势发生巨变之后，十多万华裔难民为法国所收容，其他西欧国家也分别收容了数千人。至于 1989 年之后以"政治难民"身份受到西欧国家庇护的中国人中，有些的确是民运参加者，而相当一部分则是以"参加民运"为借口，以达到从无证转换为有证身份之目的。

在瑞士、英国等欧洲国家，还有数千名藏族侨胞。1961 年 4 月 1 日，瑞士国际红十字会协助第一批 39 名藏胞从尼泊尔移民瑞士。1974 年，瑞士国际红十字会再次从印度、尼泊尔成批接纳了 1 200 名藏族侨胞。[①] 根据加拿大学者希奈赫·麦克弗森（Seonaigh MacPherson）等人 2008 年基于实地调查公布的数据，藏族侨胞在欧洲主要分布于如下国家：瑞士 1 540 人，英国 650 人，斯堪的那维亚地区 110 人，其他欧洲国家共 640 人。[②]

此外，按照有关国家的规定，非法入境者一旦被发现，必须被遣返原居住地。但是，有些非法入境者本来就没有任何合法证件，有些非法入境者为了不被遣返，销毁了本人的所有证件，于是，这些人就成了无国籍者。他们已非法进入的国家依法不同意给他们以居留权，可是有关部门又无法确认其原居地而加以遣返。因此，如何合理合法地解决这批人的问题，是相关国家都感到十分棘手的一个问题。众所周知，一直以来，寻找种种理由申请"政治庇护"，已成为非法偷渡者设法获得移民定居身份的手段。1999 年，共有 1.1 万中国人在欧盟国家申请

---

① 这些藏族侨胞是以所谓"抗暴难民"的身份由国际红十字会安置在瑞士的。

② MacPherson, Seonaigh, Anne – Sophie Bentz & Dawa Bhuti Ghoso, Global Nomads: The Emergence of the Tibetan Diaspora, http：//www. migrationinformation. org/feature/display. cfm? ID = 693.

庇护，申请者"以反对北京的一孩生育政策、领导人贪污或属于少数宗教派系如法轮功教会，或者反对北京政府等理由，作为申请的根据"。但是，正如英国内政大臣司特朗所指出的，"其中百分之九十九的人都没有受到迫害，都是经济移民"，司特朗还指出：目前国际社会在处理难民和非法移民问题时，所沿用的法律依据仍然是1951年签订的日内瓦难民公约，而这个公约在冷战后的今天已经过时，需要修改。[①]

非法移民是世界性的问题。据设在维也纳的国际移民中心估计，"每年有大约40万到50万人被走私到欧洲"，英国移民机构则估计，"每年有大约三千万非法移民越过国际边界"。[②] 就西欧主要国家而言，由于地理相邻或历史因缘，土耳其、摩洛哥、阿尔及利亚、埃及、前南斯拉夫、阿尔巴尼亚等国均有大批非法移民进入欧洲。尤其是2015年欧洲爆发难民危机，数以百万计的难民涌入欧洲，对欧洲各国乃至欧洲一体化进程都造成重大影响。相对而言，中国作为世界第一人口大国，中国人非法移民的总体比例还是比较低的，然而，其社会影响仍然值得重视。

五、地理分布

欧洲华人在地理分布上的特点与其就业构成密切相关，其基本特点是小集中、大分散。"小集中"即西欧绝大多数国家及东欧华人新移民相对集中的国家，在其首都或重要城市大多形成一个或若干个因集中了华人餐馆、华人商店而具有清晰中文标志的"唐人街"。在荷兰，既有阿姆斯特丹唐人街，又有鹿特丹、海牙唐人街；在英国，除伦敦的大唐人街外，在曼彻斯特、利物浦也有小唐人街；而在法国巴黎，一城之内已相继形成三个各具特色的唐人街。然而，由于华人的就业特点，中餐馆必须以客源为基础，因此，随着中餐馆、快餐店走向欧洲各地大小城镇，华人的居住地也散布全欧。

以法国为例。据法国学者的调查，全法华人有半数以上居住在大巴黎地区，而巴黎华人中，则又有近三分之一居住在巴黎市区内，尤其是巴黎的第13区、美丽城（当地华人对位于巴黎第19区 Belleville 的习惯称呼）、第3区和拉丁区等四个地区。[③]

---

① 参见《英〈经济学家〉谈多佛惨案启示》，多维新闻网，2000年6月24日。
② 参见《英〈经济学家〉谈多佛惨案启示》，多维新闻网，2000年6月24日。
③ Emmanuel Ma Mung, *Chinese Entrepreneurship in France*, p. 447.

表7-16 华人在巴黎居住分布情况

居住区	华人人口数	在全法华人中的比例（%）	当地总人口数（万）	华裔人口：总人口（%）
巴黎城	31 773	15.4	200	1.59
巴黎郊区	76 738	37.2	800	0.96
全巴黎	108 511	52.6	1 000	1.09

资料来源：根据 Emmanuel Ma Mung，*Chinese Entrepreneurship in France* 所提供数据整理绘制。

①位于巴黎第3区最早的
唐人街一角

②巴黎第13区唐人街

③巴黎第13区唐人街街头蔬菜小贩

④巴黎第13区唐人街街头现场作画卖画

图7-7 巴黎唐人街（李明欢摄于2012年8月）

图7-8　荷兰海牙唐人街牌坊（李明欢摄于2017年10月）

①英国伦敦唐人街（李明欢摄于2012年11月）

②英国曼彻斯特唐人街（李明欢摄于2015年11月）

图7-9　英国唐人街

在意大利，据 1992 年 12 月的统计，在全意大利拥有合法居留权的 22 917 名华人中，有 19 800 人（即将近 90%）居住在意大利中部及北部的大城市。其中，华人人口最集中的三个区是：以米兰为首府的伦巴第区（6 066 人，占全意华人总数 26%）；以罗马为首府的拉济奥区（5 668 人，占全意华人总数 25%）；以佛罗伦萨为首府的托斯卡纳区（3 494 人，占全意华人总数 15%）。另有约 5% 的华人分布在意大利边远的城镇及岛屿。①

图 7-10 意大利米兰唐人街（李明欢摄于 2017 年 6 月）

---

① Francesco Carchedi, Marica Ferri, "The Chinese Presence in Italy: Dimensions and Structural Characteristics", in Benton, Gregor & Pieke, Frank N. eds., *The Chinese in Europe*, Macmillan Press, 1998, p.267.

图 7-11 马德里唐人街（李明欢摄于 2018 年 11 月）

在西班牙，20 世纪 80 年代之前当地为数不多的华人主要集中于首都马德里、巴塞罗那及瓦伦西亚三个城市，80 年代后随着大批华人新移民进入西班牙，华人分布地域迅速扩展，西班牙诸多边远城镇都出现了华人谋生的身影。就马德里而言，虽然该城华人的绝对人口逐年猛增，1993 年是 1961 年的近 30 倍，2004 年又猛增至 1993 年的近 8 倍，但是，倘若就相对人口而言，马德里华侨华人在全西班牙华侨华人总人口中的比例则从 1961 年时的 51% 下降到 1981 年时的 37%，再下降到 2004 年之后的大约四分之一（详见表 7-17）。

表 7-17 华侨华人在西班牙的地理分布

地区	年份						
	1961	1971	1981	1986	1993	2004	2017
马德里	86	176	282	719	2 480	19 023	53 542
加泰罗尼亚[①]	27	89	124	208	1 504	22 960	48 779
瓦伦西亚	20	14	37	448	1 109	7 009	10 774
安达卢西亚[②]	5	52	54	294	943	5 911	93 910
其他地区	29	108	260	775	2 182	14 974	
总计	167	439	757	2 444	8 218	69 877	207 005

注：

①巴塞罗那为该地区之重要城市。

②安达卢西亚位于西班牙最南部，是西班牙著名旅游度假区。

资料来源：1961—1993 年数据根据 Joaquin Beltrán Antolin：《西班牙华侨华人》，第 224 页；2004 年数据由西班牙华侨华人协会名誉会长徐松华先生提供；2017 年数据根据西班牙政府就业与社会保障部：《在西班牙的外国人（2017 年 6 月 30 日)》，2017 年，第 5 页。

第三节　个案解剖

在对欧洲华人社会人口的数量及地缘、性别、年龄、身份结构和地理分布基本情况进行分类梳理的基础上，本节将从两个不同层面再作深入探讨：一是宏观分析，即在宏观层面上对欧洲华人人口的总体分化趋势进行剖析；二是个案探讨，即以法国中国新移民三个不同地缘群体人口构成中所显现的特点及其成因作为个案，尝试作更深入的理论思考。

一、宏观分化趋势

就宏观趋势而言，近年来进入欧洲的中国新移民在构成上主要可分为四类。

第一类是企业家和工商业者。虽然海外华人企业家中不少人系在海外"白手起家"，但进入 21 世纪以来，越来越明显的是好些新移民直接从中国携资迁移，有的系直接"投资移民"，但多数则是带着在国内已经或多或少有过的经商、办企业的经历，移民欧洲。他们的共同特点是，十分注重利用祖（籍）国的政治、经济优势，运用自己的亲缘关系造就的特殊社会资本，拓展事业，提高地位。许多人频繁往来于居住国与祖（籍）国之间，从跨国运作中获利。

第二类是专业移民以及完成学业后留居当地的原留学生。如本书第五章所列举的实例，近年来荷兰、丹麦、德国、英国、爱尔兰等国相继出台了订立"年薪收入"作为选择"专业移民"标准的新政。身为"专业人士"，他们大多直接进入当地国的中上层社会阶层，享受比较体面的生活和地位。

第三类是通过"正式合同"在一定期限内进入欧洲某一国家特定企业的"短期"务工者。因为中欧之间迁移的成本相当高，因此他们的合同一般不会短于一年；但是，又因为合同年限超过三年则当事人即可能具备申请正式移居的条件，因此长期合同一般也不会超过三年。[1] 他们虽然通过基本合法的途径进入欧洲务工，但因为多头抽成，因此往往拿着比当地人甚至比某些无证移民还要低的工资，并被限定于一定的活动范围之内。他们对于居留、入籍等既不了解，也没有明确追求，赚钱回家是主要的精神支柱。只要待遇还过得去，这些移民工人可能也就满足于当一次欧洲社会的过客。但如果遭遇中介的欺诈或雇主的过分盘剥，则可能酿成社会问题。

---

[1]　按照联合国的相关规定，此类群体隶属于"移民工人"。

第四类是为数众多的草根阶层，包括无证移民，他们心中怀着强烈的改变命运的愿望，却只能进入移居国社会的底层从零开始（有些负债迁移者甚至是从负数开始），因为语言障碍，一些人只能受雇于华人经济圈，对于受"自己同胞剥削"多少会有不满。如果说那些通过亲缘纽带实现迁移者，对于"帮助"自己实现迁移的"老板"还怀有"回报感恩"亲情的话，通过各类"中介"实现迁移者（此类人越来越多），则完全没有了脉脉温情。在遭遇理想破灭，精神寄托缺失，又与社会没有必要沟通与约束的情况下，个别人可能走上极端道路。进入21世纪之后在欧洲华人社会内部发生的一些恶性事件，不少均与此相关。

欧洲华人社会的多元构成还反映在来源地向"侨乡"之外的其他省份拓展。由于各类移民中介目前在跨国迁移中起着重要的引导作用，传统纯民间以"友情"为纽带的运作基本被有偿商业经营所取代，因此，欧洲中国新移民原籍地广泛拓展也就在情理之中。本章关于"地缘结构"一节对此已有较详细分析。

在纵向纬度上，也存在两类不同分化。一是出生于不同年代移民群体之间的分化，二是老一代移民及其子女之间的代沟。笔者在调查中深刻感受到，虽然同为来自中国的第一代移民，但是，不同年代、不同年龄层的移民之间，已经可以看到明显的代际隔阂。其中最为鲜明的是，对于那些出生于二十世纪八九十年代之后（套用国内学用的说法即所谓"80后"和"90后"甚至"00后"）的年轻新移民而言，好些已不再以赚钱为唯一目标，与20世纪改革开放初期的移民之间，已经出现明显不同。对年青一代移民而言，好些已不再以赚钱为唯一目标，不再"认命"地接受超时、超量的苦活累活，他们看重生活享受，维权意识也明显增强。因此，华人社会内部雇佣关系的矛盾屡屡出现。代际矛盾还表现在移民家庭内部的父母与子女之间，尤其是成年后才迁移欧洲的父母，与他们在定居国文化氛围中实现社会化过程的子女之间，代沟矛盾更加突出。年青一代的思想观念、文化意识等，往往令其出身于底层、仍在辛苦劳作的父母们难以接受。

二、个案理论思考

如前所述，对法国中国新移民数据的分析，显示来自浙、闽、辽三省的新移民在人口结构上具有不同特点：浙江移民群性别均衡、平均年龄低，但总体年龄跨度大；福建移民群以年轻男性移民构成移民人口主体；而以辽宁为代表的东北移民群则以中年女性构成移民人口主体。见微知著，对三个不同地缘性群体人口构成的剖析，将能够深化我们对于国家与市场跨国层面的互动如何直接影响并制约人口的国际迁移的认识。

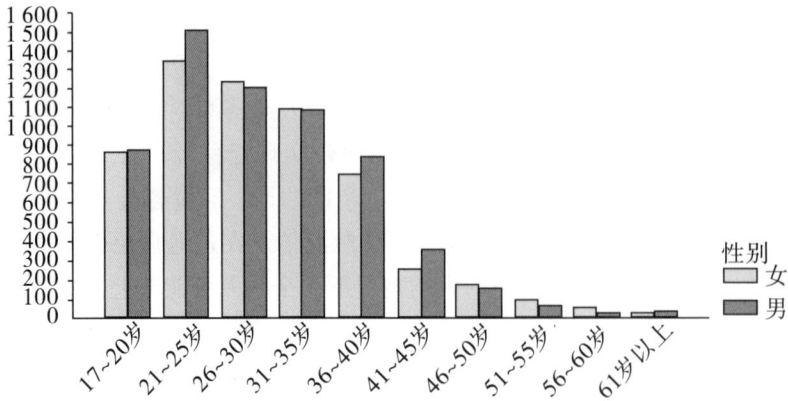

图 7 - 12　法国浙江新移民年龄和性别结构

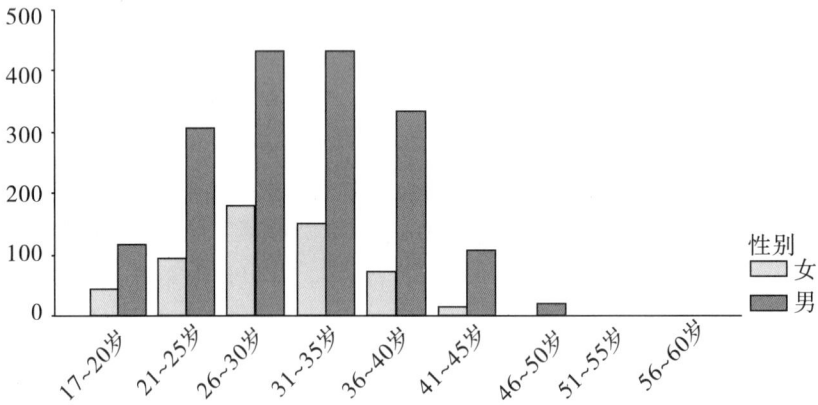

图 7 - 13　法国福建新移民年龄和性别结构

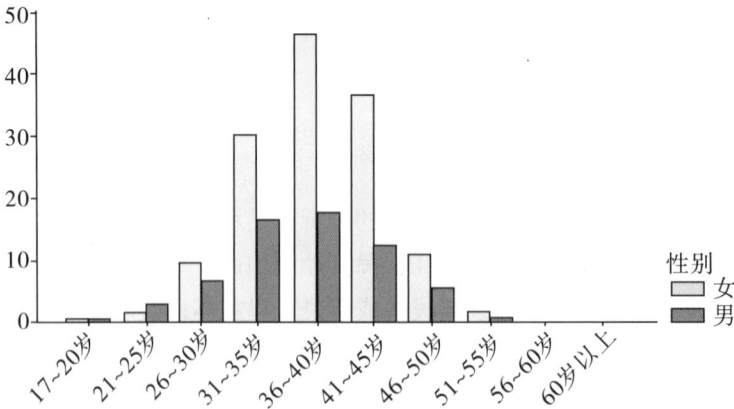

图 7 - 14　法国辽宁新移民年龄和性别结构

　　法国中国新移民数据中的浙、闽、辽三省新移民同为通过非正规途径实现跨国迁移的目的，可为什么会在人口构成上呈现如此明显的地域性差异？笔者以为，地域性传统路径的依赖关系、国家制度政策的规制力量以及市场需求关系的绩效原则，在跨国互动中共同作用于三个不同省份的人口跨境迁移模式，从而形成了特征上的差异。

　　（1）移民传统路径的依赖关系。

　　如前所述，浙江温州、青田地区朝向法国等西欧国家的移民潮迄今延续上百年，业已在当地形成了颇具影响力的地方小传统。因此，对这些地区的潜在移民而言，他们自幼就在耳濡目染中受到移民文化的熏陶，走上移民之路似乎理所当然。笔者访问过一个位于温州文成县山区的小乡村，20 世纪 80 年代初，该村在欧洲的乡亲为家乡捐建了一所小学，20 世纪 90 年代初学校最高峰时容纳学生约400 人。2001 年笔者再去时，该校仅有 100 多名学生。到 2007 年笔者三访该村时，学校已经关门了，因为 2006 年时该校仅剩下七名学生，分属五个不同年级，因此，2007 学年开学前，上级教育主管部门就下发通知，让七名学生归并到镇上小学统一入学。曾经书声朗朗的学校，此时已人去楼空。而且，该村大片土地均已退耕还林，留住村里的只有少数老人，唯有一幢幢外观亮丽但大门紧闭的楼房无声地宣示着：这里是著名的侨乡。

　　笔者在浙江侨乡调研中还了解到，侨乡学生好些读到中学就开始一批批辍学，转而走上出国谋生之路。因为国外有人"接应"，当地乡民普遍感觉年轻更有发展前途，加之法国移民政策对年轻人尤其是未成年人有一定优待，因此只要到了法国，总有谋生的办法。可以说，去欧洲谋生，已经成为当地的文化小传统，渗入当地人的思维和谋生方式中。而那些已经在欧洲当地国立足的华侨华人，则多将孩子留在身边，送入当地学校入学。

　　由于浙江侨乡以欧洲为迁移目的地的地方小传统，当地潜在移民从萌生移民念头，选择移民目的地，到走上移民路程的整个迁移过程，既可从亲朋好友那里获得迁移信息，又可指望通过人际关系网络获得一定的经济支持，包括抵达目的地后的居住安置和就业安排。这种"协助"无论是基于亲情，或是融亲情与市场交易为一体，均为司空见惯，约定俗成。浙江移民在欧洲多从家庭式的小餐馆、小加工厂起步，一家老老少少相互帮助是为基础，男女老少都能在这种家庭式的经营中各得其所，即便是老年人，也能为子女看家、带小孩或打理家务。因此，浙江传统侨乡的地方性移民文化将大批青年人裹挟入朝向欧洲的移民潮，使浙江移民在中国新移民总量中占据主体；而家庭式谋生的方式则使其呈现出男女老少共同移民、总体年龄跨度大的态势。

　　福建省的情况则有所不同。在中国国内，福建是比浙江更有名的传统侨乡，其向东南亚迁移的历史远比浙江人移民欧洲要早得多。在改革开放初期，福建人跨境迁移的主要方向是日本、美国，因为一是发达国家的高收入具有强大的吸引力，二是可以借助已经在那里立足谋生的亲缘纽带实现迁移。福建人朝向欧洲的移民潮基本上是在20世纪90年代之后才显现的。因为欧洲社会较高的经济收入水准及当地华人业已形成的以中餐、制衣为主的族群经济，使缺乏特殊技能的劳动力比较容易找到生存就业的空间；欧洲"从摇篮到坟墓"的社会福利制度及"宽容的"难民政策，使无证移民有望得到生存庇护，乃至在恰当的时机转换身份。福建移民基本来自农村，文化程度低，也没有什么专门技术，无论是到美国、日本还是欧洲，他们大多只能进入底层打工。福建人的特点是对出国后可能需要面临的困境有较充分的思想准备，他们对于苦活累活不太计较，一门心思赚钱。一位被访的福建人对此直言不讳："在日本的同乡为赚钱连死人都背，我在法国不错了，没什么可抱怨的。"如此行为的背后，其实是福建侨乡受到那种"爱拼才会赢""今日出国吃苦，来日衣锦还乡"之传统信念的主导。而且，正因为知道要吃苦受累，福建历史上以单身男性下南洋闯天下、女性留守家乡的传统也就在向欧洲开拓新的移民地域时得以延续。①

进入21世纪，欧洲在遭遇2008年严重金融危机重创之后，诸多积重难返的危机持续发酵，再加上2015年之后来自叙利亚、利比亚等中东、北非地区的难民源源不断，欧洲社会从经济环境到社会治安均面临重重困境。反之，中国自身经济则高速增长，形成强烈反差。在此大背景下，一方面是中国侨乡地区与欧洲之间外在生活环境的差别迅速缩小，另一方面在20世纪80年代之后移居欧洲者多已在当地立足，他们能够按照当地国的移民法律法规申请将自己的亲属合法移民当地，因此，冒险偷渡之类的现象明显减少。随之，欧洲福建籍新移民的人口结构也已发生变化，逐步从男性单身汉为主向家庭式定居型转变，再现了传统移民社会结构的嬗变进程。

（2）国家制度政策的规制力量。

制度政策对于跨国移民而言，包括来自移出地和移入地的双重影响。

就移出地而言，制度的规制性力量作用于东北移民群体的影响最为明显。可以说，直到20世纪90年代之前，东北从未出现过朝向欧洲的跨国迁移潮流，不存在跨国谋发展的小传统，因此，近十多年来出现的东北移民潮直接受制于国家政策的规制，其主要表现有二：

其一，国有企业改制的影响。20世纪90年代后东北国有企业改制，原本捧

---

① 笔者在拙著《福建侨乡调查》的"结语：解读福建侨乡"中，从海疆文化、边缘文化、底层文化、跨界文化四个层面，对福建侨乡文化进行了解读。

惯"铁饭碗"的大批国有企业职工被推向市场，生活路径发生根本变化。在此制度性变革的冲击下，原本存在于南方的出国谋生之风，在东北引起了连锁反应。部分人员将"下岗"或"内退"得到的三五万元补偿金一次性付给中介，作为改变命运的"投资"，由此走上出国之路。

其二，下岗再就业政策中性别倾向的规制。由于东北有许多夫妻双方同为国有大型企业的职工，按照政策规定，如果夫妻双方都下岗，必须照顾一方重新就业，而这一照顾大多给了男方。因为，一来按照中国的文化传统，男性被认为理应承担养家职责；二来在中国的就业市场中，三四十岁的男性如果不太计较的话，还比较有可能重新找到工作。结果，大批中年女性成为国有企业改革代价的直接承受者。这一背景成为东北出国移民潮当中以中年女性占据主导地位的一大制度性因素。

还需要指出的是，东北大型国有企业原先名声较大，因此，当20世纪90年代东北人开始走上出国之途时，他们办理签证比"南方人"要方便得多，许多在20世纪90年代出国的东北人是以原国有企业干部或职工的身份，通过考察、旅游、商务、留学等合法途径出国。一位辽宁女性被访者说得十分形象："去法国使馆办商务考察签证那天，我风衣一披，拎包一拿，派头十足，签证官一看就给签证了。"能够率先走出国门的东北女性，相当一部分表现得十分独立、泼辣，敢作敢为。而且，在大方接受笔者访谈的东北女性中，离异后单身出国者不在少数，她们明确表示：到法国就是想再嫁一次，拼一下。这一群体特点也直接影响到她们在法国的职业选择。

就移入国而言，法国的移民政策一直处于调整之中，但就总体趋势来说，一是人道主义的主导地位尚未被完全动摇，家庭团聚、难民接纳等人道主义通道继续存留；二是加强对独立移民申请人专业、技能、年龄、语言等方面的考核与选择。[①] 在如此制度政策的规制下，浙江人除了充分利用其亲缘纽带的作用外，还表现在收养、联姻等真真假假的"无亲造亲"的非正规操作中。前面提及的浙江55岁以上的老年移民群，主要是去帮助忙于立业的子女打理家务。然而，法国主管部门一方面基于人道主义理念不能不允许"父母来法探望子女"，但另一方面又担心这些老年人来了以后就不走了，留下分享其社会福利，两相权衡之后形成的政策，就是允许父母来法探视子女，却不允许其长期居留。如此政策导致的结果之一，就是许多需要给儿女帮忙，经历申请入法签证之麻烦，且不愿意（或不可能）在中法之间来回奔波的老龄父母们，干脆在入法签证过期后继续留居法国，变成巴黎中国非正规移民群中的"老年人"。

---

① 参见本书第五章。

（3）市场需求关系的绩效原则。

在三个地缘性群体中，以浙江人在法国的人脉最好，环环相扣的乡缘网络使浙江新移民能够比较快地进入由先期移民之乡亲所建立的餐馆、皮件加工厂、制衣厂或批发店打工。而且，由于在中国国内，浙江温州地区以民营经济发达，小商品市场活跃而闻名，因此，一些有经济头脑的温州新移民还通过移民延伸本乡本土产品的生产销售链条，为家乡亲朋好友开办的企业担当在法国的代理人或推销商，从进出口批发贸易中获取绩效，走上跨国致富之路。

福建虽然民营经济也比较发达，但因为其主要集中于闽南地区，而法国的福建人主要来自福清、莆田等地，与闽南人存在方言、文化上的隔阂，而且，在法国的福建人还缺乏在当地的网络，因此往往只能从给浙江人打工起步，心中也有不满。然而，如前所述，福建人大多在出国前就有吃苦的思想准备，单身青年男性又不介意奔波于法国比较偏僻的外省地区，做那些浙江人不愿干的杂活，因此大多倒也能比较快地找到打工赚钱的机会，适应市场需求并从中获益。

一位受访的福建男性对笔者坦言："出国就是赚钱。温州人想办居留，要花十几万。我们福建人不想。反正赚到钱就回去……（赚钱的目标是）回去盖一幢楼，再有十几万养老。"他还提及，来法国四五年，"洗碗，打杂，搞卫生，什么活都干，只要能赚钱"，有段时间"给一个酒吧老板打工，专门雇我在酒吧半夜关门后干活，搞卫生，要一直做到天亮……虽然苦，但是有钱赚就行"。他颇为满意地说道，现在"盖房子的钱已经赚到了"。可以想见，当如此信息反馈回其家乡后，完全可能在乡民们的"善意想象"与"津津乐道"中，成为延续同一类型的连锁迁移模式的民间动力。

相对而言，东北人进入法国市场的困难最大。如前所述，由于他们来自城市，原先多有比较体面的工作，好些人打心底瞧不起那些"浙江农民"，然而，在法国的现实环境中，他们大多数人到中年，既缺乏法国市场所需要的特殊技能，又不懂法语，结果只能给浙江人打工，有的被访女性甚至是到那些连自己都没有合法身份的浙江人家中当保姆，可以想见其心理落差有多大。一位来自抚顺的男性被访者向笔者抱怨"来了两个多月，只工作了两天"，因为在"浙江农民"的餐馆干活，"不仅要洗碗，还要炸油锅，忙得团团转，老板还骂人，在国内哪受过这个气！"由于没有合法身份，无论是在浙江人的工厂打工，还是在浙江人家中当保姆，大多只能忍气吞声，还得接受不合理的低工资，长时间加班加点更是常事。但东北人对此不合理待遇的直接反应与多数福建人形成鲜明反差。

在异域谋生的过程中，一些不愿给浙江人打工的东北女性，走上了从事特殊服务的道路。2000年初，法国国际广播电台中文部报道："在巴黎街头出现了'中国妓女'，嫖客以阿拉伯人居多。"该消息播出后，引起巴黎"浙江人"的强

烈反弹，有人甚至在中文媒体上通过"读者来信"严正声明：在巴黎卖淫的中国女子是"北方人"，"在法国的温州妇女没有做'鸡'，这一点值得全体旅外温州人骄傲"。① 如此"声明"所反映出的，是该"读者来信"之浙江籍作者明显的地域歧视心态，是中国新移民内部身份地位不同的直接反映。

笔者不能断定是否完全没有温州女性进入巴黎的性服务市场，但可以肯定的是，即便有的话，人数也相对有限。然而，笔者以为，对于这一现象，绝非那位浙江籍作者所言称的是地域省籍使其然，而应当从主、客观两方面进行分析。

跨国移民一般都经历过一个离开"熟人社会"而进入"陌生人社会"的过程。但是，对法国的中国移民而言，则有明显区别。在法国的浙江移民，因为其乡缘亲缘纽带及家庭式谋生方式，可以说，大多数虽然进入了一个陌生的大社会，却依然生存于一个相对"熟悉的"浙江人小社会。因此，传统"熟人社会"的约束法则仍然起作用，在这个异域"小社会"里发生的不符合传统法则的行为，不仅会在当地"败坏"其声誉，而且会很快传回其原居地，甚至其家乡亲人都可能因此而脸上无光。

但东北人则不同。东北人在巴黎属初来乍到，进入的是一个陌生的、被无数"浪漫"想象充斥的国度。在这里，原先熟悉的道德约束因为"陌生"而被释放，基于"性别"而可能建构的"劳动关系"，以及因之而可能产生的获取更高酬劳的谋生机会，促使一些人迈入了从事特殊服务的市场。在笔者访谈过的在巴黎从事性服务的东北女性中，有的仍在给国内的丈夫孩子寄钱，有的定期给在国内上大学的儿子寄去学费和生活费。笔者迄今仍清楚地记得这样一位被访者，她已人到中年，因"站街"② 被拘留过，也曾没有名分地与一位法国老人"同居"，用她自己的话说是"伺候那老头"，话中满是沧桑。然而，当她提及自己在国内某名牌大学求学的儿子时，却充满了幸福与自豪："儿子很优秀，再一年就毕业了。把儿子培养出来，我就不干了，回去。"

一些法国人生性浪漫，对东方文化、东方女性抱有一种猎奇心态。据法国警方介绍，来自中国东北的女性比较大方、外向、主动，受法国男性欢迎。当生存遭遇困难时，一些女性就去从事"按摩"或直接"站街"从事性服务，因为这对她们而言，是唯一能够比较迅速地解决生存问题的途径。而且，的确也有些人由此而有了与法国人直接接触的机会，实现了"再嫁一次"的愿望。如此的"成功"例证则又转化为制约东北人移民途径的因素。

由此可见，底层民间社会自有一套自行运作的路径。跨国远程互动有时似乎

---

① 参阅（法国）《鸣锣》，2000 年第 1 期"自由论坛"。
② "站街"指的是无证性工作者在街边接客。

起于不经意之间，却可能因为某些偶然成功而在口耳相传中被无限放大，并进而纳入迅速拓展的快车道。跨国移民链的形成，即为例证。

综上所述，正是传统、制度与市场三重因素的相互影响与作用，对移民人口构成的差异格局产生了决定性影响。由于非正规移民群的总体特点是处于社会的边缘状态，缺乏按正规制度安排获得上升流动的机会，因此大多数人采用特殊的非正规路径去突破制度和结构的屏障，在灰色空间探求发展。

虽然法国等当今世界主要移民接纳国政府从自身国家利益出发，不断出台各种政策措施对入境移民进行严格选择，多重管束，但是，不可否认的现实情况是：移入国劳动力市场存在结构性缺失，众多大小资本都以获取廉价劳动力作为牟取更高利润的途径，而以中产阶级为主的民众实际上也在自觉或不自觉地享受着非正规移民的"贡献"，即他们的廉价劳动使价格消费指数下降而令中产阶级的生活质量有所提高。由此，在国家与市场的跨国互动之中，生成了非正规移民生存乃至发展的特殊空间，合法与非法之间的博弈贯穿了当今人口跨国流动的全过程。国家政府主管当局基于国家基本法律原则而出台的各种控制、选择国际移民的严格政策，往往在与市场需求的博弈中，在资本掌控者或权力执行者手中被"合理"扭曲，出现了"概念"（conception）和"执行"（execution）的分离；而位于运作底层的迁移者，由于其迁移的主要目的是提升个人及家庭乃至家族的社会地位，能否成功圆梦就成为其衡量所采取行动是否合理的最终标准，因此，突破体制性障碍在他们看来不仅不是什么"犯罪行为"，而且被视为"圆梦"的必经之路。

全球化时代劳动力市场跨国化的不可逆转性，既为非正规移民营造了特殊的生存空间，更使资本得以通过雇佣廉价外国移民牟取高额利润。资本对跨国劳动力市场的操纵，是通过基于不同身份的劳动者之间的不公平竞争，获得雇佣廉价外国移民（正规与非正规）的机会，以牟取高额利润。非正规移民的身份限制了他们的就业机会，将他们置于无法与资本讨价还价的境地；以原居地较低生活水平为参照系、以赚钱圆梦为追求的生存模式，促使他们"自愿"接受不合理的工作条件及待遇，"自愿"进入包括从事性服务在内的非正规行业。①

面对来自不发达国家非正规移民的激烈竞争，发达国家劳动者的合法权益无疑会受到威胁乃至伤害。尤其在如同法国那样对本国国民实施高福利的发达国家，享有完全社会保障的本地劳动者与外来的非正规移民劳动者之间，因不同身份地位而被资本那"看不见的手"推入了身不由己的竞争。如此劳动力市场跨国

---

① 详见布若威著，林宗弘等译：《制造甘愿：垄断资本主义劳动过程的历史变迁》，群学出版有限公司，2005年。

化的发展趋势，已经造成资本获益的提升与劳动者权益保护的下降，在可预见的将来，如此趋势还将延续。因此，不同身份地位的劳动者在不自觉竞争中，出现劳动者工作条件及劳工相对利益"奔向底层的竞赛"（race to bottom），业已成为跨国资本"制造出来的"、劳动者"心甘情愿"接受不公平待遇的又一典型例证。

如此，是通过对法国中国新移民人口构成分析给予我们的另一深层次思考，是全球化时代又一个需要进一步深入探讨的严肃的社会问题。

第八章　水涨船高：经济发展

20世纪后期，伴随着欧洲华人人口基数的大幅度上升，欧洲华人经济的总体规模也跃上了一个新台阶。20世纪80年代末之前，西欧华人经济一直以中餐馆、制衣厂、皮包店、零售业及唐人街以本地华人为主要客户的服务性行业为主，除了具有原东南亚华商背景的法国陈氏公司等个别华人企业能够跻身当地大企业集团圈之外，中国新移民经济基本只能在欧洲本土强大的资本经济缝隙中求生存。而在东欧国家，华侨华人数量更是微不足道，也无独立的经济活动。进入90年代之后，随着柏林墙倒塌、苏联解体、东欧剧变等一系列政治事件，社会经济领域凸显特殊机遇，吸引大批中国新移民进入东欧地区。

水涨船高，欧洲华人既立于欧洲本土雄厚完备的经济基础之上，又顺势借助中国本土经济高速发展之外力，整体经济发展跃上了新的历史高度：华人经济事业在欧洲各地全面拓展，展现新格局；华人商城经济异军突起，呈现新面貌。欧洲华人经济以前所未有的宏大气势，在与接二连三的种种挑战、不期而遇的种种危机的博弈之中，在抓住各种机遇、瞄准各种潜能的奋力拼搏之中，迈向新时代。

第一节　欧洲华人经济格局新拓展

纵观自20世纪80年代到21世纪初欧洲华人经济的发展历程，大致可以按地域及发展水平划分出三个不同板块，对应三个不同类型：在西欧的英、法、荷、德等国，当地华人在20世纪70年代业已奠定的经济基础上，兢兢业业地拓展新的事业空间；在南欧的意、西、葡等国，20世纪80年代之前当地华人经济微不足道，但在80年代后却展现出勃勃生机，进入突飞猛进的新时代；在东欧，二十世纪八九十年代方才大批进入当地的中国新移民，从一无所有开始，抓住当地国社会急剧转型期凸显的特殊经济机遇，别树一帜，营建了一片令人瞩目的新天地。

一、西欧华人经济格局

本书在第四章中业已介绍了第二次世界大战后至 20 世纪 60 年代期间西欧英、法、荷、德等国华人经济发展的大致情况。自二十世纪八九十年代之后，西欧华人经济进入了一个向深度和广度拓展的新时代。

就欧洲政治地理而言，狭义的西欧，仅指欧洲西部濒临大西洋地区及附近岛屿，包括英国、爱尔兰、荷兰、比利时、卢森堡、法国和摩纳哥。由于北欧的瑞典、丹麦、芬兰等国与西欧关系比较密切，而这些国家的华侨华人人数相对较少，经济力量也相对薄弱，因此，在本书中，将有关北欧华侨华人经济情况并入西欧华人经济一节，一并剖析。

（一）中餐业再上新台阶

1995 年，笔者参加了在巴黎举行的一个国际会议，会议的闭幕晚宴安排在巴黎著名的中餐馆"粤海酒家"举行。席间，一位来自俄国的学者说起了这么一则笑谈：美国人登上了月球，十分得意，正当他们准备向地球发回信息，宣布美国人最先登月成功时，忽见前面来了几位俄国人，诧异之下，赶忙更正消息：俄国人最先登月成功。可是，俄国人阻止了他们，说道："我们也不是最先来到月球上的，你们再往前去吧，中国人已经在那里开起中餐馆了!"

中餐馆遍布世界，人所共知。在西欧的英、法、荷、德等国，自二十世纪五六十年代起，中餐业就在这些国家的主要城市奠定了基础，中餐馆一直是当地华人经济的支柱产业。20 世纪末叶大批新移民的到来，为这些国家的中餐业平添了大批生力军，从而推动西欧中餐业从总体规模到质量水准都跃上了一个新台阶，并且因应时代发展而呈现新分化。

1. 数量增长

西欧大多数国家中餐馆总数均明显增长。以西欧英、法等六个主要国家为例，2008 年该六国中餐馆总量几乎达到 1975 年的 6 倍（详见表 8 - 1）。虽然由于统计口径不一，来源不一，可能与实际情况有所出入，但总体趋势与实情应当是相互吻合的。中餐馆总体数量的增加，一方面表明西欧华人群体自身实力在 20 世纪末叶明显壮大，另一方面也表明中餐在西欧的普及程度进一步扩展。

表 8 - 1　西欧六国中餐馆数量（1975—2008 年）

（单位：家）

	1975 年	1985 年	1998 年	2008 年
英国	2 000	4 600	7 500	11 000
法国	600	3 000	3 200	8 000
荷兰*	2 000	2 040	2 170	2 500
德国	500**	860**	2 200	5 000
比利时	200	950	1 000	1 800
奥地利	60	300	800	400
总数	5 360	11 750	16 870	28 700

*荷兰统计数依据荷兰饮食业公会的材料。

**仅限于西德。

资料来源：

（1）1975—1998 年数据根据《华侨经济年鉴》各年度资料；

（2）2008 年数据根据欧洲华侨华人社团联合会（简称"欧华联会"）向笔者提供的统计数据。

如前所述，英国是中餐业在西欧最早立足的国家之一，早在 20 世纪 70 年代，中餐馆就已成为英国华人经济的主要支柱。进入二十世纪八九十年代之后，英国中餐馆数量的增长主要表现在以下三方面。

第一，位于苏豪区（Soho）的伦敦新唐人街成为全英中餐业的"重镇"。由于唐人街形成后本身就是中餐业的"金字招牌"，因此，一方面，唐人街旧街区中餐馆的密度上升；另一方面，伴随着中餐馆不断向外拓展，唐人街的范围也日益扩大。

20 世纪 50 年代中期，伦敦市议会决定拆除该市旧唐人街所在的便士街（Pennyfields）和水手屋道（Limehouse Causeway）一带的破旧建筑物，该地的华人商户只得迁居异地经营。进入 20 世纪 60 年代后，伦敦娱乐业相对集中的苏豪区渐渐成为伦敦华人的一个新的集中地，一家家中餐馆在该区的爵禄街（Gerrard Street）相继开张，奠定了伦敦新唐人街的基础。据 1965 年统计，爵禄街共有中餐馆 20 家。80 年代后，苏豪区的俪人街（Lisle Street）、华都街（Wardour Street）、新港坊（New Port Place）等街区都被划入了伦敦唐人街的版图，该地区的中餐馆总数也猛增到百家以上。从唐人街入口处那独具特色的中国式牌楼，沿街各处五颜六色的中文招牌广告，到中餐馆临街橱窗内挂着的一排排香气四溢的广式烧腊、烤鸡，再加上中餐馆店堂内此伏彼起的粤语、客家话、福州话、普通

话……在在烘托出了英国唐人街浓郁的中华文化氛围。据笔者本人多次在伦敦唐人街用餐时的观察，伦敦唐人街上，餐馆生意普遍兴隆，尤其是周末，几乎家家顾客盈门，有些餐馆一个晚间生意翻台可达三、四次，有些餐馆在用餐的高峰期竟然还要排队，耐心等候的客人有时甚至从店堂一直排到门口的街道。

第二，伴随着英国华人定居点由南向北推进，中餐业也从英格兰、苏格兰步步北上，直至在北爱尔兰扎根，从而促使中餐馆总数持续上升，中餐业已真正遍布英伦三岛。

20世纪70年代以前，英国华人人口93%集中于英格兰和威尔士。70年代以后，由于移民英国的华人人口不断增加，中餐业在英格兰的竞争十分激烈，需要有较强的实力方有可能开拓新的生存空间，于是，英国华人及中餐业逐步向苏格兰扩展。20世纪60年代之前在苏格兰谋生的华人寥寥可数，就连苏格兰首府爱丁堡，到20世纪60年代初时仅有四家中餐馆。60年代中期以后，直接来自香港地区或从英格兰转道移居苏格兰的华侨华人人数明显上升，尤以70年代为高峰期。苏格兰的华侨华人以港九及新界地区人为绝大多数，其中包括来自新界的水上渔民。在六七十年代短短十多年内，中餐馆已开遍苏格兰各地，从20世纪70年代到80年代初，为苏格兰地区中餐业的黄金时期。

中餐业立足英国北爱尔兰的时间晚于英格兰和苏格兰两地。据北爱尔兰的老侨领介绍，直至1962年，在北爱尔兰首府贝尔法斯特才出现了第一家中餐馆，60年代末增加到十多家。然而，1969年北爱因宗教纷争而动乱骤起，政局不稳，社会动荡，人心不安，夜晚大城市实行戒严，餐馆生意大受影响，有些中餐馆老板赶紧结束生意南下英格兰，有的则到邻国爱尔兰重新创业，然而，也有些中餐馆老板冒着变幻莫测的危险坚持在动乱中求生。由于二十世纪六七十年代时北爱形势一直令外人闻之生畏，几乎没有多少人敢于涉足北爱地区做生意，没有其他民族的老板敢于在北爱开餐馆，结果，那些在动乱中坚持经营的中餐馆成为当地人出外就餐的唯一选择，生意出乎意料地兴隆。而且，根据当时英国的移民条例，凡在北爱尔兰有固定工作及收入者，均可在当地永久居留，这一规定对于当时正大批进入英国的香港地区移民尤其具有吸引力。为了协助香港地区新移民落户北爱，先期定居北爱的一些华人商家于1983年成立了北爱尔兰华商总会，随之又与一些英国友好人士共同成立了安辉发展公司，向有意往北爱尔兰移民、投资的华人介绍有关政策，帮助办理相关手续。有闻于此，加之其时英格兰等地因中餐馆高度饱和，竞争激烈，不少华人正企望另谋发展，北爱尔兰顿时成为英国华人餐馆业新的创业热点。自20世纪80年代中叶起，北爱中餐业进入了大发展的新时期。据北爱尔兰华商总会1984年的统计，当时全北爱共有各类华人餐馆、商店175家，时至90年代初，全北爱中餐馆及外卖店已猛增至500家以上。适应北爱社会动荡、民众消费能力较低的特点，北爱中餐馆以小型、简朴为共同特点，70%以上为家庭式外卖店。①

第三，伦敦中餐业已经从粤菜一统天下转变为五湖四海多种菜式并存，来自中国不同地域的移民将本地经典菜式带入了英国，拓展了中餐的顾客群，成为英国华人社会来源地之地缘结构变化的折射。

伦敦唐人街中餐馆以装修豪华的大酒楼最为惹眼，但也有若干仅容得下三四张餐桌的小餐馆。唐人街上的大酒楼多打出正宗中餐的招牌，曾经长期以粤式菜肴为主，20世纪90年代末之后，随着来自中国福建的移民数量增加，闽菜也不经意地挤入了伦敦唐人街酒楼的餐牌。而在进入21世纪之后，京、川、淮扬等不同菜系也渐渐后来居上。一个十分典型的个案是：位于伦敦唐人街的"广州楼"长期以正宗粤菜著名，然而，当笔者于2015年前去就餐时，却发现虽然其临街橱窗仍然显眼地挂着经典粤菜烧鸭，但门面上的菜品推介则是"拉面、刀削面、小笼包、福建小吃、饺子、川菜、粤菜"，粤菜竟然被排到了最后一位。

如今走在伦敦唐人街，无处不见的餐饮广告显示出了中国自身饮食文化的多元特征，有"正宗北京饺子"，有"农家大院自助火锅"，有的以二十世纪五六十年代中国人所熟悉的"东方红"等为招牌，有的借助中国"功夫"在西方的名气而臆造出了"功夫点心"，还有的则迎合当代年轻人而打出了"性感中餐"的招牌，可谓林林总总，丰富多彩。

图8-1 伦敦唐人街中餐馆"广州楼"：从拉面、刀削面、小笼包、福建小吃、饺子到川菜、粤菜，多样化菜式混合一体②

图8-2 伦敦唐人街中餐馆"正宗北京饺子"

---

① 关于北爱的情况，主要依据笔者1997年11月在当地进行访谈调查时收集的资料，并参见李锡容：《北爱尔兰华人概况》，香港文汇报社编：《英国华侨华人生活手册》，1992年，第46－47页。李锡容于1964年从香港地区移居英国，1969年到北爱创业，是北爱尔兰华人社团的主要领导人。

② 图8-1至图8-7均为李明欢于2015年11月摄。

图8-3 位于伦敦唐人街的"东方红大酒店"：中英文店名完全不同，湖南菜（湘菜）、川菜进入了伦敦唐人街

图8-4 伦敦唐人街中餐馆外卖"包子铺"

图8-5 伦敦"客家人"（Hakkasan）中餐馆广告图"史上最性感的中餐馆"

图8-6 伦敦唐人街中餐馆"农家大院自助火锅"

图8-7 伦敦唐人街中餐馆"功夫点心"

　　总之，中餐业已经遍布英伦三岛。研究英国华人问题的专家指出，无论英伦三岛的大城小镇，在五英里的范围内，至少有一家华人的外卖店。[1] 当然，在如此繁荣的背后，是中餐馆彼此之间，以及中餐馆与其他民族之风味餐馆之间激烈竞争的现实。

　　西欧中餐业在 20 世纪末叶之后获得明显发展的又一国家是法国。法式餐厅历来被欧洲人视为高档去处，法国大餐也一贯雄踞于欧洲各国菜式之首，因此，如本书第四章所述，当英、荷两国中餐馆已大批开张时，法国中餐业的发展仍相对滞后。1960 年，全巴黎市仅有 97 家中餐馆，时至 1975 年，当英国中餐馆已增至 3 000 家，另一个领土面积不及法国十分之一的荷兰也已出现了上千家中餐馆时，法国的中餐馆却还在 200 家上下徘徊。[2] 然而，时隔不久，随着 20 世纪 70 年代后期十多万印支华裔蜂拥而入法国，中餐业在法国很快就进入了大发展的黄金时期。

　　进入法国的印支华裔中大多数人皆因战乱而冒死出逃，当他们经历九死一生而有幸进入法国时，几乎身无分文，两手空空。最初，他们大多只能在法国政府基于人道主义的安排下，到法国工厂企业打工谋生。然而，随着印支华裔难民一步步在当地安居乐业，十多万印支华裔对于中餐和亚洲风味食品的特殊喜好，本身就足以构成一个庞大的市场。于是，一些在东南亚已有从商经验者，捷足先登，从不同渠道筹集资金投入中餐业，大批中餐馆及中国食品店如雨后春笋应运而生。而且，在此基础上，随着大巴黎华人社区面貌迅速改观，经济快速繁荣，也促使法国人对中餐刮目相看，上中餐馆就餐的法国人也增加了。

　　据法国学者统计，仅以巴黎市区为例，从 1985 年到 1990 年，巴黎市区华人餐馆的数量就从 645 家增加到 863 家，短短五年内激增三分之一。倘若以大巴黎地区为计，则达到 1 400 家以上，时至 20 世纪 90 年代中期，在巴黎，平均每六家餐馆中，就有一家是由华人经营的。[3] 据 2008 年的统计，全法国的中餐馆总数已达 8 000 家（参见表 8 - 1）。

　　就 20 世纪 90 年代后巴黎中餐馆的地理分布而言，也发生了一些引人注目的变化。巴黎的拉丁区原本是巴黎中餐馆的诞生之地，1985 年时，该地区有 60 多家中餐馆，但此后十多年，在该地区新开张的中餐馆只有 8 家。反之，在 20 世纪 80 年代后印支华裔集中居住的第 13 区和第 19 区，则迅速发展为巴黎中餐馆

---

　　[1] 参见（英国）《丝语》2012 年第 20 期，第 48 - 51 页；陈怀东主编：《华侨经济年鉴（1994 年版）》，台湾"侨务委员会"，1995 年，第 588 - 589 页。

　　[2] 详见本书第四章第三节"整合中的华侨社会"。

　　[3] Emmanuel Ma Mung：《法国的华人企业家》（*Chinese Entrepreneurship in France*），萧效钦、李定国主编：《世界华侨华人经济研究》，汕头大学出版社，1996 年，第 452 页。

荟萃之地，在那里，中餐馆不仅保持着较高的密集度，而且不断向豪华、大型发展，如座位多达三四百个的富丽堂皇的白天鹅大酒楼、中国城大酒楼、潮州城大酒楼等均位于巴黎第13区内，这些酒家从内外装修、菜式烹调到餐厅服务，都代表了全法中餐业的最高水准。

另一个值得一提的地区是巴黎的第11区。该区曾经是低收入工人的集中居住地，但是，二十世纪八九十年代后，该地区居民已明显中产阶级化了，于是，原先那些以小工厂、小店铺的工人为主要顾客的小咖啡馆、小饭店不得不陆续关门，一些华人业主趁机买下了这些店面，随即将其改造成为迎合中产阶级身份与口味、装修考究的中高档餐馆，很快就生意兴隆。因此，20世纪90年代中期在该地区新开张的中餐馆数量超过了巴黎其他任何一区。

1999年初，法国政府又一次对业已入境的非法移民实施大赦，大约有8万中国移民通过此次大赦实现了身份合法化。① 这批实现身份合法化的新移民多来自中国大陆，尤以温州人居多。他们获得合法身份后，很快就在亲友的帮助下开始创业。由于他们经济实力有限，无法与早已在大型中餐业奠定基础的印支华裔竞争，于是，纷纷看准了本钱少、用人不多而又适应法国现代社会市民需求的快餐业，争相在巴黎居民密集的地区开设小型快餐店。正如英国的华人快餐店一样，法国的温州人也是以全家老小超时超量的辛苦劳作来降低成本，以花样繁多的美味食品吸引顾客，以薄利多销的经营方针求得立足发展。在1999年大赦后一年多的时间里，由温州新移民开设的小型快餐店已遍布巴黎各个街区。最典型者如巴黎第4区的圣·安东尼街（Rue Saint Antoing），其中一段不足500米的路，竟一口气开设了7家快餐店，其中6家店的店主都是温州人。②

进入21世纪之后，一批独具风味特色的中餐馆后来居上，抢占鳌头。例如，位于著名的巴黎圣母院附近的"香满楼"、巴黎歌剧院附近的"川江号子"以正宗川菜享誉巴黎，"刀郎清真餐厅"的大盘鸡和烤羊腿香味扑鼻，"活着的面条店"提供正宗的兰州拉面，而"董氏豆腐坊"则从大清早就提供各色豆腐、豆浆、豆干、豆腐脑，再加油条、大饼、麻球和雪菜饼，被誉为"全巴黎人气最旺的早餐"。

总之，根据每一地区居民成分的变化趋势及社会需求走向来确定餐馆的经营方向，是中餐业在巴黎得以持续发展的重要原因之一。

在德国，当地中餐业发展的高潮期是1989—1992年间，也就是柏林墙倒塌到两德统一的阶段。曾经是分裂标志的大墙一倒，犹如给德国社会经济注入了强

---

① 详见本书第六章第一节"移民西欧潮"。
② 参见《温州人在巴黎的创业精神》，（法国）《欧洲时报》，2000年8月12日。

烈的兴奋剂，各行各业都为适应新的形势而积极探索方向，迅速调整自身的方针布局。如此社会大变动之际，正值中国大陆向外移民的高潮期，于是，不少中国人见缝插针进入德国，以有限的投资，纷纷开设起家庭经营式的中餐馆或简易快餐店。据柏林一位中餐馆老板向笔者介绍，1974 年他到柏林开餐馆时，他的餐馆是当时该城市的第七家中餐馆，在那之后的十多年间，柏林中餐馆增加的数量也很有限。可是，在 1989 年后，好像一夜之间中餐馆的牌子就挂满了全柏林。短短几年内，柏林的中餐馆就从区区数十家猛增到了六七百家。按照德国餐馆业组织的测算，根据德国人外出就餐的习惯，每家中餐馆的营业基础应当至少有 2.5 万居民，可是，时至 20 世纪 90 年代末，全德国凡居民人数在 1.5 万之上的城镇，都开设了一家乃至多家中餐馆，与此同时，仍有新开张的中餐馆不断加入竞争。中餐馆在不断争取顾客的同时，内部的竞争也十分激烈。

奥地利中餐馆主要集中在首都维也纳。1976 年维也纳全城只有 27 家中餐馆，到 1994 年 3 月，中餐馆已达 315 家，90 年代末，又增至约 400 家。走在维也纳街头，汉字书写的餐馆招牌在各个街区都可见到。在奥地利全国，中餐馆总数则达到大约 800 家。[1]

在原本华人人数稀少的北欧地区，随着华人移民人数的增加，中餐业在 20 世纪 90 年代也获得一定的发展。据 2008 年统计，北欧国家中以丹麦中餐馆最多，总数达 2 000 家。瑞典有中餐馆 500 家，挪威 160 家，芬兰 102 家，北欧中餐馆总计也达到约 2 800 家。[2] 北欧中餐馆的规模以家庭式经营为主，好些仅做外卖生意。

相关统计资料显示，时至 20 世纪末 21 世纪初，大大小小的中餐馆已遍布西欧大小城镇，中餐馆数量已经达到或超过市场能够容纳的饱和状态。例如，在中餐业发展较早的荷兰，受当地市场制约，20 世纪 70 年代中期之后，中餐馆数量增长就十分缓慢（参见表 8 - 1）。

众所周知，在西欧各国，除中餐馆之外，可供选择的各类风味餐厅不断增加，而且，随着人们生活水平不断提高，顾客对餐馆的要求也越来越高。为了适应这一变化，欧洲不少中餐馆在装修上"不惜血本"，一些新开张餐馆的投资额也越来越大。然而，光有富丽堂皇的外表是远远不够的，诸多"软件"方面的问题尚亟待解决。笔者在欧洲各国调查过程中曾听说不少诸如此类的事例：有些餐馆的餐厅装修豪华，可偶尔从厨房里走出来的厨师却蓬头垢面，全身上下肮脏油腻，有时还一口口地吐着烟圈。客人见此情景，想到自己面前的"美味佳肴"

---

[1] 丁立：《奥地利华人社会概况》，（法国）《欧洲时报》，1994 年 11 月 7 日。
[2] 根据欧洲华侨华人社团联合会向笔者提供的统计数据整理。

原来出自如此不讲卫生的厨师手中，岂能不大倒胃口？有些餐厅的跑堂小姐穿着华丽，打扮入时，可对待顾客态度冰冷生硬，掌握当地语言的水平更差，无法与顾客交流。有时顾客正吃得津津有味，可忽然从菜中夹出一根长头发或是忽然吃到一颗沙子……这些虽然都是"小事"，但相关客人却很可能就此不愿再踏入中餐馆之门。因此，如何保证厨房卫生？如何提高餐厅服务的质量？如何设计出既有中餐特色又符合当代健康食品之标准的美味佳肴？这些都是欧洲众多中餐业同人探索多年的老问题了。此外，由于中餐业之间竞争激烈，好些中餐馆或一再杀价，或额外送礼，以求吸引顾客。然而，多年来的事实业已证明，诸如此类的做法也许有短期效益，但从长远看，则只会是有百害而无一利。为此，不少中餐业同人已经呼吁制止这一类似于中餐业变相"自杀"的错误做法。规范行业合理合法竞争，以共谋发展，是欧洲众多华人中小企业面临的重要问题。烹调中餐涉及的原料及调味品众多，而且多来自不同渠道，只要其中有某一个环节出了问题，很可能就会对整个中餐业产生意想不到的打击。如 2001 年在英国相继发生的所谓"中餐业下水引发英国口蹄疫""中国酱油致癌风波"等，[①] 虽然经过当地华人群体的努力抗争，消除了一定影响，但均已对当地中餐业造成负面影响。当历史走向 21 世纪时，西欧各国中餐业者都清醒地意识到，中餐业面对严峻的竞争，需要从改进、提升中寻找最佳生存发展空间。

2. 多元分化

中餐馆大量开设，必然带来中餐业内部的激烈竞争，西欧中餐业在数量上大幅度增长的同时，也呈现出明显的多元化发展趋势。

（1）分化之一：西欧中餐馆在规模及顾客取向上明显分化。

目前西欧各主要国家星罗棋布的中餐馆中，依其规模及顾客取向，可分为两大类。一类以大型豪华、正宗优质为标识，这类中餐馆多位于唐人街或都市中心，门面堂皇，餐馆从装修到菜式、服务，都堪称一流。法国巴黎著名的中国城大酒楼、白天鹅大酒楼、潮州城大酒楼，英国伦敦的醉琼楼、翠园、利口福大酒楼，奥地利维也纳的四川饭店，德国的天坛中餐馆，荷兰阿姆斯特丹的海上皇宫、海城大酒楼等，均属此类。

---

① 2001 年初，英国传媒指称因为当地某中餐馆从非正常渠道进口了患有口蹄疫的病猪肉，其下水被送往英国某猪场后引发了当地的口蹄疫。6 月，英国食物标准管理局又发出警告，宣称在它抽查的中国酱油产品中有 22 种含有过量的可能致癌的化学物质，要消费者"避免使用"。两次事件相继对英国的中餐业造成沉重打击。

图8-8 荷兰阿姆斯特丹中餐馆"海上皇宫"（李明欢摄于1998年）

图8-9 英国伦敦"客家人"（Hakkasan）中餐馆内部装修（网络图片）

图8-10 英国伦敦最著名的老牌高档中餐馆"Mr. Chow"的官方网站

图 8 - 11　法国巴黎"潮州城大酒楼"（法国钱海芬提供）

图 8 - 12　法国巴黎首家米其林中餐馆——香宫（Shang Palace）（网络图片）

图 8 - 13　奥地利维也纳的"四川饭店"在 2008 年被中国世界餐饮联合会评为"国际中餐名店"，2010 年被奥地利商会评为"最美丽的花园饭店"（网络图片）

图 8 – 14　位于德国勃兰登堡州 Hohen Neuendorf 的"天坛餐厅"（浙江大学刘悦提供）

图 8 – 15　位于西班牙"皇家马德里足球俱乐部"大厦内的一家高档
中餐馆（李明欢摄于 2018 年 11 月）

此类豪华中餐馆的消费群体主要有三。

一是当地的华人群体自身。随着西欧华人人数大幅度增加，自身消费能力也明显提升。虽然西欧华人中不少人自己也开餐馆，但多为小型餐馆及外卖店，这类餐馆提供的并非正宗的中餐，因此，不少小餐馆老板也乐意在节假日带上全家老小一起到"真正的"中餐馆享受一番。在西欧大城市，每逢节庆日或周日的午餐时分，那些在当地华人群体中口碑良好的著名中餐馆时常座无虚席，处处爆满，平常分居在小城镇的华人全家进城，到唐人街买上一车中国货，再到中餐馆"饮茶"①，时不时地还约上亲朋好友到中餐馆相聚。每逢这种时候，你会发现那

———————

① 香港人、广东人的"饮茶"习俗在西欧华人中十分常见，说是"饮茶"，实际佐以各类风味点心（Dim Sum），大家边吃边聊，已成为一种颇为流行的华人大众文化。

624

些著名的中餐馆华人顾客络绎不绝，各种方言此伏彼起，充满了温馨的乡情。到了下午两三点钟，这些华人顾客就散了，他们得赶回去打理自己的餐馆，准备接待晚间的客人。大型豪华中餐馆同时还是华人婚丧喜庆的首选之处，每逢良辰吉日，不少著名大酒楼往往摆满了婚宴，中国人奢华的婚宴习俗，也成为中餐馆的一大财源。此外，随着西欧华人经营领域向多样化拓展，一些非餐饮业的华人公司因业务需求，也不时将各类商务应酬安排在著名的中餐馆举行，而当地国一些大型华人社团的活动更是经常安排在相关大型中餐馆举行。还值得一提的是，进入 21 世纪之后，随着大量中资企业进入欧洲，以及中国留学生数量和消费能力提高，欧洲当地中餐馆的华人顾客群从数量到消费水准、消费要求也都水涨船高。

二是所在国的居民。一般说来，当地国居民日常想外出就餐或打包外卖时，多选择住处附近的中餐馆或外卖店，只有在有特别原因时，才会选择到豪华中餐馆就餐。例如，一些与华人或华资相关的欧洲公司，可能因业务洽谈等而到豪华中餐馆举办酒宴。又如，每逢圣诞新年，西方公司有宴请本公司员工的习俗，随着一些中餐馆的名气飙升，近年来已时常有西方公司将圣诞新年宴会设在豪华的中餐馆。

三是各国游客。西欧一年四季游客如云，20 世纪 70 年代以降，亚洲日本及四小龙经济高速腾飞，以及改革开放以来中国大陆经济日新月异，使前往西欧公干、旅游的日本人，中国大陆人、香港人、台湾人，以及东南亚人不断增加。笔者在西欧中餐馆调研时，曾多次听到如下说法："（20 世纪）60 年代是美国人大把大把地到西欧花钱，70 年代是日本人大把大把地到西欧花钱，80 年代是（中国）台湾人大把大把地到西欧花钱，90 年代后我们开始看到在西欧一掷千金的（中国）大陆人，进入 21 世纪之后开奢侈品商店就必须懂中文。"由于外来游客增加，争取与各类旅行社订立合同，接待各类旅游团队，已成为一些大型中餐馆着力开拓的又一重要客源。以巴黎的中国城大酒楼为例，虽然这是一个拥有 400个座位的豪华大酒楼，但到了旅游旺季，来自香港、台湾、新加坡地区的团队时常多达上百人，不时出现数百人需在同一时间用餐的情况。为适应旅游团队人数多、时间紧的需求，该餐馆特地准备了大批备用桌面，在第一批团队用餐完毕后，即刻将杯盘狼藉的桌面整个抬走，直接换上事先铺设整齐的桌面，翻台仅费时三五分钟，以满足旅游团队希望节省时间多用于观光的需求。虽然散客的营业利润可以达到 400%，而旅游团队的营业利润可能只有 100%，但后者人数众多，而且用餐时间快，翻台次数多，因此总体利润仍然十分可观。[1]

---

[1]　关于餐馆的利润额，依据中国城大酒楼老板林润的介绍。参见周雪人：《勤奋创业的法国华侨》，（法国）《欧洲日报》，1990 年 9 月 24 日。

除豪华中餐馆外，在西欧中餐馆中占据主体的是以薄利多销为主要取向的各类中小型餐馆及各类外卖店、快餐店、打包店等。此类餐馆多散布各地，以本地居民为主要消费群体，其经营为适应当地人的口味，菜式已高度当地化了。据荷兰马斯特里赫特酒店管理学院（Hoge Hotelschool Maastricht）学生对荷兰中餐馆形象的调查报告，大量遍布于荷兰城镇的中餐馆在荷兰百姓中主要以"味美价廉、快捷方便"而闻名。根据荷兰社会的现状，以下三个原因对中餐馆具有重要意义：其一，由于荷兰社会已进入老龄化，老年人越来越多，他们外出就餐希望餐馆有良好的服务，每份饭菜量无须多但质量要高；其二，小家庭十分普遍，小型中餐馆内二至四人的小餐桌可以适应小家庭就餐的要求；其三，夫妻双方均外出工作的家庭增加，他们希望中餐馆提供便捷、高质的服务。据调查，荷兰人上中餐馆打包外卖的主要原因是：餐馆位置方便；对主要菜式已经熟悉并且感到满意。荷兰人上中餐馆吃饭的主要原因是：想高高兴兴地出去吃饭；中餐馆味美价廉。该调查报告的总结认为：从总体上看，荷兰消费者对在荷兰生存几十年的中餐馆及其主打菜肴已十分熟悉，中餐馆是荷兰家庭时常消费的地方。[①]

图 8 - 16　西班牙马德里唐人街多元化的小型中餐馆组图（李明欢摄于 2018 年 11 月）

---

① 详见 HORECA Nederland（Koninklijk Horeca Nederland sector Chinees - Indische Bedrijven, Woerden and Hoge Hotelschool Maastricht, 荷兰皇家饮食业公会）：《中—印餐馆业的形象与运作方式》（*Imago en Werkwijze Chinees - Indische Bedrijven*），1997 年，打印稿。

图 8 - 17　挪威奥斯陆的一家中餐馆
（李明欢摄于 2004 年 5 月）

①法国一家 WOK 餐馆内，顾客正自助取
菜再送去加工

②法国 WOK 餐馆的开放式厨房为顾客
提供加工菜肴服务，顾客可根据墙上有无
红辣椒及红辣椒个数说明希望加工的菜肴
不辣或辣度

③法国 WOK 餐馆的开放式厨房

图 8 - 18　欧洲 WOK 餐馆组图（李明欢摄于 2013 年 8 月）

20世纪90年代后期，从荷兰开始，西欧中餐馆"WOK自助餐"另辟蹊径，亦曾风靡一时。"WOK"是"炒锅"的意思，WOK餐馆的特点是自助与开放式厨房相结合。WOK餐馆布局最主要的特点是设计了一个完全敞开的厨房，在厨房之外一侧，是一个开放的菜肴区，洗净、切好的肉、鱼、虾、菜等一盆盆排好，由顾客自主选择后交给厨师，厨师则现场当着顾客的面为其加工。WOK餐馆有两大突出优点：

其一，通过大大降低营运成本，以低价位吸引顾客。西欧人工昂贵，WOK餐馆让客人自助取食，减少了餐厅楼面服务员，更重要的是，WOK餐馆的烹饪方式被大大简化了。当客人将选好的食品交给厨师时，只是在不辣、微辣、辣或非常辣四个档次中选择，[①]厨师按顾客要求将所有食品投入油锅爆炒，对厨师技术没有太高要求，因而餐馆雇佣厨师的成本也下降了。

其二，开放式厨房让顾客吃得明白，吃得放心。中餐以煎、炸、烧、烤为主要烹饪方式，厨房内总是油烟弥漫，稍不注意，从厨师的工作服到厨房内的灶台、砧板都可能沾上油垢，因此西欧中餐馆的卫生状况时常受人诟病。开放式的厨房让顾客目睹厨师操作，揭开"中餐"神秘的面纱，而大大简化了的烹饪方式则使厨房布局简单且容易保持整洁。WOK模式一诞生，立刻在荷兰掀起一阵WOK热，尤其受到荷兰年轻人欢迎，生意十分火爆。短短几年间，WOK模式向西传到比利时、法国，南下传到西班牙、意大利，进入21世纪之后，WOK餐馆几乎遍布欧洲各主要国家。但是，迅速拓展的WOK模式也很快暴露其缺憾。因为WOK模式需要大客流才能从低价中获利，所以只能开在城市之外有大型停车场的地方，然而，单调的辣与不辣的烹调模式，只能以低价、新奇吸引人，却无法以美味佳肴吸引更多"回头客"，因此，不少WOK餐馆经历了初期的火爆之后，营业量明显下降。

（2）分化之二：西欧中餐业的分化还表现在由华人经营的餐馆业早已超出了"中餐"的范畴，进而囊括了多种民族的风味食品。

严格说来，今日西欧华人餐饮业已经不是"中餐馆"的同义词，它实际上还包括了相当一部分由华人经营的非中餐馆。本书第四章在剖析"二战"后荷兰中餐馆早期发展历程一节时业已指出，由于荷兰与印度尼西亚的历史渊源关系，荷兰中餐馆多称为"中国—印尼餐馆"，提供的主要菜式是以中餐和印尼餐相结合的"荷兰中餐"。在法国，由于来自印度支那的华裔移民不仅是法国中餐

---

① WOK餐馆几乎都是在墙上以辣椒数量来标识需要加工菜肴之"辣"的程度：无辣椒表示"不辣"，一个辣椒表示"微辣"，以此类推，最多能到四个辣椒。厨师不懂当地语言也没关系，顾客只要用手指标明几个辣椒即可。

业的从业主力，也是各中餐馆的主要顾客群，因此，在法国中餐馆的餐牌上，不仅有正宗中餐，还增加了泰国餐、越南餐、高棉餐等不同口味，形成了法国中餐馆的独特风格。然而，不论是荷兰的"中国—印尼餐"，还是法国的"印支—中国餐"，其基点还是落在"中餐"上，因此还只是以中餐为基础的"变异"。进入 20 世纪 90 年代后，一些西欧华人则直接进入了经营异民族风味餐馆的领域。由华人经营的"日本料理店"的兴起，即为一例。

二十世纪七八十年代后，随着日本旅游团成为西欧著名旅游城市的常客，日本料理在西欧大都市年轻人中渐成新宠。巴黎的日本料理店始于 70 年代后期。1977 年，一个日本人在巴黎尝试着开起一家提供日式快餐的"烤鸡连锁店"（Yakitori），没想到开张后生意十分火爆，刺激了日本料理店在巴黎的发展。一些华人餐馆老板看准这一市场，也转行开起了日本料理店。1987 年，巴黎的一位印支华裔聘请日本厨师，在法国华人当中首开创办日本餐馆的先例，一举成功，后续者源源而至。据 90 年代末统计，全法国已开设了大约 40 家日本餐馆，其中 90% 是由在法华人创办的。在这些由华人开设的日本料理店，虽然从老板、厨师到餐厅服务员全是中国人，但食品是日本风味，装修是日本风格，招牌上用的是日本语，就连餐厅服务员也穿着日本和服招呼客人。此类由华人经营的日本料理店在英国、荷兰、奥地利、德国也可看到。

此外，由华人经营的泰国餐馆、韩国餐馆、蒙古烤肉店，在西欧各大城市也已相继出现。在 20 世纪 90 年代末的巴黎街头，甚至还出现了由当地华人经营的清真餐馆，专门提供严格按犹太教教规制作的"清洁"食品（Koser food）。由西欧华人开设的英式或爱尔兰式酒吧，也已出现。

前面提及的 WOK 经营模式，在激烈的竞争中，一批大型的 WOK 餐馆向所谓"世界餐馆"转型。如果说初期的 WOK 餐馆仍然主打中餐的话，那么，今天的大型 WOK 餐馆除中餐之外，大多在餐厅内安排不同系列的餐食，从日本寿司、意大利披萨、巴西烧烤到法餐、泰餐，应有尽有。此类餐馆面向的仍然是中低档顾客群，一般而言，顾客只要花上二三十欧元，就可尽情品味世界各地不同的美味快餐，因而号称"世界餐馆"。此类餐馆投资大，非小业主所能打理，因此，一家"世界餐馆"的建立，一般要挤垮周边若干小餐馆，对此众多中餐从业者心知肚明。

华人餐馆业朝向多样化的发展趋势，既反映了当代西欧人对于异文化宽容、开放的心态，也反映出西欧华人面对激烈竞争而在经营上主动变换手法的开放意识，以及追寻时代潮流的敏感目光。

西欧中餐馆在激烈的竞争中，总体经营水准已明显提高。厨师的烹饪水准是餐馆声誉的主宰。早期中餐馆的厨师因半路出家者众，不少家庭餐馆的厨师根本就没有接受过什么正式培训，有的前几天还在家乡干农活，一下飞机就进餐馆厨房当上了"厨师"。为适应新的形势需求，不少中餐馆均十分重视对厨师的选择与培训。在荷兰，荷兰中餐业协会从 1986 年起就开办厨师培训中心，专门从北京聘请高级厨师，在荷兰培训各中餐馆的厨师。经过多年持续不断的努力，荷兰中餐馆尤其是大中型中餐馆的烹饪水准已明显提高。除了就地培训之外，西欧不少国家著名的中餐馆还以高薪从中国内地或香港聘请特级厨师掌勺，在提高本餐馆烹饪水准的同时，也借机让本地厨师有机会直接观摩学习特级厨师的烹饪手艺。例如，巴黎著名的陈氏兄弟公司曾于 1992 年邀请北京"东来顺餐馆"的大师傅到巴黎表演正宗的涮羊肉；荷兰一批著名中餐馆联手于 1997 年邀请北京特级厨师前来表演"满汉全席"，同时伴以清朝服饰表演，在荷兰引起轰动。中国政府各级侨务部门多年来也不断派出厨师团到欧洲开设培训课程。

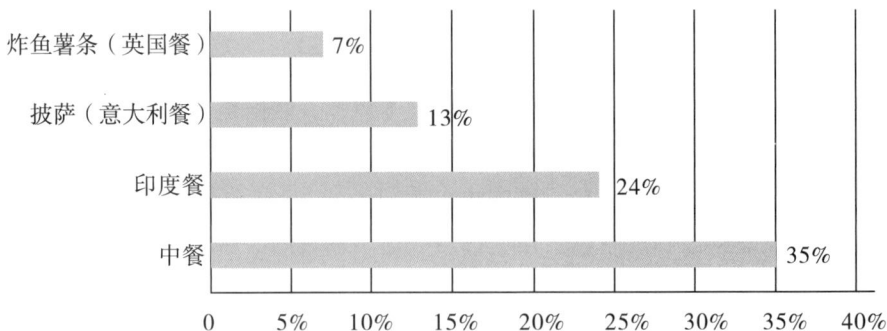

图 8-19　英国人最喜爱的餐食类别

资料来源：《拍黄瓜就震惊 BBC？英国人对中餐的了解远超你想象》，凤凰网，http://news.ifeng.com/a/20171223/54436979_0.shtml，2017 年 12 月 23 日。

在西欧各国，中餐已普遍为当地人所接受，在有些国家如荷兰，当地舆论普遍认为中餐已经融入了当地人的饮食习俗。在英国，据 1998 年统计，全英国饮食业营业额高达 147 亿英镑，外卖快餐店的营业总量大约为 36 亿英镑，其中华人饮食业每年的营业量在五至六亿英镑，约占 15%。另据英国米特尔（Mintel）市场调查报告，英国民族特色食品市场总销售额约为 3 亿英镑，其中中式食品的销售总额为 7 300 万英镑，在民族特色食品市场中仅次于"印度食品"，居排行榜第二位，销售额占总额的 1/4。若以人口比例计算，英国菜虽然仍然是英国人选择最多的菜式，但其比例却只占人口的 18.6%；上印度馆子吃印度餐的人士，占人口的 12.5%；喜好到中国餐馆的人士，占人口的 15.8%。然而，倘若以全英的英裔、华裔及印度裔人口与进餐的人口比例作一比较，人们不难发现，就比

例而言，中国菜是目前最受欢迎的菜色。[①] 另根据英国"购物意愿网"（payment-sense）2017 年 2 月的一项调查显示，接受调查的英国人中有 35% 将中餐选为他们最喜爱的食物，喜爱度相当于"英国国菜"炸鱼薯条的 5 倍，也明显高于对印度餐和意大利餐的喜爱程度（详见图 8 - 19）。

（二）商贸旅游业欣欣向荣

进入二十世纪八九十年代后，西欧华人人口总量大幅度增长，使华人市场本身的容量相应扩大，为华人商贸服务业提供了发展的良好契机。由此，在中餐业的带动下，西欧各国华人经济在众多领域均有了长足的发展。本节拟选择其中发展抢眼的商贸业和旅游业进行重点介绍。必须特别说明的是，进入 21 世纪之后，成建制性的大规模华人商城经济强势崛起，成为引领欧洲华人经济的龙头，关于这一点，本章第二节将进行专题剖析。

1. 商贸业

以西欧华人经营的进出口业与贸易商行为例。西欧华人经营的进出口贸易业本身包含了两种不同类型，一类面向华人市场，另一类则以当地国市场为主要经营对象。就 20 世纪末叶西欧市场的总体情况看，华人进出口业的经营对象仍以华人市场较占上风。

西欧华人的进出口贸易起步之初，主要是从中国及其他亚洲相关国家进口大米、面条、中餐佐料等特色食品，以满足西欧华人及西欧中餐馆之需求。经过数十年的发展，尤其是进入 20 世纪末叶，由西欧华人经营的进出口公司、批发货行以及大大小小的贸易商场纷纷成立，各公司经营的货品从品种、数量到质量均蒸蒸日上，业已成为西欧华人经济整体规模跃上一个新台阶的重要标志。

西欧华人进出口及商业贸易的大幅度拓展，主要得益于以下三大因素：其一，西欧华人自身人口总量成倍增长，构成了华人社会自身蔚为可观的消费市场，从而促进了华人贸易业的发展；其二，随着西欧各国中餐业的广泛普及，中餐馆已遍布西欧各国的大小城镇，因而，对中国食品、餐具乃至餐馆装饰用品的特殊需求也直线上升；其三，中国本身经济近年来高速发展，能够向外出口大量经济实惠的日用百货、服装鞋帽、玩具电器，具有进入西方市场的竞争力，而西欧华商由于对所在国及祖籍国双方市场均有一定了解，并占有语言及人际关系上的种种优势，从而在成为引入中国商品之最佳媒介的同时，自身的经济实力也大大增强。

以国别而论，在西欧诸国中，由于法、英两国均已形成以数十万华人为基础

---

① 华侨经济年鉴编辑委员会编：《华侨经济年鉴（1996 年版）》，1997 年，第 597 页。

的华人市场，因此，法、英两国华人经营的面向华人市场的进出口贸易业规模也最为可观。

在法国，20 世纪 70 年代以后为当地政府所接纳的大批印支华裔当中，不乏原本在东南亚已有丰富从商经验的行家里手，他们在异域再创业的过程中胜人一筹，迅速折桂。著名的法国陈氏兄弟有限公司即为典型之一例。1976 年，当来自老挝的陈克威、陈克光兄弟联手创办的"法国陈氏兄弟有限公司"成立时，仅仅是一家以批发东南亚食品为主的小商铺。根据该公司的介绍，他们奉行"诚以待人，信以律己，顾客至上，服务每一，乐群敬业"的原则，执行"供销商品，求全求新，薄利多销"的商业守则，再加上通过家族成员形成的跨国网络高效运作，事业得以迅速发展。1986 年，法国权威经济杂志《新经济学家》和《发达》按营业数额排名法国大企业时，成立才十年的陈氏公司就以 2.7 亿法郎的总营业额，成为唯一荣登法国大企业龙虎榜的华人企业。2008 年，陈氏兄弟又荣登法国财经杂志《锦标》的法国富豪五百强排行榜，成为唯一上榜的华人企业家。

乘法国华人社会自身迅速发展之东风，经历数十年辛勤耕耘，陈氏公司已经成为一家集进出口、批发、零售亚洲食品及日用品于一身的大型华人企业。继 2010 年巴黎北郊又一家陈氏超市开张，陈氏集团旗下总计在巴黎市内及近郊业已拥有 9 家食品超市。位于巴黎第 13 区的旗舰店销售面积 2 000 平方米，停车场 6 000 平方米，货仓约 4 万平方米，商场日吞吐量约 200 万吨，日均服务消费者约 2 万人。2002 年，陈氏公司在巴黎投资数亿法郎兴建的 2 万多平方米的公司总部大楼落成，集行政、批发仓储、门市等为一体，成为欧洲最大的中国及东南亚食品零售和批发的大型企业集团。

陈氏集团的进出口贸易网络透过家族成员延伸至泰国、中国香港等地，其业务量一半以上是将其从欧洲以外进口的商品批发到英国、比利时、荷兰、德国等欧洲国家。在法国主掌公司大印的是陈家老大陈克威，总经理是陈家老四陈克光，陈家老二陈克齐在泰国，其所创立的"泰国世界出入口有限公司"早已上市多年，老三陈克群主掌中国香港的"香港昆仲和有限公司"，业已开拓全球 40 多个国家和地区的市场，是香港食品进出口著名商号。陈氏家族成员还在美国、澳大利亚等地都建立了进出口公司，遥相呼应，形成了跨越国界、洲界的家族性国际网络。

还值得注意的是，如今陈氏商场的顾客早已不再仅限于华人，诸多法国本土民众及来自其他国家的移民也成为陈氏商场的常客，来自亚洲的瓷器、餐具、工艺品，还有华人民众离不开的新鲜蔬菜瓜果，无不通过陈氏超市进入了众多法国普通民众家庭，摆上了他们的餐桌。2016 年，当陈氏公司举办 40 周年庆时，董

事长陈克威真诚地说道："陈氏兄弟是和法国华人一起走过了40年，它还要和华人一起走下去。"①

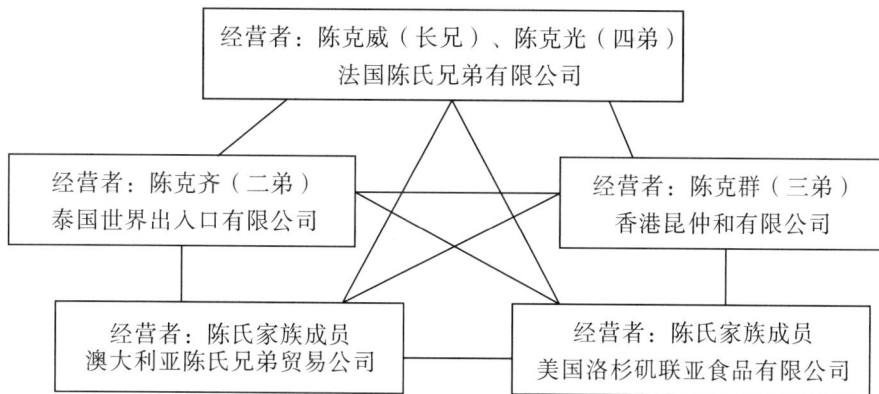

经营者：陈克威（长兄）、陈克光（四弟）
法国陈氏兄弟有限公司

经营者：陈克齐（二弟）
泰国世界出入口有限公司

经营者：陈克群（三弟）
香港昆仲和有限公司

经营者：陈氏家族成员
澳大利亚陈氏兄弟贸易公司

经营者：陈氏家族成员
美国洛杉矶联亚食品有限公司

图 8 - 20　法国陈氏兄弟有限公司家族连锁企业网络

法国另一家著名的华人超市是"巴黎超级市场"，当地华人习惯称之为"巴黎士多"。该公司由来自柬埔寨的郑辉创办于1977年，最初只是一家经营亚洲食品的街区小型杂货店。1983年公司在巴黎第13区建成面积达1 300平方米的超市，1989年又买下商场所在的整幢大楼，营业面积扩张到3 000多平方米及地下400个双层停车位。随着事业发展，公司又在巴黎中国新移民聚居的美丽城及巴黎第18、19区，以及斯特拉斯堡、里昂、图卢兹、马赛和蒙贝利亚等地开分店，形成了巴黎士多四通八达的商业网络。当巴黎士多于2017年庆祝公司成立40周年时，该公司已经拥有23家连锁超市，仓库面积超9万平方米，雇佣员工超千人，销售网络远达非洲、南美，年营业额超过2亿欧元。巴黎士多曾荣获法国国际美食旅游协会颁赠"亚洲食品品质销售推广荣誉金牌奖"和"亚洲食品批发商欧洲最高声望金质奖"。②

可以说，法国陈氏百货商场和巴黎士多两大企业集团的建立和成长，浓缩了自20世纪70年代以来法国华人社会发展变化的历史记忆，更是法国华人社会同期发展的历史见证和真实写照。

① 刘建、孔帆：《"陈氏兄弟"四十载　一部华人发展史》，（法国）《欧洲时报》，2016年12月30日。

② 孔帆：《巴黎士多集团：打造一个法国"嘉年华"》，《欧洲时报专题：中法建交50年故事（1964—2014）》，http：//zhuanti.oushinet.com/50years/50years_53sd/。

图 8-21 位于法国巴黎第 13 区的陈氏百货商场吸引了法国不同民族的消费者（李明欢摄于 2012 年 8 月）

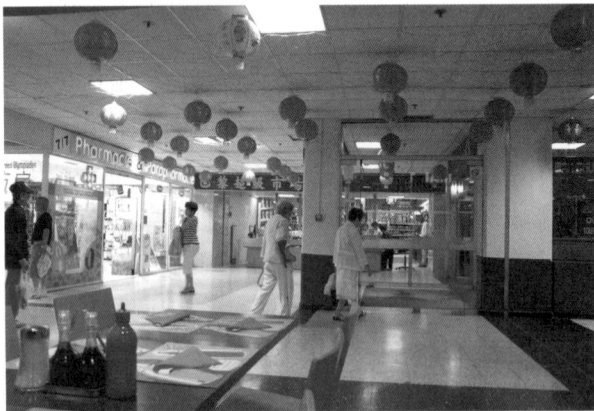

图 8-22 位于巴黎第 13 区的"巴黎超级市场"（李明欢摄于 2012 年 8 月）

在英国，华人经济同样呈现多元化发展趋势。由于英国乃岛国，由华人经营的进出口公司大多面向本地市场，总体数量及营业额均不及法国，也赶不上南欧的意大利、西班牙。英国华人贸易业的发展，以遍布英伦三岛的大小超市为代表。根据"伦敦华人社区（London Chinese）"网站提供的《英国华人超市列表》，时至今日，全英华人超市已多达 234 家，其中以英格兰最为密集，仅伦敦一地就有 47 家，全英格兰共 204 家；另在苏格兰有 23 家，威尔士 6 家，北爱尔兰 1 家。[1]

---

① 《英国华人超市列表》，伦敦华人社区，http：//www. lonese. com/uk - chinese - supermarket/default. asp？psearch = &start = 26。

图 8 - 23　位于英国北伦敦的华人超市"荣业行"（网络图片）

图 8 - 24　伦敦华人超市"龙凤行"（网络图片）

图 8 - 25　英国华人超市"泗和行"（李
明欢摄于 2015 年）

图 8 - 26　丹麦奥胡斯市一家华人
开设的超市"远东贸易行"（李明欢摄
于 2016 年 5 月）

　　英国华人超市兴起于 20 世纪 60 年代中期。本书第四章曾提及，1965 年，原籍广东的英国华人陈顺安在伦敦唐人街买下一家商铺，经过一番筹划与改造后，一个名为"龙凤行"的小超市应运而生，由此渐渐在当时欧洲华人最为集中的英国带动了食品杂货类超市的兴起。如今在英伦三岛享有盛誉的华人超市"荣业行"由祖籍东莞的叶焕荣创立于 1970 年，"泗和行"则由来自香港的谢贵全创立于 1975 年。尤其是进入 20 世纪 80 年代之后，各类大大小小的超市迅速遍布全英。这些大小超市除了提供丰富齐全的各类中式食品及配料外，还同时出售各类商品，从生活必需的日用百货、电器家具到休闲娱乐所需的运动器材、玩具、艺术品等，从中餐馆装修开张所需的装饰材料到日常经营所需的各类用品，可谓应有尽有。同时，为方便远道而来购货的客人，一些超市、商场内还设有小型游乐场地供孩子们游玩，商场内的中式快餐店既提供各类可口小点，让客人顺道品尝美味佳肴，也为远道前来购物的客人提供便捷快餐。

华人超市经济在英国华人经济中独占鳌头。总部位于伯明翰的"荣业行"经过半个多世纪的发展，已经成为英国规模最大的中国食品超市和批发中心。呈现鲜明中国建筑风格的"荣业行"总部外观堂皇，除超市外，更是一个集中餐、诊所、会计师事务所、律师事务所等多种业务为一体的大型中心。除伯明翰总部外，"荣业行"还在伦敦、曼彻斯特等地开设了 4 家大型连锁超市，雇员超过300 人，年营业额约 7 000 万英镑，创办人叶焕荣被誉为英国华商首富，并凭借在推广东方食品方面的贡献，于 2010 年获得由英女王颁发的 OBE 大英帝国勋章。

"泗和行"也是英国最大的华人超市和东方食品专门供应商之一。以"泗和行"为支柱的泗和集团总部位于伦敦西北部的皇家公园地区（Park Royal），占地面积 10 万平方英尺（约合 9 290 平方米），其下属的"惠康食品有限公司"以生产辣椒系列调味品及鱼丸、肠粉、港式点心而在英国华人中享有盛誉。由于在推广东方食品方面数十年如一日的不懈努力，"泗和行"创办者谢贵全先后于 2001年荣获西敏市公民大奖，2007 年荣获由英国王子查尔斯颁发的伯乐大奖，2011年获英国"世界食品协会"颁发的终身成就大奖，在 2018 年 4 月英国首届"金筷子全英东方美食大奖"中再荣获"终身成就奖"。

2. 旅游业

21 世纪后，西欧各国由当地华人经营的旅游业异军突起，发展势头强劲。

20 世纪 80 年代，华人经营的各类旅行社组建之初，其业务范围主要是为移居欧洲各国的华侨华人返乡探亲提供便利。进入 21 世纪，随着中国海峡两岸暨香港、澳门人民生活水平大大提高，欧洲丰富的人文景观对旅游者具有强烈的吸引力，因此，积极经营吸引中国游客前往欧洲旅游观光的业务随即成为各大华人旅行社的业务重点之一。

1997 年，中国政府正式与澳大利亚、新西兰签署了旅游目的地地位协定书（ADS），即以双边旅游协定为基础，准许中国自费游客在导游组织下凭借特殊签证赴对方国家旅游，此举标志着中国政府正式批准中国大陆普通民众可以自费出

境旅游。2004 年，中国与欧盟国家签订了 ADS 协议，更是直接助推了朝向欧洲的旅游热。1996 年，赴欧中国游客约为 25 万人次；2001 年，增至 50 万人次；2004 年，接近百万人次。[①] 2017 年，中国公民出境游达 1.29 亿人次，自 2012 年后的 5 年内年均增长 9.17%，中国出境旅游人数和旅游消费均列世界第一（参阅图 8 - 27）。根据中国最大的在线出境游旅行社"携程"提供的数据，中国游客欧洲游人均花费超过 25 000 元（3 268 欧元），其中一半以上钱款用于在欧洲当地购物消费。[②] 另据"欧盟统计局"（EUROSTAT）网站的信息，以旅游者在欧洲过夜数量进行统计，从 2007—2016 年十年间，在欧洲旅游过夜的中国人翻了三番，2016 年达到 2 500 万人次，增长规模超过了美国、俄罗斯、巴西等世界大国。[③]

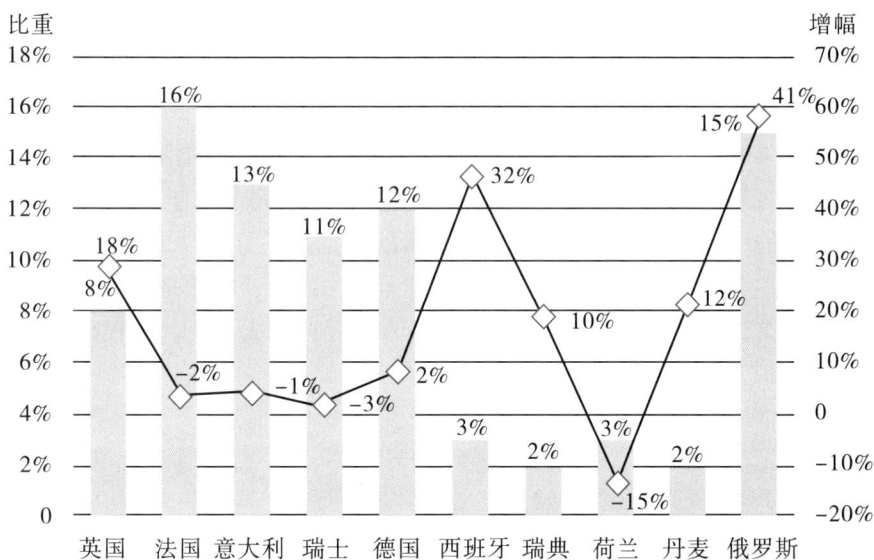

图 8 - 27 2017 年中国游客占赴欧游客比重及增速

资料来源：智研咨询：《2017 年中国出境游行业发展现状及未来发展趋势分析》，中国产业信息网，http://www.chyxx.com/industry/201711/588241.html。

---

① Wolfgang Georg Arlt、冯革群：《中国游客赴欧旅游组织机构的发展与未来任务》，《旅游学刊》2007 年第 5 期，第 42 页。

② 钱春弦：《中国赴欧旅游人数有望达到每年 600 万人次》，新华网，http://www.xinhuanet.com/travel/2017 - 06/12/c_1121136796.htm，2017 年 6 月 12 日。

③ 《旅游数据：欧盟与中国》（Tourism statistics – EU and China），欧盟统计局，http://ec.europa.eu/eurostat/statistics - explained/index.php? title = Tourism_statistics。

图 8 - 28　伦敦唐人街的一家华人旅行社（李明欢摄于 2015 年 11 月）

如此巨大的旅游客流，无疑为欧洲华人旅游业发展提供了前所未有的机遇，围绕面向来自中国尤其是中国大陆的游客形成了一个规模庞大的旅游业市场，一大批旅行社或旅游公司在西欧各国纷纷成立，它们有的直接派人到中国本土组团，大多数则与中国本土的旅行社联手经营。而且，随着中国本土以中青年一代消费群体为代表而蓬勃兴起的旅游新潮，即除了传统的走马观花式的跟团游之外，还兴起了定制游、深度游、自助游、亲子游、敬老游、度假游、原汁原味体验游等模式。

来自中国的旅游团从落地欧洲开始，大多就全程进入了欧洲当地华人旅行社的安排之中，从地陪、交通、食宿到参观游览，几乎完全由华人提供一揽子服务，难怪有的中国大陆游客在结束欧洲游后的感觉是"好像没出国"，因为"除了那些曾经在电视上见过的异国风景，其他全是中国风：吃的是中餐，住的是中国人开的旅馆，进的是中国人开的商店，开车的是中国人司机，全程陪同的导游同样还是中国人"。

图 8 - 29　2017 年"欧洲华人旅游界年会"在巴黎隆重举行（网络图片）

为了提升欧洲华人旅游业的服务水准，杜绝不正当竞争，规范市场秩序，法、英、德等国华人旅行社都组建了旅游同业社团，在全欧层面上，亦构建了如"欧洲华人旅游界年会"等交流平台，聚集华人旅游业同行聚会交流，同时还举办同行知识才艺展示和竞赛活动。如2018年初在巴黎举办的"欧洲华人旅游界年会"，参会者达800余人，当中不仅有欧洲本地华人同行，欧洲本地一些著名商家也派出代表与会，利用大会搭台，力推各自的品牌。

欧洲华人旅游业的发展，也推动了华人中文导游业勃兴。2018年统计显示，全欧华人导游已达2万人，成为华人就业的一个重要领域。自2010年以降，欧洲华人导游大会每年在不同国家召开，旨在推进导游知识专家化，服务人性化，操作职业化，培训经常化，以及技能多样化，以全面提升欧洲华人导游的水

图8-30 2018年1月，"欧洲华人导游大会"
在富丽堂皇的法国巴黎洲际大酒店举行（网络图片）

准，进一步适应欧洲华人旅游市场不断推高的业界需求。例如，当2017年在德国法兰克福召开第八届"欧洲华人导游大会"时，主办方还同步举办"欧洲导游业界及品牌营销研讨峰会"，约700名来自欧洲各地的旅游业代表及华人导游出席大会，同时还有几十家世界奢侈品牌代表与会。欧洲华人旅游业社团举办"金话筒欧洲华语导游知识竞赛""欧洲华语导游小姐先生大赛"等不同赛事，以全面提升欧洲中文导游的专业水准，拓展导游从业人员对于欧洲旅游资源的独特把控能力，适应旅游者对于导游不断变化的新需求。

2003年，由德国华人创办的"欧洲中文导游培训学院"在汉堡落成。学院开班对中文导游进行专业化培训。2015年6月，欧洲旅游委员会年度董事大会达成决议，正式确立该委员会与欧洲中文导游培训学院的合作关系，双方签署了合作协议。根据协议，凡通过欧洲中文导游培训学院毕业考核的学员，将由欧洲旅游委员会和学院联合颁发毕业证书及导游证。欧洲旅游委员会还将特别授予通过学院导游培训中级班考核的学员"欧洲旅游目的地大使"（Ambassador of Destination Europe）头衔，该头衔将在学员的毕业证书及导游证上得到体现。[1]

---

[1] 唐志强：《中国公民到欧洲旅游人数增多　中文导游供不应求》，新华网，http：//www. xinhua-net. com/world/2015 – 09/30/c_128284189. htm，2015年9月30日。

（三）专业机构异军突起

进入 20 世纪 90 年代，在西欧各著名唐人街随处可见的中文招牌中，人们可以发现越来越多华人专业服务机构的招牌，从律师行、会计师事务所、中医诊所、房地产中介、职业招聘、金融保险乃至婚丧嫁娶一条龙服务等，应有尽有。此类专业服务性机构主要以西欧华人市场为经营指向，不过其中如中医诊所、房地产中介、金融保险等也涉及非华人客户或企业。此类为华人提供多方位专业服务的机构迅速成长并日趋规范化，大大提高了西欧华人就业的档次，拓宽了西欧华人的就业层面。它一方面是西欧华人经济多元化发展中的新生事物，另一方面也有利于为西欧华人经济的进一步发展保驾护航。

推动并促进华人专业服务性机构迅速发展的原因可归纳为以下三项。其一，西欧华人自身经济总量大幅度增加，总体经济地位提升，成为华人专业性服务机构发展的原动力。其二，在西欧当地成长的年青一代华人知识结构明显优化，加之 20 世纪 80 年代后从中国大陆赴欧求学的部分留学生学成后留居当地，为西欧华人社会增加了一批专业人才。其三，华人群体自身尤其是年青一代消费观念改变，也带动了各类以华人为主要服务对象的大小专业机构应运而生，并迅速发展。

本部分选择进入 21 世纪后发展最为突出的中医诊所、会计师事务所和律师行三大华人专业性机构进行集中评述。

1. 中医药业

本书在第二章追溯 20 世纪初巴黎唐人街雏形时曾提及，当时在巴黎唐人街拉奇诺巷 13 号开设有"茂勋号"商铺，该商铺除百货外还兼营中药，并聘有一位中医师坐堂问诊，当时上门求医的无一例外是在当地艰难谋生的华人小贩。如此商铺兼营中医药的情形在同期伦敦、阿姆斯特丹、汉堡等地的唐人街同样存在。可以说，伴随着华人移民的足迹，中医、中药既如影随形，又长期局促于有限空间。

然而，引人注目的是，进入 20 世纪 80 年代之后，由华人经营的中医药业在西欧迈进了迅速发展的新时代。究其原因，除了前述华人群体自身壮大为中医药业发展奠定了人口基础之外，至少如下两大"偶然"事件也直接推动了中医药业在西欧的发展。

一是源自美国的一则美丽传言。1971 年 7 月 26 日美国阿波罗 15 号升空，轰动欧美社会。当天的《纽约时报》在对此以头版头条进行报道的同时，在头版角落还登载了一则报道：《现在让我告诉你们我在北京的手术》。此文作者是一位 62 岁的老人，他平实地讲述了自己在公务访华期间因阑尾炎住进中国医院接

受治疗的过程，重要的是：①他提及自己在接受治疗期间尝试了中国的针灸；②该文配发了作者观看针灸治疗的大幅照片。如此一来，一则来自当时被西方世界视为"神秘国度"之中国的新奇消息，加之此文刊发于美国国务卿基辛格秘密访华之时，而且不久之后又发生了美国总统尼克松访问中国的重大事件，于是，几重叠加效应，促使一系列关于中国针灸的"美丽传说"伴随着中国"神秘面纱"被一点点揭开而越炒越热。在美国是如此，在大洋彼岸的西欧也不例外。

另一"偶然"事件是来自广州的罗鼎辉大夫在伦敦以中药外洗内服之法治愈了困扰英国西医的小儿湿疹。时至20世纪80年代，伦敦唐人街上仍然只有一家由一位香港人开的提供中医药诊疗的"保寿堂"。罗鼎辉大夫毕业于中国广州中医药大学，移民英国前曾在广东中医院儿科工作，随丈夫移民英国后并未正式开业，只是在她丈夫开办的旅行社楼上行医，权当副业。某日，一位英国母亲抱着试试看的心理，上门找罗大夫，请求为其孩子治疗湿疹，没曾想不久即告痊愈。激动的母亲立刻向此前曾经为其治疗多时的英国医生报告，后者将信将疑地来到罗大夫处追踪考察，结果发现中医治疗湿疹果然疗效显著，于是著文发表于西医学权威杂志《柳叶刀》（Lancet），紧接着英国主流媒体《卫报》《观察家》及BBC等都竞相对其进行报道，其中英国电视台BBC一台收视率最高的节目EQD在黄金时段用半个小时报道了罗大夫成功治疗湿疹的事迹，罗被奉为"中国神医"，她开的中药被称为"神奇的茶"，一时轰动英国朝野，并进而被传播到西欧大陆，助推了欧洲人对中医药业的"神奇东方想象"。

西欧华人经营的中医药业大致可分为中医诊疗、中医药学校及中医制药业三大类。

（1）中医诊疗。

西欧华人开设的中医诊所往往以针灸、推拿、保健按摩为主，有的还加上美容，同时兼售中药或中成药。以针灸、按摩为主的中医诊所，病人大多是当地民众；另一类同时提供号脉诊病并出售中药的，登门求医者则以当地华人为主。

以英国为例。

上文提及的罗鼎辉大夫出名之后就在伦敦唐人街正式设立了"康宁诊所"。开业之初，基于罗大夫在英伦的超高名气，诊所门庭若市。而且，由于罗大夫看病不接受预约，先到先看，据说当时每天天不亮就有人排队等候，罗大夫每天要看上一两百个病人，而且，市政府每天要派6名警察在她的诊所前维持排队秩序。在那之后20多年间，罗鼎辉诊治的不同肤色的病人高达10万人次。[1]

---

[1]　夏瑾文：《英国中医发展现状调查》，《中国青年报》，2017年1月19日。

伦敦的梅家诊所也在 20 世纪 90 年代成就了另一段佳话。梅家诊所创始人梅万方于 20 世纪 60 年代求学英国。1972 年，梅先生开办了售卖包括中医用品在内的小店铺。眼见中医在英国日渐风行，梅先生于是致力研习中医，并转而经营中医诊所。因治病有方，疗效显著，声名鹊起，据说连戴安娜王妃都曾慕名于 1995 年登门求医，接受针灸治疗。此事经英国媒体报道，既进一步提升了梅家诊所的知名度，也等于为英国中医大打广告。

英国对内科医生、牙医、护士等专业医疗职位都有严格的立法管理，但中医、针灸、草药等则被列为"辅助和替代医学"（complementary and alternative medicine），即"不属于医疗范畴的市场行为"。如此定位虽然使中医药业不能进入英国的全民健保范畴，但同时却为中医药业从业者提供了相对宽松的经营空间。换言之，既然是市场行为，那么，中医开业就无须医生资质审核，中医药店按商业经营注册，故而中医诊所在英国被当成"商铺"经营。据业内人士介绍，20 世纪 90 年代英国中医开店成风时，"老板"只要从中国国内请来一位医生，再找一位能懂点英语的当前台，就可开起一家从事针灸、拔罐、推拿连带售卖中药的"中医药店"。而且，据说在 90 年代高峰时节，一位坐堂医生一天就能为店里赚 1 000 英镑，利润极其可观。另据一位在 21 世纪初从中国应聘到伦敦坐诊的退休老中医回忆：自己在伦敦某中医诊所工作时，每月只领 1 000 英镑工资，但巅峰时期两个星期就给店里赚了 1.6 万英镑。

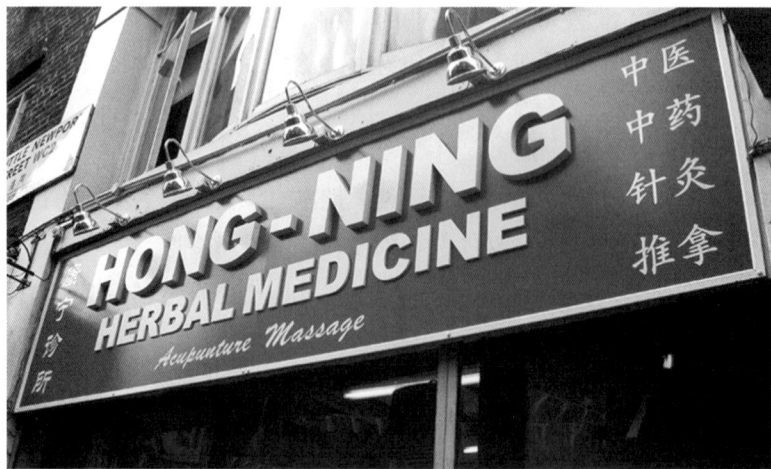

图 8-31　英国伦敦唐人街上第一家由中国大陆移民开设的中医诊所：1994 年开业的康宁诊所（李明欢摄于 2015 年 11 月）

图 8 - 32　英国伦敦一家华人开设的集中草药、针灸及
美容于一体的中草药店（李明欢摄于 2015 年 11 月）

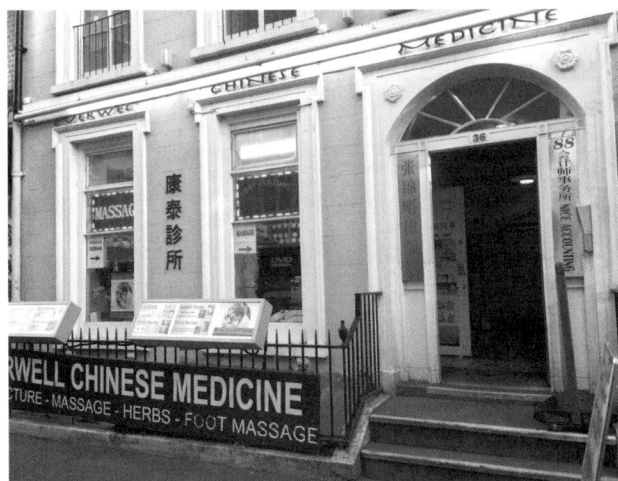

图 8 - 33　伦敦唐人街上的中医诊所（李明欢摄于 2015 年 11 月）

中医诊所成了日进斗金的"店铺"，一些有远见的华商即刻顺势而上，进一步开起了中医连锁店。曾经号称英国最成功中医连锁店的 Herbmedic 在 2007 年经营顶峰时节共在英伦三岛开了 199 家连锁店。同期英国大型中医连锁公司如 DR. & Herbs、Dr. China 等也都有数十家连锁店。

时至 2010 年，英伦三岛中医诊所已经超过 1 000 家，仅伦敦地区就有约 500 家。① 中医药业的迅速发展，吸引了许多英国本地人士学针灸，习中医，开药店，但更主要的中医药业从医者还是华人，尤其是来自中国大陆的新移民。英国官方统计显示，从 1999 年至 2011 年的 13 年间，共有 1.1 万中国大陆人以"工作签证"名义抵英工作，其中"中医师"达 1 435 人。② 中医药业成为英国华人仅次于餐馆业的主要收入来源，英国也成为亚洲之外第二大中成药市场。③

然而，正当中医药业在英国突飞猛进之时，2008 年的金融危机不期而至。英国经济遭受重创，普通民众失业率上升、收入下降，此时，需要自费承受治疗费用的中医诊所即刻面临病人直线下降的冲击。此前一直高歌猛进的 Herbmedic 中医连锁店营业额急剧萎缩，成百家店面如同当初高速开业一样又高速关闭，短短十年间，Herbmedic 连锁店就从 2007 年的 199 家锐减到 2017 年仅仅余下 6 家正常营业。

中医药业发展的乱象也引起了英国政府的注意，从 2012 年开始，英国提高了所有中医师工作签证申请的要求，一是要求英语雅思成绩必须在 7 分以上，二是提高了最低工资水平，随即完全取消了中医药店申请办理中医师工作签证的资格。2017 年后，所有中医药店都不能再直接从中国聘请医生了。

大浪淘沙的另一重影响则是规范了中医药业在英国的正常发展，那些真正拥有高水平中医师的诊所经受住考验，继续发展。如前文提及的梅氏诊所，当中医连锁店之风高涨时，该诊所没有随波逐流，而是稳扎稳打，一直保持良好声誉。2017 年有记者前往梅氏诊所采访时，看到的是宽敞、高雅、大气的诊所，上下三层，馆里有正式中医师 8 名，推拿按摩师 5 名，员工总计 40 名，已成为英国最大的中医诊所，也是西欧最大、最正规的中医诊所之一。④

又如北京同仁堂于 1995 年在伦敦唐人街开设的中药分店，也安排名家坐诊，经过 20 多年的发展，借同仁堂声誉，形成了以伦敦为中心、业务范围遍及欧盟 20 多个国家的大型连锁企业，为中医药业在欧洲的良性发展发挥了重要的带头作用。

---

① 程铭钊、沈惠军：《英国中医立法的 10 年历程回顾》，《环球中医药》2010 年第 3 期，第 210 页。

② 《近半英国华人几乎不会英语 严重影响个人权益保障》，中国新闻网，http：//www. chinanews. com/hr/2013/09－06/5253853. shtml，2013 年 9 月 6 日。

③ 夏瑾文：《英国中医发展现状调查》，《中国青年报》，2017 年 1 月 19 日。

④ 林卫光：《中医在英国发展的关键是"融入"（上）》，《光明日报》，2017 年 6 月 4 日。

荷兰在 20 世纪 80 年代时有 30 多名针灸师，其中仅 1 名为华人针灸师。进入 21 世纪后，荷兰中医针灸师已增加到 4 000 多人，其中约 200 人是华人中医师，全荷兰开设了 2 000 多家中医针灸诊所，60% 以针灸治疗为主，30% 以针灸加中成药治疗，还有 10% 从事中医推拿或针灸治疗。[①]

图 8 - 34　世界针联 2018 年法国国际针灸研讨会召开（网络图片）

在北欧国家瑞典也有一家由华人开办的"百强中医院"。该医院的创办人宗金波毕业于天津中医学院，曾于 1993 年在天津创办"天津枫叶正红医院"。1998 年，宗金波带上全部家当前往瑞典发展，开始了异国行医创业生涯。他从瑞典南部小城隆德一家 12 平方米的小诊所起步，靠与瑞典病人的耐心沟通和扎实的中医功力，换来了病患的口碑，小诊所得以站稳脚跟并步步发展。2005 年，宗金波从南部北上，直接到瑞典首都斯德哥尔摩开办了北欧首家中医院"百强中医院"，2007 年，又正式成立了瑞典中国医药集团，集中医院、药业公司和中医学院为一体，推动中医在北欧立足发展。

在法国，中医也经历了较长的历史发展进程。1985 年，法国卫生部成立了"针灸专门委员会"，1987 年中医药被法国医学会确认为正统医学的组成部分，部分治疗项目被纳入国家医疗保险范围。截至 2010 年，全法有 2 600 多个以针灸治疗为主的中医诊所，约有 6 000 名中医从业人员，每年法国境内接受中医诊治约 600 万人次。值得注意的是，根据法国政府相关法律，申请开办私人中医诊所的首要条件是该中医必须持有得到官方认可的西医大学学历，并通过上岗考核。因此，大量法国中医诊所由在法国本土学过中医的人士开设，法国由当地华侨华人开设的中医诊所只有十来家，且多以售卖中成药为主。

一些优秀的中医师主要在法国的相关机构中任职，朱勉生教授即为一位优秀的代表。朱勉生教授 1976 年毕业于云南中医学院医疗系，1978 年成为中国第一届中医研究生，1980 年获中医硕士学位，1987 年赴法国访学，随后定居法国。1997 年，朱勉生获巴黎第十三大学达芬奇医学院科学博士学位，同年创立达芬奇医学院中医部并担任教学主任，创办巴黎时空针灸研究院并任院长。2017 年 4

[①]　董志林：《荷兰华人中医药学会在阿姆斯特丹正式成立》，（法国）《欧洲时报》，2016 年 1 月 14 日。

月 14 日法国总统签发颁奖令，授予朱勉生荣誉军团骑士勋章，这是法国首次将此勋章授予一位中医专家。

（2）中医药学校。

21 世纪以来，欧洲教授针灸、按摩为主的中医院校基本保持在 300 所上下，西欧的英、法、荷等国都有此类学校，且在当地社会有一定影响。进入当地中医院校学习或接受短期培训的以西欧当地人为主，依其学习动机主要可分为两大类：一类旨在学成之后以中医针灸为业；另一类则只是出于个人兴趣，视中医针灸按摩为一种神奇的保健养生之道。根据笔者在法、荷等国的实地调研，虽然初学者中好些的确抱有学习中医针灸以为谋生之技的愿望，但多数人乃浅尝辄止，毕竟中医针灸文化实在博大精深，故而初学者众，但能够得中医针灸之精髓者寡。

西欧中医针灸院校多由当地国专业人士开办，但大多聘有华人中医师担任教师。同时，也有一些中医院校系由当地华人直接创办，由华人创办的中医院校基本上都是从诊所发展而来的。

荷兰华人董志林创办的神州中医大学是一所在欧洲创办较早且有较广泛影响的中医学校。董志林 1976 年毕业于浙江中医学院（今浙江中医药大学），1981 年移居荷兰，1986 年开设"神州医庐"，开始只是为当地华人服务。诊所从针灸起步，配合中成药辅助治疗，渐渐在荷兰社会提高了知名度，登门求医的荷兰人也多起来了。董志林一人忙不过来，就从中国聘请中医专家过来坐诊，上门的病人越来越多，诊所的名气也越来越大。眼见社会对中医针灸的认可度与需求迅速上升，董志林于 1990 年在阿姆斯特丹中心火车站附近租下了 1 400 多平方米的楼房，创办了神州中医大学并担任校长。经过 20 多年发展，神州中医大学的课程设置和学生培养已经日臻完善。学校开设了多个系列课程，包括中医基础班和提高班，中医气功班，推拿班等。按照课程设置，那些真正想要成为中医师而又没有医学基础的学生必须先完成两年西医基础学业后，才可以正式进入中医专业学习。

在法国，2017 年资料显示，全法教授中医针灸的私立学校达 126 所，同期在各院校学习中医针灸的人员过万。[①] 其中，有若干著名中医学校系由法国华人开办。例如，毕业于中国西南医科大学中医专业的马帆于 1993 年随法国丈夫移民里昂后，先是在当地开了一家中医馆，初获成功后，即于 1995 年开办了"法国少阳国际中医药大学"。学校开办之初，只有 8 个学生，马帆并不气馁，10 多年如一日致力于在法国推广中医药。进入 21 世纪后，马帆已经在法国和瑞士扩建

---

① 《中医被国外追疯了！中医针灸已成为最牛的中国国际品牌！》，搜狐网，https://www.sohu.com/a/211302467_653201，2017 年 12 月 18 日。

了3所分校，学校在校学生数常年保持在400人左右，颇受欢迎。马帆本人因此先后荣获法国教育骑士勋章（又称"法兰西金棕榈勋章"）及法国国家功勋骑士勋章。又如，毕业于北京中医药大学中医系的王德凤，于1997年成立了"法国王氏黄家中医学院（Academie Wang de MTC）"并自任校长，经法国相关部门审核后，归属为成人在职教育类学校。该校办学得到了王德凤校长的母校北京中医药大学的支持，为该校学生提供到北京临床实习的机会，大大提高了该校的教育质量和在法国的社会知名度。

（3）中医制药业。

1997年在法国斯特拉斯堡市注册成立的"法国蒋氏药业有限公司"（以下简称"蒋氏药业"）是唯一一家由华人创办，致力于在法国按照欧盟质量标准研发、生产中药产品的企业。

蒋氏药业创办人蒋玉林1983年毕业于南京药学院，1986年留学法国，进入斯特拉斯堡大学学习，1991年获得药业博士学位，随即进入法国知名药企工作。1997年，蒋玉林从法国药企辞职，和妻子邹雯携手创立了蒋氏药业。

众所周知，中医和西医的论证体系大相径庭。西医所用之西药以现代科技为基础，要求药物有明确的药理，强调生物分子检测，新药必须经过严格的试管、动物乃至人体实验合格之后，方能进入使用。反之，正如中医药的英文翻译是"Traditional Chinese Medicine"（TCM），加上"传统的"作为定语一样，中医乃依据《黄帝内经》《本草纲目》等历代经典，基本建立在经验传承的基础上，缺乏能够被西医所信奉之检测体系认可的药效评定、检测的数据。因此，包括法国在内的欧美国家大多对中成药进口设置了严格的政策壁垒。

蒋氏药业正是为破解中药在欧洲的困境而创建。蒋氏药业的基本理念是：在继承中药传统处方原理的基础上，按照法国的制药工艺和检测标准，研制开发符合当代社会需求的中成药产品。依据这一基本原则，蒋氏药业成立20多年来，累计研制开发出了50多个中药胶囊或中药冲剂系列产品。蒋氏药业的所有产品都采用REQS质量认证系统，在法国合法登记注册，制成中药胶囊或中药冲剂的产品保持了中药原有的效果，又易于被西方人接受，因此在法国医药市场赢得了很高声誉，为法国医院和普通民众所认可并接受。通过欧盟认证的蒋氏药业中成药产品可以顺利进入欧美各国。

作为一家按照欧盟质量标准成功实现中医药转化的高新企业，蒋氏药业为当地带来了就业和产业发展，带来了一种与人类健康密不可分的新文化、新理念，故而也得到了所在地政府及相关部门的大力支持和高度评价。2011年，鉴于蒋氏药业创办人蒋玉林在中医药文化领域的突出贡献，法国政府授予蒋玉林法兰西金棕榈勋章。

2017 年 6 月，在蒋氏药业成立 20 周年之际，蒋氏药业又跃上了一个新高度：在法国斯特拉斯堡市高科技创业园区阿尔萨斯生物谷建立了"法国蒋氏药业高创园区"（JZ 药业）。该园区占地 1 万平方米，分为生产、研发、展示等功能区，有规范标准的中医药生产基地、高水准的中医药产品开发研究室，还有中医药博物馆和药用植物园，是全欧洲唯一一家集研发、生产、教育及文化宣传于一体的中医药展示平台。在园区启用仪式上，蒋玉林正式宣布：由多领域专家共同发起，以推广、弘扬中国传统文化、艺术、科学为己任的"欧洲中国传统文化科学院"正式成立。

进入 21 世纪以来，中医药业可谓在西欧各国遍地开花，数以千计的华人中医师在西欧或自行开业，或执业于他人诊所，或登上中医课堂讲学授课，中医药业已经成为西欧华人专业人士的一大从业领域，也为中国传统医学走入西欧做出了重要贡献。然而，中医药业在西欧仍然被视为边缘医学，当地人多对中医药带着"神奇东方想象"，如此虽然为中医药业在当地的发展开拓了一定空间，但毕竟还缺乏经得起科学检验的坚实基础，类似蒋氏药业那样能够既保持中医药特色又完全融入现代医药科技系统的企业毕竟还属凤毛麟角。中医药业要真正扎根欧洲仍然任重道远。

2. 会计业

西欧国家实施的高水平、普惠制的福利制度举世闻名，英、荷、法、德及北欧诸国的福利制度可谓是"从摇篮到坟墓"全覆盖，然而，如此全面的福利制度必须靠全面、严格的高税收系统来支撑。华人初到西欧作为低薪打工者时，大多不清楚也不会主动去了解相关税务知识。但是，当他们进入中上层受薪阶层或自己成为"老板"之后，就自然而然地需要与各类税务部门打交道了，由此，专门或主要面向华人顾客的注册会计师或会计师事务所应运而生。

笔者在调研时就曾经听一位在英国开业的中医师说起她个人的纳税经历。诊所开业后的最初几年，她自认为病人不多，收入有限，自己做账就可以了，舍不得花钱聘请专门会计，毕竟那也是一笔不小的开支。三四年后，一位上门求治的病人恰巧是位注册会计师，因为感恩该医生的"神针"治好了她的颈椎病，故而主动提出免费为该诊所制作并报送当年的账务。结果，令此位中医师大为吃惊的是：经会计师帮她清理账目后，虽然诊所接治的病人数与前一年并没什么大变化，但她当年需要缴纳的税收总额竟然比前一年锐减了四分之一。该医师从此就专门聘用了会计师为其诊所报账。

（1）以英国为例。

英国拥有世界上最为复杂和完善的税收系统，任何企业，无论大小，其可能涉及的税务一般包括：公司营业税、增值税、工资税和国家医疗保险；如果涉及

进出口业务，则还需缴纳进出口关税；如果涉及房屋买卖、店面转让、资产变卖等，则需要缴纳资本收益税、印花税等。再如，中国人往往以为将自己资产留给子女天经地义，然而，这在英国则涉及高额的遗产税。总之，一方面，英国的税务面面俱到，既复杂又严格；另一方面，各类税种还是包含一些可能减免的规定，在专业会计师指导下可以寻觅到一些合理避税的路径。

由于多数第一代中国移民掌握当地国语言的水平有限，更难以准确掌握涉及税务专业的术语及知识，因此特别需要能用中文沟通的会计师。还值得一提的是，进入 21 世纪以来，随着一些中国中小企业走出国门寻求在西欧发展，一些中国企业家意欲投资移民西欧，他们也都需要西欧当地华人会计师的帮助。这一切在在拓展了华人会计师行业的市场。

英国的注册会计师需要通过"英国公认会计师公会"（The Association of Chartered Certified Accountants，ACCA）考试。[①] 由于 ACCA 考试科目较多，门槛较高，因此能够通过考试并成为注册会计师者，其薪酬是比较高的。据一位原籍中国大陆的会计师回忆，当她于 2003 年通过考试正式成为注册会计师时，那个时候几乎没有从大陆来英国的执业会计师，会讲普通话成了她得天独厚的优势。[②]

进入 21 世纪之后，英国每年报考 ACCA 特许注册会计师资格考试的华人人数逐年递增，加入会计行业的华人群体也不断扩大。根据英国国家统计局 2011 年的不完全统计，仅在伦敦地区从事财会工作的华人注册会计师就超过了 1 000 人。[③] 华人会计师主要分为两大类。一类以当地华人的中小企业为主要服务对象，根据客户提供的日常会计信息和总账科目编制年度会计报表，为企业提供申报税负、缴纳税款、管理归档等基础需求，制订企业合理避税的方案。另一类华人会计师则是在包括当今世界四大会计师事务所在内的本地大中型会计师事务所供职，为所在事务所开拓华人市场，为前来投资的大型中国企业服务。

（2）以法国为例。

在法国，华人独立开办的会计师事务所只有十来家，数以百计的华人注册会计师也主要在法国各大小会计师事务所任职。在巴黎华人聚居的第 13、20 区以及大巴黎区 93 省奥贝维里耶市（Aubervilliers），都有不少华人会计师事务所的招牌或广告；在法国当地的华文报刊上，相关中文广告也不少。

---

① ACCA 是世界著名的专业会计师团体，其会员资格得到欧盟立法及许多国家公司法的承认。ACCA 总部设在伦敦，英国立法许可 ACCA 成员从事审计、投资顾问和破产执行的工作。ACCA 在美国洛杉矶、加拿大多伦多、澳大利亚悉尼建有分会，在包括中国海峡两岸暨香港、澳门在内的世界上 70 多个地区设有办事处或联络中心。

② 《2017 年留学生经验谈：在英国从事会计业工作》，http://www.aoji.cn/news/1554850.html。

③ 李佳南：《看好就业前景　财会行业成英国华人职场"香饽饽"》，中国新闻网，http://finance.chinanews.com/hr/2012/11-03/4299496.shtml，2012 年 11 月 3 日。

为了开拓当地华人市场，一些法国大型会计师事务所还专门聘用华人雇员，此类会计师事务所往往强调它们得到官方认可的资质，由专业人士组成的团队能够为客户提供全方位的服务，而且做到"专业、可靠、高效"。以下是法国一家大型会计、审计和咨询事务所的中文广告：

×××是一个拥有35年历史、得到法国官方认可的注册会计、审计和咨询事务所。多年来我们为我们的客户提供专业、可靠、高效率的服务。我们的业务范围：

1. 财务会计：各类财务会计业务（做账、年终总结等）及税务业务（税务咨询、各类报表、工资单，公司成立、转让以及解散业务）。

2. 审计：可以为客户提供多种审计服务：企业收购审计，提供一家企业的真实情况，方便收购决定；查核欺诈和造假审计，协助调查个人或企业欺诈行为、企业年度审计、企业内部各类审计等。

3. 纠纷与仲裁：×××常被法国法院和仲裁机构指定为专家机构。我们能够提供：纠纷评估、损失评估。

4. 困难企业协助和企业结构调整：您的企业面对困难（如财务难题、业务难题、法律难题等）？我们常协助同类企业解决问题。我们也在最后期间帮助处理解散相关问题。

5. 咨询：面对复杂的法国环境，×××的专业团队可以协助呈现您的想法和投资方案，收购企业，发展业务，建立办事机构等。

相比较而言，法国华人创办的会计师事务所强调的则是另一些内容。例如，由于在法国，温州移民居多，因此，华人事务所的广告上会特别说明本事务所的老板是"温州人"，或在联系方式中特别标注"联系方式：中文和温州话"。鉴于华人以小公司为主，涉及行业从餐饮、零售、批发、装修到美容美甲，大多小而杂，而且经常会在报工、地址或老板变更、公司过户等方面有较多特殊需求，因此华人会计师需要熟悉多种行业的税率及要求，还需要提供代为阅读和回复信件等特殊服务。有的广告则带有某些灰色操作的暗示，如：可以"协助应对查账"；可以协助企业"应对有关知识产权的诉讼"，可以"协助转换工人身份"，等等。一些在法国大型会计师事务所就职的华人则通过小广告方式"业余"打工。例如，笔者搜集到这样一则小广告："本人多年就职于法国会计师事务所。现利用业余时间，提供会计方面的业务咨询和服务，长期帮公司/餐馆看信，代写各种信件。可每月固定收费。"

英、法华人会计业界的情况基本可以说是西欧国家相关业务的真实写照。

3. 律师行

西欧华人市场对于律师的需求也呈现明显的上升趋势，华人律师行业已成为一个新兴的重要的专业服务机构。在西欧各国，一方面是当地国的司法制度框架相对比较成熟健全，有利于律师充分发挥其特殊的社会影响力；另一方面则是对那些来自中国大陆的新移民而言，基于早年在中国大陆的生活经历，他们对律师制度十分陌生。因此，西欧中国新移民对于律师制度从认知到懂得运用法律工具维权经历了一个比较长的发展阶段。

本书第六章介绍了西欧国家大赦非法移民与中国新移民的关系，可以说，历次大赦是普通新移民接触律师并了解律师制度的重要推手。当时的华人律师或律师行几乎都以"移民"业务为主，或为"家庭团聚申请人"出具各类律师函，或为"难民"申请者代写"申诉书"，等等。不可否认的是，在办理此类移民或难民申请业务中，一些华人律师或昧良心漫天要价，或参与造假而声名狼藉，律师市场极不规范。

进入 21 世纪之后，华人律师的总体素质随时代发展而提升，当地华人也提升了对律师制度的认识，律师行运作随之逐步迈向正规化。西欧华人作为一个相对年轻的外来移民族群，一方面与当地国主体民族之间存在语言、习俗、观念等多重文化差异，另一方面亦难以把握当地国浩繁的法律条规，因此，他们不仅在转居留、换身份、换工签、办租赁乃至开店经营等涉及正式手续时需要律师帮助，而且在遇到法律纠纷时更需要求助于专业律师。与此同时，自中国政府"一带一路"倡议提出之后，中国企业进入欧洲的数量急剧上升。不少中资企业在进入欧洲市场时，也需要得到切实有效的法律咨询，避免不必要的损失。这一切都拓展了华人律师服务的市场需求。

总之，进入 21 世纪以来，西欧华人专业人士队伍日渐壮大，他们活跃于西欧社会生活的各个领域，大大提升了西欧华人社会的总体素质，也为华人社会经济发展提供了重要的专业性支撑。

图 8 - 35　英国伦敦唐人街"李贞驹律师行"（李明欢摄于 2015 年）

二、南欧华人经济新天地

本书第五章业已指出，二十世纪八九十年代时，意、西、葡三国都曾先后多次大赦非法移民。以此为契机，数十万中国大陆新移民进入了以上三国，尤其是意大利和西班牙。因此，自 20 世纪末叶，以意、西华人企业为代表的南欧华人经济以前所未有的发展势头多方拓展，南欧华人建立了自己族群经济的基础，在南欧经济领域中开拓了一方天地。

本部分将着重追溯南欧华人经济兴起的初级阶段，关于南欧华人商城经济的崛起及影响将在本章第二节中专门论述。

（一）中餐业引领潮流

本书第四章业已指出，二十世纪五六十年代时，由于南欧国家华人群体规模相对有限，南欧国家自身整体经济发展水准较低，因此，中餐业在南欧的发展，远不及西欧。但进入 20 世纪 80 年代以后，随着大批来自中国大陆的新移民进入南欧国家，中餐业兴起了前所未有的发展高潮，尤以意大利、西班牙的发展最为引人注目。

20 世纪末叶中餐业在西班牙的发展，既出现过蓬勃发展的黄金时期，也有过滑铁卢大败的惨痛教训。纵观 20 世纪末叶中餐业在西班牙的发展历程，基本能以 1992 年为界，分前后两个阶段。[①]

从 20 世纪 70 年代中后期到 1992 年，是西班牙中餐业迅速拓展的时期。据中华人民共和国与西班牙王国建交后第一位从中国大陆进入西班牙的陈迪光先生回忆，1973 年时，在西班牙首都马德里共有 39 家中餐馆，全西班牙估计有 200 家中餐馆。由于那时西班牙人对中餐不了解，加之西班牙本身的经济水准远不及西北欧诸多国家，因此，与英、法、荷等国相比，西班牙整体餐馆业的发展长期处于较低水准。

1973 年中国与西班牙王国建交，两国关系进入新时期。1975 年，在西班牙实行独裁统治长达 40 年之久的佛朗哥总统病逝，两天后胡安·卡洛斯国王登基，由此开始安全平稳地实现从专制政体向君主立宪民主政体的过渡。新国王登基不久，即于 1978 年访问中国，和邓小平友好会谈，随后，两国高层多次互访，推

---

① 关于西班牙中餐业发展的资料，除根据笔者 1997 年在西班牙调查访谈所了解的情况外，着重参考了西班牙麻卓民在（法国）《欧洲时报》和《西华之声》发表的以下系列文章："西班牙中餐业回顾"系列和"西班牙华人社会"系列。

动了两国关系友好发展。值得一提的是，当西班牙人从电视中看到他们的国王在北京用两根"小木棍"吃饭时，惊诧不已，几乎一夜之间，全西班牙中国餐馆家家生意火爆，用老华侨的话说："当时真怪，饭店不管开在哪里，只要灯笼一红，吃饭的客人就排成龙。"

一方面，中国的国际地位大大提高，吸引了西班牙人对中国的关注，也增加了他们尝试中餐的欲望和兴趣；另一方面，西班牙中餐业自身也在适应新形势的过程中不断进行自我完善。例如，来自浙江青田的陈迪光先生于 1975 年在马德里创办"长城饭店"，在头一两年的经营过程中，他注意对当时西班牙的各式菜肴进行比较品尝，并主动与西班牙客人交流，询问他们对于各式中餐菜肴的意见。在此基础上，他对正统的中餐进行改良，制定了适应西班牙人饮食特点的"西班牙中国菜单"。陈先生此举大获成功，其设置的基本菜式深受西班牙人欢迎，一时间，不仅"长城饭店"顾客如云，生意兴隆，还由此带动了整个西班牙中餐业的发展。好些随后在西班牙开办起中餐馆的老板，最初都曾在"长城饭店"打工，或者在自家餐馆开张时用"长城"的菜单，因此，在部分从事中餐业的西班牙华人中，"长城饭店"被戏称为"西班牙中餐业的黄埔军校"。

从 20 世纪 80 年代后期至 90 年代初，可谓西班牙中餐业发展的第一黄金期。就客观形势而言，一方面，进入 80 年代之后，西班牙的整体经济形势进入良性发展的新时期；另一方面，西班牙举国上下为迎接巴塞罗那奥运会、塞尔维亚国际博览会以及纪念哥伦布发现新大陆五百周年等盛大庆典而欢欣鼓舞，到处大兴土木，投资建设，一片欣欣向荣的景象。就西班牙华人社会自身的情况而言，80 年代之后，随着中国改革开放的全面发展，在浙江侨乡青田、温州等地，出国潮一浪高过一浪。成千上万纷至沓来的新移民为西班牙中餐业的发展提供了强大的生力军。于是，一时间，在西班牙全国各地，不仅处处可见新的中餐馆开张营业，而且几乎家家顾客盈门。

1992 年初，西班牙中餐业的发展进入顶峰时期：在马德里，短短几年内，大小中餐馆竞相开张，总计超过 600 家；在巴塞罗那，自 1986 年西班牙申办奥运会成功、巴塞罗那成为奥运会主办城市，该城中餐馆数量即迅速攀升，时至奥运会前夕，全城中餐馆已经从 80 年代中期的几十家猛增至超过 2 000 家，而且不乏大规模、大投资的豪华餐馆。

然而，超常规的发展往往在展示其令人欢欣鼓舞之外在景象的同时，已蕴含着潜在的危机。1992 年下半年，西班牙中餐业业已出现滑坡的苗头，可是，许多被西班牙一片升平景象刺激得雄心勃勃的西班牙华人仍然沉浸在兴奋之中而继续增加投资、扩大营业。进入 1993 年，西班牙自身奥运经济如昙花一现，赛事结束之后经济急剧衰退，一些大中型企业相继破产，失业率持续上升，在年末竟达到23％，高居全欧失业率之榜首。1994年，西班牙经济依然萎靡不振。以西班牙主体经济为发展依托的中餐业遭此沉重打击，在劫难逃。西班牙的中餐业一下子从波峰跌落低谷，陷入了大萧条：据业内人士分析，仅仅以马德里、巴塞罗那两地为计，两年内倒闭的中餐馆就有200多家，全西班牙中餐业的营业额下降40％以上。与此同时，在西班牙华人社会中又发生了一连串震惊西班牙社会的恶性案件：少数华人社会的不法之徒结成团伙，铤而走险，对自己的同胞敲诈勒索，蒙面抢劫，甚至杀人越货，华人社会中连续发生了多起骇人听闻的凶杀案。此类案件经当地某些新闻媒体不负责任地大肆渲染后，无疑更使西班牙华人社会雪上加霜。在困境中，诸多中餐业的老板们不得不小心翼翼地研究对策，稳住阵脚，以渡难关。

进入1995年下半年，随着西班牙整体经济出现好转，中餐业的处境开始改观，大规模下滑的局面基本制止，全行业生意额逐步有所回升。然而，还没等西班牙华人中餐业走入新一轮的繁荣，1996年又成为西班牙华人中餐业的一个多难之秋。

1996年初，西班牙部分中餐馆因厨房卫生、使用无居留证的"黑工"、违法出售私烟私酒等问题，屡屡遭西班牙当地新闻媒体曝光，好些中餐馆的生意受到影响。然而，真正沉重的打击还在后头。是年10月7日，西班牙卫生部、警察局对一些西班牙的中国货行进行卫生质量检查，发现一些食品过期、一些食品不符合西班牙的卫生检验标准。此事一经披露，西班牙具有重要影响的报纸如《国家报》《先锋报》以及西班牙电视一台、三台、四台等传播媒体，立刻连篇累牍地大肆发表有关消息及评论，而且不负责任地层层加码。有的报道开始说查获不合格食品70吨，可没过几天就说查获的不合格食品总额达530吨。更为严重的是，有关报道还刻意在字里行间让读者、听众或观众得到一个印象，即这些不合格食品全都是销往各中餐馆的……现代社会中，传播媒体的导向作用几乎可以立竿见影。有关报道的余音未了，全西班牙中餐馆的生意已经一落千丈。有人形容：连遭沉重打击的西班牙中餐业几乎"溃不成军"，各大大小小的中餐馆顿时变得门可罗雀，家家餐馆入不敷出。时过一年，当笔者于1997年10月走访西班牙时，不少中餐馆老板仍然感到背负着沉重的压力，整个中餐业仍未完全走出不景气的氛围。

然而，西班牙华人并未束手待毙，他们在艰难的困境中仍然顽强拼搏，在一批有识之士的组织领导下，西班牙华人为维护自己的合法权益而积极抗争，成效可观。经历了1997年和1998年两年的调整，西班牙的中餐业在步入21世纪时又出现了新的回升景象。自1999年起，西班牙各中餐馆生意明显好转，生意额上升，老板们喜笑颜开。据行家分析，仅1999年一年内，西班牙又新增中餐馆

近200家，其中巴塞罗那新开张中餐馆就有近60家。然而，由于新餐馆为争取客源，开张之时必伴以降餐价、送饮品甚至额外送礼等手法，而毗邻餐馆为保持客源，也只好随之降价，故而中餐业内部竞争依然有增无减。

在西班牙中餐业几经波折、风风雨雨的发展过程中，也不时传出令人振奋的消息。例如，1994年夏，正当西班牙众多中餐馆面临惨淡经营之境地时，位于马德里的"京城酒家"却荣获该年度的"西班牙国际企业大师奖"。"西班牙国际企业大师奖"主要表彰那些在文化教育、艺术、体育、企事业、服务业等方面对社会做出特殊贡献、有特别成就的教育家、艺术家、优秀运动员、优秀企业家，人们所熟悉的国际奥委会主席萨马兰奇也曾经是该奖的得主。据评委会审定，马德里"京城酒家"中餐烹调技巧独具特色，有视顾客为亲朋的至善服务精神，餐厅、厨房、厕所、仓库定期打扫清理，一切井井有条，保持了整个餐馆的整洁卫生，尤其是该酒家经理陈海晓热爱中餐服务事业，对酒家实施文明管理，成绩突出。因此，在1994年获奖的42个企业及个人中，"京城酒家"是唯一获奖的华人企业。"京城酒家"获奖，无疑为西班牙众多中餐馆树立了良好的榜样，增强了经营者的信心，激励西班牙中餐业朝向新的发展高度迈进。

中餐业在另一个南欧国家意大利的发展也是曲曲折折。

意大利是旅游资源极其丰富的国家。随着20世纪后期旅游在发达国家成为新的时尚，每年涌入意大利的游客以千万人次为计，据20世纪90年代末统计，意大利旅游业的年收入已突破300亿美元。众多意大利华人新移民看到意大利游客纷纭，市场容量可观，纷纷投资餐馆业。据1985年的统计，是年全意中餐馆有185家，1998年猛增至960家，而2001年的一项统计数字则显示：意大利全国中餐馆已多达2 600家，其中米兰400多家，罗马300多家。① 如今在意大利，即使在名不见经传的小城、小镇，也时常可以发现路标式的中餐馆广告牌。

中餐业在意大利的迅速发展，使传统的意大利餐饮业从业人员感到自己的既有经济利益受到冲击，全行业都面对着来自中餐的严峻挑战。1990年，正当中餐馆在意大利处于成倍增长的高峰时节，罗马《信使者报》就以十分夸张的词句惊呼："中国烹饪正袭击意大利，春卷、杏仁鸡丁、拔丝萝卜已获凯旋，意大利比萨饼和通心面奄奄一息！"1997年9月22日，意大利《晚邮报》又以几乎一整版的篇幅报道中餐业对意大利餐饮业市场的影响。该报首先指出：在最近十多年里，中餐馆的数目增加了57倍，中餐馆在意大利普及得就像意大利快餐店一样。接着，该报援引美国饮食学家对中国烹调法的评价和意见，指出中国菜脂肪比例太高，含钠过多，中餐食谱中的虾片、炸馄饨、春卷、广东炒饭、糖醋猪

---

① 《意大利华侨企业叫当地人又高兴又眼红》，《福建侨报》，2001年9月24日。

肉、拔丝水果等均有害身体健康，中餐算得上有益健康的食品只有蒸饺（但不能放酱油）、杏仁鸡丁、蒸蔬菜、什锦水果等少数几项，可就是这几项，仍然有"含钠量过多"之嫌。经该报这般分析之后，中餐馆的看家菜大多被打入"有害健康食品"之列，自然对中餐馆的经营形成不利影响。

在西欧的英、法、德、荷等国，或因为本国没有什么特别吸引人的风味佳肴（如荷兰、德国），或虽有名餐、大菜但价格不菲（如法国），故而中餐有其市场。意大利则不然，当众多游客游览意大利时，他们最经常光顾的，无疑是闻名遐迩的意大利餐馆。意大利本土的比萨饼、通心面等早就以价廉味美闻名于世，东西方各民族都可以接受。因此，意大利报刊所谓"意大利比萨饼和通心面奄奄一息"之说，倘若不是别有用心，就是以偏概全，夸大其词。客观地说，中餐馆在意大利一直是顶逆流而上，而且充其量也只是意大利餐饮业的一个补充，根本撼动不了意大利本土风味餐馆称雄全意餐饮业的稳固地位。

进入 21 世纪后意大利中餐业的发展，一是得益于意大利华人社会自身的不断壮大，拓展了中餐的内生性市场即华人市场；二是在保持薄利多销传统经营模式的同时，注意提升品质，遵纪守法，规范发展；三是另辟蹊径，中国地方小吃如肉夹馍、汤包、豆浆、油条等都在意大利开了外卖店，且深受当地年轻人欢迎。据老板介绍，店面虽小，但薄利多销，利润相当可观，且为中餐的多样化赢得良好声誉。据 2015 年的统计，中餐馆已经遍布意大利各地，总计达到约 4 000 家。[①]

在葡萄牙，中餐馆的发展虽不如意、西两国，但就其经济需求而言，也已相当饱和。1964 年，葡萄牙才出现第一家中餐馆"澳门饭店"，60 年代末大约增加到 6 家，当笔者于 1997 年到葡萄牙走访当地华人社团时，据当地老侨领介绍，全葡中餐馆已有四五百家。由于绝大多数中国新移民对掌握葡萄牙语感到极其困难，而当地较低的工资水准又使中餐馆可以雇佣本土工人，因此，在葡萄牙中餐馆，老板和厨师是中国人，但在餐厅当跑堂的，则多是葡萄牙人，与邻近的西班牙及英、法、荷等国中餐馆基本以中国新移民为主的构成情况明显不同。

在希腊，中餐馆直到 20 世纪 70 年代后才开始出现，1985 年时约有 11 家，其中由中国内地华侨独立经营的仅 3 家，另外 8 家由香港华侨与希腊人共同经营，而且规模都比较小。1987 年夏笔者到雅典旅游时，好不容易才找到一家中餐馆，当时虽是旅游旺季，但该餐馆生意仍十分清淡。90 年代后，伴随着中餐业在周边国家的发展，中餐馆在希腊也越开越多，据 1998 年的统计，全希腊中餐馆及外卖店已增至约 100 家，除 10 多家装修较具档次外，其余绝大多数是家

---

① 游子：《意大利华侨华人厨师总会成立 陈悠甫任首任会长》，《华人街》，2015 年 7 月 30 日。

庭式的小餐馆或外卖店。据当地华侨介绍，希腊气候炎热，当地人喜欢清淡食品，加之橄榄油是希腊的特产，当地人喜欢橄榄油的特殊味道，这一切均不利于中餐在当地的普及。

图 8 - 36　意大利华人在当地开起了饺子、肉夹馍、汤包外卖店，深受当地年轻人欢迎
（李明欢摄于 2017 年 10 月）

图 8 - 37　意大利华人面向自身群体的青田特色小吃店
（李明欢摄于 2017 年 10 月）

657

据笔者在意大利和西班牙对当地中餐馆的实地考察，当地中餐馆的顾客群主要包括以下三大群体。客源之一是意大利的年轻人，包括单身者及由年轻人组成的家庭，他们一好新鲜，二为低廉价格所吸引，故而成为中餐馆的食客。但是，这部分客人大多只求吃饱，属低水准的大众消费，不能为中餐馆带来太高的利润。然而，青年人又代表着未来，因此，正如意大利一位中餐馆老板十分自信地对笔者所说的那样："年轻人喜欢的产业，就是朝阳产业，前途无量。只要我们坚信中国菜是世界上首屈一指的美食，兢兢业业地做好我们的中国菜，开好我们的中餐馆，让更多年轻人走进中餐馆，生意总会越来越好。"

客源之二是来自亚洲尤其是中国的游客。当他们在旅游中品尝一两次异国他乡的风味食品之后，不少人还是愿意以中餐作为每日的基本饮食。虽然旅游团队的餐馆利润不高，但只要流量大，总利润还是相当不错的。意大利和西班牙都是旅游大国，随着中国等亚洲诸多国家自身经济的发展，人民生活水平提高，走出国门到欧洲旅游的中国人越来越多，这一客源颇为可观。

客源之三是来自当地华人社会的移民群体。笔者注意到，无论是意大利或西班牙的中餐馆，本地的华人新移民业已构成当地中餐业消费的重要群体之一。笔者在西班牙和意大利访问时，曾在周末去过多家标明提供温州或青田风味食品的中餐馆，还曾在深夜去过设有中文卡拉OK的大型中餐馆，笔者对那些餐馆内挤满年轻中国新移民的情景，印象极为深刻。可见，中国新移民自身的增长，业已形成了当地中餐馆的一大顾客群。因为，正如本书下一节将要指出的，在当今西班牙和意大利的众多华人新移民中，有相当一部分人从事皮革服装加工或贸易。这部分的年轻人许多系单身移民异国，平日，他们吃住都在工场，逢上难得的、不加班的周末或其他节假日，其消遣的主要方式之一就是邀上朋友们一起相聚中餐馆。因此，在华人皮革业、服装业集中的城镇，多开设了以这些工场工人为主要消费对象的中餐馆及制作、出售豆腐、豆芽、中式点心的小食品店。据一位餐馆老板向笔者介绍，从中国大陆新来的年轻人也许赚的钱并不算太多，但他们外出消费时出手却十分大方，在餐馆内，又吃又喝又唱，有时将整个月的工资都花掉也无所谓。据笔者分析，一方面，能挣会花，大概是新一代移民不同于老一代移民的突出之处；另一方面，异国打工的艰辛与亲情的缺乏，使不少人感到痛苦、迷茫，因此，在中餐馆纵情畅饮时，在卡拉OK机旁放声吼唱时，他们实际上是在痛痛快快地宣泄自己的情感，以求得心理上的某种平衡。

还值得一提的是，随着餐馆业的饱和，意大利、西班牙华人拓展餐饮领域的另一趋势是进入当地的酒吧业、加盟或创立面包连锁店。酒、面包都是当地普通民众生活中须臾不可匮缺的必需品，此类生意主要满足本小区内居民的日常需求，市场相对稳定持久。然而，由于酒吧及面包店均需从早开到晚，工作时间

长，操作程序重复烦琐，经营上升空间有限，因此，年青一代意大利、西班牙人愿意泡酒吧，喜食面包者众，而愿意经营酒吧、面包店者寡。尤其是 2008 年经济危机后，南欧经济迟迟不见明显复苏，华人原先经营的百元店、餐馆、仓库、服装店等传统行业严重饱和，市场萎缩，竞争愈发激烈，于是，一些手中略有积蓄并且有意开拓经营新领域的华人即尝试转型投资，接手原来由当地人经营的酒吧。据不完全统计，截至 2015 年，全西班牙已有超过 8 000 家酒吧被华人接手，数千华人因此成为老板。另一统计则显示，自 2013 年以来新增加的大约 4 000 位华人老板中，大约 30% 是酒吧老板。[1]

①顾客正在挑选面包　　　　　　　②时尚整洁的店面令人赏心悦目

③连锁店的面包均由专业烘培师统一制作再分送到各连锁店出售，保证连锁店面包的质量

图 8-38　巴塞罗那一家由当地华人经营的品牌连锁面包咖啡店（李明欢摄于 2018 年 11 月）

---

[1] 据西班牙华侨华人协会名誉主席徐松华先生提供的西班牙移民局资料。

西班牙华人经营面包店大多选择的是另一路径。西班牙每条街上都有几家面包店，西班牙当地人买面包十分看重品牌，因此，华人进入面包业大多选择加盟当地主流面包品牌企业的路径，既利用双方已经成熟的品牌，亦承继品牌已经拥有的先进管理经验，少走弯路。当然，加盟品牌需要一定的投入，需要接受培训、遵守规则，这对华人经营者来说，也有一个学习适应的过程。与此同时，也有熟悉、了解西班牙市场的华人经营者开始创立自己的品牌连锁店。笔者在调研中就曾经实地访问了巴塞罗那华人企业家创立的品牌连锁面包咖啡店。这个于2014 年创立的连锁品牌企业，将面包店与咖啡馆相结合，引入全套国际化专业品牌形象设计理念，推出了一个个时尚整洁的店面，尤其是通过收购老牌正宗西班牙面包厂，雇佣具有丰富行业经验的烘焙师，提供品味地道的咖啡、面包，成功地在当地树起了自己的品牌。连锁店的面包均由专业烘焙师统一制作，再分送到各连锁店出售，保证连锁店面包的质量。

南欧华人在餐饮业的探索仍在继续中。许多华人餐饮业从业者已经从实践中深刻认识到，不能一味搞低价恶性竞争，而是应当既弘扬自身特有的文化优势，又注意入乡随俗，熔炼出一种独具特色，又适应当地市场、民众需求的经营模式，形成自身特有的竞争力和利润收益点，真正踏踏实实地在一个行业里做专、做强、做大，这样才能树起自己不败的品牌。

（二）服装业蓬勃兴起

服装加工业是西班牙、意大利等南欧华人集中从事的另一个重要行业。其中，20 世纪 90 年代后，意大利原纺织工业基地普拉托的迅速振兴极具代表性。

第二次世界大战结束之后，意大利本土服装业在一片焦土上兴起。1952 年 7 月，"二战"之后意大利第一场大型集体时装表演在佛罗伦萨举行，此举被国际服装界誉为"意大利服装的诞生"。进入 20 世纪 60 年代，意大利成衣生产厂家纷纷成立，并迅速建立起现代化厂房，从高级时装到普通成衣都达到较高的出口水平。1985 年，意大利纺织品出口贸易额达到 97 亿美元，跃居当时国际纺织品服装出口第一大国。当时在意大利各工业部门中，纺织服装工业位居第二，其地位仅次于机械制造工业。[①] 意大利服装以高品位的设计、高水准的裁剪、高质量的面料闻名于世，其中如古驰（Gucci）、华伦天奴（Valentino）、阿玛尼（Armani）等大品牌更是在国际时装界享有盛誉。

意大利经济发展的突出特色是形成地域性的中小企业集群，即"大量的中小企业位于工业区内；以单一产品不同生产阶段的专业化分工；联结成中小企业纽

---

① 卞向阳、张旻：《20 世纪意大利服装业的演进》，《东华大学学报》2008 年第 4 期。

带，形成企业间商业和生产方面内在联系网络"①。位于意大利艺术之都佛罗伦萨西北 16 公里的普拉托正是在二十世纪六七十年代形成的一个纺织服装加工产业集群的工业区。

普拉托毛纺制品的生产历史可以追溯到 15 世纪，那时的普拉托即已成为意大利著名的毛纺产品加工制作中心，19 世纪后，纺织业进入迅速发展的新阶段，普拉托因而被历史学家誉为"意大利的曼彻斯特"。② 虽然两次世界大战的熊熊战火同样重创普拉托的纺织行业，但战争一结束、转入和平时期，普拉托的纺织业即刻在原有基础上迅速复兴。进入 20 世纪 60 年代后，普拉托一些纺织品厂家开始尝试进入服装加工领域，他们提供样品和自产的面料，外包给当地的家庭式小作坊加工为成衣再出售，以提高收益。这些小作坊在起步初期受裁剪、缝纫等技术限制，成衣质量较为粗糙，只能作为纺织品公司的附属产品，进入中低端平民市场，效益不佳。

然而，1968 年肇始于法国巴黎的"五月风暴"为普拉托服装业提供了意想不到的天赐良机。这场"二战"后骤然兴起的左翼民权运动对欧洲各国社会生活的方方面面都产生了重大影响，其中对欧洲时装界的影响同样意义深远：长期占据欧洲时装界主流的古板、正式、昂贵的服装遭到年轻人的鄙视，而便捷、休闲、低成本服装则大受年轻人青睐。如此一来，普拉托平民化的服装制造正好适应了这一新的市场需求，而且，由于普拉托模式是围绕着纺织公司形成大量的家庭式小加工作坊，它们规模小、转型快、成本低，能够根据市场需求及时出货，适应性极强，因此，歪打正着，普拉托服装业迅速走红。1979 年，第一届普拉托春夏时装展览暨交易会举办，简单、新颖、廉价成为普拉托服装的共同特点。到了 20 世纪 90 年代初，普拉托一地已经云集了大约 5 000 家纺织服装厂家，其中绝大部分是只雇佣三五人的小微企业，老板基本是意大利本国人。

普拉托的另一特点在于这是一个移民城市。根据历史记载，1901 年普拉托人口大约 5 万，半个世纪后的 1951 年增加到 77 631 人。在那之后，伴随着普拉托纺织制衣业的发展，普拉托人口也进入高速增长期。仅仅过了 20 年，普拉托人口就翻了一番，在 1971 年达到 143 232 人。③ 构成这一波"二战"后移民潮主体的是来自意大利中部农村地区的青壮人口，他们大多举家迁入普拉托并进入当

---

① 徐占忱：《中小企业集群式发展壮大国家实力——中小企业发展政策国际比较之意大利经验》，《经济研究参考》2011 年第 37 期，第 66 页。

② "普拉托"（Prato）词条，维基百科，https://en.wikipedia.org/wiki/Prato。

③ Missimo Bressan & Massimiliano Radini, "Diversity and Segregation in Prato", in Johanson, Graeme, Smyth, Russell & French, Rebecca eds., *Living Outside the Wall*: *The Chinese in Prato*, Cambridge Scholars Publishing, 2009, p.130.

地企业务工。进入二十世纪七八十年代后，普拉托人口继续保持增长，但增长率有所放缓：1991 年普拉托总人口增至 165 670 人，进入 21 世纪后再增至大约 18 万人。① 与"二战"后第一波移民潮不同的是，后一波移民潮的主体大致可分为两部分：一部分是来自意大利南部地区的本国人；另一部分则是来自外国的移民，其中，以来自中国的新移民最为引人注目。

根据温州大学张一力教授的调查，第一位进入普拉托的中国移民是位温州人，时间是 1987 年。当时，由于 20 世纪 50 年代之后成长起来的新一代意大利年轻人不愿意在普拉托这个小地方的小作坊里从事机械、死板、无趣的纺织制衣业，普拉托的纺织制衣业开始出现劳动力供不应求的状况。而如前所述，二十世纪八九十年代正是通过接连几次大赦进入意大利的大批中国新移民急于寻找挣钱机会之时，自然而然地，中国新移民开始成为普拉托私企老板们雇佣的对象。

初始阶段从相互陌生的双方彼此尝试接触起步。从 1987 年第一位温州人来到普拉托到 1989 年，两年间总共仅有 38 名温州人受雇于普拉托的小企业，他们多从法国巴黎转道而来。但没过多久，普拉托老板们就惊喜地发现：这些温州人上手很快，更重要的是，他们既能吃苦，又特别愿意加班加点挣外快，这恰恰是需要快速适应市场需求的时装业所需要的劳力。因此，越来越多普拉托老板争相雇佣中国人，而那些在普拉托落脚了的温州人看到这里处处有工作机会，也积极引荐自己的亲朋好友前来普拉托打工。

普拉托的中国新移民人数不断翻番：1990 年 520 人；1991 年 1 009 人；1995 年 1 525 人；2006 年突破万人，是年在普拉托有正式居留权的华人总数达到 10 080 人。而当地媒体《晚邮报》（*Corriere delle Sera*）在 2007 年 1 月 29 日的一则报道中还提及：除了正式居民之外，"在普拉托的无证中国移民可能高达 2 万人"②。

早在 1997 年，就有一位意大利记者在当地的报纸上发表文章，对当时的普拉托做了如下描述："在意大利也许再也找不出哪一个城市能像普拉托一样，有着如此众多的中国移民。在这里，来自亚洲第一大国的移民数量首屈一指……在市中心游逛时，会遇见许许多多的中国人面孔，男人、女人，还有很多孩子，使人怀疑是否闯入了亚洲的闹市中。"文章还引述普拉托市行政公署署长朱森普·佩科拉洛（Giusenppe Pecoraro）博士的谈话：中国人"是一个性格温和的民族，

① Denison, Tom, Arunachalam, Dharmalingam, Johanson, Graeme & Smyth, Russell, "The Chinese Community in Prato", in Johanson, Graeme, Smyth, Russell & French, Rebecca eds., *Living Outside the Wall*: *The Chinese in Prato*, Cambridge Scholars Publishing, 2009, p. 4.

② Denison, Tom, Arunachalam, Dharmalingam, Johanson, Graeme & Smyth, Russell, "The Chinese Community in Prato", in Johanson, Graeme, Smyth, Russell & French, Rebecca eds., *Living Outside the Wall*: *The Chinese in Prato*, Cambridge Scholars Publishing, 2009, p. 4.

就知道工作"。普拉托当地居民对骤然涌入他们身边的众多华人新移民的总体评价是："中国人人数众多，而且在任何情况下都知道如何找到出路。"在普拉托街头，随处可见同时用意大利文和中文两种文字书写的广告牌，因为普拉托人意识到"中国人对他们来说是极好的客户，（因为他们）总是及时地用现金支付开销"。普拉托市的地方电视台每个星期天都有用中文播送的新闻节目，中国新移民与意大利当地人民之间相处得十分融洽。因为，在意大利这个传统的纺织城，无论是当地人或中国新移民，彼此都十分清楚地认识到：普拉托的发展，离不开中国新移民；而对于想要实现自己创业梦的中国新移民，普拉托也是个好地方。①

根据《新欧洲侨报》2018 年 8 月 2 日援引意大利统计局的数据：截至 2018 年 6 月 30 日，普拉托共有居民 19.4 万人，其中持合法居留证的华人共 21 750 人，在总人口中占比高达 11.2%，② 可见华人在普拉托这个小城中所占比例远远高居于欧洲任何一个城市之上。然而，更引人注目的是以"快时尚"（英语"Fast Fashion"；意大利语"Pronto Moda"）为标志的华人制衣产业链在普拉托如异军突起，迅猛发展，业已成为当今闻名全球之"意大利制造"的有机组成部分。

温州大学张一力教授搜集整理了普拉托华人制衣业自 20 世纪 80 年代以来的标志性事件，并以此为基础，将以温州人为主的中国新移民在普拉托建立服装业的发展历程分为如下四个阶段。③

（1）诞生阶段（1987—1992 年）。

如前所述，第一位温州人进入普拉托为意大利人的服装加工厂打工发生于 1987 年，但意大利人无法想象的是，仅仅两年之后，就有第一位温州人自己在普拉托开办了一家服装加工厂，当起了"老板"。紧接着，一家又一家温州人的家庭式小作坊相继开办，四五年间就增加到大约 200 家。而且，1992 年，又有温州人建立了第一家生产服装辅料（成衣专用线锭）的工厂，其规模虽小，但标志着为普拉托当地服装企业提供配套加工服务的以温州人为主体的成衣加工集群初步形成。温州新移民迅速地从"打工者群体"向"小老板群体"转化。

（2）成长阶段（1993—1998 年）。

从 1993 年温州人建立第一家手工裁剪工场，到 1998 年温州人在普拉托建立了第一家正规裁剪公司，并聘用意大利设计师从事专业服装设计，再加上同期众

---

① 参见《来自东方的移民群体》，（意大利）《欧华时报》，1997 年 3 月 22 日。

② 《普拉托华人数量仍在持续增长，登记人口约 2 万多人》，意大利华人新闻网，http：//www.toutiao.it/2018/08/2_8.html。

③ 关于普拉托华商发展四阶段的划分由张一力等学者提出（详见张一力、张敏、李梅：《对海外移民创业网络嵌入路径的重新审视：从"走出去"到"走进去"》，《科学学研究》2016 年第 12 期）。本节吸纳了张一力等人的基本观点，并做了适当补充与调整。

多与制衣业相关的配套产业，还有服务于华人社区的行业相继建立发展，标志着以温州人为主体的华人新移民在普拉托形成了基本完整的产业链，开始走上此后被称为"快时尚"服装产业发展的高速路。

（3）成熟阶段（1999—2010 年）。

1998 年意大利政府公布了《马特利立法》（*Martelli Legislation*），此法最重要之处是改变了必须得到某一正常运行公司雇佣合同才能申请移民居留的条款，允许外国人以"自我雇佣"身份提出移民申请。这一新条款客观上推动了更多华人新移民走上自主创业、立业的道路，原本就认定"工字不出头"的华人新移民开店办厂愈发加速进入增长期。

2000 年的统计显示，意大利平均每 7 位华人成年人就开办了一家企业。截至 2005 年底，普拉托外籍人士经营的企业达 3 682 家，其中属于华人独资经营的达 2 414 家；仅仅过了一年，到 2006 年底，华人企业又增加近三分之一，达到 3 200 家；2012 年再增至 4 830 家，占普拉托全部企业总数的 16.6%。20 世纪 90 年代之前遍布约 5 000 家意大利人纺织制衣厂家的普拉托，进入 21 世纪之后成为矗立着大约 5 000 家华人企业的工业园区。

数千家华人企业主要集中于郊外的伊奥罗（Iolo）和达沃拉（Tavola）两大工业区。在那里，道路两旁中、意两种文字的招牌林立，显示华人经营的企业除了裁剪、缝纫之外，还进入时装设计、面料染整、纱线纽扣等领域，并建立了专门的服装批发公司，形成了"快时尚"服装完整产业链，即华人惯称的"裁剪公司"或雇佣自己的专职时装设计师形成设计、裁剪系列运作，或根据客户订单采购面料并进行裁剪；数千家缝纫加工作坊则承包裁剪公司派发的任务，日夜赶工。换言之，在普拉托，从服装设计、裁剪、加工到交货，需要的话，三两天就可以完成。与此同时，普拉托还建立起了聚集上百家华人商铺的大型商城，成为普拉托时装营销的重要市场。在普拉托古老城墙之外但仍是隶属于普拉托城区的两条老街，即皮斯托亚街（Via Pistoiese）和法比费尔兹街（Via Fabio Filzi），形成了普拉托华人最主要的生活区。在那里，沿街随处可见由华人经营的餐馆、宾馆、超市、旅行社、网吧、影楼、装修、手机电信、美容美发等服务性商家，还有会计、律师、租赁等各类专业机构，一个完整的华人社区已经脱颖而出，引人注目。

（4）转型阶段（2011 年及之后）。①

众多华人企业在普拉托的高速发展伴随着一系列经济和社会问题。2011 年 6

---

① 张一力等前引著述中将第四阶段定义为"衰退和转型期：2011 年至今"。笔者认为：2011 年之后，普拉托华人企业在遭遇意大利警方整肃后，在最初几年有所衰退，但随后又在转型中步步转向规范化经营，仍在持续发展中，因此本节将第四阶段定义为"转型阶段"。

月 21 日，意大利警方在税务、检察、安全等多个部门的配合下，对普拉托华人企业集中进行了严厉的突击搜查，总计 70 家华商企业被指控，2 500 万欧元产品被扣押。根据意大利警方向媒体公布的信息：这些华商企业涉嫌从中国进口劣质廉价原材料，雇佣无证劳工，仿造假冒名牌产品，通过地下钱庄汇兑钱款，逃避税收，牟取高额利润，严重触犯了意大利的法律。这次严厉查抄及媒体铺天盖地的报道，再加上意大利自身仍处于 2008 年金融危机的阴霾之下，普拉托华商经济遭受重创。仅仅两年多后，2013 年 12 月 1 日，普拉托华人工厂车间、住所长期混杂一处的情况又导致一场造成七人死亡的恶性火灾，此事故再次将普拉托的"华人问题"推上了风口浪尖。

意大利警方严格的整肃，华人社会自身以生命为代价的惨痛教训警醒了普拉托众多华人，直接推动大小华商企业自觉或不自觉地步入转型、整改、规范经营的新阶段。伴随着艰难转型的是华商经济在逆势中实现了难得的增长。根据普拉托市政厅 2017 年公布的数据，截至 2016 年底，普拉托的移民企业已发展到 8 879 家，其中华人企业 5 676 家，年创收达到 23.4 亿元。是年，意大利移民企业较之前一年增幅为 3%，但华人企业同期增幅则达到 4.3%，位居来自不同国家移民企业增幅之榜首。若以全意大利为计，截至 2017 年底，共有 80 514 家正式登记注册的华人公司，它们大多以服装纺织业为主，是"意大利制造"能够在世界上立于不败之地的重要支柱。①

正是由于数千家华人企业的共同努力，普拉托在欧洲纺织品和"快时尚"服装领域可谓赫赫有名。虽然中国国内价廉物美的服装源源进入欧洲，并经由包括意大利华人商家在内的诸多华人商城批发到欧洲各地，但是，普拉托服装业仍然独具特色而持续发展。欧洲服装行业有个不成文的默契：如果某类服装"能等三到六个月，需要 500 到 1 000 件的，到中国的工厂买；如果只有两周的时间，需要 100 件，你就来普拉托"②。

普拉托的华商企业，依托的是意大利品牌的号召力，借助的是意大利时装业引领国际时装的传统优势，加之以华人敏感的市场品味与辛苦的工作为基础，共同汇成合力，推动了普拉托成为意大利乃至全欧洲"快时尚"服装的制造中心。

---

① 博源：《普拉托华人企业发展到近 6 000 家　经营纺织品为主业》，中国新闻网，http：//www.chinanews.com/hr/2017/04－06/8192518.shtml，2017 年 4 月 6 日。

② 《在意大利，住着一群"永远不会死"的中国人》，网易，http：//news.163.com/18/0625/11/DL55CS34000199ET.html，2018 年 6 月 25 日。

①意大利普拉托远眺

②意大利普拉托一角

③意大利普拉托的一家华人成衣厂

图 8-39　意大利普拉托（李明欢摄于 2017 年 10 月）

图 8-40　意大利罗马街头摊贩出售的货品基本源自当地华人批发商（"Saldi"，意大利文，意为"贱卖"）（意大利戴小璋提供）

（三）从"挈卖"到开店

在青田方言中，小贩叫"挈卖"，其中的"挈"字，是与"提"字在青田方言中发音最为接近的汉字，因此"挈卖"即为中国传统"提篮小卖"之意。

如前所述，早在 20 世纪 30 年代，欧洲法、意、荷等国就曾经出现过游走街头"挈卖"的中国小贩，进入二十世纪五六十年代之后，留居欧洲当地的华侨华人多转为经营餐馆、皮包加工等生意，街头"挈卖"逐渐消失。然而，进入 20 世纪 80 年代之后，在南欧的西班牙、意大利等国，以浙江新移民为主，在当地集市"挈卖"的现象重新出现，并且逐渐向自备汽车追逐集市、开店坐地经营转变。

一方面，如此"挈卖"在南欧国家有其特殊的市场条件。一是意大利、西班牙、希腊等南欧国家民众仍然保留着到露天市场"赶集购物"的习俗；二是来自世界各地的大量游客也乐于在当地逛逛地摊，买些小商品，因此，各类风格不同、大大小小的集市遍布南欧城乡，尤其当南欧进入日长夜短的夏季时，更是处处摆摊设点，迎合本地普通民众及外来游客的需求。

另一方面，南欧中国新移民"挈卖"生意的兴盛，又与其主要原居地温州的经济结构密切相关。众所周知，自中国改革开放以来，温州就率先成为中国民营经济的先行区、市场经济的发祥地，按当地民间的说法，温州人个个是老板，家家建厂开店。此说法虽然过于夸张，但的确彰显出温州地区和温州人的特性。因此，温州地区大量乡镇企业、家庭作坊以极其低廉的成本制造出的样式新颖的衣帽鞋袜及各类小商品，不仅源源进入中国城乡各地大小市场，还通过温州新移民铺就的正规或非正规渠道源源流向欧洲。特别值得注意的是，创建于 1982 年的浙江义乌小商品批发市场，更是借改革开放的东风在 20 世纪 90 年代之后成为世界闻名的国际小商品研发、流通、展示中心，成为欧洲华商市场的最大货源地。

于是，温州地区民营小商品经济的崛起与南欧地区"赶集购物"的习俗通过南欧中国新移民形成对接，进而构建了南欧中国新移民引人注目的经济模式。

在西班牙，自 20 世纪 80 年代初，当地中国新移民习惯称为"挈卖"的现象就逐渐出现于当地，并迅速蔓延。由于各地"赶集"的日子不尽相同，如此风俗对流动商贩们十分有利：他们将各类小商品按不同时间到位于不同地点的集市摆摊出售，如果货源对路，则盈利不菲。有人认为，一人摆摊，生意好时可抵得上一家小型餐馆的收入。因此，有人在短短一两年间，就从肩扛手提、不时还得为追逐蝇头小利而风餐露宿的小贩，发展到自备汽车拉货经营，再到正式开店成为批发商。

遍布西班牙城乡的所谓"百元店"正是当地华侨华人在"挈卖"基础上转为坐地经营的结果。西班牙华人经营的百元店诞生于 20 世纪 80 年代后期，此类小店主要面向周边街区的普通居民。初兴时一般店面不过百来平方米，不大的店面内摆满了各类日用小百货。因为百元店出现时西班牙的流通货币还是比塞塔，当时小店内每件商品的价格基本在 100 比塞塔（相当于 5 元人民币）上下，故而习惯称之为"百元店"（Todo Cien）。

此类街区小杂货店一出现，就以其价廉、便利而受到西班牙普通民众的欢迎。而且，由于西班牙政府规定商店可在申请营业执照时选择"最长营业时间段"，巴塞罗那甚至允许食品店 24 小时营业，因此，迫切期望通过移民改变自身命运的华人百元店店主们无不将自己小店的营业时间延长到极致。当绝大多数西班牙大型商场、超市均已打烊谢客时，唯有百元店还开着门，店主们还在热情地接待着每一位上门的顾客。百元店以其低廉的开业成本、家人共同经营而基本无须顾虑劳力成本的"优势"，既方便了周边民众，店主们也得以从中获取相对丰厚的利润，故而自诞生伊始就吸引众多西班牙华人纷纷进入该行业。

20 世纪 90 年代是以百元店为标志的西班牙华人小店全面开花的年代。来自中国的大量小商品源源进入西班牙，百元店内货物琳琅满目，顾客熙熙攘攘，一派热闹景象。根据熟悉当地侨情的老华侨介绍，时至 90 年代末，华人百元店已开遍了西班牙各大小城区，总数超过 3 000 家。[①] 需要指出的是，百元店一路高歌猛进的同时，也因店面杂乱，卫生不佳，尤其是出售假冒伪劣产品而屡遭诟病，一些店家还因违规经营等而被处以罚款乃至被令停业整顿。然而，百元店顶着各方压力和重重挑战，仍然在调适中顽强发展。因应街区民众的需求，一些百元店又增设了食品、饮料专柜，那些转而以出售食品饮料为主的小店又称"糖果店"或"小食品超市"。进入 21 世纪后，虽然欧元取代了原西班牙比塞塔，货品价格也不再是"百元"，但在西班牙华人社会中，"百元店"仍然一直是传统杂货店、零售食品店（糖果店）的统称。

2008 年爆发的世界性金融危机同样重创西班牙。但令人意想不到的是，如此严峻的经济危机却为西班牙华人百元店迅速发展提供了又一特殊机遇。其一，骤然爆发的经济危机令西班牙当地诸多习惯于按部就班的商家猝不及防，不得不被迫关门或转让，一时空置出了好些大小不等的店面。原本对华人百元店不屑一顾的地产经营商因沉重经济压力，只好放低身段，以优惠条件吸纳华人店进驻，而背靠中国庞大货源市场的华人也认为这是抄底租赁经营的好机会，于是逆势进场开店。

---

① 辛文：《华商经济亟待走出"灰色"怪圈》，欧华网，2014 年 2 月 21 日。

　　其二，经济危机使西班牙人的消费理念相应改变，为百元店增加了客流。经济危机爆发之初，当地人有的失业，有的收入减少，尤其是一些原本习惯于在大型商场购货、对廉价商品不屑一顾的中产群体也被迫转而进入百元店消费，意外地为百元店增加了新的客流。

图 8-41　西班牙巴塞罗那一家华人开设的百元店。其西班牙文的店牌显示："庞家小店，出售塑料制品、家居清洁服务器、礼品、文具。"（李明欢摄于 2017 年 10 月）

图 8-42　西班牙华人百元店内堆满各种中国制造的小商品（李明欢摄于 2017 年 10 月）

因此，西班牙华人开业当老板的数量在 2008 年经济危机爆发后呈现逆势增长的明显趋势：2008 年全西班牙华人老板大约 2.3 万人，8 年之后增长到大约 5 万人，翻了一番还多，其中百元店是重要的创业领域。[1] 2014 年的数据显示，仅在首都马德里就有约 7 000 家华人注册登记的店面，其中百元店约 2 800 家，糖果店约 2 500 家。[2] 另一统计显示，在西班牙主要城市的食品店中，马德里 60%、巴塞罗那 50%、瓦伦西亚 30% 均由当地华侨华人经营。[3]

当然，百元店的逆势发展也不断经历大浪淘沙。大约进入 2013 年之后，西班牙经济危机仍无明显转机，失业人群继续增加，百元店的消费量也下降了，尤其是前一段逆向开设的大量百元店竞争更为激烈。在应对困境的进程中，一些已有较坚实基础的华人百元店逐渐向大型化、品牌化、精品化和当地化发展，这些百元店老板们找准目标，改变传统百元店狭小、廉价、杂乱、低质的形象，朝明亮、宽敞的大型购物商场转向。华人商家中的一些有识之士积极呼吁：华商零售业急需变革，店家们应当因地制宜，重新定位，消除渠道壁垒，提供贴心的配送服务，并与消费者进行个性化互动。当笔者于 2018 年再访西班牙时，注意到一些百元店的橱窗、装饰等均已大幅提升档次，店内货柜整齐、分类清楚，足以令人在赏心悦目的环境中愉快消费。

在紧邻西班牙的葡萄牙，由当地华人开设的零售店则被统称为"三百店"，大意是每家小店出售的商品种类在 300 种以上。20 世纪 80 年代，浙江青田、温州的出国潮中也有一些人进入了葡萄牙，他们同样是从摆地摊做小生意起步。进入 90 年代后，与华人在西班牙的经历相似，即随着中国本土经济飞速增长，大量商品走出国门寻找新市场，地摊再也容不下海量涌入的产品，于是，葡萄牙那些在先期经营中略有积累者也迅速转入了开店经营。尤其是 2001 年葡萄牙对入境非法移民实施大赦，一夜间数千新移民获得合法居留，大批三百店正是在这一时期纷纷开张立业。

如同西班牙的百元店，葡萄牙三百店的经典模式同样是以廉价、便利吸引街区普通民众。一家三百店大多面积不过五六十到百来平方米，小小的店铺内从货架到地上处处摆满商品，只留下狭窄的通道让顾客进出。出售货品从箱包、皮具、鞋帽、钟表、首饰、五金、化妆品到各类小家电，人们日常生活所需几乎应

---

① 《马德里移民局与华人代表座谈，充分肯定旅西华人各方面贡献》，《西班牙联合时报》，2017 年 10 月 26 日。

② 张森：《西媒：中国移民是西班牙经济危机时唯一增长群体》，中国侨网，http://www.chinaqw.com/hqhr/2014/11-12/25533.shtml，2014 年 11 月 12 日。

③ 齐远：《欧华传媒董事长王绍基做客电视节目〈La Noria〉纪实》，（西班牙）《欧华报》，2012 年 4 月 20 日。

有尽有，价格低廉到令当地人难以置信，且每日开店时间长达十几个小时，几乎终年无休。根据葡萄牙当地华人介绍，当2005、2006年三百店生意最为火爆时，一家三百店一天的营业额就可能高达上千欧元，遇到节假日，收银机前还时常排起长队，老板"数钱数到手软"，盈利相当可观。据当地华人介绍，时至2008年经济危机爆发前夜，华人已经在葡萄牙全国各地开起了大约4 000家三百店，大多生意兴隆。

葡萄牙也是2008年金融危机的重灾国，然而，如同西班牙华商一样，葡萄牙华商也在应对危机中寻求到新的发展机遇，2010年后如雨后春笋般出现的华人水果店就是葡萄牙华人适应当地市场需求而开发的又一新领域。

葡萄牙人家家户户都有吃水果的习惯，平时餐桌上总备有水果，有些人家还不时以水果为主食。葡萄牙本国所产的水果虽然不少，但仍然满足不了葡萄牙人爱吃水果的消费市场，需要从西班牙、法国甚至遥远的巴西、美国等国进口水果。开水果店是一桩颇为辛苦的生意。根据当地华人介绍，开水果店一般从早晨10点开门，一直要忙到晚上8点之后才能打烊，葡萄牙人晚餐往往八九点才开吃，遇到亲朋好友相聚可能吃到深夜十一二点，因此有的华人水果店为了迎合当地人需求甚至开到深夜12点之后。水果店关门之后，还得搞卫生，盘点库存，特别是必须及时整理一天卖剩的水果，把烂了的水果，还有那些表面失去水分、变皱、没有卖相的水果统统挑出来处理掉。店主整理完水果货架后吃饭、稍事休息，就得出发去批发市场进货。水果运回后，又得即刻将不易保存的水果放入冰箱保存，将可以常温保存的水果上架。做完这一切很可能已是凌晨，不到几小时，忙忙碌碌的新的一天就又开始了。

经营水果店的优势、劣势都很突出。优势在于资金周转快，进货对路的水果，可能一摆上货架就源源变成现金；然而，水果又很"娇气"，如果不能如愿迅速卖出，可能没几天就会烂成一文不值的垃圾。经营水果店，既要有敏锐的眼光，还得小心翼翼地"侍候"水果，须臾轻松不得。正因为经营水果店如此辛苦，因此葡萄牙年轻人多不愿接手进入该行业，故而为华人新移民腾出了经营空间。

葡萄牙华人水果店的另一特点是一般还同时经营蔬菜，实际为蔬果店。依据不同时令，蔬果比例略有上下，大致60%为水果，40%为蔬菜。华人经营的蔬菜除当地人习惯食用的番茄、南瓜、土豆、黄瓜之外，往往还有来自当地华人农场的上海小白菜、山东大白菜、中国茄子、豆芽菜等。经过一二十年的经营发展，中国蔬菜已经渐渐融入了葡萄牙当地人的餐桌。那些聪明的蔬果店老板会根据蔬果鲜艳的色彩进行搭配，令蔬果货架五彩缤纷，赏心悦目。

葡萄牙华人店家最集中的地方首推里斯本马丁·莫尼士（Martim Moniz）广

场。马丁·莫尼士广场位于里斯本著名的历史遗迹圣乔治古堡山脚下，是里斯本一处客流密集之地。早在 1996 年，就有当时刚从温州来到葡萄牙的新移民看中广场边上地铁出入口处一幢因产业转型而空置的楼房，以十分低廉的价格租下了底层几个沿街的民房，简单装修后，就开起了小商店。这些小店最初以经营从中国进口的服装为主，当时偶然入店购货的顾客往往因价格低廉、款式新奇而获得意外惊喜，进而口耳相传，吸引更多顾客纷至沓来。小店生意兴隆的好消息在初来乍到的温州人中也迅速扩散，于是，稍有办法的温州人即纷纷涌入此处开店，短短几年间，原本毫无人气的大楼就被分隔成四五十个大小不等的店面，并且从小打小闹的零售迅速转为以批发为主，形成了当地华人习惯称之为"货行"的著名的小商品批发市场。货行的店主中大约 90% 都是来自温州的新移民，每天从葡萄牙各地赶来批发货物的大小商贩虽以小三百店店主为主体，但也有一些葡萄牙本地或印度、阿拉伯商家前来批货，他们有的拎着大包小包搭乘地铁来回，有的则开着小货车满载而归。高峰时节，一大早就有几辆甚至十几辆集装箱货车停在货行对面的广场上，搬运工穿梭往来货行卸货，一派热气腾腾景象。

图 8-43　葡萄牙里斯本华人开设的"新货行"（李明欢摄于 2018 年 11 月）

进入 2000 年，葡萄牙华人在货行对面又开拓了一个新的批发中心，由此，原先货行被叫做"老货行"，新开辟的则叫做"新货行"，两大货行相向而立，形成了里斯本最集中的华商集散中心。而且，围绕着两大货行，有华大利、陈氏和王氏三大中国食品超市先后开张，从油盐酱醋等调味品到正宗的中国豆腐、挂面、水饺，应有尽有。

当笔者于 2018 年到当地调研时，可以看到围绕着新老货行及食品超市开有十多家不同地方风味的华人小吃店，同时还有多家华人旅行社、华人诊所，以及美容美发、按摩养生店等，华人生活所需服务业在该窄小的区域内几乎一应俱全。正因为如此，该地区也就成了当地的"唐人街"。

图 8－44　葡萄牙里斯本华人开设的一家食品超市（李明欢摄于 2018 年 11 月）

　　进入 21 世纪之时，希腊人也开始惊呼：雅典有了座中国城！据一位中国记者 2001 年 1 月的雅典实地调查报道，在雅典市中心老城区奥莫尼亚广场附近与雅典娜大街交汇的索弗克莱奥斯街道两侧等街区，一块块富有中国特色的红色招牌，一个个高高悬挂着的大红灯笼，格外引人注目。在那一带，以中国大陆新移民为主经营的贸易商行达 46 家，规模较大者经营面积有一二百平方米，批发经营从意大利转口到希腊的各式各样的中国货，从皮衣、风衣、外套、夹克、毛衣、内衣等各类服装，到钟表、收音机、计算器、指甲刀、化妆品、头饰等各类日用百货，应有尽有。这些商品的质量虽然不太好，但价格十分便宜，故而在当地蛮有销路，其主要消费对象是当地生活水平较低的中下层百姓，尤其是在希腊打工的近百万来自东欧地区和巴基斯坦、孟加拉国等国的移民。[①]

　　概而言之，21 世纪之后是南欧华人经济进入高速发展的新时期。除了餐馆、大小超市等传统行业外，南欧华人社会经济也呈现多元拓展趋势，各类为华人社会自身服务的律师事务所、会计师事务所、旅行社乃至驾校、房产交易所等如雨后春笋般涌现，显示了当地华人社会的勃勃生机。虽然 2008 年世界性金融危机曾重创南欧国家本土经济，但华人经济既在 2008—2010 年期间呈现逆势增长态势，又面对如何转型、实现规范化经营的新挑战。关于这一点，本章将在以下"欧洲华人商城经济新崛起"一节中再加剖析。

---

　　① 参见《希腊人惊呼：雅典冒出"中国城"》，《福建侨报》，2001 年 1 月 17 日。

图 8-45 巴塞罗那华人开设的房产交易所等（李明欢摄于 2018 年 11 月）

图 8-46 葡萄牙里斯本华人开设的养生会所、美发工作室（李明欢摄于 2018 年 11 月）

图 8-47 葡萄牙里斯本华人开设的一家化妆品专卖店（李明欢摄于 2018 年 11 月）

图 8-48 西班牙巴塞罗那的一家华人代购店"娃哈哈"保健品店，主要为国内客户代购奶粉（李明欢摄于 2017 年 10 月）

三、东欧新移民创业足迹

本书第六章在论述 20 世纪 80 年代后从中国大陆涌向东欧的移民潮时即已指出，一波又一波移民东欧的浪潮，与中国—东欧之间的跨境贸易同步高涨，也与东欧社会剧变后市场经济的转型期不谋而合。换言之，数万移入东欧的中国新移民抓住了东欧转型期凸显的经济机遇，成为推动中国—东欧贸易往来的民间力量，而他们自身也在这一过程中建立了东欧华人新移民的经济事业，塑造了东欧中国新移民作为积极进取的新一代华商的总体形象。

（一）东欧社会转型与新华商群体形成

以 1989 年 11 月柏林墙倒塌为标志，苏联、东欧国家相继走上了艰难的经济转轨之路。在整个 20 世纪 90 年代，苏东地区经历了激烈的社会动荡、民族冲突乃至国家重构，该地区相继形成的国家在社会转型的道路上付出了沉重的代价，但也在不同程度上取得了一定进展。[①] 伴随着东欧多数国家政局由动荡走向稳定，经济由严重萧条转向平稳回升，大批于 20 世纪 90 年代进入该地区的中国新移民也在当地打下了异域创业的基础，并初具规模，可以说，活跃于东欧社会的一个新的华商群体业已形成。东欧社会转型为新华商群体的崛起提供了特殊的机会，而新华商群体建立于其特殊社会资本基础之上的经济活动，则从一个特殊的层面推动了东欧国家转型中经济市场化的进程。

东欧国家在经济转型中所实施的积极吸引外资、向外开放市场的政策，客观上为中国新移民在东欧立足、创业提供了有利条件。东欧剧变使当地自 20 世纪 50 年代之后建立起来的、处于苏联指挥棒之下的经济秩序彻底颠覆，经济互助委员会内部曾经长期延续的经贸关系骤然中止，苏东地区陷入了激烈的震荡之中。一时间，在东欧各国，恶性通货膨胀肆虐，生产大规模萎缩，商品严重匮乏，失业率飙升，居民生活水平大幅度下降，宏观经济明显失控。为了稳定经济，各国被迫采取种种应急措施。虽然各国在治乱中实施经济转轨的具体方式有所不同：以波兰为代表的大多数东欧国家选择了"休克疗法"（又称"激进改革"），而匈牙利则被认为是实行"渐进改革"的典范，但是，就改革内容而言，各国大同小异，即都以私有化、市场化为方向，全面放开物价，对世界经济敞开

---

① 关于"东欧"的界定，存在若干不同表述，主要有：A."东欧"在自然地理上指苏联的欧洲部分，同时包括波兰、匈牙利、罗马尼亚、保加利亚、阿尔巴尼亚等国；B."东欧国家"指的是波兰、捷克、匈牙利、斯洛伐克、斯洛文尼亚、罗马尼亚、保加利亚、阿尔巴尼亚、塞尔维亚、黑山、克罗地亚、马其顿、波黑 13 国；C. 上述 13 国再加上原苏联的 15 个加盟共和国共计 28 个国家统称为"中东欧地区"或"中东欧国家"；D. 将上述 28 个国家统称为"东欧中亚国家"。本书为表述简洁起见，主要参照以上第一种表述，即将位于欧洲东部（或政治经济中心位于欧洲东部）的国家统称为"东欧国家"。

大门，彻底重组生产。

剧变后的东欧在从混乱走向有序的过程中，凸显出大量新的经济机会，为中国新移民在当地的发展提供了难得的特殊契机。其一，东欧国家原先是清一色的国有制，这种所有制结构显然不适合市场经济发展的需要，为此，各国经济转轨进程的重点首先都在私有化上，它既包括国有经济的私有化，也包括允许乃至鼓励发展新兴的私有经济。其二，为适应市场经济的需求，各国纷纷开放市场，即不仅放开市场交易条件，而且也放开交易本身，也就是说，在国内市场交易上，放开价格，取消国家对生产、供应和销售环节的垄断，放开企业的外贸经营权，取消对进出口贸易的控制并降低关税，鼓励创办新企业。其三，在向市场经济过渡的进程中，东欧各国都在不同程度上实施对外开放、大力引进外资的国策，尤其是波、匈、捷等国，除了涉及国家的国防和安全及与此相关的少数领域之外，其他领域基本上全面对外商开放，并提供诸多优惠政策，有人形容东欧激进的改革类似于"大开门户，从外国制度、外国商品到外国人一概来者不拒"。

20世纪90年代初，当上万中国新移民涌入东欧之时，恰恰是东欧各国私有化浪潮骤然高涨之际。于是，由于东欧市场开放，中国新移民得以将大量中国货引入当地市场；由于东欧国家在不同程度上对外资提供优惠，中国新移民得以将有限的资金投入东欧国家并有效运作；由于东欧鼓励发展私有经济，中国新移民得以在当地注册并经营不同类型的私营公司。显而易见，中国新移民的创业道路清晰地打上了东欧当地改革进程的烙印。

中国先于东欧走上经济改革开放之路的十年时间差，为大批进入东欧的中国新移民提供了异域创业的天赐良机：中国大陆改革开放的经济成果，成为中国大陆新移民进入东欧创业的有力依托；而新移民在中国大陆本土十年变革中甩掉的旧包袱、获取的新经验，则成为他们在东欧创业的特殊社会资本。

首先，与前述南欧华人新移民的情形相似，中国大陆改革开放的经济成果，为中国新移民提供了创业东欧的经济依托。

东欧剧变后，本地商品严重匮乏，各国政府只得开放市场，吸引外商外资，为舶来品提供了充分的运作空间。然而，东欧的急剧变革，却同时导致当地出现了数字庞大的贫困人口，据1990年的数据，波兰人口中有40%受贫困之苦。在1993年的匈牙利，约有1/4人口不得温饱，另有40%人口的生活水平在温饱线上下浮沉。在1992年的捷克，贫困人口估计高达总人口的25.3%，而斯洛伐克的贫困者更高达34.1%。[①] 社会上如此庞大的贫困人口，使社会购买力极为低

---

① ［匈］彼得·塔马西：《社会科学在中欧和东欧转型过程中的作用》，中国社会科学杂志社编：《社会科学与公共政策》，社会科学文献出版社，2000年，第64页。

下，因此，价格昂贵的欧美产品，几乎无法进入剧变后东欧的消费市场。在此总体背景下，中国本土改革开放后大量涌现的乡镇企业生产的日常消费品，正好因价格相对低廉实惠而与东欧市场的需求相互吻合。于是，中国乡镇企业生产的各类产品，从打火机到小型电动剃须刀，从服装鞋类到玩具饰品，大多因款式新颖、美观合用、价格低廉而受到东欧消费者的青睐。据匈牙利汉学家波罗尼（Peter Polonyi）的估算，20 世纪 90 年代初时，大约有 10% 的匈牙利人主要在以中国人为主经营的自由市场购货，他认为：“中国人为匈牙利穷人提供了非常便宜的衣服和其它（他）商品，从社会和政治安定的角度来说，这是非常重要的。”一位在匈牙利民间机构工作的妇女说：“这些东西对于匈牙利人来说太便宜了，中国商人只需装上一包低质量的货物然后低价出手，周转很快。”① 中国利微价廉的日用生活商品，在帮助转型期的东欧人民度过其动荡与困难时光的同时，也铺就了东欧中国新移民的创业之路。

其次，20 世纪 90 年代中国新移民出国前在中国十年改革中积累的新鲜经验、获得的市场意识，以及他们与中国政治、经济、社会、文化之间千丝万缕的联系，成为他们异域创业的社会资本；而积极进取的中国新移民身体力行，将中国改革开放后的新意识、新观念、新经验带入东欧，在一定程度上对东欧转型后市场的发育成型起了直接的推动作用。

20 世纪 50 年代以来，绝大多数东欧国家人民已经习惯了按部就班地捧着铁饭碗工作、生活，八九十年代之交突如其来的政治剧变，使得在计划经济下成长起来的东欧民众一时措手不及，无所适从。旧的一套秩序被打破了，可新的秩序却未能及时得到建立，东欧民众在剧变后造成的失落与困惑中苦苦挣扎。反之，八九十年代之交的中国业已经历了十年改革开放的风风雨雨，中国人的观念发生了重要变化，他们对市场经济已不再陌生。因此，当东欧人还失落于各种突变之中时，大批经过中国本土改革风雨熏陶的新移民则已敏感地捕捉到了 90 年代后迅速转型的东欧市场的特点与需求，比较迅速地抓住了东欧新旧秩序交替中涌现出的种种商机，迅速走上异域创业之路，促进了东欧市场经济的发育。

以罗马尼亚为例。罗马尼亚是 20 世纪 90 年代又一个经历了激烈社会转型的国家。罗马尼亚中国新移民社群的形成，主要受三重因素影响。

其一，罗马尼亚新移民社群形成是 20 世纪 90 年代中国大陆骤然涌起的朝向俄罗斯、匈牙利之移民潮的衍生品。20 世纪 90 年代初最早落户罗马尼亚的中国新移民，基本都是从俄罗斯或匈牙利转道而入。1988 年 10 月，罗马尼亚的近邻匈牙利与中国签订了“中匈互免签证协议”，由此，从 1989 年下半年起，在中国

---

① 韦福祥：《生存·冲突：旅匈华人的故事》，（匈牙利）《欧洲之声》，1997 年 9 月 26 日。

大陆涌起一股奔向匈牙利的出国热。由于匈牙利从政局到市场变幻莫测，既有人点石成金，亦有人折戟沉沙，辗转他国，罗马尼亚由此意外地迎来了中国新移民。用罗马尼亚中国新移民自己的话说，"当初本想到匈牙利，由于乘错火车到了罗马尼亚"；"出国前根本没想过到罗马尼亚，当年阴差阳错来到这个国家"；"本想以罗马尼亚为跳板，前往西欧或其他国家"，没想到却成了"旅罗华侨"。①

其二，20世纪90年代初罗马尼亚急剧转型过程中呈现出的特殊机遇，形成吸引中国新移民前往谋生、创业的拉力。1989年柏林墙倒塌，东欧转型。是年12月，罗马尼亚发生了罗共控制的保安部队与反对派的武装冲突，关键时刻军队倒戈，支持反对派，罗共执政时代在枪声中结束。动乱中的政权更迭使罗马尼亚人民深受其害。国内生产大幅度滑坡，匆匆组建的新政府治国无策，只能开动印钞机救急，仅1990年就多发行了900亿列依的货币，导致罗币急剧贬值，社会商品量只能满足居民货币拥有量的19%，民众日常生活必需品如糖、食油、面包等一概凭证定量供应，而火柴、灯泡、洗衣粉、刀片、汽油、汽车配件、电池，样样缺货，甚至连醋、盐也无法保证供应。② 为扭转时局，罗新政府实施对外国人，尤其是有可能前来投资兴业的外国人敞开欢迎大门之新政：一是制定宽松的入境政策，例如，持第三国签证的外国人可免签入境罗马尼亚，对中国人直到90年代末仍实施"落地签证"；二是大力吸引外资，例如，在当地注册成立公司的最低投资额只需100美元，投资人在得到执照的同时，也得到半年有效、到期可以续延的居留证。如此"投资"要求，对于改革开放后先富起来的中国人而言，并非难事，于是，一些原本只想借罗"过道"的中国人，转而成为罗马尼亚社会转型后最早一批"外资公司"的"投资商"。

其三，中国自身经济的高速发展，大量款式新颖、价格低廉的商品输出国门，填补了罗马尼亚市场的巨大空缺，跨国贩运的丰厚利润成为中国新移民在罗马尼亚创业发展的原动力。那些"意外"来到罗马尼亚的中国人，"意外"发现了罗马尼亚市场的巨大盈利空间。根据当地华商介绍，20世纪90年代初刚到罗马尼亚时，从中国的皮大衣到小打火机，都是市场上的抢手货。消息传开，一批批中国货迅速从莫斯科转道而来，涌入当时布加勒斯特各周末跳蚤市场。一些心急的华商等不及周末，货物一到就干脆将货车直接开入城区，在大街旁支起架子叫卖，而罗马尼亚人见状会自觉排队购买，人多时警察还会前来义务帮忙维持秩序。

正是由于"中国制造"适应了转型期罗马尼亚民众的生活需求，早期华商

---

① 根据笔者在布加勒斯特的访谈，并摘引自《欧风文集》所收录的资料。（《欧风文集》是各罗马尼亚华侨华人社团为"纪念中华人民共和国成立60周年暨中罗建交60周年"而编辑的一本纪念刊，印制于2009年，其中收录了罗马尼亚华人历年在当地报刊上发表的部分文稿。）

② 参见王义祥：《罗马尼亚的移民浪潮》，《俄罗斯研究》1991年第1期，第19页。

从简单的贩运过程中赚取了难以想象的高额利润，成为罗马尼亚中国新移民社群的先驱，而罗马尼亚也因而成为又一个中国新移民的目的国。

根据罗马尼亚官方统计，1990 年共有 8 400 名中国人入境罗马尼亚，1991 年增至 14 200 人，1992 年 12 100 人，1993 年虽有所回落，亦仍有 4 267 名中国人进入罗马尼亚。同期罗马尼亚官方数据还显示：1993 年，共有 1 091 家中国公司在罗马尼亚发展局（Romanian Development Agency）登记注册，1995 年又几乎翻了一番，达到 2 055 家。罗马尼亚劳动部与海关总局（The Ministry of Labour and the General Directorate of Customs）据此估计：在罗马尼亚的中国移民总数超过 2 万人。[①]

随着中国新移民总量不断上升，从 1994 年 12 月到 1995 年 1 月，短短两个月时间，中国新移民就在罗马尼亚成立了三个社团组织：罗马尼亚华商联合总会、旅罗浙江青田同乡会和罗马尼亚福建同乡会。三个社团组织反映出罗马尼亚中国新移民构成的基本要点，一是以经商为主，二是以浙江和福建为主要原籍地。华商总会成立后，随即创办了罗马尼亚的第一份华文报纸《龙报》，但仅仅发行三期即停刊。两年后，又出版了《欧洲华报》。1999 年，再有《旅罗华人报》创刊发行。

总之，时至 20 世纪 90 年代中期，随着中国新移民在当地社会经济领域的影响力与日俱增，随着华人社团的组建和华文报刊的发行，中国新移民作为一个新的移民社群，已经伴随着罗马尼亚的社会转型脱颖而出。

（二）动荡的东欧与动荡的华商

20 世纪 90 年代是东欧自第二次世界大战结束以后所经历的最为动荡的时期：政局变迁，法制法规极不完善，而且，长期存在的民族矛盾在动荡中急剧表面化、白热化，甚至发展到同室操戈、生灵涂炭、国家分裂。在如此环境中谋求生存与发展的华商，其经营模式及发展规模均不能不受到明显的制约。市场经济对于新移民是无情的，在激烈的竞争中，有些人梦想破灭被淘汰出局，但也有相当一部分人经过几年的艰苦奋斗，逐渐站稳了脚跟，从到处流动的游商，到在市场占三四平方米设立固定摊位，再走向挂牌开店，建立起规模大小不等的商店、商场，有的则更进一步发展到注册成立直接从事进出口及转口批发的大中型贸易公司。

1998 年夏，笔者在匈牙利拜访新移民时，一位新移民十分感慨地对笔者说

[①] International Organization for Migration, "Chinese Immigrants in Central and Eastern Europe: The Cases of the Czech Republic, Hungary and Romania", in Benton, Gregor & Pieke, Frank N. eds., *The Chinese in Europe*, Macmillan Press, 1998, pp. 325 – 326.

道："东欧这地方，既是'金矿'，又是'地雷区'。"此话给笔者留下了十分深刻的印象。对于大批中国新移民而言，90 年代处于激烈转型中的东欧的确可以说是令其在异乡迅速致富的"金矿"，在东欧转型改制的进程中，大批捷足先登的中国新移民，在短短几年内，就从赤手空拳在自由市场练摊起步，摇身一变，成为"腰缠万贯"的大小老板，以至一个从中国国内前去东欧访问的侨务考察团感慨万千地在报告中写道：①

[马不停蹄访东欧] 每天虽然子夜未眠，但胸中却一天天膨胀着难以抑制的喜悦。这些在匈的新移民，被视为先驱者，来匈不过十载，后来者大多只有五六年，由于千载难逢的机遇加之中国人的勤劳和艰辛，这些主要从事服装鞋帽批发和练摊的龙的传人几乎人人都成了腰缠万贯的"老板"，给其打工者都是黄头发、蓝眼睛的"洋人"。大凡举家来匈者几乎都购买了"洋房"，出门以汽车代步，奔驰、奥迪等名牌汽车一家少者一辆，多者达三四辆 [……] 在西欧，在北美，在东南亚，中国人都是给"洋人"打工，而在匈牙利以至于在整个东欧，都是"洋人"给中国人打工。难怪有的华侨说"东欧是中国人的天堂"。

当然，这一切都只是表面现象，值得注意的倒是，华商进入匈牙利后为当地所创造的大量新的就业机会，对于促进匈牙利的经济发展具有特殊意义。匈牙利学者聂保真在其关于匈牙利华人社会的专著中明确指出：②

中国人的贸易公司及餐馆正为越来越多的匈牙利人提供工作机会。绝大多数中国人公司聘用至少 1 位匈牙利人，有些则聘用多达 20 人，因此，受聘于中国公司的匈牙利人总数当有数千人之多。而且，1993 年后相继开张的大型连锁商场创造的工作机会更多。多数受聘于公司的匈牙利人都是技术人员（至少受过中等以上的教育），有些持有科技或工程学位，有些是前政府公务员，有些则在相继倒闭的原国营企业中担任过中层管理人员 [……] 匈牙利雇员从中国公司得到的报酬明显高于匈牙利公司，例如，一位具有双语能力的秘书每月收入可达500 美元以上，一些管理人员还可从受聘的公司中分红。[……] 此外，除了直接受聘于中国公司之外，匈牙利人中从保姆、司机到学生、律师和会计，不少都从匈牙利华人经济发展中直接受益。

---

① 晋才：《马不停蹄访东欧》，（匈牙利）《欧洲之声》，1996 年 10 月 1 日。

② Nyíri, Pál, *New Chinese Migrants in Europe: The Case of the Chinese Community in Hungary*, Ashgate, 1999, pp. 77–78.

图 8-49　俄罗斯圣彼得堡华人商铺一条街（李明欢摄于 2012 年 9 月）

在俄罗斯，以中国新移民为主经营的过境贸易也十分红火，当地人公认：虽然进入俄罗斯淘金的外国人不少，但"中国人在俄罗斯混得比其他国家的移民好"，"主要原因是，外国人拿不出俄国人需要的生活用品，中国人却可以"。中俄贸易自 1990 年开始红火，1993 年华商在莫斯科的生意额达 78 亿港元。同年，俄罗斯官方统计数字显示，中俄贸易急升至 600 亿港元，比 1992 年增加 30%。基于双边贸易发展的需要，中国银行于 1993 年 11 月在莫斯科开设了分支机构，"如今每天都有大量中国物资通过货机或火车运抵俄国，仅莫斯科就有 10 个批发网点"①。

但是，东欧又是新移民必须时时提防的"地雷区"。由于处于激烈的变革与转型之中，社会秩序不安定，沉渣泛起，弱肉强食的黑社会势力更是公开以外来移民为欺凌对象，横征暴敛，甚至在中国新移民集中居住的楼房外强制收取"保护费"。剧变后的莫斯科，黑道势力很快就成为人所共知的社会公害。"莫斯科北郊的廉租公寓，中国人的住处就像囚室，三至四人合住一间，房里还要堆放货物及做饭，俄国流氓在户外像狱卒，谁要出去就得交钱，每次要付相当于 40（港元）至 100 港元，货多的付钱就更多"，因为，"黑道势力太大了，与他们过不去就如鸡蛋碰石头"。②

由于转型中的东欧国家多数法制不健全，海关管理存在诸多漏洞，在东欧一些国家和地区，中国新移民的合法收益乃至人身安全都难以得到保障，存在不可预知的潜在危险。例如，当时匈牙利海关对中国商品存在的非规范化操作，已为当地华商所周知，不同华商的同类、同质、等量进口商品在过关时，被海关征收的关税时常出现相当大的差异。如此非商业性的不正当竞争，对守法华商显然是

---

① 《中国小贩在俄国》，（美国）《侨报》，1994 年 10 月 1 日。
② 《中国小贩在俄国》，（美国）《侨报》，1994 年 10 月 1 日。

无情打击。

匈牙利布达佩斯的四虎市场，自20世纪90年代初形成之后一二十年间的兴衰，与同期中国新移民进入匈牙利的历程息息相关，正是动荡的东欧与动荡的华商之典型写照。[①]

如前所述，伴随着匈牙利社会变迁，经济转型，普通民众的生活水准明显下降，这时，由于大商场商品稀缺，物价昂贵，因此，一些手中"有货"或"有办法进货"的人，开始在各自由市场以远比大商场低廉的价格推销各种物品，吸引了生活水准正处于下降之中的大批中下层家庭频频光顾，自由市场开始在匈牙利各地走俏。然而，在20世纪90年代的大多数匈牙利人心中，他们虽然被动地接受了到自由市场购物的事实，但鄙视自由市场"小商贩"的观念却依然根深蒂固，个人主动入市经商者甚少。这时，一大批怀着强烈致富愿望的中国新移民进入了匈牙利，对于他们，从北京的秀水街到温州桥头的纽扣市场，自由市场的经济运作方式早已耳熟能详，入市经商天经地义，因此，大批新移民自然而然地选择自由市场作为其商业活动的发祥地。因为，自由市场是一种最简便的交易方式，是一个最丰富的交易场所，加之90年代初匈牙利的自由市场管理十分松散，只要手头有货，谁都可以进入自由市场摆摊叫卖，这无疑又为新移民提供了最大的方便。

20世纪90年代初进入匈牙利的中国新移民，出国前可能是干部、职工、学生或农民，但到了匈牙利后，却几乎无一例外地全都走上了经商之路。不少人风餐露宿，早出晚归，有的人三五个月就要登上西去东来的列车，从中国把十几乃至几十个大皮箱"背"到匈牙利，尔后化整为零，带着各式各样的中国货，走遍匈牙利全国各地的自由市场寻找客户、买主。语言不通吗？没关系，比比画画，再加上有台小型电子计算器，买卖双方就能讨价还价。正是在如此艰苦的长途跋涉、辗转贩运过程中，来自中国的新移民们一步步地认识了匈牙利市场，了解了匈牙利当地人民的衣食住行和日常所需，打下了在异国他乡立足、发展的最初根基，与此同时，匈牙利人也通过自由市场，通过活跃于匈牙利大小城镇的中国商贩，一步步地认识、接受了中国货。据匈牙利华人社团的估计，在1992—1993年间，从布达佩斯到匈牙利全国各主要城市自由市场中出售的各类货品几乎70%为"中国制造"。[②]中国货大量进入普通匈牙利百姓的生活，标志着一个新华商群体的雏形已在匈牙利出现。

---

① 笔者从1995年至2012年9月，曾多次到匈牙利调研，实地见证了布达佩斯四虎市场从兴起、兴盛到衰败的全过程。

② 牟国量主编：《情寄多瑙——九十年代中匈友好纪实》，多瑙国际文化艺术有限公司，1996年，第102页。

　　然而，大约在 1993 年，布达佩斯市政府出台关于城市规划的方案，下令关闭了一些自发形成的跳蚤市场。不少中国新移民一下子失去了练摊谋生的场所。然而，也许是巧合，此前不久，一个匈牙利籍的犹太人费兰茨刚向匈牙利铁路公司租下该公司拥有的位于布达佩斯第八区一条大街与火车道之间的空地，以简易预制板搭建起数百个露天小摊位。可是，该市场建成后的一年多时间内，乏人问津，一片冷落。布达佩斯市政府整顿市容的决定，给费兰茨提供了意外商机。他即刻与那些练摊的中国人联系，盛情邀请他们到他的市场内经营。据最早进入该市场的华人回忆，费兰茨邀请他们时说的是："随便交点钱，交点水费、电费就可以了。"消息传开，很快就有一批又一批中国人带着他们丰富的廉价商品进入这个位于布达佩斯第八区的简易市场。因为第八区又称"约瑟夫区"，中国人将"瑟夫"谐音称为"四虎"，慢慢地，这个匈牙利文中的"约瑟夫区市场"（Jozsefvarosi Piac）就被中国人叫做"四虎市场"，而捕捉到这一商机的犹太老板干脆在市场上用中文挂起了"四虎市场"的大招牌。

　　四虎市场以令人意想不到的速度红火起来。犹太老板迅速扩张，摊位从几百个很快增加到数以千计，其中 90% 都出租给了中国人。短短几年，四虎市场不仅吸引了众多的布达佩斯民众到此购物，还成为东欧名噪一时的最大的中国货批发市场。1995—1998 年经济危机前，可谓四虎市场的鼎盛时期，市场内外每日车水马龙，人声鼎沸，生意兴隆，数百万福林的大生意一笔笔接踵而至，华商们个个笑逐颜开。

　　随着四虎市场生意蒸蒸日上，市场总面积拓展到 3.9 万平方米，市场内大大小小的摊位数以千计。市场内的摊位虽然简陋，但满目皆是便宜得令人难以置信且外观鲜亮的中国成衣鞋帽及各类日用消费品，它们成为匈牙利多数平民百姓的首选，这就决定了四虎市场存在的合理性和必要性。当时的四虎市场是布达佩斯人尽皆知的廉价市场，也理所当然地成为布达佩斯城市景观一个特殊的组成部分。

　　眼见市场如此兴旺发达，犹太老板曾经许下的仅交水费、电费就能入场经营的承诺迅速被不断攀升的租金取代。市场内每个摊位的年租金从 18 万福林起步，成倍翻番到 40 万、60 万福林，进入 1995 年，一个摊位的年租金已炒到 98 万福林。借助华商经济发展的东风，四虎市场老板财源滚滚，每年坐收租金达上千万美元，被封为匈牙利的"市场大王"。1997 年夏，笔者到四虎市场访问时，曾通过翻译与老板费兰茨交谈，他十分感慨地谈道："我是中国人的朋友，我喜欢中国人，因为我是一个很勤劳的人，可是我发现中国人比我更勤劳。中国人是四虎市场的基础，我的领导地位是中国人给的。"与其说四虎市场养育了匈牙利华商，不如说是匈牙利华商为四虎市场高高地扬起了盈利的风帆。

随着来自四虎市场的海量商品在匈牙利国内和周边国家流通，其作为独立的微观经济体开始具有极强的跨国联系。然而，也正因为如此，像四虎市场这样的华人商城经济对于中国、匈牙利及国际市场的波动均十分敏感，因为它们的存在遵守着同样的供求规则。而且，无论是匈牙利的市场管理者还是市场上的经营者，都不愿意分享有关货物营销渠道、客货流量、税收利润等相关信息，四虎市场在其热热闹闹的发展阶段其实已经有着严重的隐患。

1998年的经济危机令四虎市场经营者猝不及防！当时，匈牙利货币贬值，政府上调关税，四虎市场营业状况出现逆转。然而，四虎市场老板却依然我行我素，不断提升租金和费用，一些中介商也通过将摊位二次、三次转手多方牟利，导致经营各方爆发多次矛盾与冲突。四虎华商们组织过"市场自治委员会"，派出代表与市场老板谈判，虽然曾使矛盾有所缓解，但租金总体不断上涨的趋势长期延续。

21世纪之后，四虎市场实际上已经风光不再，并且在进入21世纪第二个十年之后就在当地政府一系列整肃、改造举措中一步步被彻底清空。究其原因，主要可从以下三方面加以剖析。

第一，四虎市场作为外来移民经商的集中地，目标突出，成为匈牙利从警方到税务稽查人员的重点监控对象。自四虎市场红火之后，关于经营者偷漏税款、违法经营的各类传言就没有停止过，来自匈牙利相关机构的各类检查也从没有停止过，而且各类处罚越来越严，再加上一些执法人员假公济私，牟取私利，市场的经营环境不断恶化。

第二，眼见四虎市场老板坐收巨资，匈牙利一些有能力、有办法的华人，也争相开发新市场。四虎市场对面及附近一大片倒闭、关停的旧厂房、仓库相继被华人商家接手，建立起了温州商城、唐人街市场、东盛广场、欧洲广场等新兴华商市场。这些市场的模式大多由华商与当地人联手，华商出资出力（包括吸引中国国内企业或个人的资金投入），当地合作者负责"搞定关系（最主要是获得地块及建设所需各类文件）"。新市场因为定位高，资金投入可观，从外观到内在装修等，都远胜于四虎市场，故而步步取代了原四虎市场的地位。

第三，自2004年匈牙利正式加入欧盟后，各类关于政府要关闭该市场的传言不绝于耳。因为，欧盟对于市场建设有一系列基本标准，匈牙利加入欧盟后即必须遵守其相关规定对原有市场进行整顿。简陋且缺乏必要安全保障的四虎市场首当其冲。布达佩斯政府多次传出将要关闭四虎市场的消息，引得市场内的商户们人心惶惶，有能力者纷纷到新兴市场中另谋场地，无能力离开者因为对前景不看好，只是草草维持；市场老板也不投资进行任何维修建设，直接导致该市场整体水准更加下滑。

图 8 - 50 1997 年摊位简陋但购销两旺的四虎市场（李明欢摄于 1997 年 7 月）

图 8 - 51 2012 年彻底关闭前夕的四虎市场（李明欢摄于 2012 年 9 月）

匈牙利当地华文媒体《布达佩斯时报》于 2012 年 9 月 8 日援引匈牙利主流媒体之一《匈牙利新闻报》9 月 1 日头版头条消息报道《匈牙利政府关闭四虎市场的决定正在成型中》。该报道称：布达佩斯第八区区长认为，该市场的各类非法经营每年给政府带来 120 亿到 150 亿福林的税收损失，市场内部治安环境差，内部犯罪现象层出不穷，政府认为决不能容许四虎市场在现今状态下继续运作。区长表示，改建后的四虎市场区域一部分将建立滑板场、手球场和足球场等面向普通民众的运动场所，另一部分将建立社会出租房。

2014 年 6 月 16 日，四虎市场被完全清空，曾经盛极一时的市场化为历史尘埃。然而，正如当地华人所言："四虎市场是摇篮，匈牙利华人在这里找到自己事业的起点；是战场，匈牙利华人在这里有过商场的拼杀，有过反业主租金涨价的斗争；是聚宝盆，很多匈牙利华人是从这里淘到人生的第一桶金；这里，是匈牙利华人付出最多感情，留下最多汗水，同时也收获最多财富的地方。"①

总之，自20世纪90年代发轫伊始，经过华商20多年的辛苦耕耘，匈牙利已经形成了布达佩斯的华商市场群，匈牙利成为中欧重要的中国商品批发中心和集散地，而且，通过华商批发网络，匈牙利几乎每个中等以上城镇都有华人开设的大小商店，丰富了日常生活品市场，为众多普通匈牙利百姓的日常生活提供了更多便利。

图8-52　在四虎市场近旁建起的新商城（李明欢摄于2012年9月）

（三）东欧华人经济的主要特点

由于东欧各国转型进程不同，相应地，当地国华人经济的发展历程也有所差异。

东欧华人经济活动最活跃的国家首推匈牙利与俄罗斯；其次是罗马尼亚、波兰、捷克、斯洛伐克、保加利亚等国；最后是硝烟弥漫的前南斯拉夫社会主义联邦境内各国及经济落后、社会动荡的阿尔巴尼亚。由于移民经济需要扎根于所在国的经济基础，成为所在国经济的组成部分，因此，形成这一分布格局的首要原因在于东欧国家自身经济转轨进展、市场经济发育水准及社会需求容量。东欧华人经济最活跃的国家俄罗斯与匈牙利，其共同特点之一就是市场容量可观。俄罗斯自身幅员辽阔，苏联时期长期以重工业为主的经济模式，使得当地人民生活必需品严重短缺，对中国货的社会需求量十分可观。匈牙利则因其地理位置的特殊性而成为一大中介市场，匈国境线全长2 242公里，与乌克兰、罗马尼亚、塞尔维亚、克罗地亚、斯洛文尼亚、奥地利、斯洛伐克等国接壤，是中国货进入周边国家的一大转运站。

就东欧华人的经济规模及行业构成而言，东欧华人以商贸业为主要经济支柱，从流动商、小摊贩到大型贸易公司，从进口、批发到零售摊点，东欧华人业

①　张红：《在匈华人：淡定目送"四虎市场"》，《人民日报》（海外版），2014年6月20日。

已形成一个遍布东欧城乡的、多层次的贸易网络。东欧向市场经济的转型期，为依托于中国大陆廉价商品的新华商提供了进入当地市场的良机，一些来自中国大陆的贸易公司也相继进入东欧开设分支机构，从事转口贸易，进一步加强了东欧华人的经济实力。

除贸易业外，如同西北欧的华人一样，东欧华人也迅速切入当地的餐饮业。在匈牙利，20世纪80年代之前的布达佩斯仅有"四川饭店""红龙饭店"2家中餐馆，其经营者均为偏好中餐的匈牙利人。1990年，由中国新移民开设的"正宗"中国饭店开始在匈牙利出现，并迅速发展。时至90年代末，全匈各类中餐馆已增至上百家。在保加利亚，中餐馆也是当地90年代以后才发展起来的新事物，至90年代末，来自中国大陆的新移民共开设了近70家大大小小的中餐馆，主要集中于首都索非亚。在波兰，1992年1月，第一家出售中国食品的"中国快餐店小亭子"出现在华沙街头，鲜肉大包、宫保鸡丁、什锦炒饭、四川酸辣面等快餐食品一推出，就受到顾客的欢迎，数月后，波兰3家报纸相继载文介绍中国快餐亭，波兰电视台也登门采访，称"中国快餐亭成为华沙街头特殊一景"。[①]

西欧中餐馆由于历史原因，以粤式菜肴为主，但是在东欧，当地中餐馆从一开始就囊括了中华饮食文化精华的京、川、鲁、淮、粤、闽等各大菜系，丰富多彩，百花齐放。

此外，伴随着东欧华人群体壮大，经济发展，犹如在西欧华人社会曾经出现过的现象一样，一批以华人群体为经营对象的行业应运而生：从专业性的会计师、律师、保险业事务所，到房地产、医疗、旅游及各类文化娱乐业，华人公司的类型向各个领域拓展。

纵观世纪之交的东欧华人经济，并将其与西北欧的华人经济相比，则可进一步总结出新兴的东欧华人经济所具有的如下共同特点。

首先是进取性。在欧洲华人社会中，东欧新移民以其敢想敢干、雄心勃勃、积极拼搏、事业发展迅速而尤其引人注目。

除了以上提及的东欧转型期凸显的特殊机遇外，东欧中国新移民所表现出的咄咄逼人的进取性，还与东欧华人新移民自身的构成密切相关。在西欧，虽然也有许多二十世纪八九十年代的新移民，但由于当地国的移民法则，他们多通过或亲或疏的亲缘纽带进入西欧，在素质构成上比较单一：地缘上集中于浙江传统侨乡青田温州地区，出国前多生活于农村或乡镇，抵达西欧后，则多在亲戚同乡的餐馆中从洗碗工或厨房帮工干起，奋斗三五年升为二厨、大厨或餐厅跑堂，再奋

---

① 杜慎：《华沙街头外卖亭》，（奥地利）《欧华》1993年第11期，第13页。

斗三五年也许可以开个小餐馆，这是大多数在二十世纪八九十年代落足西欧的第一代移民走过的道路。但东欧新移民则不同。如前所述，二十世纪八九十年代之交进入东欧的新移民是借助当时匈牙利与中国互免签证的机会进入匈牙利等东欧国家的，他们中不少人来自北京、上海等大中城市，原本在中国就具备较丰富的社会经验、较广泛的社会关系，那些与国内企业或外贸公司有着各种不同关系的移民，则更是从在东欧创业伊始就站在较高的起点上，因而在 20 世纪 90 年代头几年内取得了令人瞩目的迅猛发展。

东欧新华商积极进取的精神，还表现在他们几乎都自觉或不自觉地以整个东欧乃至整个欧洲为其事业拓展的目标。由于东欧国家在转型中的动荡性与不稳定性，许多华商都是"狡兔三窟"，他们往往以一国为主要据点，同时在周边国家设立分支机构，一国的经营状况恶化了，他们可能立刻转到另一国经营。即使是一些小商家，探究下去也都是"跨国公司"，他们可能同时在不同国家的城市如布达佩斯、布拉格、布加勒斯特等地分别开设若干商店，但每家可能都只有一两个店面，雇佣一两个当地人为店员，此类状况在东欧华商中可谓屡见不鲜。跨国经营是东欧华商普遍采取的谋生之道。

1995 年夏，欧洲华侨华人社团联合会首次在匈牙利首都布达佩斯举行工作会议，一批来自西欧的新老侨领们第一次拜访匈牙利华人社会。事后，笔者听到好几位侨领十分感慨地坦言："匈牙利华侨的三五年，超过了我们西欧华侨的三五十年。"的确，就总体经济发展规模而言，东欧新移民在 20 世纪 90 年代创下的业绩，尤其是在大型跨境贸易方面所取得的骄人成果，为业已在西欧辛勤经营数十年的华侨群体所望尘莫及。"在西欧，是我们中国人给洋人打工；在东欧，是洋人给我们中国人打工。""想靠打工挣钱的人到西欧去，有志在外国当老板的人在东欧留下来。"笔者早于 1997 年在匈牙利访问时，诸如此类说法不绝于耳，在在洋溢着东欧新移民踌躇满志的自豪感。

其次是中介性，这是东欧新华商经济的第二个特点。可以说，东欧新华商中有相当一部分是通过充当中国大陆国有企业的中介商而迅速地完成了其资本的原始积累过程。

东欧华人经济的初创时期，一方面是抓住了东欧经济转型期呈现的特殊机遇，另一方面则是利用了中国大陆深化改革开放进程、对外贸体制进行调整中出现的特殊机遇。20 世纪 90 年代初在外贸体制改革尚未完善的背景下，一些中国大陆的外贸公司为了追求创汇指标或公司利益，迫切希望尽快扩大商品出口，进入东欧的新移民自然而然地成为最佳中介。前面业已提及，新移民进入东欧的一大途径是在当地注册成立公司，以获取合法居留权，这些如雨后春笋般成立的各类公司，大多资金有限，因此只能从充当中介、代理起步，其"合作"对象多

为中国大陆国营外贸公司或国有企业，因为，后者正处在体制改革过程中，其在管理上既"活"又"乱"的种种不完善之处，使东欧诸多几乎从零资金起步的"皮包公司"得以通过"先发货、待货物到岸后若干时间内再返回货款"的 T/T 方式从中国成批进口各类货物。时至 1995 年，在匈牙利方才站稳脚跟的华商就到了看上去似乎"人人都是进口商"的程度，而且，"年进关数十个货柜的商人比比皆是，年进关货柜数以百计者亦不乏其人"。1991 年至 1995 年，正是中国货在东欧大大走俏之际，仅仅是通过匈牙利实现的中国商品集散贸易额就高达 20 亿美元。[①] 因此，不少东欧新移民的华商公司正是背靠中国大陆公司而获得了在东欧的"第一桶金"。纵观东欧诸多华商集中的市场，无论是布达佩斯的四虎市场、罗马尼亚的欧罗巴（Europa）市场，还是俄罗斯的中国友谊商场，撑起这些华商市场经营支柱的无一不是中国大陆各类企业的产品。就此意义而言，在一定程度上可以说，20 世纪 90 年代后中国新移民在东欧轰轰烈烈创业的历程，是中国本土改革开放结果在境外的延伸之一。

进入 21 世纪之后，东欧大型华人商城经济也在一步步崛起。这一点将归入下一节详加论述。

第二节　欧洲华人商城经济新崛起

进入 21 世纪以来，伴随着中国国内经济高速增长，欧洲华人社会从人员结构到经济实力都发生了明显变化，尤其是这一时期在欧洲各主要国家如异军突起的大型华人商城[②]，因其具有的规模性、标志性及影响性，成为欧洲华人社会引人注目的标志性经济主体。

一、欧洲华人商城发展历程

新兴的华人商城与传统的唐人街不同。传统唐人街形成于某一异国城市内华人相对集中的生活区，虽然因为带有异域风情而可能吸引当地国民众及游客，但主要功能是为在当地生活的华侨华人服务。新兴的华人商城则不同，一个大商城内往往聚集了数百乃至上千华人商家，以中国制造为主要货源，以大型批发为主

---

① 牟国量主编：《情寄多瑙——九十年代中匈友好纪实》，多瑙国际文化艺术有限公司，1996 年，第 110 页。

② 在不同国家、不同地区有不同的习惯性称呼，如华人商贸城、中国商城、亚洲商城等。本书统一称为"华人商城"。

要经营模式。华人商城已经成为欧洲华侨华人创业就业的重要平台，是中国商品国际营销网络的重要节点，是华侨华人与当地民众交往的直接场所，是相关国家从政界、商界、媒体到普通民众都密切关注的对象。因此，无论商城的从业者主观意愿如何，在一定意义上，诸多华人商城已经成为"中国制造"乃至"中国形象"在海外的集中展示。

自 20 世纪 90 年代后大约 30 年期间，欧洲华人商城经济大致可以划分为三个主要发展阶段。

（1）20 世纪 90 年代是华人商城经济起始阶段的雏形期。如前所述，从在中俄之间长途贩运的"倒爷"、背包拖车的"练摊"，到南欧走街串巷的"提篮小卖"，大量来自中国的新移民将中国廉价商品源源带入欧洲市场。以中国本土民营企业为主推出的"中国制造"，因款式新颖、价格低廉而受到欧洲民众尤其是中下层收入群体的欢迎。在最早涉足商贸领域的商贩中，一批"成功者"迅速转向开店入市。由于商贸经营"规模效应"的潜在驱动，在欧洲一些中心城市，数年间即形成由大小华商集中经营的街区，或圈地为界的市场。20 世纪 90 年代较著名的华商市场包括：匈牙利布达佩斯的四虎市场、意大利罗马维多利奥广场周边街区、葡萄牙里斯本的莫拉里商业中心、巴黎第 11 区的中国服装区、莫斯科切尔基佐夫斯基大市场等。这些市场的共同特点是：急就型，密度高，客流量大，厚利且多销，呈现资本原始积累的高速性。用亲身经历过那一阶段"神奇致富"的一位意大利华商自己的话说："当时凡是开店就没有不挣钱的"，"那时候，一年销售 450 个货柜，一天销售 10 个货柜，平常事"。许多当今拥有一定资本的华商就是在那一时期成功地获得了"第一桶金"。①

（2）20 世纪 90 年代末到 2007 年之前，欧洲华人商城经济转入第二阶段，即遍地开花的高速成长期。虽然 1998 年金融风暴对欧洲华商经济有所冲击，但是，由于中国自身经济发展挺住冲击且逆流而上，依托中国经济的欧洲华商汲取了重要的原动力。根据（法国）《欧洲时报》2007 年 8 月的一则综合报道："从欧洲北部的英国、瑞典到最南端的西班牙、意大利，整个欧洲都掀起了一股兴办中国商城的热潮。在法国，位于巴黎北郊奥贝维里耶市的大型批发商业中心——巴黎中国商城（CIFA）去年开业后，今年又投入第二期，占地面积 4 万多平方米，商家近 300 家，是目前全法最大、设施和管理最完备的华商批发中心。在德国，从东部的莱比锡到西部的杜塞尔多夫，从北部的汉堡到南部的慕尼黑，共有中国商城 20 多家，特别是柏林、法兰克福等城市，还出现多家中国商城并存的局面。在意大利，欧洲纺织品集散地的普拉托欧洲商城将于 8 月 1 日正式开业，

---

① 根据笔者 2011 年 10 月在意大利罗马与华商访谈时的记录。

商城一期工程汇集了 100 多家华人服装、鞋类、小商品和首饰批发店，占地近 3 万平方米，是意大利首家华人拥有物业产权的商城。位于瑞典战略要地卡尔玛市的中国商贸城也于今年（2007 年）2 月奠基，瑞典副首相兼工商大臣奥洛夫松应邀出席奠基典礼。而意大利罗马'马可·波罗商业贸易中心'，商贸区达 15 万平方米，是目前已知欧洲商用面积最大的中国商城，他们把新闻发布会开在了北京人民大会堂，成为中国商贸城欧洲代表作之一。"① 如此描述虽有夸大其词之嫌，但基本反映了当时华人商城的总体发展态势。

与此同时，华侨华人对于经历了转型阵痛的东欧经济复苏也贡献良多。在俄罗斯，中国新移民是阿斯泰、艾米拉、卢尔尼基、狄娜莫、切尔基佐夫斯基、塞瓦斯托波尔等数十个大市场的经营主力，成为促进中俄民间贸易的一支重要力量。在塞尔维亚，贝尔格莱德 70 号商城批发市场购销两旺，小到针头线脑，大到装潢材料，物品丰富，价格便宜。而位于捷克—波兰边境、捷克境内的奥斯特拉发（Ostrava）批发大市场，罗马尼亚从尼罗到红龙大型商贸市场，以及乌克兰敖德萨的七公里市场，都在当地声名远播，买卖兴隆。欧洲华人商城经济达到了历史最高点，已有数年历史的"老"商城在拓展，而更多的"新"商城则在火速规划筹建中。

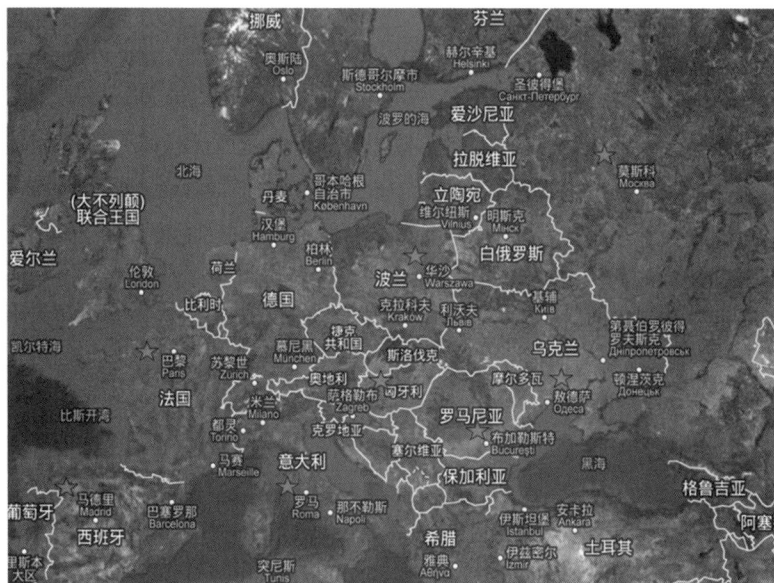

图 8 - 53 欧洲大型华人商城分布图

---

① 《欧洲华商：风起云涌建商城》，（法国）《欧洲时报》，2007 年 8 月 5 日。

（3）2008 年，国际金融危机爆发，欧洲经济全面衰退，欧洲华人商城经济随之出现明显转折，进入了调整、转型、逆境中寻求发展的第三个阶段。一方面，随着商城总体规模的不断拓展，商城内外整洁美观程度明显改善，华商经营的规范度及中国商品的时尚度不断提升，自觉或不自觉地完善着从中国制造到中国国家的海外形象。但是，另一方面，由于华人商城的高度集中性与影响度，一旦出现任何问题，也很容易成为当地国主流媒体疯狂炒作的对象，其负面影响即刻被成倍放大，甚至可能成为商城所在国与中国关系之间一个烫手的山芋。

如本书第五章所述，欧洲走向一体化的进程在不断进行之中，但是，各国之间的差异依然显而易见，华人商城在欧洲几个主要国家的发展历程，也在不同程度上显现出不同的发展轨迹。以下，本节分别选择华人商城影响较大的三个国家，即西欧的法国、东欧的罗马尼亚和南欧的西班牙进行较为翔实的追溯与分析。

（一）法国华人商城发展历程

巴黎市共分为 20 个区（Arrondissement），由市中心开始，按顺时针方向以螺旋形向外展开，形成以卢浮宫为中心的第 1 区，而以第 20 区为较外围。在巴黎，区与区之间仍然保留着各自明显的特性，每一区的居住条件、街上的气氛、人口的构成、商店的性质、活动的方式等都有不同的风貌。巴黎大区则除了巴黎市之外，还包括近郊三省和远郊四省。

如前所述，法国华侨华人主要聚居于巴黎大区。时至 21 世纪初，包括以原印支难民为主的巴黎第 13 区在内，在大巴黎地区共有四个华人相对集中的地区，其中巴黎第 13 区和巴黎美丽城区，基本属于华人的生活区，是传统"唐人街"的模式，而前文提及的巴黎 93 省下属奥贝维里耶市的大型华人商城，则是本书所主要关注的华人商城。[①] 大巴黎华人社会的发展，展示了从传统唐人街到现代华人商城的不同模式。

奥贝维里耶是法国最大、全欧名列前茅的华人商城所在地。20 世纪 70 年代末，正是在欧美发达国家产业转型的进程中，原来在奥贝维里耶的一些工厂先后因向外搬迁而陆续关闭，一些精明的犹太商家看准时机，进入该区，将一些废弃的大厂房改建为仓库，做起了批发生意。到了 80 年代末 90 年代初，犹太商人在奥贝维里耶的批发生意已经形成了一定规模。当时，正是法国华人从自己生产向进出口批发转型的时期，一些与犹太商人有生意往来的华人商家，需要到奥贝维

---

① 笔者自 2000 年后多次到奥贝维里耶调研，亲眼见证了该地区的发展变化。以下资料均源自笔者在当地的调研笔记。

里耶找犹太人进货，他们在交易过程中渐渐对这一地区有所了解。

1992 年，正在为自己拓展生意的温州人夏尚忠从亲戚处听说他常到奥贝维里耶的犹太人那里批货，就顺便到那儿看看，结果发现那里是开设批发店的有利位置。因为奥贝维里耶既位于巴黎郊外，可以避免巴黎城内交通拥堵、难以停车等实际问题，又离巴黎不是太远，并且因为犹太人已经在那里从事批发生意多年，在商界有一定知名度。夏尚忠于是决定选址奥贝维里耶，在那里开设了第一家华人的眼镜批发商店。在夏尚忠之后，相继又有三四家华人批发店紧随其后，开进了奥贝维里耶。进入 90 年代后期，入驻奥贝维里耶的华商人数开始呈直线上升。

大约从 1998 年起，奥贝维里耶的华人批发店以每年三四十家的速度增长，2000 年时已有七八十家。2003 年到 2007 年是奥贝维里耶华商发展的黄金时期，进出口业一片繁荣，奥贝维里耶的华人商家迅速增长到六七百家，2012 年已经达到近千家。换言之，奥贝维里耶这个原本以犹太人为主的商贸批发区，已经处处是中文招牌，家家是华人老板，成为西欧地区名闻遐迩的大型华人商城之一。

奥贝维里耶华人商城货品的批发对象包含不同层次的消费群：其一，顶端是遍布法国各地的商店，其中也不乏一些高档的连锁店，奥贝维里耶华人商城以其廉价、多样的产品吸引来自法国各地的商场老板们前来进货，不时也有来自法国邻近如德国、荷兰及北欧国家的商家前来进货。其二，位于居中端的购货群体是流动商贩。法国各地都有许多定期、不定期的集市，一些流动商贩靠在各不同集市出售货物谋生，奥贝维里耶为他们提供了重要货源。其三，被奥贝维里耶华商称为前来"扫货"的非洲商家。因为非洲的消费水平远低于欧洲，他们前来"扫货"的对象主要是已经在欧洲过时的商品，尤以服装鞋帽为主。由于在欧洲已经没有销路，老板们只能以极低价格"半卖半送"，而前来这里的非洲买家也在寻找"比中国义乌还要便宜的中国货"。

伴随着华人商贸生意的发展，奥贝维里耶的整体面貌不断改观。经过多次整修后的奥贝维里耶整洁亮堂，一家家店铺井然有序。在 2008 年经济危机深化之前，每家店铺的经营权曾经从 12 万欧元上升到 25 万欧元，最高峰时的转让费曾经高达 31 万欧元。除了少数大型商铺之外，一般小型店铺每家由夫妻二人再雇佣一两名工人经营。据估计，在奥贝维里耶从业的华人总数在 5 000 人以上。当笔者于 2012 年在奥贝维里耶调研时，听商场管理人员介绍，如果正常情况下每家店铺至少每月营业额在 20 万欧元的话，那么此地 1 000 家商铺的年营业额就有 24 亿欧元，因为许多大商家远不止这一数额，所以，整个奥贝维里耶华商经营额的总量应当在 25 亿~40 亿欧元之间。然而，高营业额并不等于高利润。因为从进货到经营成本都在上升，市场竞争十分激烈。特别是 2010 年后欧洲主权债务危机不断深化，民众购买力下降，市场明显供大于求，利润率已经大大下降。

一般认为，20世纪90年代是华商进出口业的高利润期，2008年金融危机爆发之前大概保持在十家九赚一亏，但随着欧债危机不断深化，到2012年至2013年期间，华人店家多认为是"三赚四保三赔"。

奥贝维里耶华人商城发展的另一个重要趋势是当地拥有实力的华商向房地产领域进军。从20世纪90年代华商入驻奥贝维里耶，其实获益最大的是原犹太人房地产商——他们从华商租住商铺及仓库中获取高额租金。进入21世纪后，华人批发商在奥贝维里耶市的迅猛发展，引起了法国实力雄厚房地产开发商的密切关注。2006年10月，法国房地产商SCI公司投入巨资，在奥贝维里耶专门为华商们"量身定做"的大型的商业中心巴黎中国商城正式开业。巴黎中国商城一期项目营业面积1.5万平方米，建造商铺95家，每家商铺面积在110~400平方米之间。其时正逢奥贝维里耶华商批发生意向好阶段，商城开业之前，所有店铺就已销售一空。一年后，巴黎中国商城二期又投入使用，总面积扩大到约4万平方米。商城还设有近30个安全摄像头和6名保安，为买卖双方的人身和财产安全提供保障。

2012年，在欧债危机及世界经济危机阴影的笼罩下，仍有8位华商联手投资近1亿欧元，在奥贝维里耶投资新的商城。是年3月21日，由法国恒通集团经营的"巴黎时尚中心"（FASHION CENTER）在奥贝维里耶市千禧年公园边工地上隆重奠基。该商城建筑面积5500平方米，建成后将容纳近300家批发商入驻，提供2800个左右的就业岗位，每年的营业额预计达4.5亿欧元。据该项目投资集团总裁介绍，该商城建成后将成为巴黎独特、现代、时尚的重要贸易批发城。其设计和管理都实行现代化，将为批发商和顾客提供更加便捷、安全和全方位的服务。当笔者于2017年再到奥贝维里耶调研时，见到新建成的商城大楼不仅装修豪华，橱窗布置前卫时尚，并且已经全面投入营业。

图8-54 2012年的奥贝维里耶华人商城（李明欢摄于2012年8月）

图 8-55　2014 年 9 月竣工的奥贝维里耶新商城巴黎时尚中心内外景（李明欢摄于 2017
年 8 月）

（二）罗马尼亚华人商城发展历程

自 20 世纪 90 年代以来，罗马尼亚华人社会的发展史，与罗马尼亚首都布加
勒斯特先后兴建的四大华商市场，即欧罗巴、尼罗、红龙及新唐人街市场的兴衰
替代密切相关。

1. 从欧罗巴到尼罗：市场与华商经济共成长

如前所述，20 世纪 90 年代初最先进入罗马尼亚的中国新移民是从跳蚤市场
及街头流动销售起步的。然而，随着在罗马尼亚经营中国商品的华商迅速增加，
罗马尼亚政府开始限制街头经营，许多华人也希望寻找固定的经营场所。这时，
有华商开始承租布加勒斯特 ROMEXPO 展览馆大厅定点销售，虽然展厅租金昂
贵，且一有展览就得让位，但华商一时别无选择，只能接受苛刻的条件。

1993 年初，在布加勒斯特 Colentina 大街尽头，[①] 有罗马尼亚商家盖起一排几

---

① 罗马尼亚华商习惯按该街名罗马尼亚文的发音戏称其为"高粱地大街"。

十间低矮简陋的水泥房当成商铺出租，冠名"欧罗巴市场"。正在寻求经营场所的华商闻讯而至，几十个摊位很快被抢购一空。欧罗巴老板喜不胜收，立刻乘势扩张，短短一年多时间，就建起大小商铺约2 000间，其中也包括数百个仅仅是"画地为牢"、铁皮为界的简易摊位。①

根据当年曾在欧罗巴市场经营的华商回忆，1995—1996年是欧罗巴市场的鼎盛时期，在欧罗巴市场购、租商铺经营的华商在高峰时超过3 000人。市场内天天人流涌动，日客流量达上万人次。前来购货者除罗马尼亚人外，每日都有十多辆长途巴士从摩尔多瓦、保加利亚、乌克兰等邻近国家满载客商前来交易。由于欧罗巴市场的经营主体是华商，而市场内流通的货物也几乎全是"中国制造"，欧罗巴市场顺理成章地成为罗马尼亚第一个著名的华商大市场。

市场火爆，市场老板无疑是第一受益人。坐拥市场房产获得的超额利润，令诸多有一定实力的企业家或投机家争相觊觎，并由此引发了此后十多年围绕商城地产愈演愈烈的争斗。用罗马尼亚华商的话说：当罗马尼亚处于社会激烈动荡转型时，要想掌控市场地产攫取高额利润，不仅要有超凡的勇气、能力和实力，还得有本事"黑白通吃"。在此大背景下崛起了以罗马尼亚房地产开发商尼古为首的尼罗集团。

尼古原在欧罗巴市场中占有约30%股份。1998年，眼见欧罗巴市场因建造简陋、无序搭盖而越来越脏乱不堪，羽翼渐丰的尼古直接另组尼罗集团，大张旗鼓地在欧罗巴市场边上投资兴建"尼罗市场"，并勾勒了美妙的蓝图：尼罗市场将提供2 700家整洁规范、高标准的商铺，并配套建设简易仓库，以适应华商对仓储业的需求。为了将原欧罗巴的商户、客流吸引过来，尼罗市场信誓旦旦地向华商承诺：一万美元即可购买尼罗市场内一间店铺的永久使用权；管理方将向商铺提供永久性优质服务，并且决不在规划之外乱搭盖。

由于华商对脏乱差的欧罗巴市场有诸多不满，而当时依旧火爆的生意不仅推动已拥有商铺之华商希望再拓展业务，同时，亦有新华商被吸引，源源入市，因此，尼罗市场一开盘，商铺就被抢购一空。

1999年尼罗市场落成，市场内近八成商铺为华商所有，同样地，货架上琳琅满目全是中国货。由此，华商经贸事业的发展，推动尼罗市场取代了衰败中的欧罗巴市场，崛起而成罗马尼亚最大的华商市场。

2. 从尼罗到红龙：市场老板与普通华商的利益博弈

经济繁荣是市场拓展最好的推进器。进入21世纪之后，从市场建设中获得巨大利润的尼罗集团又开始推行新的扩张规划。2003年，尼罗集团宣布将投巨

---

① 据介绍，一个铁皮摊位的基本投资不过800美元，但高峰时摊位价格被炒到30 000美元以上。

资在尼罗市场边上再兴建一个更高标准、更大规模的"红龙市场"。从 2003 年红龙市场动工到 2008 年金融危机爆发前，正好是罗马尼亚改制后经济发展的最佳年代，借此东风，红龙市场一路高歌猛进，多座外观亮丽的大型平房式商厦在 2003 年到 2007 年间相继落成，拥有商铺累计约 6 000 家，① 从而再次超越尼罗成为号称"东欧第一"的华商大市场。②

然而，红龙市场的迅速扩张，却引发了商户搬迁的尖锐矛盾。红龙与尼罗两大市场的主要投资商同为尼罗集团，早在红龙开建之初，尼罗集团即以"尼罗市场已经不符合经营标准"为由，宣布将关闭尼罗市场，并要求尼罗市场的华商全部搬迁到新建的红龙市场。但是，多数华商拒绝搬迁，因为一来原市场已经形成稳定的客源，搬迁可能影响经营的延续性；二来不少华商认为红龙市场店租太高，③ 且市场管理方未对华商已经购买的旧市场店铺给出合理的补偿方案。④

2003 年 5 月 20 日，尼罗市场发生火灾，共有 22 间华商购买的店铺和仓库被烧毁，损失达 70 万美元。尼罗集团不仅断然拒绝受害华商的索赔要求，还以该事件为例，强调尼罗市场存在安全隐患，要求所有华商加速搬迁。⑤

2007 年初，尼罗市场管理方正式以尼罗市场不符合罗马尼亚政府的相关规定为由，要求尼罗市场内的所有商户限期迁离。是年 4 月 13 日，尼罗市场所在区政府发出了"限期拆除尼罗市场通告"。尼罗商户们闻讯十分愤怒，认为这是尼罗集团背后唆使的结果。华商们迅速组织了"华人维权中心"，将辖区政府告上法庭。经过前后三次公开审理，布加勒斯特法院于 2008 年 3 月 14 日下达判决书，宣布"尼罗市场限期拆除的通告在法律上无效"。旅罗华商艰难胜诉。

虽然尼罗市场的商户们打赢了官司，但围绕尼罗市场的意外灾害却接连不断：

2007 年 7 月 14 日，尼罗市场 A 区 16 家店铺在一夜之间被"大风"刮掉了铁皮房顶，店主的维修要求被尼罗市场管理方一口回绝。

2007 年 11 月 28 日下午 2 点半左右，市场管理方在对店铺实行"焊封"时，因操作不当引发大火，A 区 18 间店铺瞬间化为一片火海，直接经济损失超过百万美元。尼罗集团再次拒绝相关商户的赔偿及修复要求。

---

① 红龙商场先后建成了多达 13 幢商贸大厅，后经过整合，合并成红龙 1 至红龙 9 和青年厅，共 10 座商贸厅。

② 在调查中，也有华商认为其规模之大足以号称"欧洲第一"。

③ 据介绍，尼罗市场建成之初，付 1 万美元就可以取得一个 15～20 平方米店铺的永久使用权。但红龙市场相同面积店铺的年租金高达 3 万～4 万欧元。

④ 据调查，尼罗集团曾提出的赔偿方案是：已经购买了尼罗店铺永久使用权的店主交付 3 万欧元后可以换租到红龙市场的店铺，原尼罗店铺酌情折价 3 000～5 000 欧元。这意味着华商"换租"的代价是必须额外交付 2.5 万～2.7 万欧元现金，华商表示无法接受。

⑤ 有华商认为这次火灾是尼罗集团逼迫华商搬迁的"阴谋"，但缺乏可以诉诸法庭的证据。

2008 年 5 月 3 日，尼罗市场管理方以"修理下水道"为由，开动挖掘机在尼罗市场后大门正中挖了一个长 3 米、宽 3 米、深 1 米的大坑，里面积满了水，车辆人员无法通行。受害华商只好自筹经费将大坑填平。

2008 年 10 月 16 日，尼罗集团市场管理方发放大量传单，宣布尼罗公司将从 2008 年 11 月 1 日起全面停止对尼罗市场的服务，随之在红龙与尼罗两个市场之间垒起一堵长达 60 米的隔离墙，并对尼罗市场撤除保安，停水停电。此举再度激怒了尼罗华商，大家群集抗议。经中国驻罗马尼亚大使馆和华人维权中心代表与尼罗集团七轮谈判，2008 年 11 月 26 日傍晚，尼罗集团拆除了隔离墙。

2009 年 11 月 16 日，尼罗集团宣布：对进入红龙、尼罗两个市场的车辆开征每天 10 列伊（约 3.5 美元）的停车费，此举又引起了市场内商户的强烈愤慨。因为当初租、购市场商铺时，已经言明停车费包括在每个季度缴交的卫生费之内，新规定无疑是侵害商户合法权益的毁约行径。11 月 17 日 11 时左右，十来名情绪激动的商户推倒了用于征收车辆"入场费"的"拦路虎"，与在场保安发生冲突。数百商户闻讯赶来，聚集到市场管理办公楼下，强烈抗议，要求管理方停止收取车辆入场费。中国驻罗马尼亚官员、华商维权代表及其他国家商户代表与管理方谈判数小时无果。当晚 7 时，市场管理方以工作人员人身安全受到威胁为由，切断尼罗市场的电源和水源，撤走所有保安及卫生清洁人员。此后数日，市场处于半瘫痪状态。各国商户被迫再次联合抗议，鉴于群情激愤，市场管理方终于答应取消征收停车费，并将于 11 月 24 日恢复对尼罗、红龙两大市场的正常管理。

然而，2009 年 11 月 23 日，就在尼罗承诺恢复正常营运的前夕，尼罗集团的代表却在当地电视上公开声明：管理方只恢复红龙市场的正常运转，放弃对尼罗市场的管理。声明还提出，现有尼罗市场商铺存在严重的卫生及消防安全隐患，有重大偷漏税问题，要求罗马尼亚经济卫队查封尼罗市场所有商铺，并呼吁政府彻底拆除尼罗市场。11 月 24—27 日，罗马尼亚防暴警察连续四天封锁尼罗市场 300 多间华商店铺。此后连续一周，罗马尼亚各大电视、新闻媒体充斥了对尼罗市场华人商户的指责与批评。

2009 年 12 月 2 日，罗马尼亚防暴警察再次进入尼罗市场，驱赶市场客商，封锁客货通道。抵制封门的华人商家与警察发生了争执，在冲突中，警察施放了催泪弹，强行驱散抗议民众。尼罗市场自此全面封闭。

2010 年 4 月 21 日，尼罗集团派出的挖掘机开进尼罗市场，强制拆除所有店铺。数小时内，曾经聚集过近 3 000 店铺的尼罗市场被夷为一片平地。[①]

---

① 当笔者于 2012 年 9 月在当地调研时，在当地华商引导下特地去看了尼罗市场的旧址，那里如今已是野草丛生，完全无法想象当初的繁荣景象。

图 8 - 56　红龙商场外观、内景及到红龙批发货物的当地小商贩（李明欢摄于 2012 年 9 月）

尼罗市场被彻底铲平，所有华商迫于无奈，只能接受红龙市场的条件，进入红龙经营。

3. 兴建华商自己的"唐人街"：艰难的圆梦之旅

经历了从欧罗巴到尼罗再到红龙市场的诸多周折、磨难与博弈，罗马尼亚华商中的有识之士开始了自建商城的努力。

2010 年 8 月，就在尼罗市场被彻底推平之后四个月，首家由罗马尼亚华人集资的"唐人街市场"隆重奠基。唐人街集团由 3 位华商担任主要负责人，① 由 10 余位华商集体控股 70%，在罗马尼亚工商会正式注册。根据唐人街的策划书介绍，该项目选址于罗马尼亚国家 2 号公路和环城路主干道旁，距布加勒斯特市中

_____

① 唐人街集团的三位主要领导人分别为：董事长潘继东（原籍浙江瑞安，在尼罗、红龙市场的多次事件中，站在华商维权的最前列，曾担任华人维权中心负责人、华人资产管理委员会会长，在罗马尼亚华商中有较高威信）；执行董事长王岩（罗马尼亚华人中少有的已经正式入籍罗马尼亚的华人，任中罗双边工商会主席）；总经理庄树毓（原籍福建晋江，罗马尼亚福建同乡会常务副会长）。

心约 10 公里。唐人街市场建造的目的是在布加勒斯特郊区打造出新的面向中、东欧的集商业、贸易、休闲、生活于一体的综合性的商贸中心。唐人街规划总面积 40 万平方米，总投资额超过 2 亿欧元，整个项目计划分四期进行。

2010 年 8 月 17 日，唐人街举行隆重奠基仪式，罗马尼亚总理博克在中国驻罗马尼亚大使馆大使刘增文、土耳其驻罗马尼亚大使埃瑟女士等人的陪同下参加了奠基仪式。数百名应邀而来的华商和罗马尼亚朋友共同见证了此次盛大的庆典活动。庆典活动充满了热情洋溢的节日气氛，博克总理用中文"你好"向大家问候，并对唐人街成功举行奠基仪式表示祝贺和高度赞扬，相信通过唐人街项目的建设，将进一步密切罗中经贸关系和人员往来。博克总理还在现场为唐人街题词"中罗友谊永存，携手共创美好未来"。隆重的奠基仪式给在场所有人士留下深刻而美好的印象，罗马尼亚华人对自己的唐人街充满美好期待。

唐人街一边筹建，一边迅速推出了适应华商愿望的销售计划：一是以买断使用权的方式出售商铺；二是允许分期付款；三是推出了由中国人自己执行商场安全管理等一系列承诺；四是商铺的买卖合同文本将用罗、中两种文字。如此优惠条件大受华商欢迎。第一期项目共 348 间展厅、1 240 家商铺和 700 家仓库，推出仅一天就全部售罄。形势如此喜人，几乎所有人都坚信：罗马尼亚华人拥有自行管理、自行经营之华商市场的梦想即将成真！

2011 年 7 月 19 日，唐人街落成，如期举行隆重开业庆典，罗马尼亚总理博克和中国驻罗马尼亚大使刘增文再次出席并剪彩。博克总理再次发表热情洋溢的讲话，他表示："唐人街市场是到目前为止中国商人在罗马尼亚最大的投资，在我们感叹唐人街市场具有中国特色的美妙建筑时，我们也由衷感到唐人街市场将是今后中国商人在罗投资的表率，为罗马尼亚与中国的全面友好合作关系翻开崭新的一页。"

然而，令人完全意想不到的是，唐人街在热热闹闹的开业仪式之后，生意却急速下滑，整洁而琳琅满目的商铺竟然乏人问津，令人瞠目。究其原因主要有三。

第一，唐人街项目投资之时，欧洲主权债务危机已经显现，并且在深化之中，整个大环境不利于华商经济的发展。罗马尼亚外汇收入的一大来源是罗马尼亚年轻人到西欧各国打工的劳务收入，[1] 危机中，西欧国家失业率上升，罗马尼亚劳工只能回国，收入大幅下降，国内消费萎缩。大型市场是需要培育的。红龙市场已经在罗马尼亚乃至周边国家形成重要影响，其客货量基本适应市场需求，

---

[1] 根据罗马尼亚驻华大使介绍，高峰时期罗马尼亚有 200 万人在欧洲各国打工。详见新华网 2009 年 9 月 24 日发布的文章《罗马尼亚驻华大使：中国是我们永远的老朋友》。

而随着危机深化却突增一个拥有上千店铺的新市场，在危机下显然无法成长。

第二，在东欧国家中，罗马尼亚拥有黑海最大港口康斯坦察，货物进出口及运输相对其他东欧国家方便，进出口关税原来也相对较低。但是，自危机发生，罗马尼亚为增加国库收入而不断提升进口关税，导致成本不断上升。与此同时，罗马尼亚政府还提高公司准入门槛，如：新出台的法规要求新开办公司每一名股东至少要有14万美元的注册资本，公司需为每个员工每年上缴税收、保险等总计6 000～7 000美元，远远超出了许多新移民开办小公司的承受能力。

第三，罗马尼亚华人自身的一些问题与不足，也随着危机深化而不断暴露，影响了共同抵御危机的内在能力。

可喜的是，2013年中国国家主席习近平提出"一带一路"倡议，2015年罗马尼亚经济开始明显复苏，2017年罗马尼亚GDP增长率达到创纪录的7%，[①] 这一切为罗马尼亚华人经济市场展示了美好的前景。

总之，从20世纪90年代初迄今，中国新移民进入罗马尼亚不过短短20余年，但他们以华人商城为载体而经历的跌宕起伏，既显示了罗马尼亚中国新移民群体自身的若干特点，也在一定程度上成为外来移民群体在一个处于社会转型期的陌生国度立足、奋斗、发展、抗争的缩影。

图8-57　罗马尼亚布加勒斯特新建的"唐人街"商场牌坊和外观

（三）西班牙华人商城发展历程

伴随着西班牙经济高速发展而进入西班牙的华侨华人，以他们的智慧、辛劳，以他们与中国经济的天然联系纽带，成为促进西班牙经济发展、人民生活水平提高的有利因素。

就地理因素而言，西班牙地处南欧伊比利亚半岛，东北与法国安道尔接壤，

---

① 兰陵笑笑生翻译：《罗马尼亚经济增长率超越中国（7%）》，龙腾网，http://www.ltaaa.com/wtfy/24760.html，2018年3月29日。

南隔直布罗陀海峡，与非洲摩洛哥相望，被称为通往欧洲、非洲、拉丁美洲的桥梁，海运发达。特殊的地理位置，为西班牙华商进出口贸易提供了得天独厚的有利条件。就政治因素而言，总体说来，中国与西班牙一直保持着良好的关系。随着中国、西班牙的快速发展以及双方都期望和平发展，国家元首多次互访，两国关系日趋和谐，2005 年中国国家主席胡锦涛访问西班牙，两国成为战略伙伴关系，为西班牙华侨华人创造了良好的政治环境。

2008 年经济危机爆发后，西班牙亦成为危机的重灾区之一。根据欧盟统计局 2013 年 12 月公布的统计数据，西班牙 25 岁以下年轻人的失业率高达 57.7%。相对而言，西班牙华人失业率在 2012 年为 6%，2014 年有所上升，达到 8%，但仍然是西班牙失业率最低的社群。[1] 按西班牙政府的移民政策规定，移民申请人分为老板居留、务工居留两类。如前所述，西班牙华侨华人以小业主居多数，以 2012 年统计为例，是年马德里地区正式登记在册的华人劳动力共 2.24 万人，其中属 "老板居留" 共 10 471 人，占华人劳动力总数的 46.72%。[2] 由西班牙移民局于 2015 年 12 月 31 日公布的另一统计则显示，是年全西班牙正式登记注册的华侨华人共 198 017 人，其中登记为 "老板居留" 的达 47 312 人，在包括男女老幼在内的华侨华人社群中，"老板" 占比高达 24%。[3] 由此可见，西班牙华人具有突出的创业能动力，是西班牙华人商城经济繁荣的重要人力资源。

西班牙华侨华人最集中的地区首推马德里，其次为巴塞罗那、瓦伦西亚等地。除马德里之外，华人商城在巴塞罗那也颇具规模，其经营模式、发展路径等与马德里有相似之处。因此，下文以马德里华人为例，选择三大华商集中区，即乌塞拉（Usera）、拉瓦皮斯（Lavapies）及最为著名的富恩布拉达（Fuenlabrada）着重进行剖析。

1. 马德里乌塞拉

直到 20 世纪 80 年代，位于马德里城市西南角的乌塞拉区还属于城内的一个贫民区，用中国人的话说，这里是马德里的 "棚户区"。由于此地房租相对便宜，包括中国人在内的外来移民渐渐聚居于这一地区。

1984 年，西班牙华侨华人协会第二任会长叶碎友在乌塞拉区的 Nicolas Sanchez 街开设了第一家中餐馆——北京楼，由此拉开西班牙华人在该地区创业的序幕。1992 年，在紧挨着 Nicolas Sanchez 的另一条街道 Dolores Barranco，又一位温州人陈鸿强开起了该区的第一家中国货行 "鹿城商场"，成为马德里中国新

---

① 木易：《马德里大区移民局与华人维权小组代表座谈》，（西班牙）《欧华报》，2013 年 11 月 23 日。

② 《西班牙马德里华人老板人数过万　占华人总数近半》，中国新闻网，http://www.chinanews.com/hr/2013/08-28/5217122.shtml，2013 年 8 月 28 日。

③ 根据西班牙华侨华人协会名誉会长徐松华提供的西班牙移民局数据统计。

移民们购买中国食品以解乡愁的必去之处，生意迅速红火。

从那之后，到乌塞拉开店的中国人不断增加，带来了日益旺盛的人气。尤其是进入 21 世纪之后，连续三次大规模大赦，马德里的中国新移民人数成倍翻番。由于乌塞拉地区地价便宜，交通也还方便，加之已有中国商行、餐馆等奠定基础，越来越多中国人将此作为在马德里创业谋生的首选。

自乌塞拉北京楼建立后的短短 20 来年，乌塞拉已经形成了规模可观的华人商业区。乌塞拉华商区方圆不到 3 公里，其范围大致包括马德里 6 路地铁乌塞拉站口的 Nicolas Sanchez 街和与之交汇的 Dolores Barranco 街，区内华侨华人总数达1.5 万人，占该区人口约四分之一。①

乌塞拉区 Cornisa 街道委员会的主席 Juan Carlos Martin 2008 年 1 月接受记者采访时说道："华人的店铺已经占到乌塞拉的 40%，在有些街道上，比如 Dolores Barranco，有 85% 的店面是中国人开的，他们的店面已经不仅仅限于食品，现在还开起了鞋店、服装店、百元店、美发店……"Martin 主席还提及：2004 年时，我们西班牙语班上只有 3 名华人学生，但 4 年后的今天，仅在进入西班牙语班的等候学生名单上就有 60 名华人学生。

2010 年乌塞拉华人区经济发展的高峰时节，这里的各类华商店铺有 300 多家。其中，除鹿城商场之外，还有万家乐商场、温青商场、唐下商场、亚大洲、新华楼等 10 余家中国货行，这些货行基本是现代超市和仓库的综合统一体，其功能不仅是一个出售中国食品和日用品的超市，而且也是分布在马德里周边各地中餐馆厨房用料的供应商。因此，这些中国货行是乌塞拉地区华人经济区最重要的支柱，其走向也是预示着这一地区华商经济的晴雨表。

此外，乌塞拉地区还有数十家大大小小的中餐馆（包括简易的快餐、小吃店）、数十家百货店、制衣厂、印刷厂、时装店、电器店、网吧、理发店、公司、律师楼、驾校，以及为华裔儿童开办的中文学校等。

笔者自 1997 年以来多次到乌塞拉实地调研，目睹了乌塞拉华人商区的不断拓展。时至今日，走在乌塞拉的街道上，看着一个个中文招牌、一家家华人店铺，可以强烈地感受到乌塞拉华人商区的浓郁氛围。

2. 马德里拉瓦皮斯

拉瓦皮斯区位于马德里市中心偏南端，是马德里市内另一个属于中下阶层聚居的老城区。直到 20 世纪 90 年代之前，这里的建筑、街道都显得十分陈旧，街道旁仅有的几家商店以出售珍珠和金银首饰仿制品为主，店主分别为西班牙人、

---

① 根据中国驻西班牙大使朱邦造 2012 年中国农历春节到乌塞拉给在这里生活和工作的华侨华人拜年时的讲话。

犹太人、阿拉伯人和印度人，生意清淡。

1993 年，开始有华人看中这一街区低廉的房租及低廉的店铺经营转让费（当地华人习惯称其为"顶让费"），并进入这一地区经营小百货、箱包及服装生意。根据老华侨回忆，当时谁要想在这一街区开店，区政府是十分欢迎的，开店手续十分简单，区政府对于所有开店经营申请都大开绿灯。

天时、地利、人和，吸引大批华人进入拉瓦皮斯开店经营，不断涌入的华商们改变了这一死气沉沉街区的面貌。进入 21 世纪以后，拉瓦皮斯作为马德里华商服装批发区已经声名远播。尤其是在 2000 年至 2004 年期间，拉瓦皮斯华人店家有 400 多家，华商批发店甚至延伸到该区周边的小巷内。拉瓦皮斯成为一个以服装为主体，以首饰、玩具为辅助分支的华商批发区。

回想当日的情景，华商感叹：那时候货柜整天发，做什么都赚钱。当地西班牙的房主们也大为开心，因为他们从高价出租房屋中获得前所未有的高额收益。用西班牙华文媒体的话说：华商们把昔日破旧的、没有生气的老区"折腾"得"龙腾虎跃"了。

但是，随着生意红火，有些老居民开始不满了：终日大小货车进进出出，随意停靠上货下货，高峰时造成整个街区交通拥堵，打扰了老居民们习以为常的慢节奏的生活。还有，原本那些为普通居民提供生活必需品的小店不见了，取而代之的是一家连一家的华人店铺。于是，大约自 2003 年起，不断有当地居民向区、市政府抗议，直到走上街头游行。

2004 年 3 月，鉴于相关调查显示拉瓦皮斯地区外国移民比例已经高达31%，[①] 并且与当地西班牙人屡有矛盾发生，一些西班牙原居民因为不满而搬离这一地区，马德里市长认为该地区的社会结构存在不利于社会融合的严重问题，决定实施"突击计划"，全面改善拉瓦皮斯地区的市政安全、公用设施，促进交通顺畅。市政府决定禁止在该地区批准开设新的批发店申请，对该地区的店铺实行大检查，强制关闭那些"不符合法规的店铺"，并建议该地区店铺向外搬迁。

2006 年，马德里市政府决定对包括拉瓦皮斯在内的老城区进行全面改造。是年 9 月，马德里市政府正式对拉瓦皮斯地区实施一系列严格的交通管制和城市发行措施，决定将该地区从商业区变为居民区。

就客观情况而言，拉瓦皮斯作为一个老城区，无论从道路、建筑还是规划上看，确实已不适合当地日益发展壮大的批发业了。另外，批发业发展到一定的程度也需要大规模的仓储和交易场所，而拉瓦皮斯批发区的确也无法适应当时仍处

---

① 赵大华：《马德里市长决定"捣毁"LAVAPIES 移民集中区》，（西班牙）《欧华报》，2004 年 3 月26 日。

于不断扩张中的需要，遭遇发展瓶颈。虽然许多华商也意识到搬迁的必要性，但是，经过华商多年的经营，该区已形成了特有的商业氛围，成为名副其实的经商宝地，不少店家已经拥有了固定的客户群体，华人为其兴盛不仅付出了时间和汗水，更投入了巨大的资金。很多华商都在当地买下了店面和房子，子女也多在附近就学，搬迁不仅在经济上将遭受一定损失，生活上也带来许多不便。因此，主动搬迁的华商主要是一些经营量比较大、资金比较雄厚的商家。直到笔者于2012年进行调查时，仍有百来家华商店铺在该地区坚守经营。

2012年6月21日，马德里市政府正式通过《拉瓦皮斯地区治安和市容改善方案》，根据这项方案，市政府下属的多个部门将齐心协力改善这个古老地区的治安和市容，其中最引人注目的内容就是将在该地区设置24小时的警察巡逻。这对于在经济危机冲击下，在该地区艰难经营的华商，是一个有利的举措。

3. 马德里富恩布拉达

马德里的富恩布拉达则如同巴黎的奥贝维里耶，是全西班牙乃至南欧规模最大、商贸额最高的华人商城区。

富恩布拉达位于马德里城西南，离首都20多公里，原是一个伴随着西班牙经济发展而建于20世纪70年代的工业区，建有大量的厂房和仓库，但直到20世纪90年代一直未得到充分利用。随着西班牙华商批发事业的迅速发展，开始有华人商家将批发商店及仓库开进了富恩布拉达区。2003年前后，富恩布拉达区有十来家华商批发行。2004年后，随着马德里市政府开始对市内拉瓦皮斯地区华商批发区实施种种限制与改造，逐渐有一些华人商家从拉瓦皮斯迁往位于马德里市郊的富恩布拉达区。

随着富恩布拉达地区华人商家逐渐增加，一些拥有实力的华商企业看准了这一地区发展大规模批发业的潜力，开始在此投资建造华人商城。2003年4月，一个取名为"中国中心"（China Center）的中国商品批发市场正式开业，成为西班牙首家由华人投资建立的商城。该市场一期工程占地6 000平方米，用玻璃墙分割为60个摊位，其中约80%的租赁者为华商。

进入21世纪第二个十年，富恩布拉达已经成为南区最大的华人商城。该地区的华商公司占地面积小的有数百上千平方米，大型公司则达到数千甚至数万平方米。其中知名公司如中欧百货、百货城、博尔玛、国贸城、东方广场等，主要经营中国产的小商品、百货和服装，大概占有富恩布拉达区四分之三的市场份额。

富恩布拉达华人商城已经基本形成了专业化的经营格局。如占地达51 000平方米的东方广场拥有西班牙马德里最大规模的鞋类批发市场，广场内的鞋城有约40家鞋商入驻经营，形成多样化产品与品牌运作，通过集聚效应吸引更多顾客，以竞争促进发展，提升产品形象，争取商家更大利益。

图 8-58　西班牙华人商城组图（李明欢摄于 2018 年 11 月）

　　根据富恩布拉达区市政厅 2012 年公布的官方统计数据，富恩布拉达地区共有约 800 家企业，其中 377 家为华商所有，共雇佣约 3 000 名员工，占该区工作人员总数的 30%，每年正式申报的年营业额为 8.7 亿欧元。① 然而，根据华人商会提供的数据，华商们普遍认为，西班牙全国以批发业为主打的华商经济群，大约 85% 以上的企业都在亏损。有统计数据表明，华商集中的马德里、巴塞罗那、

① 《华裔黑社会涉卖淫洗钱　西班牙撒网捕 80 人》，（法国）《欧洲时报》，2012 年 10 月 17 日。

瓦伦西亚等地，均出现较大数量的关门歇业现象。相互矛盾的数据，加之该区西班牙人公司对于华商低价竞争、超时营业、偷税漏税的投诉，与部分华商高调炫富、违规违纪等行为，终于导致在该区发生了2012年10月16日震惊西班牙的"帝王行动"。

2012年10月16日清晨5时许，500多名西班牙警察和50名海关人员以富恩布拉达区为主，同时在多个城市展开了一场大规模的代号为"帝王行动"的打黑行动，主要打击对象是以富恩布拉达国贸城集团老板为首的华人犯罪团伙。在这次大规模行动中，警方总计逮捕了83人，其中53人为华人，17人为西班牙人，8人为其他国籍移民。根据西班牙报刊公布的资料，此次行动中共搜查并没收了1 150万欧元现金、200多辆汽车和价值60万欧元的珠宝。

"帝王行动"之后，西班牙主流媒体充斥着大量关于西班牙华人社会的负面新闻与评论，影响极大。西班牙警察总署在事后举行的新闻发布会上说，这次行动是一次具有历史意义的逮捕行动，对打击经济犯罪非常重要，并评论说"这一行动对西班牙经济体系的正常运转有很大帮助"。西班牙警方宣布：被抓捕的华商涉嫌13宗罪名，包括有组织犯罪、走私、洗钱、偷税漏税、恐吓、侵犯公民权利，以及贩卖军火、毒品和组织卖淫等。西班牙著名反贪腐检察官萨立纳斯称：这个由华人领导的犯罪组织，通过逃税、贿赂官员和伪造文书等手段，每年洗钱2亿至3亿欧元，涉及洗钱银行户头230多个，四年内洗黑钱"达12亿欧元"。西班牙内政部部长Jorge Fernandez Diaz表示："西班牙政府全力支持警方所展开的帝王行动"，"此次被捕的团伙所从事的生意，对西班牙的企业来说一直都存在巨大的冲击，而被转移走的资金对西班牙的税收也造成了巨大的损失"。

"帝王行动"在华人社会引起的反响极为强烈。根据西班牙重要华文媒体《欧华报》的报道，"帝王行动"第二天，2012年10月17日，多个侨团代表召开了紧急会议，了解案情，商讨对策，与会侨领们表示，在富恩布拉达发生的针对华商的搜捕事件引起了西班牙、整个欧洲乃至全世界的关注。这次行动是西班牙为了转移群众视线，将焦点从经济危机上转移而密切策划的，目的就是把责任推卸到华商身上，嫁祸华商。侨团会商讨起草一份抗议书，抗议西班牙媒体夸大报道、警察砸抢店铺。侨团也立即聘请律师，帮助被抓的华人辩护。同日，中国外交部发言人洪磊在例行的记者会上就西班牙发生的"帝王行动"表示："中方注意到有关报道，正在进一步了解核实有关情况。中国政府一贯要求在海外的中国公民遵守当地法律，同时也希望驻在国政府依法办事，切实保障中国公民的合法权益。"

"帝王行动"无疑是西班牙华人商城经济发展中的一个标志性事件。要而言之，发端于20世纪90年代，由华人为主经营，以出售各类中国制造商品为主体的华人商城，当总体规模尚小、影响相对有限时，小业主们做点偷逃税款之类的手脚，往往不被当回事。但是，随着华人商城规模拓展，影响日增，尤其是经营者们生意兴隆、日进斗金时，那么，从经营模式、商业诚信到运营渠道，都会被纳入正规监控的范围。"帝王行动"的影响，从短期看，华人商城经济下滑，利益受损，但从长远看，则可能是以过激的方式，强势推动华商经营走向规范化、健康化的发展道路。

二、欧洲华人商城运营模式

纵观 21 世纪初年在欧洲如异军突起之华人商城，虽然分布国家不同，占地规模、发展历程也有所差异，但其依托"中国制造"及以新移民为主体的创业模式则具有鲜明的共同点。下文拟从商城类型、投资主体及经营方略三方面略做剖析。

（一）欧洲华人商城三大类型

东、西欧的大环境有所不同，华人商城在东、西欧发展的历程也有差异，但就总体环境及建设模式而言，可以将欧洲华人商城的基础结构归纳为三种主要类型。

第一类是露天大市场，即由华人商贩集中在某一地区经营而形成事实上的华商大市场。此类市场在东欧国家较为常见。前文提及的匈牙利四虎市场、罗马尼亚早期的欧罗巴市场等，也属此类。

俄罗斯早期的华商市场是十分典型的露天大市场。早在 20 世纪 90 年代初，莫斯科从市内主要地铁口到国家三个最著名的综合体育场馆（卢日尼基体育馆、狄娜莫体育馆、国家体育大学校园）周边，大大小小数十个露天自由市场形成了销售中低档货品的庞大商业网络，人气旺，门槛低，经营方式简单，其中最著名的当数切尔基佐夫斯基大市场（当地华人习惯称之为"一只蚂蚁"大市场）。时至 2009 年初，"一只蚂蚁"已经拓展为占地上百英亩（约合数十万平方米）的莫斯科最大市场，虽然条件简陋，许多所谓"商铺"只是排列、累积在一起的废弃大集装箱，但整个市场的日成交额有五六千万美元之高，数万中国人在那里经营谋生。然而，2009 年 6 月，该市场被俄罗斯中央政府一纸命令关闭，许多在该市场经营的华商损失惨重，由此，该市场随着华商被迫退出而转型。[①]

---

① 2013 年后，当地政府对该市场及周边地区进行了重新规划，建起了色彩艳丽且极具俄罗斯风格的城堡建筑群。虽然当地华人仍习惯称其为"一只蚂蚁"大市场，但那里已经转型为一个以出售俄罗斯传统手工艺品和各类纪念品的跳蚤市场，市场经营者中也已基本不见华商。

乌克兰著名的"七公里市场"是另一个典型个案。"七公里市场"位于乌克兰港口城市敖德萨，因距市中心七公里而得名。据了解，时至 20 世纪 90 年代，那里还是一片荒地，在苏联解体、商品严重匮乏的大背景下，有人利用当地港口之便走私入境一些商品后，随即就地倒卖，不多时竟形成了一个小市场，而且越做越大。21 世纪初，该地已拓展为独联体地区最大的商品集散地。在"七公里市场"运营的高峰时节，这里亦被戏称为一座"钢铁长城"，因为它是由一个个集装箱组成的巨大市场，市场管理者将其划分为六个区，每个区由上千个集装箱组成，每个集装箱被改建为上下两层，上层堆放货物，下层展示货品，每个集装箱就是一

图 8 - 59　乌克兰敖德萨"七公里市场"（网络图片）

个摊位。据行家透露，该市场内的货物来自中国的高达 70% 以上，市场内的经营者处处可见中国人身影。虽然进入 21 世纪第二个十年后，乌克兰政局动荡，汇率不稳，2014 年时"七公里市场"曾被乌克兰国家执行局查封，但该市场仍在动荡中顽强生存。根据 2018 年的信息，在占地约 100 万平方米的市场内工作的各类人员约有 6 万人，每天约有 20 万客户进出，在商场内经营的华商仍有大约 2 000 家，占总商户的 10%。①

第二类系以某一街区为主形成的华商集中经营模式，如巴黎第 11 区华人服装批发街区、西班牙马德里拉瓦皮斯区的华人贸易批发区等，均属此类。

意大利罗马火车站附近的维多利奥街区也是十分典型的华商贸易区。1986 年第一家华人贸易商行开在罗马火车站附近的维多利奥广场边上。这里是罗马人流量最大的地段，廉价的中国货逐渐吸引了过往人群的关注。进入 90 年代后，随着大批中国新移民进入意大利，进出口商贸活动迅速增加，华人贸易商行接二连三在罗马维多利奥广场周边开张。90 年代后期，维多利奥广场周边已经形成了近百家华人商行。由于每家商行门前都高悬着一对对大红灯笼，因而在维多利奥广场四周形成一派"大红灯笼高高挂"的特殊景象。2002 年意大利的大赦一

① 根据中央电视台《远方的家》栏目第 413 集《奋斗在敖德萨的中国商人》的资料整理。

下子使 3 万多中国新移民获得了在意大利的合法身份，再次推动了维多利奥华商区的拓展。尤其在 2003—2004 年间，一方面，意大利进入欧元区后推动工资上涨，意大利工业产品价格攀升了 50% 以上，在竞争激烈的国际市场上处于不利地位；另一方面，旺盛的"中国制造"以低廉的价格、时尚的品位，通过华商渠道源源进入意大利，市场购销两旺，环绕维多利奥广场的华人商城区迅速拓展。2010 年是维多利奥华商区的高峰期，当时，从罗马火车站到整个维多利奥广场周边地区已经有大约 600 家华人批发商在此开店经营。维多利奥广场周边东西走向的五条大街，南北走向的九条大街，基本布满了华人批发商铺。这些商铺以二道批为主，产品基本为衣服、鞋帽、箱包，类似于产品展示，零售商来此看货并下单后，商家再从其仓库发货，送至零售商所在地。2011 年后，随着意大利经济下滑，此地生意普遍萧条，部分撑不下去的商家转让无门，只能关门。2012 年时，罗马维多利奥商城区大约还有 500 家华人商铺。

图 8-60　法国奥贝维里耶"巴黎时尚中心"外墙和橱窗华丽时尚的装修风格（李明欢摄于 2017 年 8 月）

欧洲华人商城的第三种类型是在大城市的近郊地区改造旧有仓库厂房，或再建新楼，将其分割成大小不等、前商铺后仓库的模式出租给批发商。前述法国巴黎北郊的奥贝维里耶、罗马尼亚布加勒斯特的红龙市场等，还有莫斯科的格林伍德国际贸易中心等均属此类。

（二）欧洲华人商城投资主体

作为欧洲土地上前所未有的以外来移民商户为主经营的大型商贸模式，华人商城既是欧洲华人经济的支柱、中欧贸易的重要集散中心，也是中国商品全球营销网的组成部分，是"中国制造"突破欧盟贸易壁垒的重要通道。就总体而言，欧洲华人商城的投资主体可以分为五大类，即当地国商家、欧洲华商、当地国其他移民族群商家、中国民营企业家、中国国企。它们彼此之间有分有合，有合作也有冲突。随着中国自身经济的高速发展，中国企业纷纷走出国门向外拓展，欧洲华人商城发展中出现的一个动向是一些拥有一定实力的华商及中国国内企业，看好欧洲各大城市以华商为主形成的商城性房地产潜在的增值空间，实施大规划和大投资，寄望于下一步的大发展。

以前文提及的法国奥贝维里耶商城的投资方为例。该商城的投资方以时间为序，先后是在20世纪末最早投资建造商城的法籍犹太老板，从犹太老板手中成批租下店铺再转租给个体华商的"二老板"华商，进入21世纪后投入巨资的法国房地产商 SCI 公司，以及联手合资经营商城房地产的巴黎华商，呈现出多元投资的发展趋势。

2014年5月18日，在巴黎近郊毗邻巴黎戴高乐机场的特朗布莱昂弗朗斯市（Tremblay-en-France）"巴黎丝绸之路亚洲批发中心"（Silk Road Paris Asia，简称"巴黎丝路中心"项目）隆重奠基。该项目的投资方为葡萄牙集团 Alves Ribeiro 的法国子公司 AR France Invest，投资额近1.5亿欧元。该项目占地达35万平方米，规划商城面积20万平方米，可容纳超过1 000家商铺经营，被列入大巴黎区戴高乐机场经济开发区一期工程，是主要面向批发商的 B2B 一站式采购市场。2018年11月21日，巴黎丝路中心综合市场举行揭幕仪式，首批进驻该中心的商铺约有100家，大多数为在法从事鞋帽箱包贸易的华商。特朗布莱昂弗朗斯市市长表示，随着中法关系紧密发展，该地区作为巴黎的门户，"必然成为中法交流的大动脉，也是展示中法交流成果的'大橱窗'"[1]。

位于俄罗斯首都莫斯科的格林伍德国际贸易中心则是中国国务院国有资产监

---

[1] 孔帆：《"巴黎—亚洲丝路商贸中心"试运营　20余商家开门迎客》，（法国）《欧洲时报》，2018年5月28日。

督管理委员会监管的大型企业集团中国诚通控股集团下属欧洲商业开发投资管理中心的大型投资项目。该中心选址莫斯科州红城区大环69～72公里处，占地20公顷，总使用面积13万多平方米，于2011年9月16日正式开业。该中心是中国在俄罗斯最大的商贸类投资项目，其功能以商贸为中心，集总部基地、办公展示、宾馆餐饮和其他配套服务于一体，旨在为中国企业提供一个进入俄罗斯市场的桥梁，一个安全、规范、有形象、有档次的经营平台，提升在俄中国商人和企业的经商层次及水平。

总之，中欧之间战略伙伴关系的建立与推进，中欧班列开始运营，中国企业加速"走出去"进程，都将为欧洲华人商城的拓展与提升注入重要动力。

图8－61 莫斯科格林伍德国际贸易中心外观（格林伍德商贸城网站图片）

图8－62 柳布里诺华商市场的外观和内景（李明欢摄于2012年9月）

图 8 – 63 服务于柳布里诺经商之华人商家的食品店（李明欢摄于 2012 年 9 月）

图 8 – 64 柳布里诺华商市场外：当地客户将批发货物装车外运（李明欢摄于 2012 年 9 月）

（三）欧洲华人商城经营方略

自20世纪90年代至2010年欧洲主权债务危机深化之前，可以说是欧洲华人商城经济从萌芽、成长到进入高峰运营的20年。要而言之，那是一段欧洲华商从跨境商贸中获取高额利润的黄金时代，他们为正在迅速增长的海量"中国制造"进入欧洲市场作出了不可替代的贡献，也为处于转型期、调整期的欧洲民众送去了他们必需的生活用品，使他们能够以较低的价格享受较多、较好的商品，提升了他们的生活品质。

欧洲华人商城的运营模式大同小异，其共同特点是：小铺位、大仓储、低起点、大集群。众多华人商家聚集一起，货流大，人气旺，易于形成突出的广告效应。商城又似庞大的信息平台，可以降低单一商家的信息搜索成本，亦有利于与相关制造企业建立比较稳定的联系，做大、做强。

纵观21世纪初年，以欧洲华人商城为代表的欧洲华商经济总体发展趋势主要表现出如下三个方面的共同特点。

第一，欧洲华人商城已经实现了整体规模的提升与转型。第一代露天、简陋经营的市场已经被淘汰，进入21世纪之后的大型华人商城或以个体在平房大厅式商场中分租小摊位，或于某一城市内特定街区集中租赁店铺经营。与此同时，由中国国内实力较为雄厚之企业主导或参与的多个大型专业展厅式商场建设已经出现在莫斯科、布达佩斯等城市。各商城之间竞争激烈，华商个体仍在不断调适中。

早期东欧华商市场的总体特点是露天、简陋的地摊式经营，或利用集装箱、铁皮屋摆摊，脏、乱、拥挤是普遍现象，但价格极低，销量极大，因而利润也十分丰厚。在匈牙利能以四虎市场为代表，在莫斯科是遍布全城各地铁口的自由市场及随后高度集中的切尔基佐夫斯基大市场，在罗马尼亚布加勒斯特则是欧罗巴和尼罗市场。目前此类市场基本都被淘汰了。集中于某一城市特定街区经营的模式，因为城内交通拥堵、周边居民不满等，也面临较大困境，有些城区，如巴黎第11区、意大利米兰等都曾发生过较大的冲突事件。因此，目前经营比较好的主要是在城郊地区形成的特定华人商城区，如巴黎的奥贝维里耶商城，马德里的富恩布拉达商城，布达佩斯的温州商城、欧洲商城和唐人街等商城群，莫斯科的柳布里诺华商市场和格林伍德国际贸易中心，罗马尼亚的红龙市场等。此类商城以批发为主，其商品主要面向当地社会中低收入人群，特别是收入不高却又追求时尚的年轻人。自2008年后的十来年间，由于美国次贷危机爆发导致欧洲主权债务危机恶化，欧洲大多数国家人民生活水平明显下降，然而，这一危机在一定意义上，却因当地国中产阶级生活水平下降而扩大了进入华商市场的消费人群，出人意料地带给华商特殊机遇。

　　进入 21 世纪第二个十年后相继兴建的以现代化大型建筑群、规范化展厅为代表的新型华人商城，往往有中国国内企业的大投入。随着市场竞争加剧，欧洲各国普遍加强对市场的严格规范化管理，最初东欧华商赖以起家的第一代市场已经被完全淘汰，布达佩斯的四虎市场已经关闭，布加勒斯特的尼罗市场已被夷为平地，莫斯科的切尔基佐夫斯基大市场被关闭后列入新的城市建设规划，取而代之的是以大资本投入为特点的新型商城建设如火如荼进行。投资者相信，整洁明亮、美观大方的展厅，吸引中国国内知名厂家直接入驻，展示中国商品的优良品质，方能赢得更多客户的青睐。如此发展大势势必直接影响到华商在欧洲未来的经营与发展。

　　第二，立足欧洲本土，创建品牌。在各类产品令人眼花缭乱，而且新产品仍然层出不穷的时代，认准品牌消费成为一种必然。尤其在欧洲成熟的商品市场，作为消费主体的中产阶级更是注重选购品牌产品和服务，重视品牌所承载的质量、技术、商业模式乃至企业的社会责任。

　　经过如大浪淘沙般的市场洗礼，在欧洲华商中已经涌现出一批初步实现本土化的品牌，并被当地人认可和接受，越来越多优秀的华商从切身经历中深刻认识到，建立并培育能够得到当地民众认可的品牌，实现本土化营销，是华商提升经营水准、实现可持续发展的重要战略。由于东欧国家民用经济整体水平较低，因此东欧华商在民生用品方面已经比较成功地建立起了若干为当地人所认可的品牌。

　　以匈牙利华商为例。在匈牙利运动鞋市场占有重要份额的 WINK 运动鞋就是一个由匈牙利华商创立的品牌。WINK 集团的创始人魏翔毕业于福建师范大学艺术系，1990 年，他怀揣着艺术家的梦想奔向欧洲，落户匈牙利。1992 年，他倾尽个人所有积蓄在匈牙利开办的个人画展却只卖出了一幅作品。面对现实，魏翔只得弃艺从商。在对匈牙利市场进行了认真考察之后，联想到自己老家莆田当时已经成为中国的著名鞋城，他决定进军运动鞋市场。魏翔在匈牙利注册了 WINK 商标，在中国国内定点生产。从一起步，魏翔就注重狠抓产品质量，

图 8-65　匈牙利华商魏翔创立的 WINK 运动鞋品牌旗舰店设计，融入了创立者的艺术理念（谷德设计网 gooood 图片）

715

宁愿少赚钱，也要把好质量关。坚持质量理念 10 多年后，WINK 商标终于成为在匈牙利市场上一个成功的运动鞋品牌。笔者 2012 年在匈牙利调研时了解到：WINK 鞋在中、东欧市场的年销售量已经达到 300 万双，据说匈牙利 1 000 多万人口中平均每 6 人便有一双 WINK 运动鞋，魏翔也因此被称为匈牙利"鞋王"。

又如，匈牙利华商飞马公司创立并经营的 Goldenland 男装也在匈牙利及乌克兰、罗马尼亚、克罗地亚、斯洛伐克等国享有相当高的知名度。据介绍，如今匈牙利每位男士至少有一件 Goldenland 品牌服装，2005 年原匈牙利总理麦杰什访问中国时也特地穿着一套 Goldenland 正装。匈牙利前总理麦杰什曾在接受中国中央电视台访问时说道："Goldenland 已经完全地融入了匈牙利的社会和商界，跟西方相比已经没有任何区别。我们很欢迎它们。"

法国、意大利、西班牙是老牌资本主义国家，其服装、鞋类产品已经形成了一批世界一流品牌，华商产品要在这里建立自己的品牌远比东欧地区困难得多。但是，华商已经付出了相当努力，他们或是购买当地的老品牌，或是建立二线品牌。华商进入品牌经营的领域涉及服装、鞋、箱包等，并且已经取得一定成绩。

第三，不少欧洲华商已经从多年的实践中深刻体会到，回馈当地社会是企业重要的社会责任。他们主动参与当地国的各项社会事业，通过回馈当地社会实现良性融入，树立了华商企业在当地国的良好形象，也有利于提升中国的国际形象。

例如，中国新移民在匈牙利总数不过两三万人，但根据中国驻匈牙利使馆经济商务处 2011 年的不完全统计，中国各类企业在匈牙利为当地创造的就业机会超过一万个。而且，匈牙利从体育运动到社会福利事业，都得到华商不同程度的支持。例如，前文提及的匈牙利华商 WINK 公司一直是匈牙利特奥曲棍球队的赞助商，赞助匈牙利特奥会，连年出资举办巴拉顿湖地区马拉松比赛，还成立了一个乒乓球俱乐部，资助培养匈牙利的乒乓球运动员。2004 年特奥会火炬抵达匈牙利时，匈牙利方面特意安排 WINK 公司总部作为交接地点，WINK 公司董事长魏翔应邀成为第一棒火炬手，而匈牙利总理是接他火炬的第二棒火炬手。匈牙利 SKALA 集团董事长曹和平长期关心、支持与赞助匈牙利残疾人事业，应邀担任匈牙利国家残疾人奥委会的荣誉主席。匈牙利东方国药集团是匈牙利华人在欧洲创立的一家独立的、符合欧盟标准的 GMP 中药厂，该厂专门为匈牙利残疾人提供工作岗位和外包加工产品，赞助匈牙利残疾人的游泳队，向匈牙利儿童癌症救济基金会捐款捐物，获得社会好评。

三、欧洲华人商城经验与教训

西欧是高福利、高税收的国家。本地高端名牌产品市场稳定，而中低档商品

市场则相对欠缺。华人商城经济依托中国本土价廉物美的大宗进口商品，在最初相当长的一段时期内，曾经在不同程度上采用非正规经营方式，如"灰色清关"、偷漏税款等。华人商城经济通过一些非正规的途径，最大程度地压低商品价格，凸显较强竞争力，从而能够在已经成熟的欧洲市场中挤占一席之地。

一方面，华人商城的中低档商品与当地原有高端商场形成有效互补，大型仓储批发的对象不少是其他移民族群的小商贩，当地国中低收入阶层直接或间接受惠。另一方面，所谓商城模式没有从根本上超越地摊模式，多数批发零售商家的经营方式仍然是一种放大了的"家庭作坊"，是一种以经营者家庭为基本单位、经由非正规经济路径、急功近利的经营模式。

由于非正规经济是利用刻板、正规经济的漏洞，那些"投机取巧"的做法往往经不起严格审查，因此，当欧洲自身经济一帆风顺时，监管部门可能对此睁一只眼闭一只眼。但是，一旦遭遇经济风波，打击非正规经济以强化法制税收监控，即可能成为政府的必然行动。尤其是2008年金融危机爆发之后，经济利益博弈与移民族群矛盾在相互交织中升温，欧洲华人商城于是成为舆论关注、炒作的焦点，多次招致警务、税务的重点打击，成为大小冲突的爆发地。

如前所述，进入21世纪第二个十年时，欧洲华人商城进入了第三个转型阶段，此前一窝蜂而上的商城处于向规范经营转化的过渡期。由于欧洲每个大型华人商城都聚集了数百乃至上千家商铺，数十万华侨华人以及其他族群移民、当地民众在此谋生，商城经济对社会的和谐稳定影响重大。当地国政府每一次针对华人商城的查抄、封杀，都会引起强烈震荡和连锁反应。虽然自从华人商城经济形成一定规模后，来自当地主管部门的各类大小清查行动就没有停止过，但是，自2008年经济危机爆发后，各类清查行动更为频繁，打击力度更大，甚至出动全副武装之警力，破店砸门，没收货物，封闭市场，逮捕监禁"嫌犯"。除了前面提及的西班牙的"帝王行动"，还有在意大利2010年6月起发生的"大中华行动"①，而莫斯科对当地华商几大市场的查抄也一直没有停歇。②

---

① 从2010年6月开始，意大利税务警察采取"大中华行动"，在意大利的九个大区全面展开打击"华人洗钱"行动，共查封73家华人企业、扣押181处房产和166辆豪华汽车，查封300个账户及相关股份。［《打击华人黑帮　意警查封73公司》，（新加坡）《联合早报》，2010年6月29日］时隔一年，2011年6月21日，意大利警方再度出动近500辆警车、数千名警员检查了70多家华人企业，冻结资产超过2 500万欧元，查扣76所住宅、183辆汽车，冻结396个华人企业银行账户。警方还在公布的消息中称，2007—2009年间，意大利华人累计向中国汇款超过238亿欧元，其中存在着偷税漏税、洗钱等不法行为，被警方列入调查的共有13家汇款机构、73家华人企业，涉案人员达366人。（《意警方再度打击洗钱案　重创华人社会　使馆高度关注》，凤凰网，http：//news.ifeng.com/c/7fZslsJRVVX，2011年6月22日）

② 2013年6月，莫斯科警方实施代号为"阻截—2"的行动，连续三次大规模查抄柳布里诺华商市场，打击假冒商品、无证用工、偷逃税款等不法行为，10多名华商被扣押。2019年3月11日，莫斯科强力部门再度对莫斯科东南区的柳布里诺华商市场和萨达沃市场以及其他几个地方进行大规模搜查。

当地执法部门对华人商城反复严格的查抄、封存，导致欧洲华人商城经济屡遭重创，值得深思。

其一，欧洲各国经济持续萎靡不振，失业率一直居高不下，一些国家的民族保护主义及排外势力抬头，某些政治家将当地人民的不满情绪引向外来移民，为自己争取支持，成为针对外来移民为主的查抄事件接连发生的重要潜在因素之一。在一定程度上可以说，欧洲华商承载着欧洲经济衰退过程中暴露出的许多社会矛盾，在缓解当地国国内矛盾的同时，也成为社会矛盾的焦点之一。

其二，移民经济是在移入国经济大环境中寻找可以见缝插针的机会，在似乎没有路的地方发现可行之路。欧洲国家多有比较成熟的市场监控体系，又以高税收支撑其高福利。华人移民经济在欧洲的迅猛发展，首先得益于价廉物美的"中国制造"，其次是利用当地税务监管漏洞经营于合法与非法之间，再就是移民超时超量工作的"自我剥削"。当华商经济处于"小打小闹"时，当地监管部门既不熟悉华商的游戏规则，又多多少少居高临下地存在"让那些来自穷国的小贩赚点蝇头小利"之潜意识。因此可以说，正是得益于这一特殊环境，欧洲华商中的一些"成功人士"在短短几年间就积累起了令当地普通百姓瞠目结舌的财富。但是，一来他们的财富积累过程经不起当地法律之认真拷问，二来也正因为财富增长太快，他们个人的心态、品位、素养、公共意识等都远远不能与所拥有的财富相匹配，缺乏合理掌控财富的能力，没有妥善应对社会公共事务的见识。因此，当所在国政府已经在道德正义的大纛下布下天罗地网时，许多人仍然陶醉于"财富梦"而浑然不觉。[①]

其三，由于华商致富心切，大多是零起点拼搏，甚至负债经营，因此，只要能赚钱，先不顾生活、工作环境的安全与舒适，缺乏必要的安全防范意识，故而既缺乏风险防范能力，也经不起当地安全部门的检查。

欧洲华人商城经济的进一步发展无疑需要提高与当地国人民共荣共享的意识，华商在发展自身事业的同时，需要考虑如何为居住国创造就业机会，为居住国创造更多税收，与居住国企业家们携手为社会创造更多财富。当华商享受欧洲当地社会福利的同时，也需要意识到自己义不容辞的社会责任。一个主动积极地为所在国创造就业机会、创造税收的移民群体，必定能赢得所在国政府与人民的接纳和尊重，进而更好地发挥作为原籍国与所在国之间民间纽带的特殊功能。融入欧洲社会法制化、规范化经营的主流，实乃大势所趋，亦唯有如此，欧洲华商经济方能走上可持续发展的康庄大道。

---

① 西班牙警方在发起"帝王行动"之前，已经监控、监听华人商城主要商家经济活动 2 年，还派了"卧底"进入国贸城直接搜集证据。

第三节 欧洲华人经济发展新趋势

中国与欧洲战略合作伙伴关系的确定和发展，是欧洲华人经济发展的重要基础，而中国政府倡议的"一带一路"，更是为中欧合作描述了新愿景。挑战中有机遇，磨难中有希望，欧洲华人社会中那些具有远见卓识及创业胆略的企业家们，正在反思中继续探索更为宽广的前进道路，开拓欧洲华侨华人经济多元化发展的新领域。

一、融入欧洲本土主流商圈

融入欧洲当地国主流市场是众多已形成一定企业规模和品牌影响力之华人企业的重要奋斗目标之一。21世纪以来，虽然欧洲华商的主体仍然集中于各大华人商城，但一些具有远见卓识和经济实力的华人商家，已在努力进入当地社会的主流商圈，争取在其中占有一席之地。

法国华商在转型升级中步入法国主流商圈的尝试，在欧洲华商中具有"领头羊"的意义。如前所述，法国的华人商城规模宏大，影响广泛，与此同时，法国华商也在法国主流商圈中稳扎稳打，不断提升知名度。其中，巴黎华商刘若进即为一位突出代表。1982年，血气方刚的刘若进怀揣梦想从温州来到巴黎，他先在餐馆打工，随后为当地服装行业做批发，步步积累了经商创业的经验。2004年，刘若进以开设服装连锁店为总体目标，在巴黎中心街区开设了第一家零售门店，他为自己的连锁店起了一个"非常法国"的店名：Miss Coquines。中文媒体将刘若进的这一店名音译为"麦斯柯汀"，但实际上该法语店名的意思是"一位调皮可爱的小姐"，或曰"调皮小姐"，法国人对此一看即心知肚明，对于年轻的法国小姐们尤其具有吸引力。刘若进正是通过主打平价时尚女装及衣饰配件的服装连锁店，实践着"华商企业与法国企业并肩而立，在法国的多元消费领域中占有一席之地"的梦想。时至2008年金融危机爆发前，刘若进的"调皮小姐"连锁店已经超过百家，达到发展的高峰期，在全巴黎主要商区到处可见"Miss Coquines"的大招牌。虽然在电子商务兴起之后，"调皮小姐"连锁店如同其他众多实体店一样，进入关停并转，刘若进本人也转入电商领域，但其旨在进入当地国主体商圈的努力已在法国商界留下清晰足迹。

图 8-66　法国巴黎"调皮小妞"连锁店（李明欢摄于 2012 年 8 月）

在另一个华人商城开遍主要中心城市的国家意大利，华商进入当地主流商圈的努力也已显现端倪。2019 年开春，在意大利那不勒斯（Napoli）中心火车站的品牌商家中，意大利华商 EXTRASTAR 的数码产品概念展示店隆重开业，该店一改传统华人商家以艳丽大红为标识的风格，装修简洁明亮，既充满现代气息，又不失华商特色，吸引了当地媒体和民众的关注。作为一家由华商开设、以意大利人为主要客户目标的品牌专门店，该店能够得到意大利火车站管理集团邀请入驻核心商圈，并且在与诸多品牌公司竞标中赢得开店资格，显示华商品牌得到意大利主流市场认可，有益于在当地民众心目中树立华商品牌的优质形象。

欧洲华人商城是凸显"中国制造"和欧洲华商经济实力的集中展示地，但进入当地社会主流商圈则是提升"中国制造"和华商在欧洲的地位的必由之路，实现"你中有我、我中有你"的深度融合，是当代欧洲华人经济发展的一个重要新趋势。

二、拓展中国制造的"海外仓"

李克强总理在 2016 年 3 月 5 日第十二届全国人民代表大会第四次会议做《政府工作报告》时指出："要鼓励商业模式创新。扩大跨境电子商务试点，支持企业建设一批出口产品'海外仓'，促进外贸综合服务企业发展。"

"海外仓"是随着跨境电子商务高速发展需求而形成的一种新的运营模式。国内企业根据需求信息将商品通过大宗运输方式运往目标国家，在当地国设立的"海外仓"接收商品后，即刻可以有专门工作人员代表商家处理各项琐事，包括：在线处理发货订单，分拣，打包，贴单，派送，以及可能需要的后续服务，等等。"海外仓"的建立能使跨境电子商务成本降低，加速配送时效，规避跨境长途运送及入关时可能遭遇的风险等。建立"海外仓"的创新模式对于促进中

国商品跨境流通影响深远。

建立"海外仓"需要当事人立足当地国，把握当地国市场动态，对此，业已定居当地国的华商无疑具有相对优势。在欧洲，随着中欧之间电子商务往来的高速增长，中国企业对于在欧洲建立"海外仓"的需求，无疑为欧洲华商提供了又一个特殊机遇。具有远见卓识的欧洲华商已经看到了"海外仓"的"双向"功能："海外仓"既可以助力中国商品走进欧洲，也可以让海外产品引进中国，而这正是欧洲华商多年努力奋斗的目标。欧洲华商通过与中国企业合作建立"海外仓"，将中国产品批量引入欧洲，再利用当地华商的欧洲推广经验、客户群体资源、商品批发渠道等优势，得以助推更务实高效的经营模式。与此同时，欧洲华商也可以利用"海外仓"模式，将欧洲的优质产品出口到中国。"海外仓"不仅可以"前置"跨境电商贸易中的物流风险，还有利于提高客户的满意度，从而大幅度提升成交量。因此，越来越多中国本土卖家已经意识到选择与"海外仓"合作的必要性。例如，法国的陈氏兄弟公司是中国食品在欧洲最大的"海外仓"之一，而浙江中国小商品城集团股份有限公司旗下的"义乌购"也通过与法国华商签订合作协议，在法国建立"义乌购"的欧洲仓。

"海外仓"作为一个新兴项目，不仅需要有在当地国从事物流仓储的资质和经验，还需要大幅度提升仓储自动化水平，与当地国市场信息、电子商务系统无缝对接，实现"线上线下融合"，有鉴于此，与当今中国本土方兴未艾之跨境电子商务并行不悖的"海外仓"，其发展正在成为欧洲华商经济转型中的又一"直通车"。

三、"华二代"的新挑战和新机遇

21世纪以来，改革开放后大批进入欧洲的中国大陆新移民的第二代已经在欧洲土地上成长起来，并且开始步入各行各业。欧洲"华二代"们创业成功的企业已经出现，其发展趋势值得关注。

在法国巴黎，一批"华二代"已经活跃在华商经济领域，他们对当地的法律、经济、社会文化等都有较深了解，用他们的话说：现在是想"干事业"，而不仅仅是"赚钱"。他们的经营理念、生活方式等，与老一辈第一代移民相比，均发生了明显变化。例如，进入21世纪后业已得到法国主流经济较高认可的FOMAX公司，总经理6岁来法，在法国大学毕业，三兄弟共同创业，先在奥贝维里耶华人商城立足，待事业有所成之后即搬出奥贝维里耶，进入主流商圈进行开拓，步步形成遍布全法的营销网络。当笔者于2016年前往该公司调研时，了解到该公司已经形成了自己独立的设计队伍，其所设计的餐具、玩具等家用小商品，都严格按欧盟标准设计生产，有通行欧盟的注册商标。公司独立的大型展厅面积达3 000平方米，仓库3.5万平方米，整体规划井然有序、时尚整洁。而且，该公司已经是法国标准化协会的正式成员，在相关标准化规则的制定程序中占有了一席之地。又如，由法国第一代华商夏尚忠创立的眼镜公司、黄学铭创建的箱包公司，在法国都打出了自己的品牌，如今事业基本交转到了他们子女的手上，而且都有新的发展。

匈牙利"华二代"瞿磊创办的迪梦（DEMANDY）公司是一家具有超前意识的青春企业。2008年9月，瞿磊在匈牙利正式成立匈牙利迪梦（DEMANDY）电子衡器公司（Hungaria Merleg Holding Zrt.），成为第一位将中国制造拥有EC认证的商用电子衡器引入匈牙利市场的华商。经过十多年的不懈努力，瞿磊引入的商用电子衡器已经获得了相关政府部门的各种许可，达到相关部门对质量、维修、服务等一系列标准化要求，其经营的产品已经占据该类产品市场份额的85%，成功入驻OUCHAN、METRO等世界级批发零售公司，市场辐射到斯洛伐克、罗马尼亚等国。从2010年起，瞿磊还分别创立投资了多个项目，其中有英国CSG低碳环保公司、氧树（Oxytree）、匈牙利量子（Oxydtron）水泥、匈牙利蓓拉（Petreny）葡萄酒庄等。鉴于瞿磊优秀的业绩和出色的沟通能力，位于匈牙利东南部，以盛产有机蔬菜、有机水果、小麦、玉米等特色产品为主的森特什市（Szentes）政府特聘瞿磊担任该市贸易署署长并兼任总经理，通过公司化的运作和管理模式，推动森特什市及周边地区乃至匈牙利本土更多优质产品更好地"走出去"，提高商业效率，并推动中匈两国在投资和商贸领域的合作与发展。

图8-67　匈牙利森特什市市长 Szirbik Imre 向匈牙利"华二代"瞿磊（中）颁发任命其为政府贸易署署长的证书（匈牙利瞿磊提供）

在意大利，虽然当地的华人社会相对还比较年轻，但是，进入 21 世纪之后，一批"华二代"也开始登上当地商贸舞台。2015 年新年伊始，曾任意大利国家众议院议长、意大利对华友好协会主席艾琳·皮维蒂（Irene Pivetti）女士和有关机构联合对华人经济现状及发展趋势进行专项调研，并着重走访意大利"华二代"青年创办的企业。从品牌女包生产营销、大型时尚精品商店、经典酒庄农场、大型私人物业到参股当地银行，意大利"华二代"即"创二代"们业已成就的业绩，给皮维蒂调研团一行留下了深刻印象。皮维蒂女士在考察结束后对媒体发表的讲话中指出："接受过良好教育、在东西文化交融中成长起来的'华二代'青年，不仅能够适应意大利的环境，更好地融入当地社会生活和政治文化，而且具有独特的创新特质，他们知法、懂法、守法。"皮维蒂认为，"华二代"青年"随着他们个人事业的发展，必将改观华人经济的经营模式，其经营活动符合意大利的市场环境和经济发展规律，所涉及的领域越来越多，科技和技术含量正在不断提高"，她还意味深长地强调："在二代华人身上我看不到任何'灰色经济'的影子。"①

"华二代"在当地国社会成长，身处当地国社会政治、经济、文化之中，本身已经是当地社会的一分子，同时大多因父母、家庭的影响，对祖籍国怀有较深感情。这一批人不一定都会创业，也不一定都会走上经商之路，但是，正是他们这个群体最有可能成为其祖籍国与所在国之间的民间桥梁，成为社会经济发展的生力军，树立新一代华人的良好形象。

概而言之，在欧洲与中国双边经贸关系不断发展的今天，中国自身的安定与繁荣，使欧洲华侨华人有可能作为天然桥梁在促进中欧贸易的同时，进一步增强自身的经济实力。对欧洲全体华商而言，只有主动融入居住国大社会中，融入当地国经济之中，真正做到你中有我，我中有你，你离不开我，我也离不开你，才能获得最为有益的生存环境。正如意大利知名华商戴小璋所言："融入是前提，发展是根本。只谈融入不讲发展是空话，只讲发展不谈融入是野蛮，只融入不发展是无能，只发展不融入是暴力。"② 机遇和挑战并存，老一代与"创二代"共同拼搏，欧洲华商经济正在不断适应新形势的转型中迈向新时代。

---

① 博源：《意大利华二代将改观华人经济经营模式 渐成生力军》，中国新闻网，http：//www.chinanews.com/hr/2015/01－07/6943672.shtml，2015 年 1 月 7 日。

② 摘自戴小璋先生发给笔者的邮件。

第九章　求同存异：社团建设

虽然在大多数欧洲人眼里，"中国人"往往被视为一个统一的社会群体，然而，就华人群体自身而言，内部的差异则十分明显。无论是不同方言、不同地缘、不同经济地位、不同政治倾向，还是不同教育背景和文化素养，都可能成为构成华人移民群内部次级群体的纽带，至于第一代移民与在当地出生成长的新一代之间的"代沟"，则更加显而易见。求同以增强族群凝聚力，存异而扩大族群包容性。随着欧洲华侨华人群体的整体规模超过 250 万，其进行内外整合的迫切性也就更为突出。

从基于宗乡关系的联谊互助到自觉地将松散的跨国网络制度化；从满足于个人或小群体在欧洲谋生立足，到刻意追求华人在欧洲舞台上的群体效应并成功建立起欧洲华人群体形象的代表，欧洲华侨华人社团发展的诸多新举措，展示了当今欧洲华侨华人社团追踪时代步伐努力拓展的总趋势。

第一节　欧洲华人社团概况

华人社团是海外华人社会的集中代表。本书第二章介绍了 20 世纪初叶欧洲华人社团之起源，第三章介绍了欧洲华侨华人为支援祖国抗日战争而在 20 世纪 30 年代先后组建的抗日救国社团及其活动；第四章则介绍了二十世纪五六十年代东西冷战时期欧洲华侨华人因外在沉重压力而趋于沉默的态势。然而，随着大量来自中国大陆的新移民源源进入欧洲并且在不同领域崭露头角，欧洲华侨华人组团结社也随之出现了前所未有的热潮。根据中国台湾侨务部门 1950 年的统计数字，是年全欧各类华侨华人社团总数 22 个，至 1975 年时增加到大约 100 个。然而，进入 21 世纪之后，全欧华侨华人社团总数持续上升，据 2012 年的统计数据，全欧各类华侨华人社团总数已经过千。

本节就 20 世纪末 21 世纪初欧洲华侨华人社团的数量、分布和主要类别做一综合描述。

一、欧洲华人社团数量

由欧洲华侨华人自行组建的民间社团组织最早可以追溯到 19 世纪末 20 世纪初。正如本书第二章所追溯，最早在欧洲出现的华人社团大致可分为如下三类：第一类以中国本土的政治革命为目标，主要发起人及成员以留学欧洲的知识分子为主，其中较著名者如 1920 年由留法学生组织的旅欧中国少年共产党及中国共产党旅欧总支部等。第二类早期欧洲华人组织系由旅欧华人知识分子与当地社会知名人士共同组建，以促进中欧关系为要旨，较著名者如 1905 年在巴黎成立的中法友好协会、1912 年成立的中法联合会、1916 年成立的华法教育会，以及 1920 年成立的中法经济协会等。第三类则系早期欧洲华人社团的主体，笔者将其统称为"唐人街社团"，此类社团在普通欧洲华人中组建。他们以中国传统的地缘、血缘为纽带，以适应欧洲华人自身的生存需求为内在动因。此类社团是华人社会的"内向型组织"，与当地社会联系甚少或几乎没有联系，对外"透明度"很低。其中成立较早且在华人社会内部具有一定影响的社团，如英国四邑总会馆（1906）、旅法华工总会（1919）、荷兰华侨会馆（1922）、德国汉堡中华会馆（1929）等。

中国抗日战争爆发后，欧洲华侨迅速组建了 30 多个抗日救国社团，并且于 1936 年 9 月 20 日联合组建了"全欧华侨抗日救国联合会"，广泛开展抗日救国宣传活动，发动、组织抗日救国捐献，在欧洲发动抵制日货运动，并且与欧洲友人共同希望一切爱好和平的人民给予中国"以精神上的帮助"和"物质上和技术上的帮助"，寻求建立最广泛的国际反法西斯统一战线。

进入 20 世纪 60 年代后，欧洲华人社会的新移民主要来自欧洲殖民宗主国的前殖民统治地区或前殖民地，如香港地区、印度尼西亚、马来西亚、苏里南等，由这批新移民组建的社团在这一时期相对活跃。例如，在英国，以香港地区新界新移民为主组建了英国共和协会①、旅欧大鹏同乡会等地缘性社团，邓氏、侯氏、廖氏等宗亲社团，以及英国华商总会、英国饮食业公会等业缘性社团，在社会上十分活跃。在法国，随着印度支那政治事变后，法国作为原印度支那宗主国接纳了十多万印支华裔，印支华裔在异国安家立业的进程中，迅速组建了法国潮州会馆、法国华裔互助会、广肇会馆等多个社团。

同期在欧洲较为活跃的另一类华人社团以支持当时台湾地区的势力为主，如由中国国民党在欧洲各国设立的支部以及各类反共救国会、全欧性的欧洲"三民

---

① "英国共和协会"原名"共和社"，1988 年起改为现用名。

主义"大同盟等。随着1971年中华人民共和国恢复在联合国的合法席位，各欧洲国家相继与中华人民共和国建立正式外交关系，此类团体因其政治倾向有悖于当地国的外交政策，在公开场合举行的活动大多在一定程度上受到所在国相关部门的限制，故而相关领导人及骨干成员或自行另组在公开名称上不带明显政治色彩的社团，或加入其他在政治上比较亲台的华侨华人社团开展活动，台湾地区势力在巴黎、柏林、罗马等主要城市建立的"中华文化中心"随即成为其开展活动的主要基地。

进入20世纪80年代后，随着来自中国大陆新移民数量直线上升，由他们组建的各类社团数量也同步上升，并且日趋活跃于欧洲社会。根据20世纪90年代笔者在欧洲主要国家的实地调研，当时欧洲各国华侨华人社团总数大约为500个。进入21世纪后，历经近30年移民潮的欧洲华人社会组团结社的浪潮不断高涨。根据欧华联会提供的数据，2008年时全欧有华人社团804个，2012年又上升至1 345个。虽然由民间社团进行的统计难以达到绝对准确，各类问题在所难免，但是，欧华联会同一网络在不同年代进行的调查，毕竟从一个特定的角度为我们提供了难得的参照量，得以折射出欧洲华人社团的基本发展态势（详见表9-1）。

表9-1 欧洲华人人口与社团数量统计（1995—2012年）

国家和地区	类别				
	1995年		2008年		2012年
	华人总数	华人社团总数	华人总数	华人社团总数	华人社团总数
英国	250 000人	200个	600 000人	110个	380个
法国	200 000人	50个	500 000人	75个	170个
意大利	60 000人	20个	300 000人	45个	132个
西班牙	21 000人	30个	168 000人	96个	127个
荷兰	120 000人	100个*	160 000人	80个	97个
德国	100 000人	50个	150 000人	80个	87个
俄罗斯	200 000人	缺	300 000人	45个	38个
匈牙利	20 000人	缺	16 000人	24个	35个
罗马尼亚	缺	缺	10 000人	20个	28个
葡萄牙	4 700人	5个	30 000人	20个	27个
奥地利	12 000人	10个	40 000人	12个	23个
比利时	20 000人	10个	40 000人	17个	21个

（续上表）

国家和地区	类别				
	1995 年		2008 年		2012 年
	华人总数	华人社团总数	华人总数	华人社团总数	华人社团总数
乌克兰	缺	缺	30 000 人	12 个	18 个
爱尔兰	10 000 人	缺	60 000 人	13 个	18 个
希腊	300 人	缺	12 000 人	7 个	16 个
瑞士	7 500 人	缺	10 000 人	7 个	12 个
波兰	1 500 人	缺	2 000 人	3 个	11 个
瑞典	12 000 人	缺	30 000 人	10 个	9 个
丹麦	6 500 人	10 个	18 000 人	30 个	8 个
挪威	2 000 人	5 个	7 450 人	17 个	8 个
斯洛伐克	缺	缺	5 000 人	5 个	8 个
芬兰	1 000 人	缺	2 000 人	5 个	7 个
捷克	10 000 人	缺	4 000 人	7 个	7 个
卢森堡	100 人	缺	1 500 人	5 个	4 个
保加利亚	缺	缺	3 000 人	6 个	4 个
马耳他	缺	缺	1 000 人	1 个	3 个
阿尔巴尼亚	缺	缺	2 000 人	3 个	3 个
爱沙尼亚	缺	缺	120 人	缺	3 个
冰岛	缺	缺	300 人	缺	3 个
拉脱维亚	缺	缺	200 人	缺	2 个
白俄罗斯	缺	缺	缺	缺	2 个
原南斯拉夫	缺	缺	约 12 500 人	9 个	34 个
全欧性社团	缺	30 个	缺	40 个	缺
总计	1 058 600 人	520 个	2 515 070 人	804 个	1 345 个

＊系笔者在当地国调查所得，包括自 1947 年以来在荷兰成立的所有华人社团，虽然其中一些社团基本名存实亡，但仍列入记录之中，总量明显高于其他国家。

资料来源：1995 年欧洲华侨华人人口数量与欧华社团数量系笔者受欧华联会委托在欧洲所做实地调查获得的数据，仅包括当时参加欧华联会主要成员国华人社团的数量；2008 年数据由欧华联会第 15 届年会秘书长张曼新先生提供；2012 年数据由欧华联会第 17 届年会执行主席徐松华先生提供。

从上表中可以看出，进入 21 世纪之后，欧洲华人社团呈现出不断上升的总体趋势，究其原因，笔者以为主要有五。

其一，华人人口总数大量上升是推动欧华社团成立、发展的人力资源。例如，进入 21 世纪之后，南欧的意大利、西班牙是中国新移民人数增长最明显的国家，相应地，其华人社团总数也成倍翻番：意大利从 1995 年 20 个华人社团猛增至 2012 年 132 个社团，西班牙同期华人社团也从 30 个增长至 127 个，它们在欧洲华人社会中的影响力亦明显上升。此外，原先罕见华侨华人，自然也就不存在华人社团的一些东欧国家和地区，如匈牙利、罗马尼亚、波兰及原南斯拉夫等，随着中国新移民源源进入并站稳脚跟，也相继组建了华人社团。

其二，华人经济实力大幅上升为欧华社团的成立、发展提供了比较充实的经济资源。正如本书第八章关于欧洲华人经济最新发展的评介所言，伴随着中欧战略伙伴关系建立并不断发展，中欧商贸往来高速增长，欧洲中国新移民在为中欧贸易搭建民间桥梁的同时，也从中获益甚丰，欧洲华侨华人的总体经济实力今非昔比。华人社团作为民间组织，绝大多数靠自身筹集活动经费，靠社团领袖及骨干成员的捐赠维系日常运作，因此，华人社会明显增长的经济实力，为华人社团组建、拓展提供了日趋坚实的经济基础。从全欧性华人社团大会的召开，到每年的新年佳节由各国华人社团组织的大规模庆祝活动，参加者动辄数百上千人，其费用均由社团自行筹集。华人社团推动开展各类社会活动，而丰富多彩的社会活动也提升了华人社团的影响力并进而推动更多社团成立。

其三，华人社会多元分化成为影响欧洲华人社团总量增长的社会因素。如前所述，随着华人社会构成越来越多样化，社团的类别也越来越多，就纵向而言，同为联谊性社团，有全欧性的（如欧华联会）、国别性的（如欧洲各国都存在的华侨华人会或华侨华人总会），以及越来越多以省、地、市等为基础的地区性新社团。就横向而言，同为行业协会，早期多以"商会"或"中餐业协会"为纽带，进入 21 世纪后则组建了许多不同行业的社团，如鞋业、服装业、中医药业、百货业、旅游业、律师、会计、工程师、医生等。关于这一点，本章第三节将围绕业缘社团的最新发展趋势做进一步剖析。

其四，欧洲华人群体政治诉求上升，维权意识明晰是推动欧华社团成立、发展的族群因素。在英国、法国、荷兰、德国等早在 20 世纪初就形成华人族群的国家，第二、三代在当地出生成长的华裔已经开始登上历史舞台，他们推动成立了各类以参政、维权为主旨的社团；而在意大利、西班牙、匈牙利等新移民为主的国家，不仅新移民的政治诉求及维权意识均远胜于老一代移民，新一代的成长则更加推动一批以政治诉求为主旨之社团的成立。

其五，中国自身实力的高速崛起，中欧关系稳步、良好发展，是推动欧华社

团成立、发展的外在动力。进入 21 世纪之后，中国经济实力提升，政治影响力拓展，有目共睹，其在海外华人社会中的直接反映，是一大批以祖籍国为依托的社团纷纷成立。在欧洲，最有代表性的当属中国和平统一促进会（简称"和统会"）的成立，既有全欧性的欧洲中国和平统一促进会，还有数十个以不同国家或地区为基础组建的和统会。此类社团完全公开、正式地以中国政治事务为组团结社的基本宗旨，他们在欧洲各地举行反独促统大会，为中国和平统一事业奔走呐喊。欧洲和统会还在中国共产党成立 90 周年庆典之际，组团参访中国的革命圣地西柏坡，举行庆祝中国共产党成立 90 周年座谈会，畅谈"党强则国强，国强是侨福"。[①] 欧洲相对宽松的政治环境，使欧洲华人社团享有较为自由的活动空间。关于这一点，本章在第三节中还将进一步论述。

二、欧洲华人社团分布

欧盟自建立伊始，就以推动欧洲一体化进程为使命，然而，众所周知，欧洲各国之间，西欧、北欧、南欧、东欧之间的差异，无所不在。同样，华侨华人在欧洲各国的移民历史、人员分布、行业构成、社会地位等也存在种种差异。受此影响，欧洲华人社团在各国的分布也是不均衡的。笔者通过实地调研及资料分析，认为当今欧洲华侨华人社团以不同国家为界，大致可以划分出四个层次。

第一个层次包括英、法、意、西、荷、德六国的华人社团，其华人社团总数达到近百或数百之多。这六个国家的共同特点是华侨华人基础数量较多，分别在15 万至 60 万之间，呈现出华人社团数量与各国华侨华人总数的正相关关系。

其中，英国是欧洲国家中中国移民移居较早的国家，如前所述，欧洲华人社团最早于 19 世纪末建立。值得一提的是，二十世纪八九十年代笔者在英国调研时，活跃于英国社会的侨团、侨领主要是来自香港及广东宝安（深圳）地区的移民。据当地侨领介绍，英国侨团多达一两百个，因侨团众多而成立了三个全英性的侨团联合总会，即英国华人社团联合会、苏格兰华人社团联合总会、北爱尔兰华商总会，各联合会下属均有数十个大小不等的侨团。当时笔者注意到，由于这些侨团从领导人到成员多以广府话（或曰香港话）为母语，当时笔者因调研而参加的所有侨团会议均以广府话为会议用语。进入 21 世纪后，随着"二战"前至 20 世纪 60 年代移居英国的广东人和香港人渐渐退出历史舞台，一些老侨团的影响力大幅下降。反之，一些由在当地出生之华裔组建的新侨团及来自中国大

① 详见《党强则国强　国强是侨福——专访欧洲中国和平统一促进会主席张曼新》，中华人民共和国中央人民政府网，http：//www.gov.cn/jrzg/2011-06/26/content_1892977.htm，2011 年 6 月 26 日。

陆新移民组建的侨团，则相对活跃。笔者在访问一些新一代社团领导人时，不仅以中国的普通话交谈，而且对方在交流中还时常夹杂英语词汇。

法国的情况也有其特殊之处。20世纪90年代时活跃于法国社会的主要社团除旅法华侨俱乐部是以来自浙江温州地区中国大陆移民为主的侨团之外，当时在社会上影响较大的侨团如潮州会馆、华裔互助会、广肇同乡会等，其成员均为原印度支那的华裔难民，社团会所也集中于以印支难民为主的巴黎第13区。潮州会馆和华裔互助会都在会所处设立佛堂，当时请来为其开光的大法师，多来自其原居地东南亚国家，显示出鲜明的东南亚再移民群体的特色。进入21世纪后，随着这些社团主要领导人及原成员年事日高，其社会影响力明显下降。笔者于21世纪初年多次访问法国潮州会馆及华裔互助会，明显看到参与会馆活动的主要是已退休的老人及中老年妇女，从领导人到核心成员都呈现老龄化趋势。反之，来自中国大陆新移民组建的社团则纷纷成立，并迅速上升而成为法华社会组织力量之主体，在社会上的影响力也明显扩大。

西班牙和意大利都是在20世纪80年代后通过多次大赦无证移民而出现外来移民总量迅速增长的国家，以新移民为主体的华侨华人数量因之迅速增长。进入21世纪后，随着越来越多新移民在当地立足，华人社团数量也迅速增长。意大利从1995年20个华人社团，增加到2008年的45个，再猛增到2012年的132个。同期西班牙华人社团也从1995年30个，增加到2008年96个，再增加到2012年127个。不仅数量增加，在当地社会及欧洲华人社会中的影响力也同步增强。

还值得注意的现象是，荷兰华人社团总量在1995年之后有所下降。究其原因，一是通过欧华联会民间渠道进行的社团统计，难保没有疏漏；二是涉及统计数据选择标准的问题。1995年荷兰华人社团的统计数系由笔者结合博士论文写作在当地进行详细调查所得，包括自1947年以来在荷兰成立的所有华人社团，虽然一些社团已经名存实亡，但仍列入记录之中，因此总量较高。

笔者注意到，英、法、意、西、荷、德六个国家华侨华人的人口总数约188万，占同期全欧华侨华人总数的75%；而该六国华人社团总数993个，亦占同期全欧华人社团总数约74%，二者比例基本平衡。这六个国家的华侨华人总数最多、华人社团总量最大，在当今欧洲华人社会中表现最为活跃，且影响力也相对最强。

第二个层次包括葡萄牙、奥地利、比利时、爱尔兰、希腊、瑞士六个西欧国家。这六国的共同点是早在20世纪初就开始出现中国移民，在"二战"后开始形成华人社团。二十世纪七八十年代时，比利时、奥地利等国的华人社团相对比较活跃。进入20世纪末叶后，虽然也不断有来自中国的新移民进入这些国家，

但这些国家本身经济容量和市场规模都比较有限，移民政策相对严格，其中瑞士更堪称当今移民接纳政策最严格的国家之一。因此，这些国家的华侨华人人口基数自20世纪末叶后虽有所增长，但与南欧的意大利、西班牙和东欧的俄罗斯、匈牙利等相比，增长幅度十分有限。笔者同样注意到，这六个国家华侨华人总人口19.2万，占全欧华侨华人总人口近8%，其华人社团总数117个，约占全欧华人社团总数8.7%，二者比例也基本持平。

第三个层次是北欧国家，即瑞典、挪威、丹麦、芬兰、冰岛五国。虽然早在20世纪初就有中国人移居北欧国家，至迟在20世纪70年代已经开始组建华侨华人社团。但是，北欧实施的是相对严格的移民制度，例如，自20世纪80年代以来，在南欧意大利、西班牙及西欧的法国等地多次出现的大赦无证移民的举措，从未在北欧国家出现过。因此，北欧移民基本持稳步增长态势，社会相对比较安定，华人社团的规模也比较稳定。

第四个层次以东欧国家为主，包括俄罗斯、匈牙利、罗马尼亚、波兰以及诸多由苏联、原南斯拉夫分化出来的小国。这些国家的华侨华人几乎全是在二十世纪八九十年代后才移居当地谋生、创业的中国大陆新移民。这些国家的共同点是自1989年柏林墙倒塌、苏联解体之后，社会进入剧烈动荡的转型期，大批中国新移民抓住东欧改革转制的机会，进入东欧经济领域，并且取得亮眼成就。与此相应，华人社团应运而生，并以俄罗斯、匈牙利、罗马尼亚等国华人社团相对活跃。在其他众多东欧国家，虽然由于国家政局不稳，中国新移民流动性大，但基本每个国家都已成立了华人社团。

三、欧洲华人社团类别

海外华人组团结社，在一定意义上，是将群体内部先天形成的血缘、地缘纽带，后天建构的业缘、情缘纽带向制度化、显性化层面转化的实践。"血浓于水"是人们十分熟悉的一个传统观念，尤其对于生活在异国他乡之跨境移民而言，体会更深。凡是血缘相同或相近的移民，彼此之间往往有天然的亲切感，比较容易由此而相聚成群，并进而自觉或不自觉地利用血缘纽带保护并争取自身的合法权益。在现代社会中，这种天然情感和纽带往往发展或表现为某一群体为共同的利益而组团结社。换言之，某些客观存在的天然的或特殊的关系纽带为华侨华人社团提供了可供依凭的基础。

截至20世纪末叶，华侨华人社团已经遍布欧洲各国，若依其成员的自然特点及联系纽带进行区分，大致可以划分出十大类型，即综合性组织、地缘性组织、血缘性组织、业缘性组织、中文教育组织、趣缘组织、妇女、老年、青年组织，宗教联谊组织，政治组织（另文介绍），中外人士联合组织。①

华人社团作为自愿组建的民间组织，一直处于动态的变化当中，为方便叙述起见，本书在此依照上述十大类别，选择 20 世纪末叶欧洲各国较活跃且各有一定代表性的社团略做介绍。

（一）综合性组织

此类社团虽然在所涵盖的地域上可能有一定限制，例如，可能是仅限于某一地区、某一国家的华人社团，也可能是全欧性的华人社团，但是，其共同特点是：在吸收会员时面向一定地域范围内的全体华侨华人华裔，强调吸收会员时对来自不同原居地、操不同方言、持不同信仰、怀不同政治观点的同胞均一视同仁。此类社团在公开的章程及活动中均以面向全体华侨华人华裔为号召。

欧洲华侨华人社团联合会（简称"欧华联会"）是面向全欧洲华侨华人的一个复合型组织。欧华联会成立于 1992 年，最初发起成员来自西欧的 11 个不同国家。自成立伊始，该会就以尽可能广泛地吸收欧洲各国华人社团会员为目标，时至 90 年代末，欧华联会成员已激增至拥有来自东、西欧 21 个国家的 160 多个社团会员，并组成了一个人数在 500 以上的超大型理事会。进入 21 世纪之后，据该会秘书处向笔者提供的资料，其社团成员已经遍布全欧各国，总数已经突破 300 个。关于欧华联会的组建与运作，下文将作为个案专门剖析。

在欧洲各国华侨华人社团中，面向本国华侨华人的综合性、复合型组织在比例上居于多数。荷兰的全荷华人社团联合会可为代表之一。全荷华人社团联合会成立于 1987 年，最初会员有旅荷华侨总会、旅荷华人联谊会、全荷华人联合体育运动总会等来自全荷各地的 17 个华侨华人社团。该会强调全荷华侨华人社团应当在不计政治观点、宗教信仰和原居地差异的前提下，不论彼此规模大小，加强相互了解与合作，共同努力协商解决在荷华侨华人所面临的种种问题，为在荷华侨华人争取更多合法权益。该联合会成立 10 年后，其下属成员社团已增加到 44 个，包括荷兰华侨华人组建的联谊会、中餐业同业协会、体育运动会、同乡会、宗亲会、妇女会、青年会、专业人士协会等目的、宗旨各有侧重的不同社团。该会成立之时，正是多元文化理念在包括荷兰在内的西欧国家风行一时之际，作为全荷华侨华人社团的统一代表，联合会与荷兰有关方面建立了良好的合

---

① 关于华侨华人社团的分类，可以运用不同的标准，做多种划分。除本书所选择的标准之外，还可有如下种种分类原则，例如：依照社团的组织规模，可以分为地区性、全国性、全洲性或世界性社团；依照社团的主要功能，可以有政治、经济、文教、联谊、服务等划分标准；依照社团的认同趋向，可以划分为主要认同于当地国或主要认同于祖籍国；如此种种，不一而足。参见拙著《当代海外华人社团研究》，厦门大学出版社，1995 年。

作关系，而荷兰政府也依据多元文化政策，不仅给予联合会以道义上的支持，还实实在在地提供经济上的资助。基于十分有利的社会政治经济环境，联合会成立后的 10 多年间，曾先后围绕荷兰华侨华人妇女、青年、老人问题分别召开研讨会，邀请荷兰有关方面人士及全荷各社团的代表参加，并向荷兰有关部门提交报告，促使荷兰政府当局关注华人社会的特殊困难及面临的不同问题。联合会还曾于 1995 年从荷兰有关方面争取到了专项资助，用于聘请专业人员为荷兰各中文学校编写适应其需求的中文教材。然而，进入 21 世纪之后，随着荷兰政府移民政策从支持"多元文化"转向推进各族群"融合一体"，政府对于移民社团的各类资助全面削减乃至取消，联合会的活动及影响力明显下降了。

苏格兰华人社团联合总会成立于 1985 年，是以"为全体苏格兰华侨华人谋利益"为基本宗旨的一个大型社团。20 世纪 80 年代时，随着苏格兰华人社会的发展，该地区各类华侨华人社团纷纷成立，与地方政府部门的交往日增。但是，由于整个苏格兰地区没有一个具有代表性的、统一的华人社团，在与政府交往时，常有不便。为了促进苏格兰地区华侨华人的团结与合作，在各社团领导人及有关各方人士的共同努力下，成立了苏格兰华人社团联合总会。该会成立之后，注重通过各种方式加强苏格兰各地华侨华人的交往，如举办"苏格兰华人运动日"，举办"龙舟大赛"，在农历新年、中国国庆等节日期间联合组织庆祝活动，丰富华侨华人的业余生活。苏格兰的老华侨们大多来自香港新界，不少还是"老宝安"，家乡的建设、发展与变化时刻牵动着远在海外的乡亲们的心，2015 年，该会再度组织会员们向广东省贫困县和平县的特困镇捐建校舍。

奥地利华人总会（简称"奥华总会"）是奥地利华侨华人社会中具有重要影响的一个综合性社团。奥华总会成立于 1991 年，是一个旨在为全体奥地利华侨华人的共同利益而努力的团体。该会自创办伊始，就编辑出版了两月一期的会刊《奥华》。这是一份具有专业水准的中文期刊。无论是信息含量、文字水准，或是装帧设计、印刷质量，在当时欧洲各华侨华人社团的会刊中，《奥华》均可列入上乘之作。《奥华》一方面以服务华侨华人、沟通侨界、提供信息、传播知识、寓教于乐为职责，另一方面亦注意发挥中西文化桥梁的作用，既介绍中国的语言文化、历史民俗，也推荐欧洲的文化与文明。该刊集信息、知识、趣味于一体，内容丰富健康，受到了读者的热烈欢迎，也迅速扩大了奥华总会的社会影响。自 1992 年 6 月，该刊改名为"欧华"，面向全欧洲发行，在编辑上则增加了反映欧洲其他各国华侨华人社会的内容，并注重及时报道欧华联会的有关动态，成为欧华联会的喉舌之一。1995 年之后，由于经济原因及人事变动等，《欧华》停刊。2000 年，奥华总会在奥地利首都维也纳成功主办欧华联会第八届大会，提升了在欧洲华人社团中的影响力。奥华总会作为奥地利成立最早且保持较高社会影响力的侨团，一直作为奥地利华侨华人社会的代表而发挥其特有的社会功能。

由于华侨华人社团是志愿团体，因此在一定程度上，任何社团实际上都只能是某些志同道合者的结合。例如，就办会宗旨而言，荷兰的旅荷华侨总会、法国的旅法华侨俱乐部等都是面向当地国全体华侨华人的综合性社团，然而，由于历史的原因，即这两个社团早期的发起人及主要成员均以当地的浙江籍华侨为主，因此，参加这两个社团的成员及担任主要领导职务者一直以浙江人占绝大多数，故而往往在当地华人社会中被视为具有"同乡会"色彩的组织。

政治上的分歧对于华侨华人社团的影响也是比较明显的。例如，面向全欧洲华侨华人的大型组织，除了上述欧华联会之外，还有一个自 1975 年起每年一度在欧洲各不同城市轮流召开的旅欧华侨团体联合会议（简称"欧华年会"）。① 虽然欧华年会与前述欧华联会仅有一字之差，但有关人士都十分清楚两者在政治倾向上的差异：参加欧华年会的，主要是在政治上倾向台湾地区势力的华侨华人；而参加欧华联会的，则以政治上亲大陆者为主。中国本土在政治上的分歧对欧洲华侨华人组团结社的影响，此为一例。不过，随着 20 世纪 90 年代以后中国大陆和台湾关系的发展与变化，随着大陆和台湾民间交流的不断增加，在欧洲华侨华人当中，亦逐渐有些人摒除政治上的歧见，从具体需求出发，既参加欧华联会，也出席欧华年会。有人认为，这是典型的投机行为，不足为道。但也有人认为，从长远看，如此务实行为有利于促进海外华侨华人群体摆脱祖（籍）国政治的影响，进而加强自身的团结与互助。以侨为桥，增进中国海内外的交往无疑具有重要意义。

（二）地缘性组织

中国人移民海外，历来有投亲靠友、同乡介绍、接踵而至的传统。换言之，一人在异域站稳脚跟后，立刻会想方设法将自己的亲朋好友"带出来"。这一行为具有两方面的含义：一方面，移民先驱者可解自己的孤寂之忧，生活上、事业上都可指望自己的手足相助；另一方面，按照中国的传统观念，能为本族、本乡之发展作出贡献者，自会得到其族亲、乡亲的尊敬，而那些能将自己的乡人、族人从相对贫瘠的地区"带"到相对富庶地区的人，当然是本族、本乡的功臣。而且，尤为重要的是，"二战"后以来欧洲移民政策中基于人道主义原则而对"亲属移民"开绿灯的政策，可谓与中国人的传统移民途径不谋而合。由于中国人的亲属网络十分庞杂，往往一村、一乡数百上千人都沾亲带故；或者，虽散居

---

① 由于政治上的原因，欧华年会有时又以"旅欧华侨旅游观光联谊会年会"的名义召开。

不同地方，但始出同祖，依然血脉相连。有源于此，除了欧洲各国有关移民法中明文规定可以获得"优先移民"的直系家庭成员之外，业已在欧洲定居者也时常为其他旁系亲属提供必要的担保，使之获得移民条件。近年来，随着有关西欧国家对于独立入境移民的资格审查及选择日益规范化、严密化，这种以乡缘、亲缘关系为纽带、滚雪球般的连锁性随靠迁移，在移民潮中的作用更显突出。

受此移民历史及背景之影响，欧洲华侨华人当中的各类"同乡会"组织出现较早，凝聚力较强，而且一直在持续发展之中。进入 20 世纪末叶，欧洲各国华侨华人总量增长，"同乡会"组织随处可见，而且相对活跃。

与欧洲其他国家相比，法国华侨华人社团中各类同乡会所占比例最高，而且社会影响也最大。例如，实力雄厚的法国华裔互助会（1982 年成立）、法国潮州会馆（1986 年成立）、旅法广肇同乡会（1989 年成立）等，其成员主要是从印度支那移居法国的华人华裔，但其组团结社的纽带则基于其成员在中国大陆的祖籍地。此外，活跃于法华社会的地缘性社团组织还有：法国台湾同乡会（1968 年成立）、法国河北同乡会（1981 年成立）、法国海南同乡会（1982 年成立）、法国上海联谊会（1986 年成立）、法国福建同乡会（1990 年成立）、旅法华侨文成联谊会（1991 年成立）、旅法四川同乡会（1991 年成立）、法国上海总会（1994 年成立）、旅法青田同乡会（1994 年成立）、山东旅法同乡会（1995 年成立）、法国番禺富善社（1996 年成立）、法国北京协会（1996 年成立）、旅法苏浙同乡会（1996 年成立）、法国浙江同乡会（2000 年成立）等。

在英国，由于当地绝大多数华人来自香港、广东地区，因此，其同乡会往往以某一区、某一乡或某一岛为纽带。例如，1985 年成立的旅英惠东宝同乡会以广东惠阳、东莞、宝安三地为共同的地缘纽带；同年成立的旅英五邑联谊会则以原籍广东台山、新会、开平、恩平、鹤山五地为地缘纽带。由于地缘性集中，有的社团甚至以原居地之"村"为成立基础，如 1983 年成立的庆春约海外同乡会和旅欧林村同乡会、1984 年成立的乌蛟腾海外联谊会等均为此列。再如，同是来自香港吉澳地区的移民，移民前在吉澳生活于水上、靠打鱼为生的人家，于1982 年成立了吉澳渔联会，总部设在英国苏格兰之格拉斯哥；而那些在吉澳时生活于陆上、以农耕为生者，则于次年即 1983 年另行组织了旅欧吉澳同乡会。

在荷兰，20 世纪 80 年代以后相继成立的华侨华人社团中，同乡会也占有相当比例。在来自香港的同胞中，有以香港新界的元朗、屯门人为主组织的元屯区旅荷华人协会（1984 年成立，1996 年重组，1997 年 12 月改名为"香港新界旅荷华人协会"），以及荷兰香港公民协会（1986 年成立）；在广东籍同胞中，来自今深圳（原宝安）不同地区的同乡分别组织了旅欧大鹏同乡会（1984 年成立）、旅荷比卢深圳市蔡屋围同乡会（1992 年成立）；在浙江籍同胞中，则先后组织了旅荷浙江青田同乡会（1986 年成立）、荷兰温州同乡会（1995 年成立）、旅荷浙江永嘉同乡会（1995 年成立）。与此同时，来自其他地区、省份的同仁，也先后组织了荷兰越南华裔联谊会（1982 年成立）、荷兰台湾乡亲联谊会（1989 年成立）、旅荷东北华人同乡会（1994 年成立）和旅荷华人福建同乡会（1997 年成立）。

二十世纪八九十年代活跃于欧洲各地的同乡会组织，有以下两个值得注意的特点。

特点之一，中国人传统的地缘观念，历来以共同的祖籍地为纽带，但伴随着海外华侨华人社会自身构成的变化，地缘观念也增添了新的内容。

例如，有些社团的地缘关系，建立于中国本土之外的原居地，此类事例不少。印度尼西亚华裔社团以曾经共同生活于印度尼西亚为地缘纽带；而维系众多越棉寮华侨华人社团的重要纽带则是彼此在印度支那发生巨变之时的共同经历。又如，在欧洲华侨华人当中，不同层次的台湾同乡会不少，但是，欧洲各国真正在台湾土生土长的侨民并不多，不少台湾人其实是 20 世纪 40 年代末才从大陆移居台湾的，因此，一些台湾同乡会在招收成员时即表明，只要是从台湾移民出来的华人，都可入会。法国全法闽台乡亲联谊会在有关入会原则的条款中明文规定：凡持有旅行证件的闽台乡亲，在台湾出生或原户籍在台湾及原籍闽台的华裔，均可入会。换言之，此类同乡会的建构基础，是社团成员对于既往共同经历的"历史记忆"，是对于相似政治背景的"现实认同"。

特点之二，欧洲各类同乡会组织跨国联合的趋势十分突出，而且，其跨国联合的方式，可分为自上而下和自下而上两种组织方式。

前一种方式如旅欧大鹏同乡会、吉澳渔联会、旅欧林村同乡会等，可为范例。这些社团成立时均以某一欧洲国家的同乡为主体，但同时声明其社团是面向全欧洲同乡的社团，在成立后即广泛向欧洲各国招收同乡会员，将其原本松散、隐性的网络以制度化的方式公开固定下来，并成为可以利用的资源。以吉澳渔联会为例。该会是全欧来自香港吉澳水上人的共同组织，因为吉澳水上人多移居于苏格兰，因此其总部设于苏格兰的格拉斯哥，而其相继招收的会员则分布于北爱尔兰、荷兰、比利时、丹麦、德国、瑞典等多个不同地区和国家。吉澳水上人信奉海神天后，因此，英国吉澳渔联会成立后，不仅特地在会所内供奉天后神坛，而且，每年中国农历二月二十三"天后诞生"，必组织成员进行大规模祭拜仪式。每逢此时，往往有成百上千的原吉澳水上人从欧洲各地自行前去参加。以共同崇拜的神祇为团体的象征符号，以原籍地缘为联络纽带，以自愿性社团为实体，吉澳渔联会是自上而下将原本松散的民间网络制度化的一个典型个案。

自下而上的组织方式则以欧洲青田同乡会为例。如前所述，青田人是欧洲华

人社会中一个人数众多的群体，青田人移居欧洲的历史较长，分布也比较广，尤其是 20 世纪 80 年代之后，随着移居法国、荷兰、丹麦、比利时、卢森堡等国的青田人增长迅速，安家立业，且涌现出一些在同乡中有一定威望的热心人，他们开始发起、组建自己的同乡会组织。1985 年 4 月，荷兰青田同乡在欧洲率先组建了旅荷浙江青田同乡会，紧接着，比利时和卢森堡、丹麦、法国、意大利青田同乡会相继成立，就连青田人刚刚进入创业的罗马尼亚、保加利亚也在 90 年代中期组建了同乡会。在此基础上，1996 年 3 月，全欧性的青田同乡组织"欧洲青田同乡会"应运而生。欧洲青田同乡会成立之后，又继续在那些青田同乡聚居、但尚未建立同乡会组织的国家推动建立青田同乡会。例如，当欧洲青田同乡会成立之时，西班牙青田人还仅仅是以个人身份出席会议。受欧洲青田同乡会之鼓舞与推动，西班牙青田代表们推举陈迪光等四人为联络人，负责西班牙青田同乡会的筹组工作。同年 6 月，西班牙青田同乡会筹备委员会组成，8 月 18 日，西班牙青田同乡会在马德里正式宣告成立。两年后，即 1998 年 5 月，德国青田同乡会在德国柏林宣告成立。1999 年，奥地利青田同乡会、捷克青田同乡会和意大利青田同乡总会相继于 2 月、3 月、7 月分别在维也纳、布拉格、罗马正式成立。进入 21 世纪之后，在青田新移民人数相对较少的瑞典、希腊、波兰等国也都成立了青田同乡会，青田同乡会迅速遍布欧洲各主要国家。当然，与此同步的是，在西班牙、意大利等青田移民特别集中的国家，由于青田同乡内部的多元分化，一国内出现了多个青田同乡会并存的现象（详见表 9 - 2）。

表 9 - 2　欧洲的青田同乡会一览表（根据成立时间先后排序）

同乡会全名	成立时间	成立地点
旅荷浙江青田同乡会	1985 年 4 月	鹿特丹
比卢青田同乡会	1988 年 2 月	布鲁塞尔
丹麦青田同乡会	1988 年	哥本哈根
旅法青田同乡会	1994 年 9 月	巴黎
旅罗浙江青田同乡联谊会	1994 年 12 月	布加勒斯特
旅比利时青田同乡会	1995 年	布鲁塞尔
保加利亚青田同乡会	1995 年 10 月	索非亚
意大利北部青田同乡会	1995 年 12 月	罗马
欧洲青田同乡会	1996 年 3 月	巴黎
西班牙青田同乡会	1996 年 8 月	马德里
德国青田同乡会	1998 年 5 月	柏林

（续上表）

同乡会全名	成立时间	成立地点
奥地利青田同乡会	1999 年 2 月	维也纳
捷克青田同乡会	1999 年 3 月	布拉格
奥地利青田同乡总会	1999 年 6 月	维也纳
意大利青田同乡总会	1999 年 7 月	罗马
斯洛伐克青田同乡会	2000 年 12 月	布拉迪斯拉发
瑞典青田同乡会	2001 年 12 月	斯德哥尔摩
卢森堡青田同乡会	2003 年 9 月	卢森堡
巴塞罗那青田同乡会	2003 年 12 月	巴塞罗那
希腊青田同乡会	2007 年 6 月	雅典
西班牙南部青田同乡会	2008 年 1 月	马拉加
波兰青田同乡会	2009 年 9 月	华沙
匈牙利青田同乡会	2010 年 10 月	布达佩斯

资料来源：根据笔者在欧洲实地调研资料整理，并参考《青田华侨史》第 197－204 页资料制表。

图 9－1　浙江青田县城中心有一个飘扬着世界各国青田籍社团会旗的广场（李明欢摄于 2012 年 4 月）

总之，中国人的地缘纽带，具有一定的灵活性，它既可以是祖籍地的一个省、一个乡或者一个村，也可以是再移民之前原居地的一省、一区乃至一国或相邻之若干国。因为，所谓地缘关系，其实不外是共同的方言习俗、相似的风土人情，或者是在大规模政治、经济变迁中个人的相似遭遇。有鉴于此，源自中国本土的古老的地缘纽带，也就不断地被移植、被复制、被加工，并通过组团结社的方式将其以制度化的方式固定下来、凸显出来，它既是情感联谊，亦可在必要时成为可以发挥作用的社会资源。

（三）血缘性组织

血缘纽带与地缘纽带既有相似性，彼此间又有一定的联系。与世界其他民族相比，中华民族传统的家族观念是比较突出的，而且，其外延又具有多层次的可组合性。一般而言，以父母子女构成的血亲家庭，是血缘纽带的核心。但在此核心之外，人们还往往随时随地根据实用功利之需求，扩展血缘纽带的层次：家庭之外，以房为界；各房之外，以家族为界；家族之外，还可以扩展为乡族；而乡族之外，可扩展为宗族。此类宗族，又可包含异地同姓之宗族和异姓同宗之宗族。

例如，1978 年在西班牙马德里成立的欧洲龙冈忠义总会就是一个由刘、关、张、赵四姓互联宗谊而结成的宗亲社团。如此四姓联宗，源于中国历史上的三国时代。据史籍记载，当年刘备、关羽、张飞和赵云四人情同手足。他们四人的忠义之情，为后人所津津乐道。有源于此，该四姓之后裔渐渐互联宗谊，共祀四位先人。随后，先是在开拓南粤的中原移民中，出现了由该四姓之后裔联组而成的异姓同宗之宗亲会，接着，在东南亚华侨华人聚居地，此四姓联宗而建立同一宗亲会的，也日渐普遍。至 20 世纪 70 年代，在世界龙冈忠义总会的发动与组织下，龙冈四姓联宗也就发展到了欧洲华侨华人社会之中。

在欧洲，由于华侨华人聚居的程度远不及东南亚，因此宗亲会组织为数有限。除以上提及的欧洲龙冈忠义总会之外，其余宗亲社团主要包括：欧洲张氏宗亲福利会（1965 年成立）、海外彭氏宗亲会（1968 年成立）、旅欧文氏宗亲会（1976 年成立）、旅欧邓氏宗亲会（1984 年成立）、海外侯氏宗亲会（1986 年成立）、英国廖氏海外宗亲联谊会（1986 年成立）等。

文、彭、邓、侯等均为香港新界地区的大姓，其宗亲会虽然多冠以"全欧性"的名称，实际上均成立于英国伦敦，以来自香港新界地区的移民为主，成员主要分布于英伦三岛，部分在荷兰、比利时、德国等地。这些社团除年节聚餐外，平常单独举办的社会活动不多，重要的是每当其宗亲在祖籍地举行一年一度或数年一度的大型祭祖活动时，宗亲会必组团回乡参拜先人，既荣宗耀祖，也激励今人慎终追远。而远在香港的宗亲长辈，也会在特定时候派人赴欧洲"探访宗亲，联络乡谊"。

据笔者 20 世纪 90 年代的调查，热心于宗亲会及返乡祭祖活动的主要为两类人。一是老年侨胞。时至 20 世纪末，那些在二十世纪五六十年代移居英国的第一代香港移民多已步入老年，在英国的福利制度下过着衣食基本无虑的退休生活，他们对于返乡祭祖大多表现出浓厚的情怀，只是好些人因身体状况而无法年年成行。第二类为一批正值盛年且事业有成者。他们多随父母移民英国，不少由于父母早期创业艰难，曾在家乡度过少年期后才到英国与父母团聚。他们的经济事业大多仍在华人的圈子内，笃信故土风水，寄望祖宗庇护，眷恋乡情乡谊，因此成为时下各宗亲会的中坚。反之，那些完全在英国成长的年青一代，一方面正处于学习创业的高潮期，另一方面对于故土故乡既不熟悉也缺乏兴趣，因此，他们当中大多数人对于老一辈津津乐道的"返乡祭祖"心存隔膜，顶多只能偶一为之。

（四）业缘性组织

以"同业"为纽带而形成的业缘团体，是欧洲华侨华人社团中的又一重要类别。"二战"后以来欧洲华侨华人同业社团的发展，大致可归纳出以下三大特点。

第一，由于欧洲华侨华人从业面集中，因此，欧洲华侨华人的同业社团亦相应地以各类中餐业同业组织及各类商会组织占多数，并且遍及各国华人社会，其中较有代表性的如：英国华商总会（1968 年成立）、北爱华商总会（1983 年成立）、英国中华饮食业总商会（1988 年成立）、荷兰皇家饮食业公会中国饮食业分会（1985 年成立）、荷兰鹿特丹华商会（1986 年成立）、荷兰阿姆斯特丹华商会（1988 年成立）、法国法华工商联合会（1989 年成立）、意大利米兰华侨华人工商会（1956 年成立，1986 年改组）、德国华商会（1992 年成立）、西班牙华商总会（1988 年成立）、西班牙巴塞罗那中国餐馆业协会（1995 年成立）、葡萄牙华人工商联合会（1995 年成立）、丹麦华人工商联合协会（1996 年成立）、匈牙利中华工商业联合会等。

第二，在欧洲数以百计的同业社团中，全都是同业老板的组织，不存在纯粹由华人同业工人组成的工会组织。虽然在荷兰、法国、意大利等国，均有当地国的工会组织想深入华人工人内部，并帮助他们建立起工会组织，这些人多为当地国工会组织的领导人或骨干，对于在本国工人中组织工会可谓得心应手，却对中国人的传统不了解，又对欧洲华侨华人社会形成的某些特殊机制不明白，无法深入到华裔工人内部，因此建立华人工会组织的努力收效甚微。

第三，随着欧洲华侨华人整体素质的提高，专业人士逐渐增加并占有一定地位，因此，由专业人士独立组成的社团，也就成为当代欧洲华侨华人同业组织中

一个新的令人瞩目的发展趋势。

欧洲华侨华人中第一个较有影响的专业人士社团当数欧洲华人学会。该会于1981年3月成立，是由欧洲华侨华人学者自发组建的集学术、联谊于一体的社团。1978年，在欧洲汉学会举行的意大利年会上，与会代表中有10多位是华侨华人汉学家。会议期间，他们相聚一起，探讨欧洲华侨华人学术界的状况，意识到应当加强自身团结，以提高华侨华人汉学家在欧洲汉学界的地位。经商定，与会者于翌年在德国汉堡举行欧洲华侨华人学者的首次聚会，进行学术交流，并具体商讨组建社团之事。1981年8月27日，近30位散居于欧洲各地的华人教授、博士、专业人士相聚于距离法国里昂市几十公里的一个小山村，正式宣告欧洲华人学会成立。该会的成立主要是为了倡导学术研究，加强教学与研究经验交流，促进中西文化合作与交流，敦睦欧华学者之间的感情。该会章程规定，凡在欧洲大学、研究所及其他机构或以个人身份从事教学和研究的华籍或华裔学人，均可申请为会员。该会自成立以来，每两年举行一次年会，除相聚联谊之外，还就一定专题举行学术报告研讨会。自1983年起，该会决定编辑出版不定期的中文学术刊物《欧华学报》，至1997年，《欧华学报》共出版了4期，是当时欧洲唯一一份纯学术并有一定分量的中文刊物。

另一较有影响的专业协会是欧洲华文作家协会。该会1991年成立于日内瓦。其成立之初，由于一来欧洲华侨华人之中可称得上"华文作家"者原本就屈指可数；二来该会在政治上明显倾向于台湾地区而使不少来自中国大陆的学者、作家望而却步，因此，尽管该会也将一些业余写作爱好者当成"作家"吸收入会，但会员总数依然有限。不过，由于"作家"们经常在世界各地的华文报刊上发表文章，加之该协会作为得到台湾"侨委会"支持的"世界华文作家协会"的会员，定期组团代表"欧洲华文作家"参加"世界华文作家年会"，因而有一定的社会影响。20世纪90年代后期，随着中国大陆与台湾的往来增加，加入该会的原中国大陆移民学者有所增加，团体规模及社会影响力均明显上升。

还值得一提的是，进入20世纪90年代之后，随着来自中国大陆的留学人员中越来越多人完成学业并在当地国安居乐业，其共同组团结社的意愿与行动也应运而生。在短短数年间，此类社团见诸报章者，有数十个之多。如：旅英中国学人生命科学学会（1992年成立）、旅英中国学者光电子协会（1992年成立）、维也纳中国学者光电子协会（1992年成立）、中国留比学生计算机及其应用协会（1992年成立）、全法中国科技工作者协会（1992年成立）、全英中华医学会（1993年成立）、旅英中国土木工程学会（1993年成立）、荷兰中国学者社会科学研究会（1995年成立）、荷兰华人学者工程师协会（1997年成立）、瑞典中瑞科技合作促进会（1999年成立），等等。这些社团无论是成员结构或会务宗旨，都突出强调成员的"专业人士"背景，以联谊为主旨，探讨共同关心的学术问题。然而，时至20世纪末，在欧洲留学的中国大陆学生、学者依然以公派为主，他们是构成此类社团的主要成员，可是，由于他们的流动性较大，多数学成后即回归中国，有的则因就业等再度迁移他国，因此难以形成比较稳定的社团中坚力量，故而此类社团的影响力也相对有限。

欧洲华侨华人专业人士社团的发展是进入21世纪之后的一大新趋势，关于这一点，本章第三节将专门论述。

（五）中文教育组织

海外华人常说："有海水的地方，就有华人；有华人的地方，就有中文教育生根开花。"在欧洲，经过当地华侨华人数十年的共同努力，中文教育事业已在欧洲大多数国家的华人社会中奠定了基础。根据欧洲华侨华人社团联合大会2008年为笔者提供的统计资料，是年全欧洲共有中文学校340所，在校学生55 315人。其中，以英国中文学校数位居榜首，达138所，数量位居欧洲前五的还包括：法国50所，荷兰39所，德国25所，西班牙21所[①]。

欧洲与中文学校关系密切的华人社团大致可分为两类：一类系社团成立在先，由社团直接创办中文学校；另一类则是在原有中文学校的基础上组成支持中文学校的基金会，或中文学校的联谊性社团等。例如，意大利普拉托华人华侨联谊会成立于1997年，次年即创办了普拉托华人华侨联谊会中文学校；英国的中文教育促进会和英国中文学校联会，荷兰的中文教育协会和丹华基金会，西班牙的巴塞罗那中文教育基金会，瑞士日内瓦华文教育基金会等，均属于在原中文学校基础上组建的以支持中文教育为主要宗旨的社团。

自20世纪80年代以来，笔者一直追踪欧洲中文学校的发展历程，曾经先后访问过欧洲不同国家的数十所中文学校，访谈过数十位中文学校的校长和老师，参加过在中国国内及欧洲不同国家举行的中文教育研讨会。以下依次梳理和剖析欧洲中文学校校舍、教材、师资、办学经费及教学水准的历史发展脉络。

1. 校舍

欧洲中文学校基本属于补习性质，主要利用周末或当地公立学校的课余时间进行教学，其解决校舍问题的方法可归纳为四个途径：自购校舍；借用社团会所；租用或借用当地正规学校校舍；租用或借用私人住宅。

英国华商总会中文学校和英国共和协会中文学校（简称"共和中文学校"）是两所靠募捐方式购置了自己校舍的大型中文学校。最早购置校舍的是英国华商

---

① 笔者2018年在西班牙调研时了解到，西班牙全国各类大大小小的中文学校已经有约80所。

总会中文学校。1977 年，英国华商总会组织中文学校建校筹备委员会，不仅向全英华人发出筹款倡议，而且派出募捐员前往香港募捐。1978 年，该会以多方筹集所得钱款 12 万英镑，在伦敦唐人街所在苏豪区购入楼宇一幢，作为中文学校的永久校址。学校大楼经过装修，除教室外，还设有中文图书室、康乐室等，受到学生和家长的欢迎。

1985 年春，英国共和协会也为自己所属学校发起了"筹募共和中文教育基金暨购建校舍"活动。筹款活动分别在英国国内和国外两方面展开。在英国国内，筹款委员会邀请英国侨界知名人士成立顾问团及筹款监督小组，继而发动本会会员、学生家长及各界朋友踊跃捐输，义务筹款员拿着"义捐册"，在两年多的时间内走遍英伦三岛，广泛征集捐助款。截至 1987 年 10 月，全英国共有 1 096 位华侨华人及 33 家华侨华人企业向中文学校捐款，其中最多者一人捐赠了 3 500 英镑，40 人捐赠在 1 000 英镑以上，另有约 400 人每人捐赠 10 英镑。与此同时，筹委会还两度派出募捐代表团到香港筹款，收获甚丰，共筹集各界捐款 50 多万港元，其中捐款最高者如香港社会名流霍英东捐款 2 万英镑、何鸿燊捐款 7 000 英镑，香港中旅社捐款 10 万港元。香港之行圆满而归。筹委会派往北京的"中文教师代表团"，获得中国侨办及各界人士的鼎力支持，中国书法家协会向筹委会赠送了 100 多幅名贵字画，供筹款拍卖之用。1987 年 10 月，共和协会利用多方筹集的 20 万英镑，购买了位于伦敦市中心一座四层楼高的建筑，从此，共和协会中文学校有了自己的校舍。[①]

然而，由于购楼时经费所限，而学生数又不断增长，因此，时至 20 世纪 90 年代末，以上两所学校所购置的校舍均无法完全满足办学需要。英国华商总会中文学校采取的办法是缩短上课时间，加速教室的周转使用。该校幼低班学生每周上课时间仅一小时，三年级以上每周上课也只有一个半小时，从周六到周日，所有教室连续周转使用。英国共和协会中文学校的学生每周上四节课，所购校舍不敷周转，因此还需向当地正规学校租借校舍。

进入 21 世纪之后，在中国大陆新移民集中的西班牙，位于巴塞罗那的孔子文化学校和位于马德里的爱华中文学校都购置了自己的校舍。这两所学校都由定居当地的中国新移民创办，且因课程设置丰富多彩，师资力量雄厚，生源充足，形成良好的办学效果，学校经济进入良性运转，故而得以独立购置自己的校舍。当笔者于 2018 年再次调研西班牙中文学校发展状况时，了解到巴塞罗那孔子文

---

① 有关数据依据以下材料进行统计综合：①《筹募共和中文教育基金暨购建校舍总结》；②《筹募共和中文教育基金暨购建校舍财政书》；③《筹募共和中文教育基金暨购建校舍捐款芳名谱》。载共和协会 1990 年 8 月印制的《共和协会会刊（1947—1990）》。

化学校已经拥有5个校区，教师100多人，学生近3 000人，位于主校区的自置校舍占地面积约900平方米，包括15间教室、2间办公室和1个多功能小礼堂，可同时容纳约500名学生上课。该校是全欧洲最具规模的中文学校。另一所拥有自购校舍的爱华中文学校也因拥有一支尽心、尽职且具有爱心、耐心的教师队伍而深受学生及其家长喜爱，故而实现了经济上的良性运转。

但是，欧洲绝大多数中文学校尚未能实现购买独立校舍的愿景。利用当地华人社团的自置会所上课，是部分中文学校解决校舍问题的方法之一。有的华人社团会所比较宽敞，可以同时容纳多个班级上课。例如，英国华人互助工团、北爱华商总会、法国潮州会馆、法国华裔互助会、法国华侨华人会等，基本可以利用自己的会所为本社团所办中文班提供多个教室。

欧洲中文学校解决校舍的主要方式是向当地正式学校租用校舍。因为中文学校是利用当地正式学校不上课的空余时间，如星期三下午或星期六、星期天上课，所以可以租用当地正式学校的校舍。如有可能，中文学校大多希望在当地"唐人街"或商贸中心的附近租借校舍，以方便华人家长在送子女上学后，就近采购货物。还有一些人数较少的中文班则因地制宜，或借用某一华人社团的办公室开班，或借用某家中餐馆空置的房间，由教会主办的中文班在教会内开课，而有的中文班则直接办在任课教师的家中。

意大利佛罗伦萨中文学校通过与当地教育机构合作解决校舍问题的途径值得称道。该校与当地政府教育机构建立了良好的合作关系，在当地政府的支持下，该校获准免费使用当地一所公立中学的校舍。意大利的小学下午4点下课，中文学校的小学班就在下午5点至6点半开小学班的中文课；意大利初、高中在中午1点放学，中文学校的初、高中班就在下午3点半至5点开设初、高中的中文课。如此，佛罗伦萨中文学校正好可以利用该中学校舍下午的空当开设从小学、初中到高中的中文班。

图9-2 西班牙巴塞罗那孔子文化学校内的巴塞罗那孔子文化图书馆（李明欢摄于2014年11月）

图 9 - 3 西班牙巴塞罗那孔子文化学校董事长麻卓民（左）在图书馆接受采访（李明欢摄于 2014 年 11 月）

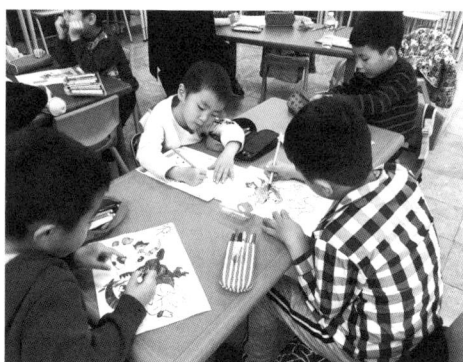

图 9 - 4 西班牙巴塞罗那孔子文化学校的小学生们在上课（李明欢摄于 2018 年 11 月）

图 9 - 5 西班牙马德里爱华中文学校（李明欢摄于 2018 年 11 月）

图 9 - 6　意大利普拉托华人华侨联谊会中文学校的小礼堂（李明欢摄于 2017 年 5 月）

图 9 - 7　意大利普拉托华人华侨联谊会中文学校内，正在排练节目的学生与老师共同在休息时为小伙伴（中）庆祝生日（李明欢摄于 2017 年 5 月）

2. 教材

全欧各中文学校使用教材不一。依据校董会及校长、任课教师的倾向，分别使用来自北京、香港、台湾的教材，有些实力较为雄厚的学校，还结合当地国情况，自编补充教材。

欧洲各中文学校选择教材的倾向受其所使用教学语言的影响。如前所述，由于历史的原因，时至二十世纪八九十年代，英国、荷兰、德国一些中文学校仍习惯于用广东话教学，因此，香港回归之前，当地按广东方言编写的教材，较符合他们的要求。在法国，由原印支华裔移民开办的中文学校，带来了印支华侨华人办学的传统，他们办学之初使用的教学语言是"国语"即"普通话"，在书写方面则曾经使用繁体字。然而，在南欧，由来自中国大陆的新移民开办的学校，则从办校伊始就使用普通话教学，使用汉语拼音及简体字。凡使用汉语拼音及简体字的学校，多采用中华人民共和国国务院侨务办公室（今归为中央统战部）提供的教材。反之，由台湾移民开办的学校，虽然也使用"国语"，但教授的是注音符号及繁体字。

由于中文学校多由当地华侨华人自力更生筹办，经费不宽裕，因此，在选择教材时，教材费用也是相关办学者不能不考虑的因素。20 世纪下半叶时，当时的台湾"侨委会"曾经免费向欧洲各中文学校赠送教材。自 20 世纪 70 年代到香港回归前，当时英国在香港的驻英办事处曾连续二十多年为英国各中文学校免费提供香港编印出版的中文教材。1997 年香港回归后，香港驻英办事处撤销，赠送课本一事也就停止了。

进入 20 世纪 90 年代末叶，鉴于海外中文学校的迫切教学需求，中华人民共和国国务院侨务办公室组织专门力量，为海外中文学校编写专门教材，并于 1997 年后逐年免费赠送海外中文学校。这些教材主要有两个系列：一是暨南大学华文学院为欧美地区中文学校的华裔小学生编写的《中文》（小学版全套包括主教材、练习册及教师手册共 52 册，另有初中版 24 册）；二是北京华文学院为适应亚洲地区华文学校需求而编写的《汉语》（今改名为"华文"）教材（小学版包括主教材、练习册和教师手册共 36 册，另有初中版 18 册）。欧洲中文学校大多采用《中文》系列课本，在少数以中国外派人员子女为主的学校，因家长希望子女日后如果回到中国可以跟上同龄儿童的中文水平，则采用《汉语》课本进行较大识字量教学，有的学校更是采用中国人民教育出版社的《语文》作为教材，直接与中国国内的教学无缝对接。

《中文》和《汉语》系列教材为欧洲当地中文学校的教材需求提供了基本保障，免费赠送更是大大减轻了中文学校的经济负担，深受师生欢迎，对推动欧洲中文教育规范化发展发挥了重要作用。然而，因为华裔青少年在欧洲不同国家成长，环境不同，需求不同，统一的中文教材在使用中难免存在一些不足之处，因此，一些中文学校的领导和老师也在实践中探索改进教学的有效途径，并积累了一些宝贵的经验。

荷兰的丹华文化教育中心自 2007 年开始引进具有创新理念的教材《中华字经》和《等级汉字》，遵循"快速识字，提前阅读"的基本教学法，让初学中文的孩子不仅不依赖汉语拼音识字，而且能够在较短时间内突破识字关。丹华的老师们通过十多年的教学实践，总结出了切实有效的教学法：律动朗读快乐生动，惊喜游戏化繁为简，故事表演形象有趣，洋为中用出奇制胜。师生家长共同配合，以学定教，顺学而导，成效卓著。

巴塞罗那孔子文化学校于 2015 年编辑并正式出版的《幼儿汉语双语华文教材》共 3 册，用于本校幼儿班的教学。该校还根据传统经典、爱国主义情怀及民族文化特色三原则，参考华裔学生的兴趣、喜好及相应的理解能力，按年龄循序渐进，编辑了《中国古诗词选编 100 首》，作为本校学生的辅助教材，在中文教材"本土化"的道路上进行了有益尝试。

图 9-8　荷兰丹华文化教育中心的"中华字经"班（李明欢摄于 2017 年 5 月）

3. 师资

欧洲中文学校的师资构成依学校的不同组建背景而明显不同。欧洲各中文学校绝大多数老师都是业余兼职任教，多以"车马费"方式领取一定报酬。1996年，法国华人社团富善社曾发起组织中文教学研讨会，会上对法国民办中文教育的基本状况做了比较全面的总结，其中，将法国民办中文学校任教教师分为如下五类：[①]

①　罗钟徐：《巴黎地区民办中文补习班华裔青少年教学现状》，《富善》1997 年第 6 期，第 18 - 19 页。

　　职业型师资：由目前在法国教育机构中任职的华人兼任补习班教师。这些人中，有的为法国大中小学专职或兼职教师（含退休者），他们经验丰富，业务熟悉，是理想的师资，但一般而言，这样的人才不易找到。再则付给他们的课时酬劳亦较高，对于囊中羞涩的中小型补习班，便只能"望才兴叹"了。

　　留学生型师资：由中国大陆或台湾来法留学生兼任。这类师资本身文化水平较高，语言也比较准确，加上年纪轻，思想活，因此教学活动中也比较活跃，容易与学生沟通。这也是目前不少中文补习班重点寻找和依靠的师资。但是这些留学生的主要任务是完成自身的学业，其中不少人正在准备自己的硕士、博士论文，故很难将主要精力集中在教学上，而遇上假期，他们也常要外出（补习班一般是要利用假期上课的）。一旦学业完成，就要回国。因此他们只是临时的客串教师，不利于执行长期的、系统的教学计划。

　　打工型师资：由目前在法国但无固定工作的华人担任中文教师。这类师资因经济原因，需要同时兼几份工作，往返奔波，辛苦操劳，即使本身水平不错，也难以在教学上尽情发挥，一旦找到一份较好或较固定的工作，就会放弃其它（他）兼差。他们也只是中文教学中的临时工。

　　推举型师资：由侨界推选出的华裔文化人士担任中文老师，他们中有的是从前有过教学生涯，有的为目前华裔中中文水平较高者。这些人热心华人公益事业，与侨界联系紧密，与学生间距离较近，而且也积有相当的教学经验，唯受方言影响，口语中略带方言口音。

　　妈妈型师资：由学生家长中选出部分有空闲时间的妈妈们来担任中文教师。这种师资有时因专业不同，语言不一定是其最强项，但因生活环境较稳定，所担任的教学工作与自己的孩子关系密切，所以工作中情绪比较稳定，也比较投入。

　　以上综述比较全面地概括了时至20世纪90年代初欧洲由华侨华人自办的中文学校聘任师资的基本情况。就具体学校而言，各中文学校校长对聘任老师的要求各有不同。一类校长强调受聘教师自身的教育水准，要求教师必须受过高等教育，最好受过师范教育，有的还要求受聘者必须具有一定的教学经验。相对而言，由中国大陆移民创办的中文学校的师资队伍比较整齐。笔者在调研中注意到，在一些成绩突出的中文学校，一些任教老师在出国前即为接受过正规师范教育的小学老师，有的还是国内的"特级教师"，有的在国内担任过小学校长、教导主任，对教学有丰富的经验。

　　然而，有的校长则认为：欧洲中文学校与正规教学不同，其对教师的教学水平要求并不高，尤其在中、低年级，只是进行简单的识字教育，作为教师，最重要的是能够唤起学生学习中文的兴趣，因此，选聘教师最重要的是必须有爱心，有耐心，能够与学生良好沟通。一位校长就对笔者说道："高水平有什么用？我的教师中有只读过初中的家庭妇女，也雇过大学师范毕业的留学生，可是，一学期下来，由家庭妇女教的那个班留住了学生，可那个留学生教的班学生却跑光了。因为家庭妇女自己也是母亲，有爱心，知道怎么教这些在这里出生的小孩。"

由于中文学校大多只是周末开班，因此不少学校聘用在当地国大专院校学习的中国留学生担任教师。根据西班牙一所中文学校的校长介绍，这所拥有上千学生的中文学校，其教师中，留学生任教比例高达70%以上，余下约30%是定居当地国的华侨华人，而在这30%相对固定的师资中，师范学校毕业、在国内从事过教育工作的不到30%。因此，如何提高中文学校师资水准，一直是欧洲中文学校创办者和负责人十分关心的大事。

中国侨务部门为提升海外中文学校师资水平，经过多年实践，探索落实了一系列举措，建立了以"走出去"和"请进来"为主的新机制，助推21世纪之后欧洲中文学校的大发展。

"走出去"分为两个路径。路径之一是组织国内从事基础语文教育的优秀老师到国外对当地中文学校的老师进行专业培训，针对老师们的需求就如何组织课堂教学、如何制作教案、如何使用多媒体等进行辅导。同时，随着网络时代的到来，互联网技术日臻成熟，对海外中文教师的网络远程培训也作为一种灵活培训形式被广泛运用，成为"走出去"的重要辅助性资源。

路径之二是从国内小学选派优秀在职老师，前往有需求的海外中文学校支教一至三年。此举始于1987年。在欧洲，意大利佛罗伦萨中文学校是最早从国内选请支教老师的学校之一。2001年9月该校正式开班上课，首批任教老师中就有两位是由浙江瑞安教育局从本地重点学校选派的、具有丰富教学经验的小学老师。从那之后，该校每年都得到中国派送任教老师的支持，支教老师数量随该校学生人数增加而增加，支教时间一年至三年不等。当笔者于2017年冬到该校调研时，了解到是年到该校支教的中国外派老师已经达到15人，其中有6位老师由中国侨务部门选派，9位由浙江师范大学选派，按计划在佛罗伦萨中文学校任教一年。

"请进来"则是组织海外中文学校老师到国内参加短期专业培训。特别是进入21世纪以来，中国侨务部门每年都在寒暑假期间组织有针对性的老师培训。培训班不仅请具有丰富教学经验的老师开设中文读写、中文听说、语音知识、中文教学软件运用等专业课程培训，而且组织来自不同国家的老师们相互交流，共同探讨海外中文教育的新理念、新方法。更重要的是，每次培训班都会在课余组织老师们实地考察中国的历史文化、风土人情，让老师们通过耳闻目睹深化对博大精深之中华文明的情感、认知与理解。

虽然就总体而言，欧洲各国办学稳定的中文学校基本建立了比较完善的教学管理制度，形成了教师队伍的核心骨干力量，但是，大多数中文学校的老师并不具备当地国政府认可的教师资格，而无论是留学生任教或是中国外派教师任教，都需要经历逐步了解当地情况的过程，而有所了解后则可能就结束任教，需要离开了。因此，欧洲各中文学校仍然在发展中探索如何能够真正培养出一支留得住、信得过的合格师资队伍，为中文学校长期发展孕育内生动力。

4. 办学经费

各中文学校的经费主要靠自筹解决。具体可分为以下三种情况。

其一，有的学校对学生实行完全免费教育，经费由校董会捐赠资助。笔者曾调研过德国一所中文学校，该校自1985年建校伊始，就建立了一个具有一定经济实力并且乐于为中文教育慷慨奉献的校董会。按照校董会定下的规则：主席需每月为学校捐款500马克，副主席300马克，校董每人每月100马克；10多年坚持不懈。时至20世纪90年代末即该校发展的巅峰时期，校董会成员已从建校之初的10余人，增加到近70人，每月为中文学校固定的捐款额已达近8 000马克，为该校提供了可观的经济资源。因此，当时到该校学习的学生不仅不用交学费，连教材、作业本也由学校免费提供。然而，此一办学模式虽然曾经得到广泛赞誉，遗憾的是未能长期坚持。因为既是"捐赠"，就属个人的主动奉献行为。由一群人汇集的奉献行为，不仅每个个体的动机、追求各不相同，还会受诸多外在因素影响。尤其天长日久，日积月累，只要其中某一因素发生变化，或其中某一个体行为改变，都可能产生如多米诺骨牌一样的连锁效应。因此，依赖长期自愿捐赠办学，可变量太多，缺乏能够持之以恒的稳定性和可靠性。

其二，多数学校同时采取几种方式筹集经费。最常见的方式包括：向学生收取部分学杂费；向当地华侨华人募捐部分资金；向所在国或祖籍国的相关部门争取资助。以荷兰的中文学校为例。荷兰中文学校除了每学期向学生收取一定数额的学杂费之外，往往会在逢年过节时组织丰富多彩的活动，向华人社会募捐。20世纪90年代时，荷兰政府曾经实施过一段时间的多元文化政策，向外侨创办的母语教育提供经济支持。当时荷兰的旅荷华人联谊会中文学校、阿姆斯特丹启华书院、鹿特丹中文学校、海牙中文学校等，都在一定程度上得到当地政府部门的经济支持。

其三，完全由个人或公司建立的私立中文学校走"经营性"的道路。尤其是进入21世纪之后，走企业化经营模式的学校明显增加。笔者2017年在意大利普拉托调研时，正逢普拉托向日葵国际语言学校的开业庆典，该学校由欧洲青年企业家协会会长等几位在普拉托事业有成的华人青年企业家投资建立，投资人以建立高水准的国际语言学校为目标。修缮一新的校舍及操场，占地总面积约

1 500平方米，按不同功能划分为：教学活动室、幼儿睡房、多功能室、舞蹈室、钢琴室、餐厅及户外操场和篮球场。学校聘请专业老师担任管理和授课。根据介绍，该校开设的基本课程包括：小学及初中语文、数学、英语及意大利语双语教学、意大利语作业辅导、中文课后辅导，同时开设舞蹈、钢琴、散打、画画、电脑等兴趣班。学校主办者将该校作为一桩"实业"经营，以建立类似于欧洲各国私立性"贵族学校"水准为目标，高水准，高收费，对接华人社会较高收入群体对于子女教育的需求。

图9-9　意大利普拉托向日葵国际语言学校开业庆典（李明欢摄于2017年10月）

纵观欧洲中文学校的经营模式，可以明显看到欧洲中文学校已经开始出现分化，虽然以向华裔儿童教授中文、传播中华文化仍为主流，但走经营性道路，办学养学已呈现引人注目之趋势。

5. 教学水准

各中文学校的教学目标、要求及水准各不相同，各校授课时间也不同，多数中文学校系利用周末及当地学校课余时间授课。在笔者调查过的学校中，授课时间最短的仅为每周一个课时（约1小时），授课时间最长的如前文提及的佛罗伦

萨中文学校，每天都安排两节课（约 1.5 小时），周末还增加实习课或才艺课。但大多数中文学校均为每周集中在周末安排授课 2~4 课时。

各中文学校制定的教学水准大体可分为四类。

第一类：以基本识字教学为主。家长只要求孩子能每周到中文学校去上上课，认识一些汉字，了解一些中华文化知识，通过上中文学校，时时不忘自己是"中国人"，与长辈能多一点相互沟通。一些中文学校也强调适应欧洲华裔儿童的特点，以学生自愿学习为主，基本不布置课外作业。如一位校长所言："每周只学一两小时中文，能要求孩子们学多少呢？只要能来听一听，认识几个中国字，交些中国朋友，别忘了自己是中国人，我们办学的目的也就达到了。"持类似想法的人，无论是家长或老师，都不在少数。

第二类：结合当地国的相关标准建立教学目标。以英国格林威治中文学校为例。格林威治中文学校创办于 1973 年，校长陈雪女士系学教育出身。该校创办初期，也曾以基础识字为主，随着学生增加、学校扩大，教学水准逐步提高，体制逐步完善。时至 20 世纪 90 年代后期，该校已拥有 1 所主校、2 所分校，学生500 余人，任课教师 40 余人。学校分别开设有幼儿班、小学班、英国教育文凭普通级（GCSE）以及相当于大学预科的 GCE "A" Level 高级中文班，高级班的毕业生可参加英国政府的公开考试取得文凭。前文提及的共和中文学校，也以其所培养学生参加英国公开考试的高合格率为荣。

第三类：满足旅居欧洲的中国新移民的需要。旅居欧洲的中国新移民具有一定的流动性，尤其是一些外派到欧洲工作的人员只是在当地工作一定时期后就要回国，他们将子女带到欧洲共同生活，但希望他们还能够基本维持与中国国内学校相应的中文水平，以便日后回国还能跟班学习。如前文提及的意大利佛罗伦萨中文学校，就开设有以中国国内普通小学使用的"人教版"① 为教材的班级，要求学生能够基本跟上国内同龄学生的语文水平。

第四类：注重教学质量，鼓励学生参加"中国汉语水平考试"（HSK）。1990 年，中国国家教委正式推出"中国汉语水平考试"（HSK），并于 1991 年推向海外。但是，HSK 推出后的最初五六年间，在欧洲中文学校并无反响，甚至连听都没听说过，更不必说送学生参考。1997 年，中国国家教委决定成立国家汉语水平考试委员会，并完成了 HSK 等值研究，从 1998 年 9 月开始了 HSK 题库计算机自动生成试卷系统课题研究，加速向海外推介 HSK 项目。自 90 年代末，HSK 考试开始对欧洲各中文学校教学形成导向作用。随着 HSK 在海外中文学校

---

① "人教版"即由人民教育出版社出版的统编教材，从小学到高中，中国国内绝大多数学校均使用该教材。

中的影响扩大，HSK 证书可以成为求职的凭证，与 HSK 试题配套的汉语拼音、简体字，顺理成章地为越来越多中文学校所采用。

在 2009 年召开的世界华文教育大会上，中国侨务部门遴选了一批海外"华文教育示范学校"，作为样板，给予鼓励。自那以后，全球先后有 300 多所海外中文学校入选示范学校，欧洲各主要国家均有若干学校入选（参见表 9 - 3）。

表 9 - 3　欧洲"华文教育示范学校"一览表（2009—2014 年）

批次	国家	学校
第一批 （2009 年）	奥地利	维也纳中文学校
		维也纳中文教育中心
	丹麦	丹麦华人总会中文学校
		美人鱼中华文化学校
	荷兰	旅荷华侨总会乌特勒支中文学校
		安多芬中文学校
	西班牙	马德里华侨华人中文学校
	英国	伯明翰华联社中文学校
		伦敦普通话简体字学校
		华夏中文学校
	意大利	意大利普拉托华人华侨联谊会中文学校
		米兰华侨中文学校
	法国	法国华侨华人会中文学校
		法国潮州会馆中文学校
		法国欧洲时报文化中心中文学校
第二批 （2011 年）	德国	柏林华德中文学校
		巴伐利亚中文中心学校
		不来梅华威中文学校
		汉堡汉华中文学校
		斯图加特汉语学校
	荷兰	丹华文化教育中心
	葡萄牙	里斯本中文学校
	瑞典	瑞青中文学校
		瑞京中文学校
	比利时	布鲁塞尔中文学校
	西班牙	马德里爱华中文学校
		ESERP 孔子文化学校

（续上表）

批次	国家	学校
第二批 （2011 年）	西班牙	中国文化学校
		中加西友好学校
	意大利	基督教罗马中文学校
		意大利佛罗伦萨中文学校
		米兰第一中文学校
		意大利金龙学校
		罗马中华语言学校
第三批 （2013 年）	爱尔兰	爱尔兰华协会中文学校
	波兰	华沙汉语中心
		华沙中文学校
	比利时	安特卫普中文学校
	德国	德国柏林益智中华文化学校
		德国华达中文学校
		汉园杜塞尔多夫中文学校
		纽伦堡中文学校
	法国	法国语言文化国际交流协会附属精英中文学校
		法国中华学校
	捷克	布拉格中华国际学校
	挪威	挪威中文学校
	葡萄牙	维拉贡德中文学校
	瑞典	斯德哥尔摩新星中文学校
		哥德堡第一中文学校
	瑞士	日内瓦中文学校
	西班牙	塞维亚中文学校
		巴塞罗那中国学校
	英国	英国共和协会中文学校
		英国依岭中文学校
		英国格林威治中文学校
		苏格兰华夏中文学校
		曼城侨联社华人子弟学校
	意大利	米兰龙甲中文学校
第四批 （2014 年）	英国	伦敦哈劳中文学校
		曼彻斯特中国教育文化社区协助中心中文学校

作为生在欧洲、长在欧洲的华裔新一代，一方面，他们比较容易适应和融入当地社会，不像第一代移民因语言、文化的隔阂而往往感到难以完全投入，这是他们的长处；但是，另一方面，事实也已表明，如果他们没有机会学习和接受中华文化，他们也就失去了非常有益的文化财富和精神财富，这显然是极其可惜的。尤其是随着中国的国力上升，中国的国际影响力大幅度拓展，欧洲华侨华人家长越来越重视子女的中文教育，而华裔青少年也越来越从切身经历中认识到学习、掌握中文的重要性。因此，欧洲不少华人社团无论其成立的宗旨是什么，都积极地参与或支持发展中文教育事业，因为这既是为了使华裔下一代不忘中华文化之根，有利于为他们增添宝贵的文化食粮和精神动力，也是提升欧洲华人社会人力资源水准的重要举措。

（六）趣缘组织

此类组织由具有某一共同业余爱好的人员组成，其中以各类体育运动组织为数最多，也最为活跃。以荷兰为例。

在荷兰数以百计的华侨华人社团中，约有15%是各类运动会，其中，有些社团以运动项目区分，如武术协会、龙舟推广会、中国象棋协会、龙狮协会、足球俱乐部等；同时，也有些社团以不同地区、不同年龄组区分，或在某一大型中餐馆的资助下组成，如阿姆斯特丹青年体育会、东联体育会、联发体育会、海城运动队等。1985年，联合全荷各华侨华人体育运动组织的全荷华人联合体育运动总会成立，并于同年成功举办了第一届全荷华人体育运动会，来自全荷各地的25支运动队参加了各项球赛。此后至2000年，一年一度的全荷体育运动会连续举行了16届，成为荷兰华侨华人每年一度的盛事。其中尤其值得一提的是，1994年，全荷华人联合体育运动总会于举办第十届全荷华人体育运动会的同时，举行了世界华人友谊邀请赛，除了有欧洲相邻国家华人运动队应邀前来之外，还有美国、加拿大、新加坡、马来西亚的华人运动队远道前来参赛，盛况空前。正如该会主席杨华根在邀请赛大会开幕式讲话时所指出的：体育运动"对凝聚华人自身的力量，增强民族团结和合作，奋发民族自强精神的作用不可忽视。体育运动还能增进和当地民族的互相了解，从而建立友好合作的基础，为进一步融入当地社会作出重要贡献"。

欧洲粤剧研究会则是欧洲华侨华人业余文体组织的另一类代表。如前所述，欧洲华侨华人当中说粤语方言者为数甚众，因此，在老一代粤语移民群中，喜好粤剧者比比皆是。自20世纪70年代初，在英国、荷兰、比利时等地开始有一些粤剧爱好者时常相约聚会，平时吹拉弹唱，自娱自乐，逢年过节则组织一些演出，娱己娱众。笔者注意到，从演员到观众主要为两部分人：一是年老退休者，

二是家庭妇女。由于有相当可观的群众基础，西欧各主要国家华人群体中相继成立了诸多趣缘团体，如法国广东粤剧社、荷兰粤剧社、比利时粤剧社、英国侨声音乐社、瑞士粤剧社等。各粤剧社/音乐社的活动，多得到当地华人商家在财力上的支持。1994年，联合各国粤剧同仁的欧洲粤剧研究会在巴黎正式成立，并相继举办了多届"欧洲粤剧大汇演"，丰富了华侨华人的业余文化生活，增进了相互之间的友情与团结。

图 9 - 10　法国巴黎喜好粤剧的社团祭拜梨园始祖牌位（李明欢摄于 2013 年 8 月）

趣缘组织最主要的特点是：作为各项文体活动之"发烧友"的自愿组织，大家自娱自乐，丰富业余文化生活，既不带什么政治色彩，又有利于各人的身心健康。因此，随着欧洲华侨华人生活水平的逐步改善，文化素养的日渐提高，此类组织的发展更加普遍，也更为活跃且多样。例如，一些原先欧洲华侨甚少问津的活动，如诗词、书法、高尔夫球、摄影、登山、旗袍展示、摔跤、桥牌等都有相应的同好性社团在不同国家组建，体现了新时代欧洲华侨华人的新风貌。

（七）妇女、老年、青年组织

本书第七章业已详细述及"二战"后以来欧洲华侨华人社会在性别、年龄等自然构成方面的变化。随着华侨华人由"过客型"向"定居型"转变，华人社会中妇女和华裔青少年所占比例明显上升，与此同时，一批批历尽沧桑的华侨华人则不断进入丧失劳力、需要特殊照顾的老年人行列。无论是华人妇女、华裔青年或年老华人，他们都有各自特殊的需求，面临特殊的问题。因此，时至 20 世纪末，为解决不同年龄群体面临的特殊问题，具有性别、年龄特征的华侨华人社团明显增加，而且大多比较活跃。

欧洲华侨华人社会中的妇女、青年或老年团体的组织方式，基本上可分为两大类：一是在当地某一大型华侨华人社团中设立相应的妇女组、青年组或老年组，组织其成员开展各类适应其特点的活动，为其排忧解难；二是由华侨华人中的妇女、青年或老年人自己分别组建相应的社团。

图 9-11　法国华侨华人妇女联合会庆祝三八节（法国钱海芬提供）

图 9-12　法国潮州会馆庆祝国际"三八"妇女节联欢会

图 9-13　西班牙华侨华人妇女联合会第十届理事会就职典礼暨"三八"国际劳动妇女节庆祝大会（西班牙黄小捷提供）

1. 妇女组织

在欧洲华侨华人妇女群体中，以下两方面的情况均十分突出：一方面，在各地均有一批杰出的华人女性活跃于当地社会，她们当中既有企业家、作家、艺术家、专业人士，也有政治家和社会活动家，她们是当代海外华人女性的优秀代表；另一方面，不少海外华人妇女依然备受工作、家庭、社会、种族等多方面压力，尚未从身心困境中获得解脱。因此，以上两方面的因素相结合：由优秀的华人女性发起并担任领导，组织与团结广大的华人妇女或奋起捍卫自身的权益，或在充满温馨的联谊中丰富自身的业余生活，即成为华侨华人妇女团体的常见模式。

以英国共和协会下属之"妇女组"为例。英国共和协会成立于 1947 年，最初发起人以留居英国的香港、广东籍海员为主，全为男性。20 世纪 60 年代初，随着越来越多会员家属移居英国，开始有女性参与协会组织的活动。初抵异国他乡，妇女们尤其觉得孤独寂寞，在日常生活中更因语言障碍而举步维艰。于是，一些会员家属不约而同地利用共和协会的会所作为聚会地点，在无拘无束的谈笑中，彼此间或互解寂寞乡愁，或共同商讨如何排解某些难题的办法，不少

人因而结交下在异国他乡新的姐妹情谊。随着参加如此不定期聚会的女性增加到数十人，共和协会妇女组于 1966 年正式成立。妇女组成立后，先后开办了实用性的英语班，并组织针织、缝纫、烹饪、手工艺、唱歌、舞蹈、太极等不同活动，丰富姐妹们的业余生活。不仅如此，共和协会妇女组还于 1968 年成为全英第一个中文识字班的发起人和组织者，为日后全英闻名的共和中文学校奠定了基石。1991 年，妇女组又发起组织了第一次"全英三八妇女节庆祝大会"，1995 年，妇女组曾组团赴北京参加第四届世界妇女大会。

全荷兰各地独立的华侨华人妇女组织已有十多个，如果再加上有些大型社团中的妇女组，数量就更多了。其中，依据荷兰"省"的地域范围而组建的一批华人妇女会较为活跃。如：北荷兰省暨阿姆斯特丹华人妇女会、鹿特丹华人妇女会、海牙华人妇女会、乌特勒支华人妇女会等，各有会员数十至上百人。各妇女会不时为会员组织各类活动，开办荷语学习、健康讲座或一些带有娱乐性的训练班，逢年过节则组织联欢聚餐，受到一些家庭妇女的欢迎。笔者在调查中注意到，由于荷兰各省、各市均有妇女会组织，因此，不少华人妇女会均与相应的荷兰妇女组织建立了友好的合作关系，一方面积极参与荷兰当地妇女组织发起的各类活动，另一方面当她们自行举办活动时，也可在一定程度上得到后者在活动场地、活动经费等方面所提供的支持。

1997 年岁末，当笔者走访英国爱丁堡华人社会时，恰逢爱丁堡华人联谊会正在筹备"庆祝中国虎年春节"活动。笔者应邀参加了庆祝会的筹备会议。有趣的是，该会从会议主持、会议记录到参加会议的十多人，全是清一色的女同胞。相询之下，才知道爱丁堡华人联谊会理事会不久前刚做出决定：虎年春节的庆祝活动，由该会妇女组"承包"。笔者有幸旁听了此次别具特色的讨论会，自始至终，但见与会者个个兴致勃勃，不但积极出谋献策，而且人人主动热情地承揽各项烦琐的准备工作。在讨论到会场布置问题时，更表现出女性的特有优势：不仅细致、周到，而且，由于人人都是"当家人"，对自己家中的"宝贝"样样心中有数，因此，不少多年珍藏于家中的各类物品，一一被"挖掘"出来用于增加会场的节日气氛。整个会议进行得热烈而有序，体现了会议主持者超强的组织能力和与会者自觉积极的参与感，给笔者留下了深刻的印象。

2. 老年人社团

如前所述，由于东欧国家形成华人移民群体是 20 世纪 80 年代末以后的现象，因此，总体年龄结构相对年轻。反之，在西欧华侨华人社会中，老年人的绝对数字正不断增加。老年华人的处境，有其特殊性。

西欧华侨华人社会中的老年人多是第一代移民，他们身上带有较深的中华文化烙印，早年都曾经历过异域创业的艰辛。而且，他们的文化水平大多比较低，掌握所在国语言文字的水平十分有限，多数人仍然只习惯于和持同一方言的同胞交往。受西欧社会风气影响，他们的子女成年后大都分居独立，这就使他们的晚年生活显得格外冷清孤寂，当患病需要医治、体弱需要照顾时，更是常常不知所措。因此，一方面，如何帮助这些辛劳终生的老年华人安度余生，另一方面，老年华人们也期望彼此互助互帮共度晚年，两相结合就构成了组建老年华侨华人社团的基本动因。

"敬老"是中华民族的传统美德，因此，在不少大型社团中，均设有"老人组"或"敬老组"，为本会的老人们服务。

荷兰旅荷华人联谊会的两大宗旨之一是：关心老年侨胞，使他们能够"老有所为"。[①] 该会的早期会员以来自香港、宝安（深圳）的侨胞为主，时至二十世纪八九十年代，这批早期会员大都年事渐高，他们辛苦了一辈子，希望能够有个比较幸福的晚年。荷兰对于老年人的社会福利不错，但他们更需要的是彼此多走动、多交流。联谊会会所位于阿姆斯特丹唐人街附近，渐渐地，该会大约在 90 年代形成了一个不成文的规矩：每周确定一个下午作为本会老人家们到会所相聚的日子。每到这一天，来自阿姆斯特丹及周围地区的老人们就聚集到会所，听讲新闻，唱歌娱乐，闲话家常，下棋打牌。90 年代会务兴旺时，该会还不定期地组织老人们外出旅游，并在每年中国传统节日如春节、端午、中秋和西方的圣诞节时组织老人们聚餐，由会长亲自向老人们敬酒祝寿，共度佳节。更为难能可贵的是，不少老人家并不仅仅满足于享受联谊会所提供的各项服务，而且积极主动地为华人社会作贡献。他们不仅热心为本会服务，而且，凡是全荷侨界在阿姆斯特丹组织的大大小小的活动，他们无不积极参加。每次组织赈灾义捐，这些老人们总不顾年迈体弱，到一家家商号、餐馆去筹集捐款；每次重大的群众性活动，从布置会场、维持秩序、沏茶倒水到招呼客人，处处可以见到他们辛勤忙碌的身影。

法国潮州会馆第二届理事会就职后即成立了耆英组，将"服务老年会员"作为该会的重要会务之一。耆英组成立之时，若有组员 90 多人，至 1997 年已增加到 500 多人。会馆理事会每年均在财政预算中提出一部分专供耆英组支配。每年重阳节时，会馆必举行敬老联欢；辞旧岁迎新春时，耆英组的老人们还会得到会馆赠送的红包。有组员不幸去世，耆英组即向其家属派送慰问金，并委派专人协助其家属处理后事。耆英组负责人还定期组织有利于老人们身心健康的活动，从举办保健知识讲座、组织自弹自唱的联欢娱乐活动到春暖花开时节外出郊游野餐，极大地丰富、充实了老人们的晚年生活。

笔者访问过的西欧诸多老人会中，位于英国苏格兰的莎夫溪永康老人会，是

---

① 荷兰旅荷华人联谊会的两大宗旨是"老有所为""幼有所教"。

会务活动广泛、社会影响突出的一个组织。

永康老人会成立于 1988 年夏，最初会员约 80 人，大家每周二下午聚会两小时，或拉家常，或一起玩玩麻将、纸牌。然而，由于场地租金费用等全靠华人社会自己筹措解决，因而时感捉襟见肘。在该地区华裔社会工作者的努力争取之下，从 1989 年起，该会的活动得到了苏格兰莎夫溪省社会工作署在经费上的大力协助与支持，并被纳入该地区的"少数族群计划"（Ethnic Minorities Project），从此情况大为改观。1990 年，老人会迁入一处宽敞的会所，每周开放四天，并开始聘任专门社工为老人们服务。1993 年，该会又获得当地政府"市政援助金"（Urban Aid）为期四年的资助，会务更上一层楼。由于有了充足、可靠的经济支持，该会的会务活动生气勃勃、多姿多彩。1997 年底当笔者访问该会时，该会已有会员约 500 人，专门聘请为老人们服务的受薪社工也已有 10 多人。宽敞的会所位于格拉斯哥市中心，交通十分方便，除周末外每天均向会员开放。该会自购 2 部 16 座的中型汽车，每日接送行动不便的老人到会所参加活动。在会所内，有大屏幕的电视机和录像机每日向前来参加活动的老人们播放中文录像节目，会所内的卡拉 OK 设备也定期让老人们一展歌喉。会所内还备有病床，有华人医生定期来为老人们巡诊。当然，会所内也少不了中国人喜爱的麻将台。每逢星期一、三、五中午，会所内还有人专事烹饪，为来会参加活动的老人们提供三菜一汤之中餐。中国传统十分重视老人们百年之后的"永久归宿"，经该会领导一再申请与呼吁，1995 年，格拉斯哥相关政府部门专门划出一片地，由该会规划建立了永康老人会华人永久墓园，用老人们自己的话说："总算有了一个令人满意的安身之处"；"身后有同胞相伴，不会太寂寞"；"可以放心地'走'了"。

3. 华裔青年社团

"华裔青年"或曰"第二代"，是一个特殊的群体。他们或在童年时代就随父母移居异国，或出生于父母移民他乡之后，总之，他们的社会化过程全部或基本上是在移居国完成的，他们是在自身的血缘文化和成长的环境文化相互撞击与交融中成长的一代人。在他们身上，既有因父母、家庭之潜移默化乃至因血缘遗传而表现出的中华传统文化的印记，又时时自觉或不自觉地流露出所在国文化氛围熏陶的思维定式，故而往往在思维、举止和行为方式等方面不可避免地表现出既非全此亦非皆彼的矛盾性。在当地国主体民族眼里，这些华裔青年大多仍被视为中国人或外来人，可是，在其父母的眼里，则往往被认为太欧化了。就这些青年自身而言，他们也有不少困惑：做个完完全全的中国人吧，不可能，因为当地国的教育已在身上扎了根；做个彻彻底底的当地人吧，也不行，因为与生俱来的相貌时时处处表明自己是一个中国人。

以下是从荷兰阿姆斯特丹启华书院及英国共和协会中文学校学生的命题作文

"读中文的好处"中摘抄的几段文字，从中生动地折射出华裔青年的困惑、思索与追求：

中文对我来说是一种很重要的语言，因为我是中国人，我的亲戚朋友大部分都是中国人，我是需要用中文和他们沟通的［……］多学一种语言，是一件好事。尤其是对将来找工作或许会容易一点吧！加上中国现在在经济上的开放，世界各国的商人都想到中国投资发展，如果中国在经济上能够继续进步，令中国在世界上也能占一定重要的地位，这样中文就可能成为世界语言之一。到时学中文不再是中国人的专利，不论你是中国人或是外国人，学中文就等于学英文、法文等一样重要。

中国人是世界上最大的一个民族，我们身为中国人，当然就要学自己的语言——中文，这样我们就可以用自己的语言来互相沟通，减少彼此思想上的隔膜，继而促进大家的感情［……］多学一种语言对自己将来也很有用，如在社会上找工作或做生意……

中国人可以说是世界上最大的一个民族，他们遍布世界各地，不论你在世界上任何一个角落都很容易找到他们的。所以，如果你将来为求学、旅游、探亲、迁徙、做生意，等等，都可能到其它（他）地方去，遇上或接触中国人的机会也不会少，到时你就可以用中文与他们交谈，这样就会特别亲切的。所以现在你就要学好你的中文，否则你将来可能成了一个"聋子"和"哑巴"……

记得小时候，爸妈便把我送到中文学校去，虽然他们经常工作到深宵，但是，他们宁愿睡得少些，也要抽空在星期天早上，把我送到学校去，让我有机会学习中文，认识祖（籍）国的文化和优良传统，为的是不想忘本，不要我光做香蕉人——黄皮白心肝的一族。对于父母的用心良苦，当初我是绝对不了解的，尤其是遇到难记难写的生字时，我更埋怨爸妈，为什么硬要我吃这苦头——学中文。可是，日子久了，我发觉可以用中文跟住在香港的爷爷通讯（信），又可以看中文书报和明星周刊，还可以看得明白来自香港方面的录影带，更可以高歌一曲中文卡拉OK哩。这时候我开始感到懂得祖籍（国）语言文字，除了是理所当然外，更是一份光荣哩！

一位父亲是中国人、母亲是德国人、自己已到中年的女学者在回忆文章中写道：

我是在柏林长大的，伴随着对第二故乡的梦幻，我学过英语、拉丁语、古希腊语和法语，却几乎不会一字汉语。然而，我始终清楚地知道，我与班上的其他

同学、朋友不一样。我的家姓、我那不明朗的国籍天天使我联想到这点。在家里，我们吃的是中国菜，喝的不是咖啡而是茶。圣诞节我们也不像我们的德国女友一样庆祝。总是有人问我是否会读写或者至少会说中国话。在两个世界中长大，首先意味的是没有归属感。我父亲早逝后，我才开始寻找我的中国根。我想弥补一切：学语言，了解中国文化，到中国去旅游。1980 年，我踏上了我父亲不能再目睹的故乡。自那以来，我已多次去过中国，结交了许多朋友，在中国学习和从事研究工作，还写了大量关于中国文化和历史的报道。现在我享受着能在两种文化中如鱼得水、自由翱翔的欢乐。

华裔青少年们相互类似的经历、心态、困惑与追求，使他们较容易相互吸引，相聚成群。欧洲华裔青年组团结社的动态，主要有以下三个不同倾向。

第一类倾向：由于彼此相似的、在自我认识上发生的困惑，使华裔青年组织起来，反向追索自己的中华文化之根。

例如，1994 年，荷兰华裔青年相继组织了两个自己的社团："新一代"与"荷青总会"，前一个社团以广东、香港籍的华裔青年为主，而后一个则以浙江籍的华裔青年为主。他们大多数能讲家乡方言，但读写中文的程度都很有限。因此，这两个会虽然分别在荷兰的中文报纸《华侨通讯》《唐人街》上辟有专版，但所有文章基本都用荷兰文写成。他们与荷兰其他华侨华人社团的差异，此为一例。这两个会成立的宗旨都是为了共同探索自己的文化之根，并共谋发展。自成立以来，两个会都已多次组织各类专题研讨会，分别探讨华裔青年在荷兰的就业前景、华裔青年如何与老一代相互沟通、华裔青年如何参加志愿社会工作服务等问题。这两个社团也已多次组织其会员到中国内地、香港旅游、学习，实地了解中国的发展与变化，有的会员已在中国内地或香港寻找到自己的发展机会。

第二类倾向：由于年轻人特有的青春活力，并受当地国青年人社团组织的影响，一些华裔青年以"俱乐部"（club）的方式组织自己的社团，他们既不强调自身的华裔特点，也不愿主动地去和其他主要由第一代华人移民组成的社团建立联系，而纯以会员之间的联谊、娱乐为主要纽带。此类社团尤以各类体育团体居多。

第三类倾向：少数选择认同华人群体的华裔青年，或积极参与华侨华人社团的组织工作，或成为社会工作者，从而成为华人移民群体与当地国有关部门之间相互沟通的桥梁。这部分人虽然为数不是太多，但有其特别意义。例如，前述北爱华商总会及北爱华人福利会、莎夫溪永康老人会等社团组织，之所以能够为当地华侨华人提供全方位的服务，均与当地一些华裔青年的具体策划和多方疏通密切相关。由于他们在当地学习、成长，并以社会工作为专业，对当地有关部门的工作方向与沟通渠道了如指掌，因此，在为华侨华人争取权益的时候，就能够事半功倍。

中国社会经济的高速发展，中国与欧洲各国经济、贸易、文化往来将持续增长，如此客观前景，无疑为海外华裔青少年创造了新的发展机遇，提供了他们能够在中欧两种文化中如鱼得水、自由翱翔的宽广的发展天地。

（八）宗教联谊组织

欧洲华侨华人信奉的宗教主要有基督教和佛教，以共同宗教信仰为成员纽带的团体以这两大宗教为主。此外，也有一些华侨华人信奉道教、伊斯兰教或其他一些教派，但人数比较少，影响也比较有限。

欧洲华侨华人的宗教信仰深受中国本土传统及欧洲社会现实的双重影响。

中国人本以信奉佛教者居多，尤其在中国南方城乡，大小佛堂普遍香火鼎盛。但是，长期以来，中国民间信仰的显著特点之一是佛释道兼容。这一特点也反映在欧洲华侨华人社会中。例如，在欧洲不少中餐馆或加工厂内，不管主人信的是哪方宗教，往往在某一角落供奉着佛祖、观音、关公或财神，有的还设有精致的佛龛，初一、十五必焚香上供，顶礼膜拜，唯恐不周。

不过，在欧洲华侨华人的主要祖籍地，如浙江的青田、温州一带，基督教的影响更大。1842 年中英《南京条约》签订后，浙江的宁波被列为"五口通商"口岸之一，西方传教士随即进入该地区传教，时至 1917 年，浙江省各市（县）都建立了基督教会。20 世纪 50 年代初，浙江省有基督教徒 20 万人，以后基督徒人数仍不断上升，即使在"文革"期间也不曾完全停止活动。据浙江省 1991 年统计，全省有教堂 1 990 多所，获准登记的聚会点 3 500 多个，正式登记的基督徒有 96 万多人。90 年代末的最新统计表明，全浙江省的基督徒人数已增加至200 万。基督教在温州地区传播尤其广泛，不知从什么时候起，浙江的基督徒已将温州称为"中国的耶路撒冷"。温州地区人口约 680 万，其中基督徒上百万，教堂 1 500 座，正式聚会点 2 000 多个。[①] 在温州及与之毗邻的青田农村山区，高高矗立着十字架的基督教教堂随处可见。因此，近年离开青田、温州抵达欧洲的一些新移民在出国之前已经在家乡农村正式入教，另有一些人则在不同程度上受到信教的家人、朋友或邻居的影响，对基督教也不陌生。

在欧洲国家中，如意大利、英国、西班牙等本身就是宗教氛围十分浓郁的国家。华人移民来到这些国家之后，除了在潜移默化中进一步受到宗教文化之感染

---

① 有关统计数字根据笔者访问基督教罗马华人教会时该会提供的资料。原资料由浙江省基督教会提供，题为"跨向世界前列——记我国教会的复兴景象"。

外，更因异域求生之艰难而希望找到精神上的寄托。

因此，在欧洲华侨华人当中，无论是基督教或佛教的教友团体，在华人移民中都具有相当强的吸引力。

1. 基督教教友组织

早期欧洲华侨华人基督教的教友组织以来自香港的移民为主，并得到香港、台湾地区相关基督教团体在经济上、人力上的多方支持。1951年，身居英国的华人牧师王又得创立了基督教华侨布道会，并前往欧洲各国向当地华人传道。1974年，以荷兰、英国的基督教教友为主，又成立了旅欧华侨福音布道会，旨在促进全欧华人基督教福音会教友之间的相互联系与合作。该会成立后，几乎每年都在欧洲不同国家举行教友联谊活动，并为青年教友举办特别的培训课程。华侨福音布道会在西欧各国均建立了分会组织。

20世纪80年代后在西欧国家新成立的华人教友组织则以来自中国大陆的新移民为主体。如前所述，中国大陆新移民的主要原籍地温州是基督教影响较大、势力较强的地区，因此，这些新移民出国来到欧洲之后，很快就建立、发展了自己的教友团体。

在意大利，当地以温州籍为主的新移民于1985年成立了基督教意大利华人教会总会，成立之初仅有会员六七十人，90年代后随着新移民人数增加，会员人数也直线上升。据笔者于1997年12月访问该会时了解到的情况：当时该会已有正式会员约2 000人，以年轻人为主，分别在全意大利不同地区成立了18个分会，另有3个分会正在筹备之中。该会没有专职牧师，但有同工46人为教友们服务。该会罗马分会已在罗马城内建立了正式的华人教堂，面积有400平方米。照顾到中餐馆营业时间的特点，每周日礼拜安排于星期天下午3点半到5点半举行。考虑到教友们习惯使用的语言有所不同，为适应不同群体的需求，由同工主持的讲道分早、中、晚3次进行：上午用意大利语讲，中午用青田话或温州话讲，晚上则用普通话讲。在教友义工的组织与协助下，该组织还开设有免费授课的中文班、音乐班等，各有学生数十人。意大利华人教会总会出版有中文季刊《甘泉》，罗马分会则另编辑出版中文月刊《和平福音》，这些刊物在传播基督福音、报道有关教会活动的同时，也介绍一些与意大利华侨华人切身利益有关的社会福利、法律法规知识，并在华侨华人中免费分发。

西班牙华侨华人中的基督教教友团体自20世纪90年代后期也进入快速发展期。西班牙华人基督教教友团体主要分为两大系统：一是西班牙华人福音布道会；另一是西班牙华人基督教会。前者以来自香港、台湾的移民为主，人员不多，但成立较早；后者以浙江人为主，系90年代大批新移民进入西班牙后才成立的。据介绍，该会已在马德里、巴塞罗那、瓦伦西亚等西班牙华侨华人较为集中的城市或地区建立了 5 个分会，会员总数当以千计。各教友组织除了正常的每周主日崇拜、查经会、祷告会之外，每年还组织若干次大型的布道会，有以青少年教友为主的青年团契活动，平时还组织同工、教友之间相互探访，增进友情与互助。

图 9-14　意大利罗马一所华人基督教会教堂同时是中文学校校舍（李明欢摄于 2017 年 10 月）

图 9-15　西班牙马德里一所华人教会的第一届执事按立暨新届同工就职典礼（李明欢摄于 2008 年 11 月）

2. 佛教团体

国际佛光会是欧洲华侨华人社会组织网络最广泛的佛教团体，时至 20 世纪末，佛光会下属分会已遍布欧洲。

国际佛光会是一个全球性的组织，总部设于台湾的佛光山。国际佛光会由星云法师于 1967 年在台湾创建。星云法师提倡"人间宗教"，倡导将佛教的理论与实践、弘法与生活相结合，主张"重今生"，要求信众"积极入世"。星云法师的学说，吸引了世界各地的众多信徒。从台湾佛光山派往欧洲各国的师傅们，大都是年轻的女尼，由她们主持着各国各地佛光会的日常事务，并定期为信徒们讲道解经。各地信徒以华人女性居多。时至 20 世纪末，在欧洲，从西欧的法国、荷兰、德国，南欧的葡萄牙、西班牙，北欧的丹麦、瑞典，到东欧的匈牙利、俄罗斯，规模大小不等的佛光会分会已遍布各国。在法国，佛光会在巴黎建立了规模宏大的佛光山道场。在德国，佛光山柏林禅净中心 1994 年 8 月在星云法师主持下于莱尼肯多夫区维特大街（WittestraBe 69，Reinickendorf）落成、开光。在荷兰，佛光会在阿姆斯特丹主持建造的荷华寺于 2000 年 9 月正式落成，荷兰女王亲临落成典礼，并手持木槌，为庆典敲响了开幕的钟声。

在法国，除佛光会之外，法国潮州会馆、法国华裔互助会和法国华侨华人会都分别设立了宽敞、庄严、富丽的佛堂或佛寺，并有专人主持各项礼佛活动。

法国华裔互助会佛堂正式落成于 1989 年，佛堂内的观世音菩萨、北极玄天上帝（玄武山佛祖）铜铸金身佛座专门请自该会会员的祖籍地广东汕头，并由来自汕头的大法师主持开光盛典。

法国潮州会馆于 1990 年购置了永久会址后，即在会所内设立佛堂，并以荟萃佛教各方精华为特点。潮州会馆的佛祖分别请自泰国及中国大陆普陀山和台湾。佛堂落成后，先后有来自泰国普门寺、新加坡光明山、美国万佛圣城的佛教高僧，以及来自中国的潮州开元寺、上海玉佛寺、五台山碧山寺、普陀山普济寺、台湾佛光山、香港佛教律仪净苑的诸多著名法师，或亲临潮州会馆的佛堂主持开光大典，或为法华善信们祈福消灾，弘扬佛法。

法国华侨华人会于 1999 年做出决定：建立佛教文化中心，以丰富会务活动。由于该会原会址地方有限，因此又另向巴黎有关方面申请并获得批准，在巴黎东北郊邦丹（Pantin）地区建立了一座占地 1 000 多平方米的法华寺。该寺宽敞气派，香火旺盛，尤其每逢初一、十五或节假日，时常会有数百位华人善男信女前来烧香拜佛，品尝斋饭。

以上三处佛堂/佛寺每年收入的香油钱都相当可观。按照约定俗成之法，所有香油钱都反馈于法华社会，用于扶危济贫，广做善事。

图 9 - 16　法国法华寺（李明欢摄于 2013 年 8 月）

图 9 - 17　意大利普拉托普华寺

图 9 - 18　法国佛光山法华禅寺（李明欢摄于 2013 年 8 月）

图 9 - 19　荷兰阿姆斯特丹荷兰佛光山荷华寺（李明欢摄于 2017 年 10 月）

（九）中外人士联合组织

由华侨华人与当地国的有关人士共同组织社团，并以促进当地国与中国的友好关系，进而提高华侨华人在当地的社会地位为目的，这类社团的总数虽然不太多，但其所昭示的意义十分深刻。

此类社团依其组建过程，大致可分为三类：第一类由中外人士共同发起组建；第二类则由华侨华人自行组建后，再以团体名义加入到当地相应的社团组织，成为其中的一个会员；第三类则由当地国社团在华人移民中发展其分支组织。

以西班牙的西中友好协会为例。该协会由 30 多位华侨华人及 10 多位西班牙人共同发起组建，协会主席是一位西班牙的政治活动家，曾任西班牙瓦伦西亚大

区的总秘书长，副主席共有6位。其中，3位副主席是西班牙人，系当地著名的企业家或政治活动家。该会的第一副主席由一位在瓦伦西亚华侨华人中威信较高的温州籍华侨担任，另两位担任副主席的华人也是当地华侨中的知名人士。该会成立后，已先后促成西班牙的瓦伦西亚省与中国的四川省结成姐妹省，促成浙江的温州市与西班牙的阿利坎特市（Alicante），以及浙江的瑞安市与西班牙的萨贡托市（Sagunto）双双结成姐妹城市，同时推进了一大批双边合作项目，为促进中西两国友好交往、增进商贸往来发挥了特殊的作用。

又如，1991年成立的葡中世世代代友好协会也是一个由葡萄牙华侨华人与葡萄牙人共同组织的社团。当时的葡萄牙总统应邀担任该会名誉会长，第一任会长以前曾担任过葡萄牙驻澳门的总督，对中国及中华文化均有一定的了解与感情，葡萄牙侨界若干知名人士代表葡萄牙华侨华人参加该会的工作。在该会之下，还设有一个东方发展会社，由葡萄牙波尔图大学理工学院院长担任会长，主要负责促进葡中文化交流；同时另设一个葡中工商会社，主要负责促进商业贸易往来。通过中葡双方会员的共同努力，曾多次成功地为葡萄牙企业家到中国投资办厂穿针引线，还促成中国著名的浙江大学与葡萄牙历史悠久的波尔图大学建立了校际友好合作关系。

再如，1997年3月正式宣告成立的比利时中国会，系由比利时华侨华人与比利时友好人士共同组成，至1997年底已有100多家比利时公司加入为会员。该会的宗旨是：协助比利时中小型企业与中国的经贸合作；弘扬中华文化艺术；促进中比两国人民的友好往来。该会成立后，曾先后在比利时成功举办"中国文化节""中国之夜"等大型文化活动，增进比利时人民对中国及中国文化的了解。

华侨华人社团加入到当地国相关大型社团而成为其社团成员的，也有不少。例如，荷兰的中国饮食业公会加入荷兰皇家饮食业公会为会员，荷兰华人义工网成为荷兰义工网的组成部分。在英国，建立于伦敦、曼彻斯特、伯明翰、诺丁汉等地的华埠狮子会或华埠扶轮社，均以从事慈善事业、为当地华侨华人提供社会服务为己任，这些组织也都分别是国际狮子会或国际扶轮社的成员。

第二节　欧洲华人社团运作

中国人远离本土，移居欧洲，在陌生的西方文化环境中，作为独立化、分散化的经济活动主体奋斗谋生，其力必弱，其势必单。当处于"小打小闹"阶段时，往往借助于亲朋好友的互助互帮以谋求立足，可是，当事业发展到一定规模，尤其是需要形成群体利益代表时，就必须通过制度化途径建立组织。因为，

"社会关系网不是天然生成的，也不是社会自动赐予的……能在或长或短的一定时期内发挥作用的社会关系网是个人或群体在有意无意间投资建构的产物"①。当群体利益需要表述时，社团作为制度化的群体形象，其影响力远甚于个体的自由聚集，社团运作实际就是追求群体效应的实践。

欧洲华侨华人社团联合会成立于 1992 年，是一个以欧洲各国华侨华人社团为基础的全欧性华人联谊团体。欧华联会自成立以来，几经周折，风波不断，领导层及核心成员也已几度更换，但是，作为一个大型的跨国洲际联合社团，欧华联会不仅一直保持着定期举行全欧性大会以增进交流联谊的运作模式，而且曾数次代表欧洲华侨华人主动与欧盟建立联系和进行对话，故而在欧洲华人社团历史上是一个具有特殊意义的重要社团。

本节拟以欧华联会为个案，从组建、运作及功能三个层面，探讨剖析欧洲华人中的领袖人物通过建立跨国大型社团以追求群体效应的主观动机及客观效果。②

一、社团组建：组织结构制度化实践

"自由结社权"是人民在近代资产阶级革命中获得的一项权利，并且"穿上宪法制服而成为不可侵犯的了"。③

在欧洲各主要国家，自 19 世纪中期，结社自由即逐步纳入相关国家立法。在荷兰，结社自由最初经由 1848 年宪法得到承认，随后又通过制定《1855 年结社和公共集会法》对社团的权利地位做出翔实规范，对非营利性社团做出了明确定义："非营利性社团是一项协定，由具有一定知识和能力的，为了共同的非营利性目的而长期存续的两人或者两人以上达成。"德国 1896 年德国民法典、瑞士 1907 年联邦民法典，对法人社团进行了规范。法国在 1848 年宪法中宣布了结社自由，随后于 1901 年制定并公布了关于结社自由的专门法律，给予社团以法律人格。比利时 1831 年宪法承认了结社自由，1921 年实现对具有法律人格的常规社团的管理。奥地利较迟，直到 1951 年《社团法》才正式生效。总之，结社自

---

① Pierre Bourdieu, "The Forms of Capital", in J. G. Richardson ed. , *Handbook of Theory and Research for the Sociology of Education*, Greenwood, 1985, p. 249.

② 欧华联会成立之初，笔者正在欧洲学习、工作，在欧华联会成立的最初 10 多年间，曾经协助欧华联会做过与欧盟的联络工作，并承担过欧华联会受欧盟委托而进行的关于欧洲华侨华人概况的调研任务，对欧华联会的建立与运作做过比较深入的调研。2012 年欧华联会成立 20 周年之际，笔者作为特邀代表，参加了欧华联会成立 20 周年的庆典。在此感谢欧华联会历任领导人胡元绍、徐松华、张曼新为笔者研究提供了翔实资料。

③ ［德］马克思：《路易·波拿巴的雾月十八日》，《马克思恩格斯选集》（第一卷），人民出版社，1972 年，第 615 页。

由在西欧国家有较长的历史，因而已经较深地融入民众的社会理念与实践之中。

西欧国家关于社团法的具体条款虽然各有不同，但主要理念和规范基本包括以下两方面的内容。

一是宣示自由结社权。如荷兰《1855 年结社和公共集会法》明文规定："社团可以自由设立，不需批准或者预先申报"；瑞士联邦民法典第 60 条规定："以政治、宗教、学术、艺术、慈善、社交为目的的及其他非经济性的社团，自表示成立意思的章程作成时，即取得法人资格"；比利时宪法第 20 条规定："比利时人民有结社权，此种权利不受任何预防措施的限制"；葡萄牙宪法第 46 条也规定："公民有权自由结社，不需任何批准……社团能自由奉行其目标，不受任何国家主管机关的干涉，不得由国家予以解散，除依法律规定作出判决外，不得停止其活动"。

二是结社"不得与公共秩序相悖"，必要时，可要求社团"向第三方提供关于组织及其董事会成员/代表的信息，并且通过公布财务声明提高组织的透明度"。①

要而言之，西方国家在社团管理的基本原则是"追惩制"，即认为人民群众在组团结社之前经过政府有关部门的审查，政府有关部门的管理职责是在发现某个社团越轨、违法时，及时进行干预，实施"追加惩罚"：或令其改组，或令其解散，触犯法律者可提交司法审判，直到制裁。②

在实施"追惩制"的国家，组团结社既简便又自由：几个志同道合者确定组织名称和宗旨，拟就基本章程，即可宣告某个社团成立，如果向政府有关部门正式注册，即可获得社团法人资格。

正因为如此，在此类国家中，各式各样名目繁多的民间社团组织遍及社会生活的各个层面。如前所述，生活在当地国的华侨华人社群，也活跃于组团结社领域。通过组团结社，原先客观存在的松散的民间网络实现向组织结构制度化转化，并且通过制度化建设发挥社会功能，是海外华人社群在自觉与不自觉中不断实践的社会活动。而欧华联会的建设，正属典型个案之一。

（一）全欧性华人社团源起

在欧华联会于 1992 年正式成立之前，欧洲已存在 20 多个全欧性的华人社团组织（详见表 9 - 4）。

---

① 详见《荷兰及其他西欧国家中结社自由的法律实施》，普世社会科学研究网，http：//www. pacilution. com/ShowArticle. asp？ArticleID = 1533。

② 社团管理立法上与"追惩制"相对立的体系是"预防制"，即民众在组团结社前必须经过政府有关部门的严格审查，必须在获得政府有关部门的许可后方可成立。

表 9 - 4　部分全欧性华人社团组织（1965—1992 年）

成立年代	社团名称	成立地点
1965	欧洲张氏宗亲福利会	伦敦
1968	海外彭氏宗亲会	伦敦
1970	全欧台湾同乡联合会	巴黎
1974	旅欧华侨福音布道会	鹿特丹
1975	旅欧华侨团体联合会议	汉堡
1976	旅欧文氏宗亲会	伦敦
1978	欧洲龙冈忠义总会	马德里
1981	欧洲华人学会	里昂
1982	欧洲越棉寮华人社团联合会	巴黎
1983	旅欧吉澳同乡会	格拉斯哥
1983	旅欧林村同乡会	伦敦
1984	旅欧邓氏宗亲会	伦敦
1986	欧华经济协进会	雅典
1987	欧洲华商经贸协会	*
1990	欧洲客属崇正总会联合会	伦敦
1984	旅欧大鹏同乡会	海牙
1991	欧洲华文作家协会	日内瓦
1992	欧洲华侨华人社团联合会	阿姆斯特丹

＊不详。

20 世纪 80 年代之前成立的全欧性华人社团，依其成员的联结纽带及成立背景而言，主要有以下三类。

1. 乡缘社团

"二战"后率先成立的全欧性侨团欧洲张氏宗亲福利会，系由香港新界移民欧洲的张氏宗亲于 1965 年发起成立。随后，又有同是来自香港新界的彭氏、文氏、邓氏相继成立全欧性宗亲会，以及由刘、关、张、赵四姓互联宗谊而结成的欧洲龙冈忠义总会。同期成立的全欧性地缘社团则有吉澳、林村、大鹏同乡会。这一批全欧性宗乡社团的出现，是"二战"后第一次移民潮的产物。此后，伴随着"二战"后第二次移民潮，则出现了由来自印支华人再移民组成的欧洲越棉寮华人社团联合会。

由于欧洲各国之间多无天然屏障，无论是欧洲人或是华人移民，跨国联系或跨国往来均比较频繁。本书第一章业已提及，早期中国人赴欧，往往只想到"去

欧洲"，对于究竟去往哪一国并不了解，也不在意，而抵欧后在多个欧洲国家之间辗转谋生的情况更是十分普遍，因此，欧洲华人同乡、同宗多在移居过程中自然而然地形成跨国网络，此为欧洲华人跨国社团组建的基础。此外，在二十世纪七八十年代之前，欧洲华人群体在欧洲各国人数少，力量弱，影响小，因此，为了壮大力量，也需要借助于跨国网络。

还值得一提的是，上表所罗列之全欧性宗乡社团，不少社团的主要成员集中于英国，却打出全欧性的旗号，究其原因，"二战"后香港新界人移居欧洲均以英国为落脚处，随后才逐渐移居欧洲大陆其他国家，但人数不多。而且，后者在移居、创业欧洲大陆诸国的过程中，大多得到过业已定居英国之宗亲的帮助，因此，愿意也希望能加强与英国宗亲的联谊，而定居英国者则愿意以此壮大本团体之声势。

以上乃"二战"后最先成立的一批全欧性宗乡社团的总体背景。

2. 学缘社团

此类社团以欧洲华人学会（简称"欧华学会"）为主要代表。该会作为欧洲汉学家们的第一个联谊性社团，正式注册了英、法、德语三种名字。英文名称：Association of Chinese Scholars in Europe，法文名称：Association Culturelle des Chinois en Europe，德文名称：Gesellschaft Chinesischer Wiss – enschaftler in Europa。[1]

欧洲华人学会诞生的背景与欧洲汉学会密切相关。1976 年，欧洲一批致力于中国汉学研究的中青年汉学家在巴黎召开了欧洲汉学会第一次大会，正式宣告筹备多年的欧洲汉学会正式成立。

时至 20 世纪 70 年代，在欧洲从事专业教学与研究工作的华人学者仍凤毛麟角、屈指可数，而且还散布于不同国家，彼此互不知晓。欧洲汉学会的成立与汉学大会的召开，为欧洲从事与中国、中文相关之教学和研究工作的华人学者们提供一个相互认识的机会。

1978 年 9 月 4 日，欧洲汉学会在意大利小城奥蒂塞伊（Ortisei）主办又一届欧洲汉学家大会。在此次会议上，与会的 10 多位华人学者相聚一起，认真讨论成立欧洲华人学会之议题。大家一致认为，华人学者为推动欧洲的汉学研究功不可没，但是，华人学者的参与却一直被置于幕后，从事无名无利的助手工作，处于为人作嫁的尴尬地位。当时欧洲华人学者独立著书立说者很少，究其原因，欧洲华人学者们总结出如下三方面原因：

其一，欧洲华人学者大多客卿思想，有些人原本各有不同专业，但由于种种

---

[1]　关于欧洲华人学会的筹备早期活动情况，参见陈三井：《欧洲华人学会与欧华学报》，《汉学研究通讯》1984 年第 3 卷第 1 期。

原因留居欧洲后不得已转行教授汉学，仅视之为谋生工具而已。

其二，当时欧洲华人学者，大多是在中国国内接受完高等教育后出国抵欧，多数人在使用当地国语言写作上，难与欧洲学者比美，即使有了著作，亦难获得应有重视。

其三，当时中华人民共和国与欧洲主要国家之间微妙的政治外交关系，使到欧洲从事人文科学研究的学者们往往持谨小慎微的处世原则，担心卷入不必要的政治纷争之中。

意大利会议上欧洲华人学者之间经过坦诚对话，达成两个重要决议：一是赞同旅欧华人学者们日后定期聚会，抛开政治偏见，互相在教学和研究问题上交换心得，并争取定期出版中文的学术性刊物；二是建议一年后在德国举办首次欧洲华人学者的正式聚会。

1979 年 8 月 12 日，20 多位欧洲华人学者聚会汉堡，选出黄祖瑜、马大任、关愚谦、李治华等五位热心人士，负责欧华学会的实际筹备工作。

1981 年 8 月，近 30 位来自欧洲各国的华人学者齐聚法国里昂郊外爱佛镇（Eveux），制定并通过了欧洲华人学会的章程，宣布学会正式成立。

欧洲华人学会章程明确规定：欧华学会为纯学术性的组织，以提倡学术研究，彼此交换教研心得与经验，促进中西文化合作及敦睦学人间之感情为宗旨。根据学会章程："凡在欧洲各大学、研究所及其他机构以及个人从事教学或研究之华籍或非华籍之华裔学人，皆得为该会会员。"换言之，学会会员都是在欧洲各大学、研究所写文章或拿工资的所谓"文化人"。第一届成立大会选出了由 9 位知名学者组成的理事会，选举瑞典哥登堡大学教授黄祖瑜为会长、法国巴黎第八大学教授李治华为副会长。

欧洲华人学会组建后，在二十世纪八九十年代活跃于欧洲华人社会。除每两年举办一届欧洲华人学会年会外，还于 1983 年 5 月出版了《欧华学报》创刊号，发表会员们研究汉语文学的学术作品。

欧华学会作为欧洲历史上第一个由华人学者自行组建的学缘性社团，在全欧性华人社团历史上具有重要意义。①

3. 政治社团

1971 年 10 月，联合国大会以压倒性的多数投票通过了恢复中华人民共和国

---

① 1991 年之后，欧洲华人学会的活动曾得到香港霍英东基金会的经济支持，运转良好，影响力上升。1995 年在法国巴黎召开的大型年会及 2003 年在珠江三角洲召开的由中欧学者共同参与的"中国向何处去"研讨会，都极具规模和影响力。2006 年霍英东先生逝世后，学会失去了经济支持，且早期主要领导人由于年龄及健康原因不能再参与学会工作，有的中年理事返回中国工作，以致学会后继无人，2004 年后已不再举行活动。

合法席位的提案。1972 年 2 月，时任美国总统尼克松访问北京，中美发表了著名的联合公报《上海公报》，指出：中美两国的社会制度和对外政策具有本质区别，但双方同意，各国不论社会制度如何，都应根据和平共处五项原则处理国与国之间的关系。中国方面重申"中华人民共和国政府是中国的唯一合法政府"，"台湾是中国的一个省"，"解放台湾是中国的内政，别国无权干涉"。美国方面声明"在台湾海峡两边所有的中国人都认为只有一个中国，台湾是中国的一部分。美国政府对这一立场不提出异议，并确认从台湾撤出全部美国武装力量和军事设施的最终目标"。《上海公报》为中美两国关系正常化开创了新的前景，对缓和亚洲及世界局势作出了贡献，为中美建交奠定了基础，标志着中美关系掀开了新的一页。

中美关系划时代的变迁，不仅对台湾地区的政治情况产生巨大影响，也在海外华侨华人社会引起一连串连锁反应。早于 1949 年国民党当局抵达台湾后，台湾当局就一直希望争取海外华侨华人的支持，主要表现在维护侨民利益、"辅导"华侨经济及发展华侨教育三方面。进入 20 世纪 70 年代后，为了因应时局变化，台湾当局更进一步加强了对海外侨社的"辅导"与支持，强调通过华侨加强民间交往，加大在欧美华侨社会的工作力度，以培育世界各地支持的民间力量。正是在这一大背景之下，欧洲跨国性亲台侨团出现了跳跃式的增长。

旅欧华侨团体联合会议就是在台湾当局直接"辅导"与推动下成立的、最重要的全欧性亲台侨团。1975 年，在台湾"侨务"部门的支持下，旅欧华侨团体联合会议在汉堡召开旅欧华侨团体联谊会筹备会，旨在"增进旅欧各地侨团之联系，加强全欧侨胞之团结"①，该次大会在不久之后即被追认为旅欧华侨团体联合会议的第一届年会。

在全球五大洲中，欧华年会是在台湾"侨委会"支持下成立的第一个洲际华人社团，该会发起人一直以此为豪。欧华年会成立后，每年一度在欧洲不同国家举行年会，未曾间断。欧华年会的每届年会均有台湾"侨务官员"专程与会，每届会议都有来自全欧各国的数百侨胞相聚，由"侨委会"代表介绍台湾情况并听取侨胞心声，邀请特约嘉宾做专题演讲，座谈交流意见，有的年度还邀请文艺团体表演节目助兴。②

在成功组织欧华年会的基础上，欧洲比较亲近台湾地区势力的侨胞又相继组建了若干全欧性华人社团，在全欧范围内建构了多层次的亲近台湾地区势力的华

---

① 《欧洲华侨团体联谊会第二十届年会会刊》，1984 年，第 29 页。

② 虽然时有侨胞批评该会只是吃喝游玩，缺乏务实内容，但受益于台湾"侨委会"的支持，欧华年会自 1975 年成立以来，每年一届的年会从未间断，至 2014 年 7 月已在欧洲不同国家连续举办了 40 届年会。

人社会组织。其中，欧洲中山学会自 1986 年成立后，也基本坚持每年一届的年会，[①] 但进入 21 世纪之后，随着中国本土政治形势的变化，此类社团活动已大为减少，大多销声匿迹。

（二）欧华联会之组建

虽然上述全欧性华人社团组建的基础各有不同，宗旨各异，然而，若就组建的性质而言，则无一不是力图以制度化的形式巩固原先业已存在的松散的跨国网络，在这一点上，1992 年成立的欧华联会与之并无二致。但是，在制度化的程度、目标及运作上，欧华联会则显然具有自己的若干特点，从而得以后来居上，率先在欧洲举起了"欧洲华人代表"之大纛。

欧华联会的成立，经历了十年的筹备过程。

如前所述，进入 20 世纪 80 年代，欧洲法、荷、意、西等国中来自中国大陆的新移民数量大幅度上升，组团结社热潮随之涌动。

在欧洲大陆国家中，法国既是华侨华人最早抵达并定居的国家，也是华侨华人最为集中的国家。1950 年 10 月，定居巴黎的华侨自发组成了一个旅法华侨工商互助会，下设文书、财务、交际、总务、福利五个小组，积极开展会务，希望通过互助互帮，共谋发展。该会的主要成员祖籍都在中国大陆，且以浙江省为主，政治上认同于新成立的中华人民共和国。当朝鲜战争爆发、世界笼罩在冷战阴霾之下时，这个社团于 1952 年被法国政府下令解散。1964 年 1 月，戴高乐总统领导下的法国与中华人民共和国正式建立外交关系。消息传出，法国华侨欢欣鼓舞，原工商互助会的主要成员再度相聚，筹组联谊社团，并于 1970 年正式以旅法华侨俱乐部的名义向法国政府申请注册。直到中华人民共和国正式恢复在联合国大会的正常席位后，即 1972 年初，旅法华侨俱乐部的注册申请方最终获得批准。不久后，中国开始改革开放，大批新移民进入法国，推动该社团会员人数大幅度增加，社团活动蒸蒸日上，成为法国华侨华人社会的核心社团。

1983 年，由旅法华侨俱乐部第一代领导人积极倡导并带头捐资，集资在温州侨胞集中的巴黎第 3 区庙街购买了一处民房作为俱乐部的会所。为了庆祝新会所开张，旅法华侨俱乐部邀请了中国侨务部门代表团、中华人民共和国驻法大使以及来自荷兰、奥地利、西班牙、英国、比利时等国的十多个友好社团代表，前来巴黎参加隆重的新会所启用典礼。

---

① 欧洲中山学会成立于 1986 年，于 2014 年 7 月欧华年会召开之时，举办第 29 届年会。在此需要特别指出的是，欧洲中山学会成立之初系以支持台湾当局为宗旨。但是，当李登辉、陈水扁等公然打出"台独"旗号时，欧洲中山学会坚持维护祖国统一，严正要求台湾当局应当摒弃狭隘的地域意识形态，顺着中山先生指引的道路，为中华民族利益着想，维护海峡两岸和平环境，以实现中国完全统一，长治久安。

　　如前所述，其时欧华年会已经成立并召开了全欧性年会，也形成了一定的社会影响。在当时中国大陆和台湾关系比较紧张的大背景下，亲大陆的社团领袖们深感自己这一方也应当组织起来。因此，借旅法华侨俱乐部举行庆典之机，应邀参会的各国华人社团领导人在与会之余，纷纷就如何加强相互合作热忱交换意见。据事后参会者回忆，当有人提出"成立我们自己的全欧性联合社团"之建议时，立刻得到与会者的一致赞同，并希望会议东道主承担起联络与筹建工作。东道主欣然应允。在此次会上，来自西班牙的浙江籍侨领萧先生热忱邀请各位新朋旧友来年再到西班牙相聚。

　　次年夏，十多位浙江籍侨领依巴黎之约，到了西班牙，受到萧先生的盛情款待。相聚之余，侨领们再度议及成立全欧社团之事。据笔者 1997 年对其中一位当事人的访问，他回忆道："当时我们都觉得各自分散在不同国家，人数有限，做不成什么大事，应当加强联合。可那时谁都没有力量来当这个'头'。"更使主要倡议者感到心寒的是，有些人私下议论，提出建立全欧性社团是"个别人扩张个人野心之举"。1984 年西班牙之行后，"联合"一事被束之高阁，多年无进展。

　　1990 年，亚运会首次在北京召开，一批欧洲侨领相约前往观看亚运会，为中华人民共和国首次举办的大型国际体育赛事加油。其间，中国侨务部门相关领导会见了远道而来的欧洲客人。会见时，侨领们再度提出关于成立全欧性华侨华人联谊团体的设想。这一次，侨务部门领导明确表态：希望欧洲华侨华人联合起来。侨务部门领导的明确表态，令代表们深受鼓舞，尤其是几位积极的倡议者，更是即刻感到"腰杆硬了"，筹组工作由此进入实质性阶段。

　　1991 年 8 月，由荷兰当时的核心华人社团旅荷华侨总会发起并做东，欧洲 11 国侨领相聚阿姆斯特丹，召开建立全欧性华人社团联谊团体的正式筹备会议。经过为期两天的热烈讨论，与会者就建立全欧华侨华人社团联合会的名称、章程、机构等达成初步一致意见，并做出决议。会议达成如下共识：为了加强各国社团之间的联系、沟通，增进华侨华人之间的团结和友谊，同时，也为了能够联合起来向中国有关部门提意见，反映华侨华人的愿望，决定共同组建欧洲华侨华人社团联合会。会议决定尽快在合适时机，举行欧洲华侨华人社团联合会的正式成立仪式。具体筹备工作由荷兰华人社团主要领导人承办。

　　1992 年 5 月 8 日，欧洲华侨华人社团联合会在阿姆斯特丹正式成立。第一批会员社团 22 个，来自欧洲 11 国，其中荷兰华人社团 6 个，法国 4 个，英国 3 个，意大利 2 个，比利时、西班牙、德国、葡萄牙、奥地利、挪威、瑞典各 1 个。中国方面派出了以政协副主席、海外交流协会会长钱伟长为团长的高规格代表团到会祝贺，这是有史以来欧洲华人社团成立时所得到的中华人民共和国方面的最高礼遇。

欧华联会的第一次大会认真讨论了由筹备组起草的欧华联会章程，对欧华联会的正式名称、会址、宗旨、入会资格、理事会构成、经费来源、会员权利义务等均做出了明确规定。欧华联会章程几经修改，基本内容主要如下。

欧华联会章程总计6章34条款。其中，第一章包括名称、会址和注册地点，规定该会会址设在法国巴黎，但注册地址在荷兰。据了解，其背后原因是平衡各相关国家侨团的关系。因为荷兰侨团是重要发起单位，并做了大量的筹备与联络工作，但荷兰毕竟是欧洲的小国，当地华侨华人从数量到实力都不能与法国相比。更重要的是，经过沟通与协调，以印支华裔为主体的法国华裔互助会同意成为会员社团，这对以浙江人为主的发起者是极大鼓舞。因此，将会址定在法国具有多重意义。

第二章规定了宗旨、活动范围和使用语言。欧华联会的宗旨是："力求增进会员社团之间的了解和建设性的合作，无论其宗教信仰和政治观点如何，本会力求帮助欧洲华人解决面对的问题及努力争取会员们的共同利益；发扬中华民族的文化传统，致力于提高欧洲华人政治、经济、文化素质和社会地位，鼓励华人融入当地社会，并为所在国社会作出更多的贡献。"

第三章规定欧华联会的经济来源包括会员社团的会费、活动收入、捐赠、赞助及可能争取到的津贴等。

第四章是关于入会资格、办法、权利和义务的规定。该会主要接纳会员社团，规定："凡经过注册、具有合法地位的欧洲各国华侨华人社团，赞同本会宗旨，愿遵守本会章程者，均可参加。"会员社团入会需提交书面申请，由常务理事会审核决定是否接纳。会员有发言权、选举与被选举权，有对常务理事会进行监督、批评和建议的权利。

第五章规定"会员大会为本会最高权力机构"，并规定"会员大会有权修改会章和解散本会，但必须有三分之二以上会员出席会议和三分之二以上出席者表决通过"，方为有效。章程制定者同时意识到，作为一个全欧性的华侨华人社团，显然不易维持三分之二以上的出席率，因此，又做一补充规定，即："若出席会议人数不足，则需重新召集会议，届时会议决策的有效性不受出席会议人数的限制。"这一规定也成为日后诸多争议的一个解决路径。

第六章规定"理事会为本会领导工作和财务管理的负责组织工作"，规定"常务理事会每年召开一次。常务理事会有提案权和表决权"。章程还规定："欧华联会每年举办一次，由各会员所在国轮流主办。同一国家的会员社团经协商，需提前一年向常务理事会提出主办下届年会的申请，经常务理事会通过。"章程明确要求"年会主办国在举办年会时，须用主办国全体会员社团的名义"。

欧华联会章程中争议最多的条款，是关于"主席"职位的设置与认定。欧

华联会最初章程规定的是："本会设主席一名，主席人选在每届年会主办国常务理事中协商产生，提前一年申报，经常务理事会资格认定。主席任期一年，不得连任。主席负责召集常务理事会会议和特别工作会议，决定任期内重大事务，签发文件，在对外事务中代表本会。"然而，随着欧华联会成员国遍及全欧洲，会员社团数成倍增加，受中国政府认可程度明显上升，对于主席职位及主席职权的竞争导致章程一再对该条款进行修订。关于这一点，本章将结合社团功能之"社会资本的价值转化"做进一步剖析。

从 1983 年一批具有中国大陆背景之欧华侨领在巴黎提出成立跨国性联合组织的设想，到 1992 年欧华联会在阿姆斯特丹正式成立，选出领导班子，制定并公布章程，标志着欧洲华侨华人将跨国网络制度化的努力历经十年，终于初步实现了预期目标。

欧华联会成立之后，一直不断修订、丰富制度化建设的内涵。在 1998 年欧华联会第六届年会上，由主办方匈牙利代表提议，大会正式确定并公布使用欧华联会的会标、会旗、会徽，聘请专人为欧华联会谱写了《欧洲华侨华人社团联合会会歌》，歌唱"我们热爱欧罗巴，我们热爱中华；我们生活在欧罗巴，我们祝愿中华"。

欧华联会的章程则更是历经多次修订，围绕主席、副主席、常务理事及各类名誉职位人选确定，主办国及主办社团的申请程序，年会会务安排的合理性及执行力度，休会期间欧华联会主席和理事的职权及功能等，进行反复讨论。尤其是欧华联会秘书处的设立，更是几经变更，1992 年第一届常务理事会确定将欧华联会常设秘书处定位于法国，由法国华裔互助会提供会址，但一直未能兑现。1995 年第四届年会期间召开的常务理事会决定，将欧华联会的秘书处设于法国旅法华侨俱乐部会所。1999 年第七届常务理事会决定，将欧华联会秘书处改设于荷兰阿姆斯特丹，由荷兰华人社团协商提供妥善会所。但是，无论是法国或荷兰，实际上都未能真正行使欧华联会秘书处的权力。2007 年后，时任欧华联会秘书长在北京设立了相对固定的秘书处，聘任了专职秘书。2013 年，欧华联会秘书处正式建立了欧华联会的官方网站，设立了欧洲侨务、侨团资讯、文化交流、经贸合作、两岸交流等栏目，传播资讯，报道动态，推进交流与合作。但2015 年后，随着欧华联会领导层再次更替，秘书处又面临新的变动。

欧华联会作为一个民间性质的、松散的洲际联谊性社团，为了能够有效持久地运作，一直自觉或不自觉地在实现制度化的道路上不断尝试，不断前行。

二、社团运作：追求群体效应的尝试

如前所述，中国人远离本土移居欧洲，在陌生的西方文化环境中，作为独立化、分散化的经济活动主体奋斗谋生，其力必弱，其势必单。当群体利益需要表述时，社团作为制度化的群体形象，其影响力远甚于个体的自由聚集。

仍以欧华联会的运作为例。欧华联会的主要发起人在地缘构成上主要有两部分：浙江人和广东、香港人，尤以浙江籍华侨华人为骨干。欧华联会在筹组、发展过程中，其成员网络有过两次比较重要的拓展：第一次是争取印支华裔社团对欧华联会的认同，尤其是争取法国两大印支华裔社团——法国华裔互助会和法国潮州会馆加盟联会为成员；第二次则是从西欧向东欧延伸，1993 年第二届年会时，罗马尼亚华联会成为第一个入会的东欧华人社团，1994 年第三届年会时，匈牙利华人联合总会加入欧华联会，并于 1998 年第一次在东欧举办欧华联会年会，进一步带动一批东欧社团入会。时至 2012 年，当欧华联会在西班牙马德里举行第十七届年会暨庆祝欧华联会成立 20 周年庆典时，参会代表包括来自欧洲 28 个国家、280 个侨团的 600 多名代表。[①]

以 2012 年欧华联会成立 20 周年为界，欧华联会的发展可分为前后两个阶段。前一阶段是欧华联会步步向前迈进。以召开年会的形式邀请中国国内高层次国家领导人莅临大会并吸引各国华人社团加入其中，是欧华联会成功运作并拓展影响的重要形式。自 1992 年成立到 2008 年，欧华联会基本每年都在欧洲不同国家召开年会，2010 年后改为每两年召开一届年会。在成立后的 20 年间，欧华联会的参会者（除主办国以外），从刚成立时来自欧洲 10 个国家、26 个侨团共 58 名代表，到每届参会代表四五百人，几乎囊括欧洲所有国家的主要侨团。

欧华联会是具有中国大陆背景之海外移民组建的第一个洲际大型社团，虽然它既没有可资依托的稳固经济基础，领导层也处于不断的变动之中，但是，就总体趋势而言，欧华联会在成立后的 20 年间，其麾下的成员社团数量成倍上升，尤其是该社团在欧洲各国华侨华人社团领导人心目中的地位不断攀升，其典型例证之一为：自第六届年会始，欧洲各国稍有规模的华人社团即纷纷为争取年会在所在国举行、由本社团担任主承办者而激烈竞争，以致为平息矛盾只能决定以各国的英文字母为序，依次在欧洲不同国家主办年会。

欧华联会迅速壮大的吸引力源自何方？

---

① 笔者作为欧华联会早期组建活动的参与者之一，应邀参加欧华联会成立 20 周年庆典，并在大会上就欧洲华侨华人及欧华联会历史做报告。

如前所述，20 世纪 80 年代之后来自中国大陆的数以百万计的新移民，构成了欧洲华人社会的重要组成部分，欧华联会的发起人均为第一代移民。在中国本土长期的生活经验，与家乡千丝万缕的联系，再加上希望以海外华人身份从改革开放后的中国大陆市场获益的愿望，使他们十分看重中国政府的支持。而且，伴随着时代发展，欧洲华人群体虽然已孕育出一批在某些领域具有一定影响的人物，但尚未形成能够号令一方的领袖，这也是欧华联会领导层需要倚重于中国官方正名的又一重要原因。正因为如此，中国政府的支持，直接催生了欧华联会，而欧华联会成立后，则十分注重与祖（籍）国之间实现积极的良性互动，借此使其制度化网络的正统性得以不断巩固加强。

追求祖（籍）国官方正名，是欧华联会自身构成与周边环境的直接折射。就欧洲社会大环境而言，相对宽松的生存环境，使欧洲华人能够公开表述自己对于祖籍国政治的关心。在欧洲华人社团的各类会议上，"爱国爱乡"之类的言谈不绝于耳。欧华联会第五届年会曾发表过一份致当时中国共产党中央委员会总书记江泽民的公开信，信中直抒胸臆，希望"祖国成为欧洲华侨（的）强大后盾"。欧洲华人生活的客观环境不存在华人与祖籍国交往的明显障碍，是欧洲华人能够自主寻求祖籍国支持的重要外因。而且，由于较先成立的欧华年会一向得到台湾地区势力的大力支持，故而也促使欧华联会以"爱国（中华人民共和国）爱乡（位于中国大陆的故土家乡）"为号召，反映的是欧洲华侨华人对祖（籍）国的认同，以及希望得到祖（籍）国政府支持的意愿。

欧华联会最初成立的宗旨之一，就是代表欧洲华侨向祖国反映意见和要求。不久，又加上了代表欧洲华人与欧洲联盟建立联系的内容。为达此目的，欧华联会成立后的一系列运作，一直围绕着追求本社团与中、欧官方之间的良性互动而展开。一方面，在十年筹组的历程中，正是在得到中华人民共和国侨务部门的明确表态支持后，欧华联会才走上实质性的组建之路。另一方面，欧华联会在正式组建之后，一直十分注重与祖（籍）国在政治、经济及文化等多方位上实现良性互动，通过获取祖（籍）国的认可与支持，成功地提升自身在欧洲华侨华人社会的地位及影响。

欧华联会作为一个大型但极其松散的洲际社团，难以针对具体问题、就具体事务发挥实效，其主要运作方式系凸显社群象征性的影响力。例如，欧华联会成立后，不仅采取了组织欧洲侨领团访问中国，组织欧洲华侨向中国捐赠，就中国的相关事务发表声明等一系列举措，而且，在欧华联会的历届年会及重要会议上，每一次都邀请中国高层官方代表团参加。由于欧华联会各届年会在不同国家间轮流举办，各轮值国之间对于谁能请到更高层次、更具权威性的代表团一直都在暗暗较劲。

在欧洲华侨华人"反独促统运动"中发挥积极引领作用，是欧华联会积极以海外"爱国侨团"身份投身于祖（籍）国政治的一个成功例证。2000 年中国台湾岛内形势发生重大变化，民进党陈水扁上台后，明目张胆叫嚣"台独"，在台湾岛内推进"去中国化"，激起了中国人民的强烈愤慨。有鉴于此，2000 年第八届欧华联会专门召开了"中国和平统一研讨会"。来自欧洲不同国家的华侨华人代表纷纷上台发言，坚持一个中国原则，反对"台独"分裂活动，倡导华侨华人同心同德，为实现两岸和平统一作出努力与贡献。欧华联会还为此专门制定并通过了《关于促进中国和平统一的宣言》，呼吁台湾地区新领导人以民族大义为生，在一个中国的原则下尽快与中国大陆展开对话，求同存异，向和平统一目标迈进，获得祖（籍）国相关政府部门的高度评价。

表 9 - 5　欧洲华侨华人社团联合会 1992—2018 年历届年会概况

届别	会议开幕日期	会议地点	会议主席	参会代表人数	中国政府参会代表
第一届	1992 年 5 月 8 日	荷兰 阿姆斯特丹	林德华	10 国 26 侨团 58 名代表	海外交流协会会长 钱伟长
第二届	1993 年 11 月 12 日	法国巴黎	郑辉	12 国 34 侨团 100 多名代表	国务院侨办副主任 刘泽彭
第三届	1994 年 6 月 20 日	英国苏格兰 格拉斯哥	曾庆如	12 国 60 侨团 200 多名代表	国务院侨办副主任 李海峰
第四届	1995 年 10 月 30 日	挪威 奥斯陆	潘子垣	13 国 31 侨团 200 多名代表	国务院侨办副主任 李海峰
第五届	1996 年 12 月 7 日	荷兰 阿姆斯特丹	胡志光	13 国 52 侨团 200 多名代表	国务院侨办副主任 张伟超
第六届	1998 年 8 月 8 日	匈牙利 布达佩斯	张曼新	21 国 105 侨团 473 名代表	国务院侨办副主任 刘泽彭
第七届	1999 年 8 月 9 日	德国 法兰克福	孙焕然	20 国 63 侨团 400 多名代表	国务院侨办主任 郭东坡
第八届	2000 年 8 月 19 日	奥地利 维也纳	胡元绍	22 国 124 侨团 505 名代表	全国政协副主席 万国权
第九届	2001 年 10 月 22 日	比利时 布鲁塞尔	夏廷元	20 国 115 侨团 400 多名代表	国务院侨办主任 郭东坡

（续上表）

届别	会议开幕日期	会议地点	会议主席	参会代表人数	中国政府参会代表
第十届	2002 年 10 月 18 日	丹麦哥本哈根	曹燕灵	18 国 100 多侨团 400 多名代表	全国政协副主席罗豪才
第十一届	2003 年 9 月 10 日	俄罗斯莫斯科	温锦华	20 多国 100 多侨团 400 多名代表	全国政协副主席罗豪才
第十二届	2004 年 8 月 14 日	英国伯明翰	叶煌兴	24 国 100 多侨团 600 名代表	国务院侨办副主任许又声
第十三届	2005 年 8 月 17 日	芬兰赫尔辛基	覃经明	20 国 70 多侨团 400 多名代表	国务院侨办副主任刘泽彭
第十四届	2006 年 9 月 21 日	法国巴黎	林德标	18 国 78 侨团 500 多名代表	国务院侨办副主任许又声
第十五届	2008 年 9 月 9 日	德国柏林	杨伟忠	22 国 155 侨团 428 名代表	国务院侨办主任李海峰
第十六届	2010 年 10 月 16 日	意大利罗马	廖宗林	24 国 307 侨团 800 多名代表	海外交流协会副会长王杰
第十七届	2012 年 8 月 8 日	西班牙马德里	徐松华	28 国 280 侨团 600 多名代表	全国政协副主席阿不来提·阿不都热西提
第十八届	2014 年 8 月 16 日	瑞典斯德哥尔摩	王建荣	24 国 400 多名代表	国务院侨办副主任谭天星
第十九届	2016 年 8 月 24 日	斯洛伐克布拉迪斯拉发	季爱雷	20 国约 400 名代表	中华人民共和国驻斯洛伐克大使林琳
第二十届	2018 年 9 月 3 日	匈牙利布达佩斯	叶建新	28 国 390 侨团 200 多名代表	中华人民共和国驻匈牙利大使段洁龙

三、社团功能：社会资本的价值转化

欧华联会实现互动的又一指向是欧盟。在诸多全欧性华人社团中，且不论那些宗乡、同人社团，就是具有政治背景的欧华年会等团体，也只是将自己的活动圈子定位于华人群体内部及海外华人与祖籍国之间。欧华联会是欧洲华人社团中第一个试图以"欧洲华人代表"之身份与欧盟进行对话并获得成功的组织。

1997 年初，欧华联会第五届理事会主动致信欧盟，表示欧华联会希望代表欧洲华人与欧盟建立联系、加强合作。在得到欧盟官员礼节性的复函并获悉欧盟希望增加对欧洲华人群体的了解后，欧华联会领导人立刻主动表示：愿意就欧洲华人现状进行调查，向欧盟提交正式报告。此提议即刻得到欧盟有关部门的欢迎。1998 年中，调查报告完稿。同年 7 月 6 日，应欧盟副主席雷恩·布里坦（Leon Brittan）之邀，欧华联会组织了一个代表团，正式代表百万欧洲华人拜访位于布鲁塞尔的欧盟总部，递交调查报告。欧盟经济、教育等部门的官员会见了欧华联会代表团。

就欧盟而言，能有一个外来移民群体的代表，尤其是他们不甚了解的华人群体的代表愿意主动与之对话，提供调查报告，自然十分欢迎。因此，在会见结束时，欧盟官员高兴地说道："欧洲华人与欧盟的历史已经翻开了新的一页，从现在起，让我们共同撰写新的历史篇章吧！"[1] 此次会见后不久，欧华联会领导人采取了又一具有明显象征意义的"重要举措"：借欧盟总部的会议大厅召开欧华联会第五届常务理事会扩大会议。[2]

为欧盟高官所接见、在欧盟会议厅内举行会议，如此种种举措使欧华联会获得了类似得到"欧盟正名"的效应，由此，欧华联会已被欧盟接纳为欧洲华人群体代表的"说法"，借华文媒体的报道，不胫而走，欧华联会在欧洲华人群体中的社会地位迈上了一个新台阶。

进入 21 世纪之后，欧华联会进一步注重加强与欧盟的沟通和交流。2007 年 8 月，欧华联会特意在欧盟总部所在地比利时首都布鲁塞尔举行欧华联会成立 15 周年大型庆典。此次会议通过了《创建欧洲和谐华社，努力融入欧洲主流社会》的决议和《保持中华文化传承 传播中华文明》的意见书，强调欧华联会将更好地发挥欧洲华社与欧盟之间的桥梁作用，表达了欧华联会致力于创建欧洲和谐华社，积极融入欧洲主流社会，并呼吁在欧洲的华侨华人进一步保持中华文化的传承，努力传播中华文明，为中欧友谊和创建欧洲和谐华社创造更好的人文环境，为世界和平和人类和谐发展履行应尽的义务和责任。

为了增强与欧盟的沟通，提升欧洲华侨华人在欧洲政坛上的整体地位，在 2008 年至 2012 年期间，欧华联会每年一度派出代表团造访欧盟总部，会晤欧盟

---

① 笔者当时参与了同欧盟建立联系、撰写调查报告、拜访欧盟的全过程。

② 在笔者与欧盟官员的联系过程中，常常感受到东西方文化的巨大差异。例如，虽然欧盟有关人员最后同意欧华联会借用其会议厅，但他们一再向欧华联会代表解释：借用欧盟会议厅一来有诸多限制，二来不利于商讨解决问题，因此实在没有必要将一个非政府组织的会议拿到欧盟的会议厅去召开。

相关部门负责人，提出问题与要求，加强沟通与交流，并致力从民间层面推动中欧关系。

2008 年 7 月 15 日，欧华联会代表团一行 10 人拜会了欧盟委员会负责对外关系的委员瓦尔德纳、办公室主任盖伦德等官员，就如何帮助 200 万华侨华人更好地融入欧洲社会、为欧洲繁荣作出更大贡献坦诚地交换了意见。欧盟代表肯定了华人社团是成功融入当地社会的典范，强调欧盟行政结构的特殊性，建议广大华侨华人今后还可以加强与所在国政府的沟通，进一步表达自己的困难与关切。①欧华联会的这一举措，获得中国国务院侨务部门领导的高度评价。时任国侨办主任李海峰在出席随后召开的第 15 届欧华联会年会上提出：欧华联会应当能够发挥这样一种作用，当欧盟希望与欧洲华侨华人沟通时，首先会想到欧华联会；当欧盟希望为欧洲华侨华人做一些事时，首先能想到欧华联会。

2009 年 5 月 18 日，欧华联会代表团一行 8 人前往布鲁塞尔，与欧盟对外关系总干事麦克雷斯·罗克斯进行会谈，欧华联会代表提出了 6 点建议，包括：将欧洲华人列为少数民族；吸纳欧洲华人参政议政；加大保护华商权益力度；欧盟与欧华联会建立定期会晤机制；听取欧盟对欧洲华侨华人的意见和期待，等等。麦克雷斯·罗克斯认真听取欧华联会代表意见，表示欧盟非常欢迎华侨华人参政议政，并希望华人在遇到问题时，应首先向所在国的中国使领馆报告，再由中国外交部与欧盟有关部门联系。②

2010 年 6 月 1 日，欧华联会代表团一行 8 人在欧盟总部与欧盟委员会外事总务司中国处处长杰森就华侨华人关切的问题交换了意见。欧华联会代表指出：华侨华人支持欧洲各国政府打击犯罪的努力，同时希望欧盟关注某些国家针对华侨华人的种族株连行为。代表团还希望欧盟国家能够理解中国政府和中国人民对于西藏、新疆的情感和立场。欧盟代表杰森肯定了 3 年来一年一度的华侨华人社团代表与欧盟官员对话机制的意义，表示将向欧盟有关机构转达代表团反映的诉求，同时希望华侨华人能够学习借鉴其他族裔融入当地社会的成功经验或失败教训。③

2011 年 6 月 13 日，欧华联会代表团一行 5 人与中国和平统一促进会代表团一起前往欧盟总部，与欧盟议会议员、欧中友好小组 Derek Vaughan 副主席和

---

① 《欧洲华侨华人社团联合会代表拜会欧盟官员》，网易，http：//news. 163. com/08/0715/22/4GU69MKJ000120GU. html，2008 年 7 月 15 日。

② 《欧洲华侨华人社团联合会代表团与欧盟官员会谈》，中国新闻网，http：//www. chinanews. com/hr－hr－ozhrxw/news/2009/05－20/1699622. shtml，2009 年 5 月 20 日。

③ 《欧洲华侨华人与欧盟官员对话表达社团诉求》，中国新闻网，http：//www. chinanews. com/hr－hr－ozhrxw/news/2010/06－02/2317655. shtml，2010 年 6 月 2 日。

Derek Jan 议员、Laragh Rose Widdess 女士等友好会晤，就中国的和平统一事业等相关问题进行了座谈交流。①

2012 年 5 月 15 日至 16 日，欧华联会代表团一行 7 人两次造访欧盟总部。欧洲议会欧中友好小组主席尼吉·德瓦和欧中友好协会主席戴尔克·范等 15 日在欧洲议会大厦与欧华联会代表团座谈，就欧洲华侨华人面临的问题、未来发展前景等进行坦诚对话。次日，欧华联会代表团又专程与欧盟委员会对外行动署新任中国处处长瑞贝卡·法布利兹举行会谈，代表团介绍了欧洲华侨华人的概况，并着重解释了华侨华人"热爱祖（籍）国、贡献欧洲"的理念和融入当地社会的愿望。法布利兹表示，欧盟委员会愿意推动成员国政府与华人社区积极互动。②

纵观欧华联会与欧盟的一系列交流，虽然基本停留在外交层面的沟通，尚未见到实质性的、深层次的进展，且基本以欧华联会一方表现得更为主动，但毕竟迈出了华侨华人民间社团与欧盟直接进行对话交流的步伐，具有一定的象征性意义。更重要的是，欧华联会与欧盟对话机制的建立，对于提升欧华联会在欧洲华侨华人及祖（籍）国的地位，意义更为明显。

欧华联会最突出的功能就在于构筑了一个可供其成员共享的、自认为高居于欧华社会之上的高层平台。社会资源理论认为，地位越高，发展社会联系就越容易，摄取资源的能力也就越强。当欧华联会被认可为"欧洲华人群体代表"之后，其成员就可能凭借自己的身份，获得更多的社会资本，摄取更多资源，获取实际利益，实现社会资本向现实利益、物质利益的转化。

欧华联会为其成员获取社会承认提供了一个重要途径。从一定意义上可以说，欧华联会的价值就在于其名声的"含金量"。肯尼思·纽顿在分析欧洲民主国家建制时曾经指出，"近 10 年来，强外部效应、弱内部效应的组织呈增长趋势"，他还指出，相当一部分人加入某一社团的原因主要并非在意于组织所提供的服务，而是"想象征性地与某一事业联系起来"。③ 欧华联会恰恰就是这样一种类型的团体。不少欧华侨领"以为欧华联会是欧洲华人社会的盟主"，"认为当了欧华联会的主席、副主席、常务理事便是欧洲华人社会的'领袖'"。

有篇关于欧华联会的报道曾记录了两位代表的这样一段对话：一个说"你说我现在是不是可以印欧华联会常务理事的名片了？如果不可以，我要把钱（指会

---

① 此信息由欧华联会驻北京秘书处提供。

② 《欧洲议会欧中友好小组主席会见欧华联会代表团》，新浪网，http://news.sina.com.cn/c/2012 - 05 - 18/155824439271.shtml，2012 年 5 月 18 日。

③ ［英］肯尼思·纽顿著，冯仕政编译：《社会资本与现代欧洲民主》，李惠斌、杨雪冬主编：《社会资本与社会发展》，社会科学文献出版社，2000 年，第 394 页。

费）拿回来"；一个答"当然可以了，你交了常务理事费，你放心印就是了"。①
这里所反映的，其实就是当事人"想象征性地"与欧华联会联系起来，期望借
欧华联会之声名使自己的社会地位在更大范围内、更高层次上得到社会承认。

欧华联会以社团为会员，因此，能够参与其活动的仅仅包括各国不同层次的
侨领，对于成员资格的限制，其实就是对于利益分享者的限制。然而，也正因为
如此，欧华联会几乎从成立伊始，就为主席、副主席、名誉主席等高层职位争论
不休。为了平息矛盾，欧华联会章程几经修改。例如，第三届常务理事会提出常
务理事名额实行按照国别的"分配制"，即给予当初为欧华联会建立而付出较多
贡献的英、法两国各三个名额，荷兰两个名额，其他国家各一名；规定副主席职
位由理事会无记名投票选举，再由副主席推选一名常务副主席，负责秘书处，主
持休会期间的日常工作。然而，第四届年会期间即对以上决定进行修订，规定副
主席名额不应预先分配而应根据需要设立，并建议以"秘书长负责制"取代
"常务副主席负责制"。第七届常务理事会则决定成立一个五人小组，组成欧华
联会的工作机构"执行委员会"。第八届常务理事会决定，今后不再设主席、副
主席等职，每届主办国主办社团负责人以欧华联会"召集人"身份筹备会议，
行使职权。然而，该决议未能得到大多数欧华社团领导人的认可，毕竟华人社会
对于"名分"是十分看重的。几经讨论，最后确定各届欧华联会主办社团负责
人以"轮值主席"的身份开展工作。欧华联会曾经为设置"荣誉"职位而几经
讨论，未能获得一致意见，作为补充，曾经主办过欧华联会的历届轮值主席，可
以成为一种"终身荣誉"，即可以永远享有欧华联会第×届轮值主席的头衔。

欧华联会的运作以追求群体效应、建立群体形象为主，他们表达群体意见的
目的并不在于解决某个成员的具体问题，而是反映群体的一般要求，以期得到中
国政府及欧盟方面对该群体的重视和支持，期望官方在制定政策时考虑该群体的
利益。与此同时，中欧双重"官方认可"，则赋予欧华联会以特定意义上的"权
威性资源"，这一特殊资源迅速地转化为联会对于中小社团侨领的特殊吸引力。
因为，按欧华联会章程，凡已在本国正式注册的华人社团均可加入联会为会员，
而且，无论社团大小，其正会长或正主席均为欧华联会的常务理事，"秘书长以
上负责人"可为欧华联会理事。由于规模小、级别低的纯民间性社团不可能为中
国中央政府或欧盟总部所接纳，对这些社团的侨领而言，进入欧华联会意味着身
份、地位的"提升"，尽管这仅仅是一种名义上的升级，甚至仅仅是一种"想象
中的提升"，但在注重身份效应的欧华社会，其吸引力不容低估。欧华联会成立
后成员迅速增加、理事会急剧拓展的主要原因，可由此得到解读。

---

①　麻卓民：《一次历史性的会议》，《地平线》2000 年第 10 期，第 21 页。

　　欧华联会通过主动表达欧华群体利益的目标而建构了新的利益格局，是积极进取的行为：通过制度化努力，争取到中欧双重官方支持，提高了欧华联会的地位，吸引了更多社团入会；而成员队伍的壮大，则又提高了该会的代表性，进而增强为官方接纳的程度。在自身经济资源有限的情况下，要提高社团的号召力，只能求助于非经济的力量，在欧华联会个案中，不论其主导者主观上是否清楚地意识到这一点，但在运作实践中，非经济资源可谓被运用得淋漓尽致。

　　值得注意的是，该社团的创立与初期发展更多的是基于创建者的个人能力和感召力，依托于早期少数核心成员之间的情谊，更重要的是有效地争取到了中国国内相关政府部门的大力支持。然而，上述优势却也蕴含着一直未能克服的劣势，即欧华联会虽然经历了 20 多年的持续发展，但表面上的热热闹闹却始终未能真正使这个以整个欧盟为基础的大型洲际社团形成自身坚实有力、可跨越国界、可持续运转的凝聚力。因此，随着第一代核心人物或去世、或因年龄等而淡出领导舞台，但新的领导核心未能真正形成，该社团的影响力也就明显下降了。当历史进入 21 世纪第二个十年之后，欧华联会新一届领导班子正面对着如何重整旗鼓、再创辉煌的新挑战。

　　社会资本理论认为："社会资本是实际或潜在资源的聚集，此类资源与身处某一具有持久性的网络之中有关，而网络则是将彼此相熟相知之关系或多或少制度化的结果；换言之，一旦加入某一群体成为其中一员，就可分享该群体为每一成员提供的共同资本，即一种'信用'，一种多层次意义上的'信用'。"而且，"从成为某一群体成员的身份中获益是群体形成凝聚力的基础，而群体凝聚力的增强反过来又使其成员有可能从其组织身份中获益"。① 布迪厄关于社会资本的以上著名论述，有助于我们从社会功能层面深化对欧华联会的认识。

第三节　　21 世纪欧洲华人社团新趋势

　　进入 21 世纪之后，中国自身社会政治、经济影响力在国际上全面大幅度提升，中欧建立起了战略伙伴关系。在此大背景之下，欧洲华侨华人社团在联系纽带、组建渠道、社会功能等方面，呈现出一些新趋势。在前两节综合描述 20 世纪末 21 世纪初欧洲华侨华人社团概况及个案分析的基础上，本节着重剖析进入 21 世纪之后欧洲华人社团发展中值得特别关注的如下三大趋势：地缘社团以原

---

① 　Pierre Bourdieu, "The Forms of Capital", in J. G. Richardson ed., *Handbook of Theory and Research for the Sociology of Education*, Greenwood, 1985, pp. 248 – 249.

居地或所在地为基础双向拓展；业缘社团呈现结构类别与社会影响力的双向拓展；政治类社团的双向认同。

一、地缘社团以原居地或所在地为基础双向拓展

纵观进入 21 世纪之后伴随着大量新移民进入欧洲而成立的华人新社团，以地缘为纽带组建新社团是一个突出的发展趋势。而且，就其地域基础与联系纽带而言，可以看到两个并行不悖的拓展方向：一是以移民欧洲之前中国原居地为纽带组建新社团；二是以在当地国居住、工作的地域为纽带组建新社团。

（一）以中国原居地为纽带的地缘性社团

如前所述，早期英国华人社会以来自香港及毗邻之广东地区移民为主，英国的地域性社团以香港、广东原居地为主。二十世纪七八十年代后，随着大批来自中国浙江温州地区的新移民进入当地，以浙江省的青田、温州、文成、瑞安等地缘性纽带组建的社团数迅速上升，其中较著名的如旅荷华侨总会（1947）、旅法华侨俱乐部（1972）①、意大利米兰华人工商会（1956）② 等，都是以浙江籍地缘纽带为主而成立的社团，并且是当时浙江籍华侨华人当中举足轻重的重要社团。

进入 20 世纪 90 年代后，欧洲的福建籍新移民数量呈现明显上升趋势，尤其在 1995—2000 年期间，是福建新移民进入英国等欧洲各国的高潮期。随着福建籍新移民数量增加，在英、荷、德等福建籍新移民较集中的国家，相继成立了罗马尼亚福建同乡会（1995）、英国福清同乡会（1996）、英国福建同乡会（1998）、旅荷福建同乡联合会（1999）和德国福建同乡会（1999）等。③

进入 21 世纪之后，以中国原居地为纽带组建华人社团的浪潮继续高涨，推动大量新社团不断产生。其主要表现在如下三个方面。

1. 以浙江地缘为纽带的新社团继续不断成立

以意大利为例。意大利中国新移民以浙江籍为主，且各华人社团成员也大多

---

① 旅法华侨俱乐部的前身是 1950 年成立的旅法华侨工商互助会，1964 年中法建交后改称"旅法华侨俱乐部"，1970 年正式申请注册，于 1972 年获得法国政府批准。1998 年 1 月 1 日更名为"法国华侨华人会"。

② 意大利米兰华人工商会的前身是米兰华侨总会，成立于 1956 年。1970 年中意建交后曾改名"旅意北部华侨工商会"，1986 年正式改名"米兰华侨华人工商会"，为二十世纪八九十年代意大利较有影响的华人社团组织。

③ 旅法福建同乡会于 1994 年在巴黎成立，但由于该福建同乡会成员主要是原籍印度支那的再移民，不同于主要由福建籍新移民组成的福建同乡会，故未列入其中。关于 20 世纪 90 年代欧洲福建籍华人社团组建情况，可参阅陈衍德：《欧洲福建籍华人地缘性社团的个案研究》，《华侨华人历史研究》2000 年第 3 期。

以浙江籍新移民为主，但根据笔者所搜集到的社团名片统计，全意大利直接以浙江省及浙江下属青田、瑞安、文成、温州等地为地缘纽带组建的社团有近 20 个。其中，有以浙江省省籍为地缘纽带的，如 2001 年成立的罗马浙江华侨华人联谊会，次年即 2002 年在米兰成立的意大利米兰浙江华侨华人联谊会，还有一个欧盟浙江联谊总会也成立于米兰。而且，即使是以浙江同一原居地为纽带的地缘性社团，也出现诸多分化，如意大利共有 3 个青田同乡会和 1 个丽水同乡会①、2 个温州同乡会②、2 个瑞安同乡会③、2 个文成同乡会④。此类现象可谓欧洲各国众多浙江籍地缘社团交叉组建的一个缩影。

值得注意的是，在海外浙江籍华侨华人中，还出现了以"村"为单位组建的地缘性社团。

2012 年 11 月 24 日，在法国巴黎召开了下樟村华侨华人大会，成立了以浙江一个乡村，即浙江温州瓯海下樟村为地缘纽带的社团。据介绍，下樟村有 600 多户人家，共 3 000 多人，其中 95% 以上都在国外。仅巴黎就有 200 多户下樟村人，根据社团成立大会的安排，在巴黎的下樟村人每户派 1 人前来参会，因此也被会员们自称为下漳村在巴黎召开的"村民大会"。

2014 年 7 月 15 日，在西班牙马德里，一个以浙江青田雅岙村为地缘纽带的社团"全球雅岙华侨华人同乡联合总会"宣告成立，来自西、德、奥、意、葡、法等欧洲各国的 50 多位雅岙村侨胞相聚一堂，商讨并通过了联合总会组织人事事宜及联合总会章程，宣告该"全球性"的村级地缘社团正式成立。该社团成立宗旨明确提出，由于家乡土地被大范围征用，与村政府就征收方案中的土地用途、补偿方案和环境污染等问题存在分歧，因此该社团成立的主要目标是关注"家乡的可持续发展"，"以对家乡的眷恋和热爱，通过合法的组织形式理性地表达诉求，团结全球雅岙华人，维护雅岙村海外华侨华人和本村侨眷的合法利益"。

虽然在东南亚国家如菲律宾，由于其华侨华人主要来自福建省的晋江地区，因此当地国的华侨华人地缘性社团中不少以晋江的县、村为纽带而组建，但 2012 年组建的下樟村同乡组织及 2014 年组建的雅岙村同乡组织，则是欧洲华侨华人社团中首次以中国一个乡村为纽带而成立的地缘性社团，至此也就在欧洲形成了浙江省、市、地、县、村等一系列地缘性社团组织。

---

① 意大利青田籍同乡于 1995 年成立了意大利青田同乡总会，2010 年部分原成员分出，成立了旅意北部青田同乡会，2011 年又在米兰成立意大利青田总商会。意大利丽水同乡会于 2005 年成立，在浙江省内的地缘关系上，青田隶属于丽水地区。

② 1999 年在意大利几乎同时成立了意大利罗马华侨华人温州工商总会和米兰温州华侨华人商会。

③ 意大利北部瑞安同乡会于 2002 年在米兰成立；意大利南部瑞安同乡会于 2004 年在罗马成立。

④ 1999 年在米兰成立了米兰文成同乡会；2007 年又成立了意大利南部文成同乡总会。

2. 以福建为地缘纽带的社团迅速遍布欧洲各国

由于福建籍新移民大多在 20 世纪 90 年代后才进入欧洲，且原先在欧洲的基础远不如浙江籍华侨华人，因此有一个较为艰难的立足、发展过程，以福建为地缘纽带组建社团的时间也晚于浙江籍侨团。如果说，时至 20 世纪末，欧洲的福建籍华人社团还主要限于英、法、荷、德、匈等少数国家，全欧福建籍地缘性社团的总数仅限于个位，那么，进入 21 世纪后，福建籍社团则出现了一个组建的高峰：短短数年，福建籍地缘社团已经遍布欧洲各国，而且在福建籍新移民相对集中的国家，福建籍社团在原有社团的基础上，也已另行组建新的地缘性社团。例如：

在匈牙利至少组建了 5 个福建籍地缘社团，即匈牙利福建同乡会、匈牙利福建华侨华人工商业联合会、匈牙利福清华人联合商会、旅匈明溪商会、匈牙利福清同乡会等。

西班牙也有 5 个福建籍地缘社团，即西班牙福建商会、西班牙福建同乡会、西班牙福建莆仙同乡会、西班牙加泰罗尼亚福建工商会①、西班牙巴塞罗那福建工商会②。

在俄罗斯至少有 3 个福建籍地缘社团，即旅俄福建同乡会、俄罗斯中国闽南商会、俄罗斯莫斯科闽北华人总会等。

德国有 2 个福建籍地缘社团，即全德福建同乡联合总会、德国慕尼黑福建同乡会③。

欧洲其他国家的福建籍地缘社团还有：旅比福建同乡会、希腊华侨华人福建联合总会、旅法福建同乡会、罗马尼亚福建同乡会、英国福建同乡会、爱尔兰福清同乡会、旅荷福建同乡联合会、葡萄牙福建同乡会、旅意福建华侨华人同乡总会、丹麦福州同乡会等。④

福建籍华侨华人社团的相继组建，是福建籍海外移民传统在欧洲的延展，更是福建籍移民在欧洲事业发展、社会影响力上升的折射。

3. 非传统侨乡地区的地缘性社团不断涌现

21 世纪以来，欧洲地缘性社团发展的新趋势之三表现为原先移民人数较少的地区也相继组建了自己的地缘性社团，而且发展势头方兴未艾。

中国传统侨乡主要集中于南方的闽、粤、浙地区，可以说，直到 20 世纪 90

---

① 西班牙加泰罗尼亚福建工商会成立于 2011 年，但至 2013 年 1 月 12 日方举行成立庆典。

② 西班牙巴塞罗那福建工商会于 2013 年 1 月正式成立。

③ 德国慕尼黑福建同乡会于 2012 年 7 月正式成立。

④ 以上欧洲福建籍地缘社团除特别注明之外，系根据 2008 年福建省第四届海外交流协会理事名单所属社团名录整理，参见 http://www.fjmjzz.com/search/model/temple1/hymd.asp?id=390。

年代之前，中国北方地区从未出现过朝向欧洲的跨国迁移潮流。在欧洲，来自东三省及鲁、京、津等地的新移民往往被习惯性地统称为"东北人"，近十多年来出现的东北人移民潮直接受制于国有企业改制的影响。中国东北地区在改革开放前是大型国有企业的重镇。20世纪90年代后，国企大规模改制，大批国有企业职工被推向市场，生活路径发生根本变化。在此制度性变革的冲击下，原本存在于南方的出国谋生之风，在东北引起了连锁反应。部分人员将下岗或内退得到的五六万元补偿金，一次性付给中介，作为改变命运的"投资"，由此走上了出国之路。由于东北人到欧洲的时间都比较短，而且在当地不具备中国移民传统中的亲缘、地缘基础，缺乏立足、起步、创业的社会资本，在相当一段时期内只能求生于社会最底层。因此，欧洲地区来自中国之东北新移民的同乡组织，基本都是进入21世纪后才组建的。

例如，1998年7月第一批原青岛市职工通过中介公司进入葡萄牙打工，此后十多年间，先后有数千山东青岛人、莱西人陆续进入葡萄牙，大多在葡萄牙的华人餐馆、仓库中当工人，渐渐地，有少数人开始积累了一定的资本，走上创业当老板之路。2008年3月，即第一批山东人进入葡萄牙大约十年之后，葡萄牙的第一个山东人同乡社团，即葡萄牙山东同乡会正式成立，山东同乡会的首任会长徐汉祖是1999年抵达葡萄牙的山东莱西人，他到葡萄牙后做过木匠，干过装修，开过三百店，尝试过种植蔬菜，最终创立了"徐氏豆腐"品牌。

根据笔者2018年的调研，其时欧洲已经成立了近十个山东同乡会，如旅法山东同乡会、法国齐鲁文化协会、德国山东同乡会、葡萄牙山东同乡会、西班牙齐鲁联谊会、西班牙山东协会、英国齐鲁文商会等，还有一个全欧性的旅欧齐鲁联谊会。

在欧洲的东北同乡会也在21世纪后相继成立，如旅荷东北华人同乡会、旅匈东北同乡会、俄罗斯莫斯科中国北方华人商会、西班牙东北同乡会、英国东北同乡会等。

与此同时，一些时至20世纪末叶在欧人数仍然不多的省、市，随着新移民的增多及经济实力、社会地位的上升，也组建了自己的地缘性社团。以下为摘引自网络的若干新地缘性社团成立的相关资料：

西班牙北京同乡会：2007年5月13日在马德里成立。随着中国和西班牙两国在各个领域交流的不断扩大和发展，旅居西班牙的北京籍侨胞数量也在日益增多，因此，应广大北京籍侨胞的要求，为了更好地建立和加强旅西北京籍侨胞的联系和沟通，加强同乡间的相互合作，促进各自事业的发展，推动成立了北京同乡会。该会旨在秉承爱国爱乡的传统，建立和加强与北京市各级人民政府侨务部

门的联系，关心和维护会员及侨眷的正当权益，建立和加强与旅西及世界各地兄弟侨团的联系，促进西班牙与中国的交流，为中西两国的建设和繁荣作出积极的贡献。

丹麦北欧广西同乡会：2013 年 4 月 28 日在哥本哈根成立。随着在北欧地区的广西同乡日益增多（目前有近千人），各项事业蓬勃发展，涌现了丹麦哥本哈根大学医院医学家、丹麦国立医院临床微生物科高级研究员吴红博士、《北欧时报》报社社长兼总编何儒等一批侨领，为增进北欧与中国之间的政治、经济和文化的交流作出了积极贡献。

全英河南同乡联谊会：2009 年 6 月 27 日在伦敦成立。这是在英国成立的首个河南籍同乡会，旨在为在英的河南乡亲建立一个联络、沟通的渠道，使远在海外的河南乡亲可以更好地互通信息，互相帮助，互相促进，共同发展。

德国河北同乡会：2013 年 6 月 19 日在莱法州风景优美的尼斯台小镇弗里德里希庄园举行成立仪式。河北同乡会首任会长表示：同乡会成立后，将积极发挥团结同乡、联系河北与德国的桥梁作用，为河北家乡的繁荣发展服务，为促进中德友好贡献力量。

英国天津同乡会：2014 年 7 月在英国伦敦正式注册成立。其宗旨宣布将致力于团结天津同乡，服务同乡。同时与广大海外华人华侨同心协力，共谋福利，促进文化、慈善、公益等活动，以服务于海内外华人，并为有在英国发展意向的华人群体提供必要的协助。

其他如德国贵州同乡会、英国江苏同乡会（2013 年更名为"英国江苏华侨华人协会"）、法国川渝同乡会、匈牙利湖北同乡会、瑞典天津人联合会等，均为此前不曾见到过的新的地缘性社团。

21 世纪后，欧洲地区华人社会中大量地缘性社团的成立，既是欧洲中国新移民原居地不断拓展的直接写照，也是新移民经济实力、社会地位上升的具体体现。

（二）以欧洲当地国地域为纽带的地缘性社团

欧洲华人社会地缘性社团的另一拓展方向是以所在国地域为纽带而组建。随着欧洲华侨华人逐步在当地国安居立业，无论其主观意愿如何，与当地社会、经济、文化的关系总在不断深化，因此，越来越多新的华人社团系以当地居住地为纽带而组建。本部分选择对在法国、意大利、西班牙成立的如下社团略做介绍。

1. 法国美丽城联合商会

如前所述，法国华侨华人主要聚居于巴黎，并在巴黎先后形成了 3 个唐人街，即形成于"二战"前的巴黎第3区小唐人街；二十世纪七八十年代形成于巴黎第13区、以原印支难民为主的巴黎最大唐人街；以及20世纪末21世纪初由来自浙江新移民为主建立的位于巴黎第10、11、19、20区交界处的新唐人街，该区法文名Belleville，意为"美丽城"。前面提及的法国最早的华人社团旅法华侨俱乐部的会所即位于巴黎第3区的小唐人街，而由印支难民为主建立的潮州会馆、华裔互助会等则将会所建于第13区唐人街，并根据多数成员潜心信佛而分别在会所内建立了富丽堂皇的佛堂。

在法国数以百计的华人社团中，成立于2010年10月15日的法国美丽城联合商会有其特殊意义。

美丽城位于巴黎城东部，这一带原本是巴黎较脏乱的一个街区，由于治安不靖，声誉不佳，因而房屋租金相对低廉。第二次世界大战前曾有不少犹太人聚居于此，"二战"后则渐渐成为不同种族移民的聚居地，二十世纪五六十年代时以来自北非、中东土耳其的阿拉伯移民为主，而进入70年代后则有部分印支难民入住，并开始在此创业。20世纪80年代初，以原印支难民为老板的"百盛粉面档""焯记杂货店"和"大元餐厅"陆续开张，因价廉物美，生意火爆，进而既吸引更多华人移民入住，也推动更多中餐馆在此开张，档次、规模等也不断提升。其中，位于美丽城地铁口交通要道的"华丽都酒楼"就是该街区最早建立的一个比较高档的中餐馆。90年代后，随着巴黎中国新移民人数直线上升，越来越多来自浙江的新移民涌入美丽城，成为美丽城发展的强大动力。围绕美丽城地铁口的周边街区，迅速开办了各种各样的商铺，虽然仍以大大小小的中餐馆和超市、商铺为主，但同时开设了网吧、点心店、咖啡厅、中药店、美容美发店、旅行社等。截至2010年的统计，美丽城地区有商家店铺200余家，经营的华人连同其家属在4万人以上，大部分为此前一二十年间移居法国的中国大陆新移民。

随着该地区商业繁荣，治安不靖日益成为突出的社会问题。一是当地原本居民构成较复杂，无业游民较多，影响治安；二是当地从华人商家到华人顾客多以现金交易，易成为偷、盗、抢的目标；三是许多华人法语不好，不懂法律，加之一些人没有合法居留证，遇事躲着走，诸多因素导致华人成为劫匪的目标。而且，21世纪之后，在美丽城第19、20区相交的大道一侧，逐渐形成了一个所谓"穷人集市"，人多时各类大小摊位长两三百米，出售货品中既有穷人搜集来的旧货，也夹杂某些偷盗来的物品；在集市上出没的，既有贫困的老年人，也有偷渡来法国无身份的外国人，总之，鱼龙混杂。傍晚集市收摊后，有的人即在该地搭个简易地铺过夜，垃圾乱扔，随地便溺，一片狼藉。这一切导致美丽城成为巴黎城中一个并不美丽甚至令人言之色变的丑陋、肮脏、危险的地区，在当地居住、工作的华人深受其害。

2010 年 6 月 1 日晚，在巴黎美丽城大酒楼门口公然发生暴力抢劫事件，此事在法国华侨华人圈内引发强烈抗议潮。在法国最主要的"华人街"网站上，有人提出举行游行示威，抗议警察控制治安不力。6 月 6 日，以法国华裔青年为主的社团"汇集协会"召集"华人街"网友，与美丽

图 9 - 20　2010 年 6 月，巴黎华人举行"反暴力，要安全"游行（法国钱海芬提供）

城所在第 20 区政府官员座谈，商讨如何防范针对华人群体的犯罪案件。6 月 10 日，旅法侨界近百名代表一致决定，向警察局提交游行申请。6 月 12 日，以法国华侨华人会主席为首的游行组委会正式建立，并设立了物资组、宣传组、安保组和秘书处等。6 月 20 日下午 1 时许，上万华人聚集到美丽城街头，举行法国历史上首次由华人发起组织的"反暴力，要安全"游行，呼吁当局改善社会治安，这也是法国华人史上规模最大的一次社会运动，在法国社会引起强烈反响。

在该事件发生之后，位于美丽城的 200 多家华人商户进一步意识到联合维权的重要性。虽然巴黎已有不少华人社团，位于美丽城的商家不少也是巴黎华人社团的重要成员及领导人，但是，美丽城事件使大家意识到在当地生活之区域联合组团维权的特殊性与重要性。

2010 年 10 月 15 日，巴黎美丽城商家共同组建了法国美丽城联合商会。该会成员以美丽城华人商户为主，也有在当地经商的其他族裔商户参与其中，30 多家美丽城主要商户的老板组成了会长团。该会旨在捍卫美丽城居民的共同利益，推进治安改善，使美丽城成为一方净土，成为商家安心经营、顾客愉快购物的乐园，为美丽城的经济、商贸、公共地区治理以及文化多样性共同努力。

美丽城联合商会成立后，代表当地商户和居民与当地政府建立了良好的关系。商会积极参与当地区政府举办的每年一度的"团结日"活动，组织以华人社区为主题的照片展，以"我是法国人"为主题组织华裔儿童画展，以"中国传统美食文化"为主题提供美食与参会群众分享。这一系列活动提高了华人在当地社会文化活动中的影响，提升了华人社团的整体形象，受到当地政府及民众的好评。而且，作为美丽城的地域性社团组织，当地政要在竞选时，还会拜访该

会，希望通过华人社团得到更多民众的支持。

以当地地域性地缘关系为纽带组建社团，既有利于促进华侨华人融入当地社会，也有利于维护并争取华侨华人在当地的合法权益。

2. 意大利地区性华人移民协会

意大利全国分为 20 个大区，以中国新移民为主体的意大利华人社群遍布意大利，在华侨华人相对集中的城市，如罗马、米兰、普拉托、威尼斯等，以及华侨华人相对集中的大区，如艾米利亚—罗马涅、拉齐奥、伦巴第、托斯卡纳、皮埃蒙特、西西里等，都有由华人组建的以所在地为地缘纽带的社团。例如，2011年 12 月 7 日在意大利米兰成立的"华人与米兰政府联络小组"，就是一个定位于当地国特定地域范围的新型社团组织。

米兰 Via Paolo Sarpi 一带是意大利最早形成的华人聚居地。早在 20 世纪 30 年代，就有老一辈华人在此开设了第一家华人商铺，并渐渐成为米兰华侨华人的主要聚居地之一。此后日积月累，历经 70 多年的发展，进入 21 世纪之际，米兰 Via Paolo Sarpi 一带以 Via Paolo Sarpi 为主街，同时沿周边若干支道延伸，共聚集了约 600 家华人商铺，成为一个大型的综合华人社区，并以米兰"华人街"闻名于欧洲。如果说，时至 20 世纪 90 年代，米兰华人街还主要是当地人享受中餐的地方，那么，21 世纪后，这里已经成为中国商品的物流集散中心、商业服务中心以及华文媒体的信息中心。而且，环绕着以华人商铺为主的经营区，还有一些意、日、非等多元民族的商铺穿插其中，成为米兰一道多元文化的风景线。

然而，随着该地区商铺云集，购销两旺，原本作为一个普通居住区而没有列入规划的货车进出与装卸货物问题迅速凸显，影响了当地普通居民平静的日常生活，华人商家与当地居民之间的矛盾开始上升。在当地原居民的强烈要求下，米兰政府自 2005 年起相继出台了一系列政策法令，从整肃街区、制定严格的交通管制条例，到派遣大批警员进入华人商家查抄货物。

2007 年，由于大型货车被禁止进入该街区，华人商家于是改用手推车运送货物。但这一举措也被禁止，警察对使用手推车者，甚至对扛箱背包运货者都进行罚款并扣留货物。这一切引起当地华人商家的不满，警民之间时有冲突。2007年 4 月 20 日，一怀有身孕的华人女子因使用手推车问题遭警方制止，发生争执后遭到警察殴打。此消息一传开，原本就对警方暴力执法不满的华人商家迅速聚集了上千人，形成一个大规模的抗议行动。

2008 年 9 月，米兰市政府根据新规划，将米兰华人街完全改为步行街，并迅即动工改造。改造后的华人街无论交通秩序或道路清洁都得到明显改善，虽然进出货物困难增加，华人店家的生存空间受到一定挤压，但是，改造为步行街后带来的人流量提升却也多少弥补了不足，华人街生意依然延续，与当地居民之间的

矛盾也依然在延续。

2011 年，米兰市几位侨领牵头发起组建了"华人与米兰政府联络小组"，旨在建立一个能够代表米兰市华人街商家与米兰市政府进行良性沟通和对话的渠道。该小组建立后，综合各方意见向米兰市政府提出了一系列合理要求，如：要求米兰市政府和警察局加强在米兰华人区的治安管理力度，严厉打击一切违法犯罪活动，确保米兰华商企业和华侨华人的财产及人身安全；要求停止对华商企业带有歧视性的乱罚和乱查的做法；要求修建停车场，缓解停车难问题；要求在米兰华人街建造标志性建筑"牌坊"，以推动米兰市旅游业发展；要求米兰市政府取消美容证、按摩证要求，放宽华人开按摩店的限制；要求延长营业时间和货物装卸时间，等等。建立直接与当地市政府联络的移民社团，表明华人在当地社会生活中展现了更加积极主动的姿态，是意大利华人争取合法话语权的一项有益举措。

如果说"华人与米兰政府联络小组"是一个为协调地区华人与政府关系而专门成立的特别组织，是一个特例，那么，"意大利皮埃蒙特大区华人移民协会"则是另一类响应意大利政府号召而成立的地区性社团。自 20 世纪 80 年代以来，伴随着经济高速发展，意大利政府引入了大批外来劳动力移民。为了倡导移民融入，使意大利成为一个"移民大家庭"，意大利政府倡导在各大区建立"移民协会"，旨在促进移民融合，推广多元文化，维护移民合法权益，反映移民合理诉求。2001 年，"意大利皮埃蒙特大区华人移民协会"在华人移民相对集中的意大利北部皮埃蒙特大区宣告成立。该会与皮埃蒙特大区政府，都灵省政府、市政府及相关官方机构积极合作，以促进中意文化、政治、经贸交流为宗旨，以弘扬中华文化、维护华人声誉为己任，以推动华人融入意大利社会为目标。鉴于该会扎实有效的运作，在该会成立十周年之际，意大利众议院主席 Fini 接见该会会长团成员，并正式签署了协会的认证声明。

2013 年 5 月成立的"意大利曼托瓦华侨华人总会"又是另一类地区性社团的代表，即由华人自行组建的、以地区性联谊为主旨的组织。曼托瓦位于意大利北部，属伦巴第大区，是国际市场高档袜子的主要产地，被誉为"世界袜都"。根据笔者 2013 年 4 月的调查，该地有华人企业 400 多家，从业华人及家属 7 000 多人，大多从事与袜业加工、批发、销售相关的行业。"意大利曼托瓦华侨华人总会"选择在曼托瓦市政府会堂举行成立庆典，曼托瓦省省长，曼托瓦市市长代表，曼托瓦市移民局、警察局、税务局等当地政府行政官员、知名人士等都应邀出席了该会的成立庆典。该会成立后，随即受市长约见，就曼托瓦市政府如何开展与中国文化、经贸交流活动进行会商，并探讨政府如何与在当地居住、创业、发展的华侨华人建立有效沟通机制。

总之，无论是作为特例的"华人与米兰政府联络小组"，或是响应政府号召而成立的"意大利皮埃蒙特大区华人移民协会"，还是由华人自行以当地地缘纽带建立的"意大利曼托瓦华侨华人总会"，都反映了华人移民立足当地、融入当地并以当地利益诉求为主旨的追求。

3. 西班牙地区性华人社团

西班牙是 21 世纪之后华人社团数量快速增长的一个国家，其中，以当地国省、区为基础建立的社团是一大增长热点。

根据西班牙侨领徐松华先生提供的资料，2009 年至 2013 年 5 月，西班牙华侨华人新成立社团 30 个，虽然新社团涉及行业、文化、祖籍地等不同类型，但值得注意的是，其中超过三分之一的社团都以所在地为组团结社的基础。在 2009—2013 年组建的 30 个新社团中，至少有如下 12 个社团系立足于所在国居住地之地缘基础：加泰罗尼亚中百华商协会（2009）、加泰罗尼亚华人华侨工商业协会（2009）、瓦伦西亚中国商会（2009）、Salamanca 留学生联谊会（2009）、Tarragona 华人协会（2009）、西班牙乌塞拉华侨华人协会（2009）、Guadalajada 食品协会（2010）、瓦伦西亚中华妇女协会（2010）、Santander 华人协会（2010）、加泰罗尼亚华人美容美发协会（2012）、Rioja 华人协会（2012）、巴塞罗那中华总商会（2012）。[①]

地缘基础的改变，彰显了移民群体与所在地越来越密切的社会、经济、文化联系。以当地国之特定地区为地缘纽带组建华人社团，既在一定程度上反映出华侨华人融入当地社会的走向，也有益于华侨华人参与当地的政治、经济、文化事务。

例如，位于西班牙北部比利牛斯山区的巴斯克大区是一个具有自身历史、文化特色的地区，其语言是西欧国家中仅有的非印欧语系的语言，传统服饰和习俗也与西班牙其他地区有所不同。受该地区历史文化影响，该地区华侨华人也组织了一系列具有该区域特点的社团，如巴斯克中国友好协会、巴斯克华人华侨协会、巴斯克中国文化中心、巴斯克桥牌协会、巴斯克中国武术协会、巴斯克摔跤联盟、巴斯克华侨中文学校等，其中如巴斯克华人华侨协会等也被列入了巴斯克自治区政府辖区内党派代表名单。

又如，英国伦敦唐人街的华人社区中心已成立多年，既为当地居民服务，也成为当地华裔民众与政府相关部门沟通的有效渠道。2001 年，英国华人进一步成立了"伦敦华人社区网络"，各华人社区加强联络，定期研讨，及时向有关当局反映本地区要务，确保会员的声音及权益能得到必要关注。该社区网络还成立

---

① 该社团为笔者根据在西班牙编辑出版之《欧华报》新闻报道补充。

了指导委员会，由来自伦敦各大华人中心的代表组成，其中包括华人资料中心及咨询中心、依士灵顿华人协会、甘顿华人社区中心及全英华人论坛等。该社区网络得到了英国内政部种族平等委员会的支持。

总之，21 世纪后，欧洲华人社团在地缘性组团结社方面呈现出的既以中国原居地为纽带亦以当地国地域为纽带的双向拓展，既显示华人社团继续与祖籍国保持亲缘纽带的悠久传统，亦彰显出伴随着中国新移民逐步在社会、政治、经济等方面不断融入当地国社会，植根当地国社会，一步步有组织地参与到当地国社会建设的重要发展趋势。

二、业缘社团呈现结构类别与社会影响力的双向拓展

如前所述，随着欧洲华人社会人口增长，经济实力迅速增强，如此变化在社团组建上的表现之一就是业缘类社团类别大幅度拓展，并且由于其所具有的特殊专业性功能而使其社团影响力也大幅度提升。

（一）欧洲的中国鞋与欧洲的华人鞋业协会

西班牙华人鞋业协会是欧洲第一个华人鞋业从业者的行业协会，用该协会第一任会长刘光中的话说，西班牙华人鞋业协会是在 2004 年"埃尔切烧鞋事件"的烈火中诞生的。[①]

直到 2000 年之前，埃尔切一直是西班牙本土最大的制鞋基地，其产品不仅在西班牙销售，还畅销德国、比利时等欧洲其他国家。大约自 20 世纪 90 年代末，开始有华商尝试着进入埃尔切营销从中国进口的各类鞋子。21 世纪后，华人鞋商数量有所增加。2001 年有十来家，此后进入高速增长期，时至 2004 年，已猛增到近 80 家，经营规模也迅速扩大。由于中国本土人造革工业高速发展，制鞋业现代化程度较高，再加上廉价劳动力，中国鞋物美价廉，在西班牙中低端消费市场大受欢迎，这一切使当地以传统制鞋业为生的企业主和员工都感受到了前所未有的严峻挑战。有调查显示，西班牙进口鞋子年均增幅达 26%，而鞋业工厂就业减少了 30%。[②]"埃尔切烧鞋事件"正是在此大背景下发生的。

2004 年 9 月 16 日夜，西班牙东部城市埃尔切发生了震动欧洲及中国的"埃尔切烧鞋事件"。当晚，近百名当地人聚集在该市工业区内，呼喊反对中国鞋商的口号，有人借机纵火焚烧华人鞋商仓库销售店和集装箱，并阻拦消防人员灭

---

① 刘光中：《华商在欧洲的本土化经营》，《中国皮革》2006 年第 2 期。
② 骆林勇：《浙江鞋业贸易争端成因探析》，《浙江经济》2006 年第 24 期。

火。在该次事件中，华商共有 17 个集装箱的温州鞋被焚毁，造成价值约 800 万元人民币的经济损失。

为了维护华人鞋商的共同利益，规范合法经营，并与当地政府主管部门及当地鞋业协会进行联络与沟通，在中国驻西班牙大使馆的引导与协调下，"埃尔切烧鞋事件"发生半年之后，西班牙华人鞋业协会于 2005 年 1 月在西班牙阿里坎特省正式注册，于同年 2 月在埃尔切市举行成立大会。成立大会不仅邀请中国大使馆、西班牙各华人社团领导人出席，西班牙中央政府驻阿里坎特省特别代表、省警察总局局长和埃尔切市警察局局长等西方官员也应邀到会。鞋业协会领导人在成立大会上呼吁华人鞋商加强团结，自我规范，合法经营，维护自身合法权益。鞋业协会领导人还诚恳表达了华商与当地政府及相关部门建立沟通渠道、积极融入当地社会的良好意愿。

西班牙华人鞋业协会成立后，主动与西班牙全国鞋业联合会、埃尔切市鞋业协会、埃尔切市鞋材协会等建立联系，共同探讨如何进一步健全市场经营的相关法律手续，如何通过与当地鞋商交流合作、雇佣当地工人及合作经营等方式，增加当地就业机会，主动积极地融入西班牙的鞋业市场。

在法国，经销中国鞋也是进入 21 世纪之后迅速拓展的经贸领域。法国华人鞋业的历史可以追溯到 20 世纪 90 年代初，但真正的高速发展则是 2004 年之后。短短数年间，借助于中国国内温州鞋业从品质到数量的飞跃，位于巴黎北部 93 省奥贝维里耶市的华人鞋业市场聚集了上百家华人鞋商，从时装女鞋、男鞋、童鞋到运动鞋、休闲鞋，应有尽有，成为欧洲一个举足轻重的鞋业批发大市场。法国的华人鞋商利用身处世界时尚的机会，及时捕捉最新潮流趋势，与国内生产厂家密切联手，不断推出款式新颖、质优价廉的产品，并以良好服务获取客户信任，逐步建立起庞大的客户群。

然而，随着法国华人鞋业的迅猛发展，各类问题也接连不断。就外部而言，每天数以千计的各国客商来来往往，其中鱼龙混杂，不良客商时有出现。一些客商付款的支票会出现"跳票"现象，让华商遭受损失。就内部而言，华人鞋商进货渠道相似，产品雷同，经营手法单一，且温州鞋虽以物美价廉为优势，但在内部竞争中利润空间下降，高利润品牌仍然掌控在法国本土鞋商手中。华人鞋商彼此之间的恶性竞争时有发生，两败俱伤的结果并非罕有。

为了提升法国华人鞋业的经营水平与层次，实现产业升级，提升内部自律，共谋更好发展，并加强与法方鞋业同行的沟通和交流，法国华人鞋商经过酝酿，于 2010 年 8 月 28 日正式成立了法国华人鞋业协会。协会的第一批会员企业包括了法国约 120 家华人鞋商中的 73 家，由华人最大鞋业公司"凯旋门公司"的总经理担任首任会长。

图 9 – 21 法国华人鞋业协会（李明欢摄于 2013 年）

法国华人鞋业协会成立后，针对法国华人鞋商面临的共同问题，共商应对大计。法华鞋商们意识到，建立专业的市场营销队伍，构建整体品牌战略乃迫在眉睫之要务。协会因此制订了建立法国华人鞋城（City Import Shoes）规划，统一名称和标识，努力把法国华人鞋业城打造成一个国际品牌。协会还集众会员之力，在欧洲的主要鞋业展会设立宣传点，扩大影响力。此外，为了维护共同权益，协会建立了内部会员共享的"客户信誉度资讯表"，在协会内部网站上建立一个"黑名单"表格，由会员将那些曾经令华商蒙受损失的不良客商姓名、公司、支票号、电话等上传到网站，及时提醒会员们，使其免于再受其害。而且，这个会员企业内部共享的资讯平台，除了抵制恶意诈骗，打击非法营商活动，还提供客户的需求信息。总之，作为一个行业协会，法国华人鞋业协会以"服务会员企业，引导行业发展"为宗旨，具备其他社团所不能替代的功能。

（二）欧洲的中国专业人士与欧洲的专业协会

进入 21 世纪之后，欧洲华人专业人士数量的增长与专业协会的增长并进是欧洲华人社团发展变化的又一突出特征。本部分选择三个 21 世纪后新成立的专业协会，即英国华人金融家协会、法国华人律师协会和匈牙利中医药学会，作为专业人士社团的个案；同时选择西班牙华人农贸协会、法国外籍兵团退伍华人战友会及欧洲中资企业协会作为特殊行业社团个案，以求能比较全面地反映 21 世纪欧洲华人专业人士社团发展的新趋势。

1. 英国华人金融家协会

英国是欧洲接纳中国留学生最多的国家，根据 2018 年 1 月英国高等教育数

据中心（Higher Education Statistics Agency，HESA）发布的统计数据，从中国海峡两岸暨香港、澳门前往英国的留学生总数已经达到 115 570 人。与此同时，也有越来越多中国留学生学成留居并就职于当地，成为新一代专业移民。伦敦是世界一大金融之都，尤其是进入 21 世纪之后，在伦敦金融城工作的华侨华人总量直线上升，据 2009 年的一项统计，在伦敦金融城工作的华侨华人有 2 000 多人，其中相当一部分服务于各投资银行，并且以年富力强的中青年为主。①

2009 年 7 月 12 日，英国首个华人金融家协会（Chinese Association of Financial Executives，CAFE）在伦敦正式注册，并于同年 11 月召开成立大会。该会是一个独立的非营利性组织，根据该会主页上的介绍，其成员以在英国各主要金融机构工作的华人金融专业人士为主体，旨在促进中英经济金融领域的交流与合作，团结壮大在英金融界华人精英力量，培养后续金融人才。该会力求为企业会员和个人会员提供一个信息交流的平台，提供关于中国市场的第一手信息，为会员的事业发展和成功提供帮助。

作为一个被命名为"金融家"的高端华人金融精英组织，其目标是成为一个高层次、重专业、谋拓展的专业团体，因此设置了较高的入会门槛。协会第一批个人会员约 50 人，均为拥有国际知名大学学历的华人金融专才，主要任职于英国各大商业投资银行和金融机构，从事高级管理，许多是具有博士学位和教授职称的高级学术专家，职业经历平均超过 10 年，拥有金融行业多年的从业经验。据介绍，该会成立 5 年后，其会员已超过 500 名，包括 80 位金融大使、7 位资深顾问、15 家合作机构，以及 22 位由来自于高盛、施罗德、泰丰资本及瑞士银行等金融机构的专业人士组成的团队成员。

该会成立后，除了与其他华人社团开展相似的联谊交流活动之外，特别突出其作为精英专才的特点，注重拓展与中英各个金融机构的合作，帮助相关机构和企业寻找商业发展机遇和进行决策分析，并投身于中国金融产业的市场和产品开发，通过学术讲座、专业培训和项目研究，为中英金融产业建立交流与沟通的桥梁。

2. 法国华人律师协会

法国是另一个欧洲中国留学生最为集中的国家。据中国驻法使馆教育处提供的资料，中国改革开放之初，在法留学生仅有两三百人，进入 21 世纪时，同时在法留学的中国学生数增至 2.5 万人，2018 年的统计数据显示，在法留学的中国学生数达 30 071 人，在法国所有外国留学生来源国中仅次于摩洛哥（39 855 人）

---

① 王文：《那些闯荡伦敦金融城的中国年轻人》，https：//www.guancha.cn/wang-wen/2014_01_17_200359.shtml。

和阿尔及利亚（30 521 人），位列第三。[①]

律师是西方国家收入及社会地位相对较高的职业，不仅入学、入行都要经过层层严格的选拔考试，而且入行后要能够运用法国的法律为民众维权更属不易。直到进入 20 世纪 90 年代之后，才开始有中国新移民在法国正式被接纳注册成为律师，此后又经过 10 多年发展，全法华人律师大约增加到 30 人。为了加强同行间的团结与合作，推动交流，进一步提升从业者的业务水平，为法国各界民众尤其是在法华人提供更优质服务，法国华人律师于 2011 年 11 月 27 日成立了法国第一个华人律师组织"法国华人律师协会"，共有 24 位在法国正式注册的律师成为该协会的第一批正式会员。

法国华人律师协会成立后推行的首要职责是维护作为律师的正当权益。中国新移民在法国生活、工作的方方面面经常需要得到律师的帮助，从办理身份、居留、团聚、就业、开业到报税、保险、养老等都有许多烦琐的手续，加之许多新移民还存在语言障碍，不了解法律，不熟悉办事程序等，对律师的依赖程度更高。有些冒牌律师利用新移民不熟悉情况的弱点，借机牟利，甚至造假违规操作，既损害了客户利益，也在法国社会上造成恶劣影响。法国华人律师协会成立后，随即在中国驻法大使馆网站上公布了协会会员的名字和联系方式，让法国华人能够辨清真假律师，以抵制某些冒牌律师的非法侵权行为。

法国华人律师协会还与各华人社团建立并加强联系，为社团举办法律座谈会，在法国华人商家集中地举办法律公益咨询，解答海关、税收、侵权、店铺买卖及转让、商业租约需要注意的事项等常见商业疑难问题，也对在法华人就税收上报、申请居留、移民等各方面问题给出专业的建议。协会的系列活动使在法华人从中受益，华人律师们也借此提升自身的知名度和社会地位。

3. 匈牙利中医药学会

匈牙利中医药学会成立于 2002 年，是一个以在匈牙利推广中医药为首要宗旨的华人专业人士社团。

1987 年，一位在中国参加国际医学大会时发现了中医药神奇魅力的匈牙利生物学博士爱瑞将 2 名中医从中国黑龙江请到了匈牙利，开办了匈牙利的第一家中医诊所。虽然那是一家只有 5 张病床的小诊所，但由于中国医生们神奇的针灸医术治好了诸多疑难病症，传统中医的针灸、按摩疗法也很适合匈牙利人崇尚自然的生活习惯，因此该诊所在短短两三年内就扩大到拥有 50 多张床位，每年从中国专门请来的医生最多时有 10 多人，每天接待病人多时有两三百人。然而，

---

① 周文仪编译：《法国 2018 年吸引 34 万外国留学生，中国生人数排第三》，（法国）《欧洲时报》，2018 年 10 月 25 日。

伴随着如此"中医热潮"高涨，一时间既有正式的中国医生来到匈牙利开业行医，也有一些仅知些许皮毛的中国新移民顺势开起了中医诊所，造成市场混乱，社会影响不佳。

1996 年，匈牙利相关主管部门批准出台了自然疗法的法律规定，只有获得匈牙利大学医学文凭或经过专业考试的外国医生才能在匈牙利从事针灸治疗。由于语言障碍，第一批参加考试的华人医生无一通过。1997 年，匈牙利完全禁止向中国医生发放行医许可。原先开设诊所的华人医生只好改行，有的开起了小商店，有的到匈牙利人的诊所打工，有的离开匈牙利前往他国，到 2001 年时，全匈牙利只有 7 名来自中国的中医还在坚守，但对前途充满忧虑。

正是在此大背景下，为了团结起来为中医争取在匈牙利的合法地位，7 名中国医生经过反复协商，于 2002 年 9 月 24 日正式组建了"匈牙利中医药学会"，寄望通过有组织的交涉，争取匈牙利有关方面承认中医，并为中医重新发放行医许可。

学会成立不久，就遇到了重大挑战。2003 年 7 月 24 日，匈牙利警方根据不实举报，查封了学会发起人中 2 位医生的店铺并将其拘留。为了澄清事实，维护权益，学会领导反复向警察局、卫生部写信申辩，最后一直将申诉信送到了当时的匈牙利总理手上，终于通过匈牙利总理查问此事，敦促有关部门重新审理此案，并由此推动了重开向中医发放行医许可之议案。是年 9 月，11 名中国医生获得了在匈牙利行医的正式许可。从那以后，中医在匈牙利迎来了发展的新机遇，匈牙利中医药学会也夯实了基础。

2004 年，匈牙利中医药学会与布达佩斯警察总局签署协议，学会中主要医生受聘成为匈牙利警察的保健医生。其间，他们治愈了一些警官的疑难病症，博得了警官们的信任和高度赞誉，大大提高了中医药在匈牙利的社会地位。

眼见条件日渐成熟，匈牙利中医药学会正式向匈牙利医学会提出入会申请，经过一年的考察与审核，2005 年 3 月，由匈牙利 9 名科学院院士组成的匈牙利医学会专家组，对中医药学会的入会申请进行第一轮投票，结果以 7 票赞成顺利通过。根据匈牙利法律，2005 年 6 月 17 日，中医药学会的入会申请提交匈牙利医学会理事会再次投票，结果以 31 票赞成、23 票反对、2 票弃权批准了匈牙利中医药学会加入匈牙利医学会的申请。此举对中医药在匈牙利的发展具有里程碑的意义，从此中医药在匈牙利真正具有了合法地位。

以中医药之特长举办社会义诊，参与社会服务是匈牙利中医药学会获得认可后着力推行的一项卓有成效的工作。自 2004 年起，学会一直组织中医参加匈牙利警察日的义诊活动，使之成为宣传中国传统医学文化的一个平台。学会参与社会义诊的另一重要活动是为匈牙利残疾人义诊，这些积极的社会参与活动获得了

匈牙利社会的好评。

匈牙利中医药学会经过十多年的发展，已经从最初的十来人发展增加到上百名会员，创会会长于福年博士被匈牙利司法部授予"特殊突出贡献奖"，学会秘书长陈震创办的匈牙利东方国药集团公司荣获世界针灸工程师学会颁发的"中医药发展特殊贡献奖"。匈牙利中医药学会在匈牙利弘扬中医药文化，既造福当地人民，又创立了中医药事业，为促进中西医学交流取得了可喜的成绩，也赢得了匈牙利人民的尊重。

图 9－22　米兰华助中心举办维护侨胞权益之"挑战与出路"研讨会（米兰华助中心提供）

图 9－23　欧洲华人社团与香港凤凰卫视共同主办欧洲华商峰会

图 9－24　西班牙华侨华人协会代表华人商家感谢马德里警察总局

图 9 - 25　欧洲华人自己创办商学院，并请专家授课（意大利戴小璋提供）

（三）欧洲华人的新行业与新业缘社团

本书第八章中业已提及，进入 21 世纪后，欧洲华人涉足的行业越来越广泛，而与此相应，华人的新业缘社团也不断涌现。以下为若干较为典型的个案。

1. 西班牙华人农贸协会

2012 年 11 月 17 日，西班牙华人农贸协会在巴塞罗那正式成立。该协会由旅居西班牙加泰罗尼亚地区从事蔬菜瓜果类贸易的华侨华人自愿组成。

如前所述，进入 21 世纪之后，随着中国移民数量大幅度增加，华人群体自身及越开越多之中餐馆的蔬菜消耗量节节攀升，构成了庞大的市场需求，因此有越来越多西班牙华人开起了蔬菜瓜果店。

西班牙华人蔬菜瓜果店基本分为两大类型。一类是直接开设"全年无休"，中午、周末照常营业的"全天候"菜店，而且，无论是个体家居客户、企事业单位或是大小餐饮店，都提供免费送货上门的配套服务，因此颇受欢迎。另一类则是开办兼具华人百元店、食品店、水果店特征之"小超市"。此类小超市一般打破了传统食品店、百元店、水果店的界限，走向小而全的经营方向，在两三百平方米的有限空间内分区出售新鲜水果、蔬菜及各类食品、酒水、杂货，以低廉的价格和丰富的经营品种，满足小区内居民的日常生活需求。

为了促进西班牙华人蔬菜瓜果店更加正常有序地进行商务活动，需要建立一个同胞同行之间互相交流、资源共享的平台。西班牙华人于 2012 年成立了西班

牙华人农贸协会，并在成立大会上一致通过了如下工作目标："第一，增进团结是做好协会工作的前提。团结出凝聚力，团结出战斗力，协会要发挥自身的优势，努力起到引导和带动作用，按照市场规则运作，团结带领本行业的先进水平，提高市场竞争力，面对激烈的市场竞争，引导会员行业发扬求大同、存小异的团队精神，以应对市场竞争出现的新情况、新问题，力争本行业在市场中立于不败之地。第二，搞好服务是本协会的根本宗旨。协会必须千方百计指导行业，为行业提供全方位的服务，积极维护会员各门店的合法权益，想行业之所想，急行业之所急，把协会办成会员之家。要进一步加大信息交流，积极创造条件，建立协会网站，搭建诚信平台，促进本行业的发展。最后，希望会员们对协会的建设多提建议和意见，支持理事会工作。恳切希望大家在严总领事的领导下，在各部门的支持下团结一致，奋发努力，共同前进，为我们的行业实现新的跨越，贡献自己的一份力量。"

西班牙华人农贸协会的成立，是欧洲第一个农贸行业的华人业缘团体。由于蔬菜瓜果行业与西班牙普通百姓生活密切相关，往来频繁，从事这一行业的华人更需要了解当地民众习俗，遵纪守法，合法经营，与左邻右舍和睦相处，因此，西班牙华人农贸协会具有特殊的职责与追求。

2. 法国外籍兵团退伍华人战友会

法国外籍兵团退伍华人战友会是一个联谊性的社团，但是，因为联结他们的纽带是曾经在法国外籍兵团从军的经历，因此，笔者认为更应当将其归类为一个具有特殊性的业缘类社团。

法国外籍兵团组建于1831年，是法国武装力量中一支独特的部队。19世纪初叶，当时的法国正陷于阿尔及利亚的民族独立战争的泥沼，法军伤亡惨重。为了鼓励外籍士兵为法国而战，法国政府颁布法律，允许外籍官兵在兵团服役五年后加入法国籍。该法律颁布后，吸引了不少来自不同国家的青年移民加入兵团，为法国而战。时至21世纪，根据法国的相关统计，法国外籍兵团的士兵们来自全世界一百五十多个国家，他们往往被派去担任最艰难、最危险的工作。

第一位持中华人民共和国护照而加入法国外籍兵团的是温州人胡永多。胡永多于1952年出生于浙江文成县一个偏僻的山村，1979年持旅游签证进入法国。当胡永多为自己无法转换为居留身份而烦恼时，意外得知可以通过加入法国的外籍兵团获得法国国籍。于是，胡永多于1980年5月正式加入了法国外籍兵团。虽然胡永多有一位叔叔当时担任中国国民党法国支部负责人，但胡永多本人毕竟来自"红色中国"，这在冷战时期的法国无疑是一个敌对的符号。因此，最初许多连队都不想要这个中国人，担心他是特务。当时的外籍兵团士兵工资是每月九百多法郎，折合成人民币三四百块钱，仅与法国人最低工资标准看齐，但相对而言却相当于同期中国大陆普通教师收入的十几倍。胡永多在随兵团到黎巴嫩服役期间，为了保护一位当地的平民而负伤，为此他获得了法国政府颁发的法国保卫国家银质勋章和法国勇敢战士铜十字勋章。与外籍兵团签订的五年合同期满后，胡永多退伍留居巴黎，并开始了自己的创业，经过十多年的努力成为法国一家大型中餐馆的老板。

胡永多于1985年退伍后，在当时法国的中文报刊《欧洲日报》上连载《黎巴嫩战地日记》，讲述自己作为法国外籍兵团一员的经历。该文透露出来的最重要信息是：外籍兵团允许你是为了法国的国籍而从军，只要你能在五年合同期内完成兵团所赋予的任务，你就能得到食宿、高额保险、每月薪酬、每年四十五天的带薪休假以及法国国籍。于是，加入外籍兵团成为吸引想要转变身份、入籍法国之华人青年的一条捷径。

1991年，海湾战争结束后，二十多名华人士兵从伊拉克归来，个个光头，出现在巴黎街头，吸引了无数眼球。中国国际广播电台还对他们进行了报道。不久就在巴黎华人青年中再次掀起当兵热潮，几乎每天都有人去征兵站报名。

毋庸置疑，大多数加入法国外籍兵团的华人青年是冲着获得法国的合法身份而去，但是，无论从军者本意如何，从军五年严酷的军旅生活、外籍兵团魔鬼式的训练，都会给每一位士兵留下终生难忘的印记。五年从军，许多人除获得重要的法国国籍之合法身份外，还通过学习军事技术而获得某些专业知识，提高了法语交流能力，深化了对法国社会的了解，增长了见识，丰富了阅历，这一切都对他们退伍之后尽快立足创业、融入法国社会具有不可替代的特殊意义。

1995年，一位退伍华人士兵不幸因病去世，身后留下两个不满三岁的幼子。几位战友在帮忙料理后事时，萌发了成立战友会，以方便战友们相互联谊、相互帮助的念头，并且很快得到退伍军人们的响应。于是，以第一代外籍兵团退伍士兵胡永多等为主，正式向法国外籍兵团的老兵协会总会提出了立会申请。

然而，协会的成立却一波三折。根据法国政坛对种族主义的避讳，老兵协会总会不希望在军队内部出现单一民族的协会，拒绝了退伍华人战友会的第一次申请。但胡永多等人并不气馁，他们反复向总会领导人说明缘由，终于以诚意打动了二十三名总会常委，批准了华人退伍兵成立分会的申请。华人战友会成为法国外籍兵团第一个以族裔为纽带成立的战友会，随后韩国退伍军人也仿效华人成立了他们的战友会。

该会的中文全称为"法国外籍兵团退伍华人战友会"，会旗以法国国旗为基础，中间是外籍兵团的统一标志，上面印有战友会的中文全称。由于退伍军人中不少人在巴黎北郊的奥贝维里耶市经商，因此会址选设在该地。

2004年，战友会获准在中国驻法大使馆登记，从那之后，战友会除了保持

战友联谊互助的传统之外，还一直积极参与法国华人社会的各项大型活动，从在巴黎开办中文教育，到参与巴黎华人的春节、国庆庆典，从为中国的各项事业捐款投资，到参与"反独促统"等国际和平事业，等等。

然而，作为一个特殊的法国外籍兵团的退伍军人社团，战友会还保持着自己的突出特色。例如，每届战友会的会长交接仪式，会长、副会长都需身着戎装，按照军队的传统交接仪式举行。聚会时同唱外籍兵团军歌，也是战友们的特殊传统之一。当法国外籍兵团计划建立一个兵团博物馆的消息发布时，华人战友会即刻筹集了五万欧元，以华人战友会的名义捐赠给博物馆筹委会，在老兵总会各分会中，华人战友会的捐赠数位居第一。卡玫农战役发生于1863年，是法国外籍兵团打出国际威名的一次战役，华人战友会也会遵循外籍兵团的传统，定期举行纪念活动，以加强战友之间的团结互助精神。①

法国外籍兵团退伍华人战友会作为一个有着独特经历的华人群体，以"团结、互助、融入、发展"为宗旨，以组建一个具有团结互助精神以及富有社会责任感的光荣团队为目标，不仅在法国华人社团当中，而且在世界华人社团当中构建了一个别具一格的团队。

图9-26　法国外籍兵团退伍华人战友会新一届会长就职典礼（欧洲时报网）

①　1863年4月30日，一支由六十五人组成的法国部队护送一支军用物资车队行进在墨西哥卡玫农地区时，被一支两千多人的墨西哥军队包围。面对兵力三十倍于自己的军队，这支法国队伍宁死不降，在一所庄园的掩护下坚持了整整一天，导致敌人伤亡惨重。最后，法军仅剩五名新兵，但仍死守阵地，毫不退缩。卡玫农一战使法国外籍兵团享誉全球，而战役发生的日子也因此成为法国外籍兵团的重要纪念日。

3. 欧洲中资企业协会

"走出去"是中国品牌被世界认知的必由之路，也是提升"中国制造"的必然选择。然而，由于进入欧洲的门槛较高，欧盟国家曾一度是中资企业海外投资的"软肋"。但是，欧债危机爆发，欧洲市场动荡不定，经济持续下滑，企业资产大幅缩水，成为中资企业进入欧洲的一个特殊契机。

2005 年，中国在欧洲的直接投资总共只有 13 亿美元，而从 2010 年浙江吉利宣布收购瑞典沃尔沃轿车公司开始，中资企业大手笔入欧消息连连。从 2010 年 10 月到 2011 年 3 月的半年期间，中国企业在欧洲承诺的投资（包括收购交易、贸易协议和贷款协定等）共 643 亿美元。2012 年新春伊始，三一重工以 3.24 亿欧元收购德国普茨迈斯特；广西柳工斥资 3.35 亿元人民币并购波兰工程机械企业 HSW 的工程机械事业部；山东重工以 3.74 亿欧元获得全球豪华游艇巨头意大利法拉帝集团 75% 的控股权；国家电网以 3.87 亿欧元收购葡萄牙电力 21.35% 股份；山东黄金集团收购吉尔吉斯斯坦某公司 70% 的股权，获得面积为 45 平方公里的探矿权；宁波华翔出资 1 870 万欧元收购德国 Sellner GmbH 和 IPG Industrieplast GmbH 的资产和业务，跃升全球第二大汽车木制内饰企业。[①]

随着越来越多中资企业进入欧洲，不少企业需面对一些共同的新问题。多数中资企业刚刚走出国门，处于海外投资的初期，需要一个信息共享、经济交流的平台，以共谋发展。而大量中资企业的外派人员，也面临着如何适应异国他乡陌生生活环境的新考验。由于中资企业外派人员大多为高级管理人员或高级工程师，所持身份及所处地位与当地华侨华人不同，除了由当地国大使馆出面组织的正式活动或会议之外，他们大多并不参与当地华人社团的活动，因此也希望能有一个同质性的互助交流团体。于是，随着中资企业外派机构在欧洲形成一定规模，欧洲各国中资企业自组社团也成为一个引人注目的新趋势。

2011 年 3 月 4 日，商务部、外交部、国资委、全国工商联发布《关于印发〈境外中资企业（机构）员工管理指引〉的通知》，其中第十五条规定提及："境外企业（机构）应主动加入境外中资企业商（协）会，加强行业自律和协调，实现企业间的互相帮助、互相监督的良性互动。"在此指引发布后，各国使领馆都进一步强化了对当地中资企业的引领工作，对于尚未建立中资企业协会的地区，推动其组建；对于已经自发组建了相关协会的，则推动更多中资企业入会，并加强对协会领导班子建设的指导，亦为其活动提供支持。

---

① 详见《乍暖还寒时节　中资企业海外并购圈地忙》，中国经济网，http：//finance. ce. cn/rolling/201202/08/t20120208_16822979. shtml，2012 年 2 月 8 日。

英国是中资企业在欧洲较早成立自身协会的国家。2001 年 7 月，英国中资企业协会（China Enterprises Association in Britain）在伦敦宣布成立，其主要发起者包括中国银行、中兴通讯、华为等在英主要中资企业和代表处，作为一个非营利性团体，其目标定位为努力推进在英中资企业之间的相互交流、信息沟通和业务合作，致力于改善在英中资企业的业务经营环境，为扩大中英经贸合作和发展中英友好关系作出贡献。值得注意的是，该会为了能更有效地维护会员企业权益，依法开展活动，自 2006 年 12 月起，启动了在英国本土正式注册的调研工作。中国贸促会英国代表处作为协会秘书处直接负责注册调研与筹备，秘书处向英国中资企业协会各理事单位发放了《英国中资企业协会注册事宜征求意见函》，就协会以何种方式注册等事宜征求各方意见。在全面征询各方意见的基础上，协会确定以"非营利的有限责任担保形式"在英国正式注册，并委托专业律师事务所代为办理注册手续。2007 年 5 月 11 日，英国中资企业协会正式在 Company House 注册成功。注册成功后，协会不仅获得了独立法人地位，享受非营利机构的税收优惠，也为加强风险防范、独立应对可能的恶意诉讼、保障和维护会员企业的利益提供保障。2015 年 9 月 14 日，该会召开正式会员大会，决定将该会更名为"英国中国商会"（China Chamber of Commerce in the UK）。截至 2018 年初，该会共有会员企业 140 多家，涉及金融、运输、贸易、服务、医药、石化、通信、制造等诸多领域。商会秘书处设在中国贸促会英国代表处。

法国中资企业协会成立于 2007 年 4 月，成立时共有 37 个正式会员，分别来自银行、航空、海运、电信、石化、核电、冶金、家电、食品和旅游等行业，体现了驻法中资企业广泛的代表性。该协会宗旨是加强与法国政府机构的沟通、开展与法国工商企业界的合作、维护会员利益、实现共同发展和双赢。根据该会提供的介绍资料，法国中资企业协会成立后，开展与法国对口组织联络，敦促法国有关机构与部门解决困扰驻法中资企业多年的员工签证问题、社会保险金缴纳问题、短期工作签证问题，改善了中资企业的经营环境。该会曾先后多次组织会员考察法国各省区，使会员企业实地了解不同地区的投资环境、服务设施、招商法律及对外国企业的优惠政策，拓展在法中资企业的发展空间；该会还安排法国出口保险机构和知名律师事务所等机构举办多次投资服务讲座，使会员企业及时了解法国政府在劳资、税务、入境签证方面的政策和举措，促进中法经济合作。随着中国在法投资的发展，为提高其代表性，该会于 2015 年 5 月，向法国经济和财政部贸易国务秘书提交了将该会更名为"法国中国工商会"的申请，同年 7 月 2 日，法国经济和财政部部长马卡隆在由中国总理李克强和法国总理瓦尔斯共同出席的"中法工商峰会"上宣布，同意在法中国企业成立"法国中国工商会"。

截至 2018 年初，该会的会员单位已超过 120 家，囊括了在法中资企业的精英。①

意大利中资企业协会成立于 2006 年，最初发起成员为中国银行米兰分行、中国贸促会意大利代表处、通用技术集团意大利公司、中远意大利公司、南京跃进汽车集团意大利代表处等 14 家中资企业。协会以"服务会员，促进交流，推动发展"为宗旨，联合会员企业与意大利当地政府及相关机构建立联系，解决中资企业在意投资遇到的困难与问题，为中资企业在意发展搭建平台，使协会成为汇总信息与提供咨询服务的重要渠道，以便会员企业共享中资企业在意实现本地化经营的经验与教训。协会通过加强会员交流、共谋发展、合作维权等，扩大中资企业在意大利的社会影响力，提升中资企业的社会形象。截至 2018 年初，意大利中资企业协会会员单位已增加到 60 家，意大利在华投资累计达 70 亿美元，中国在意大利投资累计达 110 亿美元，中资企业功不可没。②

俄罗斯中资企业社团名为"俄罗斯中国商会"，在原莫斯科中资机构联合会的基础上于 2006 年 4 月 15 日正式成立。该会成立时共有会员单位 80 余家。商会宗旨是加强在俄中资企业间的交流与合作，为会员提供各类政策信息、业务咨询和法律服务，加强中资企业与俄政府部门及商界的沟通，反映会员的愿望和要求，维护会员的合法权益，推动中俄经贸关系发展。商会成立后，加强了与俄罗斯政府相关部门的联系，邀请俄联邦司法、内务等部门的官员和专家向驻俄中资企业介绍莫斯科市外资政策和投资热点、中资企业在俄经营安全问题以及俄罗斯对外移民政策等中资企业关注的问题。针对部分中资企业在俄经商面临的难题，如对俄各区域引进外资政策了解不及时、解读不全面，企业注册、注册变更、人员往来等程序繁复，商会聘请了数名律师，以进一步健全紧急救助救援机制，辅助华商维权。

在德国，自 20 世纪 80 年代就开始有中国的大型国企在汉堡等地设立代表处，中资企业在德已经走过了 30 多个春秋。然而，中资企业真正大批进入德国，则是进入 21 世纪之后的事，尤其是 2010 年之后，中国赴德投资驶入加速道，从危机中强劲复苏的德国市场集人才、技术、区位等优势于一身，成为中资企业布局欧洲的"战略高地"。由于德国中资企业数量多、分布广，因此，在德国先后组建了三大中资企业协会，即法兰克福中资企业协会（2003 年成立）、德国北威州中资企业协会（2010 年成立）和全德中国商会（2013 年成立）。三大协会各有分工，而最后成立的全德中国商会，则明确提出旨在成为德国所有中资企业的

---

① 孔帆：《法国中国工商会举行 2018 会员大会 新一届理事会亮相》，（法国）《欧洲时报》，2018 年 6 月 5 日。

② 《意大利中资企业协会举办 2018 年年度大会》，中国国际贸易促进委员会驻意大利代表处，http://www.ccpit.org/Contents/Channel_4025/2019/0116/1113189/content_1113189.htm，2019 年 1 月 16 日。

统一组织，推动中资企业的共同协调发展。根据全德中国商会的章程，为了树立在德投资中资企业的良好形象，商会将只接纳那些"有实力、有信誉的中资企业"。申请入会者必须向商会正式提出申请，经商会审核合格后方能正式成为会员。

总之，作为海外的中资企业，虽然相对于当地华侨华人企业，更具有中国总部的坚强靠山，但是，毕竟也要面对变化了的投资和经营环境，需要适应陌生的文化氛围，了解并遵守投资国烦琐的法律规章，而企业的从业人员同样也需要经受客居异国他乡的孤寂与乡愁。因此，中资企业协会既具有与绝大多数华侨华人社团同样的责任与功能，更需要作为中资企业的群体代表，树立中资企业在海外遵纪守法、进取创新的良好社会形象。

三、政治类社团的双向认同

随着欧洲华人自身经济地位提高，与当地社会交往增加，在突破了经济能力和语言文化能力两大局限后，华人的参政意识在不同国家均有不同程度提升，成效也逐步显现。越来越多华人从切身经历中认识到，参政议政、反映诉求是争取自身权益的必由之路。

进入 21 世纪后，欧洲华侨华人新组建社团在政治上呈现两大分野：一是以深层次参与当地国政治为导向；另一则是认同祖（籍）国政治，并以参与祖（籍）国政治活动为宗旨。

本部分选择以"英国华人参政计划"为名的英国华人社团和以"欧洲中国和平统一促进会"统领的欧洲华侨华人促进中国和平统一运动为例，解读 21 世纪后欧洲华人社团所呈现出的双向政治认同分化。

（一）英国华人参政计划

如前所述，英国是欧洲各国当中华侨华人立足最早、人数最多、构成最多元的国家，也是欧洲华侨华人参与当地国政治竞选最早且成效最突出的国家。

在华侨华人个体层面上，早在 1986 年，来自马来西亚的华人移民吴美莲就曾成功竞选英国伦敦路易斯汉姆区议员。在那之后的 20 多年，英国各地先后有约 20 位华人担任过地方议员，年纪最小的还不到 30 岁，最大的约 60 岁。

然而，更值得注意的是，进入 21 世纪后，英国华人社团中的有识之士开始致力于联合成一个整体，以群体方式"集体发声"，去争取在英国政治领域的发言权。他们清楚地意识到：随着华人人口总量和经济实力的大幅度提升，英国各党派已经不能，也不敢忽视众多的华人选民，而华人自身则应当清醒地抓住这一机会，为自身争取正当的合法权益。

2002 年，英国议员迪斯莫发起成立多党派英国华人议会小组，致力于在英国议会中推动在英华人的利益；英国选举委员会也特别资助一个名为"选出华人明天"的项目，吸引华人参加选举投票。从 2005 年下半年开始，以华人社区利益为主的议会游说逐渐成为英国华人"集体发声"的开始，在新一轮《移民、庇护和国籍法》草案征询意见过程中，华人代表纷纷投书相关立法机构，游说英国议会议员，并与印度、土耳其等少数族裔群体联手到英国议会前递交请愿书，终于促使政府接纳了华人提出的多项建议。①

在此基础上，2006 年 10 月 31 日，英国著名华人律师李贞驹和伯乐基金会创立者王金华联合发起，在英国上议院启动了"英国华人参政计划"，标志着英国华人更积极投身英国政治的新起点。在参政计划启动仪式上，负责移民、司法公正、反恐等内政事务的上议院议员安娜莉向华人介绍了议会制定立法的基本程序，以及华人参与意见的渠道。她谈及这是上议院首次举办少数族群参政动员活动，希望华人能尽早参与英国政治，让政府在立法通过前听到华人的声音。

身为北伦敦华人协会会长的李贞驹指出：华人社群在英国已经有 150 年历史，是英国第三大少数民族，每年单是餐饮业便为英国贡献 15 亿英镑的税收。然而，英国 60 多万华人中拥有选举权者真正参加选举登记的不到半数，令人遗憾。华人不应成为"沉默的人群"，现在是改变现状的时候了。华人需要采取行动，联合成一个整体在英国政治领域获得发言权。李贞驹还指出，许多在英国出生的华人已融入了主流社会，他们是颇有成就的年轻专业人士，但是不少人却认为自己不需要政治，政治也不需要他们。李贞驹强调指出："华人如果没有强有力的政治声音，'不论种族、肤色，人人平等'的理想永远不会成为现实。"②

"英国华人参政计划"的另一位重要发起人王金华创办了针对英国年青一代华人的杂志《中国城》，并设立了针对华裔青年人士的一年一度的伯乐奖，在当地华人圈和主流社会很有影响。他强调，和老一代华人不同，这些年轻华人大多是专业人士，他们如果能够积极参与政治，将有可能改变英国社会对华人的传统看法。

为改善英国华人的政治现状，"英国华人参政计划"（以下简称"参政计划"）的骨干成员们多处活动，四方游说，反映华人心声。他们举办免费讲座分析英国移民条例，培训华裔青年才俊增强参政意识，并多次组团访华，关注中英合作。"参政计划"主要在以下三个方面发挥了重要作用。

其一，加强组织建设，建立政党联系。

---

① 参阅 yaya 发自纽约：《从政路上华人不再沉默》，《侨星》2009 年第 28 期。
② 《英国华人启动参政计划　保证华人声音能得到重视》，国际在线，http：//news. cri. cn/gb/14404/2007/01/17/116@1405197. htm，2007 年 1 月 17 日。

以组织化建设推动英国华人参政进程是"参政计划"取得的最显著成效。英国政坛由保守党、工党和自民党三大政党主导。"参政计划"为加强与英国各政党的联系，每年都在英国各政党召开党代会期间，在会场安排专题活动，积极与来自各地的英国各政党党魁们进行直接接触，让对方了解华人状况，关注华人问题。

"参政计划"还积极推进在华人社会中成立政党的分支机构。该项目实施5年后，英国工党和自民党都建立了华人支部，英国保守党华人支部还分别在伦敦、曼城、苏格兰等地成立了小组。直接以执政党或在野党党员身份推动华人参政事务，是真正融入当地国政党政治的一大重要举措。

"参政计划"还在英国国会下议院成立了多党派华人权益小组，由伦敦巴奈区（Barnet）国会议员迪斯莫出任召集人。该小组定期举办活动，安排政府有关部长到会与华人社会代表就当下的重要问题进行面对面的沟通，增进了解与互信。"参政计划"负责人每次都认真策划活动主题，准备对话纲要，联系各方人士参与。经过多年努力，由"参政计划"主持的国会华人小组活动已经获得良好声誉，"参政计划"亦经由这一组织化的渠道加强了华人社会与国会议员和政府部长们的沟通及联系。

其二，服务参政英才，拓宽竞选渠道。

英国及欧洲民主政治的主要特点就是全民参与政坛各类职位的公开竞选，各类大小规模竞选接连不断。

"参政计划"成立后首次助力推动的就是2009年的欧洲议会选举。是年，当时年仅19岁的英国华人青年张劲龙脱颖而出，竞选欧洲议会议员，成为欧洲议会的首位华人候选人。"参政计划"积极为他筹谋，从制定竞选纲领到招募义工，从街头助选到彩车巡游，处处都能见到"参政计划"成员的辛勤劳作。

2010年是英国国会的大选年，为了迎接这一新的挑战，"参政计划"不仅积极推动有资格、有能力的华人站出来参选国会议员，而且组织了一系列活动推动英国华侨华人参与各自所在地的政治活动，以实际行动扭转英国社会对华人传统的政治冷淡印象。在此次大选中，英国首次有多达8名华裔候选人以不同党派身份在英格兰和北爱选区参选，他们分属自民党4人、保守党2人、北爱联盟1人、独立候选人1人。其中，角逐利物浦市中心选区议席的保守党候选人吴克刚是第一位在中国大陆出生长大的议员候选人，被称为"中国先生"。为了给参政华人打气，也为了激励更多在英华人投身于参选运动中，"参政计划"于大选登记投票截止日之前的2010年4月18日在英国华人最大的聚居区伦敦举行了"竞选巴士一日游"。华人青年志愿者们乘坐挂有中英文宣传标语的红色双层巴士，拜访部分伦敦华裔议员候选人所在选区以及华人聚集区，敦促具有投票资格的华人在4月20日登记投票截止日前登记为选民，并为候选人助威打气。当天，竞选巴士从伦敦奥运村 Stradford 出发，途经伦敦旧唐人街、伦敦眼、国会大厦等地标性建筑，并前往 Hammersmith 自民党国会议员候选人杜淑真、Holborn & St. Pancras 保守党国会议员候选人李泽文、Islington 工党地区议员候选人吴吕南、Hampstead 自民党地区议员候选人钟翠英的选区，为其竞选活动助威。志愿者们沿途还不断向市民派发传单，敦促符合资格华人尽快登记为选民，关注华人参选者，投出他们手中神圣的一票。虽然这 8 名候选人最后无一当选，但是，2010 年华人参选人之多乃史无前例，在英国少数族裔中引起了轰动。正如"参政计划"创办者李贞驹在选后讲话中所指出的："英国人首次在大选的电视直播中见到华人的面孔，将会有助逐渐提升华人的政治地位。"因此直接结果并不重要，"英国整个华人社区已经是胜利者。8 位华裔国会议员候选人参政的榜样，已经令不同阶层、背景和年龄的华人都认识到参政议政的重要"。"参政计划"选举事务总监胡沛成也指出："长久以来，英国华人自给自足，专注工作事业，甚少争取公共拨款，对政府颁布的法例，一向也总是尽量适从，甚少发出反对的声音……然而现在华人社区已逐渐明白需要善用选票，融入政治架构，为自己发声，保障自身的权益；华人才可利用自身的种种强项，贡献社会，促进互利发展，达致双赢。"[1]

2011 年 5 月 5 日，是英国地方议会的选举日。在这次选举中，全英共有 9 名华人参选，其中 6 人成功当选。其中最为引人注目的是被称为"参政世家"的华人成世雄一家，他们一家四口以独立身份角逐 8 个地方政府议员职位，其中包括 4 个区议员、2 个地区议员和 2 个市议员，全部高票当选，成为英国屈指可数的一家人全部成为地区议员的家庭。当选的另外 2 名华人分别是南贝尔法斯特联合党的卢曼华和东萨克斯郡路易斯镇自民党华人议员李良福，他们 2 人都是竞选连任成功。

由于华人群体潜在票源为越来越多候选人所重视，每当各类大选临近之际，各党派候选人都纷纷到英国各华埠拉票。2012 年伦敦市市长选举时，三大候选人在选举之前均特地开通微博，展开网上宣传造势，争取华人选票。一些候选人则通过媒体表达对于华人选民群体意愿的关注，期望华人选民的支持，这些都是既往不曾见到的新气象，显示华人作为英国第三大少数族群，日渐受到英国本土候选人的重视。"参政计划"为此付出的努力，功不可没。

其三，广泛宣传发动，维护华人权益。

"参政计划"于 2006 年 10 月成立后仅三个月就是中国农历新年。"参政计

---

① 《英大选华裔落败引"参政手段"之思　仍需社群砝码》，中国新闻网，http：//www.chinanews.com/hr/hr－ozhrxw/news/2010/05－15/2284116.shtml，2010 年 5 月 15 日。

划"组织者在英国国会下议院举行新年晚会，为推动华人参政议政造势。当天的新年晚会由"参政计划"发起人李贞驹及英国国会跨党派华人小组主席迪斯莫议员主持，成功邀请英国国会多位政要及中国驻英大使查培新夫人张小康公参出席。中国驻英使馆张公参在晚会致辞时表示，居英华人为英国多元化社会作出不少贡献，无论是第一代华人移民或是在英国出生成长的新生代华裔，都在促进英国社会融合上作出可喜贡献，英国华人理应在英国社会中发出更多声音。张公参还结合英国华人社会的长远发展指出推动"参政计划"的重要性。她认为，英国国会等政界组织可以为当地华人华裔提供协助，搭建晋身之阶，当地华人华裔自身应当更加努力向上，争取在公共事务上作出贡献。英国上议院议员兼宪制事务次官雅舒婷夫人也在大会上致辞，鼓励华人透过各种途径参加政治事务，并表示他们将对此给予全力协助。①

由此，以中国农历新春为契机，让英国政要与华社沟通渐成惯例。2010年5月英国保守党赢得大选，与自民党组成联合政府后，每年至少派出3位内阁大臣出席华人保守党的庆新年活动。2013年华人工党的迎新晚会上，有6名影子内阁成员前来参加。自民党高层更是全体参与华人支部的迎新活动。

除了农历新年，每逢中国国庆、中秋等重要节日，英国政界人物也纷纷到华社祝贺。老华侨们对此深有感触：华人举办庆祝新年活动有半个多世纪的历史，但政界人物排着队来捧场是近几年来的新鲜事。②

鉴于不少华人不了解英国接连不断的大小选举的意义，"参政计划"专门结合每次选举的不同要点，撰写、派发中文宣传材料，列举大量事实，深入浅出，让民众了解手中选票所具有的重要意义。例如，2012年英国举行地方选举前，"参政计划"就在其派发的中文宣传材料中强调：此次地方性选举，将选出数千议员及华人居民相对集中的伦敦、利物浦和索尔福德市市长。由于获选的地区议员将专门处理地区性事务，与华人接触机会更多，影响也更直接。尤其是此次选举的伦敦市市长及大伦敦议会掌管伦敦地区行政事务的议员们，将直接负责新年度预算案已批出的130亿英镑拨款，除了管辖交通、治安、消防等事务，更负责推动伦敦的经济、环保、文化及其他众多地区事务。因此，华人应当积极参与政治事务，通过手中选票，选出能关注华人社群利益、为华人社区代言的议员，维护并争取自身的权益。

---

① 《中使馆派员鼓励　英国华人参政计划如注"强心针"》，中国新闻网，http：//www.chinanews.com/hr/ozhrxw/news/2007/01-29/863026.shtml，2007年1月29日。

② 《英国华人参政计划启动七年　华人政治地位逐步提高》，中国新闻网，http：//www.chinanews.com/hr/2014/01-06/5700235.shtml，2014年1月6日。

图 9 - 27　"英国华人参政计划"
主席李贞驹

图 9 - 28　英国华人自由民主
党主席杜淑真

图 9 - 29　英国华人工党
主席梁辛尼

图 9 - 30　英国上议院
最年轻的终身议员韦鸣恩

　　"参政计划"注意在宣传材料中列举与华人社群密切相关的具体事例。例如，英国政府在 2010 年 10 月 20 日发布了裁减开支的预算，提出在未来 4 年共削减公共开支 830 亿英镑，行政支出减少 60 亿英镑，减幅高达 19％，这是英国自"二战"后最大的公共开支削减计划。受该计划影响，牛津郡华人社区中心由原本的每年近 5 万英镑经费缩减到仅余下约三分之一，面临关门歇业的困境；伦敦华人社区中心原本每年有政府拨款的 1 200 万英镑经费，而自 2011 年开始，该拨款被取消，伦敦华人社区中心只能被迫关闭一天以节省开支。如何应对此类削减公共开支的政策，显然需要华人社群积极主动去争取自己的利益。"参政计划"将华人社区遭遇的此类困境在宣传材料中一一罗列，进而说明如果有更多华

人议员，就可以有更多渠道向政府反映华人的诉求。此类务实性的宣传有助于广大华人民众认识到参政并不是个别候选人的私事，而是关乎整个华人社区未来的发展，与每个人的切身利益息息相关。

"参政计划"在深入到英国三大党派之中成立华人支部或小组的基础上，还建立了一个跨党派的平台，铺就一条让华人向英国各级政府及议会提出意见、建议的渠道，吸引各级政客关注华人社区和华人社群问题，进而推动更多华人通过参政以融入主流，维护并争取华人社群的利益，在英国乃至欧洲华人社团中独树一帜，代表了新一代华人青年积极融入当地社会的政治取向。正如中国大使馆一位领事在祝贺"参政计划"启动七周年时所言："参政计划"是"英国华社的一项创举，也是英国华人聪明智慧的结晶。相信再过七年、十年，华人在英国政坛的作用将会进一步提高和突出"①。

（二）欧洲中国和平统一促进会②

欧洲中国和平统一促进会成立于1999年，是一个积极参与祖籍国政治活动的海外华人社团，其活动得到中国政府有关部门的高度肯定，活动范围遍及世界各地，在全球"反独促统"运动中发挥了特殊作用。

1999年7月8日，由台湾海峡两岸和平统一促进会举办的"中国和平统一研讨会"在香港举行。会议期间，代表们得知时任台湾地区领导人李登辉在接受德国一家电视采访时公然表示：台湾当局已将两岸关系定位在"国家与国家，至少是特殊的国与国的关系"。如此公然分裂国家的行径引起与会者的极度愤怒。

由时任欧洲华侨华人社团联合会第六届大会主席的张曼新等人首倡，并得到欧洲多国侨领的热烈响应，决定由欧洲华人社团领导人们共同发起在欧洲成立"中国和平统一促进会"，在国际上大力支持一个中国原则，旗帜鲜明地开展"反独促统"运动。张曼新以欧华联会轮值国主席身份向欧洲20多个国家的上百个华人社团组织通报了成立欧洲中国和平统一促进会的消息，获得众多团体的积极响应。

1999年8月22日，欧洲中国和平统一促进会在匈牙利注册成立，成为全球第一个以洲际组织名义成立的海外华侨华人"反独促统"社团。紧接着，在随后不到一年的时间内，意大利、俄罗斯、瑞士、罗马尼亚、奥地利、英国、乌克兰、葡萄牙、挪威、德国、荷兰、芬兰、爱尔兰、匈牙利、比利时、保加利亚、

---

① 《英国华人参政计划启动七年　华人政治地位逐步提高》，中国新闻网，http：//www. chinanews. com/hr/2014/01－06/5700235. shtml，2014年1月6日。

② 关于欧洲中国和平统一促进会的活动资料，2010年之前的主要由该会秘书处提供。

西班牙17个国家的华侨华人迅速成立了各自国家的"中国和平统一促进会"，斯洛伐克和瑞典也成立了筹委会。欧洲华侨华人掀起了"反独促统"的热潮。

图9-31　由欧洲中国和平统一促进会发起的首次全球华侨华人推动中国和平统一大会于2000年8月26日在德国柏林召开

图9-32　全球华侨华人共建和谐世界，促进中国和平统一（布达佩斯2007）大会召开

2000 年 8 月 26 日，由欧洲中国和平统一促进会（以下简称"欧洲中国和统会"）发起的首次全球华侨华人推动中国和平统一大会在德国柏林拉开帷幕，来自五大洲 64 个国家和地区的 649 名代表以及后援团、记者团等逾千人出席了大会。时任中国全国政协副主席的万国权率领中国大陆 91 名代表参加，台湾地区前民意代表、海峡两岸和平统一促进会会长梁肃戎，国民党前陆军上将许历农也率台湾代表团 109 人参加。会上群情鼎沸，愤怒声讨一小撮心怀叵测的人要将宝岛台湾从祖国版图割裂出去的恶劣行径，与会者呼吁：维护祖国统一的历史责任义不容辞地落到了我们这一代人肩上！大会一致通过了《呼吁全世界中华儿女为促进中国和平统一努力奋斗》宣言。这就是在全球华侨华人"反独促统"历史进程中具有里程碑意义的"柏林大会"。

柏林大会在 21 世纪到来之际，在海峡两岸发展面临重大考验的时机召开，彰显出海内外亿万中华儿女关注中华民族统一、团结、发展、振兴的深厚情怀。大会以实现中国完全统一、维护国家主权领土完整为目标，广泛联络世界各地有志于促进中国统一的同胞。来自世界各地的代表们在会上踊跃发言，共同探讨，表达对"反独促统"的决心和信心。

柏林大会的成功召开，鼓舞了海内外同胞，对推动全球"反独促统"运动的蓬勃发展，具有重大的历史意义和深远的国际影响。柏林大会之后，为了巩固大会成果，持续推进全球华侨华人"反独促统"运动，欧洲中国和统会组织了欧洲 22 个国家 40 名侨领联合参与的"欧洲中国和平统一之旅代表团"访问北京，拜访相关部门领导人，并在北京举办了首次由海外华侨华人社团主持的中国和平统一问题研讨会，中国有关部门和知名学者 100 余人参加。北京之行，再次提升了欧洲华侨华人在全球"反独促统"运动中的突出影响力。

继柏林大会之后，全球和统会相继在华盛顿、巴拿马、东京、悉尼、莫斯科等地召开全球华侨华人推动中国和平统一大会。随着"反独促统"运动影响力不断拓展，越来越多海外华侨华人投身于这一运动之中，全球五大洲 80 多个国家和地区的华侨华人相继成立了"中国和平统一促进会"。有媒体报道称，海外"反独促统"运动的蓬勃发展，是中国近代以来广大侨胞继辛亥革命、抗日救亡运动后掀起的第三次爱国主义浪潮。

在欧洲，自柏林大会之后，欧洲中国和统会又陆续在莫斯科、维也纳、布达佩斯、罗马、马德里举办了 5 次全球华侨华人"反独促统"大会。同时，欧洲 26 个国家相继成立了 29 个"中国和平统一促进会"，在不同国家和地区华侨华人当中开展"反独促统"运动宣传与发动工作。

每当台湾当局有任何违背国家统一之行径，欧洲中国和统会均针锋相对地进行批判。例如：

2001 年 5 月 12 日至 18 日，陈水扁当政一周年，台湾当局纵容"台独"分子聚会、阻挠两岸"三通"，使两岸局势日趋严峻，欧洲中国和统会联合中南美洲中国和平统一促进会，在全球范围内发起了"全球海外同胞反独促统五月大行动"。

2002 年 5 月 12 日，欧洲中国和统会就台湾当局在岛内举行所谓"台湾正名运动大游行"，召开座谈会，并发表《台湾是中国的台湾》声明，抗议"台独"分裂活动。

2002 年 8 月 8 日，针对台湾当局在日本东京召开"世台会"，叫嚣"台湾跟对岸一边一国"，鼓吹用"公民投票方式决定台湾前途"，欧洲中国和统会发表了《华人众志成城，粉碎"台独"图谋的严正声明》，并召开座谈会对其进行批判。

2004 年 5 月 20 日，欧洲中国和统会发表《拥护中台办、国台办"5·17"联合声明，坚决批驳和反对陈水扁当局"渐进台独"花招的通电》。

2006 年 2 月 28 日，就陈水扁悍然决定终止"国统会"和"国统纲领"，欧洲中国和统会发表《坚决拥护中台办、国台办 2·28 讲话，严厉谴责陈水扁"废统"》的声明。

2007 年 3 月 7 日，陈水扁抛出"四要一没有"，大肆鼓吹"台湾要独立""台湾要正名""台湾要新宪""台湾要发展""台湾没有左右路线，只有统'独'问题"的谬论，欧洲中国和统会表示坚决抗议和反对，在媒体上发表了《反独促统是海外华侨华人义不容辞的责任》等文章进行批判。

2007 年 7 月 25 日，就台湾当局向联合国提交"以台湾名义加入联合国申请书"一事，欧洲中国和统会发表了《关于强烈谴责与坚决反对陈水扁当局进一步把两岸关系推向危险边缘》的声明，奉劝陈水扁及其台湾少数"台独"分裂势力悬崖勒马。

2008 年 3 月 10 日"台湾大选"前夕，欧洲中国和统会联合全球 40 个国家共同发表了《纪念〈反分裂国家法〉颁布三周年暨全球华侨华人 3·14 反对"入联公投"、反对"台独"分裂大行动呼吁书》，并于 3 月 12 日发表了《两岸同胞大团结，全球华人共努力：关于坚决反对台湾"入联公投"、反对"台独"分裂告全球华侨华人同胞书》。

2008 年 3 月 23 日，就"藏独"分子 3 月 14 日在西藏制造的打砸抢烧事件，欧洲中国和统会发表了《强烈谴责拉萨 3·14 打砸抢烧及暴力冲击我驻外使馆的罪恶行径，敦促"藏独"势力立即停止制造任何暴乱的抗议书》，并同欧洲华侨华人社团联合会、中华海外联谊会、中国新闻社在欧洲联合举办了多场次"西藏的历史与现状""中国和平统一"等大型图片巡展。

2009 年 7 月 5 日，新疆乌鲁木齐发生打砸抢烧事件，欧洲中国和统会随即发

表了《任何理由都不能掩盖暴力罪行》的声明，对暴力制造者进行强烈谴责。

2010 年 10 月罗马大会期间，欧洲中国和统会同欧盟议会中欧友好小组和中国和平统一促进会联合举办了"西藏问题"图片展览。

根据欧洲中国和统会秘书处提供的统计数据，欧洲中国和统会正式成立后 10 年间，共主持召开、组团和派员参加全球各地以"反独促统"为主题的大会或活动共计 97 场次，欧洲和统会代表先后前往美国、日本、巴西、澳大利亚、南非、菲律宾、智利、委内瑞拉、英国多个国家，以及在北京、台湾、澳门、香港等地为"反独促统"而奔走呼号。

在 2012 年中华民族传统节日端午节之际，欧洲中国和统会组织了"欧洲华侨华人两岸中华文化之旅"，来自欧洲 21 个国家的 36 名侨领前往台湾访问，开启了大陆籍旅欧侨领大规模联合组团访问台湾的新里程。该访问团在欧洲华侨华人社团联合会秘书长、参访团团长张曼新率领下，于 6 月 10 日抵达台北。其间，先后会见了台湾中华侨联总会理事长简汉生、台湾海峡两岸和平统一促进会会长郭俊次、华侨协会总会理事长陈三井、浙江省旅台湾同乡联谊总会会长胡李世美等，并分别就进一步弘扬两岸中华文化、促进两岸和平发展做了广泛交流。在台北期间，参访团团长张曼新与台湾中华侨联总会理事长简汉生共同签署《两岸侨界共同维护中华文化及价值观并加强合作交流倡议书》，呼吁两岸秉持"互通有无、守望相助、福祸与共、团结对外"的准则，推动两岸和平发展，共同促进侨社团结和谐，并积极推展海外侨胞在海峡两岸暨香港、澳门进行文化、经贸及投资活动等。参访团在结束台北行程后，一路南下，与屏东、高雄、南投当地民众亲密交流，感受台湾的风土民情，畅叙欧洲 200 万华侨华人对中华民族的认同感，对祖（籍）国和平统一的共同愿望。在台湾南部屏东县，访问团热心捐助 100 万元新台币，作为资助弱势老人及儿童的专项费用。欧洲中国和统会此行得到中国国务院侨办领导的高度评价，指出这是一次"破冰之旅、沟通之旅、友好之旅和团结之旅"，对于积极推动侨务部门的工作，促进两岸侨界在海外的良性互动，发挥了积极作用。

欧洲中国和统会是一个完全以祖（籍）国为政治认同取向的特殊侨团，虽然其成立于欧洲，但其从组建到所有活动，均以祖（籍）国的政治为主导，并完全参与到祖（籍）国的政治活动之中，其所有价值取向也完全融合于祖（籍）国的政治之中。可以说，这是欧洲华侨华人社团历史上具有特殊意义的侨团组织形态。

综上所述，进入 21 世纪以来，欧洲华侨华人在欧洲及世界华人舞台上均表现出空前主动、积极的态势，欧洲华人已不再是一个沉默的群体，尤其是伴随着社团总量激增而出现的三个并行不悖的双向发展趋势，为我们揭示出若干值得进一步深思的问题。笔者以为，下述三对矛盾应当予以重视。

第一，华人领袖资质个体化与华人社团构建多元化的矛盾。虽然 21 世纪以来，欧洲多数有一定社会影响力的华人社团都十分重视制度化建设，但是，社团领导人依然是当今华人社会中的"关键少数"，其影响不容低估。华人社团是志愿性组织，社团领导人一般既无先赋性权威，亦无制度性支持，故而其个体的人格魅力、思想水准、事业财富、人脉关系乃至奉献精神等，都对其管理的社团之盛衰有着至关重要的影响。与此同时，我们应当看到：如何深刻理解并把握族群性社团跨文化运作的特殊性，发挥组织化运作的优势，是华人社团领导人必须应对的挑战。当今海外华人社会的组织构建呈现的是多元化渠道，既不乏依托先赋性的乡缘、亲缘纽带（包括最传统、最基层的原籍地村缘纽带），亦可见依托自致性的业缘、学缘、情缘纽带，与此并行不悖的还有政治性联盟、教友会组织乃至依托网络新媒体建构的朋友圈，等等。多元化路径寻求有效的社会"黏合剂"，是当今海外华人社团发展的普遍趋势，也与当今国际社会多元组织架构发展的大趋势相互吻合。在这样的背景下，华人社团若想有效运转，必须将侨领的个人影响力与社团的组织凝聚力有机结合起来。

第二，华人社会族群性联合内卷化与华人利益体制性诉求外在化的矛盾。目前欧洲华人社会的组织化趋势，仍然以"同为中国人"（或"同为华人"）的纵向族群性联合为号召，其所显现的依然是华人移民族群潜意识中根深蒂固的自成一体的共性。华人社会内部分层、外向划界，真正与当地其他各民族人士结为命运共同体，进入超越族群边界的组织化建构，还只停留于个体化的呼吁和努力之中。与此同时，我们应当看到：社会交往和群体归属是人的基本需求，早期华人社团的组建宗旨强调守望相助，时至今日，虽然社团内部的互助依然被看重，但通过体制化渠道张扬利益诉求，寻求外部理解与支持的意识已更加鲜明。当代欧洲华人社团的体制化诉求包括政党路径（如英国政党的华人支部）、利益集团抗争（如法、西的华人鞋业协会）、法律维权（如西班牙"帝王行动"之应对），直至走上街头游行示威（如巴黎华人 2010 年的反暴游行）。华人社团在欧洲民主制度的框架下合理合法地组织起来，通过体制化渠道争取权益的走向，值得关注。为了在体制内合情、合理、合法地维护自己的利益，华人社会必须摆脱封闭性，和所在国其他族群多多交往，增进彼此的理解与信任。

第三，华人组织实体化与华人社区虚拟化的矛盾。传统华人组织是以面对面交往为基础而发展起来的，具备实体性。作为欧洲政治体制中合法的民间社团，华人组织可以发挥众多社会功能，从整合华人社会民间资源，动员社会力量从事社会服务，到代表华人社会的利益表达和权利申诉，乃至在必要时向国家公共权力机构施加影响以维护自身利益，对权力机关进行监督，充当早期预警机制，如

此种种都还有着欧洲华人社团可以大力拓展其社会功能的广阔空间。社团是民主政治体制发展中不可缺少的重要社会力量，欧洲华人社团正在进一步提升、完善其特有社会功能的道路上前行。与此同时，我们应当看到：由于新媒体革命在世界范围内的深入发展，越来越多的用户使用各种网络服务建立联系，虚拟社区在华侨华人当中如雨后春笋般地涌现出来。它们主要以在线交往为基础而形成，其中既有基于熟人关系的大大小小的微信朋友圈，也存在允许成员匿名登录的众多网上社群。与实体性的华人组织相比，虚拟性华人社区在成员范围上更加广泛，在交互上更为灵活，在聚散上更为不可预测，在动员力量上更有效度。虽然有不少实体性的华人组织建立了自己的网站，但其中能够及时保持更新的仅为少数，远远跟不上形势变化的需要。有鉴于此，华人组织和华人社区理应沿着"融媒体"的方向加强彼此协作，发挥各自优势，增进整体功能。

结语：新时代　新机遇　新贡献

从进入 21 世纪到 2018 年，短短十多年间，在欧洲就有三次"百年"纪念活动涉及当地华侨华人。谨将这三次活动简介如下，窃以为，值得关注，更值得深思。

其一，华人旅居丹麦百年纪念。那是在本书原稿校订时，笔者于 2002 年正月初三清晨在互联网上读到的一则报道，全文如下：

华人旅居丹麦百年

今年春节，对旅居丹麦的华人华侨来说，具有非同寻常的意义。2 月 9 日，哥本哈根举行了盛大的庆典活动，纪念华人入丹一百周年，丹麦移民大臣亲往祝贺，警察为游行庆典保驾护航。舞龙和秧歌队伍所到之处，观者为之壅巷。当地华人说，这是许多年来他们最为风光的一天。

据学者考证，首批入丹的华人是于 1902 年 5 月踏上丹麦的土地的。19 世纪中叶起，西方列强域内"夷人展览"热潮骤起。它们从自己的殖民地贩运回"夷人"并将其置于笼子内以供游人参观。丹麦也于 1880 年开始在其首都哥本哈根的趣伏礼公园内向其国人展示"夷人"。1902 年 5 月来自广东和上海的 34 名华人正是其"展品"的一部分。展览活动结束后，34 名华人中 3 位娶了丹麦女人做太太的中国男人最终留在了丹麦，他们是丹麦历史上华人移民的先行者。

此后半个多世纪里，丹麦华人移民人数屈指可数。据估计，至 1949 年底，在丹华人总数约为 37 人，到了 1956 年，这一数字为 76 人。1970 年，居住在丹麦的华人不过 500 余人。他们绝大多数以开餐馆为业或在餐馆打工谋生，生活在丹麦社会的边缘。

80 年代初期始，在丹华人经历了数量上和结构上的巨变。来自中国内地的留学生成为丹麦华人移民的一个重要组成部分。改革开放政策也使得一部分中国商人加入了移民的行列。目前旅居丹麦的华人总数仍无确切数据，根据丹麦移民部的数据，现侨居在丹麦的中国人人数为 4 200，但这一数据未能包括已加入丹籍的华人或华裔。多数人认为，在丹华人总数应在 7 000 到 1 万人之间。

百年弹指，昔日洋人茶馆里的华人侍者早已经营起自己的餐馆，而过去餐馆老板的后世子孙则已逐渐向丹麦的主流社会挺进。据介绍，目前在丹的华人虽然

仍以经营餐饮业为主，但其就业空间已扩展到丹麦社会的各个领域。在政界，2001 年的哥本哈根市议会选举中，第一位华人市议员脱颖而出。

其二，荷兰华人百年志庆活动。1911 年是荷兰远航公司存留档案中首次出现关于华人船员批量登陆荷兰的年份。2011 年初，应荷兰华人百年志庆基金会主席杨华根先生、副主席陈华钟先生之盛情邀请，笔者为《荷兰华人百年》一书撰写了主要篇章，即 10 万字的"荷兰华人百年史"。该书由基金会请专人译为荷兰文，并于 2011 年秋推出中、荷文双语版。时任荷兰首相马克·吕特（Mark Rutte）阅读书稿后，为该书撰写了寓意深远的"前言"，全文如下：[1]

我住在海牙，那里的许多老人至今还记得：20 世纪 30 年代当他们还是孩童时，曾见过时常站在 Boterwaag[2] 边上叫卖可口花生糖的"花生糖小贩"。那是我们国家陷于危机的年代，那位花生糖小贩只是当时许许多多生活在我们国家的中国人当中的普通一员，然而在他身上所体现的那种不畏艰难、奋斗进取的精神，过去是、现在仍然是这些生活在我们国家的中国人的共同特性。

这本书讲述了那位海牙花生糖小贩背后的故事，同时，也讲述了百年来在我国安家的许许多多中国人的故事。值此纪念中国人移民荷兰百年之际，充分展示中国人对荷兰作出的贡献实属理所应当。从第一代华人船员到花生糖小贩，再到当今新一代荷兰华裔，在这漫长的历史进程中有太多不为人知的故事值得好好诉说。当然，本书所讲述的远不只是花生糖小贩和中餐馆，这里所展示的，是艰苦拼搏、努力创业和自力更生的精神，是既融入荷兰社会又保留自身文化传统的精神，是新一代受过良好教育的华裔青年积极进取的精神。

荷兰人喜欢说自己是"欧洲的中国人"，意思是我们也和中国人一样拥有吃苦耐劳的企业家精神。展望未来，我只能说我希望我们能够真正享有这份荣耀。毫无疑问，中国的经济以及政治、文化都将在今后百年获得更大发展。有人将此视为威胁，我却认为我们首先应当认识到这是一个机遇，因为中国将会为世界作出许多贡献。关键在于我们必须抓住机遇，而荷兰华人将会在两种文化之间发挥重要的桥梁作用，对此，我深信不疑。

正因为如此，回溯荷兰华人的百年历史也就是放眼更加美好的未来。

---

[1]　荷兰吕特首相所撰"前言"（Voorwoord）的荷兰文原文登载于《荷兰华人百年》（中华出版社，2011 年）第 5 页。以下系笔者的译文。
[2]　"Boterwaag"是位于荷兰海牙市中心的一幢 17 世纪的建筑，楼内设有咖啡厅、小酒吧和餐厅等。

其三，第一次世界大战停战百年纪念。2018 年 11 月 11 日是第一次世界大战停战百年纪念日。为了共同铭记战争的血腥历史，表达世界人民对全球和平的殷殷期待，欧洲多国举行了一系列纪念活动。其中，法国当地时间 11 月 11 日中午 11 时，即百年前"一战"停战时刻，在各国政要汇聚巴黎凯旋门下共同参与的正式纪念仪式上，出生于巴黎的美籍华裔音乐家马友友应邀到场演奏，以悠扬的大提琴乐曲为和平祈祷。而且，更加引人注目的是，当法国中学生代表分别用法、英、德等不同语言朗读百年前一些普普通通的"一战"经历者留下的书信或日记时，一位华裔女中学生也应邀走到凯旋门下，用中文朗读了一位百年前在诺曼底鲁昂仓库工作的华工于停战之日写下的一则日记，既为百年前应募到欧洲的"一战"华工正名，纪念他们为欧洲和平到来所作出的贡献，亦为纪念活动增添了一抹亮丽的色彩。

华裔少女凯旋门下中文朗读华工日记

（2018 年 11 月）11 日上午，马克龙夫妇在总统府爱丽舍宫接待来自世界各国的 70 多位领导人及政治人物，包括普京、特鲁多、内塔尼亚胡、埃尔多安、默克尔、穆哈迈德二世、特蕾莎·梅、联合国秘书长古特雷斯等。来自世界各地的客人们随后集体前往星形广场参加正式纪念仪式，仪式移师凯旋门下。

面向无名烈士纪念火坛……马友友等音乐家们演奏吟唱巴赫及其他知名音乐家的传世作品，唱响和平祈祷，并为死去的士兵安魂……

八名出生于 21 世纪的青少年阅读了几封信件和便条。它们的共同点是，都写于"一战"士兵停止流血的日子——1918 年 11 月 11 日……

一位华裔少女用中文朗读了一位"一战"华工在百年前停战当日写下的日记：

"忽闻教堂钟声，工厂汽笛声，以及厂外欢呼声，与歌唱声同时并作［……］迤行至街市间，已人山人海，男女老幼，军士人民，各色人种混在一起，互相握手，时或唱歌，时或欢呼。在万人欢呼歌唱之中，竟有哭泣者，此实喜极而涕之表现。其情不自禁之快乐，自非言语所可形容此种种狂欢之状也。"

［……］

一百年后，他们的话语仍能穿透人心。信中写下了前线战士们的欣喜，中国劳工对战争结束的感叹，以及一位女子对与参战爱人重逢的心愿［……］

从丹麦记载中被引入西欧供游人参观的"夷人"，到如今丹麦政坛上脱颖而出的华人市议员；从 20 世纪 30 年代挣扎于荷兰困境中的华人小贩，到如今被誉为不畏艰难、奋斗进取的典范；从"一战"时不幸命断异域且战后即被忘却于

荒野的华工，到如今举世共同悼念的英灵！21世纪初欧洲这三次百年纪念活动所彰显的意义，可谓欧洲华侨华人百年历程的一个缩影！

人类历史上的人口迁徙，不论其肇始动因如何，也不论其最初客观效果怎样，其深层影响总是自下而上地增进不同文化的相互交流与沟通，由表及里地促进不同文明的交融与进步，尽管这一过程有时是在剑与火、血与泪中写就的篇章。在近代以来中欧交往的历史进程中，欧洲华侨华人作为一个跨越国境与文化的移民群体，伴随着时代风云的翻卷变幻，伴随着祖（籍）国的荣辱盛衰，从求生于欧洲经济缝隙中的"过客"，从遭到欧洲主流社会鄙视的边缘人，到作为欧洲社会中正大光明的一分子，活跃于中国与欧洲的政治、经济、文化交往之中，他们是值得尊重的一个历史与现实的存在。

研究欧洲华侨华人史，就需要考察中欧文化相互碰撞、相互交融的历史；就需要剖析迁徙中的中华儿女如何适应、融入异质文化环境，乃至以同时掌握中欧两种文化之优势，在新的高度上建立起海外华族新形象的历史；就需要探讨新时代的欧洲华侨华人，如何在东西两极碰撞中，走出人生新征程的历史。对于千千万万普普通通的移民而言，走出乡村，面对的是陌生而崭新的世界；走出传统，需要的是勇气、信心和毅力；走向新生，需要的是智慧、机遇和支持。

从中国到欧洲，如此相隔万里的跨境人口流动，势必伴随着异质文化之间的相互碰撞：中国人走入了欧洲，中国文化走入了欧洲，相隔遥远的两个大洲，通过一代代平民百姓的自发迁徙，和平流动，正在空前广泛的基础上，从一个特殊的层面，推动民间交往，增进双方互信。

融入欧洲，架桥欧亚，这是新时代赋予百万欧洲华侨华人的新机遇、新使命，当然也蕴含着新挑战。时代期盼着，数以百万计的欧洲华侨华人，将用双手在中欧之间搭起一条由平民百姓合力构筑的通衢。

回想2002年，笔者历时5年写就的书稿得以付梓，似乎一转眼间，17年就过去了，而自萌生增订此书之念并着手此项工作伊始，也有三四年了。增订的工作量之大，付出的精力之多，远远超出笔者最初的想象。17年前完稿之际，笔者曾十分感慨地写下如下文字：

停笔之际，仍感到有诸多问题尚需更多思考，不少观点有待进一步推敲。所幸，学无止境。读者们当不会以得到一部十全十美的著作苛求于笔者，而笔者也期待着从读者的批评中汲取新的养料。

由衷地期待着有更多的学术同仁，一起分享畅游于这一学术领域的酸甜苦辣。

17年后停笔之际，此心依旧。

参考文献

一、中文文献

1. ［澳］巴里·卡尔著，漆芜译：《自下而上的全球化：北美自由贸易区协议下的劳工国际主义》，《国际社会科学杂志》（中文版）2000 年第 1 期。

2. 斌椿著，钟叔河校点：《乘槎笔记》，岳麓书社，1985 年。

3. ［英］博克塞著，杨品泉摘译：《欧洲早期史料中有关明清海外华人的记载》，《中国史研究动态》1983 年第 2 期。

4. 曹南来、林黎君：《经济全球化背景下的华人移民基督教：欧洲的案例》，《世界宗教研究》2016 年第 4 期。

5. 曹南来：《旅法华人移民基督教：叠合网络与社群委身》，《社会学研究》2016 年第 3 期。

6. 曹雨：《爱尔兰中国移民的现状与发展趋势》，《华侨华人历史研究》2018 年第 1 期。

7. 陈彬编著：《荷兰华侨简史》，荷兰松柏联合总会，1991 年。

8. 陈翰笙主编：《华工出国史料汇编》（第二辑），中华书局，1980 年。

9. 陈翰笙主编：《华工出国史料汇编》（第十辑），中华书局，1984 年。

10. 陈里特：《欧洲华侨生活》，海外月刊社，1933 年。

11. 陈三井：《华工与欧战》，"中央研究院"近代史研究所，1986 年。

12. 陈三井：《欧洲华人学会与欧华学报》，《汉学研究通讯》1984 年第 3 卷第 1 期。

13. 陈肖英：《从义乌市场透视全球化时代的海外华商网络》，中国社会科学出版社，2018 年。

14. 陈学文主编：《浙江省华侨历史研究论丛》，1991 年。

15. 戴鸿慈著，陈四益标点：《出使九国日记》，岳麓书社，1985 年。

16. 法国潮州会馆编：《法国潮州会馆第五届会刊》，法国潮州会馆，1996 年。

17. 法国华裔互助会编：《法国华裔互助会成立九周年纪念特刊》，法国华裔互助会，1991 年。

18. 法国欧洲时报社编：《耕耘者——法国华人社会剪影》，法国光华报业公司，1988年。

19. 郭俭：《奥地利华人的移民历史和社群分布》，《华侨华人历史研究》2012年第1期。

20. 郭嵩焘著，钟叔河、杨坚整理：《伦敦与巴黎日记》，岳麓书社，1984年。

21. ［西］华金·阿朗戈，黄为葳译：《移民研究的评析》，《国际社会科学杂志》（中文版）2001年第3期。

22. 华侨经济年鉴编辑委员会编：《华侨经济年鉴》，1957—2011年。

23. 汲喆：《法国的华人佛教道场之初步调查》，《世界宗教文化》2014年第3期。

24. ［意］拉斐尔—欧利阿尼、［意］李卡多—斯达亚诺著，邓京红译：《"不死的中国人"——他们干活，挣钱，改变着意大利，因此令当地人害怕》，社会科学文献出版社，2011年。

25. 拉林著，阎国栋译：《俄罗斯华侨历史概述》，《华侨华人历史研究》2005年第2期。

26. 黎庶昌著，喻岳衡等标点：《西洋杂志》，岳麓书社，1985年。

27. 李永昌：《旅俄华工与十月革命》，河北教育出版社，1988年。

28. 廖遇常（Live Yu-Sion）：《法国华人一百年》，法国共忆协会，1994年。

29. 刘锡鸿著，朱纯校点：《英轺私记》，岳麓书社，1986年。

30. 刘悦、杜卫华：《近现代柏林中国学人考》，浙江大学出版社，2018年。

31. 刘悦：《德国的华人移民：历史进程中的群体变迁》，浙江大学出版社，2018年。

32. 吕云芳：《荷兰"华二代"佛教徒的叠合身份认同研究》，《华侨华人历史研究》2017年第2期。

33. 旅法华侨俱乐部编：《旅法华侨俱乐部二十周年纪念特刊（1972—1992）》，旅法华侨俱乐部，1992年。

34. 旅荷华侨总会编：《旅荷华侨总会五十周年特刊（1947—1997）》，旅荷华侨总会，1997年。

35. ［西］麻卓民：《旅西最早的华人企业家金光奎》，（法国）《欧华侨志》1997年第4期。

36. 马迎雪：《文化适应视角下华人经济生活研究：以爱尔兰华人为例》，《法制与社会》2018年第30期。

37. 梅旭华：《试述早期华人移民荷兰》，《华侨华人历史研究》1994年第1期。

38. 孟虹：《中国人在柏林》（*Chinese in Berlin*，中德文双语文本），Die Aus-landerbeauftragte des Senats，1996 年。

39. 牟国量主编：《情寄多瑙——九十年代中匈友好纪实》，多瑙国际文化艺术有限公司，1996 年。

40. 倪慧如、邹宁远：《当世界年轻的时候：参加西班牙内战的中国人（1936—1939）》，广西师范大学出版社，2013 年。

41. 宁艳红：《黑水为证：旅俄华侨的历史记忆》，社会科学文献出版社，2018 年。

42. 宁艳红主编：《旅俄华侨史料汇编》，黑龙江教育出版社，2016 年。

43. 潘翎主编，崔贵强编译：《海外华人百科全书》，三联书店（香港）有限公司，1998 年。

44. 青田华侨史编纂委员会编著：《青田华侨史》，浙江人民出版社，2011 年。

45. 任贵祥：《华侨第二次爱国高潮》，中共党史资料出版社，1989 年。

46. ［美］塞缪尔·亨廷顿著，程克雄译：《我们是谁？——美国国家特性面临的挑战》，新华出版社，2005 年。

47. 盛岳著，奚博铨、丁则勤译，陈庆华校：《莫斯科中山大学和中国革命》，现代史料编刊社，1980 年。

48. 舒新城编：《近代中国留学史》，中华书局，1939 年。

49. ［澳］斯蒂芬·卡斯尔斯著，凤兮译：《21 世纪初的国际移民：全球性的趋势和问题》，《国际社会科学杂志》（中文版）2001 年第 3 期。

50. 宋全成：《欧洲移民研究》，山东大学出版社，2007 年。

51. 王春光：《巴黎的温州人：一个移民群体的跨社会建构行动》，江西人民出版社，2000 年。

52. 王春光：《移民空间的建构：巴黎温州人跟踪研究》，社会科学文献出版社，2017 年。

53. 王韬著，陈尚凡、任光亮校点：《漫游随录》，岳麓书社，1985 年。

54. 王义祥：《罗马尼亚的移民浪潮》，《俄罗斯研究》1991 年第 1 期。

55. 王忠明编：《文成华侨历史资料（1905—1984）》，文成县人民政府侨务办公室、文成县归国华侨联合会，1985 年。

56. 章志诚主编，温州华侨华人研究所编：《温州华侨史》，今日中国出版社，1999 年。

57. 温州市华侨华人研究所编：《胡允迪家族侨谱》，1997 年。

58. 温州市政协文史资料委员会编：《温州文史资料》（第七辑），1991 年。

59. 吴云：《旅法华人近五十年之奋斗生活》，《东方杂志》1928 年第 4 期。

60. 夏凤珍：《从世界看浙南非法移民》，南开大学出版社，2008 年。

61. 萧乾：《海外行踪》，湖南人民出版社，1983 年。

62. 谢培屏编：《战后遣送旅外华侨回国史料汇编 1·德国、土耳其、意大利、日本篇》，"国史馆"，2007 年。

63. 徐斌：《欧洲华侨经济》，海外出版社，1956 年。

64. 徐华炳：《温州海外移民与侨乡慈善公益》，中国社会科学出版社，2016 年。

65. 徐建寅著，钟叔河校点：《欧游杂录》，岳麓书社，1985 年。

66. 许明龙：《黄嘉略与早期法国汉学》，中华书局，2004 年。

67. 严晓鹏：《冲突与均衡：欧债危机后意大利普拉托华人华侨社会的分化与重组》，《浙江社会科学》2013 年第 4 期。

68. 尹文涓：《法国华人移民的信仰与融入：关于天主教巴黎华人教会的调查》，《福建论坛》2010 年第 12 期。

69. 英国共和协会：《英国共和协会五十周年纪念特刊》，英国共和协会，1997 年。

70. 游海龙编：《英国华侨手册》，星岛日报社，1980 年。

71. 玉壶镇归国华侨联合会：《玉壶华侨百年》，2011 年。

72. 曾纪泽著，王杰成标点：《出使英法俄国日记》，岳麓书社，1985 年。

73. 曾瑞炎：《华侨与抗日战争》，四川大学出版社，1988 年。

74. 张德彝著，杨坚校点：《随使英俄记》，岳麓书社，1986 年。

75. 张德彝著，钟叔河校点：《航海述奇》，岳麓书社，1985 年。

76. 张德彝著，左步青校点：《欧美环游记》，岳麓书社，1985 年。

77. 张德彝著，左步青标点，米江农校订：《随使法国记》，岳麓书社，1985 年。

78. 张慧、［波兰］Krzysztof Kardaszewicz：《"一带一路"与波兰中国移民的演变趋势研究》，《人口研究》2018 年第 3 期。

79. 张祥熙：《"一带一路"视阈下的塞尔维亚华侨华人》，《八桂侨刊》2018 年第 1 期。

80. 张一力：《海外移民创业如何持续：来自意大利温州移民的案例研究》，《社会学研究》2015 年第 4 期。

81. 浙江省归国华侨联合会侨史研究室编：《浙江华侨史料》，1991 年。

82. 浙江省文成县地方志编纂委员会：《文成县志》，中华书局，1996 年。

83. 政协黑河市委员会：《旅俄华人史料选》，政协黑河市委员会，1991 年。

84. 中国侨政学会：《今日侨情》，海外出版社，1956 年。

85. 周松芳：《中国文人笔下的早期荷兰、比利时中餐馆》，《书城》2018 年第 2 期。

   86．朱谦之：《中国哲学对于欧洲的影响》，福建人民出版社，1985 年。

   87．邹韬奋：《萍踪寄语》，生活·读书·新知三联书店上海分店，1987 年。

二、英文文献

   1．Anderson, Benedict R. O' G. , *Long-distance Nationalism*, *World Capitalism and the Rise of Identity Politics*, CASA-Centre for Asian Studies Amsterdam, 1992.

   2．Annan, Kofi, In Praise of Migration, *The Wall Street Journal*, 2006 – 06 – 08.

   3．Anthony, Shang, *The Chinese in Britain*, *1984*, Batsford Academic and Educational, 1984.

   4．Appleyard, Reginald, International Migration Policies 1950 – 2000, *International Migration*, 2001 (6).

   5．Benton, Gregor & Edmund Terence Gomez, *The Chinese in Britain*, *1800 – Present*：*Economy*, *Transnationalism*, *Identity*, Macmillan Press, 2008.

   6．Benton, Gregor & Pieke, Frank N. eds. , *The Chinese in Europe*, Macmillan Press, 1998.

   7．Bhagwati, Jagdish, Borders Beyond Control, *Foreign Affairs*, 2003 (1).

   8．Boissebvain, Jeremy & Grotenbreg, Hanneke, Culture, Structure and Ethnic Enterprise：The Surianmese of Amsterdam, *Ethnic and Racial Studies*, 1986 (1) .

   9．Bojas, G. J. , Economic Theory and International Migration, *International Migration Review*, 1989 (3).

   10．Brettel, Caroline B. & Hollifield, James F. eds. , *Migration Theory*：*Talking across Disciplines*, Routledge, 2000.

   11．Castles, Stephen, Guest Workers in Europe：A Resurrection?, *International Migration Review*, 2006 (4).

   12．Castles, Stephen, The Factors that Make and Unmake Migration Policies, *International Migration Review*, 2004 (3).

   13．Castles, Stephen & Miller, Mark J. , *The Age of Migration*, *International Population Movements in the Modern World*, Macmillan Press, 1993.

   14．Zeeliedenbond, Chineesche, *Menschenhandel in Europa*, Edited and printed by Het West-Europeesch Bureau van het All-Chineesch-Zeemans-Verbond, 1934.

   15．Cornelius, Wayne A. , Martin, Philip L. & Hollifield, James F. eds. , *Controlling Immigration*：*A Global Perspective*, Stanford University Press, 1994.

16. De Voretz, D. J. , Immigration Policy: Methods of Economic Assessment, *International Migration Review*, 2006 (2).

17. Douglas, Jones, The Chinese in Britain: Origins and Development of a Community, *New Community*, 1979 (3) .

18. Hargreaves, Alec Gordon, *Immigration*, *Race and Ethnicity in Contemporary France*, Routledge, 1995.

19. Herman, Emma, Migration as a Family Business: The Role of Personal Networks in the Mobility Phase of Migration, *International Migration*, 2006 (4).

20. Hix, Simon & Houry, Abdul, Politics, Not Economic Interests: Determinants of Migration Policies in the European Union, *International Migration Review*, 2007 (1).

21. Hoffmann, Stanley, The Case for Leadership, *Foreign Policy*, 1990 (4).

22. Hoffmann, Stanley, *World Disorders: Troubled Peace in the Post – Cold War Era*, Rowman & Littlefield, 2000.

23. Holmes, C. ed. , *Immigrants and Minorities in British Society*, George Allen and Unwin, 1978.

24. House of Commons, *Chinese Community in Britain*, Her Majesty's Stationery Office, 1985.

25. Jacobso, David, *The Immigration Reader: America in a Multidisciplinary Perspective*, Blackwell Publishers, 1998.

26. Johanson, Graeme, Smyth, Russell & French, Rebecca eds. , *Living Outside the Wall: The Chinese in Prato*, Cambridge Scholars Publishing, 2009.

27. Joppke, Christian, Multiculturalism and Immigration: A Comparison of the United States, Germany and Great Britain, *Theory and Society*, 1996, 25 (4).

28. King, Russell ed. , *Mass Migrations in Europe: The Legacy and the Future*, Belnaven Press, 1993.

29. Koninklijk Verbond van Ondernemers in het horeca en Aanverwante bedrijf, *Imago Chinees Indische bedrijven*, *een onderzoek naar het imago van de Chinees Indische restaurants in Nederland*, 1997.

30. KSKI (Katholiek Sociaal – Kerkelijk Instituut), *De groep van Chinese afkomst in Nederland*, Rapport 168, Printed in The Hague, 1957.

31. Kuhn, Philip A. , *Chinese among Others: Emigration in Modern Times*, NUS Press, 2008.

32. Lynn, Irene Loh, *The Chinese Community in Liverpool, their Unmet Needs*

with Respect to Education, *Social Welfare and Housing*, University of Liverpool, 1982.

33. Martin, Philip L. , Comparative Migration Policies, *International Migration Review*, 1994 (28).

34. Massey, Douglas S. & Felipe García España, The Social Process of International Migration, *Science*, 1987, 237 (4816).

35. Massey, Douglas S. , Arango, Joaquin, Hugo, Graeme, Kouaouci, Ali, Pellegrino, Adela & Edward, Taylor J. , *Worlds in Motion*, *Understanding International Migration at the End of the Millennium*, Clarendon Press, 1998.

36. Meyer, Han, *Operatie Katendrecht*, Socialistiese Uitgeverij Nijmegen, 1983.

37. Nederlandsche Zeemans Vereeniging, *De Uitkijk*, 1909 – 1936.

38. Ng, Kwee Choo, *The Chinese in London*, Oxford University Press, 1968.

39. Parker, David, *Through Different Eyes*: *The Cultural Identity of Young Chinese People in Britain*, Aldershot, England & Brookfield, Avebury, 1995.

40. Pieke, Frank N. , *De positie van de Chinezen in Nederland*, Documentatiecentrum voor het Huidige China, Sinologisch Instituut, Rijksuniversiteit Leiden, 1988.

41. Pieke, Frank N. , Nyíri, Pál, Thuno, Mette & Ceccagno, Antonella, *Transnational Chinese*: *Fujianese Migrants in Europe*, Stanford University Press, 2004.

42. Portes, Alejandro, Conclusion: Theoretical Convergencies and Empirical Evidence in the Study of Immigrant Transnationalism, *International Migration Review*, 2003 (3).

43. Pries, Ludger ed. , *Migration and Transnational Social Space*, Ashgate, 1999.

44. Rex, John & Drury, Beatrice eds. , *Ethnic Mobilisation in a Multicultural Europe*, Ashgate, 1994.

45. Rose, Arnold M. , *Migrants in Europe*: *Problems of Acceptance and Adjustment*, The University of Minnesota Press, 1969.

46. Salt, John & Stein, Jeremy, Migration as a Business: The Case of Trafficking, *International Migration*, 1997 (4).

47. Simon, J. , Immigrants, Taxes and Welfare in the United States, *Population and Development Review*, 1984 (1).

48. Sinn, Elizabeth ed. , *The Last Half Century of Chinese Overseas*, Hong Kong University Press, 1998.

49. Tan, Swan Bing, Geschiedenis en ontwikkeling van de Peranakan in Nederland van 1911 tot 1940, *le Minisymposium Vriendenkring Lian Yi Hui*: *Geschiedenis en Taal van de Peranakan in Nederland*, 1986.

50. van Heek, Frederik, *Chineesche Immigranten in Nederland*, N. V. J. Emmering's Uitgevers MIJ, 1936.

51. van Houte, Hans & Willy Melgert eds. , *Foreigners in Our Community*, Keesing Publishers, 1972.

52. van Zeijl, J. W. , *The Chinese Mother*, *1887 – 1962*, C. A. Brock and Co. Ltd. , 1971.

53. Vries, Johan de, *The Netherlands Economy in the Twentieth Century*, Franz Steiner Verlag, 1978.

54. Watson, James L. , *Emigration and the Chinese Lineage*: *The Mans in Hong Kong and London*, University of California Press, 1975.

55. Weiner, Myron, *Global Migration Crisis*: *Challenge to States and to Human Rights*, Harper Collins, 1995.

56. Widgren, Jonas & Martin, Philip L. , Managing Migration: The Role of Economic Instrument, *International Migration*, 2002 (5).

57. Witkamp, P. H. , Een Chineesch let terkundige te Amsterdam, *Het Nederlandsch Magazine*, 1861.

附录：本书作者关于欧洲华侨华人研究的系列论著（1987—2019）

一、中文论著

1．《阿姆斯特丹唐人街展望》，（荷兰）《创业报》1988 年第 4 期。

2．《阿姆斯特丹唐人街今昔谈》，（荷兰）《创业报》1987 年第 3 期，（荷兰）《华侨通讯》1987 年 12 月 10 日转载。

3．《阿姆斯特丹唐人街的历史变迁》，《华侨华人历史研究》1989 年第 4 期。

4．《荷兰华人人口构成剖析》，《华人月刊》1991 年第 4、5 期。

5．《从〈半月报〉载文看荷兰华人心态》，《华侨华人历史研究》1991 年第 2 期。

6．《战后西欧华人社会变迁初探》，《华侨华人历史研究》1992 年第 1 期。

7．《黄祸论由来：荷兰华人早期历史问题之一》，《华人月刊》1992 年第 8 期。

8．《华人水手馆内情：荷兰华人早期历史问题之二》，《华人月刊》1992 年第 11 期。

9．《华人移民荷兰开端考》，《八桂侨史》1993 年第 1 期。

10．《战后世界人口增长与华人海外移民》，《华侨华人历史研究》1993 年第 1 期。

11．《一个特殊的华裔移民群体：荷兰印尼华裔个案剖析》，《华侨华人历史研究》1993 年第 2 期。

12．《花生糖华人始末：荷兰华人早期历史问题之三》，《华人月刊》1993 年第 3 期。

13．《欧洲一体化进程与华人经济》，《华人月刊》1993 年第 10 期。

14．《九十年代的欧美中国留学生社团》，《华人月刊》1993 年第 12 期。

15．《走向 21 世纪的西欧华人经济》，《华侨华人历史研究》1993 年第 4 期。

16．《当代海外华人社团刍议》，《八桂侨史》1993 年第 4 期。

17．《当代海外华人社团领导层剖析》，《华侨华人历史研究》1994 年第 2 期。

18. 《华人"利益集团"剖析》，《八桂侨史》1994 年第 2 期。

19. 《法国华人社会概览》，《华侨华人历史研究》1994 年第 4 期。

20. 《海外华人社团与中国的改革开放》，《华人月刊》1994 年第 12 期。

21. 《今日荷兰华人社会》，《华人月刊》1995 年第 7 期。

22. 《当代海外华人社团研究》，厦门大学出版社，1995 年。

23. 《构筑华人族群与当地大社会沟通的桥梁：试论当代海外华人社团的社会功能》，《华侨华人历史研究》1995 年第 2 期。

24. 《今日荷兰华人社会》，《华人月刊》1995 年第 7 期。

25. 《90 年代西欧华人经济剖析》，萧效钦、李定国主编：《世界华侨华人经济研究：世界华人经济国际学术研讨会论文集》，汕头大学出版社，1996 年。

26. 《温州华侨与温州建设》，《近代中国》1997 年第 7 辑。

27. 《欧洲华人社会概况》，《华侨华人历史研究》1997 年第 2 期。

28. 《英伦三岛访华社》，《地平线》1998 年第 4 期。

29. 《意大利华人社会巡礼》，《地平线》1998 年第 7 期。

30. 《战前中国人移民西欧历史考察》，《华侨华人历史研究》1999 年第 3 期。

31. 《从"被动遵从"到"理性选择"：荷兰中文学校高年级学生问卷调查剖析》，《华侨华人历史研究》1999 年第 4 期。

32. 《"相对失落"与"连锁效应"：关于当代温州地区出国移民潮的分析与思考》，《社会学研究》1999 年第 5 期。

33. 《"求同"与"存异"：20 世纪初叶西欧唐人街形成的文化反思》，清华大学社会学系主编：《清华社会学评论：特辑 2》，鹭江出版社，2000 年。

34. 《在中西文化的双重熏陶下成长：荷兰华裔青少年习作剖析》，《海外华文教育》2000 年第 2 期。

35. 《20 世纪初赴法勤工俭学运动在欧洲华侨史上的意义》，《华侨华人历史研究》2000 年第 3 期。

36. 《"多元文化"论争世纪回眸》，《社会学研究》2001 年第 3 期。

37. 《第二次世界大战期间的旅欧华侨》，《华侨华人历史研究》2001 年第 4 期。

38. 《欧盟国家移民政策与中国新移民》，《厦门大学学报》2001 年第 4 期。

39. 《欧洲华侨华人史》，中国华侨出版社，2002 年。

40. 《群体效应、社会资本与跨国网络："欧华联会"的运作与功能》，《社会学研究》2002 年第 2 期。

41. 《当代欧洲中文学校概览：发展篇》，《海外华文教育》2002 年第 2 期。

42.《当代欧洲中文学校概览：现状篇》,《海外华文教育》2002 年第 3 期。

43.《欧洲华侨华人研究述评》,《厦门大学学报》2002 年第 4 期。

44.《9·11 之后欧洲移民政策的若干思考》,《华侨华人历史研究》2002 年第 4 期。

45.《欧洲中文传媒的兴起、发展与现状》,《欧洲》2002 年第 6 期。

46.《中医中药在欧洲》,《地平线》2002 年第 7 期。

47.《非精英移民之路：20 世纪末叶西欧移民政策与中国新移民》, 张存武、汤熙勇主编：《海外华族研究论集》, 华侨协会总会, 2002 年。

48.《东欧社会转型与新华商群体的形成》,《世界民族》2003 年第 2 期。

49.《"共和模式"的困境：法国移民政策研究》,《欧洲研究》2003 年第 4 期。

50.《一个旅欧新侨乡的形成、影响、问题与对策》,《华侨华人历史研究》2003 年第 4 期。

51.《欧华社会面面观》,《澳亚周刊》2003 年第 5 期。

52.《华人社会的多元图象》,《二十一世纪》2004 年第 4 期。

53.《福建侨乡调查：侨乡认同、侨乡网络与侨乡文化》, 厦门大学出版社, 2005 年。

54.《侨乡社会资本解读：以当代福建跨境移民潮为例》,《华侨华人历史研究》2005 年第 2 期。

55.《国际移民学研究：范畴、框架及意义》,《厦门大学学报》2005 年第 3 期。

56.《欧洲的东南亚华裔与海洋亚洲》,《华侨华人历史研究》2005 年第 4 期。

57.《"中国的全球化"与"跨国的福建人"》,《读书》2005 年第 8 期。

58.《国际移民经济效益评估与预测：世界银行〈2006 年全球经济展望〉述评》,《华侨华人历史研究》2006 年第 3 期。

59.《和谐发展新理念与走向世界的福建人》,《东南学术》2007 年增刊第 1 期。

60.《国际移民与发展：相互依存三方共赢》,《华侨华人历史研究》2007 年第 3 期

61.《女性在国际人口迁移中的地位、作用与影响》,《国外社会科学》2007 年第 4 期。

62.《法国新总统萨科奇的移民政策与法国华人社会》,《侨务工作研究》2007 年第 4 期。

63.《欧洲移民政策动向及其对欧华社会的影响》，《侨务工作研究》2007 年第 5 期。

64.《法国的中国新移民人口构成分析：以传统、制度与市场为视角》，《厦门大学学报》2008 年第 3 期

65.《劳动力市场跨国化与走向世界的福建人》，钱江、纪宗安主编：《世界华侨华人研究》（第一辑），暨南大学出版社，2008 年。

66.《国际移民的定义与类别：兼论中国移民问题》，《华侨华人历史研究》2009 年第 2 期。

67.《中欧通婚家庭内的次文化氛围：互补、调适与存异》，《浙江学刊》2009 年第 2 期。

68.《欧洲华人社会巨变是欧洲华人研究的强大动力》，《华侨华人历史研究》2009 年第 4 期。

69.《欧洲华人社会剖析：人口、经济、地位与分化》，《世界民族》2009 年第 5 期。

70.《海外华人移民的现代篇》，《读书》2009 年第 8 期。

71.《海外华人族群文化与海外华文教育》，《福建论坛（人文社会科学版）》2009 年第 11 期。

72.《国家与市场的互动：从人口构成解读法国中国新移民非正规流动模式》，李元瑾、廖建裕主编：《华人移民比较研究：适应与发展》，南洋理工大学中华语言文化中心，2010 年。

73.《欧洲华人与当地国关系研究》，《侨务工作研究》2010 年第 1 期。

74.《当代西方国际移民理论再探讨》，《厦门大学学报》2010 年第 2 期。

75.《欧拉伯：源起、现实与反思》，《读书》2010 年第 2 期。

76.《未来 5—10 年欧洲华侨华人发展趋势展望》，《侨务工作研究》2010 年第 5 期。

77.《关于巴黎华侨华人反暴游行的思考》，《侨务工作研究》2010 年第 4 期。

78.《Diaspora：定义、分化、聚合与重构》，《世界民族》2010 年第 5 期。

79.《多元文化主义在欧洲的理想与困境》，《国外社会科学》2010 年第 6 期。

80.《国际移民政策研究》，厦门大学出版社，2011 年。

81.《欧洲华侨华人社会现状与发展趋势》，王晓萍、刘宏主编：《欧洲华侨华人与当地社会关系：社会融合·经济发展·政治参与》，中山大学出版社，2011 年。

82.《人口生态、人口政策与国际移民》，《东南学术》2011 年第 1 期。

83．《劳动力市场跨国化与跨国的非正规经济》，《开放时代》2011 年第 2 期。

84．《猎头与猎身》，《读书》2011 年第 3 期。

85．《国际移民大趋势》，《侨务工作研究》2011 年第 4 期。

86．《从跨境劳务中介看地方治理的多元博弈》，《开放时代》2011 年第 5 期。

87．《以财富开道的新选择》，《财智生活》2011 年 7 月号。

88．《荷兰华人百年》，荷兰华人百年基金会编：《荷兰华人百年》，中华出版社，2011 年。

89．《国际移民研究热点与华侨华人研究展望》，《华侨华人历史研究》2012 年第 1 期。

90．《金融危机催热国际移民效应》，《半月谈（内部版）》2012 年第 5 期。

91．《低端全球化：香港重庆大厦的隐喻》，《读书》2012 年第 10 期。

92．《欧洲华人商城经济研究》，《世界民族》2013 年第 3 期。

93．《罗马尼亚中国新移民研究：新华商与新市场》，《华侨华人历史研究》2013 年第 4 期。

94．《国际移民治理的现实困境与善治趋势》，《学术前沿》2014 年第 7 期下。

95．《欧洲反法西斯战争中的华侨华人》，《侨务工作研究》2015 年第 4 期。

96．《21 世纪初欧洲华人社团发展新趋势》，《华侨华人历史研究》2015 年第 4 期。

97．《西班牙华人社会剖析》，《华侨华人历史研究》2016 年第 2 期。

98．《他者中的华人》，江苏人民出版社，2016 年。

99．《国际移民与人类命运共同体构建：以华侨华人为视角的思考》，《华侨华人历史研究》2018 年第 1 期。

100．《弘义融利：华侨华人与侨乡关系若干思考》，《八桂侨刊》2018 年第 2 期。

101．《行走欧华：侨史探索三十年自述》，《海外华人研究》（2018 年卷）。

102．《当代国际移民发展趋势及主要国家的政策应对》，《世界民族》2018 年第 2 期。

103．《欧洲华侨华人研究 70 年》，《华侨华人历史研究》2019 年第 3 期。

二、英文论著

1. The Dutch are the European Chinese：Reflections，*Etnofoor*，1990（2）.

2. Living among Three Walls? The Peranakan Chinese in the Netherlands，Sinn，

Elizabeth ed. , *The Last Half Century of Chinese Overseas*, Hong Kong University Press, 1998.

3. Transnational Links among the Chinese in Europe: A Study on European – wide Chinese Voluntary Associations, G. Benton & F. Pieke eds. , *The Chinese in Europe*, Macmillan Press, 1998.

4. Are They Huaqiao or Huaren? Attributes of Chinese in the Netherlands, *IIAS Newsletter*, 1999（18）.

5. "To Get Rich Quickly in Europe!": Reflections on Migration Motivation in Wenzhou, Pieke, Frank N. & Hein Mallee eds. , *Internal and International Migration: Chinese Perspectives*, Curzon, 1999.

6. Chinese Immigrants in the Netherlands: A Historical Overview, *Asian Culture*, 1999（23）.

7. *We Need Two Worlds: Chinese Immigrant Associations in a Western Society*, Amsterdam University Press, 1999.

8. *The Chinese Community in Europe*, Under Supervision and responsibility of the European Federation of Chinese Organizations, Sponsored by the DutchMinistry of Public Health Wellbeing and Sports, 1999.

9. Chinese Immigrant Associations, *IIAS Newsletter*, 1999（20）.

10. A Group in Transition: Chinese Students and Scholars in the Netherlands, Pál Ny íri & Igor Saveliev eds. , *Globalizing Chinese Migration: Trends in Europe and Asia*, Ashgate, 2002.

11. A Group in Transition: The ChineseLiuxuesheng in the Netherlands, *Approches Asie*, 2003（18）.

12. Chinese in Europe, Melvin Ember, Carol R. Ember & Ian Skoggard eds. , *Encyclopedia of Diaspora*, Kluwer Academic / Plenum Publishers, 2004

13. A Changeable Social Status: Immigration Between Legal and Illegal Approaches, Eric Guerassimoff ed. , *Migrations Internationales, Mobilites et Developpement*, L'Harmattan, 2004.

14. Re – emergence of Labour Brokers in China Today: The Xiamen Example, *The Indian Society of Labour Economics*, 2004（3）.

15. Qiaoxiang in Wenzhou Revisited: Understanding Village Loyalty in the Age of Globalization, Rosanne Rutten & Loes Schenk – Sandbergen eds. , *Andere Verhalen over Azie en Onderzoek*, Het Spinhuis, 2004.

16. Myths of Creation and the Creation of Myths: Interrogating Chinese Diaspora,

Chinese America, 2004.

17. Making a Living in an Affluent World: The Chinese Immigrants in Europe, *Leidschrift*, 2004（3）.

18. Book Review: Transnational Chinese: Fujianese Migrants in Europe, *Journal of Chinese Overseas*, 2005（1）.

19. Brokering Migration from Southern China, *IIAS Newsletter*, 2006.

20. Book Review: Chinese among Others: Emigration in Modern Times, *Journal of Chinese Overseas*, 2009（5）.

21. Collective Symbols and Individual Options: Life on a State Farm for Returned Overseas Chinese after Decollectivization, Mette Halskov Hansen & Rune Svarverud eds., *I – China: The Rise of the Individual in Modern Chinese Society*, NiAS Press.

22. Transnational Migrant Brokerage in China, Montserrat Guibernau & John Rex eds., *The Ethnicity Reader: Nationalism, Multiculturalism & Migration*, Polity Press, 2010.

23. Chinese Migration to Europe: An Overview, *The China Monitor*, 2010（7）.

24. Book Review: Chinese Circulations: Capital, Commodities, and Networks in Southeast Asia, *Asian Anthropology*, 2012（11）.

25. "Playing Edge Ball": Transnational Migration Brokerage in China, Barak Kalir & Malini Sur eds., *Transnational Flows and Permissive Polities: Ethnographies of Human Mobilities in Asia*, Amsterdam University Press, 2012.

26. The Chinese in Europe: Population, Economy and Links with Qiaoxiang in the Early Twenty-first Century, Tan Chee-Beng eds., *Routledge Handbook of the Chinese Diaspora*, London & New York, 2013.

27. New Chinese Immigrants in Spain: The Migration Process, Demographic Characteristics and Adaptation Strategies, Min Zhou ed., *Contemporary Chinese Diasporas*, Springer Nature Singapore Ptc Ltd., 2017.

28. Movingthe Migration Frontier: A Chinese Qiaoxiang Migration Model?, *International Migration*, 2018, 56（1）.

29. *Seeing Transnationally: How Chinese Migrants Make Their Dreams Come True*, Zhejiang University Press/ Leuven University Press, 2013.

后　记
行走欧华：侨史探索三十余载自述

[**题记**] 2017 年秋，应金门大学闽南文化研究所刘铭峰教授的一再敦促，我在电脑上敲下了自己侨史探索 30 余载的学术自述。如今，当基于自己多年心血写就的《欧洲华侨华人史》增订版正式付梓之际，心绪翻卷，感慨万千，难以言说。思考再三，谨将此前写就的"自述"复制于此，且当增订版之"后记"。同时，也借此由衷感谢数十年来关心、支持我的师长、学友，感谢接受过我访问、为我提供过资料的侨界朋友，感谢本书编辑专业、细致的编校。深情厚谊，永志于心。

虽然现在就写学术自述，显然还早了点，探索的道路还在一步步地行走着，求知的寻觅还在一点点地追求着，然而，自 1987 年 10 月在荷兰一份社区小报上发表《阿姆斯特丹唐人街今昔谈》一文，即我发表以欧洲侨史为主题的第一篇文章迄今，30 多年过去了。或许，认认真真地对既往的学术之旅做个回顾与小结，多少还有点意义，于是写下这篇行走欧华 30 多年之自述。

意料之外　情理之中

最初一脚跨入欧洲侨史研究领域，纯属偶然。

1982 年夏，我以《印尼新型知识分子阶层的形成及其在民族解放运动中的先锋作用》一文顺利通过答辩，获得厦门大学历史系东南亚专门史方向的硕士学位。其时，中国大陆高校出国留学风气初兴，我自然也心向往之，而且，与当时的学界同仁一样，我出国访学进修的目标只盯住美国的高校。记得当时曾经给多位美国研究印尼史的著名学者写信联系，申请到其门下研修。其中，《现代印尼社会精英之形成》（*The Emergence of the Modern Indonesian Elite*）一书的作者，美国夏威夷大学的 Robert van Niel 教授不仅给我回信表示欢迎，而且寄来了他的签名著作。美国康奈尔大学的 Ruth McVey 教授，即关于印尼 1965 年"九三〇事件"研究的著名的《康奈尔报告》(*Cornell Report*) 一书①的作者之一，也给我回信，愿意接受我的申请。这一切无不令我欣喜莫名。然而，以当时我作为刚留校之助教每月不足 50 元人民币的工资收入，根本不可能独立支付去美研修的费用，而当时由中华人民共和国教育部提供的出国资助不仅名额极其有限，而且资助对象明显向理工科倾斜，人文类基本不在考虑之列。因此，我只能再向对方提出希望得到资助的要求，并按 Robert van Niel 教授的要求提交了"研究申请"(proposal)。多年之后，即在我接受了欧美式的正式训练之后再回头看当年提交的研究申请，真是既空洞又不规范，但我当年可是信心满满呵，真可谓无知无畏。

正当我一边工作、学习，一边继续与美国教授联系，焦急地期待有朝一日能有佳音从天而降时，一则意外的消息令我大喜过望。

记得那是 1984 年的深秋时节，时任荷兰阿姆斯特丹大学亚洲史研究中心主任的吴银泉 (Go GienTjwan) 博士到访厦门大学历史系。原来，面对刚刚走上改革开放之路的中国，荷兰阿姆斯特丹大学希望选择一所中国大陆的高校建立合作关系。由于阿姆斯特丹大学外事部门对中国大陆情况不了解，故而将选择合作对象一事交给该校的亚洲史研究中心办理。中心主任吴银泉博士祖籍福建，本人出生于印尼，1965 年印尼"九三〇事件"后移居荷兰，随后在阿姆斯特丹大学获得了历史学博士学位，并在该校教授东南亚历史。吴博士不懂中文，当时对中国大陆也不太了解，但是，他清楚地记得，自己的祖辈是从"厦门"下南洋的，而且知道陈嘉庚先生创办了闻名南洋的"厦门大学"，于是，吴博士在接受任务后即毫不犹豫地选择厦门大学作为阿姆斯特丹大学的第一个合作对象，并因此到访厦门大学。多年以后，有次与阿姆斯特丹大学外事办主任聊起当初两校建立合作之事，主任半开玩笑地对我说："当年我们选择厦门大学其实是个错误。我们是荷兰首都首屈一指的大学，我们的合作对象应当是中国的北京大学啊！"我也笑答："如果不是你们美丽的错误，我现在大概会在美国的康奈尔或夏威夷，不会在阿姆斯特丹啊！"当然，这是后话了。

在厦门大学期间，吴博士受到厦门大学历史系领导的热情接待，并代表阿姆斯特丹大学与厦门大学签订了合作意向书，其中包括：两校每年各为对方提供两个交流名额，一个是面向副教授以上的高访名额，交流期为三个月；另一名额则

---

① 学界习惯称《康奈尔报告》一书的全名是"印尼 1965 年 10 月 1 日政变的初步分析"(*A Preliminary Analysis of the October* 1, 1965, *Coup in Indonesia*)。该书完成于 1966 年 1 月，即印尼"九三〇事件"刚刚发生不久，作者就该事件披露了一些重要信息并进行了严肃分析，认为：印尼共产党及时任总统苏加诺不仅不是该行动的制造者，而且是该事件的受害者，美国中情局卷入了军方的此次行动。该报告原为内部报告，1966 年 3 月 5 日被《华盛顿邮报》记者获悉并公诸报章后，曾引起舆论震动。此书直到 1971 年才由康奈尔大学出版社正式出版。

面向年轻学人，交流期为一年。更重要的是，该协议规定：交流者的旅费由所在大学承担，在对方国家的生活费则由到访大学承担。由于当时中、荷两国之间生活费用的巨大差距，这一协议显然对中国学者极其有利。在吴博士回到阿姆斯特丹大学后不久，该协议也得到了阿姆斯特丹大学校方的批准，并决定自 1986 年开始实行。同时，作为该协议阿姆斯特丹大学一方的实际执行人，吴博士提议：将前往阿姆斯特丹大学进修的交换名额提供给厦门大学历史系。厦门大学校方尊重吴博士的提议，直接将名额划拨给了历史系。

1986 年夏，我顺利通过了当时中国教育部主办的出国人员英语考试，加之我当时的研究方向是印尼历史，去历史上印尼的宗主国访学也顺理成章。由此，我成为厦门大学历史系第一名入选"两校交流计划"的青年学人。

出国的道路并不顺利。根据当时的规定，类似我这样通过中外高校交流协议出国的学者必须列入"公派"出国系列，出国前先要到北京由中国教育部指定机构接受出国培训，领取出国派遣函，办妥护照、签证、出国机票等诸多手续，方能正式出境。

我迄今仍然记得，1986 年 10 月 20 日，我在北京培训结业，领到了出国派遣函，通知我两天后即 22 日乘中国民航航班往阿姆斯特丹。次日一大早，我即根据规定程序，拿着派遣函去教育部下属出国留学办事处领取国际机票。可是，令我大为吃惊的是，接待的工作人员告诉我，虽然我的机票已经办好，但是，由于应当由派遣单位厦门大学支付的机票款尚未寄到，因此不能领取。我闻讯赶紧与厦门大学相关领导联系，却被告知因为手续办理上的问题，至少还要一周才能将所需经费汇到北京。可是，当时高校对老师出差有严格规定，按我当时的情况，根本不可能在北京再等上一周。焦急中，我只好求救于我在复旦大学历史系的同学孟凡俊。孟同学毕业后到北京中国人民解放军军事科学院工作，是学院一位将军级领导的秘书，同学们都知道他"神通广大"，且乐于助人。孟同学听说了我的难处后，即刻向首长说明情况，征得首长同意后，他用首长的车拉上我，几处奔波联系，终于在当天机票申领处关门之前帮我筹借到了一万元机票款。记得当我们赶到机票办理处时，工作人员已经要收拾下班了，我的相关资料也已归入退办之列。见我们携万元支票进门，工作人员惊诧不已！要知道，20 世纪 80 年代借款一万元，可不亚于今日借款一百万元啊！工作人员从已经整理退回的文档中，找出了我的机票及相关文件，办好了手续。然而，谁也没有想到，正是这一"突变"，又意想不到地对我抵达阿姆斯特丹之后的行程埋下了隐忧。

1986 年 10 月 22 日，经历了诸多折腾，我终于登上了中国民航飞往阿姆斯特丹的航班，坐定之后，只感到头昏目眩，精疲力竭，大脑几乎一片空白。也不知过了多久，昏昏沉沉中，忽然听到机舱广播："各位乘客，我们正在飞越中国国界，马上就离开中国领土了……"这是我第一次出国，对于前程的无知与莫名，与一言难尽的诸多感慨交织一起，不由自主地，两行热泪潸然而下！在那之后，我不知多少次乘坐中国民航航班出国，但再也没有听到过此类飞越国界的广播，这第一次，也是唯一的一次感受，刻骨铭心。

在经过两次中途经停、一天一夜飞行之后，我终于抵达阿姆斯特丹机场。因为当时中国大陆高校公派出国人员很少，中国驻外使馆教育处一般都会派人到机场，接待持有中国教育部签发派遣函的公派出国人员。可是，当我手持派遣函步出机场时，却没能见到任何接机的人员。怎么办？无奈中，我只好求助于机场问讯处，用英语说明我的情况，并出示了派遣函上的联系电话。机场问讯处的那位女士十分友好，将我带到一处办公室，请办公室里的一位男士协助联系。电话打通了。使馆教育处接听的人奇怪地问："你已经到了？我们没收到你的材料啊！"听闻此言，我简直惊呆了。没有我的材料？怎么可能？我的脑子里如闪电般迅速地回溯此前的经历，忽然明白：那天因为机票款问题，我的材料已经被列入"另类"，可能，虽然我后来借到钱，拿到机票，但相关信息并未能及时发往荷兰使馆教育处。

还好，教育处那位先生让我在电话上念了我手持派遣函的内容后，相信我的确是由教育部公派出国的人员，于是说道："你既然来了，那就等一会儿，我来接你。"

天色已暗，好不容易盼来了使馆教育处的工作人员。一见面他就直言："我们会与国内联系，让他们尽快将你的材料送来，但是，这至少需要一个星期的时间。收到材料后，你才能办理手续去阿姆斯特丹大学报到。"根本没注意到我的一脸茫然，他又直接问道："你带了多少钱？""50美元。"我答道。这是当时出国人员可以领到的出国经费，折合人民币相当于我三四个月的工资呢。可我的话音未落，对方就说："这点钱，你在荷兰一天的生活费都不够。"什么？我一听傻了，第一次出国，在一个举目无亲的陌生国度，而且，囊中羞涩，这未来的一个星期可怎么过啊？

那位使馆工作人员将我带到位于荷兰海牙的使馆教育处后，让我在接待处的临时招待所住下，根本没问我是否需要吃饭，转身就离开了。虽然由于连续多日折腾，加之长途飞行，可谓身心俱乏，但躺在床上，脑海里却翻江倒海，辗转难眠。

第二天一早我向教育处人员了解到，类似我这样的情况，可以暂时借住在教育处招待所，每天住宿费70美元！果然，我口袋中的50美元连一天都不够。可是，不住这儿，我又有什么办法？似乎平生第一次得靠借债度日，我只能自嘲解困！

没想到，突然柳暗花明！当天未到中午，教育处工作人员就过来告诉我："莱顿大学的梁兆兵教授打来电话，说是安排你到一位老华侨家里去住。赶快准备一下，梁教授马上来接你。"什么？梁教授？老华侨？我谁都不认识啊！

没容我打听明白这是怎么回事，梁教授的车已经来到了教育处门口。梁教授西装革履，一口标准的京腔，并介绍"曾经去过厦门大学"，简单几句话，顿时令我感到十分亲切。在前往老华侨家的路上，我才大致了解到：因为我属于两国交换学者，我的情况也由中方使馆教育处报告给了荷方主管部门。荷兰主管中荷文化交流的韩太太是荷兰人，但曾经在中国留学，她的先生韩云虹任教于莱顿大学汉学院，与梁教授是同事。韩太太夫妇和梁教授对我的情况都十分关心，商议中，梁教授想到他有一位华裔学生胡梅花，父亲是老华侨，据说为人很热心，于是请学生问问胡老先生能否提供协助，结果胡老先生一听就满口答应，并让我即刻搬过去。

说话间，梁教授的车已经在一幢小楼前停下了。一位身材高挑、年轻漂亮的女孩和一位老先生迎出门来，想必这就是梁教授所说的胡梅花父女了。老华侨高兴地和我打着招呼，热情地将我迎进屋，可是，他说的话我有一大半听不懂（后来才知道，他说的是浙江文成方言，中国最难懂的方言之一）！不过，在他反反复复地说了几次之后，我终于听明白了，他说："我们都是中国人。你就住在我家，住多少天都没问题！"

随后几天，我慢慢了解到：老华侨叫胡克梨，当时已经快七十岁了。他的老家在中国浙江省文成县一个叫李山的小山村，20世纪30年代从中国来到荷兰，本想赚到钱就回家，可后来打仗了，回不去了，就和一位荷兰姑娘结了婚，在荷兰安家了。胡老先生以前一直开餐馆，生意还不错，前些年退休了。老两口有四个孩子，正在莱顿大学学习的胡梅花是最小的女儿。按照荷兰人的习惯，四个孩子成年后都搬出去自己住了，家中只剩老两口，"孩子们的房间都空着，你住，没问题"。

胡老先生的荷兰太太只能说荷兰文，我们语言不通，但她一脸慈祥，每天和我比画着交流，我猜测着她的意思：喝牛奶！吃面包！去睡觉！

老先生拿出当年开餐馆的手艺，天天变着花样给我做中餐，看我吃得开心，老先生得意地说："荷兰婆不吃中餐，我们俩吃。"更令我感动的是，老先生一闲下来就开上他的小车带我出去兜风，说："中国人刚出国总是很想家。我带你出去玩玩，你就不想家了。"

就这样，我这个不速之客在胡老先生家中，意外地在充满温馨的关爱中度过了出国之后最初的困顿时光，直至我的材料寄到荷兰，正式办理了到阿姆斯特丹大学进修的手续。

这一段意料之外的经历，是我平生第一次零距离地接触到海外华侨。如果说，对于吴教授、梁教授、韩教授等人，我当时只是尊他们为学者，并未联想到"海外华人同胞"的话，那么，从胡克梨老先生身上，我第一次切身体会到什么是异国他乡的同胞之情！当时同样压根儿没想到的是，他们日后竟然都成为我的研究对象。

人生总有那么多的意料之外，情理之中！当初我决不可能预见到，我的整个学术生涯乃至人生道路，竟然会因为一位海外华人吴银泉博士内心深处的"厦门情结"和"历史情结"而改变；我也不可能想到，我会阴差阳错，因为出国手续上的偶然差池而一头撞进了荷兰华人的圈子。然而，正是许许多多诸如此类的经历与感悟，成为冥冥之中左右我前进的方向盘，推动我前进的助力器，或许，这也正是人生充满挑战与魅力之所在！

学海探路　异国拜师

前往阿姆斯特丹大学之前，我同样按要求报送了研究计划，主题是"印度尼西亚近代民族解放运动史"。如前所述，我的硕士学位论文研究的是这一主题，而且，行前刚得到通知，我依据硕士学位论文修改而成的一篇论文已被中国社会科学院世界史所主办的《世界历史》杂志接纳，即将正式发表。初出茅庐，拙文就能被当时中国大陆世界历史研究的最高权威杂志接纳，自我感觉相当不错。

按照当初在厦门大学时与吴银泉博士的交流，我理所当然地认为到阿姆斯特丹大学后应当进入吴博士担任主任的亚洲史研究中心。可谁曾想到，当我在时隔两年之后抵达阿姆斯特丹大学时，为两校建立合作关系的吴银泉博士已经退休，亚洲史研究中心也已撤销，因此，我直接报到的单位是"阿姆斯特丹大学社会学与人类学学院"。社会学？人类学？全是我当时前所未闻的学科！

作为该学院接纳的第一位来自中国大陆的年轻学人，同事们十分友好，对我、对远方那个古老的中国，不乏好奇。头一两个月，每当有人问及我的研究领域，我总是"大言不惭"地说："印尼史。"可是，对方接踵而来的问题往往是：你到过印尼的哪个学校或研究机构？你最近一次是什么时候去的印尼？你主要使用哪些文献档案？你在印尼什么地方做你的田野调查？……一连串问题劈头盖脸，我连想都没想过。从愕然中，我渐渐领悟到：没有到过印尼，既不懂印尼文也不懂荷兰文，只凭着一点英文资料写"文章"，在西方学术圈子里压根儿就不被认可为"研究"。我再也不敢妄言自己的专业是"印尼史"了。

作为阿姆斯特丹大学与中国大学之间第一位年轻的交换学者，我也得到了阿姆斯特丹大学外事办的特别关照。记得 1986 年圣诞节刚过，阿姆斯特丹大学外

事办就为我安排了荷兰语课程：先进入为期三个月的初级班，通过考试后可再升入中级班继续学习。外事办主任坦率地对我说："你研究印度尼西亚历史，先去学荷兰语吧！"于是，1987年新年伊始，我就拿起了荷兰语初级课本，与十多位国籍不同、母语不同、肤色不同的同学们坐进了同一教室。

可是，我人在荷兰语班上，心中却忐忑不安。因为，当时我了解到，荷兰档案馆的确收藏了不少涉及印尼历史的档案资料，但其中许多不仅使用的是古荷兰语，而且多为手写文档。我明白，即使我能顺利地完成初、中两级荷兰语学习，肯定也还读不懂那些荷兰语档案，更遑论将其运用于学术研究了。我出国时获批的是到荷兰访学一年的计划，按照当时中国教育部对于公派出国人员的规定：学成必须归国；不能转往其他国家；不能转变访学性质（即不能转为攻博）。我纠结：赴荷一年，如果只用于学荷兰语，出国前提交的研究计划完不成，回国后如何交代？而且，半通不通的荷兰语对自己回到厦门大学历史系之后的教学、研究又能派上什么用场？

正当我为自己的访学计划感到茫然、苦恼时，阿姆斯特丹大学社会学与人类学学院的班国瑞教授问我："我们正在做一项关于荷兰华侨研究的课题，你是中国人，可能比较容易和这里的华侨沟通，有没有兴趣参加？"猛听这一提议，我竟不知如何作答，毕竟从没想过，太突然了！可过后冷静下来一想：是啊，此刻我人在荷兰，研究荷兰华侨史，不就有利于发挥自己的特长吗？随即，吴银泉博士、梁兆兵教授，特别是那位胡克梨老先生的形象——活生生地跃然眼前！我突然感到了一种莫名的兴奋，似乎有点"总算找着北"的感觉，当然，那时候绝对没有想到，我竟会由此"转向"：印尼史迅速退居幕后，而欧洲华人则进入了我的学术视野，并进而成为我安身立命的学术舞台。

访学的时间过得飞快。从进修"印尼史"起步，到敲"荷兰语"之门，再到入荷兰华人研究团队，似乎才刚刚明白过来，一年访学的时间就过去大半了。想必是看到我在这连轴般的转变中仍然懵懵懂懂，班国瑞教授主动提出，再帮我申请延长一年的资助，以求能够"真正做点研究"。可幸，该延期计划比较顺利地得到了阿姆斯特丹大学和厦门大学双方的批准。得知此消息时，我刚结束荷兰语初级班的课程，正在考虑是否要继续报读荷兰语中级班。认真权衡之下，我放弃了继续学习荷兰语的计划，满怀希望与热情，全身心地投入了华侨史的研究领域。

1987年底，当班国瑞与温茂林共同主编的"荷兰社会中的移民"系列丛书之四、荷兰语的《华人》一书正式出版时，班国瑞教授特地送给我一本，并在赠言上写道："送给我的朋友明欢，你将写出一部与本书同一主题但更加优秀得多的著作。"（For my friend Minghuan, who will write a much better book on the same subject.）其中，"更加优秀得多（much better）"词语之下的着重号是班教授将书递给我之后又取回去认真地添加上去的。这鞭策性的赠言，一直成为我努力的目标。

1988年10月，满载着在荷兰两年研修的学术所得，我回到了厦门大学。1989年，我在是年《华侨华人历史研究》第4期发表了回国后的第一篇论文《阿姆斯特丹唐人街历史变迁》。1991年，中国国家社会科学基金设立，第一次向全国学者招标课题。我根据自己在荷兰期间与当地华人社团联系、交流的实践经验，以"战后海外华人社团发展变化研究"为题进行论证，如愿获得了首期中国国家社科基金的资助。从那以后，直至1994年底，我在教学之余，陆陆续续发表了关于欧洲华侨华人研究方面约20篇中英文论文。同年，我的国家社科基金项目顺利结项，年底，我晋升副教授。次年，作为国家社科基金项目最终报告的专著《当代海外华人社团研究》由厦门大学出版社出版。

然而，连我自己也没曾想到，还没来得及从这一连串看似节节上升的窃喜中回过味来，我的学术生涯又面临着第二次重要转折。

攻读博士学位，一直是我深藏心中的愿望，我也一直为此而不懈努力。1995年，我终于如愿申请到荷兰阿姆斯特丹大学博士研究基金资助，得以再度赴荷，以"荷兰华人社会研究"之专题计划，成为当时刚刚重新组建的阿姆斯特丹亚洲研究中心（Center for Asian Studies Amsterdam）主任杨·布雷曼（Jan Breman）教授及阿姆斯特丹大学性别研究中心谢尔玛·莱德斯多夫（Selma Leydesdorff）教授的博士研究生。

如果说，我再度赴荷前对于自己将要从"副教授"到"博士生"的社会角色转换还有所心理准备的话，那么，我对自己将要从"历史学学科"向"社会学学科"的专业角色转化，则缺乏必要的思想准备。

我在荷兰攻博的第一导师布雷曼教授是比较社会学的著名学者，他了解我的学术背景，因此在我做开题报告时即同意我的博士研究还是以史学为主，然而，事情却远没有那么简单。按照阿姆斯特丹大学亚洲研究中心的惯例，博士研究生们依照所跟随导师分别组成"研究班"，定期举行研讨会。布雷曼教授的学生除我之外清一色社会学科班出身。记得第一次参加研究班讨论，年轻同伴们发言时如连珠炮般引用的一连串社会学大家的名姓、流派及术语，真令我如坠五里云雾之中，压根儿不知所云。没办法，只好痛下决心恶补。从"社会学基本原理"的ABC开始，先从中英文社会学辞典中找"感觉"，再一本本地啃读英文原著……如今回想起1995年开始"读博"后头一年的经历，真还有点不寒而栗，不知那日子是怎么度过的。不过，也许正是那段"背水一战"的经历，成为我的学术航船日后能够再度扬帆远航的压舱石。

　　从印尼史到欧洲华侨史，从历史学到社会学，学海探路，异国拜师，同样也是意料之外、情理之中的人生经历。前一次转型，不仅是"因地制宜"，而且让我意外地撞进了一个正面临急剧变化、内涵丰富，但研究基础薄弱、学术空间无限的新领域，而且，因为进入该领域起步较早，故而得以成为该领域研究的开拓者之一，尽享天时地利之便。后一次转型，虽然读博是我自己的主动选择，但转入社会学，尤其是转型挑战之艰难则在意料之外，可是，同样是这一转型，令我有幸投入荷兰一位社会学名师的门下，得以接受严格的学科训练，从而大大开阔了我的学术视野，进一步夯实了学术基础，并且得以从历史学与社会学的对接中深化自己的研究，拓展自己的学识。

史籍钩沉　田野觅踪

　　自 1987 年步入华侨华人研究领域以来，我一直耕耘于这一领域，从来没有闪现过任何改弦更张的念头，似乎弹指一挥间，人生最美好的时光就这么过去了！如今细细掂量，除去当老师执教鞭使我得以衣食无虞之外，这 30 多年的学术之旅其实不外乎来来回回地做着这么一些事：史籍钩沉，田野觅踪，倘有所获即敲入电脑，待拙文成稿则呈送编辑。若有幸能入编辑法眼，入册成书与同行分享，心下窃喜之；倘若不受待见被退之弃之，则敝帚自珍，依旧存之乐之。学术探索的道路乃岁月积淀，汗水浇灌，虽有外人所难料之艰辛，亦有外人所不解之愉悦。故常与人言：倘若再做一次选择，吾心依旧。

　　史籍爬梳，需愿坐冷板凳且安之若素、甘之如饴。记得当年筹划撰写《欧洲华侨华人史》一书时，为了追溯欧洲华侨华人的早期历史，就曾经耗时经年，细细爬梳了近千万字的中外史籍文档，得以从中发现若干关于早期旅欧中国人的记载，虽然仅为蛛丝马迹，星星点点，却因填补了某些空白而弥足珍贵。

　　与东南亚华侨史从实践到著述之洋洋洒洒不同，中国人移民欧洲是相当晚近的事，且直至 20 世纪 80 年代之前，相关研究屈指可数。在那之前出版的关于中国人移居欧洲的极其有限的论述中，一般均认定中国人移民欧洲的历史肇始于 19 世纪下半叶。我从大量阅读的史料中发现，自 17 世纪中叶起，随着欧洲耶稣会传教士在华活动日趋活跃，逐渐有得到欧洲传教士青睐的中国青少年，经由传教士推荐，或直接由传教士带领，前往欧洲。我因此提出，用历史的、发展的眼光看，这些人组成了近代最早侨居欧洲的一群中国人。在他们当中，有的仅留居欧洲数年就回返故里，有的则侨居欧洲十数年乃至数十年，有的还与欧洲人成婚安家，甚至埋骨欧洲。虽然他们的经历各有不同，但值得注意的是，东西文化（或曰中欧文化）的猛烈撞击贯穿其移居经历之始终。一般说来，但凡跨越文化圈的移民，都会遭遇不同文化的震荡，然而，在这批早期移居者的经历中，中欧文化的反差与撞击表现得如此强烈，极为抢眼。一方面，这些中国人中不少是顶着中华文化的耀眼光环走进欧洲的。他们既懂中文，又懂西文，是当时中国社会中一批数得上名的"文化人"，尤为重要的是，当他们进入欧洲之时，中华文化在欧洲仍然那样富有传奇色彩，不少人因此而得到当地王室贵族及文人学者的高度礼遇，有的更应邀协助从事译介、教学等传播中华文化的工作，客观上为"中学西渐"作出了特有的贡献。然而，另一方面，这些人同时又是作为受教化对象而被"老师们"带往西欧的，他们所肩负的基本使命是要将西方文明传播到其母国，为基督文明深入中华大地而张目。肇始于近代中国人移居欧洲历史的这一页，虽然简约，却耐人寻味。我因此提出，将这段特殊的历史视为近代中国历史由盛转衰过程中的一道异域折射，当不为过。同时，我也依据史籍资料指出，由于最早旅居欧洲的这个中国人小群体与耶稣会传教事业密切相关，因此并未形成"移民链"而带动普通中国人继续向欧洲移居。

中国人作为一个外来移民群体而见诸欧洲主流社会媒体，是19世纪下半叶，即清末年代的事。由此，我提出了另一个值得深思的问题：进入19世纪，尤其是1840年鸦片战争之后，当西方殖民者在古老中国的大地上耀武扬威之际，当积贫积弱的清政府对咄咄逼人的西方殖民者拱手退让之时，是哪些中国人敢为天下先，冲出封建藩篱，西行万里，到欧洲殖民者的"老家"去寻找"机会"？而且，他们又是如何得以在资本主义的大本营里立足谋生的呢？

为了探寻答案，我先是力图在外文著述中寻找信息。欧洲各国语言文字不同，受资料来源及文字阅读能力所限，我只能借助英文及荷兰文出版物。其中，直接涉及19世纪旅居欧洲之中国人的史料屈指可数，大致可分为两类。一类是欧洲相关国家的人口普查资料。据查：在英国每十年一度的人口普查资料中，关于在英国合法居住的"中国人"的统计数，可以向前追溯到1851年。在德国，当地中国人的人口统计资料，可以追溯到1890年。在荷兰，则可从当地远洋公司残存的档案中，查找到自1898年起受雇于荷兰的中国船员人数及简单的个人资料。另一类是极其零散的报刊短文，如：1861年的《荷兰年刊》上报道了一位意外抵荷的中国人"奴年先生"在荷兰的活动，并登载了他写下自己名字的图片；德国报章曾登载19世纪20年代名叫亚生、亚学的两位中国人在德国的活动，并附有插图；丹麦19世纪中叶的报纸曾经出现过关于由中国人组成的马戏团在欧洲各地演出的广告。

前一类人口普查数据虽然十分重要，但从冰冷的数字中无法探究那些中国人是何方人士，在当地生活状况如何。后一类文章既短且散，语焉不详，更以猎奇为主。遗憾中，我想到：与其在自己所不熟悉的外文史料中摸索，不如回过头来

从丰富的中文史料中搜寻。1933 年，陈里特先生依据自己留学欧洲六年的体验与实地调查，出版了《欧洲华侨生活》一书，这是关于 20 世纪初叶欧洲华侨史最重要的参考书。作者在书中提及：同治五年（1866）中国使臣访欧时，已有华商住巴黎数十年。遗憾的是，原著就此打住，没能做进一步介绍。然而，依据这一重要线索，我按图索骥，找出清末第一位率团出访欧洲之使臣斌椿所著《乘槎笔记》及张德彝所著《航海述奇》，查阅相关记载。细读之下，我意外地发现了关于清末欧洲华侨史的若干新史料。由此，我下决心通读了清末访欧使臣留下的总计约 600 万字的笔记，从中进一步查找到若干关于早期旅欧华侨的记载，虽然不少只是日记、笔记中只言片语的记载或随感式的评述，然而，将点点滴滴的记载仔细串读起来，见微知著，却有助于比较真实地勾勒出 19 世纪末叶旅居欧洲之中国人的不同生活图景，从而填补了早期欧洲华侨华人历史不可或缺的一章。

本科与硕士期间历史学的学科训练，使我对于历史一直情有独钟，并且也一直强调务必将任何社会问题的研究置于历史发展的长河中加以考察。然而，同样不可或缺的是，在荷兰阿姆斯特丹大学社会学与人类学学院的访学经历，尤其是攻读社会学博士期间所接受的熏陶与训练，使我深刻认识到深入、扎实地进行田野调查的重要性。尤其是我所关注的欧洲华人社会，档案文献极其有限，因为，在相当长的一个历史阶段中，欧洲华人一直处于社会边缘，默默无闻，乏人关注。正因为如此，几乎从一开始进入欧华研究领域，我就跌跌撞撞地进入了田野调查的实践之中。

如前所述，当我应邀加入荷兰华侨史研究团队时，正是原团队成员感到难以进入貌似封闭的华人社会之时。因此，我从加入伊始，就试图与荷兰华人社会建立联系。记得最初起步，是从班国瑞教授递给我一份在荷兰出版的中文《华侨通讯》开始的。从该报的刊头信息中我得知：这是一份由旅荷华侨总会出版的中文半月刊。从刊头信息中，我找到了该社团的会所地址。恰巧，该地址离我在阿姆斯特丹大学的办公室不远。我立刻决定前去拜访。

还记得那是一个阴雨天的下午，我第一次走入位于阿姆斯特丹的旅荷华侨总会会所，既陌生，又好奇。会所位于阿姆斯特丹市中心运河边一幢老楼的底层大厅，进门左侧隔了一个小房间，一位白发老者在那当班。当时的我，对于如何进行田野调查一无所知，一进门就正儿八经地向老先生介绍起我们的研究项目，叙述我们的调研需求。如今回想起来，那位老人当时没对我这不懂规矩的不速之客嗤之以鼻，还真是幸运。老先生面无表情地听完我滔滔不绝的叙述之后，写下一个电话号码递给我，让我"去和会长梅先生联系"。

想来，似乎我总在冥冥之中得到某种关照。当我于 1987 年登门与旅荷华侨总会联系时，正是该会会务蒸蒸日上之时，更有缘的是，其时担任该会会长的梅旭华先生1955年求学于东北人民大学（现吉林大学前身）历史系，毕业后留校任教数年后，才于1964年因业已定居荷兰的父亲的极力要求，出国到了荷兰。如此受教育水准，在当时荷兰侨界可谓凤毛麟角。这样一位有着历史学背景的知识分子侨领，自然对我要做的侨史研究工作既理解，更支持。接到我的电话之后没几天，梅太太，同样是在国内受过高等教育的一位知识女性，就代表梅先生约我在阿姆斯特丹的海城酒楼——一家当地著名的中餐馆见面。我与梅太太畅谈数小时，真可谓一见如故。正是从与梅太太的交流开始，如滚雪球一般，我逐渐接触并认识了越来越多荷兰各界的华侨华人朋友。他们当中有德高望重的老侨领，有热心于侨界事务的中青年侨胞，当然，更多的是如同那位帮助过我的胡克梨老先生一样辛劳终生但甚少参与侨团活动的老侨胞。与此同时，在得知我从印尼史转向华侨史研究之后，吴银泉博士同样十分理解，并介绍我进入了荷兰华人另一个重要的次级群体，即来自荷兰前殖民地印尼的华裔再移民。

由于我对荷兰华人社会的实证研究始于对旅荷华侨总会的认识，并且随之与旅荷华人联谊会、荷兰中国餐馆同业公会、荷兰中华互助会、全荷华人联合体育运动总会等当时荷兰侨界一批活跃的社团建立了联系，并且从参与侨团的活动中获得了丰富的感性知识，因此，当我回国后于1991年申报中国国家社科基金时，首先想到的就是探讨海外华人社团的功能与影响。正是基于这一初期的田野调查实践，我如愿获得该课题资助，并在课题研究的基础上，撰写出版了我的第一部专著《当代海外华人社团研究》。

如果说，我最初仅仅是凭一种直觉开始了我的侨史田野调查，那么，当我于1995年再度返抵荷兰，并结合我的博士研究进行田野调查时，一切就进入相对规范、成熟的阶段了。一方面，我接受了社会学学科的田野调查训练，并且从跟随我的导师进行田野调查的实践中提升了自己的认识与能力；另一方面，我则有幸利用荷兰阿姆斯特丹大学为博士研究生提供的资助，在中、荷两国进行了比较长期、深入的实地调查。

1997年，我又得到了一个意想不到的特殊机会。1992年，来自欧洲十多个不同国家的友好华人社团在阿姆斯特丹联合成立了欧洲华侨华人社团联合会，当时荷兰侨界的主要领导人既是欧华联会的主要发起人，也一直在其中发挥着核心领导作用。在我于1995年返回荷兰攻读博士学位之后，就一直在荷兰的主要侨团活动中担任志愿者，提供力所能及的协助。其间，我曾陪同欧华联会主要负责人前往布鲁塞尔，拜访欧盟主管移民事务的官员。在一次会晤时，欧盟代表提出他们对欧洲华人社会不了解，希望欧华联会能够提交一份关于欧洲华侨华人基本情况的报告。时任欧华联会主席的荷兰侨领胡志光先生对此提议十分重视，他先是争取到了荷兰政府公众健康福利体育部对于该项调查的正式立项及资助，随后

将该项调研任务交给了我。荷兰政府的资助，使我获得了比较充足的经费，在短短数月内走访了欧洲十多个国家的三十多个城市，而欧华联会的社会网络，则使我比较容易地与欧洲各国的华人社团建立联系，获取资料，从事调查。记得当时每到一个城市，都由当地的华人社团接待，并组织座谈或专访。调研完成之后，因时间紧迫，先由我以中文撰写了《欧洲华人社会概况》约十万字，再请人翻译成英文，提交给了欧盟。该报告获得了相关各界的重视与好评。可以说，我后来之所以能够写出七十多万字的《欧洲华侨华人史》一书，与受欧华联会之托而进行全欧性调研积累的实证资料密不可分。

正是通过比较长时期地"侨居"欧洲，通过直接参与欧洲华人社团的大量活动，我对自己研究对象的认识不断地随时代变迁而升华：从干巴巴的文本概念到脑海中存储起一群群活生生的形象，从线性、平面、直观印象到多维、深层、理性诠释。正是在与许许多多不同年龄、不同经历、不同身份的华侨华人朋友的交往中，我品味着"迁移"的含义，咀嚼着"跨文化"的内涵，梳理着欧华历史的经纬，展望着欧华社会的未来。

还记得1989年，当我第一次在《华侨华人历史研究》杂志发表关于欧洲华人研究的论文时，一位研究华侨华人问题多年的学者问我："欧洲也有华侨吗？从来没听说过啊！"30年后的今天，侨史学界再也没有谁会对"欧洲华侨华人"这一命题感到陌生了！30年来，我无数次往返于中国与欧洲之间，在欧洲华人研究领域孜孜探求，亦步亦趋地见证了欧洲华人社会翻天覆地的巨变，而我自己，也在行走欧华之间，实践着自己的学术追求与梦想。我深知，正是无数如同前文提及的吴博士、梁教授、胡先生、梅先生这样的海外华侨华人帮助了我，支持了我，成就了我，令我无论是教学、调研，抑或是写作，无不常怀感恩之心，须臾不敢轻慢。

书观千载，心阅万象。回首来路，欧洲华人社会自身的发展壮大，为有志于从事该领域研究的学人们提供了强大的原动力；展望未来，欧洲华人社会的发展变化呼唤着更多学人为之记录历史，探索问题，共谋中欧人民友好相处、合作共赢、更加美好的明天。

唯愿：在学界后辈才俊们走向明天的大道上，我是一块经得起踩踏的铺路石。